第二批山西省珍貴古籍名録圖録

山西省圖書館　山西省古籍保護中心　編

山西出版傳媒集團
山西人民出版社

圖書在版編目（CIP）數據

第二批山西省珍貴古籍名録圖録 / 李小强主編；山西省圖書館、山西省古籍保護中心編. -- 太原：山西人民出版社，2012.12
ISBN 978-7-203-07969-9

Ⅰ.①第… Ⅱ. ①李… ②山… ③山… Ⅲ.①古籍—圖書目録—山西省②善本—圖書目録—山西省 Ⅳ.①Z838

中國版本圖書館CIP數據核字（2012）第269888號

第二批山西省珍貴古籍名録圖録

主　　編：李小强
編　　者：山西省圖書館
　　　　　山西省古籍保護中心
責任編輯：張建英

出 版 者：山西出版傳媒集團·山西人民出版社
地　　址：太原市建設南路21號
郵　　編：030012
發行營銷：0351-4922220　4955996　4956039
　　　　　0351-4922127　（傳真）　4956038（郵購）
E-mail：sxskcb@163.com　發行部
　　　　　sxskcb@126.com　總編室
網　　址：www.sxskcb.com

經 銷 者：山西出版傳媒集團·山西人民出版社
承 印 者：山西臣功印刷包裝有限公司

開　　本：889mm×1194mm　1/16
印　　張：22.125
字　　數：100千字
印　　數：1-1000册
版　　次：2012年12月　第1版
印　　次：2012年12月　第1次印刷
書　　號：ISBN　978-7-203-07969-9
定　　價：320.00圓

第二批山西省珍貴古籍名録圖録
編纂委員會

主　任：李春榮

副主任：李小强

編　委：魏存慶　石焕發　袁長江　王開學　劉緯毅
白廣明　劉錦宏　張梅秀　谷錦秋　范月珍

主　編：李小强

副主編：袁長江　王開學

編　輯：范月珍　鄭梅玲　樊佳琦

前言

2011年是“十二五”開局之年，爲使全省古籍保護工作在“十二五”期間更加深入扎實地開展，我們認真貫徹國務院辦公廳《關于進一步加强古籍保護工作的意見》精神，堅持“保護爲主、搶救第一、合理利用、加强管理”的古籍保護工作總方針，按照國家古籍保護中心和山西省文化廳的安排部署，結合我省古籍保護工作實際，制定了《山西省古籍保護工作“十二五”規劃》。我們的目標是：大力推進中華古籍保護計劃在山西的實施，力争在“十二五”末建立起完善的具有地方特色的山西省古籍保護工作體系,將古籍保護工作的觸角借助基層機構網絡深入到民間，深入到千家萬户；完善古籍保護工作的各項制度措施，使全省古籍保護工作始終有章可循，實現可持續發展；力争完成《中華古籍總目·山西卷》的編纂出版任務，這是我省古籍保護工作的一項宏大工程；建立起一支結構合理、技術過硬、綜合素質較高的古籍保護事業隊伍，這是山西省古籍保護事業欣欣向榮的希望所在；讓古籍保護成爲文化遺産保護的關鍵詞，讓全省、全社會在熱愛古籍的濃厚氛圍中守望民族共同的精神家園。

在古籍保護的各項工作中，珍貴古籍名録及古籍重點保護單位的申報與評審工作一直是我們推動古籍保護工作的重要手段之一。截止2011年，在積極參與國家級珍貴古籍名録及古籍重點保護單位評審的同時，我們已組織了三批省級珍貴古籍名録及古籍重點保護單位的申報與評審工作。

2010年5月31日，山西省人民政府下發了《關于公布山西省第二批省級古籍重點保護單位和珍貴古籍名録的通知》（晋政函[2010]61號）。此次全省共有249種珍貴古籍入選，應縣木塔文物保管所、運城市鹽湖區圖書館、長治市圖書館、臨猗縣圖書館、寧武縣文物館等5家收藏單位被評爲全省古籍重點保護單位。

在“第一批山西省珍貴古籍名録”公布後，我們編輯出版了《第一批山西省珍貴古籍名録圖録》，全面展示我省古籍保護成果，取得了良好的社會效果，對人們更好地認識古籍、了解山西厚重的歷史文化大有裨益。也進一步彰顯了我省古籍精華，有力地促進了普查等古籍保護其他各項工作的順利開展。《第二批山西省珍貴古籍名録圖録》在編排體例上仍依舊例，即先按版本時代先後，各時期再依經史子集分類排序。

黨的十七届六中全會指出，要全面認識祖國傳統文化，古爲今用、推陳出新，堅持保護利用、普及弘揚并重，加强對優秀傳統文化思想價值的挖掘和闡發，維護民族文化基本元素，使優秀傳統文化成爲新時代鼓舞人民前進的精神力量。這也正是古籍保護工作意義所在。在認真落實會議精神的基礎上，山西省文化廳將“古籍保護工程”列入省直文化系統改革發展重點項目名録，這對古籍保護工作在全省的順利實施和跨越發展具有重要意義。總之，在全社會的共同努力下，我省的古籍保護工作一定會迎來更大的發展。

目錄

宋遼金元時期

00089 **春秋屬辭十五卷** (元)趙汸撰　元至正二十四年(1364)休寧商山義塾刻明弘治六年(1493)高忠重修本　山西省圖書館 …… 2

00090 **古今韻會舉要三十卷禮部韻略七音三十六母通考一卷** (元)熊忠撰　元刻本(配另一元刻本)　山西省圖書館 …… 3

00091 **魏書一百十四卷** (北齊)魏收撰　宋刻元明遞修本　山西師範大學圖書館
存二卷(一至二) …… 6

00092 **唐書二百二十五卷** (宋)歐陽修　宋祁等撰　元大德九年(1305)建康路儒學刻明成化弘治嘉靖南京國子監遞修本　太原市圖書館
存二十三卷(本紀三至十,志十一至二十,三十六至四十) …… 7

00093 **佛説伅真陀羅所問如來三昧經三卷** (東漢)釋支婁迦讖譯　北宋靖康元年至南宋紹興二年(1126-1132)刻思溪藏本　山西省圖書館
存一卷(上) …… 8

00094 **解脱道論十二卷** (梁)釋僧伽婆羅譯　元刻普寧藏本　山西省圖書館
存一卷(一) …… 10

00095 **大方廣佛華嚴經八十卷** (唐)釋實叉難陀譯　遼刻本　應縣木塔文物保管所
存一卷(二十六) …… 14

00096 **大方廣佛華嚴經八十卷** (唐)釋實叉難陀譯　遼刻本　應縣木塔文物保管所
存一卷(五十一) …… 16

00097 **妙法蓮華經七卷** (姚秦)釋鳩摩羅什譯　遼刻本　應縣木塔文物保管所
存一卷(一) …… 18

00098 **妙法蓮華經八卷** (姚秦)釋鳩摩羅什譯　遼刻本　應縣木塔文物保管所
存一卷(一) …… 20

00099 **妙法蓮華經八卷** (姚秦)釋鳩摩羅什譯　遼刻本　應縣木塔文物保管所
存一卷(一) …… 22

00100 **妙法蓮華經八卷** (姚秦)釋鳩摩羅什譯　遼刻本　應縣木塔文物保管所
存一卷(五) …… 24

00101 **妙法蓮華經八卷** (姚秦)釋鳩摩羅什譯　遼刻本　應縣木塔文物保管所
存一卷(七) …… 26

00102 **妙法蓮華經八卷** (姚秦)釋鳩摩羅什譯　遼刻本　應縣木塔文物保管所
存一卷(八) …… 28

00103 **妙法蓮華經八卷** (姚秦)釋鳩摩羅什譯　遼刻本　應縣木塔文物保管所
存一卷(八) …… 30

00104 **妙法蓮華經八卷** (姚秦)釋鳩摩羅什譯　遼刻本　應縣木塔文物保管所
存一卷(八) …… 32

00105 **佛母大金曜孔雀明王經三卷** (唐)釋不空譯　遼刻本　應縣木塔文物保管所
存一卷(上) …… 34

00106 **佛名集一卷**　遼刻本　應縣木塔文物保管所 … 36

00107 **佛説八師經一卷** (吴)釋支謙譯　遼刻本　應縣木塔文物保管所 …… 37

00108 **佛説大乘聖無量壽決定光明王如來陀羅尼經一卷**

（印）釋法天譯　遼寫本　應縣木塔文物保管所 …… 38
00109 **十戒戒本**　遼寫本　應縣木塔文物保管所 … 40
00110 **大方便佛報恩經七卷**　遼刻本　應縣木塔文物保管所
存一卷(六) …… 42
00111 **佛説觀世音經一卷**　(姚秦)釋鳩摩羅什譯　遼刻本　應縣木塔文物保管所 …… 43
00112 **高王觀世音經一卷**　遼刻本　應縣木塔文物保管所 …… 44
00113 **佛説延壽經一卷**　遼寫本　應縣木塔文物保管所
存一葉 …… 47
00114 **佛頂心觀世音菩薩大陀羅尼經三卷**　遼寫本　應縣木塔文物保管所 …… 48
00115 **佛頂心觀世音菩薩大陀羅尼經三卷**　遼寫本　應縣木塔文物保管所 …… 50
00116 **成唯識論十卷**　(唐)釋玄奘譯　遼寫本　應縣木塔文物保管所
存一卷(一) …… 52
00117 **天親菩薩造第一論**　遼寫本　應縣木塔文物保管所 …… 54
00118 **大方廣佛華嚴經合論一百二十卷**　(唐)李通玄造論　釋志寧合論　宋元豐七年(1084)刻本　山西省圖書館
存一卷(四十一) …… 56
00119 **大方廣佛華嚴經十回向品疏**　遼寫本　應縣木塔文物保管所
存一卷(九) …… 60
00120 **大方廣佛華嚴經疏序　勸善文**　遼寫本　應縣木塔文物保管所 …… 61
00121 **大方廣佛華嚴經隨疏演義抄**　遼寫本　應縣木塔文物保管所
存一卷(一) …… 63
00122 **圓教四門問答**　遼寫本　應縣木塔文物保管所 …… 64
00123 **涅槃義記十卷**　(隋)釋慧遠述　遼刻本　應縣木塔文物保管所
存一卷(八) …… 66
00124 **大方廣佛華嚴經疏抄記**　遼寫本　應縣木塔文物保管所 …… 68
00125 **法華經筆記**　遼寫本　應縣木塔文物保管所 … 70
00126 **法華經手記第七**　遼重熙十年(1041)沙門奉能應州聖壽寺寫本　應縣木塔文物保管所 …… 72
00127 **梵網經手記**　遼應州寫本　應縣木塔文物保管所
存一卷(二) …… 74
00128 **[科文殘卷]**　遼寫本　應縣木塔文物保管所 … 76
00129 **隨疏演義鈔經題撰人釋疏**　遼寫本　應縣木塔文物保管所 …… 78
00130 **雜抄**　遼寫本　應縣木塔文物保管所 …… 80
00131 **新雕諸雜贊一策**　遼大憫忠寺燕台刻本　應縣木塔文物保管所 …… 82
00132 **八師經報應記**　遼刻本　應縣木塔文物保管所 …… 84

明　代

00133 **易傳八卷**　(宋)蘇軾撰　**王輔嗣論易一卷**　(魏)王弼撰　明閔齊伋刻朱墨套印本　山西省圖書館 …… 88
00134 **詩經四卷**　(明)鐘惺評點　明淩濛初刻三色套印本　山西省圖書館 …… 89
00135 **讀風臆評一卷**　(明)戴君恩撰　明萬曆四十八年(1620)閔齊伋刻朱墨套印本　山西博物院 … 90
00136 **周禮六卷考工記一卷**　(漢)鄭玄注　明嘉靖六年(1527)何鼇刻本　山西師範大學圖書館 …… 91
00137 **禮記集説十六卷**　(元)陳澔撰　明正統十二年(1447)司禮監刻本　山西師範大學圖書館 … 93
00138 **春秋左傳十五卷**　(明)孫鑛批點　明萬曆四十四年(1616)閔齊伋刻朱墨套印本　山西師範大學圖書館 …… 95
00139 **春秋胡傳三十卷**　(宋)胡安國撰　明正統十二年(1447)司禮監刻本　山西博物院
卷二十九至三十有抄補 …… 97
00140 **大學衍義四十三卷**　(宋)真德秀撰　明嘉靖六年(1527)司禮監刻本　山西師範大學圖書館 … 100

00141 **四書則六卷**　(明)桑拱陽撰　明崇禎十四年(1641)松風書院刻本　山西大學圖書館 …102
00142 **大廣益會玉篇三十卷**　(梁)顧野王撰　(唐)孫強增字　(宋)陳彭年等重修　**玉篇廣韻指南一卷**　明前期刻本　祁縣圖書館 ………………… 103
00143 **廣韻五卷**　明刻本　山西省圖書館 ……… 104
00144 **前漢書一百卷**　(漢)班固撰　明德藩最樂軒刻本　山西省圖書館 ……………………………… 105
00145 **金史一百三十五卷**　(元)脫脫等撰　明初刻本　山西博物院
存七十二卷(二十至九十一) ……………… 106
00146 **司馬溫公稽古錄二十卷**　(宋)司馬光撰　明范氏天一閣刻本　山西省圖書館 ………… 107
00147 **資治通鑑綱目五十九卷**　(宋)朱熹撰　明成化九年(1473)內府刻本　山西省圖書館 ……… 109
00148 **資治通鑑綱目五十九卷**　(宋)朱熹撰　明成化九年(1473)內府刻本　山西省圖書館 ……… 111
00149 **資治通鑑綱目五十九卷**　(宋)朱熹撰　明成化九年(1473)內府刻本　山西博物院 ………… 112
00150 **資治通鑑綱目五十九卷**　(宋)朱熹撰　明嘉靖三十五年(1556)趙府居敬堂刻本　祁縣圖書館
……………………………………………… 113
00151 **續資治通鑑綱目二十七卷**　(明)商輅等撰　明成化十二年(1476)內府刻本　山西省圖書館 … 114
00152 **續資治通鑑綱目二十七卷**　(明)商輅等撰　明成化十二年(1476)內府刻本　山西博物院 … 115
00153 **新刊古本大字合併綱鑑大成四十六卷**　(明)唐順之輯　明隆慶建陽書林歸仁齋楊員壽刻本　山西省圖書館 ……………………………… 116
00154 **涑水司馬氏源流集略八卷**　(明)司馬晰輯　明萬曆十五年(1587)司馬祉刻三十五年(1607)增補印本　山西省圖書館 ……………………… 118
00155 **司馬溫公年譜六卷**　(明)馬巒編輯　明萬曆四十六年(1618)司馬露刻本　山西省圖書館 … 119
00156 **十七史詳節二百七十三卷**　(宋)呂祖謙輯　明嘉靖四十五年(1566)至隆慶四年(1570)陝西布政司刻本　山西大學圖書館
卷一至四抄配 ……………………… 120
00157 **漢雋十卷**　(宋)林鉞輯　明隆慶四年(1570)汪大節七瑞山房刻本　山西省圖書館 ………… 121
00158 **全史論贊八十二卷**　(明)項篤壽輯　明嘉靖四十五年(1566)項氏萬卷堂刻本　山西省圖書館
……………………………………………… 122
00159 **大明一統志九十卷**　(明)李賢　萬安等纂修　明天順五年(1461)內府刻本　山西省圖書館 … 123
00160 **今古輿地圖三卷**　(明)吳國輔　沈定之撰　明崇禎十六年(1643)刻朱墨套印本　山西省圖書館
……………………………………………… 125
00161 **[嘉靖]山西通志三十二卷**　(明)楊宗氣　周斯盛纂修　明嘉靖刻本　山西省圖書館 …… 127
00162 **[萬曆]太原府志二十六卷**　(明)關廷訪修　明萬曆四十年(1612)刻清順治續修本　山西省圖書館 …………………………………………… 128
00163 **[萬曆]汾州府志十六卷**　(明)王道一纂修　明萬曆三十七年(1609)刻本　山西省圖書館 … 129
00164 **文獻通考三百四十八卷**　(元)馬端臨撰　明正德十一至十四年(1516-1519)劉洪慎獨齋刻十六年(1521)重修本　運城市鹽湖區圖書館 …… 130
00165 **文獻通考三百四十八卷**　(元)馬端臨撰　明嘉靖三年(1524)司禮監刻本　山西省圖書館 … 131
00166 **石鼓文正誤四卷**　(明)陶滋撰　明嘉靖十二年(1533)錢貢刻本　運城市鹽湖區圖書館 … 132
00167 **大學衍義補一百六十卷首一卷**　(明)丘濬撰　明萬曆三十三年(1605)山西喬應甲刻本　山西省圖書館 …………………………………… 133
00168 **衡門芹一卷**　(明)辛全撰　明末山西洪洞晉淑健等刻本　山西省圖書館 ……………………… 134
00169 **兵垣四編四卷附三卷**　(明)閔聲編　明天啟元年(1621)閔氏刻套印本　山西省圖書館 …… 135
00170 **醫壘元戎十二卷**　(元)王好古撰　明嘉靖二十二年(1543)顧遂刻本　山西省圖書館 ……… 136
00171 **針灸大成十卷**　(明)楊繼洲撰　明萬曆二十九年(1601)平陽署刻本　山西省圖書館 ……… 137
00172 **藝文類聚一百卷**　(唐)歐陽詢輯　明嘉靖六至七

年(1527-1528)胡纘宗　陸采刻本　山西師範大學圖書館 …………………………………… 139
00173 **韻府羣玉二十卷**　(元)陰時夫輯　(元)陰中夫注　明嘉靖三十一年(1552)荊聚刻本　山西師範大學圖書館 …………………………………… 142
00174 **錦繡萬花谷前集四十卷後集四十卷續集四十卷**　明嘉靖十五年(1536)秦汴繡石書堂刻本　山西大學圖書館 …………………………………… 145
00175 **錦繡萬花谷前集四十卷後集四十卷續集四十卷**　明嘉靖十五年(1536)秦汴繡石書堂刻本　山西省圖書館 …………………………………… 146
00176 **古今合璧事類備要前集六十九卷後集八十一卷續集五十六卷**　(宋)謝維新輯　**別集九十四卷外集六十六卷**　(宋)虞載輯　明嘉靖三十一至三十五年(1552-1556)夏相刻本　山西省圖書館 … 147
00177 **對類二十卷**　明刻本　太原市圖書館 …… 148
00178 **永樂南藏六千三百三十一卷續藏四百十卷**　明永樂十至十五年(1412-1417)刻明清續刻本　寧武縣文物館
存五千八百七十九冊 …………………… 149
00179 **蔡中郎集六卷**　(漢)蔡邕撰　明嘉靖二十七年(1548)楊賢刻本　山西師範大學圖書館 … 152
00180 **梁昭明太子文集五卷**　(梁)蕭統撰　明遼國寶訓堂刻本　山西省圖書館 ………………… 153
00181 **王摩詰詩集七卷**　(唐)王維撰　(宋)劉辰翁評　明淩濛初刻朱墨套印本　山西省圖書館 … 154
00182 **分類補注李太白詩二十五卷**　(唐)李白撰　(宋)楊齊賢集注　(元)蕭士贇補注　明嘉靖二十五年(1546)玉几山人刻重修本　山西大學圖書館 …………………………………… 155
00183 **孟東野詩集十卷**　(唐)孟郊撰　(宋)國材　劉辰翁評　明淩濛初刻朱墨套印本　太谷縣圖書館 …………………………………… 156
00184 **增廣注釋音辯唐柳先生集四十三卷外集二卷**　(唐)柳宗元撰　(宋)童宗說注釋　張敦頤音辯　潘緯音義　明正統十三年(1448)善敬堂刻遞修本　山西省圖書館 …………………………… 157
00185 **增廣注釋音辯唐柳先生集四十三卷別集二卷外集二卷年譜一卷附錄一卷**　(唐)柳宗元撰　(宋)童宗說注釋　張敦頤音辨　潘緯音義　明刻本　山西省圖書館 …………………………… 158
00186 **韓文四十卷外集一卷遺集一卷**　(唐)韓愈撰　**集傳一卷**　明嘉靖十六年(1537)游居敬刻韓柳文本　山西省圖書館 …………………………… 159
00187 **韓文四十卷外集一卷遺集一卷**　(唐)韓愈撰　**集傳一卷**　明嘉靖三十五年(1556)莫如士刻韓柳文本　山西省圖書館 …………………………… 160
00188 **朱文公校昌黎先生文集四十卷外集十卷遺文一卷**　(唐)韓愈撰　(宋)朱熹考異　王伯大音釋　明正統十三年(1448)書林王宗玉刻本　山西省圖書館 …………………………………… 161
00189 **白氏文集七十一卷**　(唐)白居易撰　明嘉靖十七年(1538)伍忠光龍池草堂刻本　山西省圖書館 …………………………………… 162
00190 **白氏文集七十一卷**　(唐)白居易撰　明嘉靖十七年(1538)伍忠光龍池草堂刻錢應龍重修本　有抄配　山西博物院 …………………………… 163
00191 **范文正公集二十卷別集四卷政府奏議二卷尺牘三卷**　(宋)范仲淹撰　**遺文一卷**　(宋)范純仁　范純粹撰　**年譜一卷**　(宋)樓鑰撰　**年譜補遺一卷祭文一卷褒賢集一卷褒賢祠記二卷諸賢讚頌論疏一卷論頌一卷詩頌一卷遺跡一卷言行拾遺事錄四卷鄱陽遺事錄一卷義莊規矩一卷**　明嘉靖范惟元等刻本　山西省圖書館 ……………………… 164
00192 **重刊嘉祐集十五卷**　(宋)蘇洵撰　明嘉靖十一年(1532)太原府刻本　山西省圖書館 ……… 166
00193 **臨川先生文集一百卷目錄二卷**　(宋)王安石撰　明嘉靖三十九年(1560)何遷刻本　山西大學圖書館 …………………………………… 167
00194 **文潞公文集四十卷**　(宋)文彥博撰　明嘉靖五年(1526)王溱刻本　山西大學圖書館 ……… 168
00195 **東坡文選二十卷**　(宋)蘇軾撰　(明)鍾惺輯並評　明閔氏刻朱墨套印本　山西省圖書館 …… 170
00196 **山谷老人刀筆二十卷**　(宋)黃庭堅撰　明弘治十

二年(1499)張汝舟刻本　山西博物院 …… 171
00197　**唐詩紀事八十一卷**　(宋)計有功撰　明嘉靖二十四年(1545)張子立刻本　山西省圖書館 … 172
00198　**晦庵先生朱文公文集一百卷目錄二卷續集十一卷別集十卷**　(宋)朱熹撰　明嘉靖十一年(1532)張大輪胡岳等刻本　山西省圖書館 ………… 173
00199　**稼軒長短句十二卷**　(宋)辛棄疾撰　(明)李濂評　明嘉靖十五年(1536)王詔刻本　太原市圖書館 ………… 174
00200　**西山先生真文忠公文章正宗二十四卷續二十卷**　(宋)真德秀輯　明嘉靖四十三年(1564)蔣氏家塾刻本　山西省圖書館 ………… 175
00201　**真文忠公續文章正宗二十卷**　(宋)真德秀輯　明嘉靖二十一年(1542)晉藩刻本　山西師範大學圖書館 ………… 176
00202　**集錄真西山文章正宗三十卷**　(宋)真德秀輯　明嘉靖二十三年(1544)孔天胤刻本　山西師範大學圖書館 ………… 177
00203　**集錄真西山文章正宗三十卷**　(宋)真德秀輯　明嘉靖二十三年(1544)孔天胤刻本　祁縣圖書館 ………… 178
00204　**秋崖先生小稿四十五卷又三十八卷**　(宋)方岳撰　明嘉靖五年(1526)方謙刻本　山西大學圖書館 ………… 179
00205　**遺山詩集二十卷**　(金)元好問撰　明毛氏汲古閣刻本　山西博物院 ………… 180
00206　**圭齋文集十六卷**　(元)歐陽玄撰　明成化七年(1471)劉釪刻本　祁縣圖書館 ………… 181
00207　**新刊宋學士全集三十三卷**　(明)宋濂撰　明嘉靖三十年(1551)韓叔陽刻崇禎增修本　山西省圖書館 ………… 182
00208　**宋學士文粹十卷補遺一卷**　(明)宋濂撰　明初刻本　山西省圖書館 ………… 183
00209　**南齋先生魏文靖公摘稿十卷**　(明)魏驥撰　**附錄一卷**　明弘治十一年(1498)洪鐘刻　清康熙八年(1669)王余高重修本　山西大學圖書館 … 184
00210　**篁墩程先生文集九十三卷拾遺一卷**　(明)程敏政撰　明正德二年(1507)何歆刻本　山西大學圖書館 ………… 185
00211　**椒丘文集三十四卷**　(明)何喬新撰　**外集一卷**　明嘉靖元年(1522)余罃刻本　山西大學圖書館 ………… 186
00212　**翰林羅圭峯先生文集十八卷續集十五卷**　(明)羅玘撰　明嘉靖五年(1526)陳洪謨　余載仕刻本　山西省圖書館 ………… 187
00213　**常評事集四卷**　(明)常倫撰　明嘉靖七年(1528)王溱刻本　山西大學圖書館 ………… 188
00214　**祝氏集畧三十卷**　(明)祝允明撰　明嘉靖三十六年(1557)張景賢刻本　山西大學圖書館 … 189
00215　**空同集六十三卷**　(明)李夢陽撰　明嘉靖十一年(1532)曹嘉刻本　祁縣圖書館 ………… 190
00216　**空同詩選一卷**　(明)李夢陽撰　(明)楊慎評　明閔齊伋刻朱墨套印本　山西省圖書館 …… 191
00217　**蘇門集八卷**　(明)高叔嗣撰　明嘉靖三十七年(1558)王緯刻本　祁縣圖書館 ………… 192
00218　**涇野先生文集三十六卷**　(明)吕柟撰　明嘉靖三十四年(1555)于德昌刻本　山西大學圖書館 ………… 193
00219　**莊渠先生遺書十六卷又十卷**　(明)魏校撰　明嘉靖四十年(1561)王道行　張焯刻本　山西省圖書館 ………… 194
00220　**莊渠先生遺書十二卷**　(明)魏校撰　明嘉靖四十年(1561)王道行刻本　山西大學圖書館　卷三抄配 ………… 195
00221　**周恭肅公集十六卷**　(明)周用撰　**附錄一卷**　明嘉靖二十八年(1549)周國南川上草堂刻本　祁縣圖書館 ………… 197
00222　**渼陂集十六卷**　(明)王九思撰　明嘉靖十二年(1533)王獻等刻本　祁縣圖書館 ………… 198
00223　**遵巖先生文集四十一卷**　(明)王慎中撰　明隆慶五年(1571)邵廉刻本　太谷縣圖書館 … 199
00224　**宗子相集八卷**　(明)宗臣撰　明嘉靖三十九年(1560)林朝聘黃中等刻本　山西大學圖書館 ………… 200

00225 **雙江聶先生文集十四卷** (明)聶豹撰　明嘉靖四十三年(1564)吴鳳瑞刻隆慶六年(1572)印本　山西大學圖書館 …… 201
00226 **古言二卷今言四卷** (明)鄭曉撰　明嘉靖四十四年(1565)項篤壽刻本　山西大學圖書館 …… 202
00227 **孟有涯集十七卷** (明)孟洋撰　明嘉靖十七年(1538)王廷相徐九皋刻本　山西大學圖書館 …… 203
00228 **俟知堂集十四卷** (明)鄒守愚撰　明嘉靖刻本　山西大學圖書館 …… 204
00229 **念庵羅先生集十三卷** (明)羅洪先撰　明嘉靖四十二年(1563)劉玠刻本　山西大學圖書館 …… 205
00230 **歐陽南野先生文集三十卷** (明)歐陽德撰　明嘉靖三十七年(1558)梁汝魁刻本　山西省圖書館 …… 206
00231 **條麓堂集三十四卷** (明)張四維撰　明萬曆二十四年(1596)刻本　山西省圖書館 …… 207
00232 **復宿山房集四十卷** (明)王家屏撰　明萬曆魏養蒙刻本　山西大學圖書館 …… 208
00233 **復宿山房集四十卷** (明)王家屏撰　明萬曆魏養蒙刻本　山西省圖書館 …… 209
00234 **句注山房集二十卷** (明)張鳳翼撰　明孫傳庭刻本　山西省圖書館 …… 210
00235 **白雲巢集二十四卷** (明)邢大道撰　明萬曆四十五年(1617)刻本　山西大學圖書館 …… 211
00236 **文選六十卷** (梁)蕭統輯　(唐)李善注　明成化二十三年(1487)唐藩朱芝址刻本　山西省圖書館 …… 212
00237 **文選六十卷** (梁)蕭統輯　(唐)李善注　明嘉靖四年(1524)晉藩養德書院刻本　山西省圖書館 …… 215
00238 **六家文選六十卷** (梁)蕭統輯　(唐)李善等注　明嘉靖十三至二十八年(1534-1549)袁褧嘉趣堂刻本　山西省圖書館 …… 216
00239 **六臣注文選六十卷** (梁)蕭統輯　(唐)李善等注　明吴勉學刻本　山西省圖書館 …… 218
00240 **選詩七卷** (梁)蕭統輯　(明)郭正域評點　(明)淩濛初輯評　**詩人世次爵里一卷**　明淩濛初刻朱墨套印本　太谷縣圖書館 …… 220
00241 **選賦六卷** (梁)蕭統輯　(明)郭正域評點　明淩氏鳳笙閣刻朱墨套印本　山西博物院 …… 221
00242 **古樂府十卷** (元)左克明輯　明嘉靖二十三年(1544)蕭一中刻本　祁縣圖書館 …… 222
00243 **詩紀一百三十卷前集十卷外集四卷別集十二卷** (明)馮惟訥輯　明嘉靖三十九年(1560)甄敬刻本　祁縣圖書館 …… 223
00244 **雍熙樂府二十卷** (明)郭勳輯　明嘉靖四十五年(1566)荊聚刻本　山西省圖書館 …… 224
00245 **韓柳文一百卷** (明)游居敬編　明嘉靖三十五年(1556)莫如士刻本　山西師範大學圖書館 …… 225
00246 **六藝流別二十卷** (明)黄佐輯　明嘉靖四十一年(1562)歐大任刻本　祁縣圖書館 …… 226
00247 **中州集十卷** (金)元好問輯　明末汲古閣刻清古松堂印本　祁縣圖書館 …… 227
00248 **唐詩豔逸品四卷** (明)楊肇祉編　明天啟元年(1621)閔一栻刻朱墨套印本　運城市鹽湖區圖書館 …… 228
00249 **盛明百家詩三百二十卷** (明)俞憲編　明嘉靖隆慶間刻本　山西省圖書館 …… 229
00250 **經世石畫三卷** (明)辛全輯　明崇禎二年(1629)刻辛復元先生著述六種本　山西省圖書館 …… 230
00251 **王氏家藏集五種六十五卷** (明)王廷相撰　明嘉靖刻本　祁縣圖書館 …… 231

清　代

00252 **易學三述不分卷** (清)王含光撰　清刻本　山西大學圖書館 …… 234
00253 **尚書引義六卷** (清)王夫之撰　清抄四庫進呈本　運城市鹽湖區圖書館 …… 235
00254 **于山奏牘七卷詩詞一卷** (清)于成龍撰　清康熙二十二年(1683)劉鼎刻本　山西大學圖書館 …… 236
00255 **祁𡎴奏稿不分卷** (清)祁𡎴撰　清道光十一年(1831)稿本　山西省圖書館 …… 238

00256 **三立祠傳二卷首一卷附錄一卷** （明）袁繼咸撰 （清）劉梅重訂 和其衷重編 清乾隆三十年(1765)刻本 山西師範大學圖書館 ……… 240
00257 **峴樵山房日記** （清）董文煥撰 清同治元年至十四年(1862–1875)稿本 山西省圖書館 …… 241
00258 **萩龕日記不分卷** （清）董文燦撰 清同治二年至十二年(1863–1873)稿本 山西省圖書館 … 242
00259 **藿齋日記不分卷** （清）董文燦撰 清光緒元年(1875)稿本 山西省圖書館 ………………… 244
00260 **觀阜山房日記不分卷** （清）董麟撰 稿本 山西省圖書館 …………………………………… 245
00261 **忘適適齋日記不分卷** （清）董麟撰 清光緒元年(1875)三月至十二月稿本 山西省圖書館 … 246
00262 **佩萩日記不分卷** （清）馮婉琳撰 清同治六年至八年(1867–1869)光緒十年(1884)稿本 山西省圖書館 ………………………………………… 247
00263 **武氏家譜不分卷** （清）武先慎纂 清乾隆五十六年（1791）刻本 聚順堂藏板 太谷縣圖書館 ………………………………………………… 248
00264 **孟氏家譜不分卷** 清嘉慶六年(1801)稿本 太谷縣圖書館
殘 ………………………………………………… 249
00265 **晉乘蒐略不分卷** （清）康基田撰 清嘉慶十六年(1811)霞蔭堂刻本 山西省圖書館 ………… 251
00266 **[雍正]山西通志二百三十卷** （清）覺羅石麟修 儲大文纂 清雍正十二年(1734)刻本 山西博物院 ………………………………………………… 252
00267 **[順治]太原府志二十六卷續志四卷** （明）關廷訪修 清順治十一年(1654)刻本 山西博物院 ………………………………………………… 253
00268 **[雍正]重修太原縣志十六卷** （清）龔新 沈繼賢修 高若岐等纂 清雍正九年(1731)刻本 山西博物院 ………………………………………… 254
00269 **[雍正]重修太原縣志十六卷** （清）龔新 沈繼賢修 高若岐等纂 清雍正九年(1731)刻本 太原市圖書館 ………………………………………… 255
00270 **[康熙]陽曲縣志十四卷** （清）戴夢熊修 李方蓁 李方芃纂 清康熙二十一年(1682)刻本 太原市圖書館 ………………………………………… 256
00271 **[雍正]陽高縣志六卷** （清）房裔蘭修 蘇之芬纂 清雍正七年 (1729)刻本 山西博物院 … 257
00272 **[乾隆]渾源州志十卷** （清）桂敬順纂修 清乾隆二十八年(1763)刻本 山西博物院 ……… 258
00273 **[乾隆]渾源州志十卷** （清）桂敬順纂修 清乾隆二十八(1763)刻本 太原市圖書館 ……… 259
00274 **[乾隆]太谷縣志八卷** （清）郭晉修 管粵秀撰 清乾隆六十年(1795年)刻本 太谷縣圖書館 ………………………………………………… 260
00275 **[乾隆]太谷縣志八卷** （清）郭晉修 管粵秀纂 清乾隆六十年(1795)刻本 太原市圖書館 … 261
00276 **[乾隆]介休縣志十四卷** （清）王謀文纂修 清乾隆三十五年(1770)刻本 太原市圖書館 … 263
00277 **[乾隆]汾州府志三十四卷首一卷** （清）孫和相修 戴震纂 清乾隆三十六年(1771)刻本 太原市圖書館 ………………………………………… 264
00278 **[乾隆]汾陽縣志十四卷首一卷** （清）李文起修 戴震纂 清乾隆三十七年(1772)刻本 太谷縣圖書館 ………………………………………… 265
00279 **[乾隆]汾陽縣志十四卷首一卷** （清）李文起修 戴震纂 清乾隆三十七年(1772)刻本 太原市圖書館 ………………………………………… 266
00280 **[乾隆]汾陽縣志十四卷首一卷** （清）李文起修 戴震纂 清乾隆三十七年(1772)刻本 山西博物院 ………………………………………………… 267
00281 **[乾隆]高平縣志二十二卷** （清）傅德宜修 戴純纂 清乾隆三十九年（1774）刻本 山西博物院 ………………………………………………… 268
00282 **[乾隆]蒲州府志二十四卷** （清）周景柱等纂修 清乾隆二十年(1755)刻本 太原市圖書館 … 269
00283 **[乾隆]恒山志五卷** （清）桂敬順纂修 清乾隆二十八年(1763)刻本 山西博物院 ……… 270
00284 **晉祠全景序晉祠八景詩** （清）楊二酉撰 清乾隆四十二年(1777年)稿本 太谷縣圖書館 … 271
00285 **[太谷至廣東江西等地經商線路及沿路氣候風俗**

稿一卷］ 清抄本 太谷縣圖書館 ……… 272
00286 **于清端公政書八卷續集一卷外集一卷首編一卷** （清）于成龍撰 蔡方炳等編 清乾隆二十六年(1761)刻本 祁縣圖書館 ……………… 273
00287 **［雍正］山西賦役全書一百二十五卷** （清）覺羅石麟等纂修 清雍正十三年(1735)山西布政使司刻本 山西大學圖書館 ……………… 274
00288 **敕修河東鹽法志十二卷** （清）覺羅石麟等纂修 清雍正五年(1727)刻本 山西大學圖書館 … 275
00289 **近思錄十四卷** （宋）朱熹撰 （清）令狐亦岱輯 清刻本 猗氏方麓書院藏板 臨猗縣圖書館 ……………… 276
00290 **近思錄摘讀一卷** （清）令狐亦岱錄 清乾隆三十二年(1767)刻本 五雲藏板 臨猗縣圖書館 ……………… 278
00291 **荀子評注三十二卷** （清）傅山撰 稿本 山西博物院 ……………… 280
00292 **淮南子評注不分卷** （清）傅山撰 稿本 山西博物院 ……………… 282
00293 **大小諸證方論不分卷** （清）傅山撰 清抄本 山西省圖書館 ……………… 284
00294 **犧術要錄不分卷** （清）董文煥抄 清咸豐十年(1860)抄本 書皮題"犧術錄要" 山西省圖書館 ……………… 285
00295 **金剛般若波羅蜜經** （後秦）釋鳩摩羅什譯 清順治十一年(1654)傅山寫本 太谷縣圖書館 … 286
00296 **慈悲三昧水懺法三卷** 清康熙四十一年(1702)平陽府蒲州猗氏夏任鎮峨嵋寺刻本 書皮題"慈悲三昧水懺" 臨猗縣圖書館 ……………… 287
00297 **繪像丹桂籍二編不分卷** 清乾隆三十一年(1766)刻本 太谷縣文昌宮藏板 太谷縣圖書館 … 289
00298 **宋少陽公文集十卷** （宋）陳東撰 清雍正十一年(1733)活字印本 山西省圖書館 ……… 290
00299 **文清公薛先生文集二十四卷** （明）薛瑄撰 清雍正十二年(1734)河津薛氏刻本 山西大學圖書館 ……………… 291
00300 **孔文谷詩集四卷** （明）孔天胤撰 清乾隆三十九年(1774)中陽溫德端抄本 山西大學圖書館 ……………… 292
00301 **姑射山人吟稿二卷** （明）王體複撰 清乾隆四十年(1775)趙熟典刻本 山西省圖書館 …… 293
00302 **白谷山人詩鈔二卷** （明）孫傳庭撰 清順治十七年(1660)馮世瑞 馮世寧刻本 山西省圖書館 ……………… 294
00303 **韓忠定公集四卷** （明）韓文撰 清乾隆十七年(1752)刻本 山西大學圖書館 ……… 296
00304 **龍塢集五十五卷** （明）王時濟撰 清順治王震亨刻本 山西大學圖書館 ……………… 297
00305 **慎修堂集二十卷** （明）亢思謙撰 明萬曆刻清康熙十五年(1676)亢宗瑗重修二十四年(1685)序本 山西大學圖書館 ……………… 298
00306 **秋水集十六卷** （清）馮如京撰 清乾隆五年(1740)武林刻本 清暉堂藏板 山西省圖書館 ……………… 299
00307 **吳詩集覽二十卷** （清）吳偉業撰 靳榮藩輯注 清乾隆四十年(1775)刻本 淩雲亭藏板 山西大學圖書館 ……………… 300
00308 **谷口集不分卷附吟壇辨體一卷** （清）王含光撰 清康熙刻本 山西大學圖書館 ……… 301
00309 **寄園藏稿不分卷** （清）衛周胤撰 稿本 山西省圖書館 ……………… 302
00310 **傅史補遺** （清）傅山撰 稿本 山西博物院 ……………… 304
00311 **傅史殘稿** （清）傅山撰 稿本 山西博物院 ……………… 306
00312 **傅青主詩文稿一卷** （清）傅山撰 稿本 董壽平跋 山西博物院 ……………… 307
00313 **西北文集四卷** （清）畢振姬撰 清康熙朱正暉刻本 山西大學圖書館 ……………… 310
00314 **西北文集四卷** （清）畢振姬撰 清康熙朱正暉刻本 祁縣圖書館 ……………… 311
00315 **旭華堂文集十四卷補遺一卷** （清）王奐曾撰 清乾隆十六年(1751)趙熟典刻本 山西大學圖書館 ……………… 312

00316 **蓮洋集二十卷** （清）吳雯撰　年譜一卷附錄一卷　清乾隆三十九年(1774)刻本　荊園草堂藏板　山西大學圖書館 ……………………………… 314
00317 **蓮洋集選十二卷** （清）吳雯撰　清乾隆十五年(1750)臨汾劉組曾刻本　夢鶴草堂藏板　山西大學圖書館 ……………………………… 315
00318 **午亭文編五十卷** （清）陳廷敬撰　清康熙四十七年(1708)林佶寫刻乾隆四十三年(1778)重印本　山西師範大學圖書館 ……………………… 317
00319 **午亭文編五十卷** （清）陳廷敬撰　清康熙四十七年(1708)林佶寫刻乾隆四十三年(1778)重印本　祁縣圖書館 ……………………………… 318
00320 **雪籟集一卷** （清）宋廷魁撰　稿本　山西省圖書館 ……………………………………… 319
00321 **王石和文七卷** （清）王珻撰　清雍正七年(1729)培風齋刻本　山西大學圖書館 ……………… 320
00322 **王石和文九卷** （清）王珻撰　清乾隆六年(1741)刻本　培風齋藏板　山西大學圖書館 …… 321
00323 **王石和文九卷** （清）王珻撰　清乾隆六年(1741)刻本　培風齋藏板　山西省圖書館 ……… 322
00324 **道腴堂詩編三十卷道腴堂詩續十二卷** （清）鮑鈐撰　清乾隆刻本　山西大學圖書館
詩續存六卷(一至六) ……………………… 323
00325 **受祜堂集十二卷** （清）張泰交撰　清康熙四十五年(1706)高熊征刻本　山西大學圖書館 …… 324
00326 **非水舟遺集二卷** （清）梁錫珩撰　清乾隆六年(1741)梁濬刻本　山西大學圖書館 ……… 325
00327 **思居堂集十三卷** （清）喬于泂撰　清乾隆二十一年(1756)刻本　山西大學圖書館 ………… 326
00328 **瘦吟草二卷** （清）梁樞撰　周天益評點　清乾隆三十二年(1767)靈石梁元熹　梁元杰刻本　裁雲書屋藏板　山西大學圖書館 ……………… 327
00329 **劍虹齋集十二卷** （清）梁濬撰　清乾隆三十六年(1771)梁本榮一畝園刻本　山西大學圖書館
……………………………………………… 328
00330 **藐姑射山房詩集三卷** （清）董文煥撰　稿本　山西省圖書館 ……………………………… 329
00331 **峴樵山房詩集初編八卷** （清）董文煥撰　清同治七年(1868)　稿本　山西省圖書館 ……… 331
00332 **峴樵山房倡和詩存二卷** （清）董文煥等撰　稿本　山西省圖書館 ……………………… 332
00333 **綠溪全集五種** （清）靳榮藩撰　清乾隆十九年至四十九年(1754–1784)刻本　山西大學圖書館
……………………………………………… 334
00334 **河汾諸老詩集八卷** （元）房祺輯　清乾隆四十三年(1778)敬翼堂刻道光十五年(1835)續刻本　山西大學圖書館 ……………………………… 335
00335 **丹楓閣唐詩選三卷** （清）戴廷栻編選　清初抄本　祁縣圖書館 ……………………………… 336
00336 **柳崖外編十六卷** （清）徐昆撰　清康熙五十七年(1718)平陽徐氏貯書樓刻本　山西師範大學圖書館 ……………………………………… 337
00337 **介山記二卷** （清）宋廷魁撰　清乾隆刻本　山西省圖書館 ……………………………… 338

陀羅難陀富樓那彌多羅尼子須菩提阿難
羅睺羅如是衆所知識大阿羅漢等復有學
無學二千人摩訶波闍波提比丘尼與眷屬
六千人俱羅睺羅母耶輸陀羅比丘尼亦與
眷屬俱
菩薩摩訶薩八萬人皆於阿耨多羅三藐三
菩提不退轉皆得陀羅尼樂說辯才轉不退
轉法輪供養無量百千諸佛於諸佛所殖衆

宋遼金元時期

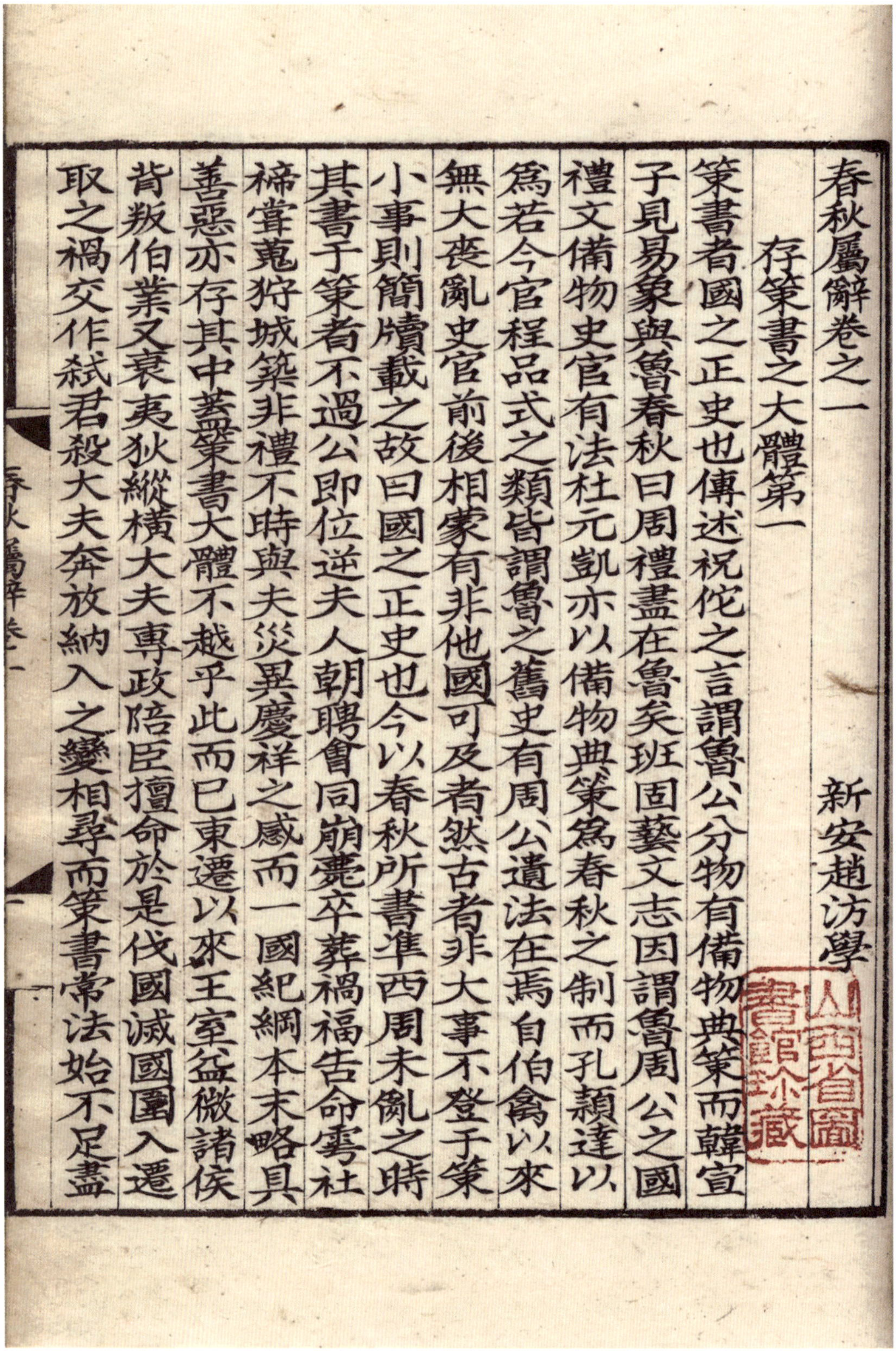
春秋屬辭卷之一

存策書之大體第一　　新安趙汸學

策書者國之正史也傳述祝佗之言謂魯公分物有備物典策而韓宣子見易象與魯春秋曰周禮盡在魯矣班固藝文志因謂魯周公之國禮文備物史官有法杜元凱亦以備物典策爲春秋之制而孔頴達以爲若今官程品式之類皆謂魯之舊史有周公遺法在焉自伯禽以來無大喪亂史官前後相承有非他國可及者然古者非大事不登于策小事則簡牘載之故曰國之正史也今以春秋所書準西周未亂之時其書于策者不過公即位逆夫人朝聘會同崩薨卒葬禍福告命雩社禘嘗蒐狩城築非禮不時與夫災異慶祥之感而一國紀綱本末略具善惡亦存其中蓋策書大體不越乎此而已東遷以來王室益微諸侯背叛伯業又衰夷狄縱横大夫專政陪臣擅命於是伐國滅國圍入遷取之禍交作弑君殺大夫奔放納入之變相尋而策書常法始不足盡

00089 春秋屬辭十五卷 （元）趙汸撰 元至正二十四年（1364）休寧商山義塾刻明弘治六年（1493）高忠重修本

綫裝。匡高 16.3 厘米，廣 13.8 厘米。半葉十三行，行二十七字，小字雙行，行字同，細黑口，左右雙邊。山西省圖書館藏。

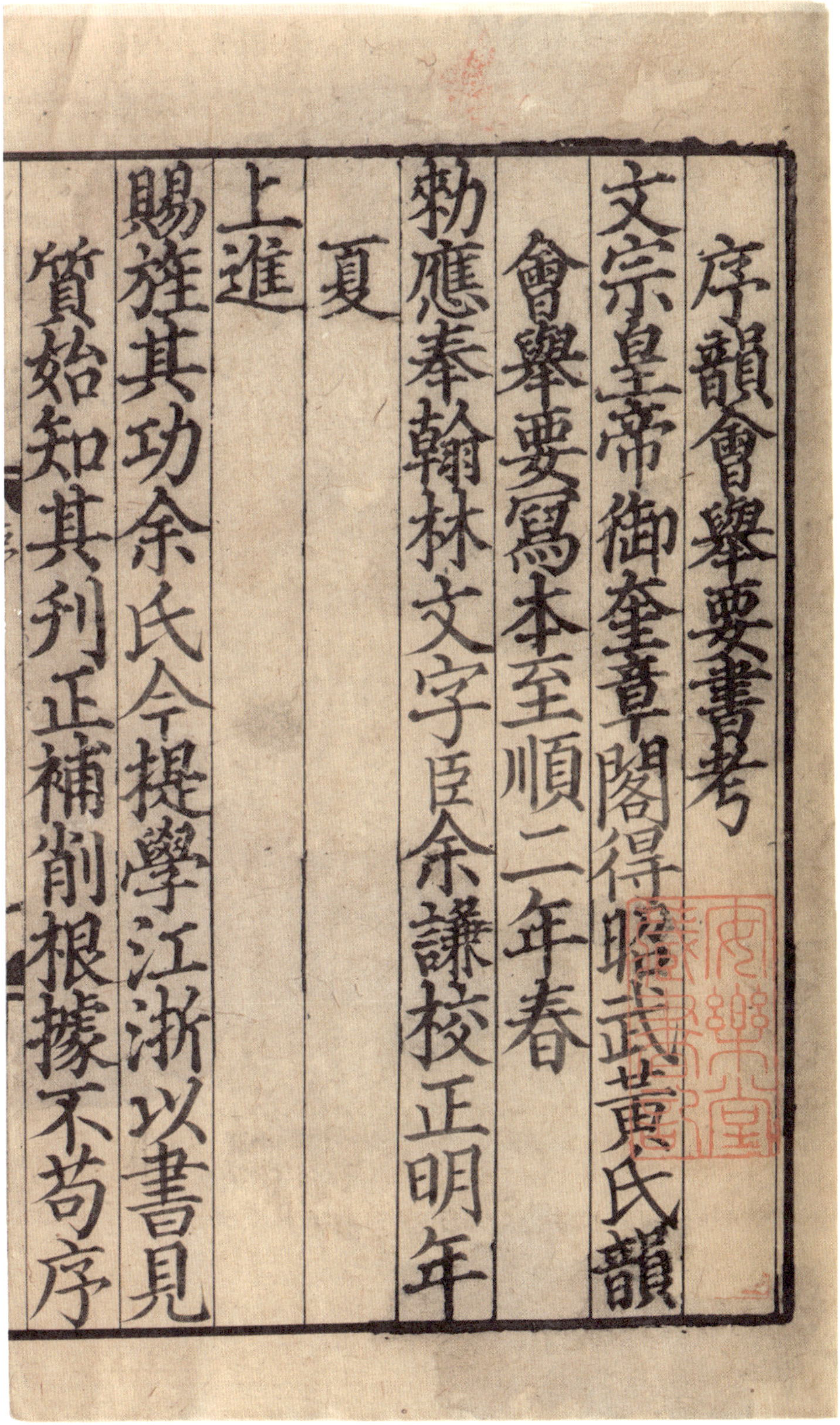

序韻會舉要書考
文宗皇帝御奎章閣得昭武黄氏韻
會舉要寫本至順二年春
勑應奉翰林文字臣余謙校正明年
夏
上進
賜旌其功余氏今提學江浙以書見
質始知其刋正補削根據不苟序

00090 古今韻會舉要三十卷禮部韻略七音三十六母通考一卷 （元）熊忠撰 元刻本（配另一元刻本）

綫裝。匡高 19.9 厘米，廣 13 厘米。半葉八行，行字不等，小字雙行，行二十二字或二十三字，上下黑口，左右雙邊。此卷一至二、二十八至三十為元陳宲刻本，卷三至二十七為另一元刻本。鈐“安樂堂藏書記”印。山西省圖書館藏。

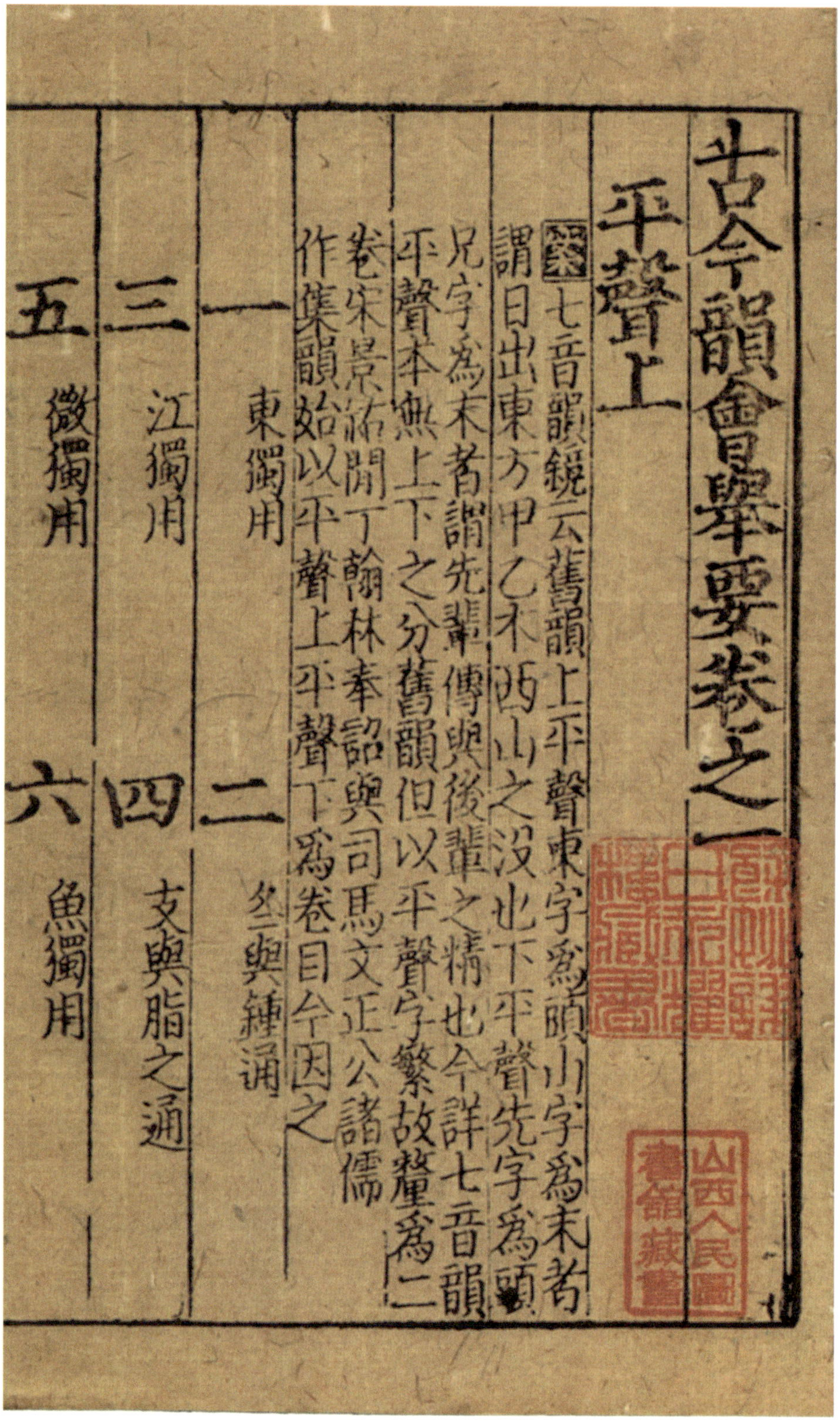

古今韻會舉要卷之一

平聲上

案七音韻鏡云舊韻上平聲東字爲頭山字爲末者謂日出東方甲乙木西山之沒也下平聲先字爲頭凡字爲末者謂先輩傳與後輩之精也今詳七音韻平聲本無上下之分舊韻但以平聲字繁故釐爲二卷宋景祐閒丁翰林奉詔與司馬文正公諸儒作集韻始以平聲上平聲下爲卷目今因之

一 東獨用

二 冬與鍾通

三 江獨用

四 支與脂之通

五 微獨用

六 魚獨用

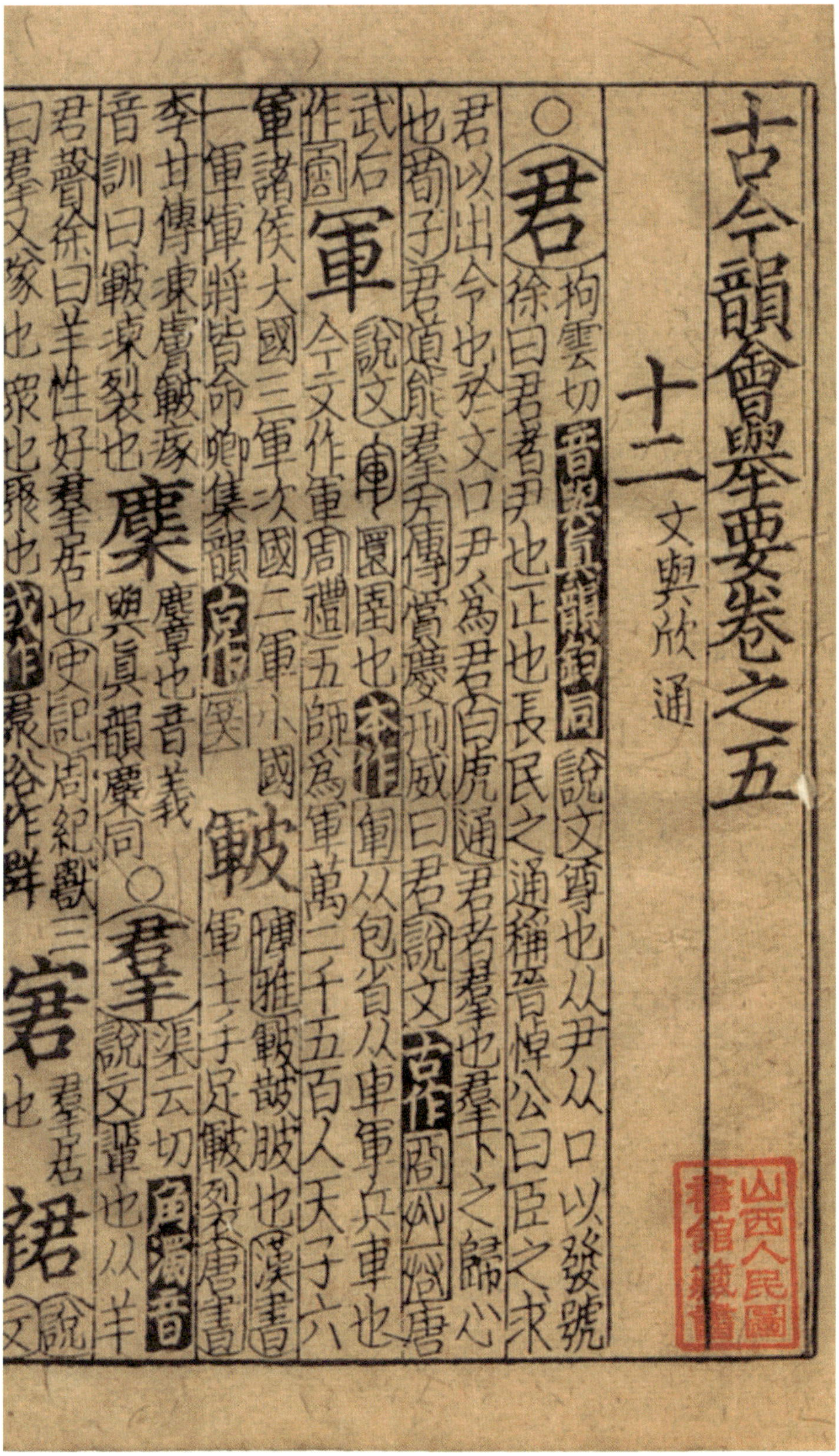

古今韻會舉要卷之五

十二文 與欣通

○君 拘雲切 音與經韻鈞同 說文尊也从尹从口以發號徐曰君者尹也正也長民之通稱晉悼公曰臣之求君以出令也孫文口尹為君白虎通君者羣也羣下之歸心也荀子君道能羣方傳賞慶刑威曰君說文古作[illegible]唐武后作圀

軍 說文圜圍也本作[illegible]从包省从車軍兵車也今文作軍周禮五師為軍萬二千五百人天子六軍諸侯大國三軍次國二軍小國一軍軍將皆命卿集韻古作[illegible]

皸 博雅皸皵皴也漢書軍士手足皸裂唐書李甘傳凍膚皸瘃音訓曰皸凍裂也

麇 麏章也音義與員韻麇同

○羣 渠云切 角濁音 說文輩也从羊君聲徐曰羊性好羣羣居也史記周紀獸三曰羣又豕也衆也聚也或作羣俗作群

宭 羣居也

裙 說文

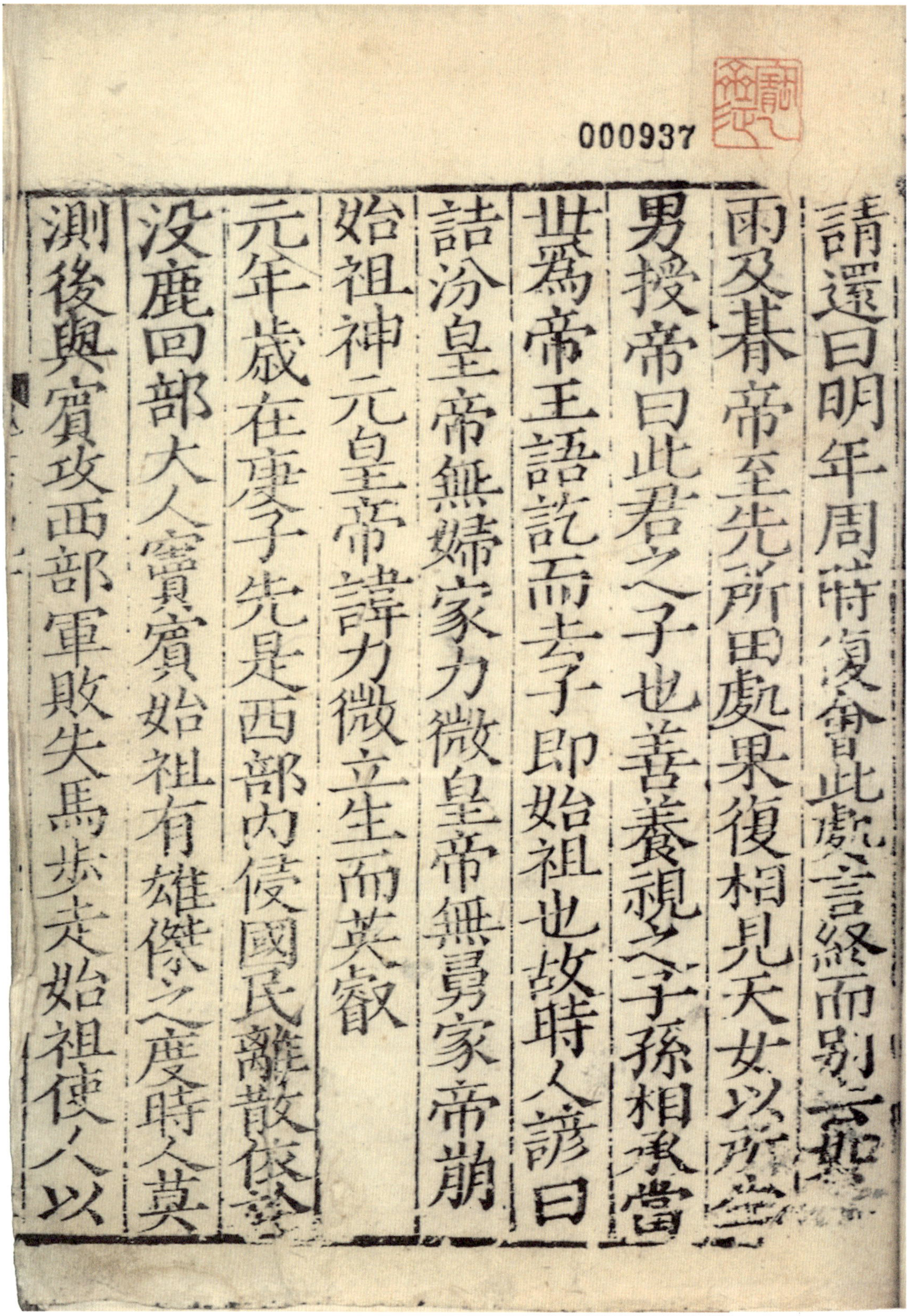

00091 魏書一百十四卷　（北齊）魏收撰　宋刻元明遞修本

綫裝。匡高 20.1 厘米，廣 13.2 厘米。半葉九行，行十八字，白口，左右雙邊。山西師範大學圖書館藏，存二卷（一至二）。

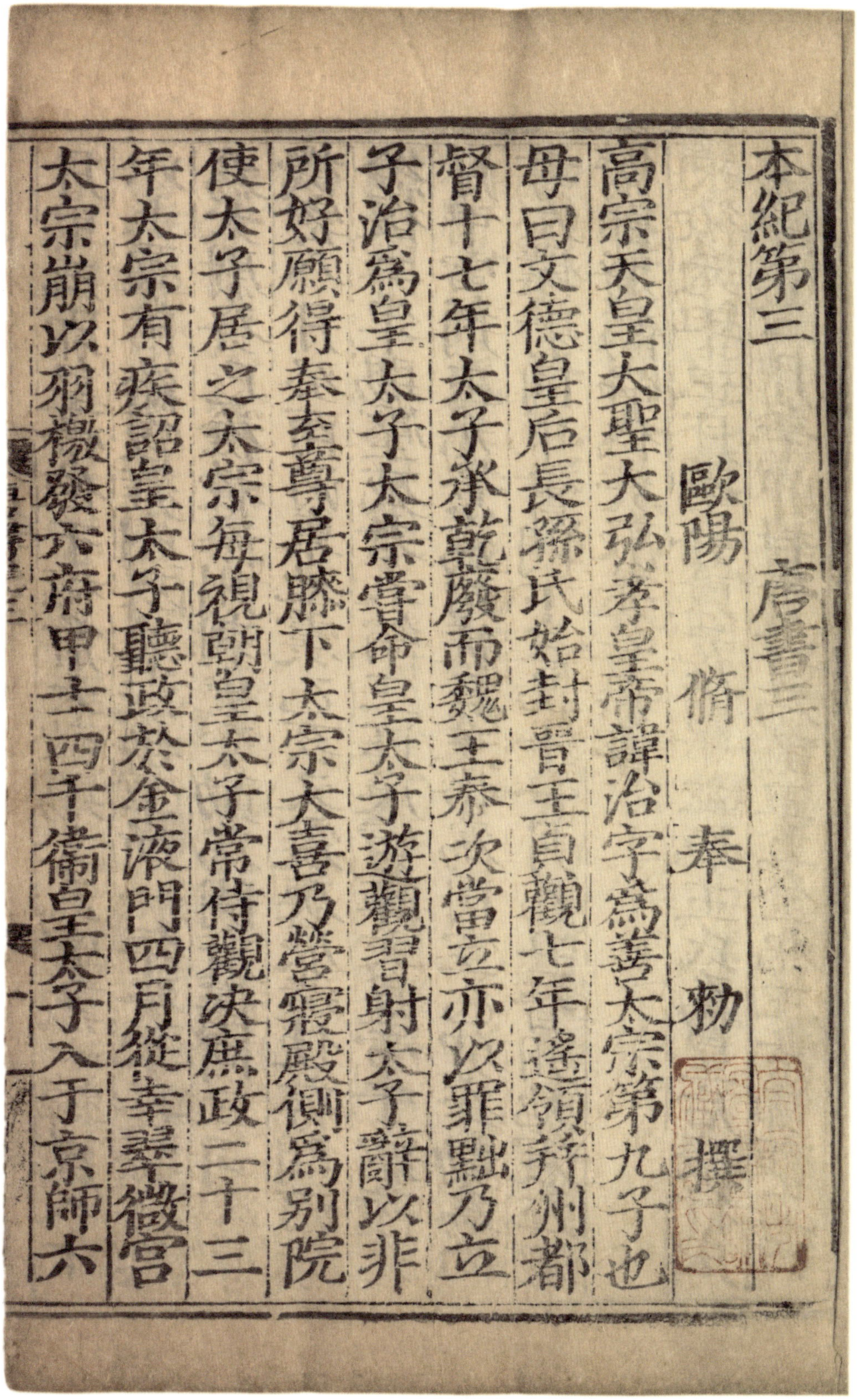

00092 唐書二百二十五卷　（宋）歐陽修　宋祁等撰　元大德九年（1305）建康路儒學刻明成化弘治嘉靖南京國子監遞修本

綫裝。匡高 22.4 厘米，廣 16.3 厘米。半葉十行，行二十二字，白口，四周雙邊或左右雙邊。太原市圖書館藏，存二十三卷（本紀三至十，志十一至二十，三十六至四十）。

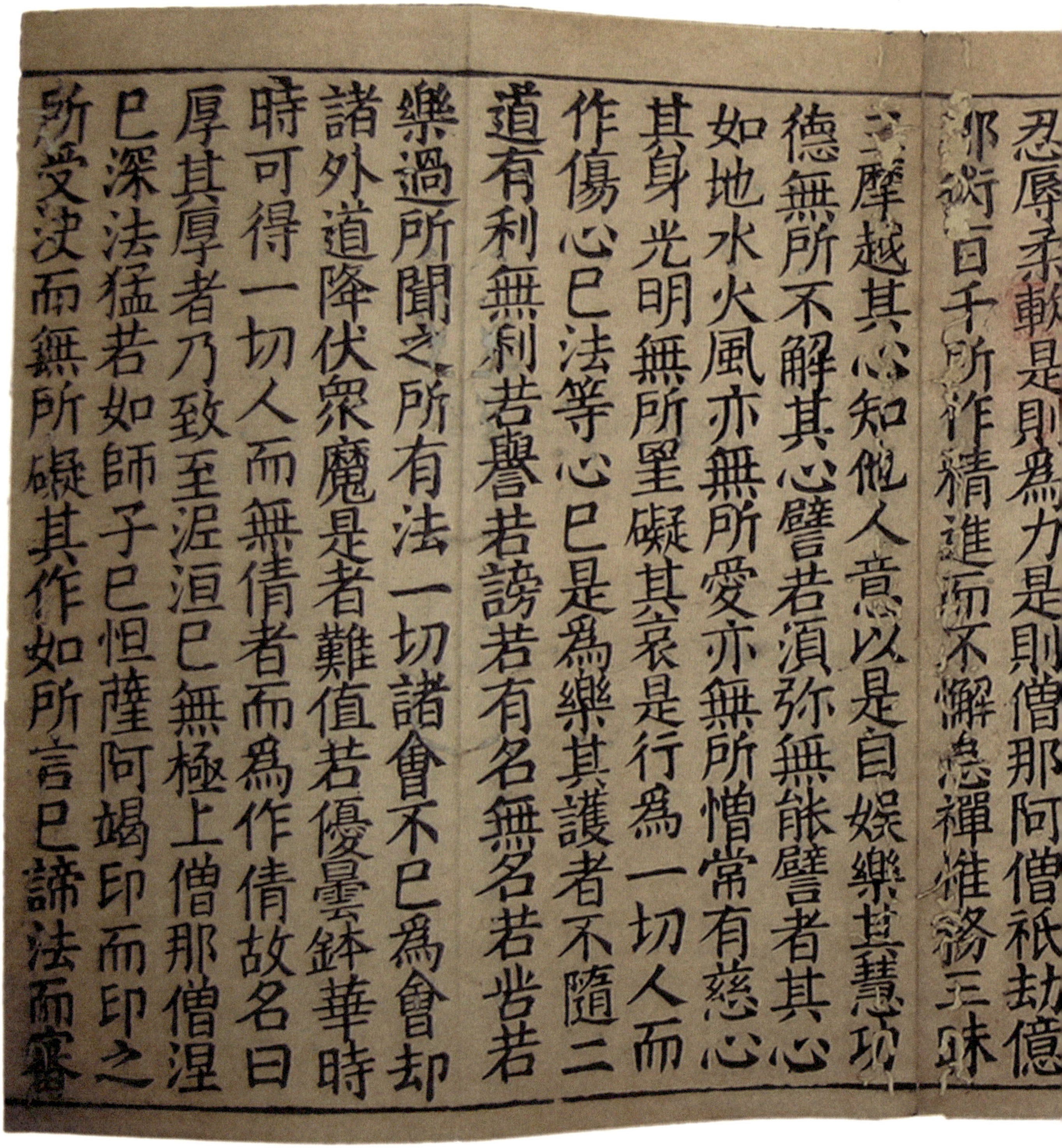

忍辱柔軟是則爲力是則僧那阿僧祇劫億
那術百千所作精進而不懈怠禪維務三昧
三摩越其心知他人意以是自娱樂其慧功
德無所不解其心譬若須弥無能譬者其心
如地水火風亦無所愛亦無所憎常有慈心
其身光明無所罣礙其哀是行爲一切人而
作傷心巳法等心巳是爲樂其護者不隨二
道有利無利若譽若謗若有名無名若苦若
樂過所聞之所有法一切諸會不巳爲會却
諸外道降伏衆魔是者難值若優曇鉢華時
時可得一切人而無倩者而爲作倩故名曰
厚其厚者乃致至泥洹巳無極上僧那僧涅
巳深法猛若如師子巳怛薩阿竭印而印之
所受決而無所礙其作如所言巳諦法而審

00093 佛說伅真陀羅所問如來三昧經三卷 （東漢）釋支婁迦讖譯 北宋靖康元年至南宋紹興二年（1126-1132）刻思溪藏本

經折裝。匡高 25 厘米，廣 11.3 厘米。每紙五個半葉，半葉六行，行十七字，上下單邊。“化”字部。卷端鈐“讀杜草堂”朱印。山西省圖書館藏，存一卷（上）。

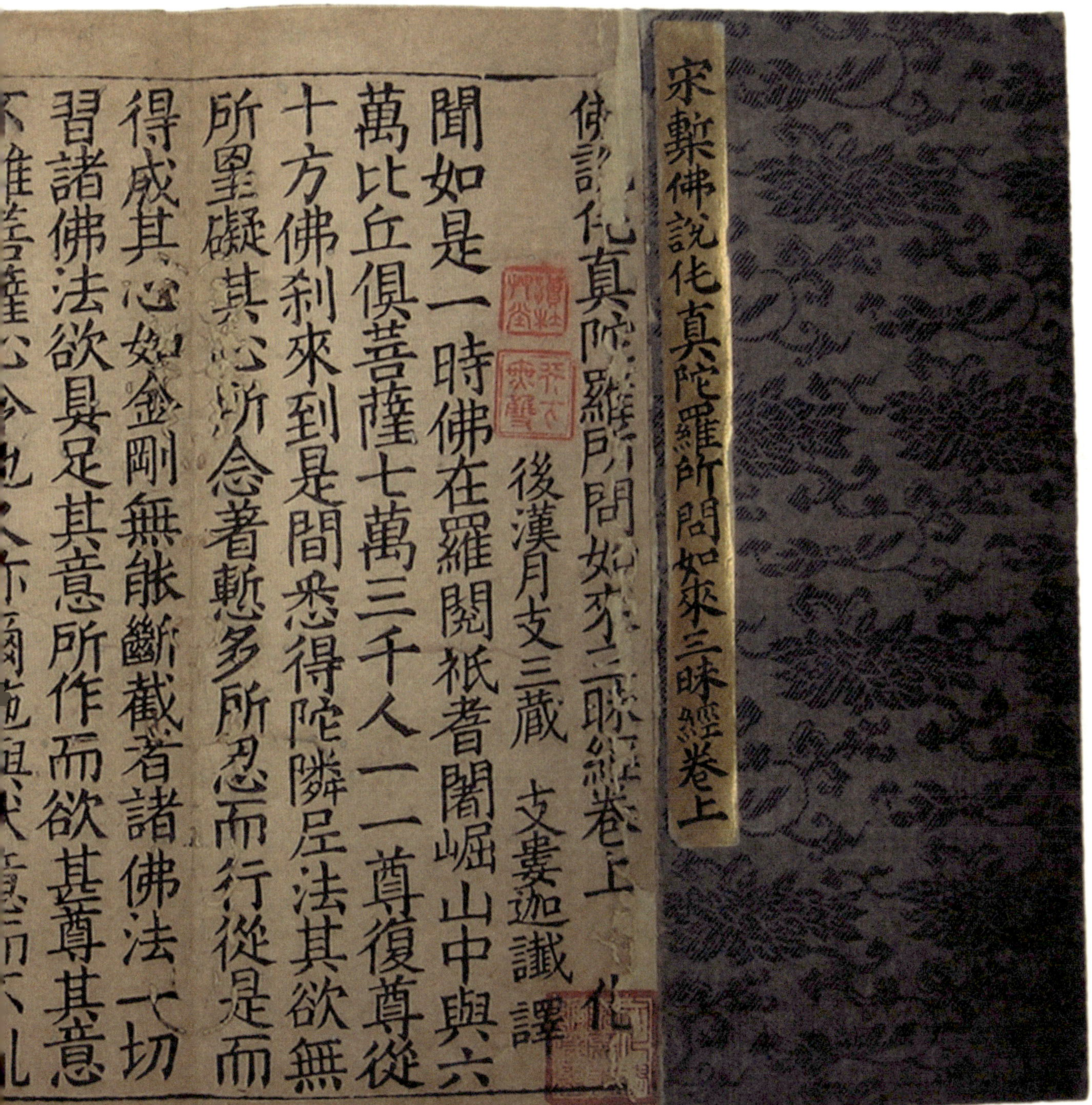

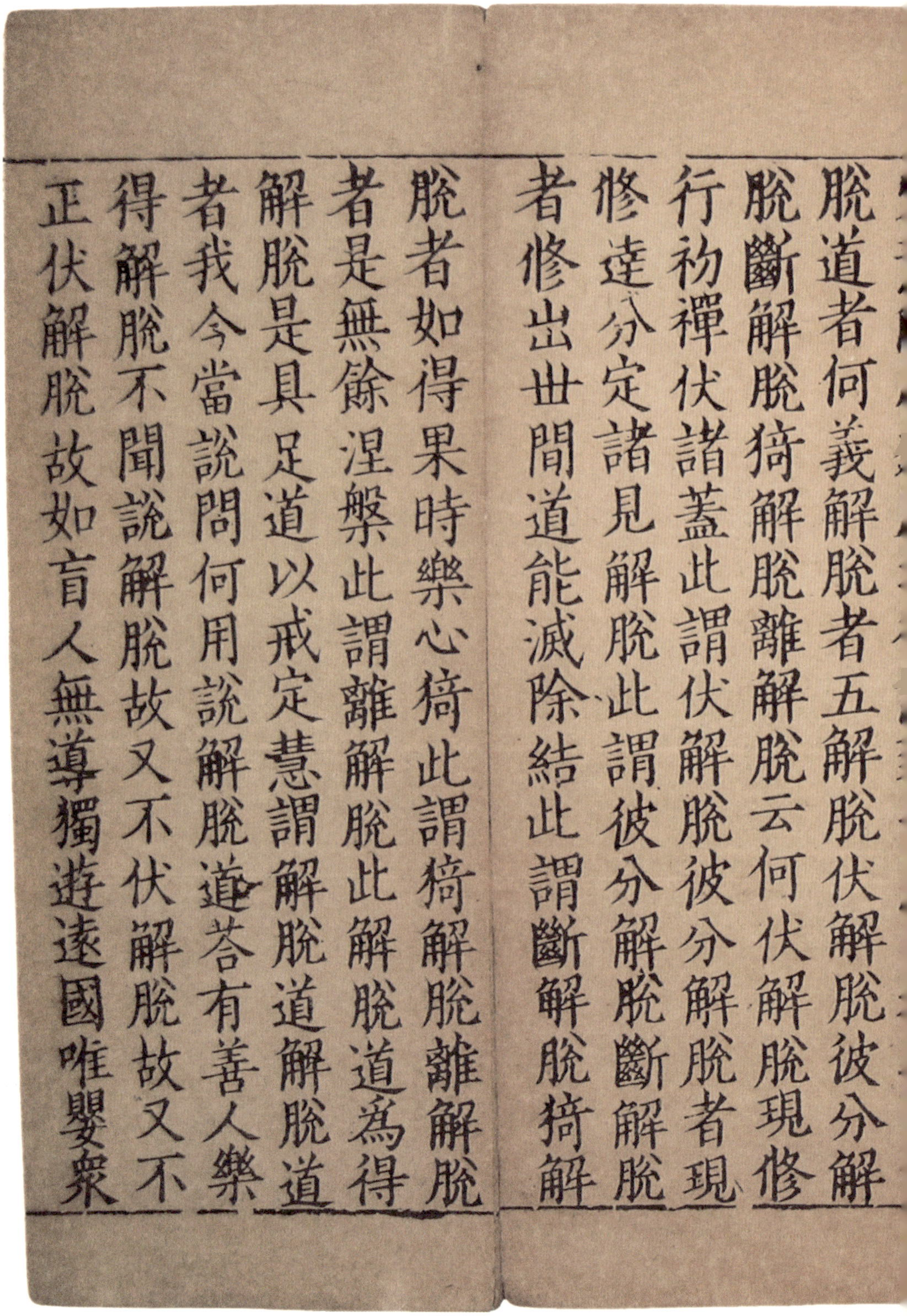
脫道者何義解脫者五解脫伏解脫彼分解
脫斷解脫猗解脫離解脫云何伏解脫現修
行初禪伏諸蓋此謂伏解脫彼分解脫者現
修達分定諸見解脫此謂彼分解脫斷解脫
者修出世間道能滅除結此謂斷解脫猗解
脫者如得果時樂心猗此謂猗解脫離解脫
者是無餘涅槃此謂離解脫此解脫道爲得
解脫是具足道以戒定慧謂解脫道解脫道
者我今當說問何用說解脫道荅有善人樂
得解脫不聞說解脫故又不伏解脫故又不
正伏解脫故如盲人無導獨遊遠國唯嬰衆

00094 解脫道論十二卷 （梁）釋僧伽婆羅譯 元刻普寧藏本

經折裝。匡高 26.7 厘米，廣 11.3 厘米。半葉六行，行十七字，上下單邊。千字文號為“背”。卷首有扉畫。山西省圖書館藏，存一卷（一）。

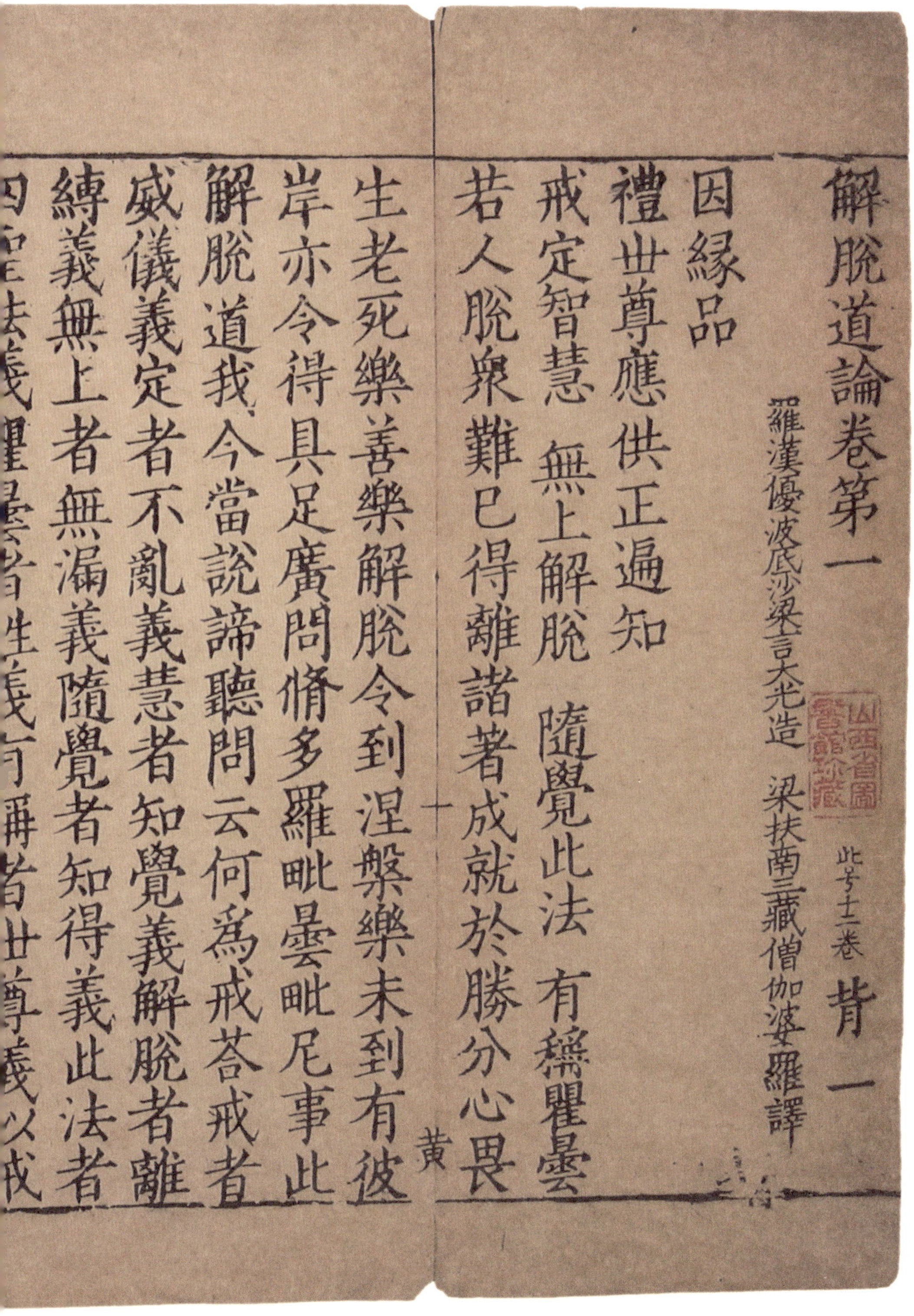
解脫道論卷第一　此号十二卷　背一

羅漢優波底沙梁言大光造　梁扶南三藏僧伽婆羅譯

因緣品

禮世尊應供正遍知

戒定智慧　無上解脫　隨覺此法　有稱瞿曇

若人脫衆難已得離諸著成就於勝分心畏

一　黃

生老死樂善樂解脫令到涅槃樂未到有彼

岸亦令得具足廣問脩多羅毗曇毗尼事此

解脫道我今當說諦聽問云何爲戒荅戒者

威儀義定者不亂義慧者知覺義解脫者離

縛義無上者無漏義隨覺者知得義此法者

四聖法義瞿曇者生姓有稱者世尊義以戒

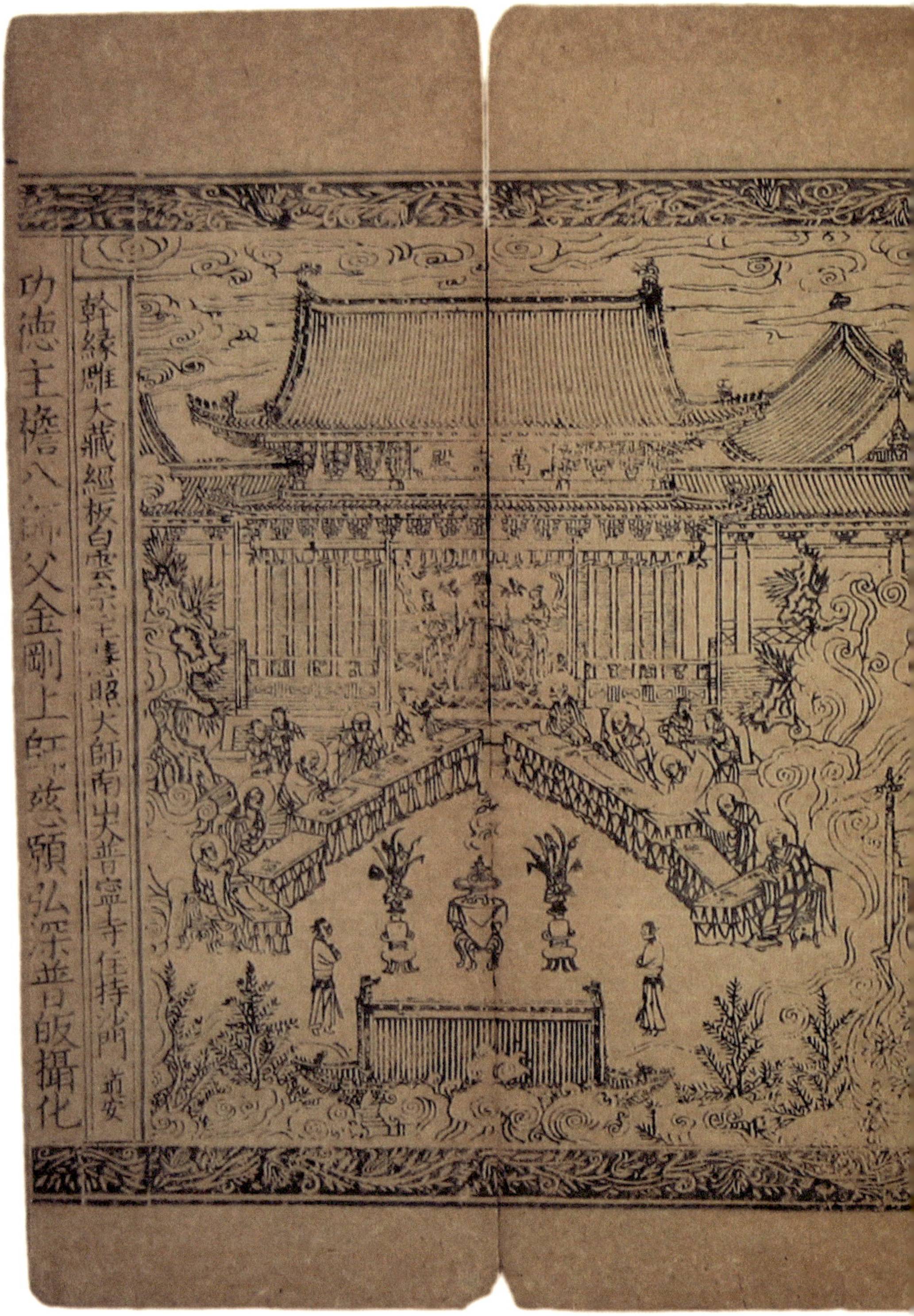
幹緣雕大藏經板白雲宗主慧照大師南山大普寧寺住持沙門道安
功德主

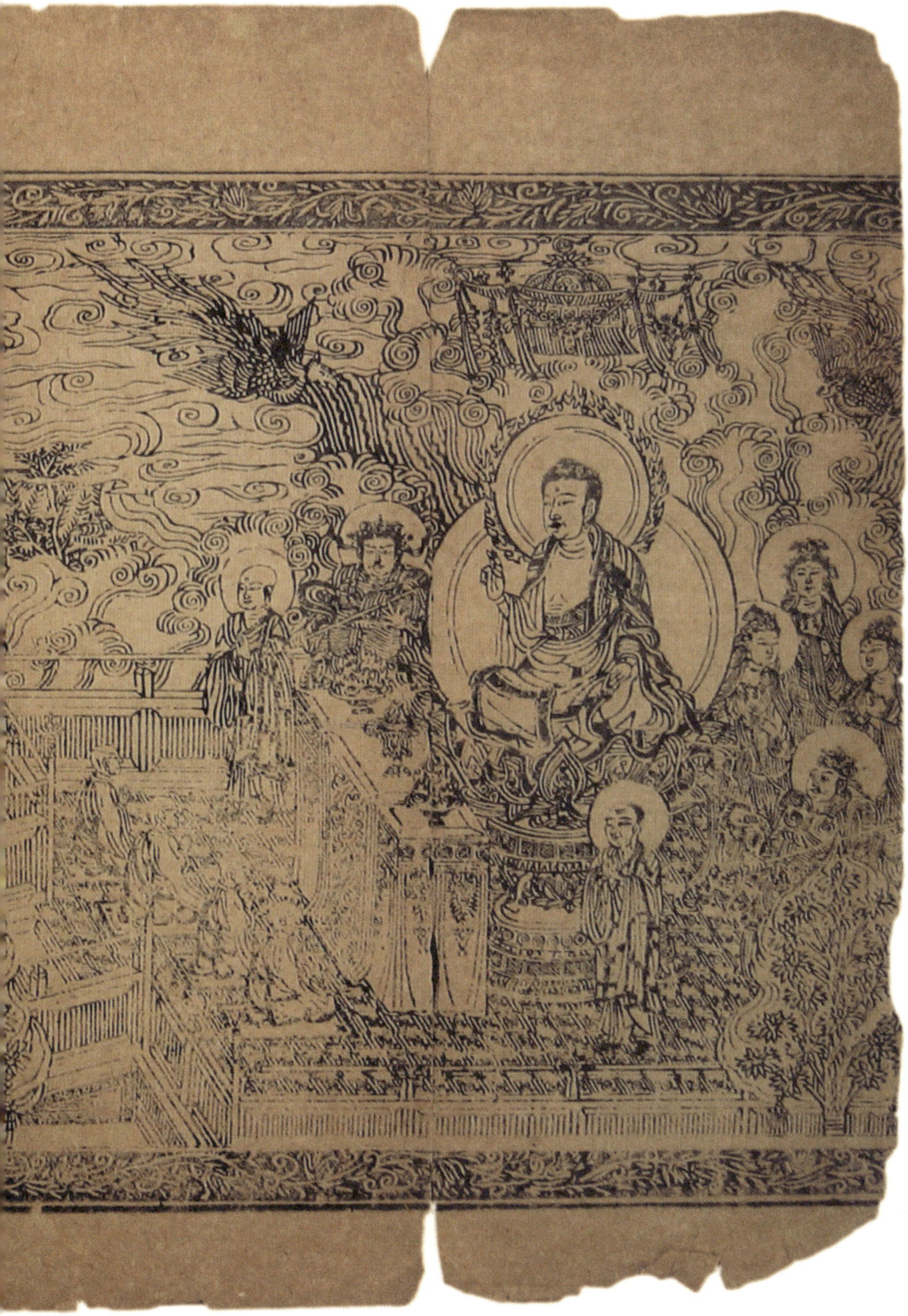

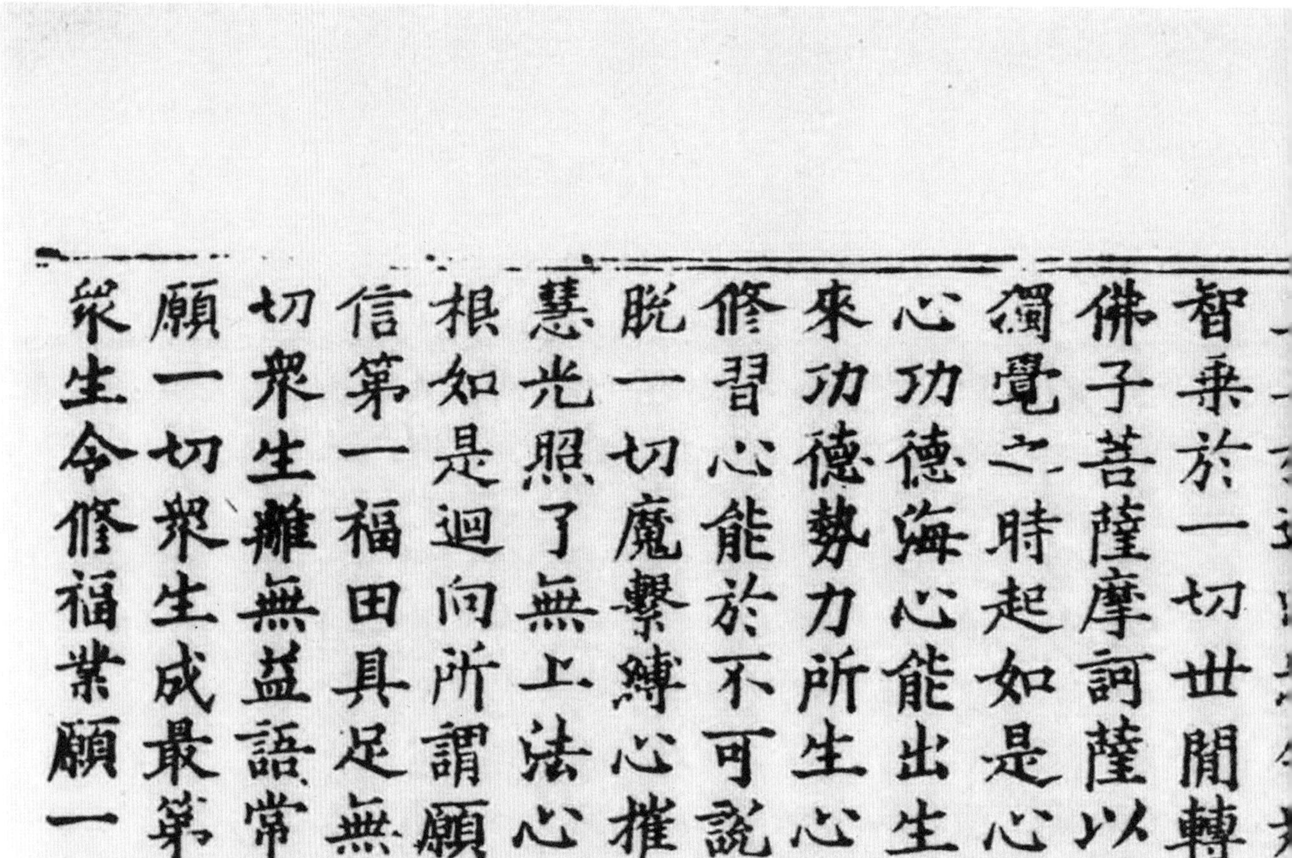

智乘於一切世間轉無礙法智慧輪故
佛子菩薩摩訶薩以衆寶車布施聲聞
獨覺之時起如是心所謂福田心尊敬
心功德海心能出生功德智慧心從如
來功德勢力所生心百千億那由他劫
修習心能於不可說劫修菩薩行心解
脫一切魔繫縛心摧滅一切魔軍衆心
慧光照了無上法心以此施車所有善
根如是迴向所謂願一切衆生爲世所
信第一福田具足無上檀波羅蜜願一
切衆生離無益語常樂獨處心無二念
願一切衆生成最第一清淨福田攝諸
衆生令修福業願一切衆生成智慧淵

00095 大方廣佛華嚴經八十卷　（唐）釋實叉難陀譯　遼刻本

卷軸裝。匡高 23 厘米，廣 55 厘米，现存 83 厘米。每紙二十八行，行十五字，上下雙邊。未避遼諱。每紙有“大花嚴經二十六”、版碼及千字文帙號“愛”字。應縣木塔文物保管所藏，存一卷（二十六）。

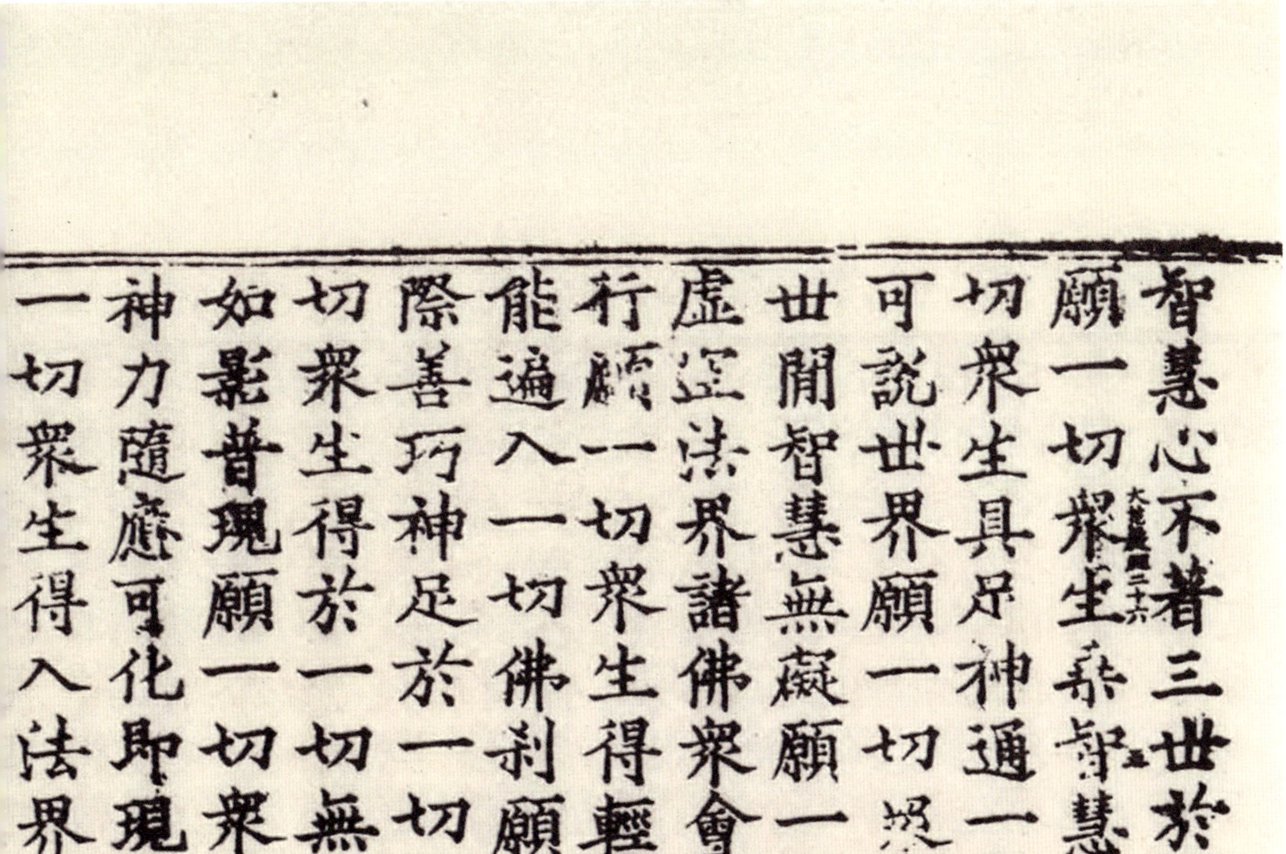

智慧心不著三世於諸衆中自在如王
願一切衆生（大華嚴經三十六）得智慧乘轉正法論願一
切衆生具足神通一念能往[illegible]說不
可說世界願一切衆生乘虛空身於諸
世間智慧無礙願一切衆生普入一切
虛空法界諸佛衆會成就[illegible]一波羅蜜
行願一切衆生得輕舉身殊勝智慧[illegible]
能遍入一切佛刹願一切衆生獲無邊
際善巧神足於一切刹普現其身願一
切衆生得於一切無所依身以神通力
如影普現願一切衆生得不思議自在
神力隨應可化即現其前教化調伏願
一切衆生得入法界無礙方便一念遍

歡喜適悅此相現已一切菩薩及諸衆
生身之與心皆得清涼然後從如來大
法身雲大慈悲雲大不思議雲雨不思
議廣大法雨令一切衆生身心清淨所
謂爲坐菩提場菩薩雨大法雨名法界
無差別爲最後身菩薩雨大法雨名菩
薩遊戲如來秘密教爲一生所繫菩薩
雨大法雨名清淨普光明爲灌頂菩薩
雨大法雨名如來莊嚴具所莊嚴爲得
忍菩薩雨大法雨名功德寶智慧花開
敷不斷菩薩大悲行爲住向行菩薩雨
大法雨名入現前變化甚深門而行菩
薩行無休息無疲厭爲初發心菩薩雨
大法雨名出生如來大慈悲行救護衆
生爲求獨覺乘衆生雨大法雨名深知
緣起法遠離二邊得不壞解脫果爲求
聲聞乘衆

00096 大方廣佛華嚴經八十卷　（唐）釋實叉難陀譯　遼刻本

卷軸裝。匡高 23.6 厘米，廣 29.7 厘米，現存 70 厘米加 72 厘米。每行十五字，上下雙邊。未避遼諱，每紙有“大花嚴經五十一”、版碼以及千字文帙號“首”字。應縣木塔文物保管所藏，存一卷（五十一）。

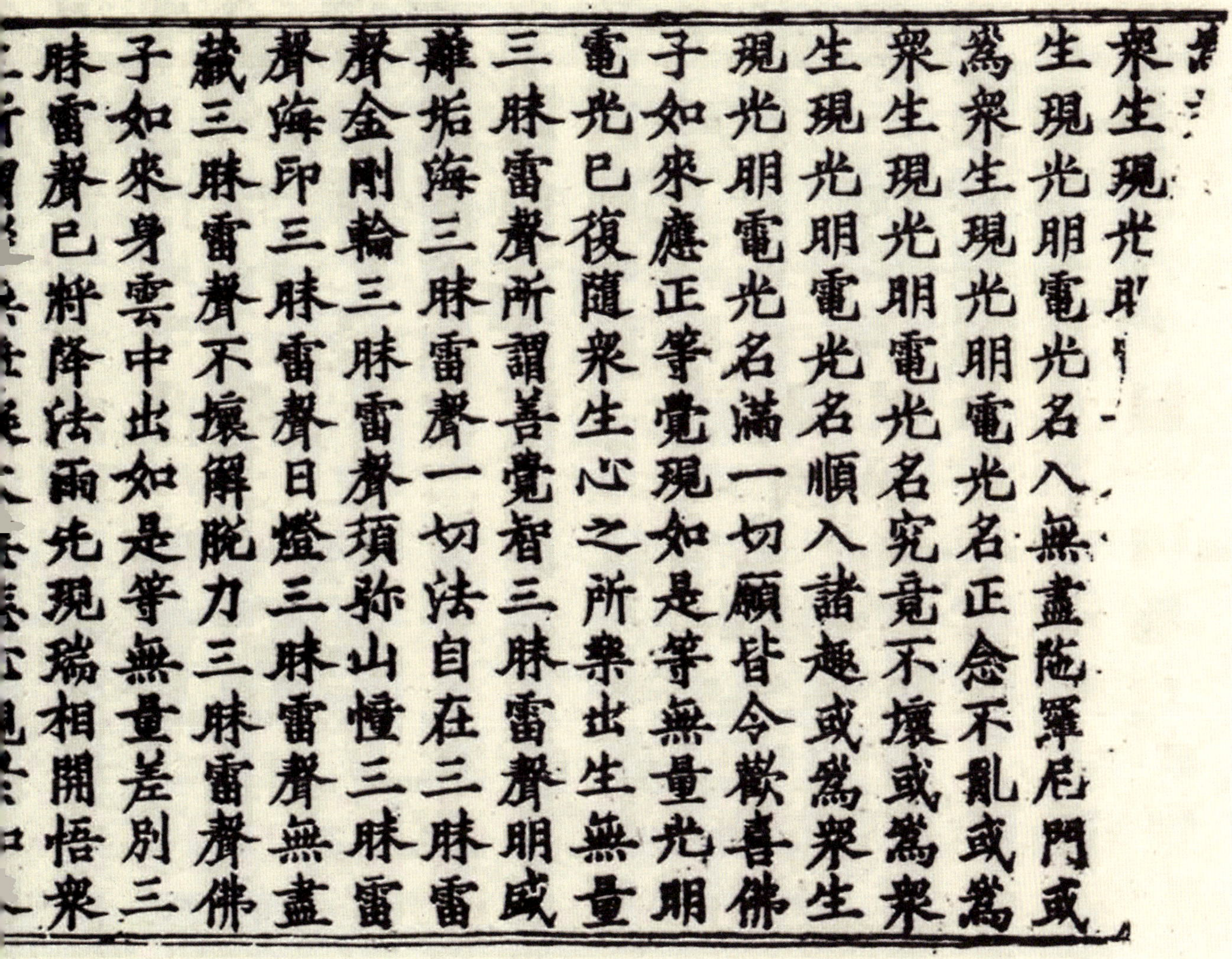
衆生現光明
生現光明電光名入無盡陁羅尼門或
爲衆生現光明電光名正念不亂或爲
衆生現光明電光名究竟不壞或爲衆
生現光明電光名順入諸趣或爲衆生
現光明電光名滿一切願皆令歡喜佛
子如來應正等覺現如是等無量光明
電光已復隨衆生心之所樂出生無量
三昧雷聲所謂善覺智三昧雷聲明盛
離垢海三昧雷聲一切法自在三昧雷
聲金剛輪三昧雷聲須彌山幢三昧雷
聲海印三昧雷聲日燈三昧雷聲無盡
藏三昧雷聲不壞解脫力三昧雷聲佛
子如來身雲中出如是等無量差別三
昧雷聲已將降法雨先現瑞相開悟衆

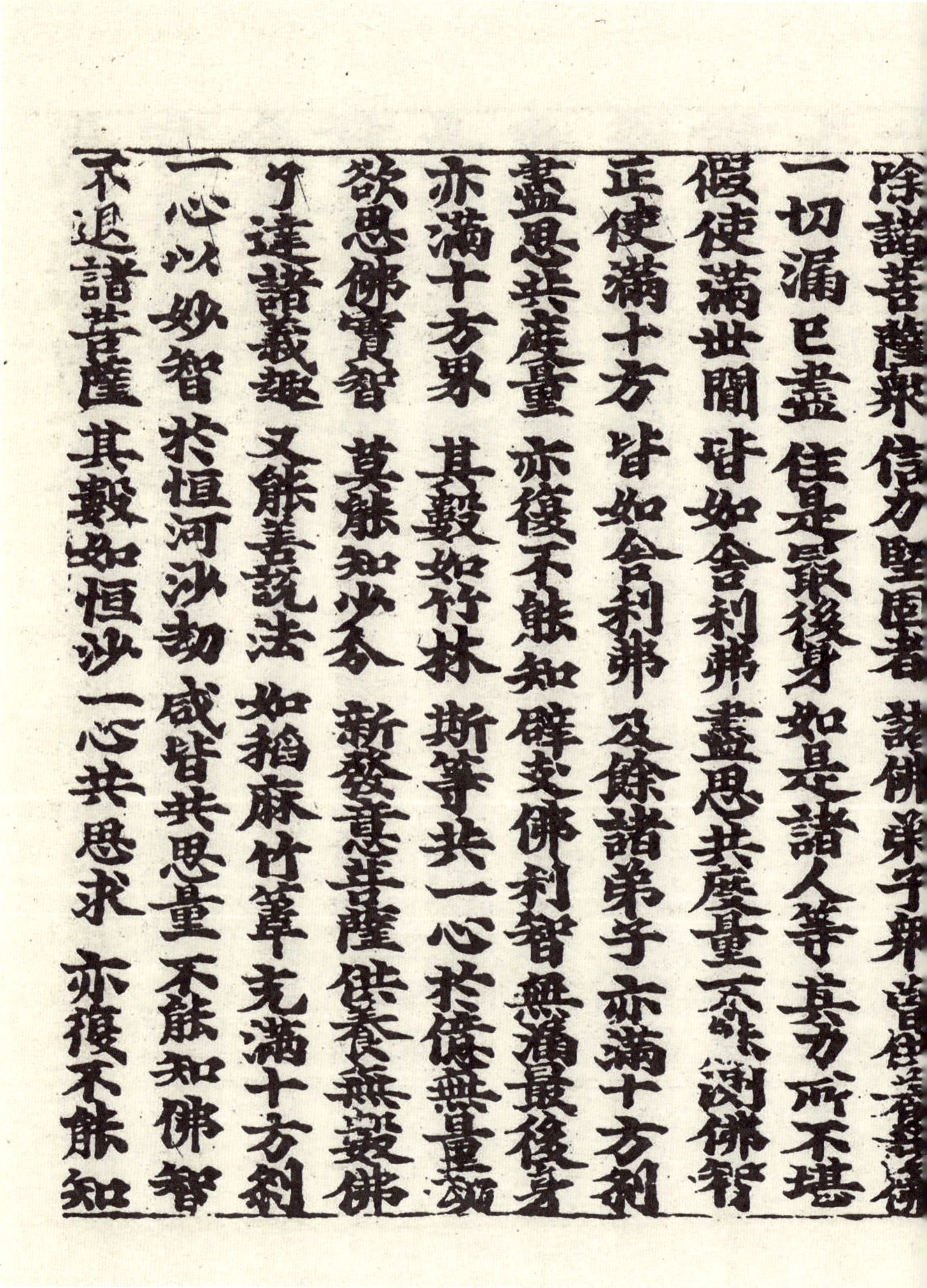

除諸菩薩衆 信力堅固者 諸佛弟子衆 曾供養諸佛
一切漏已盡 住是最後身 如是諸人等 其力所不堪
假使滿世間 皆如舍利弗 盡思共度量 不能測佛智
正使滿十方 皆如舍利弗 及餘諸弟子 亦滿十方剎
盡思共度量 亦復不能知 辟支佛利智 無漏最後身
亦滿十方界 其數如竹林 斯等共一心 於億無量劫
欲思佛實智 莫能知少分 新發意菩薩 供養無數佛
了達諸義趣 又能善說法 如稻麻竹葦 充滿十方剎
一心以妙智 於恒河沙劫 咸皆共思量 不能知佛智
不退諸菩薩 其數如恒沙 一心共思求 亦復不能知

00097 妙法蓮華經七卷 （姚秦）釋鳩摩羅什譯 遼刻本

初為卷子裝，后改裝成冊。匡高 23 厘米，廣 27.6 厘米。每紙二十八行，行十七字，上下單邊。各紙有小字“一”及編碼，未避遼諱。品名上有墨繪珠寶。應縣木塔文物保管所藏，存一卷（一）。

不須復說所以者何佛所成就第一希有難
解之法唯佛與佛乃能究盡諸法實相所謂
諸法如是相如是性如是體如是力如是作如
是因如是緣如是果如是報如是本末究竟等
尒時世尊欲重宣此義而說偈言
世雄不可量 諸天及世人 一切衆生類 無能知佛者
佛力無所畏 解脫諸三昧 及佛諸餘法 無能測量者
本從無數佛 具足行諸道 甚深微妙法 難見難可了
於無量億劫 行此諸道已 道場得成果 我已悉知見
如是大果報 種種性相義 我及十方佛 乃能知是事

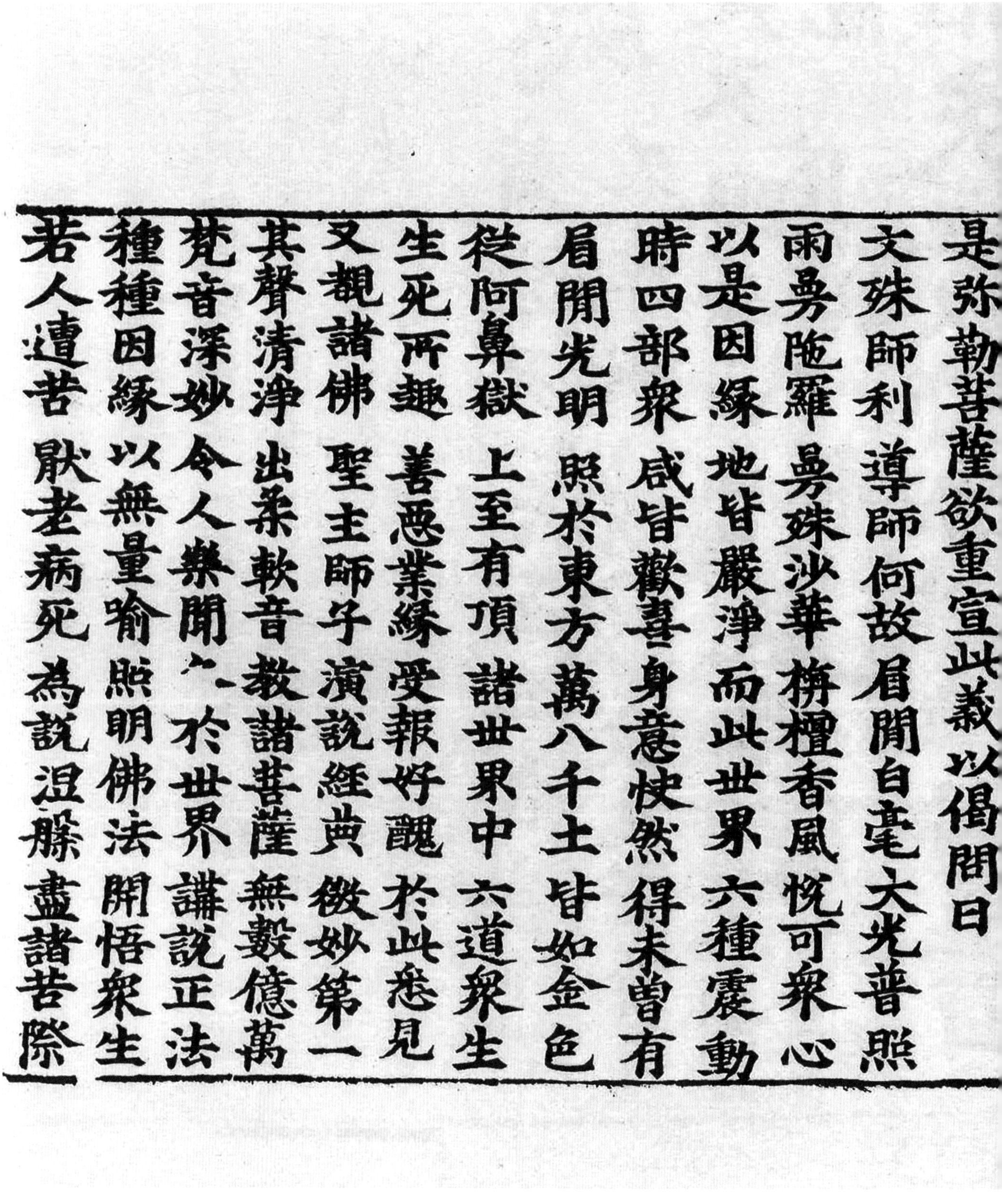
是弥勒菩薩欲重宣此義以偈問曰
文殊師利 導師何故 眉間白毫 大光普照
雨曼陁羅 曼殊沙華 栴檀香風 悅可衆心
以是因緣 地皆嚴淨 而此世界 六種震動
時四部衆 咸皆歡喜 身意快然 得未曾有
眉間光明 照於東方 萬八千土 皆如金色
從阿鼻獄 上至有頂 諸世界中 六道衆生
生死所趣 善惡業緣 受報好醜 於此悉見
又覩諸佛 聖主師子 演說經典 微妙第一
其聲清淨 出柔軟音 教諸菩薩 無數億萬
梵音深妙 令人樂聞 各於世界 講說正法
種種因緣 以無量喻 照明佛法 開悟衆生
若人遭苦 猒老病死 為說涅槃 盡諸苦際

00098 妙法蓮華經八卷 （姚秦）釋鳩摩羅什譯 遼刻本

卷軸裝。匡高 21.5 厘米，廣 53 厘米，總長 150.6 厘米。每紙二十八行，行十七字，上下單邊。未避遼諱。每紙有小字“一”及版碼。應縣木塔文物保管所藏，存一卷（一）。

夷諸修行得道者復見諸菩薩摩訶
薩種種因緣種種信解種種相貌行菩薩道
復見諸佛般涅槃者復見諸佛般涅槃後以佛
舍利起七寶塔尒時弥勒菩薩作是念今者
世尊現神變相以何因緣而有此瑞今佛世
尊入於三昧是不可思議現希有事當以
問誰誰能荅者復作此念是文殊師利法王
之子已曾親近供養過去無量諸佛必應見
此希有之相我今當問尒時比丘比丘尼優婆
塞優婆夷及諸天龍鬼神等咸作此念是佛
光明神通之相今當問誰尒時弥勒菩薩欲
自決疑又觀四衆比丘比丘尼優婆塞優婆
夷及諸天龍鬼神等衆會之心而問文殊師
利言以何因緣而有此瑞神通之相放大光明

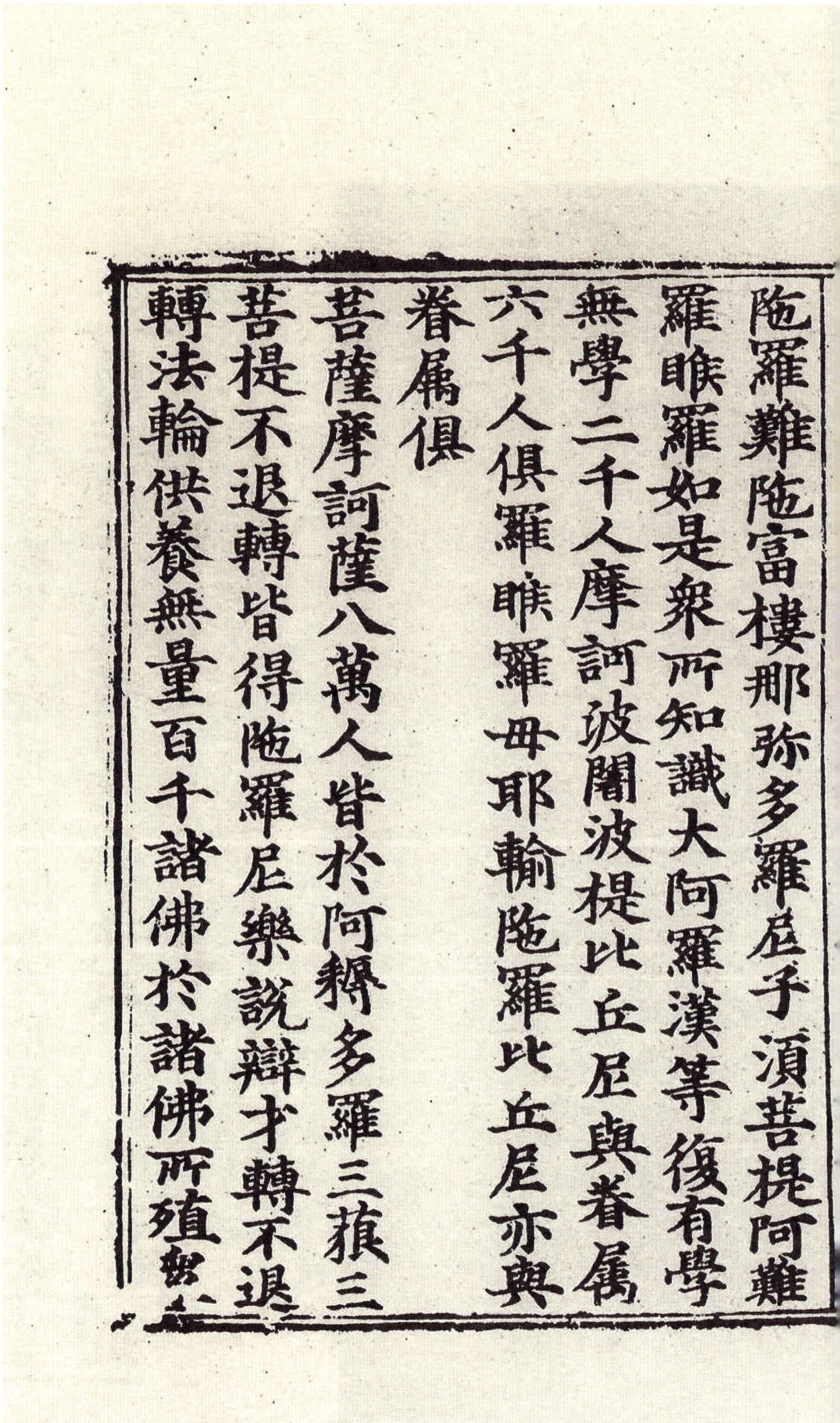
陁羅難陁富樓那弥多羅尼子須菩提阿難
羅睺羅如是衆所知識大阿羅漢等復有學
無學二千人摩訶波闍波提比丘尼與眷屬
六千人俱羅睺羅母耶輸陁羅比丘尼亦與
眷屬俱
菩薩摩訶薩八萬人皆於阿耨多羅三藐三
菩提不退轉皆得陁羅尼樂說辯才轉不退
轉法輪供養無量百千諸佛於諸佛所殖衆

00099 妙法蓮華經八卷　（姚秦）釋鳩摩羅什譯　遼刻本

蝴蝶裝。匡高 22.5 厘米，廣 33.6 厘米。半葉八行，每行十六至十七字不等，四周雙邊。應縣木塔文物保管所藏，存一卷（一）。

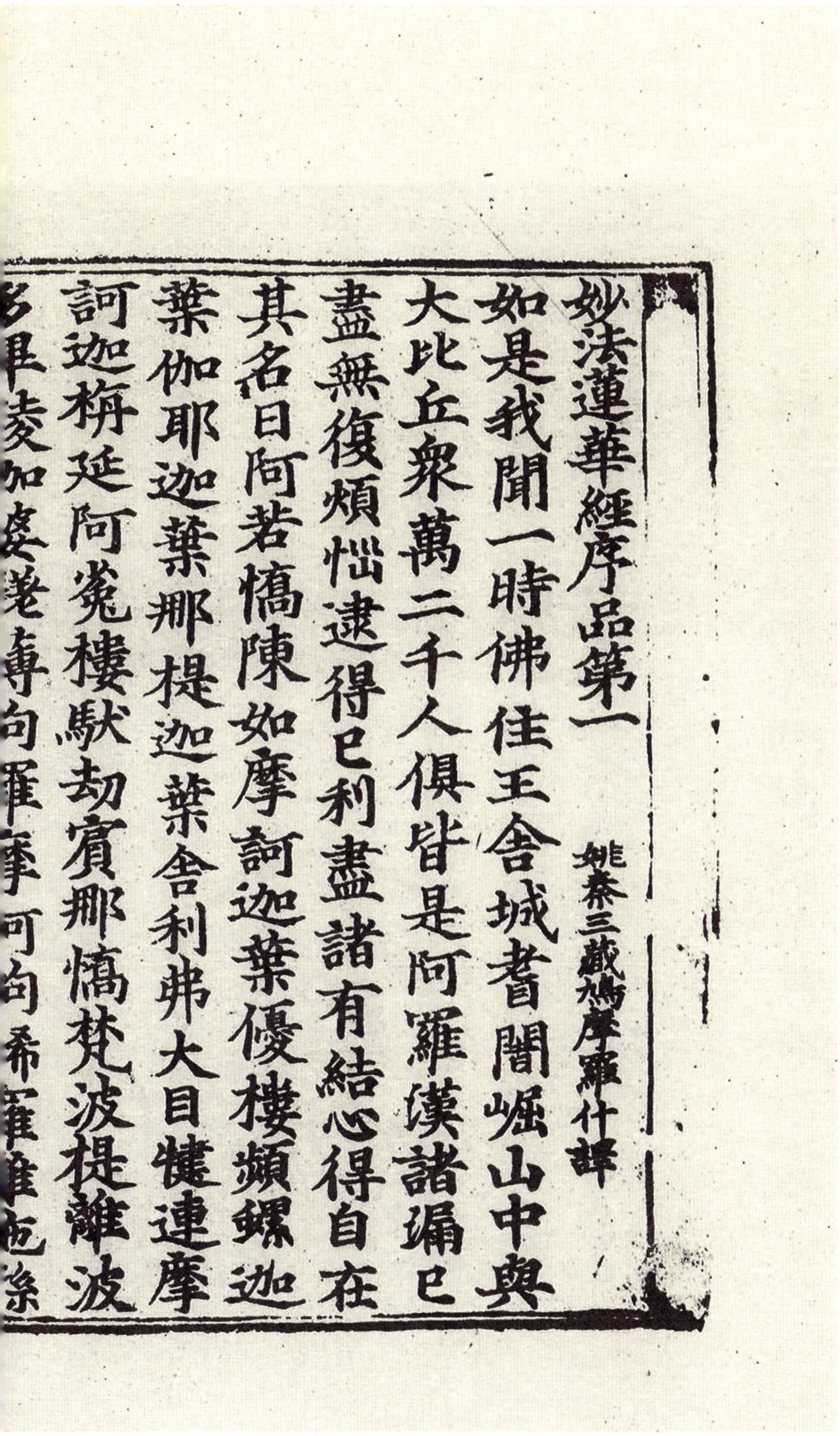
妙法蓮華經序品第一　姚秦三藏鳩摩羅什譯
如是我聞一時佛住王舍城耆闍崛山中與
大比丘衆萬二千人俱皆是阿羅漢諸漏已
盡無復煩惱逮得已利盡諸有結心得自在
其名曰阿若憍陳如摩訶迦葉優樓頻螺迦
葉伽耶迦葉那提迦葉舍利弗大目揵連摩
訶迦旃延阿㝹樓馱劫賓那憍梵波提離波
多畢陵伽婆蹉薄拘羅摩訶拘絺羅難陀孫

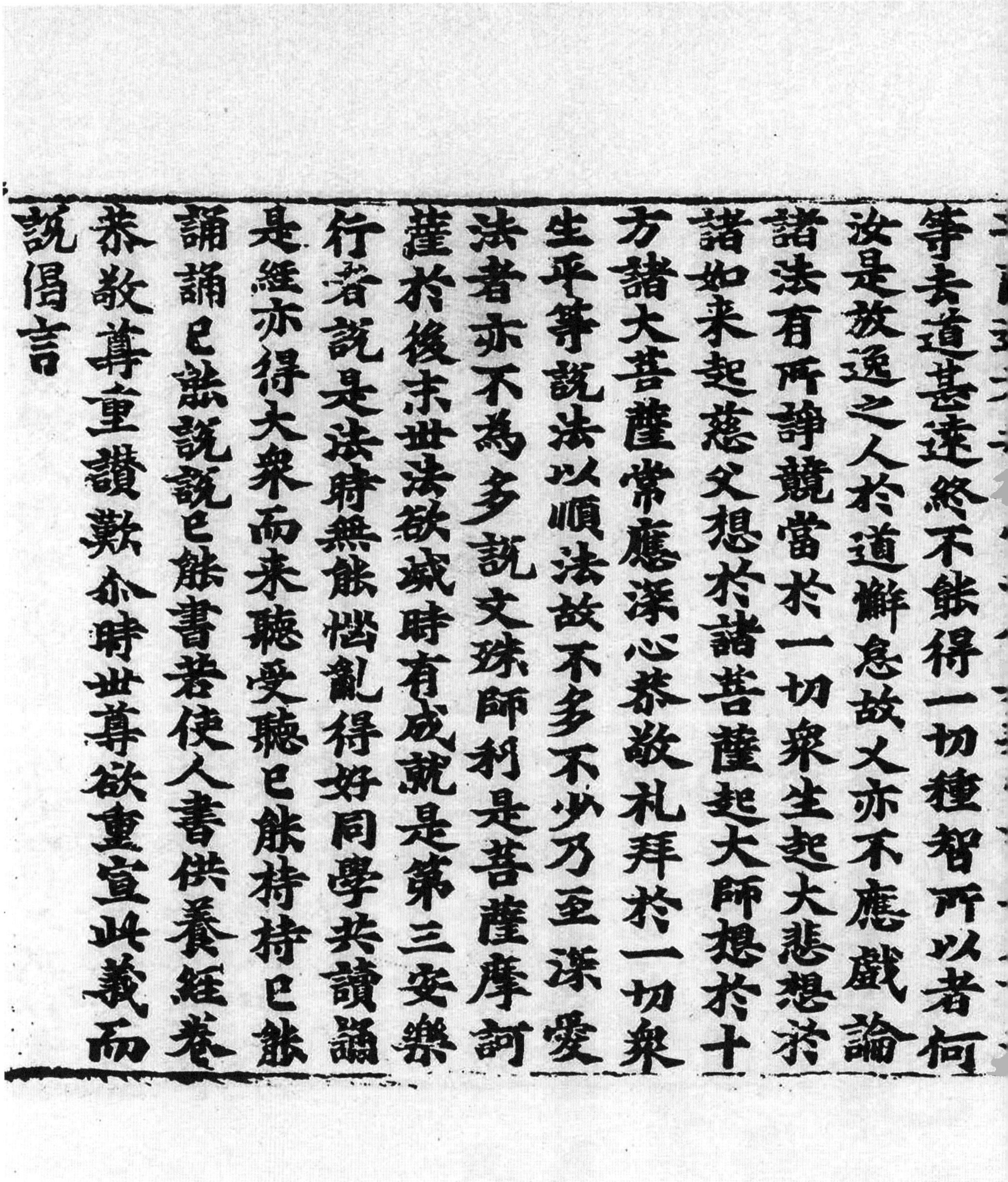
等去道甚遠終不能得一切種智所以者何
汝是放逸之人於道懈怠故又亦不應戲論
諸法有所諍競當於一切衆生起大悲想於
諸如来起慈父想於諸菩薩起大師想於十
方諸大菩薩常應深心恭敬礼拜於一切衆
生平等說法以順法故不多不少乃至深愛
法者亦不為多說文殊師利是菩薩摩訶
薩於後末世法欲滅時有成就是第三安樂
行者說是法時無能惱亂得好同學共讀誦
是經亦得大衆而来聽受聽已能持持已能
誦誦已能說說已能書若使人書供養經卷
恭敬尊重讚歎尒時世尊欲重宣此義而
說偈言

00100 妙法蓮華經八卷　（姚秦）釋鳩摩羅什譯 遼刻本

卷軸裝。匡高 21.8 厘米，廣 51.1 至 52 厘米，現存總長 1179 厘米。每紙二十八行，行十七至二十字不等，四周單邊。未避遼諱。每紙有小字“五”及編碼，經名及品名上有朱繪珠寶。應縣木塔文物保管所藏，存一卷（五）。

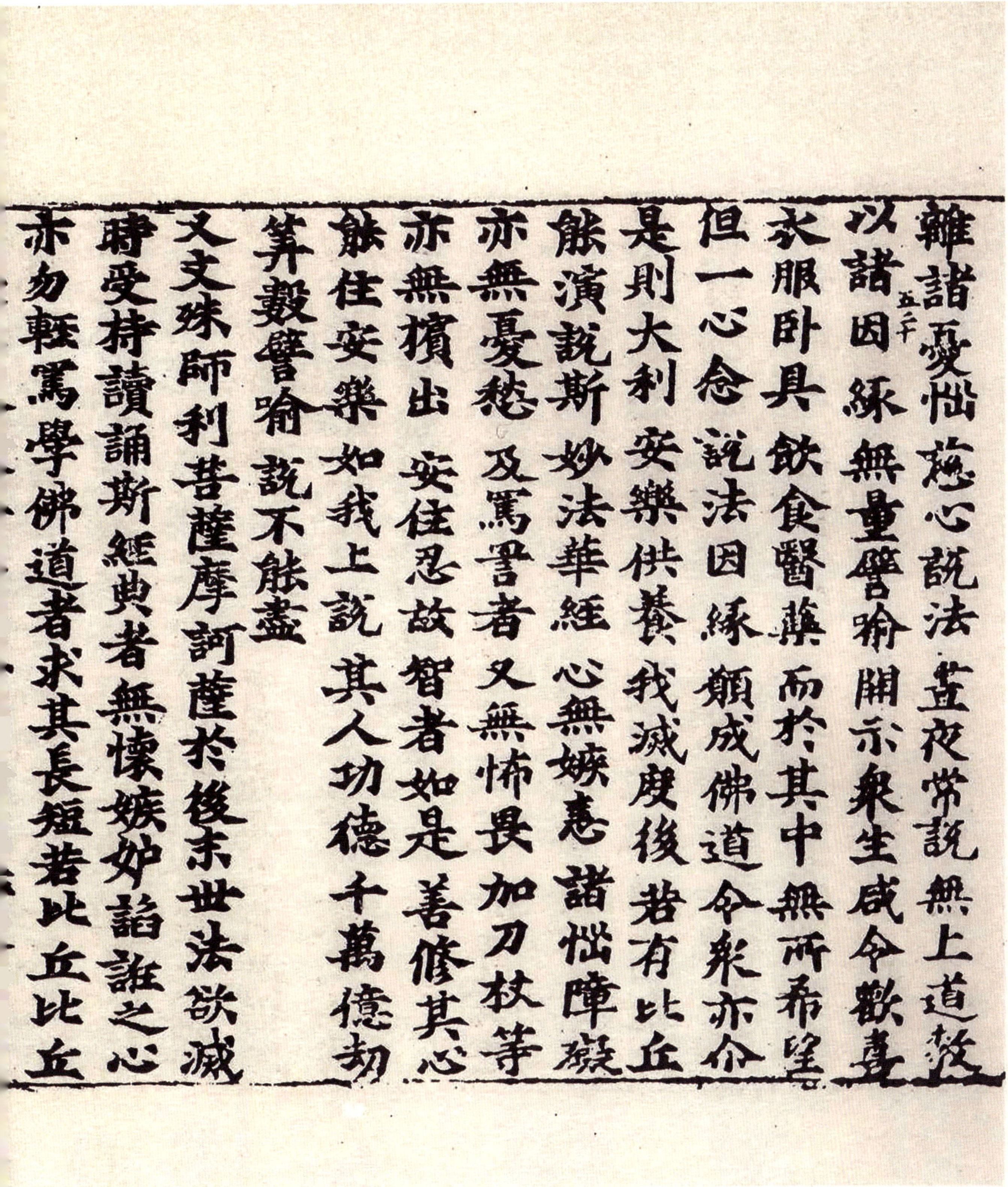
離諸憂惱慈心說法晝夜常說無上道教
以諸因緣無量譬喻開示眾生咸令歡喜
衣服臥具飲食醫藥而於其中無所希望
但一心念說法因緣願成佛道令眾亦爾
是則大利安樂供養我滅度後若有比丘
能演說斯妙法華經心無嫉恚諸惱障礙
亦無憂愁及罵詈者又無怖畏加刀杖等
亦無擯出安住忍故智者如是善修其心
能住安樂如我上說其人功德千萬億劫
算數譬喻說不能盡
又文殊師利菩薩摩訶薩於後末世法欲滅
時受持讀誦斯經典者無懷嫉妒諂誑之心
亦勿輕罵學佛道者求其長短若比丘比丘

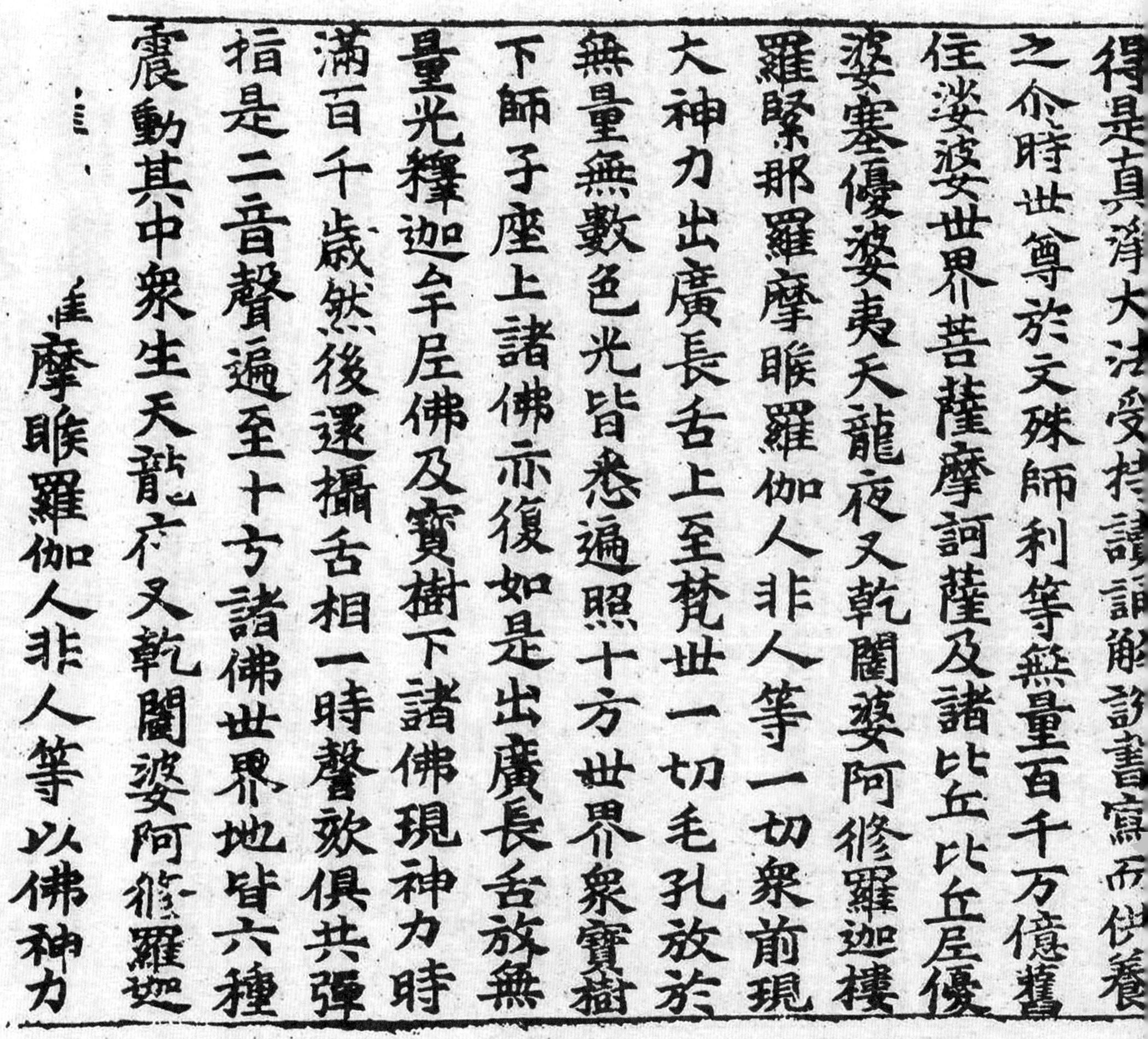

00101 妙法蓮華經八卷 （姚秦）釋鳩摩羅什譯 遼刻本

卷軸裝。匡高 20.5 厘米，廣 27.2 厘米，現存總長 67.8 厘米加 97.5 厘米。每紙二十八行，行十五至十八字不等，上下單邊。未避遼諱。每紙有“七”字及版碼。應縣木塔文物保管所藏，存一卷（七）。

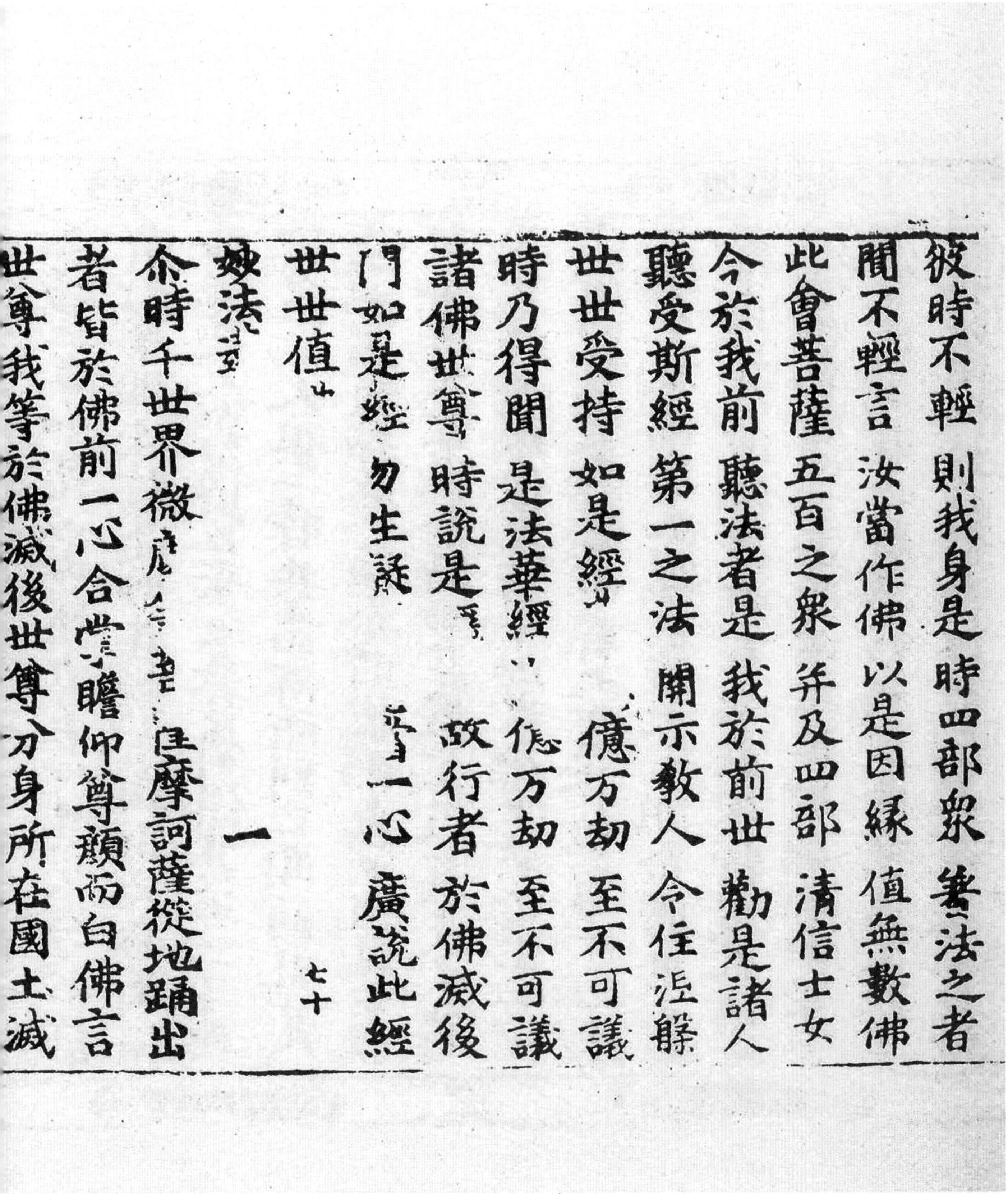
彼時不輕 則我身是 時四部衆 著法之者
聞不輕言 汝當作佛 以是因緣 值無數佛
此會菩薩 五百之衆 并及四部 清信士女
今於我前 聽法者是 我於前世 勸是諸人
聽受斯經 第一之法 開示教人 令住涅槃
世世受持 如是經典 億万劫 至不可議
時乃得聞 是法華經 億万劫 至不可議
諸佛世尊 時說是經 是故行者 於佛滅後
聞如是經 勿生疑惑 應當一心 廣說此經
世世值佛 七十
妙法 一
尒時千世界微塵等菩薩摩訶薩從地踊出
者皆於佛前一心合掌瞻仰尊顏而白佛言
世尊我等於佛滅後世尊分身所在國土滅

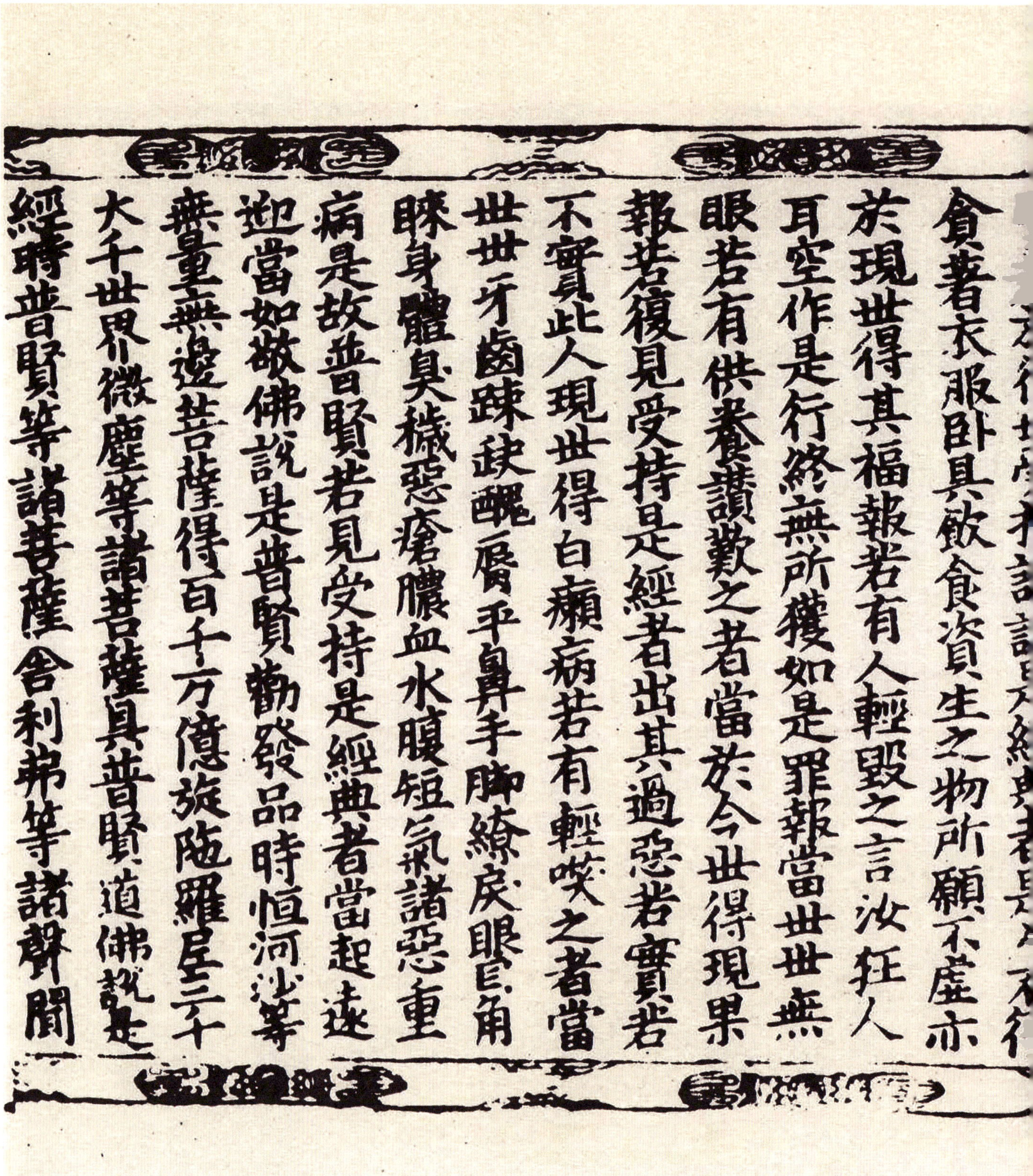

貪著衣服卧具飲食資生之物所願不虛亦
於現世得其福報若有人輕毀之言汝狂人
耳空作是行終無所獲如是罪報當世世無
眼若有供養讚歎之者當於今世得現果
報若復見受持是經者出其過惡若實若
不實此人現世得白癩病若有輕笑之者當
世世牙齒踈缺醜脣平鼻手脚繚戾眼目角
睞身體臭穢惡瘡膿血水腹短氣諸惡重
病是故普賢若見受持是經典者當起遠
迎當如敬佛說是普賢勸發品時恒河沙等
無量無邊菩薩得百千万億旋陁羅尼三千
大千世界微塵等諸菩薩具普賢道佛說是
經時普賢等諸菩薩舍利弗等諸聲聞

00102 妙法蓮華經八卷 （姚秦）釋鳩摩羅什譯 遼刻本

卷軸裝。匡高 24 厘米，廣 52 厘米。現存 360.9 厘米。每紙二十八行，行十七字至十八字不等，上下雙邊。內有金剛杵及祥雲紋飾。未避遼諱。每紙有小字“八”字及版碼。應縣木塔文物保管所藏，存一卷（八）。

寫是法華經者當知是人則見釋迦牟尼佛如
八十九
從佛口聞此經典當知是人供養釋迦牟尼佛
當知是人佛讃善哉當知是人為釋迦牟尼
佛手摩其頭當知是人為釋迦牟尼佛衣之
所覆如是之人不復貪著世樂不好外道經
書手筆亦復不喜親近其人及諸惡者若
屠兒若畜猪羊雞狗若獵師若衒賣女色
是人心意質直有正憶念有福德力是人不
為三毒所惱亦復不為嫉妬我慢邪慢增上
慢所惱是人少欲知足能修普賢之行普賢
若如來滅後後五百歲若有人見受持讀誦
法華經者應作是念此人不久當詣道場破諸
魔衆得阿耨多羅三藐三菩提轉法輪擊法

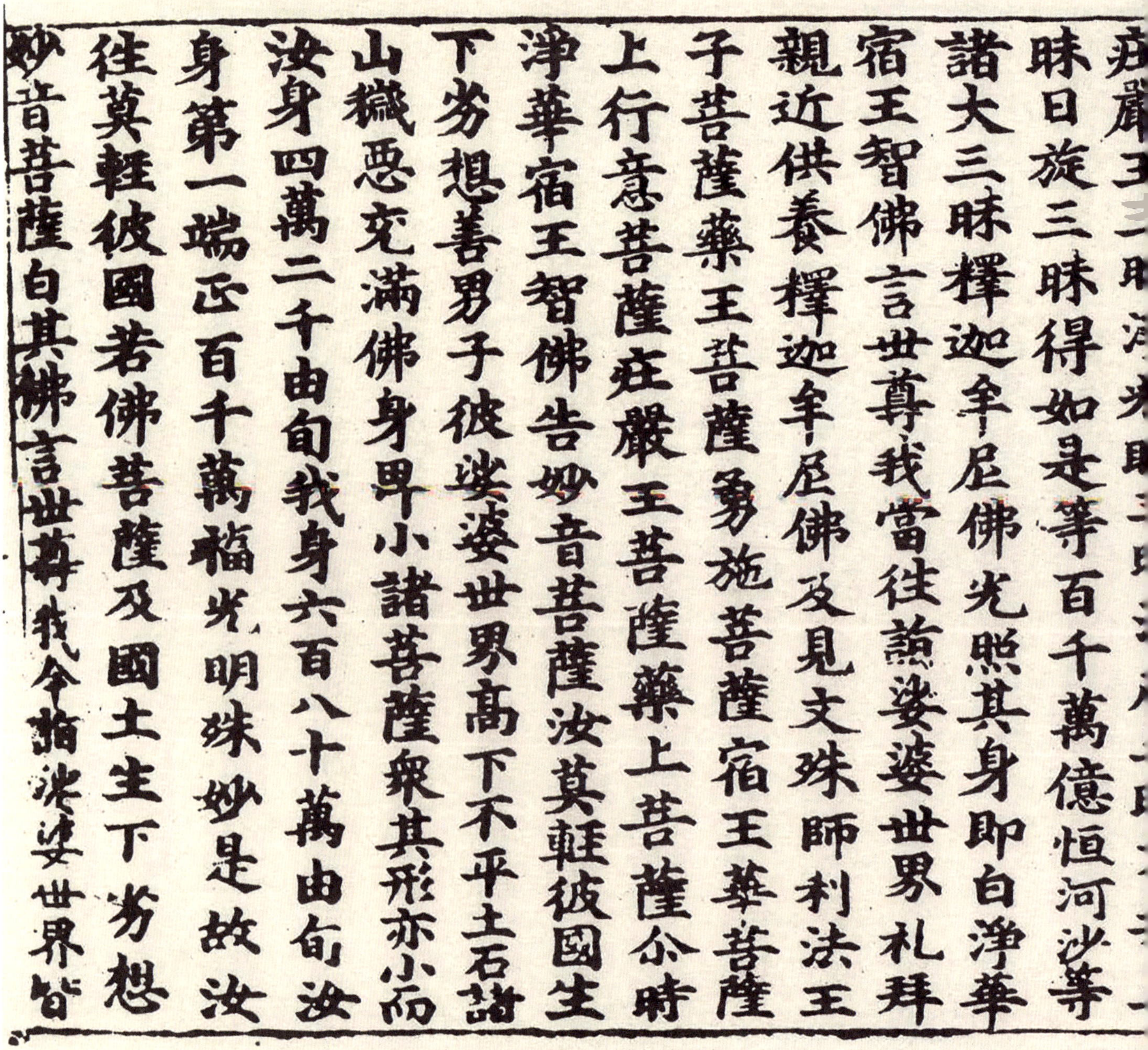
莊嚴王三昧淨光明三昧淨藏三昧不共三
昧日旋三昧得如是等百千萬億恒河沙等
諸大三昧釋迦牟尼佛光照其身即白淨華
宿王智佛言世尊我當往詣娑婆世界礼拜
親近供養釋迦牟尼佛及見文殊師利法王
子菩薩藥王菩薩勇施菩薩宿王華菩薩
上行意菩薩莊嚴王菩薩藥上菩薩尒時
淨華宿王智佛告妙音菩薩汝莫輕彼國生
下劣想善男子彼娑婆世界高下不平土石諸
山穢惡充滿佛身卑小諸菩薩衆其形亦小而
汝身四萬二千由旬我身六百八十萬由旬汝
身第一端正百千萬福光明殊妙是故汝
往莫輕彼國若佛菩薩及國土生下劣想
妙音菩薩白其佛言世尊我今詣娑婆世界皆

00103 妙法蓮華經八卷 （姚秦）釋鳩摩羅什譯 遼刻本

卷軸裝。匡高 22 厘米，廣 51.5 厘米。現存 333.3 厘米。卷首畫縱 22 厘米。每紙二十八行，行十七至十八字不等，四周單邊。未避遼諱。每紙有“八”字及版碼。應縣木塔文物保管所藏，存一卷（八）。

妙法蓮華經妙音菩薩品第廿四　八
尒時釋迦牟尼佛放大人相肉髻光明及放眉
間白毫相光遍照東方八百萬億那由他恒河
沙等諸佛世界過是數已有世界名淨光莊
嚴其國有佛号淨華宿王智如来應供正遍
知明行足善逝世間解無上士調御丈夫天人
師佛世尊為無量無邊菩薩大衆恭敬圍
繞而為說法釋迦牟尼佛白毫光明遍照其
國尒時一切淨光莊嚴國中有一菩薩名曰妙
音久已殖衆德本供養親近無量百千萬億
諸佛而悉成就甚深智慧得妙幢相三昧法
華三昧淨德三昧宿王戲三昧無緣三昧智
印三昧解一切衆生語言三昧集一切功德

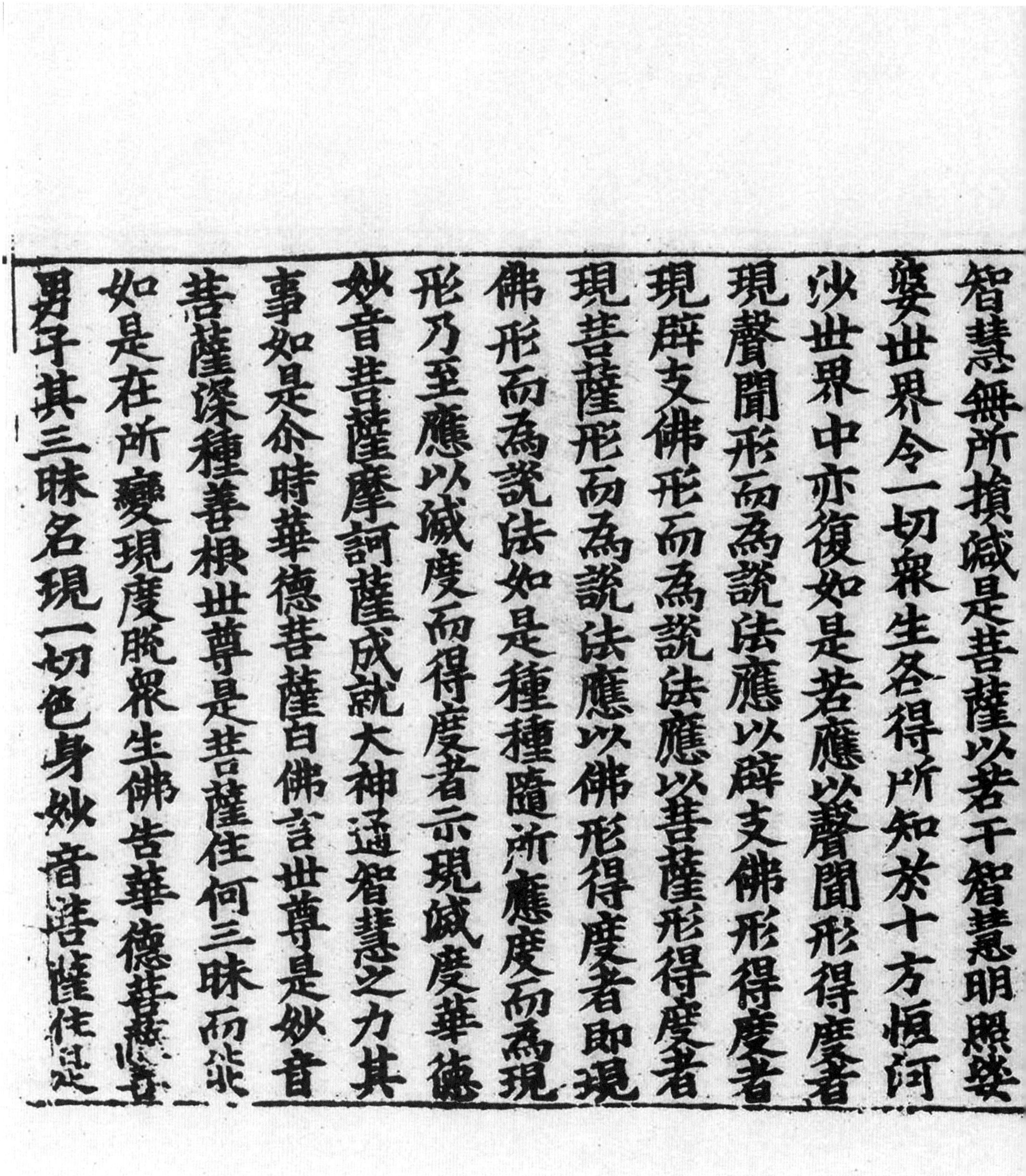
智慧無所損減是菩薩以若干智慧明照娑
婆世界令一切衆生各得所知於十方恒河
沙世界中亦復如是若應以聲聞形得度者
現聲聞形而為說法應以辟支佛形得度者
現辟支佛形而為說法應以菩薩形得度者
現菩薩形而為說法應以佛形得度者即現
佛形而為說法如是種種隨所應度而為現
形乃至應以滅度而得度者示現滅度華德
妙音菩薩摩訶薩成就大神通智慧之力其
事如是尒時華德菩薩白佛言世尊是妙音
菩薩深種善根世尊是菩薩住何三昧而能
如是在所變現度脫衆生佛告華德菩薩善
男子其三昧名現一切色身妙音菩薩住是

00104 妙法蓮華經八卷 （姚秦）釋鳩摩羅什譯 遼刻本

卷軸裝。匡高 21.8 厘米，廣 54 至 55.2 厘米。現存 1110.8 厘米，卷首畫縱 23 厘米，橫 50.2 厘米。每紙二十八行，行十七至十八字不等，四周單邊。未避遼諱，每紙有“第八”及版碼。應縣木塔文物保管所藏，存一卷（八）。

妙音菩薩其身在此而是菩薩現種種身處
第八　四
處為諸衆生說是經典或現梵王身或現帝
釋身或現自在天身或現大自在天身或現
天大將軍身或現毗沙門天王身或現轉輪
聖王身或現諸小王身或現長者身或現居
士身或現宰官身或現婆羅門身或現比丘
比丘尼優婆塞優婆夷身或現長者居士
婦女身或現宰官婦女身或現婆羅門婦女
身或現童男童女身或現天龍夜叉乾闥婆
阿脩羅迦樓羅緊那羅摩睺羅伽人非人等
身而說是經諸有地獄餓鬼畜生及衆難處
皆能救濟乃至於王後宮變為女身而說是
經華德是妙音菩薩能救護娑婆世界諸衆

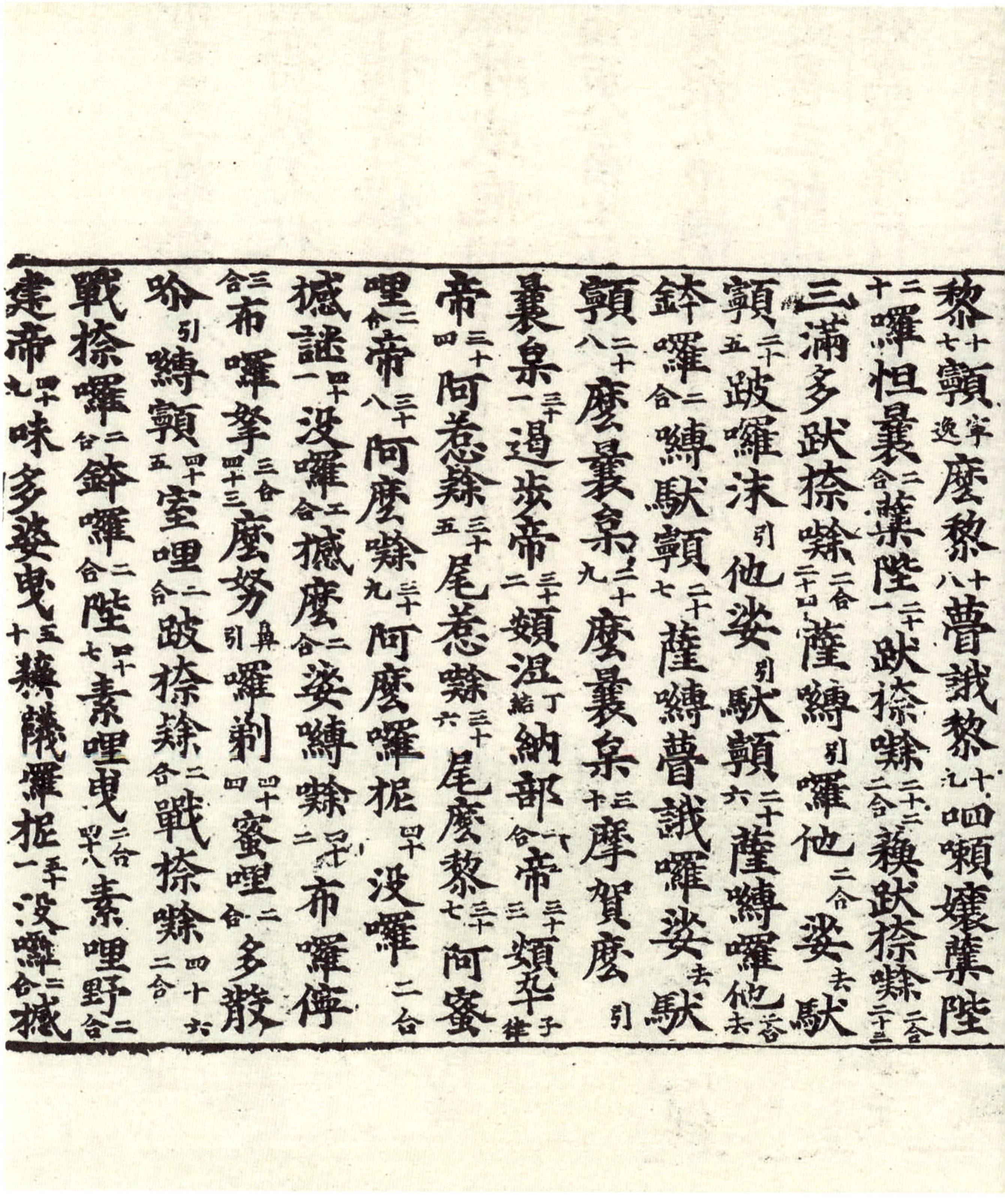

00105 佛母大金曜孔雀明王經三卷 （唐）釋不空譯 遼刻本

卷軸裝。匡高 21 厘米，廣 57.5 厘米。現存 165.1 厘米。每紙三十行，行十六字，上下單邊。應縣木塔文物保管所藏，存一卷（上）。

囉灑二合覩祢䌵無烊反三十二三滿帝曩三十三椅捨蓺
一七你舍引蘖四三十曩謨母馱引南三十五娑嚩二合賀三十六
阿難陁彼金曜孔雀王忽於一時忘誦此佛
母大孔雀明王陁羅尼遂與衆多孔雀婇女
從林至林從山至山而為遊戲貪欲愛著
放逸昏迷入山穴中捕獵怨家伺求其便遂
以烏鷂縛孔雀王被縛之時憶本正念即誦
如前佛母大孔雀明王陁羅尼於所繫縛自
然解脫眷屬安隱至本住處復說此明王
陁羅尼曰
曩謨母馱引野一曩謨達磨野二娜莫僧去
伽去野三曩謨蘖上𡃤囉拏四二合嚩娑去陛寫五
麼庚引囉囉引枳孃六二合曩謨摩賀麼引
庚引哩曳七二合尾你也二合囉枳惹八二合怛你也

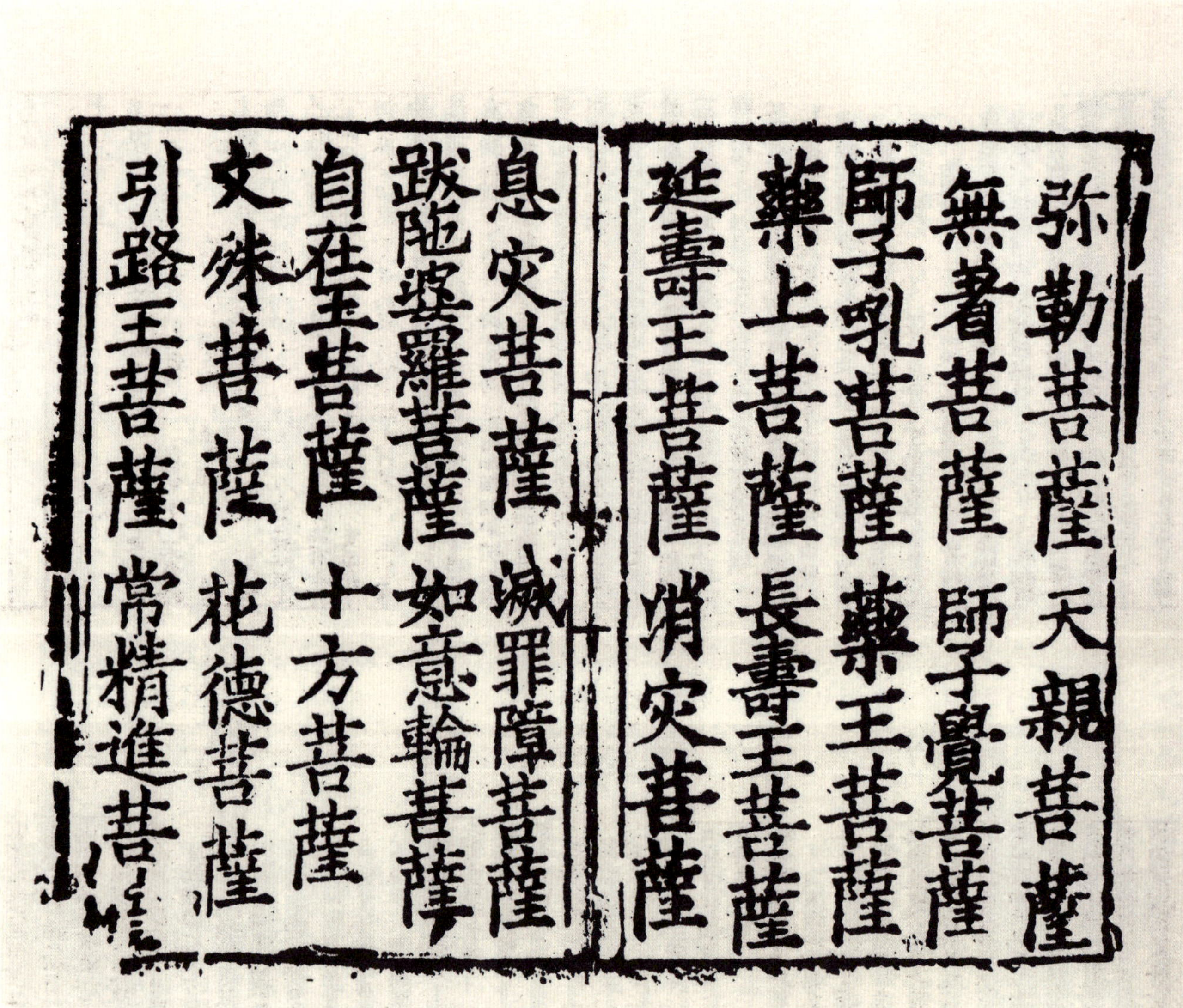
弥勒菩薩 天親菩薩
無著菩薩 師子覺菩薩
師子吼菩薩 藥王菩薩
藥上菩薩 長壽王菩薩
延壽王菩薩 消灾菩薩
息灾菩薩 滅罪障菩薩
跋陁婆羅菩薩 如意輪菩薩
自在王菩薩 十方菩薩
文殊菩薩 花德菩薩
引路王菩薩 常精進菩

00106 佛名集一卷 遼刻本

蝴蝶裝。匡高 12 厘米，廣 15.3 厘米。每葉十行，行七至十一字不等，左右雙邊。“明”字諱兩筆。應縣木塔文物保管所藏。

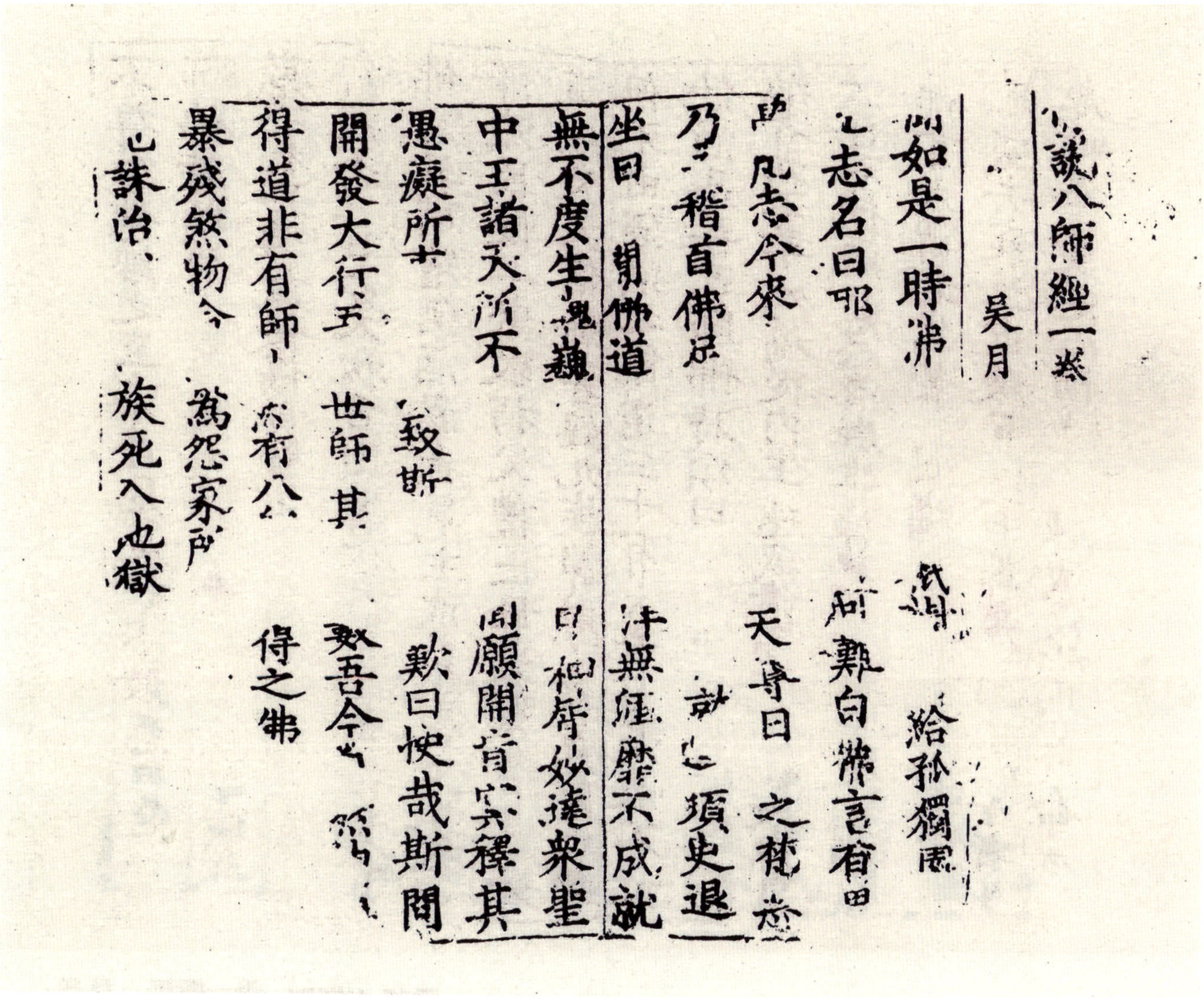
說八師經一卷
吳月
聞如是一時佛 給孤獨園
志名曰耶 鄰白佛言有
凡志今來 天尊曰 之梵志
乃 稽首佛足 須臾退
坐曰 聞佛道 無極靡不成就
無不度生死 衆聖
中王諸天所不 願開示釋其
愚癡所 致斯 歎曰快哉斯問
開發大行 世師 其 吾今
得道非有師 有八 侍之佛
暴殘煞物 為怨家
誅治 族死入地獄

00107 佛說八師經一卷 （吳）釋支謙譯 遼刻本

蝴蝶裝。匡高 23 厘米，廣 26 厘米。半葉七行，行十八字，四周單邊。各版均有版碼。卷尾經名下有“李韓氏奉為亡夫應夢雕施大昊天寺福慧樓下成造”題記。應縣木塔文物保管所藏。

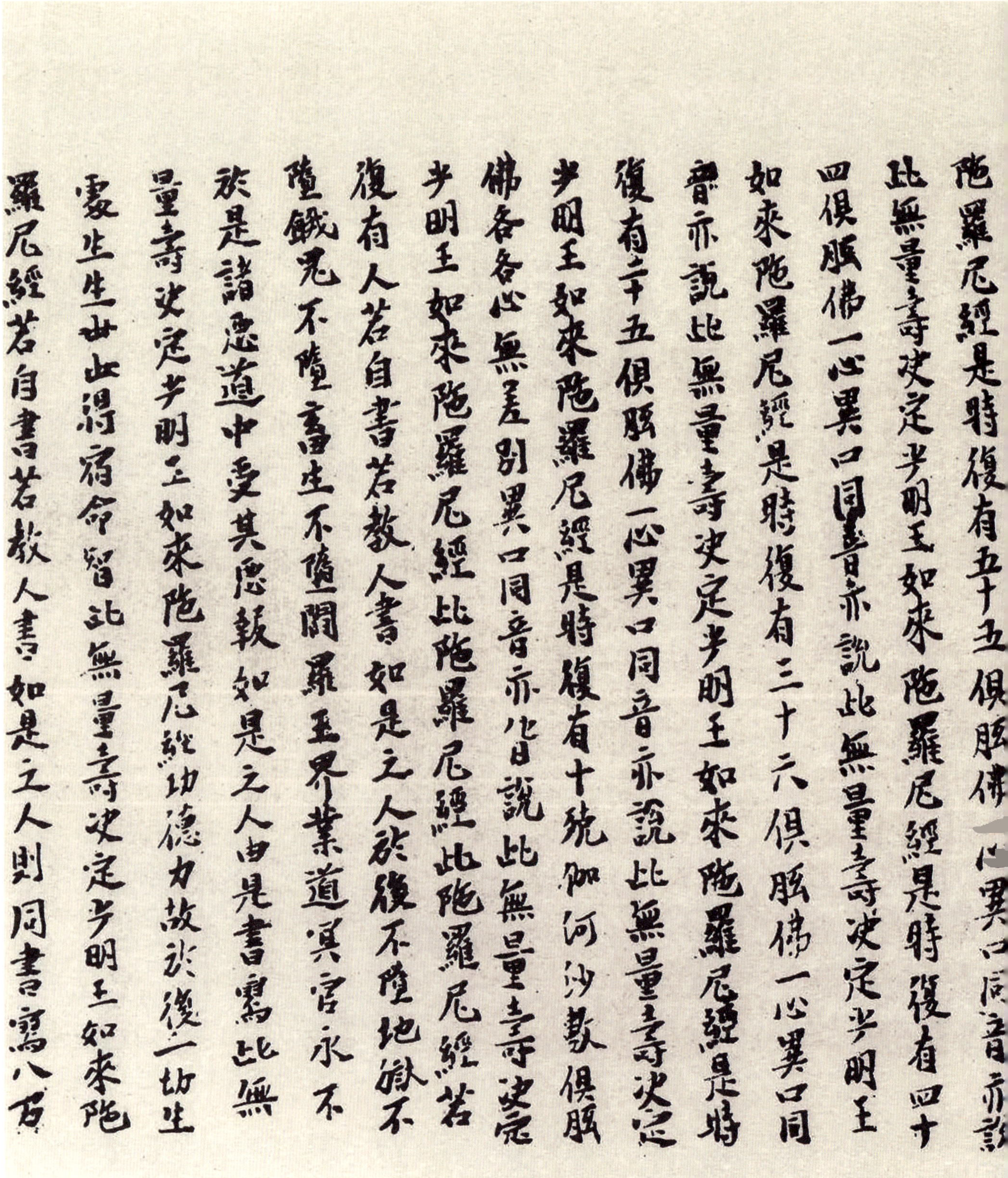

陀羅尼經是時復有五十五俱胝佛一心異口同音亦說
此無量壽決定光明王如來陀羅尼經是時復有四十
四俱胝佛一心異口同音亦說此無量壽決定光明王
如來陀羅尼經是時復有三十六俱胝佛一心異口同
音亦說此無量壽決定光明王如來陀羅尼經是時
復有二十五俱胝佛一心異口同音亦說此無量壽決定
光明王如來陀羅尼經是時復有十殑伽河沙數俱胝
佛各各心無差別異口同音亦皆說此無量壽決定
光明王如來陀羅尼經此陀羅尼經若
復有人若自書若教人書如是之人於後不墮地獄不
墮餓鬼不墮畜生不墮閻羅王界業道冥官永不
於是諸惡道中受其惡報如是之人由是書寫此無
量壽決定光明王如來陀羅尼經功德力故於後一切生
處生生世世得宿命智此無量壽決定光明王如來陀
羅尼經若自書若教人書如是之人則同書寫八万

00108 佛說大乘聖無量壽決定光明王如來陀羅尼經一卷 （印）釋法天譯 遼寫本

卷軸裝。縱 28.6 厘米，廣 123.8 厘米。“光”“明”二字缺筆避諱。應縣木塔文物保管所藏。

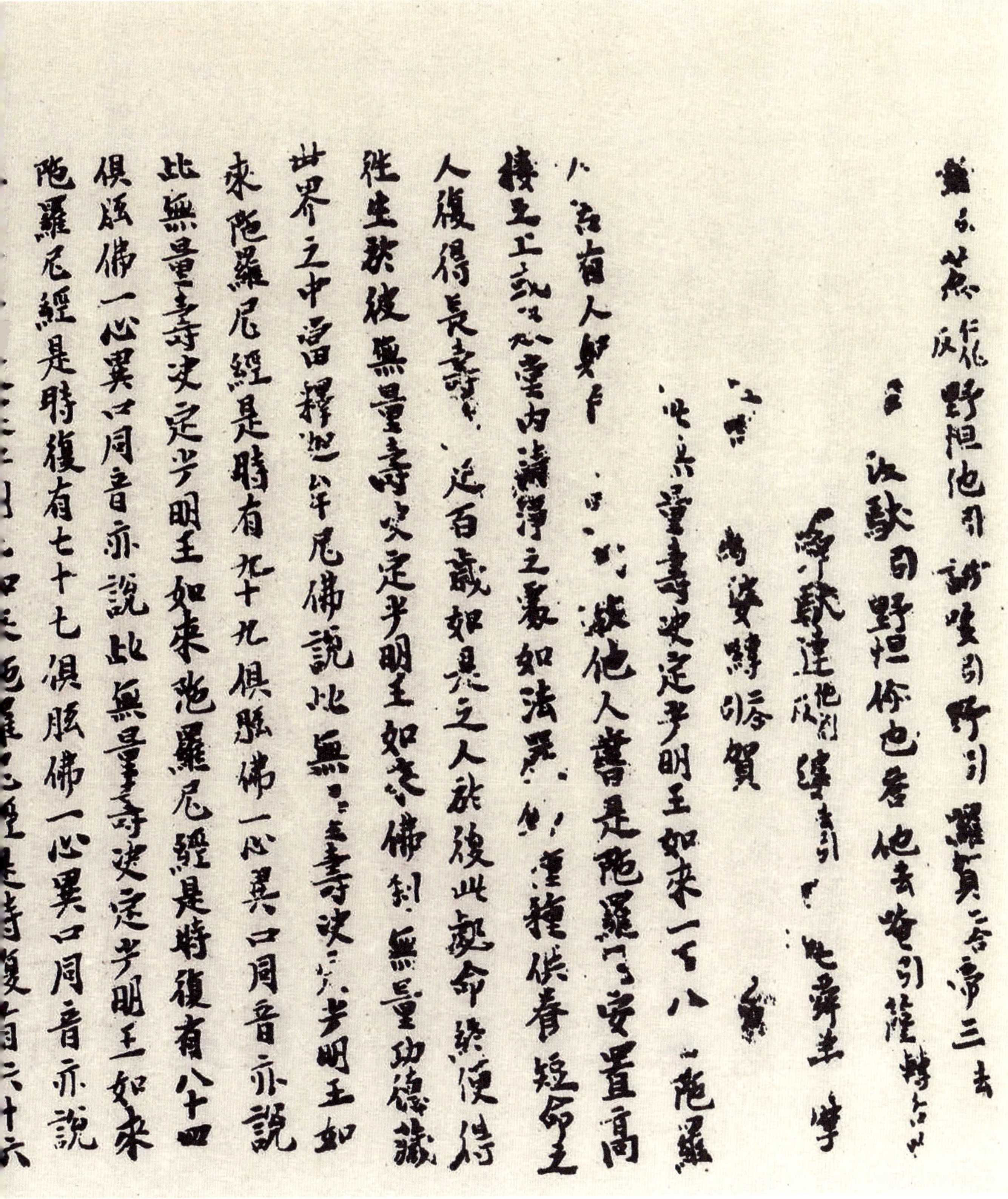

曩引莫仁作反野怛他引誐哆引野引囉貢二合帝三去
三沒馱引野怛你也他唵引薩嚩薩嚩二合
嚩馱達他引反縛吉引[illegible]他舞主學
二合娑嚩引賀
此無量壽決定光明王如來一百八名陀羅
尼若有人自書或使他人書是陀羅尼安置高
樓之上或殿堂內清淨之處如法嚴飾種種供養短命之
人復得長壽滿足百歲如是之人於後此處命終便得
徃生於彼無量壽決定光明王如來佛刹無量功德藏
世界之中當釋迦牟尼佛說此無量壽決定光明王如
來陀羅尼經是時有九十九俱胝佛一心異口同音亦說
此無量壽決定光明王如來陀羅尼經是時復有八十四
俱胝佛一心異口同音亦說此無量壽決定光明王如來
陀羅尼經是時復有七十七俱胝佛一心異口同音亦說
[illegible]陀羅尼經是時復有六十六

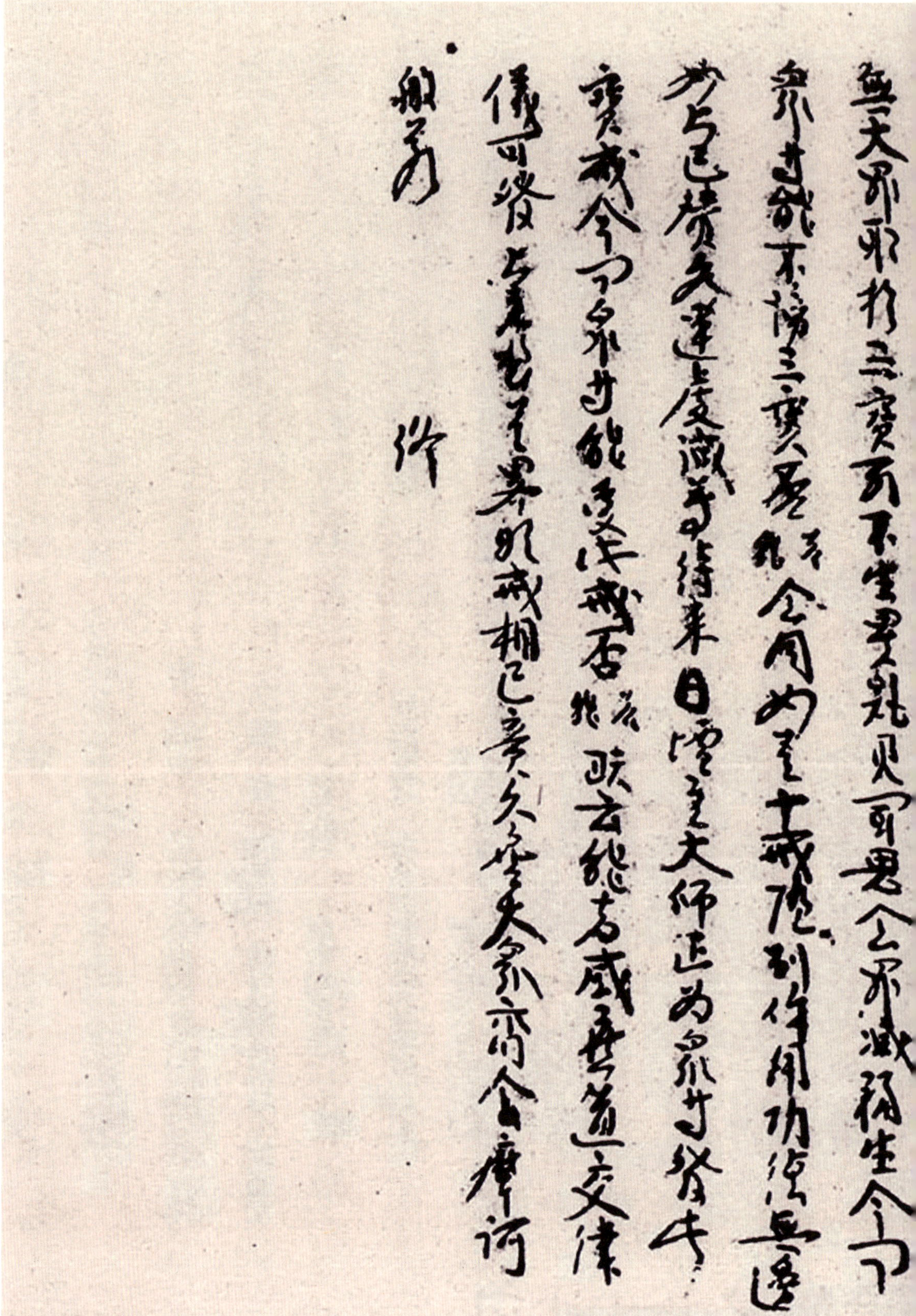

00109 十戒戒本 遼寫本

卷軸裝。縱 28.4 厘米，廣 89.5 厘米。未避遼諱。應縣木塔文物保管所藏。

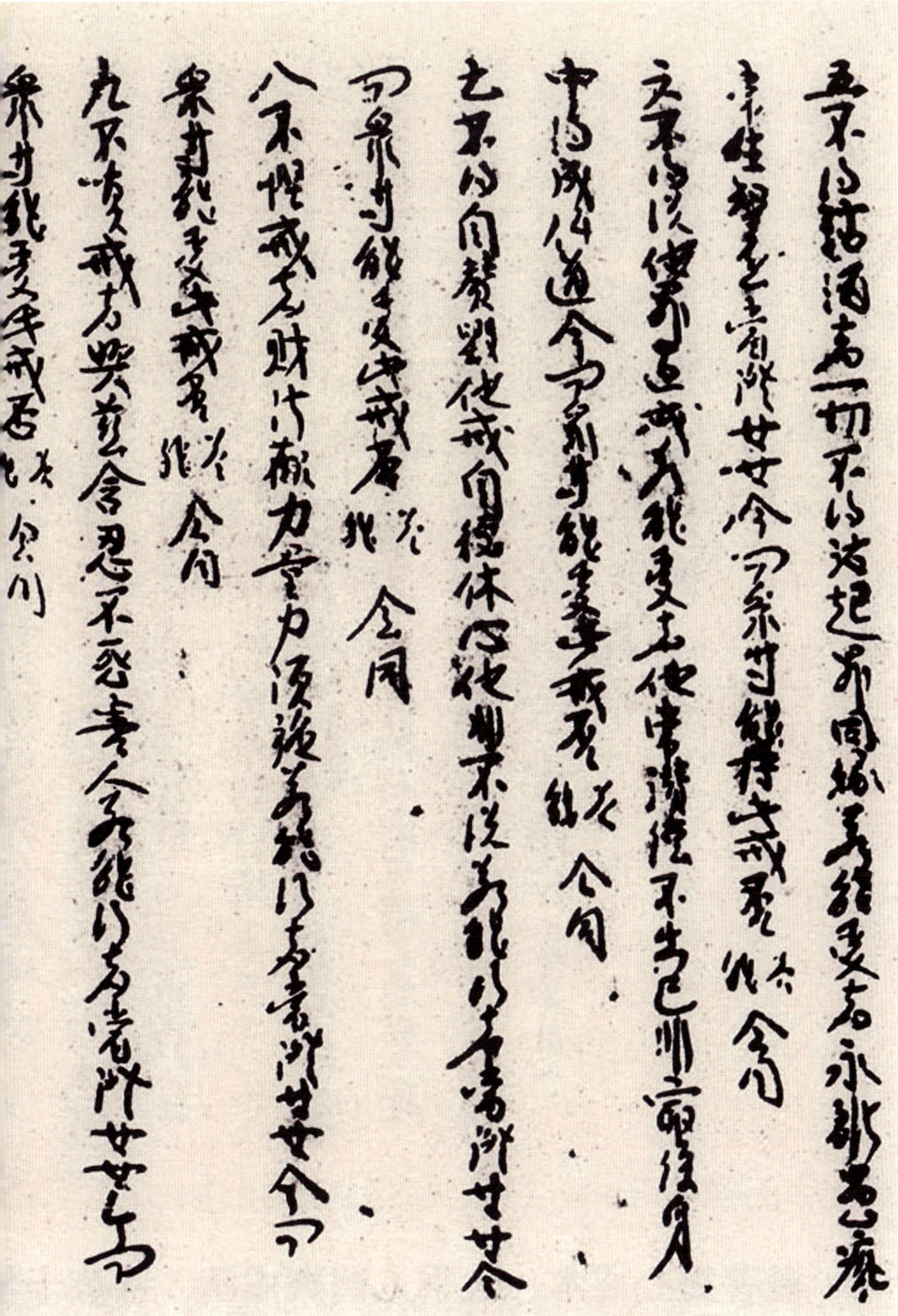

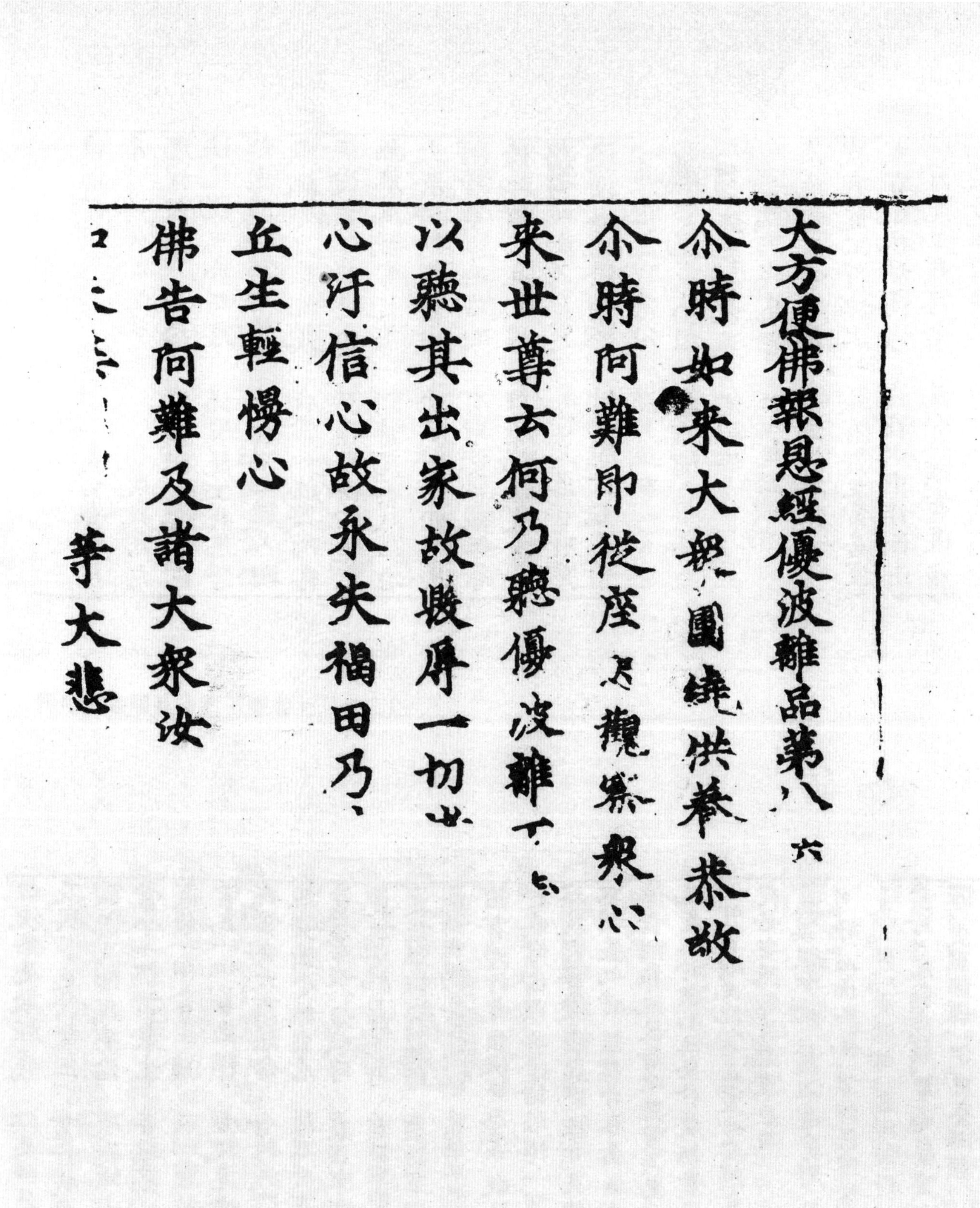
大方便佛報恩經優波離品第八 六
尒時如来大衆圍繞供養恭敬
尒時阿難即從座起整衆心
来世尊云何乃聽優波離
以聽其出家故暇屏一切出
心汙信心故永失福田乃
丘生輕慢心
佛告阿難及諸大衆汝
等大悲

00110 大方便佛報恩經七卷 遼刻本

卷軸裝。殘縱 22.4 厘米，殘廣 17.8 厘米。僅存文字九行，經名下有一小字“六”。應縣木塔文物保管所藏，存一卷（卷六優波離品第八之殘卷）。

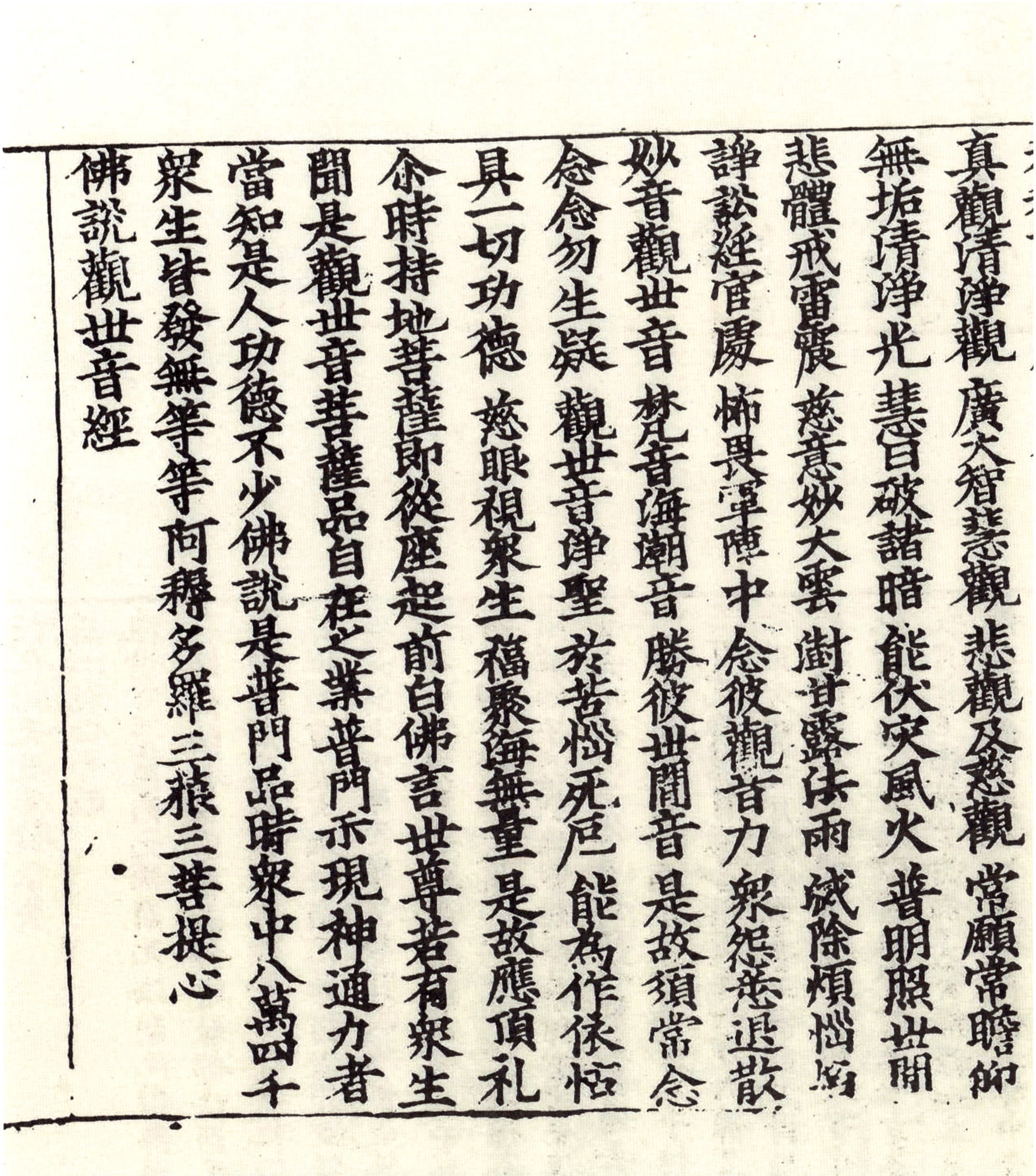
真觀清淨觀　廣大智慧觀　悲觀及慈觀　常願常瞻仰
無垢清淨光　慧日破諸暗　能伏災風火　普明照世間
悲體戒雷震　慈意妙大雲　澍甘露法雨　滅除煩惱焰
諍訟經官處　怖畏軍陣中　念彼觀音力　衆怨悉退散
妙音觀世音　梵音海潮音　勝彼世間音　是故須常念
念念勿生疑　觀世音淨聖　於苦惱死厄　能為作依怙
具一切功德　慈眼視衆生　福聚海無量　是故應頂礼
尒時持地菩薩即從座起前白佛言世尊若有衆生
聞是觀世音菩薩品自在之業普門示現神通力者
當知是人功德不少佛說是普門品時衆中八萬四千
衆生皆發無等等阿耨多羅三藐三菩提心
佛說觀世音經

00111 佛說觀世音經一卷　（姚秦）釋鳩摩羅什譯　遼刻本

卷軸裝。匡高 23.3 厘米，廣 54.4 厘米，存 149.5 厘米。每紙二十八行，行十八至二十一字不等，四周單邊。每紙有小字版碼，未避遼諱。應縣木塔文物保管所藏。

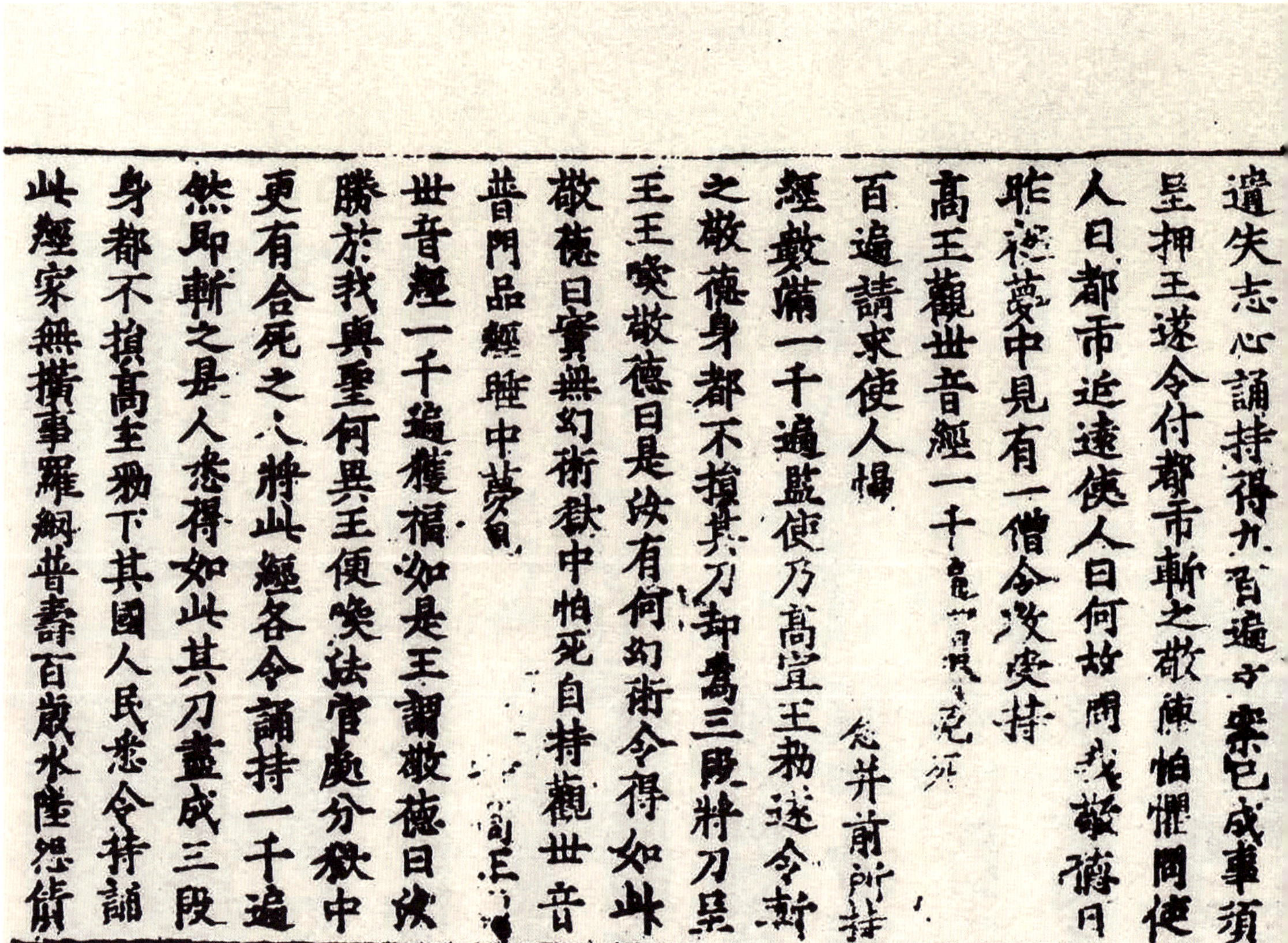
遺失志心誦持得九百遍寸索已成事須
呈押王遂令付都市斬之敬德怕懼問使
人曰都市近遠使人曰何故問我敬德曰
昨夜夢中見有一僧令汝受持
高王觀世音經一千遍
百遍請求使人悒　念并前所持
經數滿一千遍監使乃高堂王勑遂令斬
之敬德身都不損其刀却爲三段將刀呈
王王嘆敬德曰是汝有何幻術令得如此
敬德曰實無幻術獄中怕死自持觀世音
普門品經睡中夢見
世音經一千遍獲福如是王謂敬德曰汝
勝於我與聖何異王便嘆法官處分獄中
更有合死之人將此經各令誦持一千遍
然即斬之其人悉得如此其刀盡成三段
身都不損高王勑下其國人民悉令持誦
此經家無橫事羅網普壽百歲水陸災債

00112 高王觀世音經一卷　遼刻本

卷軸裝。匡高 22 厘米，廣 52.5 厘米，長 149.5 厘米。每紙二十六行，行十六字，四周單邊。卷前有卷首畫，卷尾有題記。應縣木塔文物保管所藏。

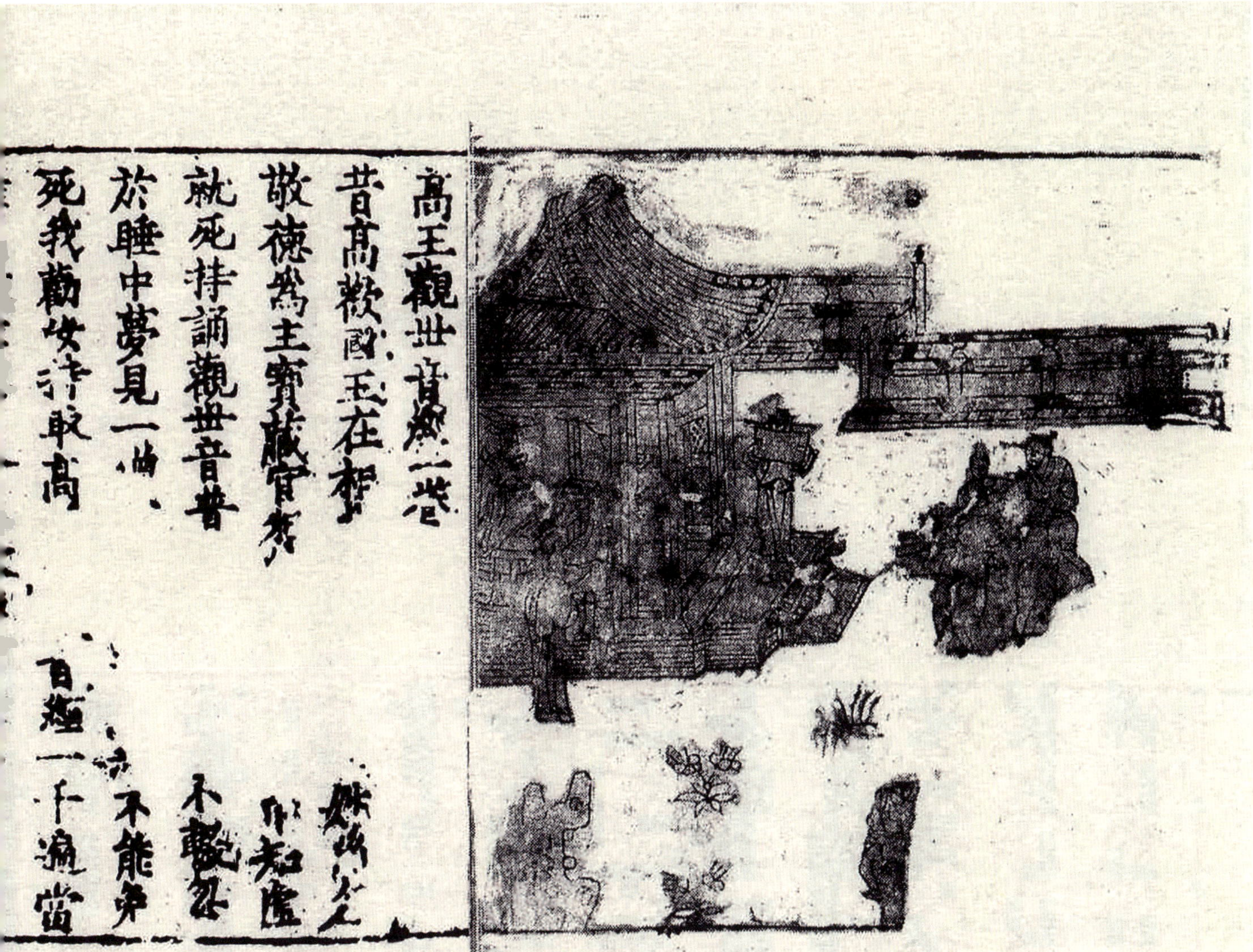

高王觀世音經一卷
昔高歡國王在鄴
敬德爲主寶藏官奴
就死持誦觀世音普
於睡中夢見一僧、
死我勸汝持取高
百遍一千遍當

行住於地上及在虛空中慈憂於一切衆生各令安隱休息晝夜修持心常求誦此經能滅生死苦消伏於毒害那摩大明觀世音觀明觀世音高明觀世音開明觀世音普王如來化勝菩薩念念誦此偈七佛世尊即說呪曰

離婆離婆帝　求訶求訶帝　陁羅尼帝　尼訶囉帝　毗離尼帝　娑婆訶

十方觀世音　一切諸菩薩　誓願救衆生　稱名悉解脫　若有薄福者　殷勤爲解說　但是有因緣　讀誦口不輟　誦經滿千遍　念念心不絕　火焰不能傷　刀兵立摧折　恚怒生歡喜　死者變成活　莫言此是虛　諸佛不妄說

高王觀世音經一卷

永安院住持僧[illegible]散施經一千卷

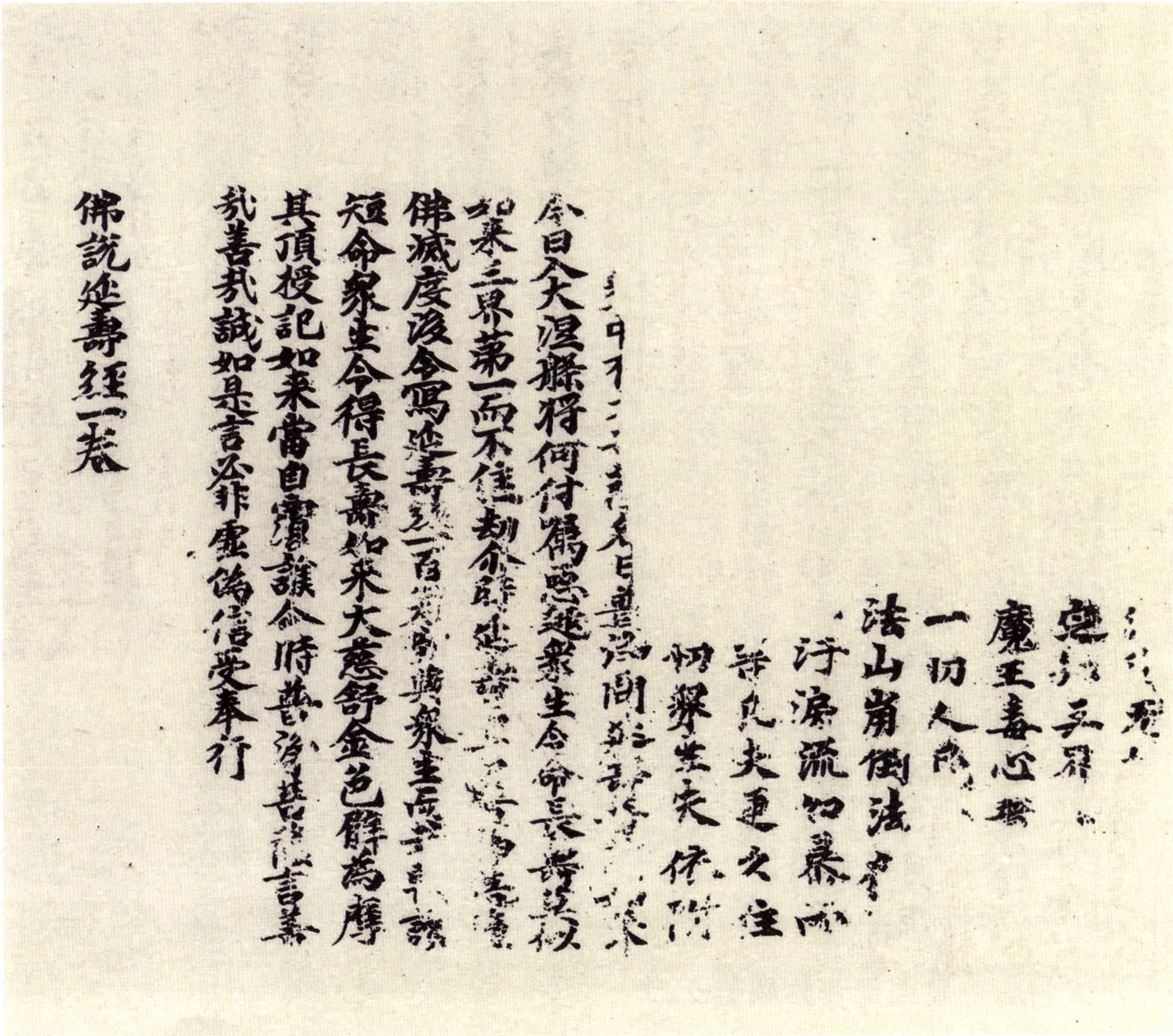
魔王毒心
一切人民
法山崩倒法
汙瀆流如暴雨
今日入大涅槃將何付囑惡逆衆生令命長壽
如來三界第一而不住世
佛滅度後令寫延壽經一百
短命衆生令得長壽如來大慈舒金色臂摩
其頂授記如來當自讚歎令時
哉善哉識如是言不非虛偽信受奉行
佛說延壽經一卷

00113 佛說延壽經一卷 遼寫本

縱 27.6 厘米，廣 36.5 厘米。應縣木塔文物保管所藏，存一葉。

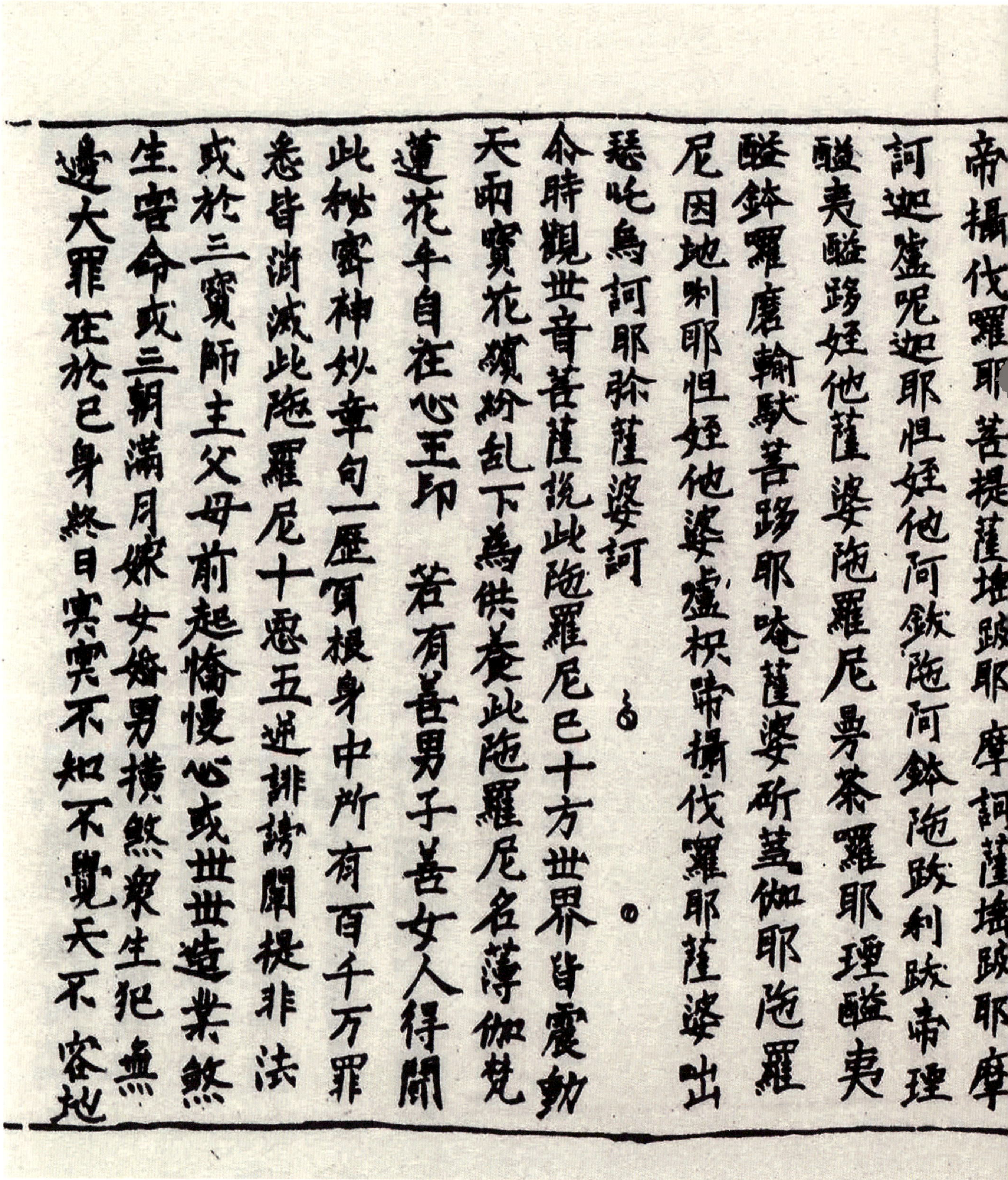
帝攝伐羅耶 菩提薩埵跛耶 摩
訶迦盧呢迦耶怛姪他阿鈸陁阿鉢陁跋利跋帝理
醯夷醯踄姪他薩婆陁羅尼曼荼羅耶理醯夷
醯鉢羅磨輸馱菩踄耶唵薩婆斫荳伽耶陁羅
尼因地唎耶怛姪他婆盧枳帝攝伐羅耶薩婆出
瑟吒烏訶耶弥薩婆訶
尒時觀世音菩薩說此陁羅尼已十方世界皆震動
天雨寶花繽紛亂下為供養此陁羅尼名薄伽梵
蓮花手自在心王印 若有善男子善女人得聞
此秘密神妙章句一歷耳根身中所有百千万罪
悉皆消滅此陁羅尼十惡五逆誹謗闡提非法
或於三寶師主父母前起憍慢心或世世造業煞
生害命或三朝滿月嫁女婚男摃煞衆生犯無
邊大罪在於已身終日冥冥不知不覺天不容地

00114 佛頂心觀世音菩薩大陀羅尼經三卷 遼寫本

卷軸裝。長 288.9 厘米。一紙十五或十六行不等，行十八至十九字不等，上下單邊。經名及各段經文下有墨繪寶珠。未避遼諱。應縣木塔文物保管所藏。

佛頂心觀世音菩薩大陁羅尼經卷上
尒時觀世音菩薩而白釋迦牟尼佛言是我前
身不可思議福德因緣欲令利益一切衆生起大
悲心能斷一切繫縛能滅一切怖畏一切衆生蒙
此威神悉能離苦解脫 ◎ ◎
尒時觀世音菩薩重白釋迦牟尼佛言我今欲
為苦惱衆生說消除灾厄臨難救苦衆生無礙自
在王智印大陁羅尼法以用救拔一切受苦衆生除
一切疾病滅除惡業重罪成就一切諸善智速能
滿足一切心願利益安樂一切衆生煩惱障閑唯
願慈悲哀愍聽許 ◎ ◎ ◎
尒時釋迦牟尼佛言汝大慈悲宜應速說時觀世
音菩薩從座起合掌正立即說姥陁羅尼日 ◎

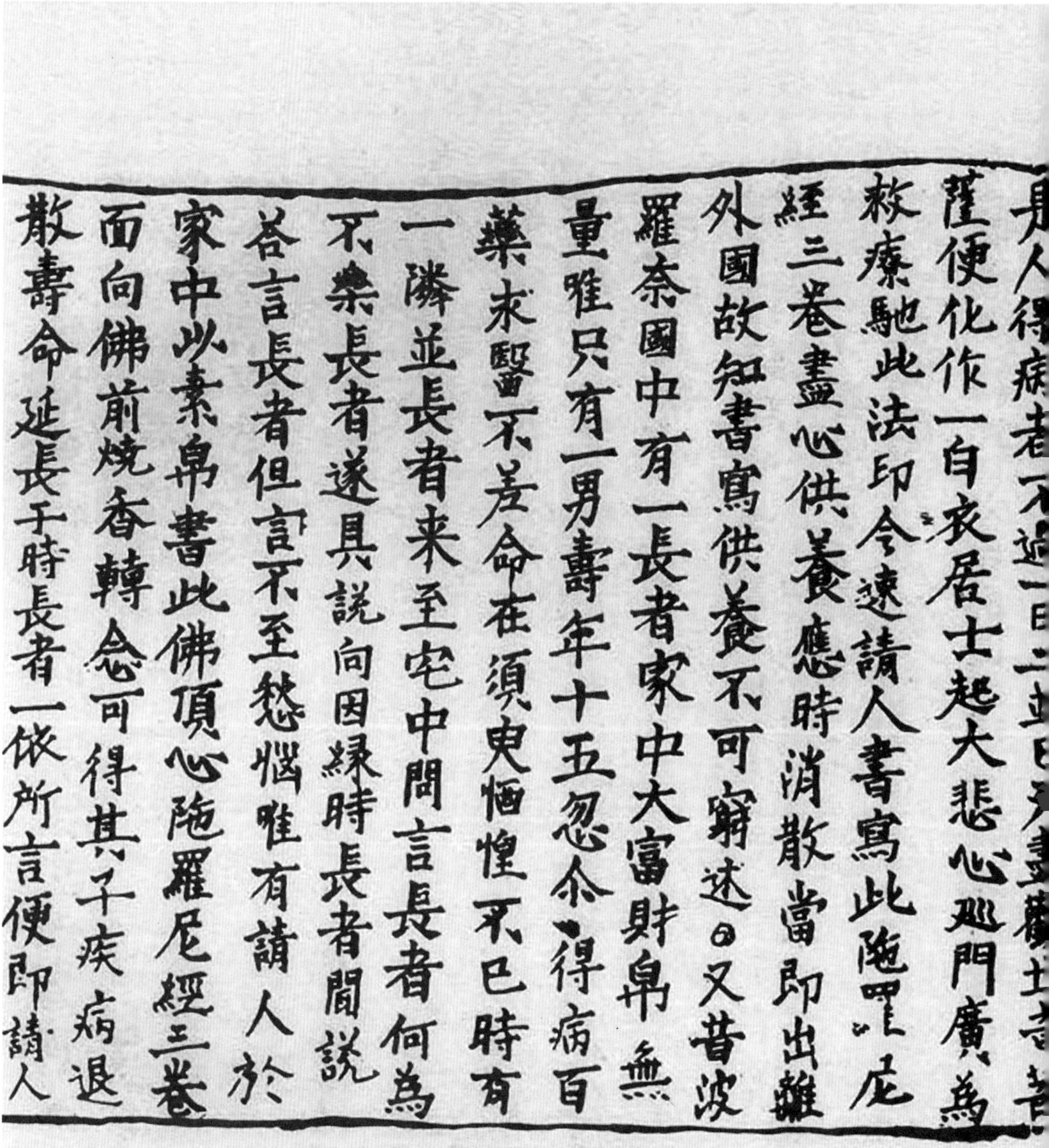
薩便化作一白衣居士起大悲心巡門廣為
救療馳此法印令遠遠請人書寫此陁羅尼
經三卷盡心供養應時消散當即出離
外國故知書寫供養不可窮述。又昔波
羅奈國中有一長者家中大富財帛無
量唯只有一男壽年十五忽尒得病百
藥求醫不差命在須臾恓惶不已時有
一隣並長者來至宅中問言長者何為
不樂長者遂具說向因緣時長者聞說
答言長者但言不至愁惱唯有請人於
家中以素帛書此佛頂心陁羅尼經三卷
面向佛前燒香轉念可得其子疾病退
散壽命延長于時長者一依所言便即請人

00115 佛頂心觀世音菩薩大陀羅尼經三卷 遼寫本

卷軸裝。長 139.8 厘米。一紙十三或十五行不等，行十五至十八字不等，上下單邊。未避遼諱，經名及各段經文下有墨繪寶珠。應縣木塔文物保管所藏。

中陰之身四十九日此陁羅尼若人貧困飢渴
復思衣念食無人救接者但能至心供養
日以香花冥心啓告念佛必得財帛衣食
能滿足又若復有人得遇善知識故誘勸
書此陁羅尼經上中下三卷准大藏經中具述此
功德如人造十二藏大尊經也將紫磨黃金
鑄成佛像供養此陁羅尼經威神之力亦復
如是又諸善男子善女人或東隣西舍有飛
符注煞破射雄雌魍魎鬼神橫相惱乱在人
家宅中伺求人便者若遇得此陁羅尼經
於所在供養者是諸鬼神悉能奔走不敢
侵害　佛頂心觀世音經卷中
佛頂心觀世音菩薩救難神驗卷下

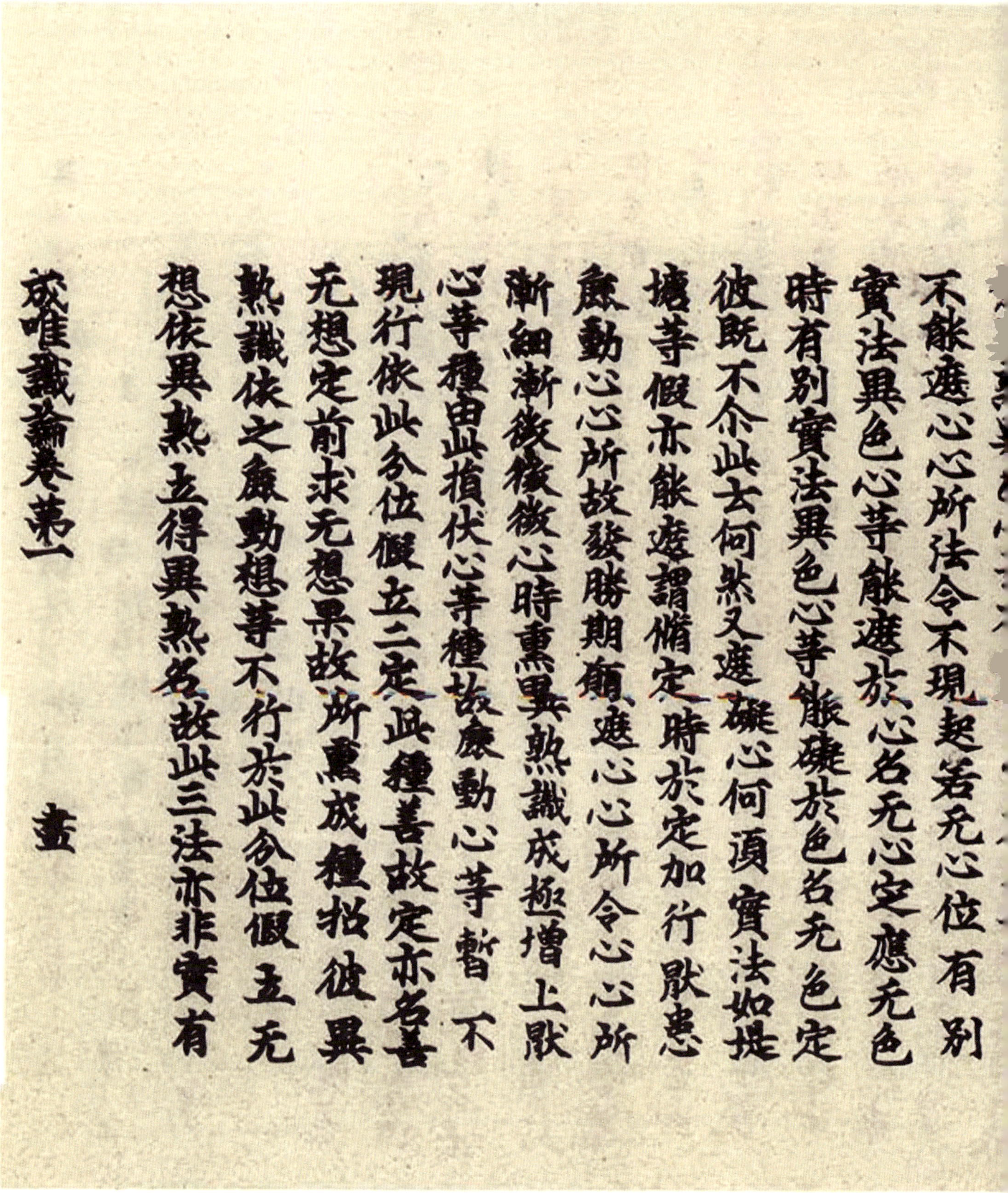
不能遮心心所法令不現起若无心位有別
實法異色心等能遮於心名无心定應无色
時有別實法異色心等能礙於色名无色定
彼既不尒此云何然又遮礙心何須實法如堤
塘等假亦能遮謂脩定時於定加行猒患
麤動心心所故發勝期願遮心心所令心心所
漸細漸微微微心時熏異熟識成極增上猒
心等種由此損伏心等種故麤動心等暫不
現行依此分位假立二定此種善故定亦名善
无想定前求无想果故所熏成種招彼異
熟識依之麤動想等不行於此分位假立无
想依異熟立得異熟名故此三法亦非實有

成唯識論卷第一　　盡

00116 成唯識論十卷　（唐）釋玄奘譯　遼寫本

卷軸裝。縱 28.4 厘米，長 883.5 厘米。一紙二十八行，行十六至十七字不等。未避遼諱，有朱筆圈點。卷尾經題下及序文紙背有墨書“盡”字。應縣木塔文物保管所藏，存一卷（一）。

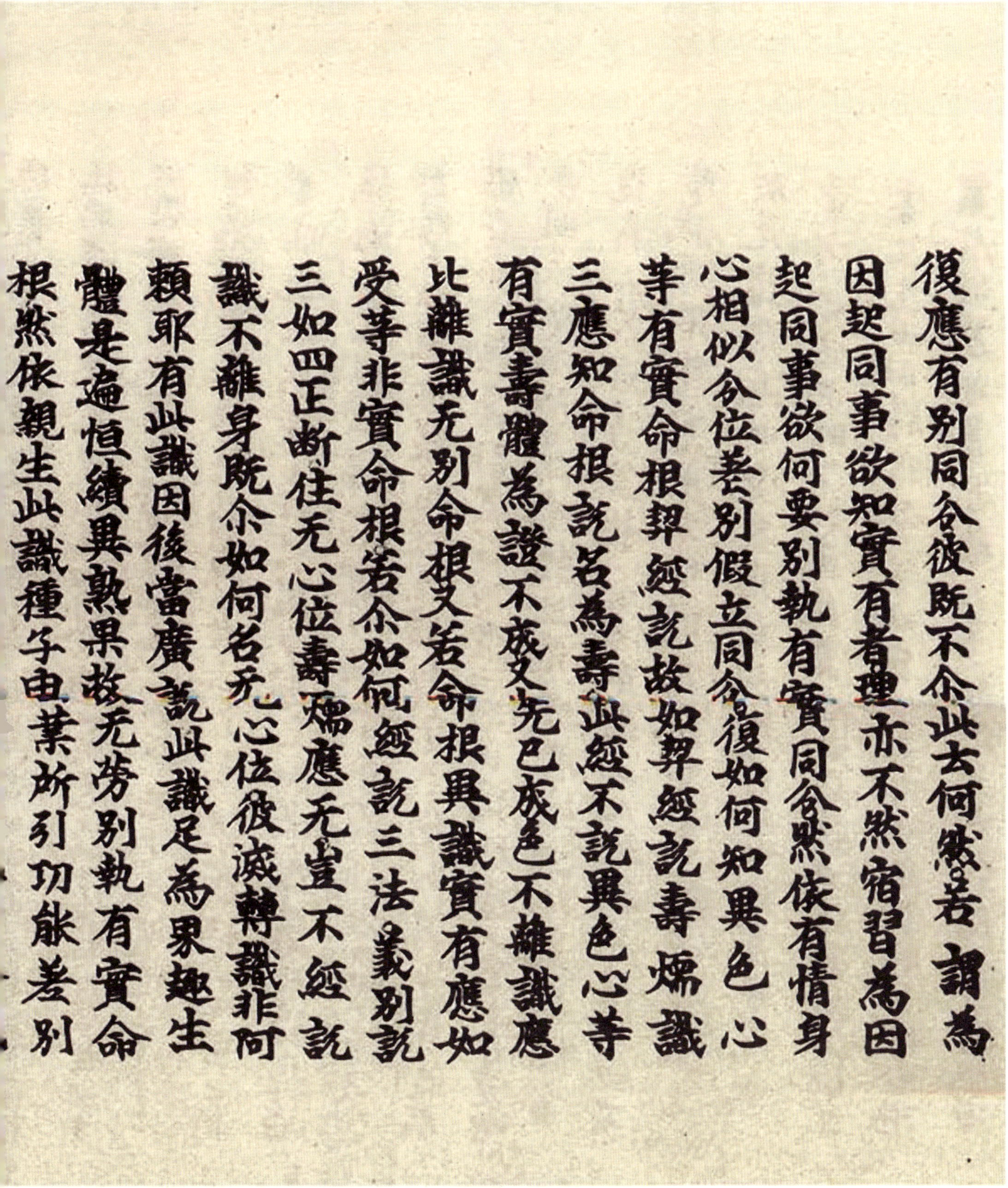

復應有別同分彼既不尒此云何然若 謂爲
因起同事欲知實有者理亦不然宿習爲因
起同事欲何要別執有實同分然依有情身
心相似分位差別假立同分復如何知異色心
等有實命根說故如契經說壽煖識
三應知命根說名爲壽此經不說異色心等
有實壽體爲證不成又先已成色不離識應
比離識无別命根又若命根異識實有應如
受等非實命根若尒如何經說三法義別說
三如四正斷住无心位壽煖應无豈不經說
識不離身既尒如何名无心位彼滅轉識非阿
賴耶有此識因後當廣說此識足爲界趣生
體是遍恒續異熟果故无勞別執有實命
根然依親生此識種子由業所引功能差別

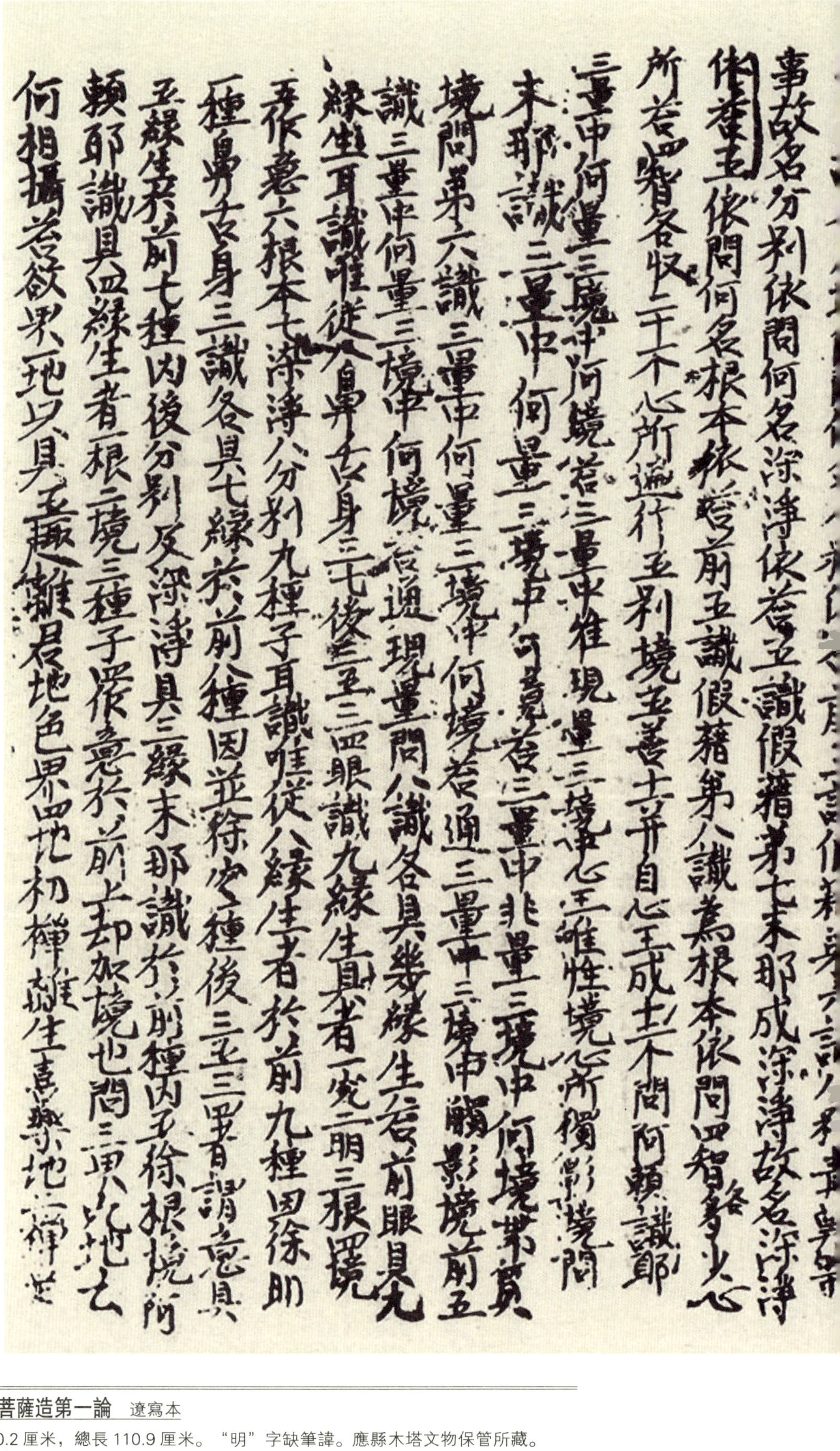
事故名分别依門何名深淨依若五識假藉第七末那成深淨故名深淨
作主依門何名根本依若前五識假藉第八識爲根本依門四智各幾心
所若四智各收二十一心所遍行五别境五善十一并自心王成廿一不問阿賴識耶
三量中何量三境中何境若三量中唯現量三境中心王唯性境心所獨影境問
末那識三量中何量三境中何境若三量中非量三境中何境帶質
境問第六識三量中何量三境中何境若通三量三境中獨影境前五
識三量中何量三境中何境若通現量問八識各具幾緣生若前眼具九
緣生耳識唯從八鼻舌身三七後三五三四眼識九緣生具者一空二明三根四境
五作意六根本七深淨八分别九種子耳識唯從八緣生者於前九種因除明
種鼻舌身三識各具七緣於前八種因並除空種後三五三四者謂意具
五緣生於前七種内後分别及深淨具三緣末那識於前種内五除根境阿
賴耶識具四緣生者一根二境三種子四作意於前上却加境也問三界九地云
何相攝若欲界一地以五趣雜居地色界四地初禪離生喜樂地二禪

00117 天親菩薩造第一論　遼寫本

卷軸裝。縱 30.2 厘米，總長 110.9 厘米。“明”字缺筆諱。應縣木塔文物保管所藏。

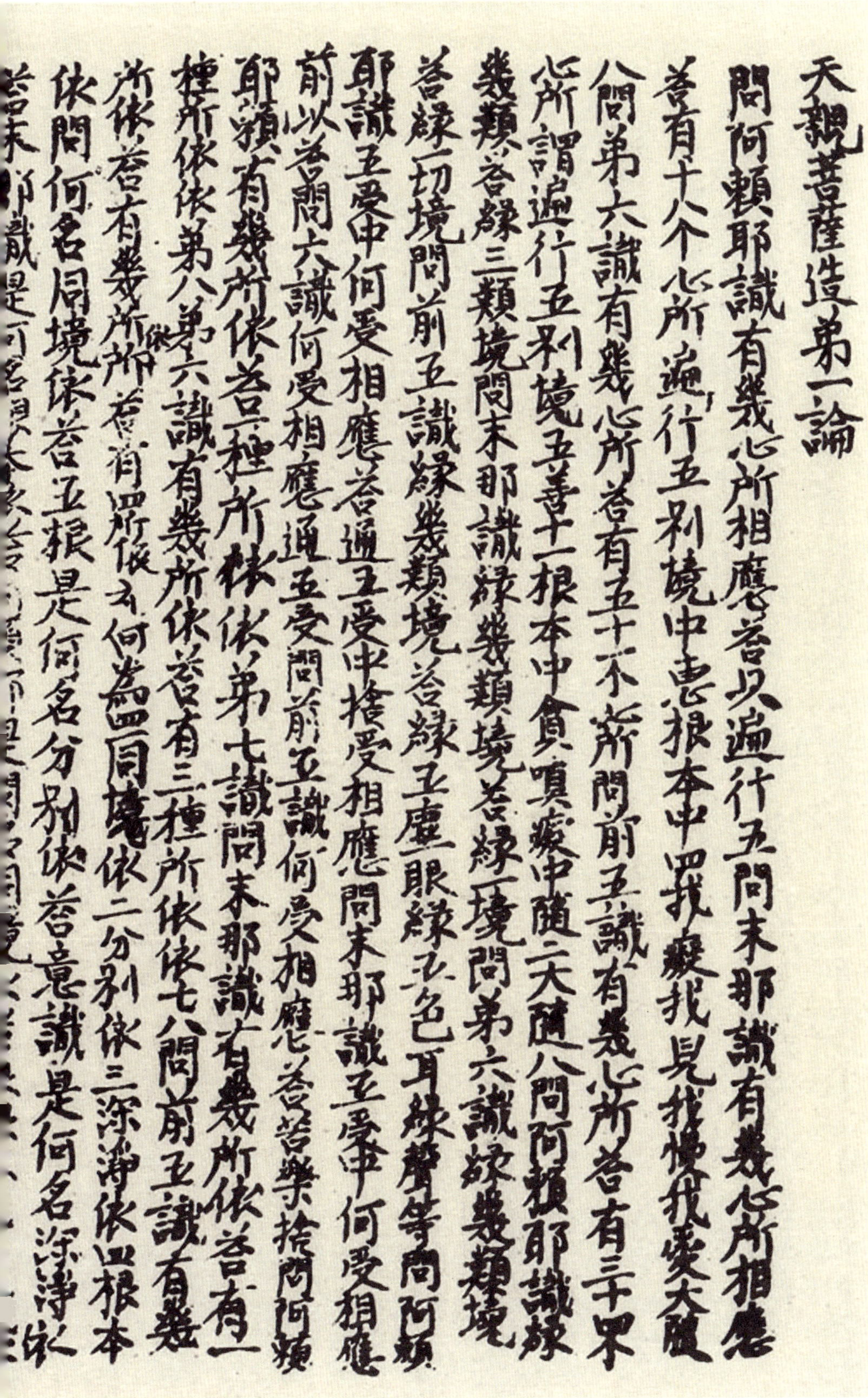
天親菩薩造第一論
問阿賴耶識有幾心所相應答以遍行五問末那識有幾心所相應
答有十八个心所遍行五別境中慧根本中四我痴我見我慢我愛大隨
八問第六識有幾心所答有五十一个心所問前五識有幾心所答有三十四
心所謂遍行五別境五善十一根本中貪嗔痴中隨二大隨八問阿賴耶識緣
幾類答緣三類境問末那識緣幾類境答緣一境問第六識緣幾類境
答緣一切境問前五識緣幾類境答緣五塵眼緣五色耳緣聲等問阿賴
耶識五受中何受相應答遍五受中捨受相應問末那識五受中何受相應
前以答問六識何受相應答通五受問前五識何受相應答苦樂捨問阿賴
耶賴有幾所依答三種所依依第七識問末那識有幾所依答有一
種所依依第八第六識有幾所依答有三種所依依七八問前五識有幾
所依答有幾所依答有四所依云何為四同境依二分別依三染淨依四根本
依問何名同境依答五根是何名分別依答意識是何名染淨依
答末那識是

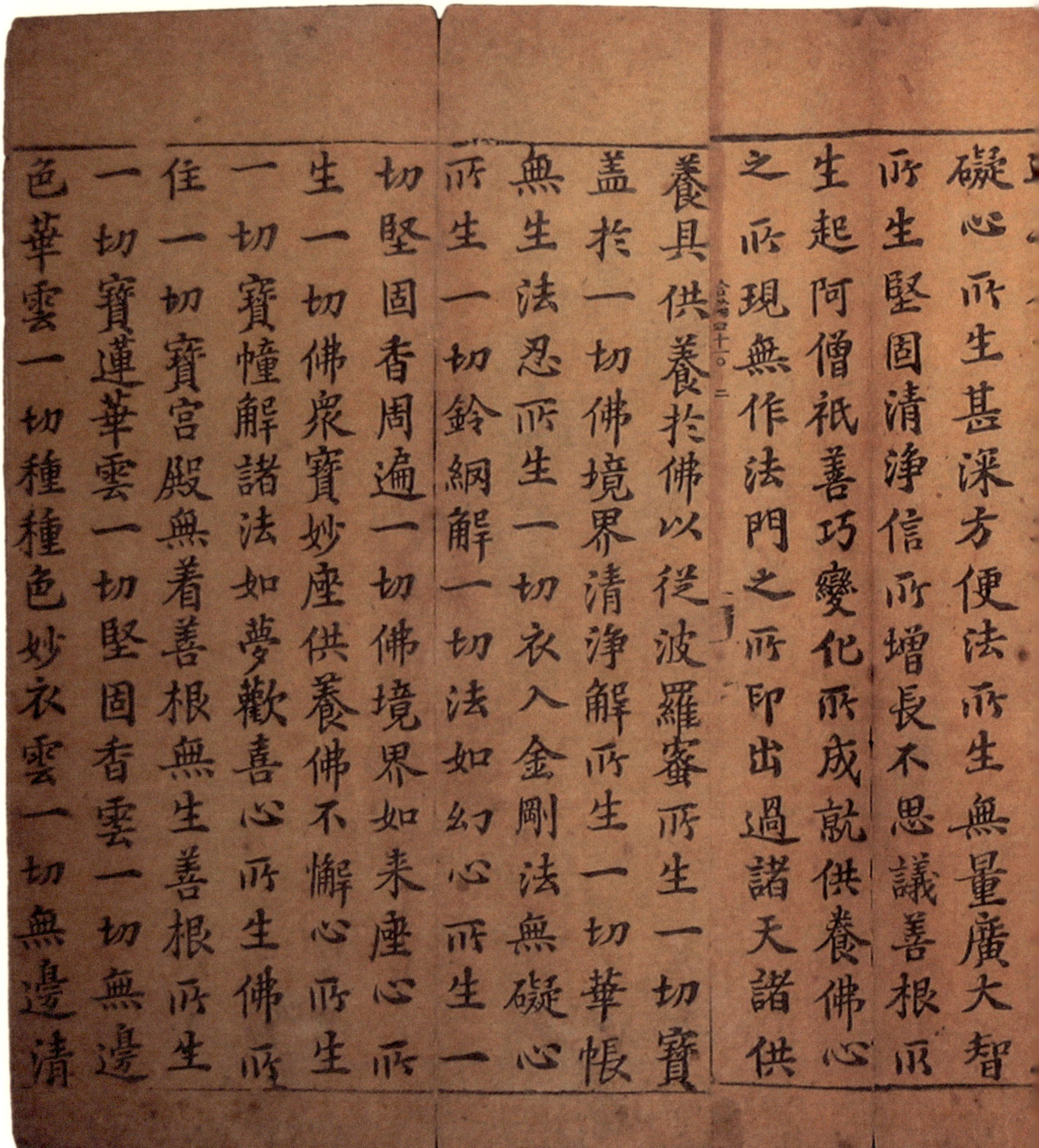

礙心所生甚深方便法所生無量廣大智
所生堅固清淨信所增長不思議善根所
生起阿僧祇善巧變化所成就供養佛心
之所現無作法門之所印出過諸天諸供

合論四十一 二

養具供養於佛以從波羅蜜所生一切寶
蓋於一切佛境界清淨解所生一切華帳
無生法忍所生一切衣入金剛法無礙心
所生一切鈴網解一切法如幻心所生一
切堅固香周遍一切佛境界如來座心所
生一切佛衆寶妙座供養佛不懈心所生
一切寶幢解諸法如夢歡喜心所生佛所
住一切寶宮殿無着善根無生善根所生
一切寶蓮華雲一切堅固香雲一切無邊
色華雲一切種種色妙衣雲一切無邊清

00118 大方廣佛華嚴經合論一百二十卷 （唐）李通玄造論 釋志寧合論 宋元豐七年（1084）刻本

經折裝。匡高 25 厘米至 25.6 厘米，廣 48 厘米至 48.7 厘米。一折六行，行十六字，上下單邊。山西省圖書館藏，存一卷（四十一第一至五板、第二十一板）。

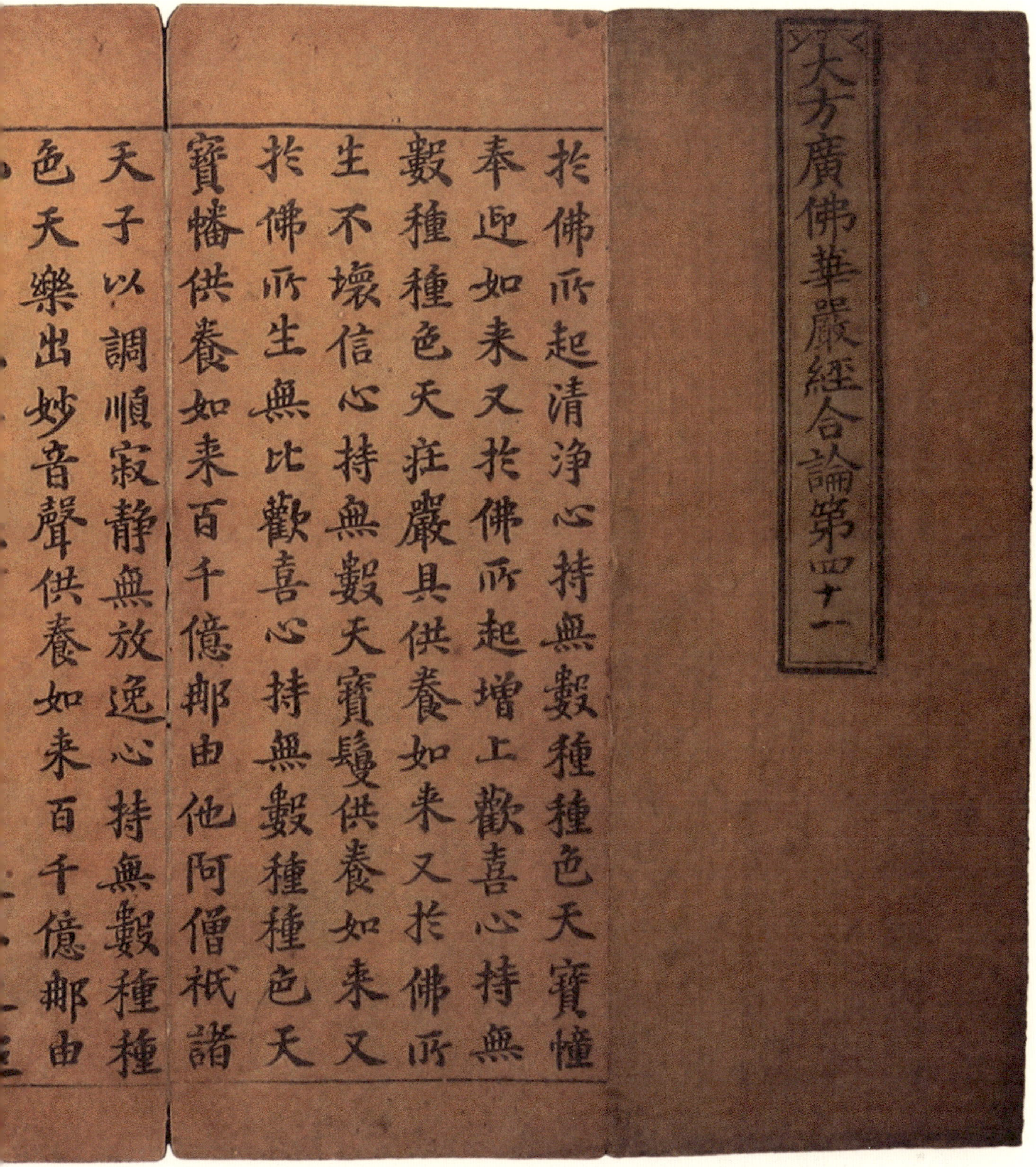
大方廣佛華嚴經合論第四十一

於佛所起清淨心持無數種種色天寶幢
奉迎如来又於佛所起增上歡喜心持無
數種種色天莊嚴具供養如来又於佛所
生不壞信心持無數天寶蓋供養如来又
於佛所生無比歡喜心持無數種種色天
寶幡供養如来百千億那由他阿僧祇諸
天子以調順寂靜無放逸心持無數種種
色天樂出妙音聲供養如来百千億那由

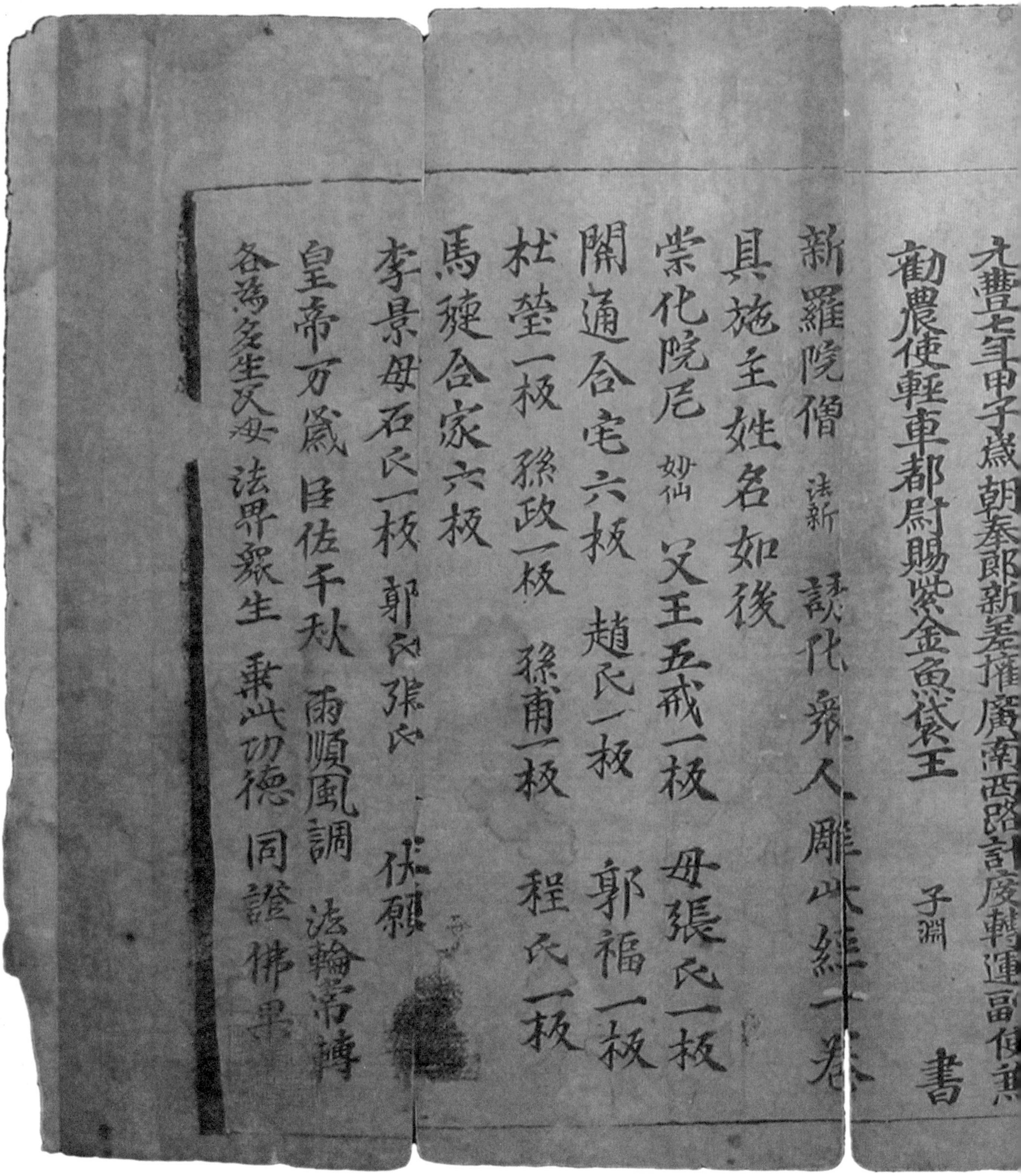
元豐七年甲子歲朝奉郎新差權廣南西路計度轉運副使兼
勸農使輕車都尉賜紫金魚袋王 子淵 書
新羅院僧 法新 誘化衆人雕此經一卷
具施主姓名如後
崇化院尼 妙仙 父王五戒一板 母張氏一板
開通合宅六板 趙氏一板 郭福一板
杜瑩一板 孫政一板 孫甫一板 程氏一板
馬璉合家六板
李景母石氏一板 郭氏張氏 伏願
皇帝万歲 臣佐千秋 雨順風調 法輪常轉
各爲先生父母 法界衆生 乘此功德 同證佛果

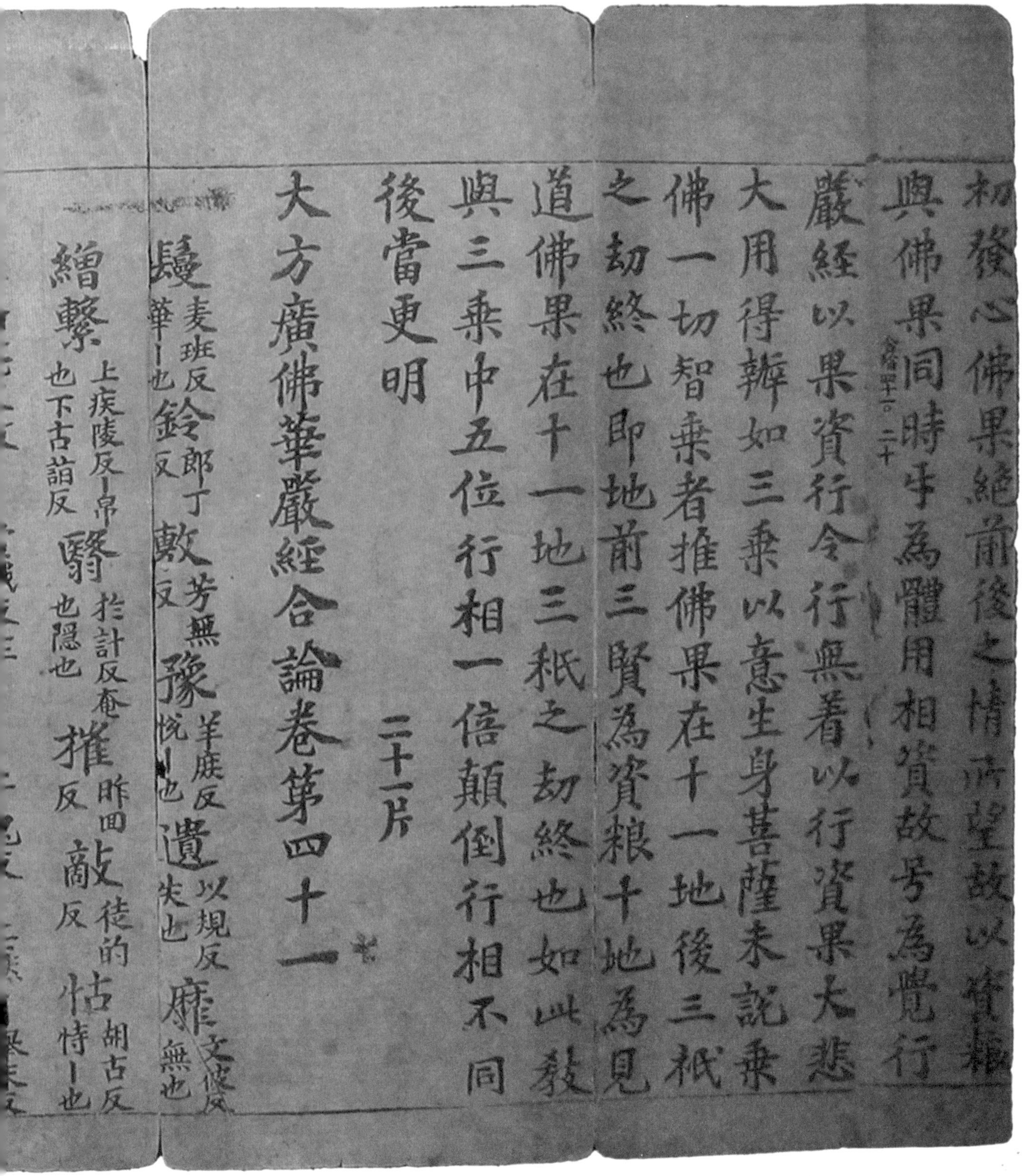
初發心佛果絕前後之情所望故以資粮
與佛果同時互為體用相資故号為覺行
合四十○ 二十
嚴經以果資行令行無着以行資果大悲
大用得辦如三乘以意生身菩薩來說乘
佛一切智乘者推佛果在十一地後三祇
之劫終也即地前三賢為資粮十地為見
道佛果在十一地三祇之劫終也如此教
與三乘中五位行相一倍顛倒行相不同
後當更明
二十一片
大方廣佛華嚴經合論卷第四十一
鬘 麦班反 華丨也
鈴 郎丁反
敷 芳無反
豫 羊庶反 悅丨也
遺 以規反 失也
靡 文彼反 無也
繒繫 上疾陵反丨帛也 下古詣反
翳 於計反 奄也 隱也
摧 昨回反
敵 徒的反
怙 胡古反 恃丨也

00119 大方廣佛華嚴經十回向品疏 遼寫本

卷軸裝。縱 28 厘米，長 510 厘米。烏絲欄。卷背為經解。應縣木塔文物保管所藏，存一卷（九）。

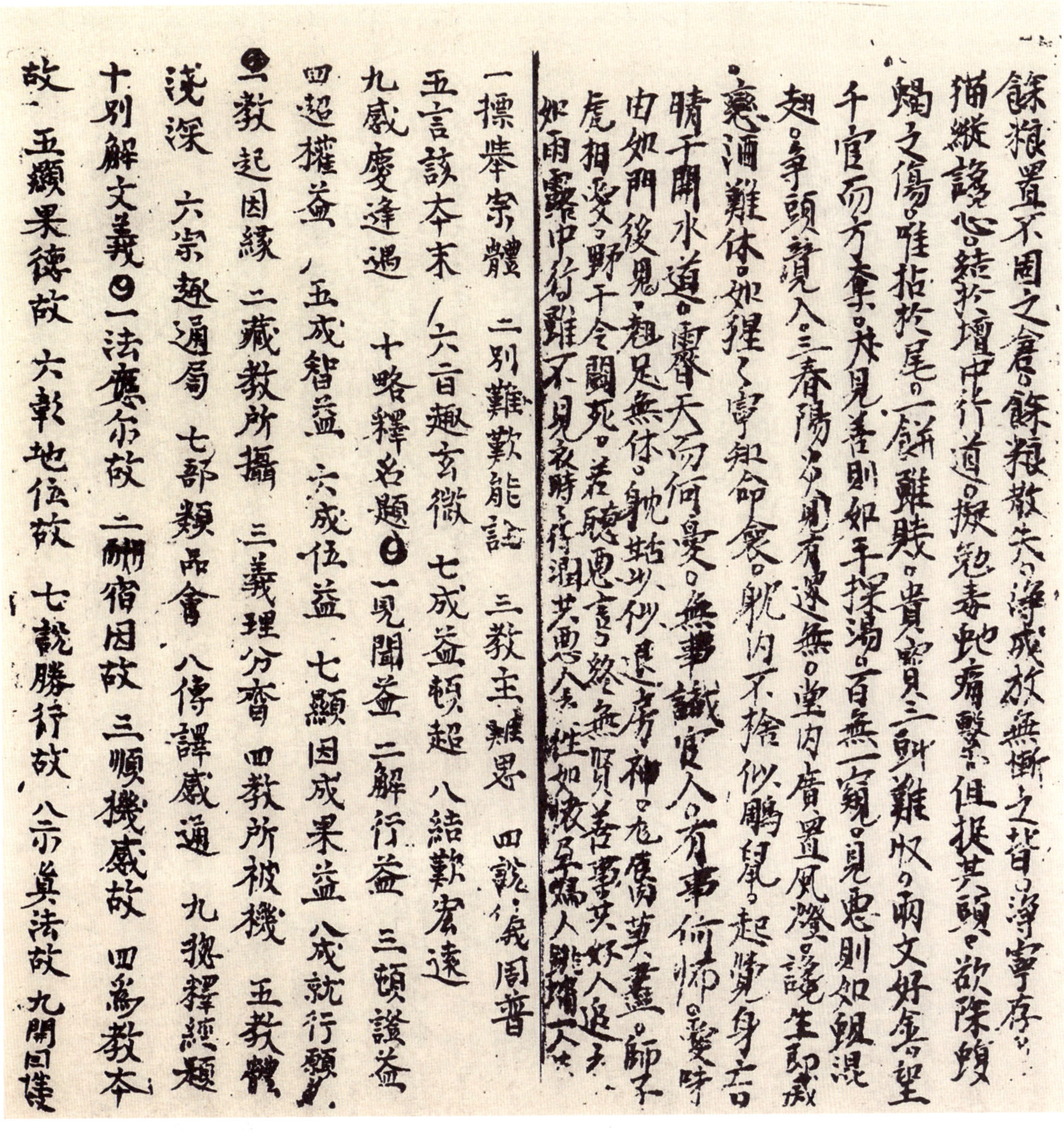

餘糧置不困之倉，餘糧散失，淨戒放無斷之皆，淨寧存亡
猶縱諂心，結於壇中行道，擬兇毒蛇瘡，醫藥但捉其頭，欲除頭
燭文傷，唯指於尾，一餅難賤，貴賣三斗難收，兩文好為望
千宜而方奪，若見善則如手探湯，百無一窺，見惡則如銀混
翅，爭頭競入，三春陽光有逆無，塑肉貴置風燈，讒生即威
寒酒難休，如猩猩之寧知命衆，貌內不捨，似鵬鳥，起覺身否
睛于開水道，雪督天而何憂，無事識實人，有事何怖，愛守
由如門後見，翹足無休，貌姑少似逍遙，神，危債貴萬盡，師不
虎相愛，野干令鬪死，若聽惡言終無賢善，事其奴人追夫
如雨露中行難不見衣時，行潤其惡人，性如狼，及婦人聽增一人

一標擧宗體　二別難歎能詮　三教主難思　四說儀周普
五言該本末　六旨趣玄微　七成益頓超　八結歎宏遠
九感慶逢遇　十略釋名題　一見聞益　二解行益　三頓證益
四超權益　五成智益　六成位益　七顯因成果益　八成就行願益
一教起因緣　二藏教所攝　三義理分齊　四教所被機　五教體
淺深　六宗趣通局　七部類品會　八傳譯感通　九揔釋經題
十別解文義　一法應尒故　二酬宿因故　三順機感故　四爲教本
故　五顯果德故　六彰地位故　七說勝行故　八示真法故　九開因性故

00120 大方廣佛華嚴經疏序 勸善文　遼寫本

二十葉。應縣木塔文物保管所藏。

遭刖足懲。蠻布持書來索戰。問卿那箇是明天。此時遂用
拖金計。走歸本國離延遭。如斯無限英靈將。惣被冥司害
衆返。鬧使且須修行善。莫要癡心造罪愆。不論高低歸無
水。豈論貴賤有英泉。若造愆因況地獄。若修於善得生天
儻迴逆墜三塗獄。刀山須受万千年。夜叉驅向閻王畔。稟命
究家在目前。鬧身強健須修善。龍花會裏願同緣
已此開演大乘圓滿衍多羅共藏教所資
功德奉為國主燕王千秋萬歲文武
宰寮祿壽無窮
三咸證解脫

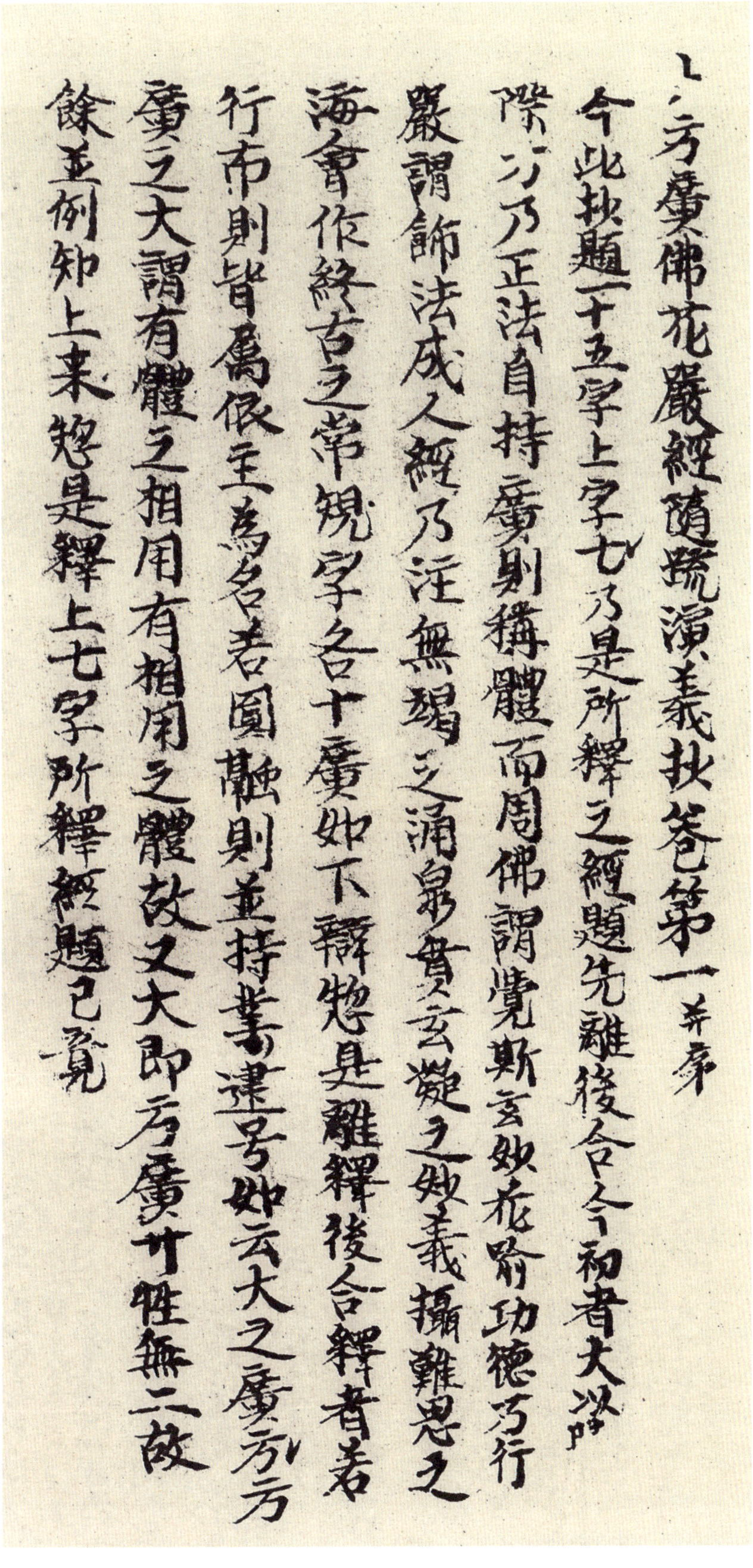
乚〻方廣佛花嚴經隨疏演義抄卷第一 并序
今此抄題一十五字上字七乃是所釋之經題先離後合〻而者大以阝
際〻乃正法自持廣則稱體而周佛謂覺斯玄妙花喻功德乃行
嚴謂飾法成人經乃注無竭之涌泉貫玄凝之妙義攝難思之
海會作終古之常規名十廣如下釋總是離釋後合釋者若
行布則皆屬假立為名若圓融則並持業建号如云大之廣方方
廣之大謂有體之相用有相用之體故又大即方廣廿體無二故
餘並例知上來總是釋上七字所釋經題已竟

00121 大方廣佛華嚴經隨疏演義抄 遼寫本

原散葉，現裝訂成冊。縱 29.2 厘米，長 14.8 厘米，“明”“基”二字避諱。應縣木塔文物保管所藏，存一卷（一）。

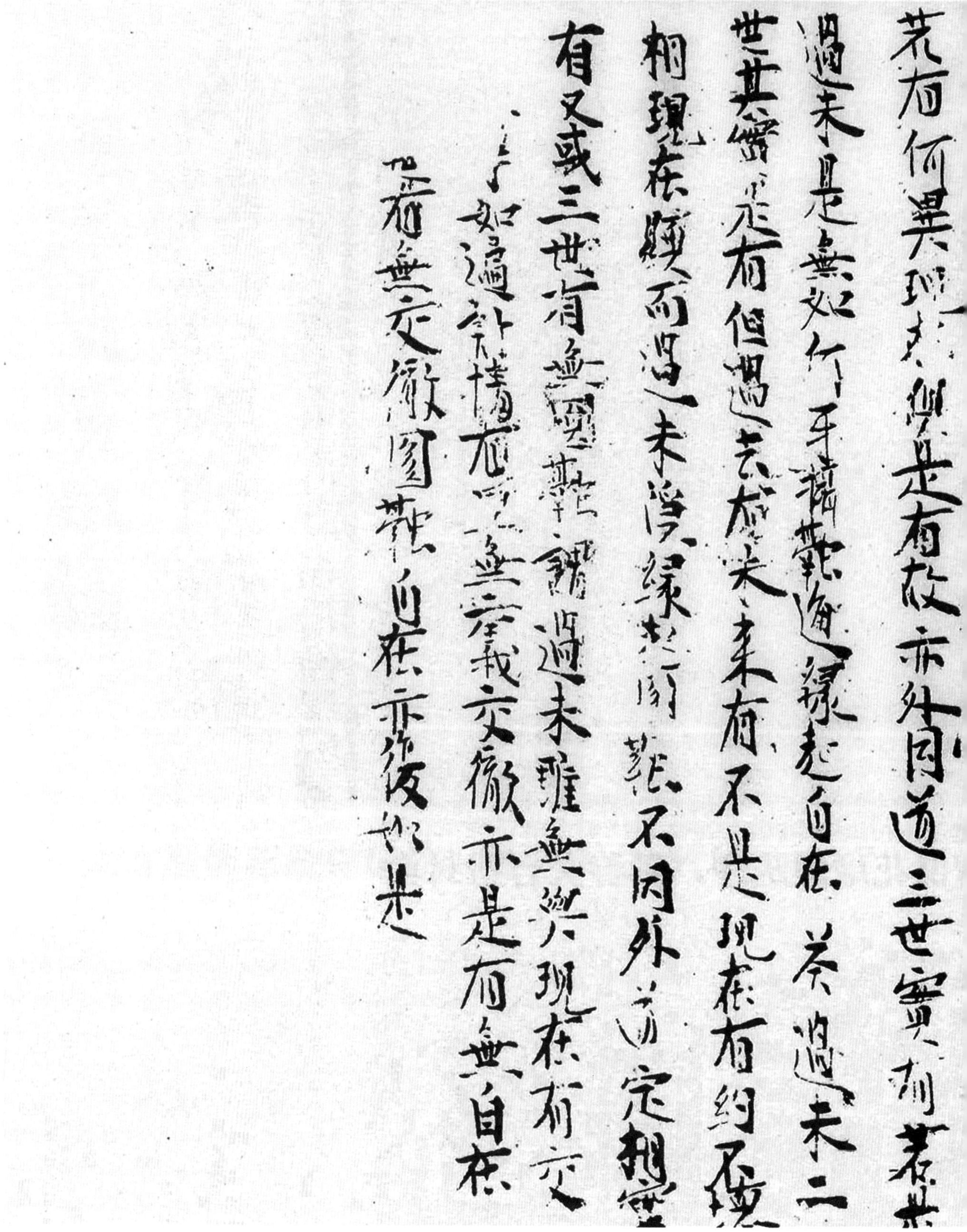

00122 圓教四門問答　遼寫本

卷軸裝。縱 21 厘米，長 134.7 厘米。有簡體字。應縣木塔文物保管所藏。

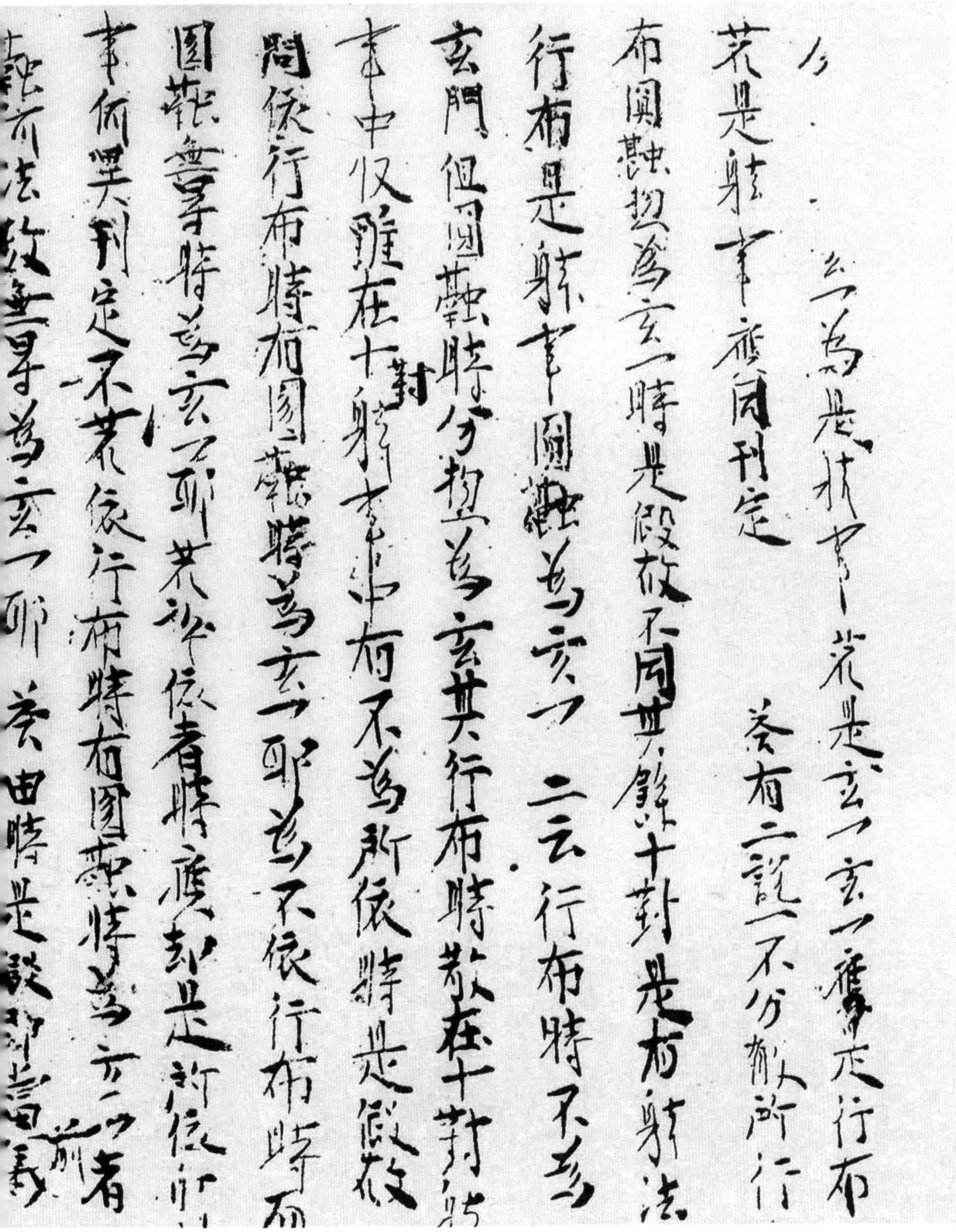

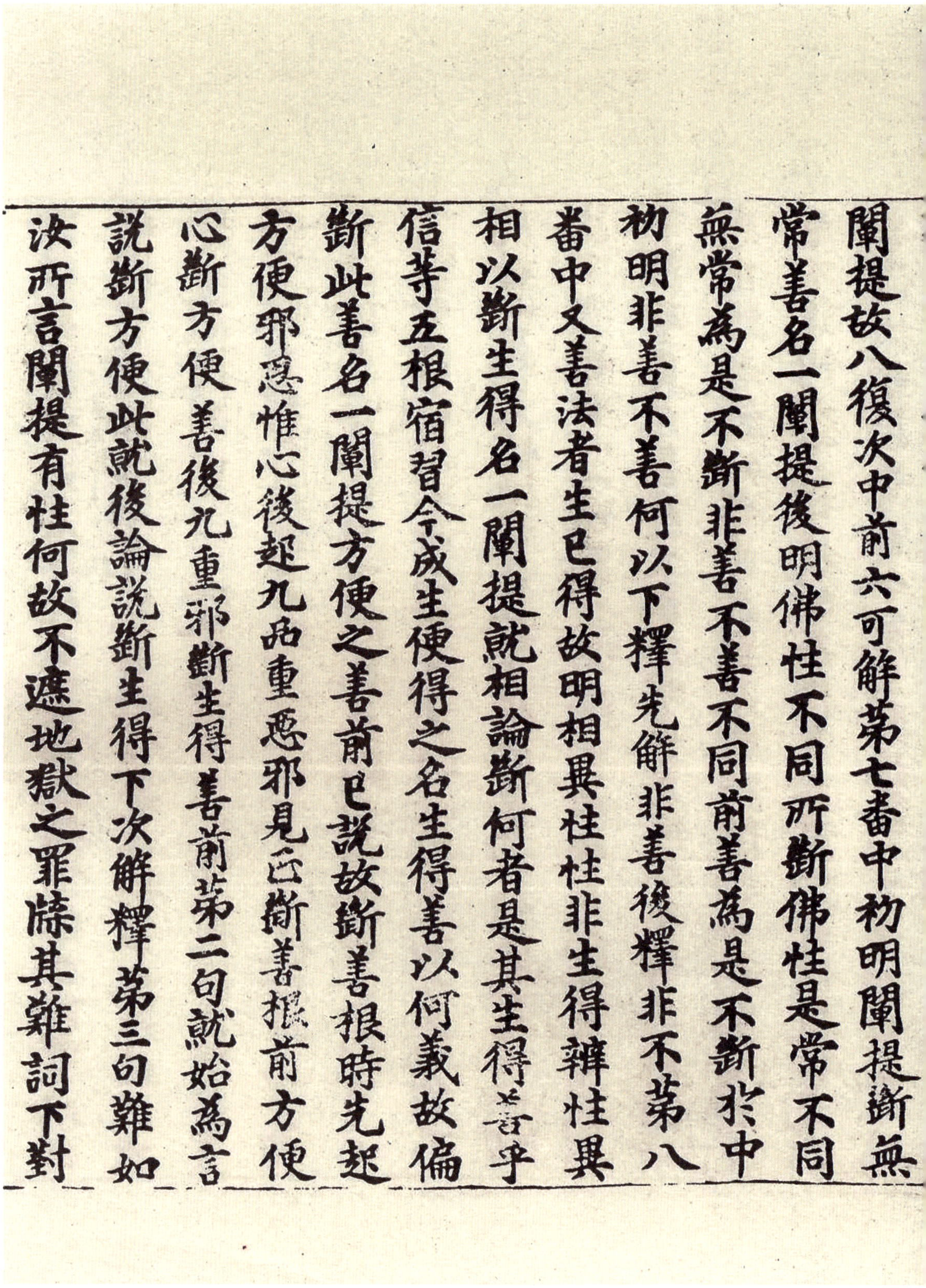
闡提故八復次中前六可解第七番中初明闡提斷無
常善名一闡提後明佛性不同所斷佛性是常不同
無常為是不斷非善不善不同前善為是不斷於中
初明非善不善何以下釋先解非善後釋非不第八
番中又善法者生已得故明相異性性非生得雜性異
相以斷生得名一闡提就相論斷何者是其生得善乎
信等五根宿習今成生便得之名生得善以何義故偏
斷此善名一闡提方便之善前已說故斷善根時先起
方便邪思惟心後起九品重惡邪見正斷善根前方便
心斷方便善後九重邪斷生得善前第二句就始為言
說斷方便此就後論說斷生得下次解釋第三句難如
汝所言闡提有性何故不遮地獄之罪牒其難詞下對

00123 涅槃義記十卷　（隋）釋慧遠述　遼刻本

卷軸裝。匡高 23.8 厘米，一紙長 46 厘米或 47.7 厘米，總長 3532.2 厘米。每紙二十六行，行二十至二十三字不等，四周單邊。未避遼諱，每紙有“第八”及版碼。應縣木塔文物保管所藏，存一卷（八）。

釋難詞釋意如何如中品人値友聞法則能發心不値
不聞則不能發我就此人說讃佛性令其發心不為上
下文中有四一辨釋三喻二約顯法三一闡提亦得已
下釋去難詞四結已湏讃初段可知第二段中約喻顯法
上品人上難詞即遣我為中人說讃佛性令生發心何
得就上難我不湏更顯可知第三段中釋去向前下人上
難難詞有六佛但釋四第四一難同於第二第五一難同
於第一故無別釋解初難中明闡提人亦有得佛不得
佛義捨闡提心即便得佛不捨不得不得說言一向定
得於中先明闡提亦得所以下釋發菩提心非闡提故
下明不得以何緣故說闡提得徵前德王說得之言實
不得者正明不得如命盡下喻顯不得闡名信下釋第

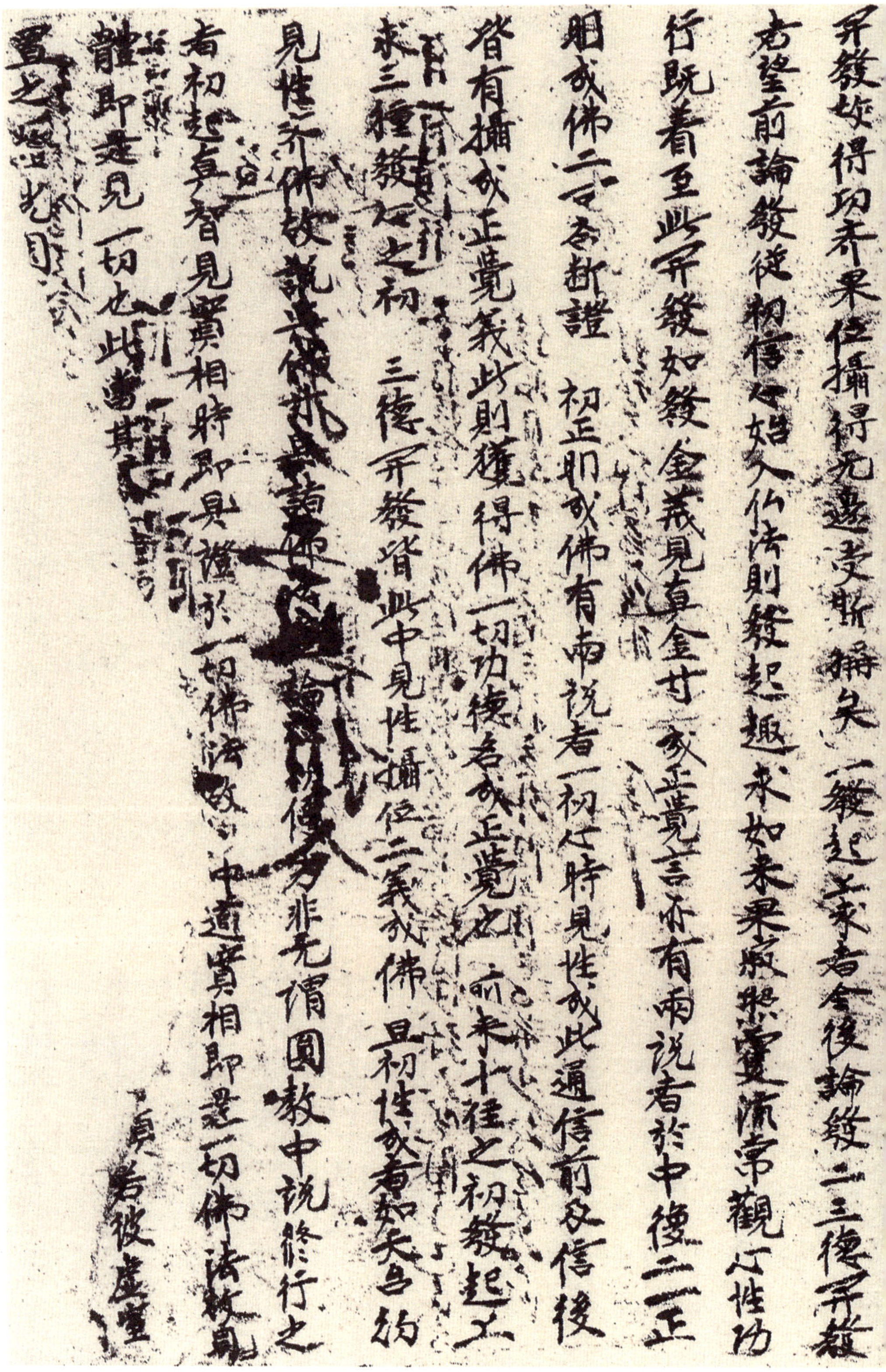

00124 大方廣佛華嚴經疏抄記 遼寫本

卷軸裝。縱 30 厘米，長 166 厘米。有簡體字，“明”“真”缺筆諱。應縣木塔文物保管所藏。

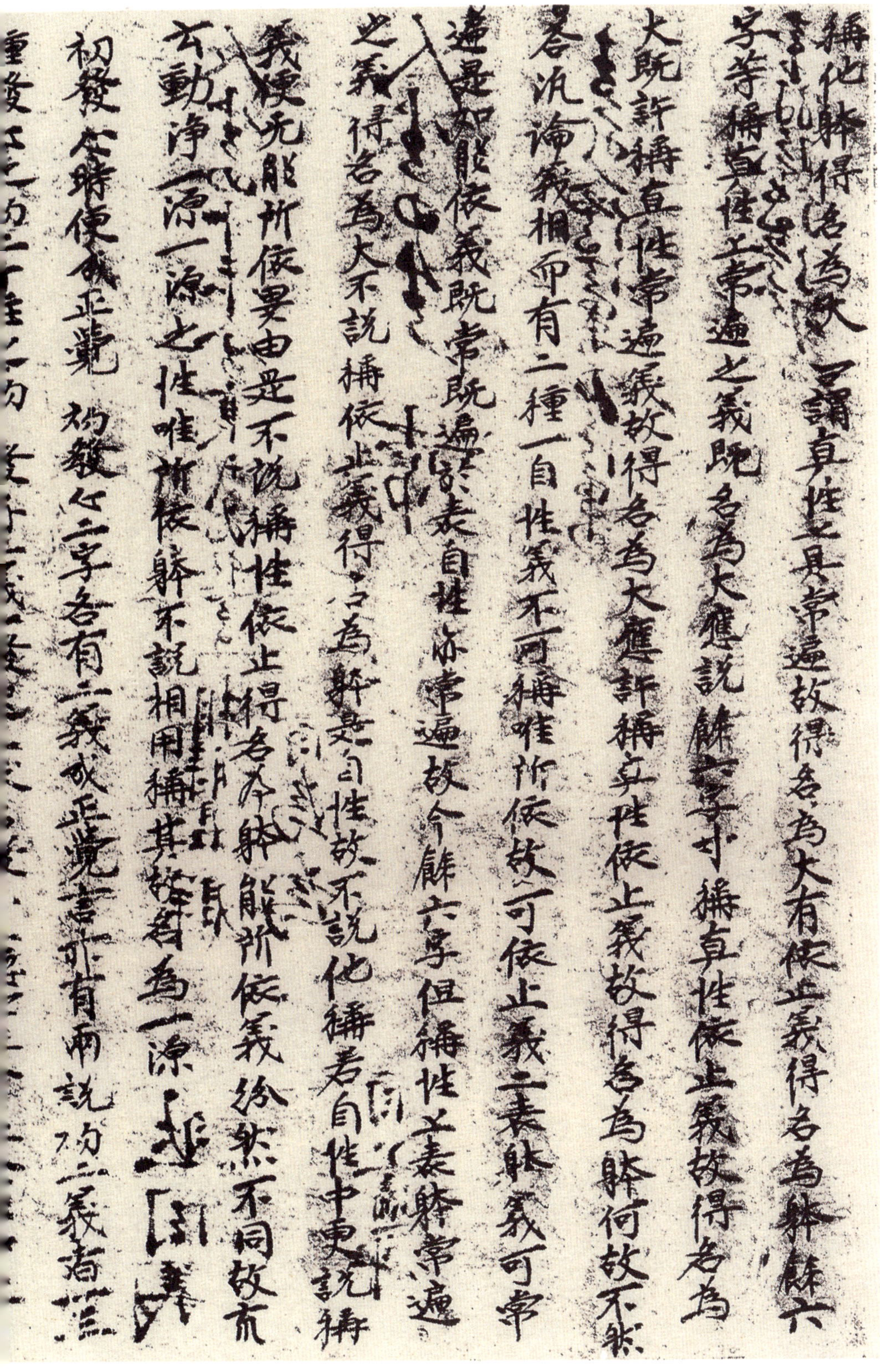
稱他體得名為大 又謂真性上具常遍故得名為大有依止義得名為體體六
字等稱真性上常遍之義既名為大應說體六字寸稱真性依止義故得名為
大既許稱真性常遍義故得名為大應許稱真性依止義故得名為體何故不然
答汎論義相而有二種一自性義不可稱唯所依故可依止義二表體義可常
遍是知能依義既常既遍表自性亦常遍故令體六字但稱性之表體常遍
之義得名為大不說稱依止義得名為體是自性故不說他稱者自性中更說稱
義便无能所依異由是不說稱性依止得名令體能所依義紛然不同故亦
云動淨一源一源之性唯所依體不說相用稱其故名為一源 並
初發心時便成正覺 初發心二字各有二義或正覺言亦有兩說初二義者

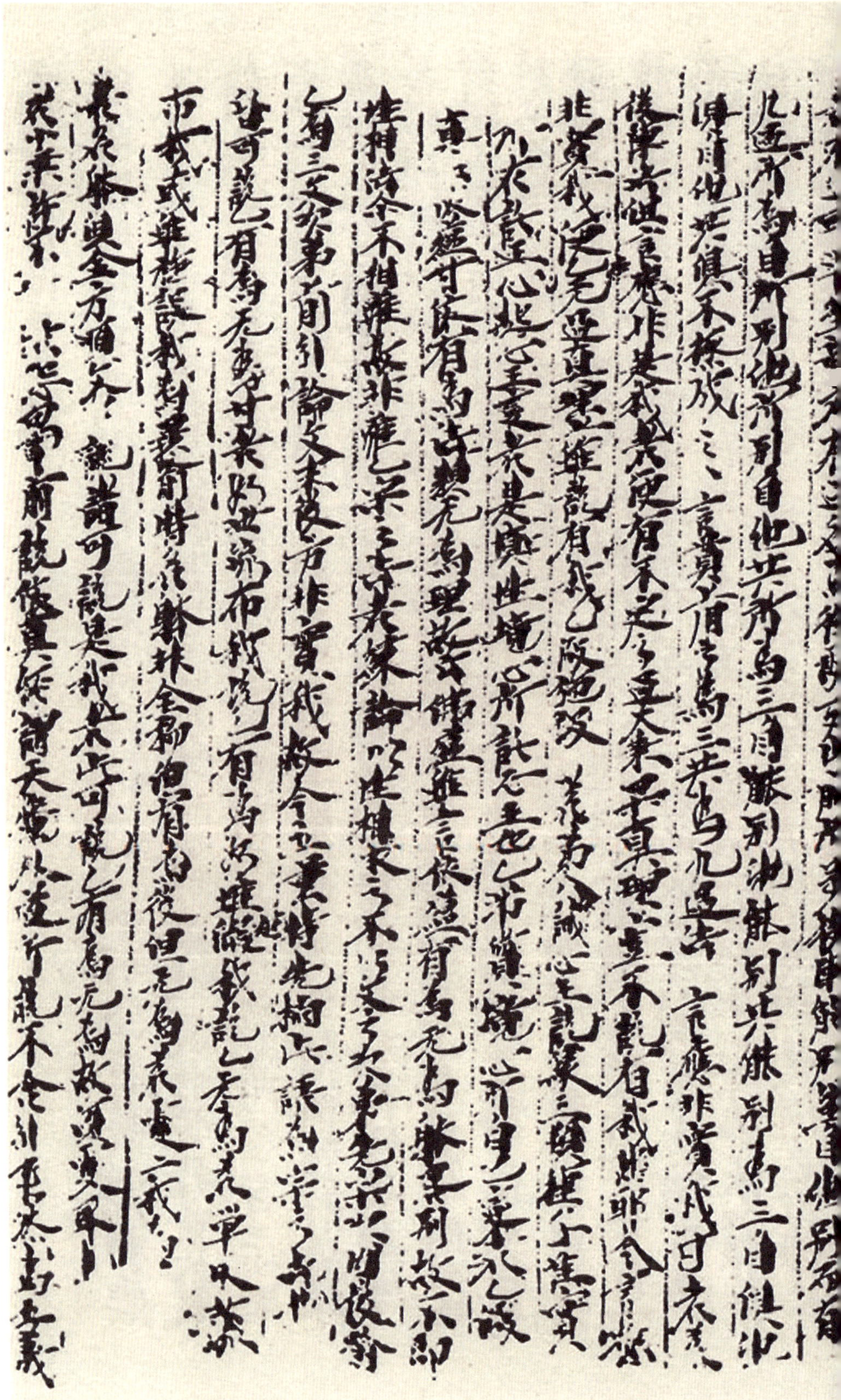

00125 法華經筆記 遼寫本

卷軸裝。縱 30 厘米，長 127 厘米。烏絲欄。應縣木塔文物保管所藏。

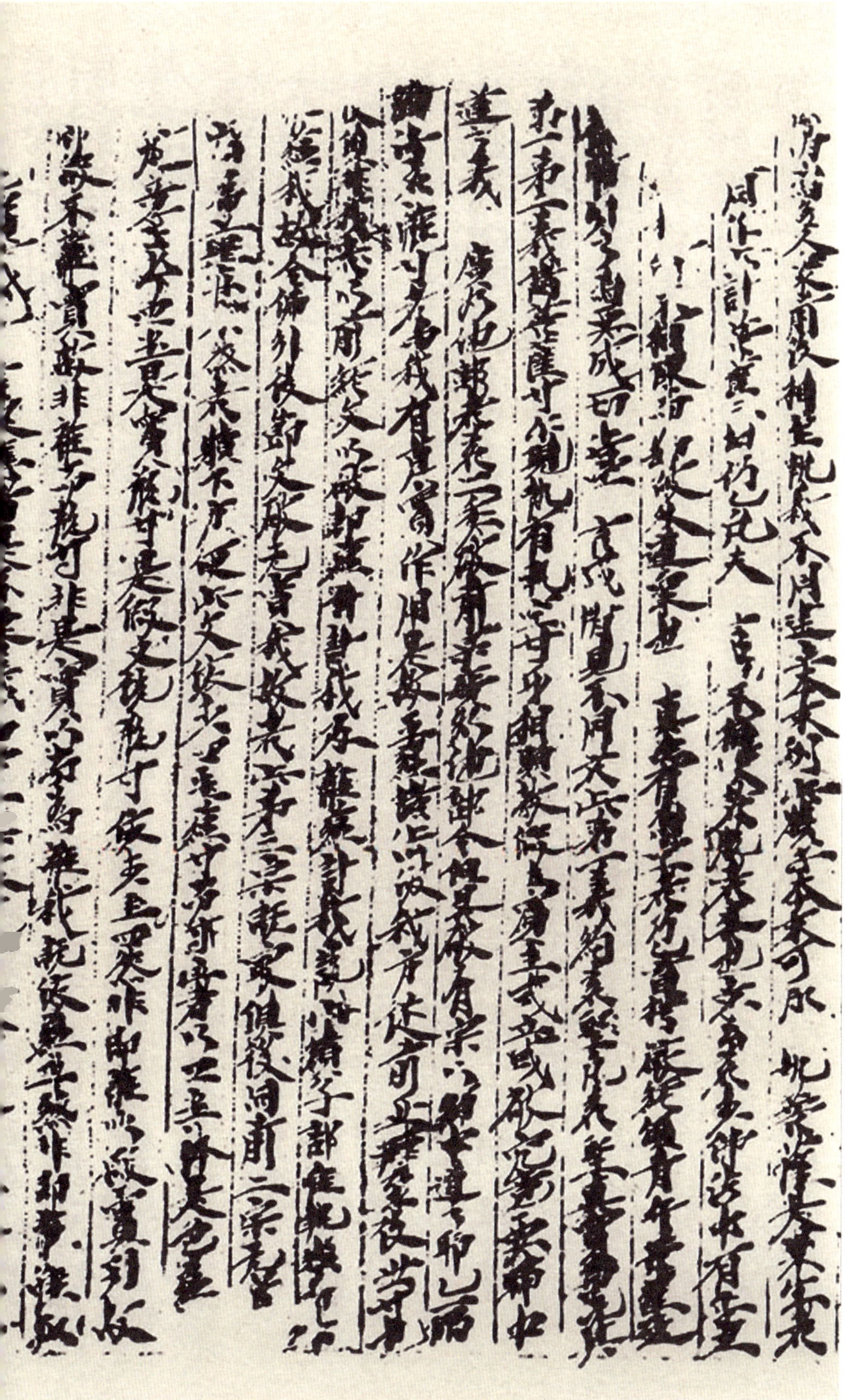

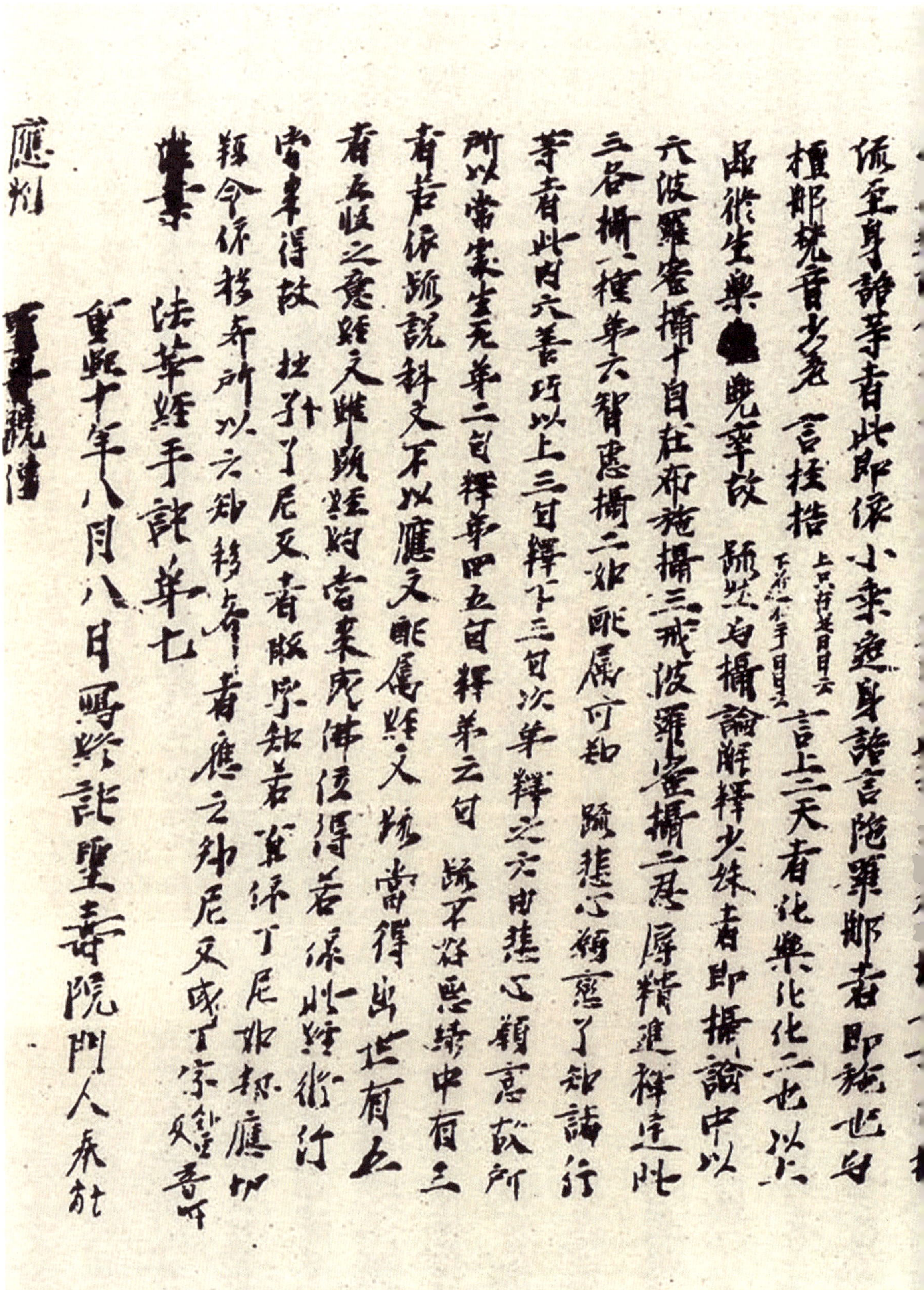
法華經手記第七
重熙十年八月八日寫終記聖壽院門人奉能

00126 法華經手記第七　遼重熙十年（1041）沙門奉能應州聖壽寺寫本

卷軸裝。長 1352.4 厘米。行數、字數不等。未避遼諱，卷尾有題記“法華經手記第七”、“重熙十年八月八日寫終記。聖壽院門人奉能”。末行原有“聖壽院僧”四字，被塗。應縣木塔文物保管所藏。

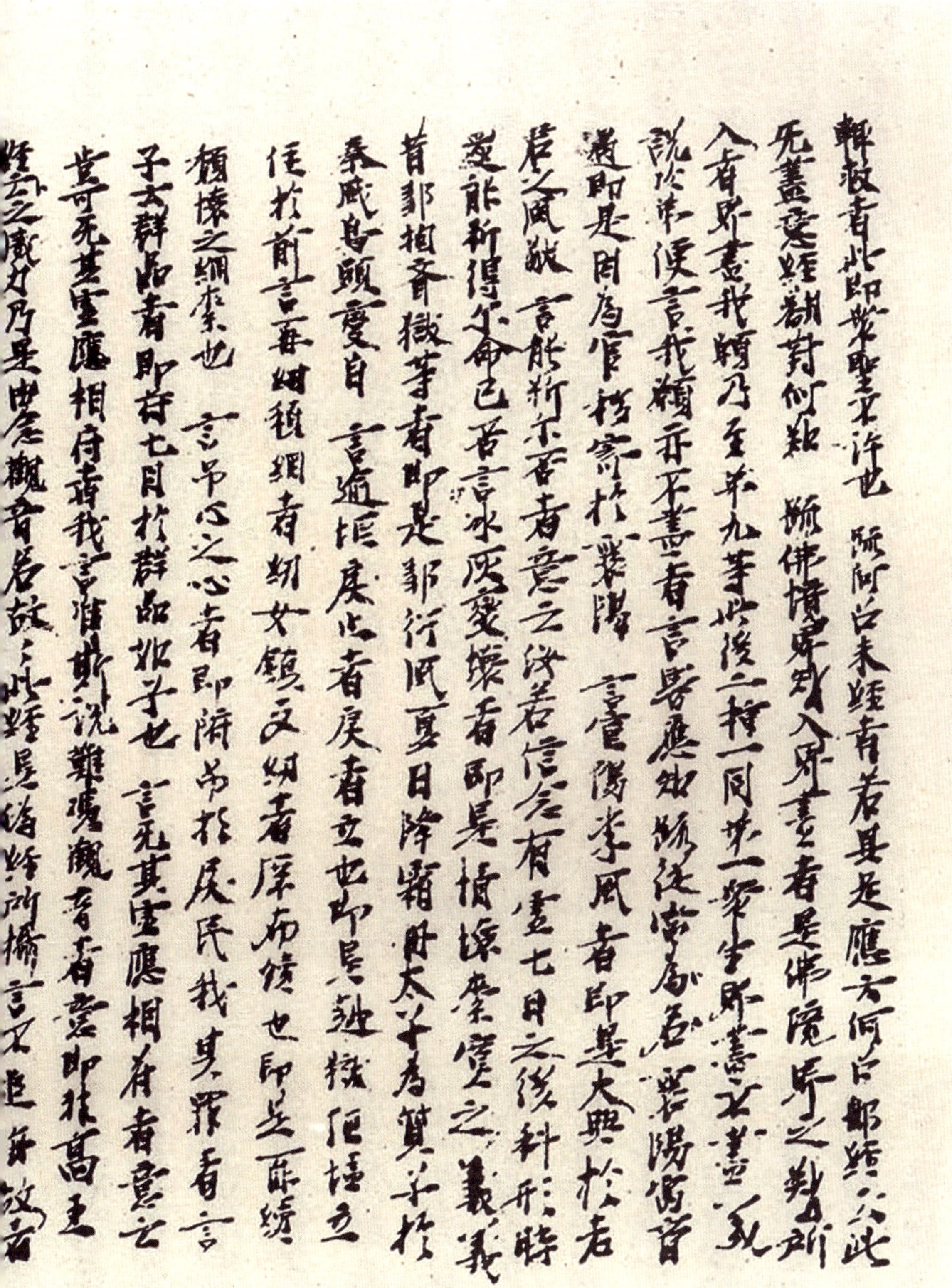

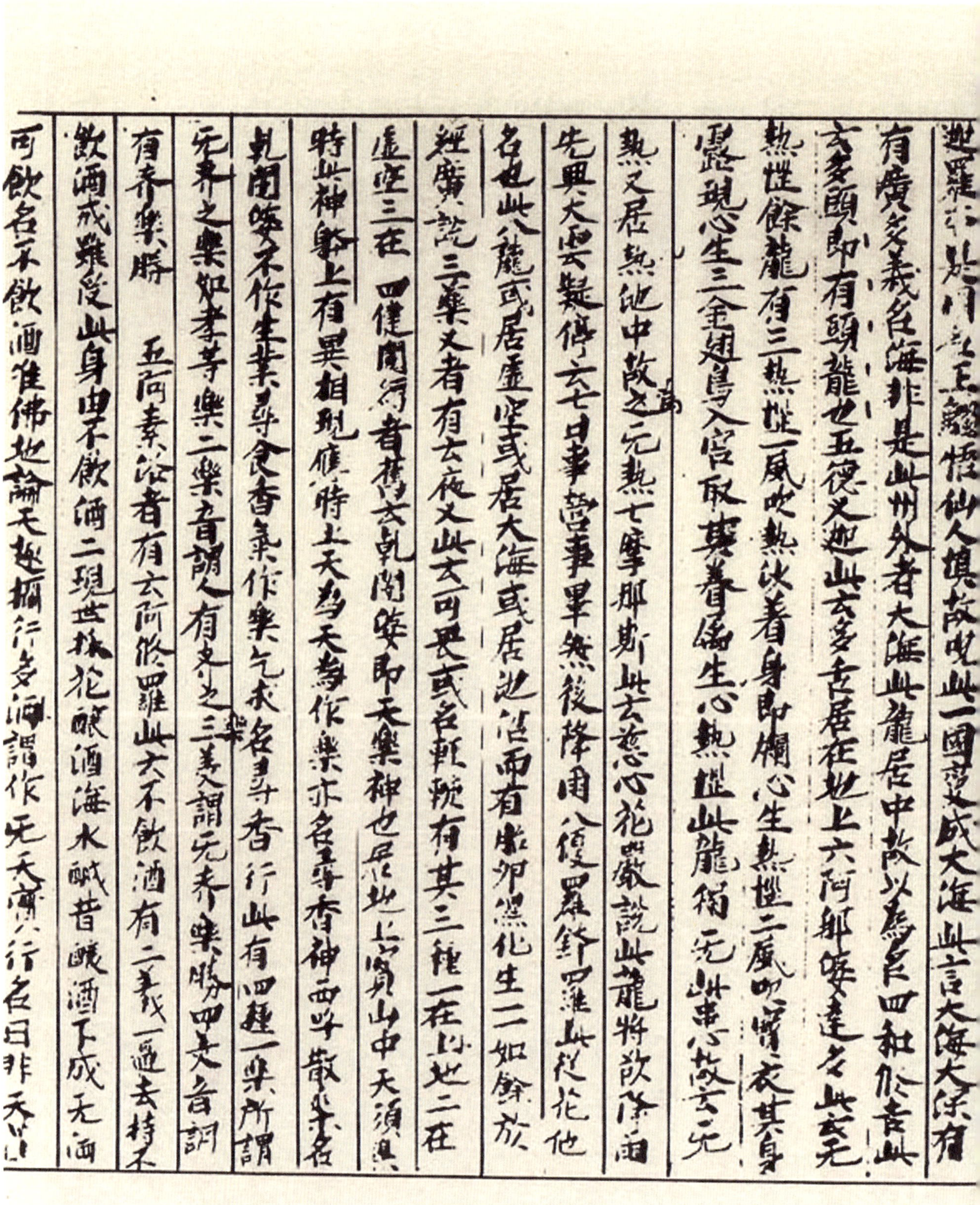
逝羅是悟仙人填故呪此一國變成大海此言大海大深有
有廣多義名海非是此州外者大海此龍居中故以爲名四和修吉此
云多頭即有頭龍也五德叉迦此云多舌居在地上六阿那婆達名此云无
熱惱餘龍有三熱惱一風吹熱沙着身即燗心生熱惱二風吹寶衣其身
露現心生三金翅鳥入宮取其眷屬生心熱惱此龍獨无此患心故云无
熱又居熱池中故也元熱七摩那斯此云慈心於衆說此龍將欲降雨
先興大雲疑停七日事營事畢然後降雨八優羅鉢羅此從花他
名也此八龍或居虛空或居大海或居地而有卵濕化生二如餘放
經廣說三藥叉者有云夜叉此云可畏或名輕捷有其三種一在地二在
虛空三在 四健闥婆者舊云乾闥婆即天樂神也居地上寶山中天須
時此神身上有異相現使時上天為天奏作樂亦名尋香神西
乾闥婆不作生業尋食香氣作樂乞求名尋香 行此有四趣一樂所謂
无善之樂如孝等樂二樂音謂人有之三樂三善又謂无善樂勝中美音謂
有善樂勝 五阿素洛者有云阿修羅此云不飲酒有二義一過去持不
飲酒戒雖從此身由不飲酒二現世採花醞酒海水醎昔釀酒不成无酒
可飲名不飲酒准佛地論天趣攝行多論謂作无天實行名曰非天

00127 梵網經手記 遼應州寫本

卷軸裝。縱 32.4 厘米，長 1270.7 厘米。卷尾有“梵網手記卷第二”一行。烏絲欄。文中有朱筆點讀添改多處，未避遼諱。應縣木塔文物保管所藏，存一卷（二）。

言居致其敬者即父母平叙於所居之處必盡其誠敬言之養則
致其樂父母之時須怡悅其顏集進言音者即色不惱容行不平經
懸則者即須擗踊哭泣依禮盡其哀情也祭則者即父母沒後欲伸孝道
之時先齋戒沐浴晝夜慈慈不眠即不盡其嚴法也 心地觀云父慈母
悲心與菩薩往世於一切中說不能盡今說少分假使有人為福德故來
我供養一百婆羅門一百五通仙一百善友安七寶堂中以百千瓔珞寶衣
衣服種況香房舍臥具百種湯藥一心供養百千劫不如一念往來順心
以微妙物色養悲母此前功德百千萬分不可校量 言不定果等者一解
釋非因非果不定劫是因故以至果故云非因又不定劫劫果以劫來因中
故云非果也 疏雖非果能為佛之本源者即此戒雖非果餘即能
為佛果之本也下一 准此釋之同阿含經難陀跋難陀等二人有時能
須彌山七匝頭在山頂居在海中 疏八部者一天光曜在身神
有色天而有多種謂六欲天十八梵眾等二龍者興雲致雨成熟
萬物功能不測故謂之龍一云龍時進廣雅云龍有四種有角
鱗曰蛟龍二有翼曰應龍三有角曰虬龍四無角曰螭龍若佛經說

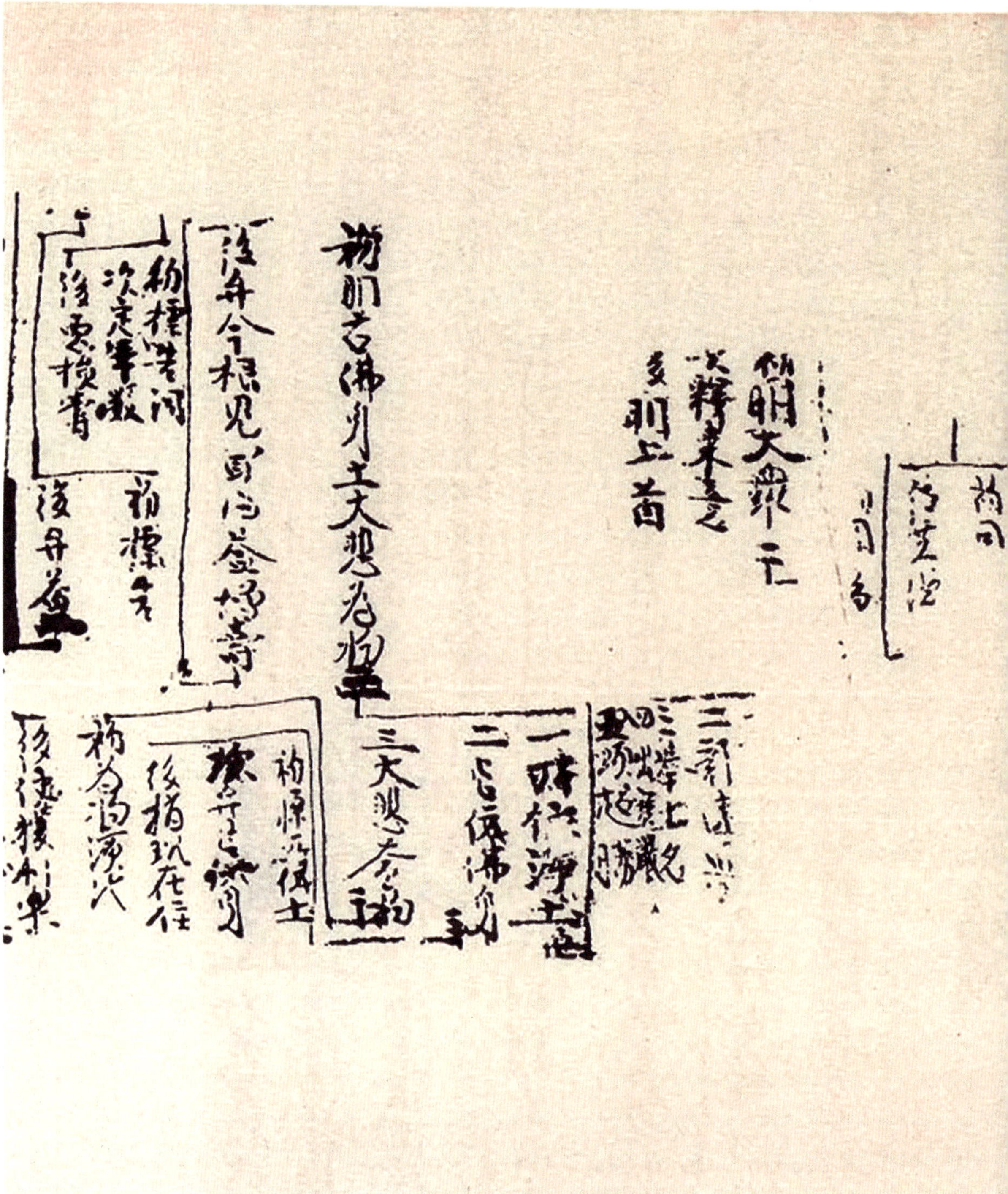

00128 [科文殘卷] 遼寫本

卷軸裝。縱 31 厘米，長 125 厘米。“明”字避諱。應縣木塔文物保管所藏。

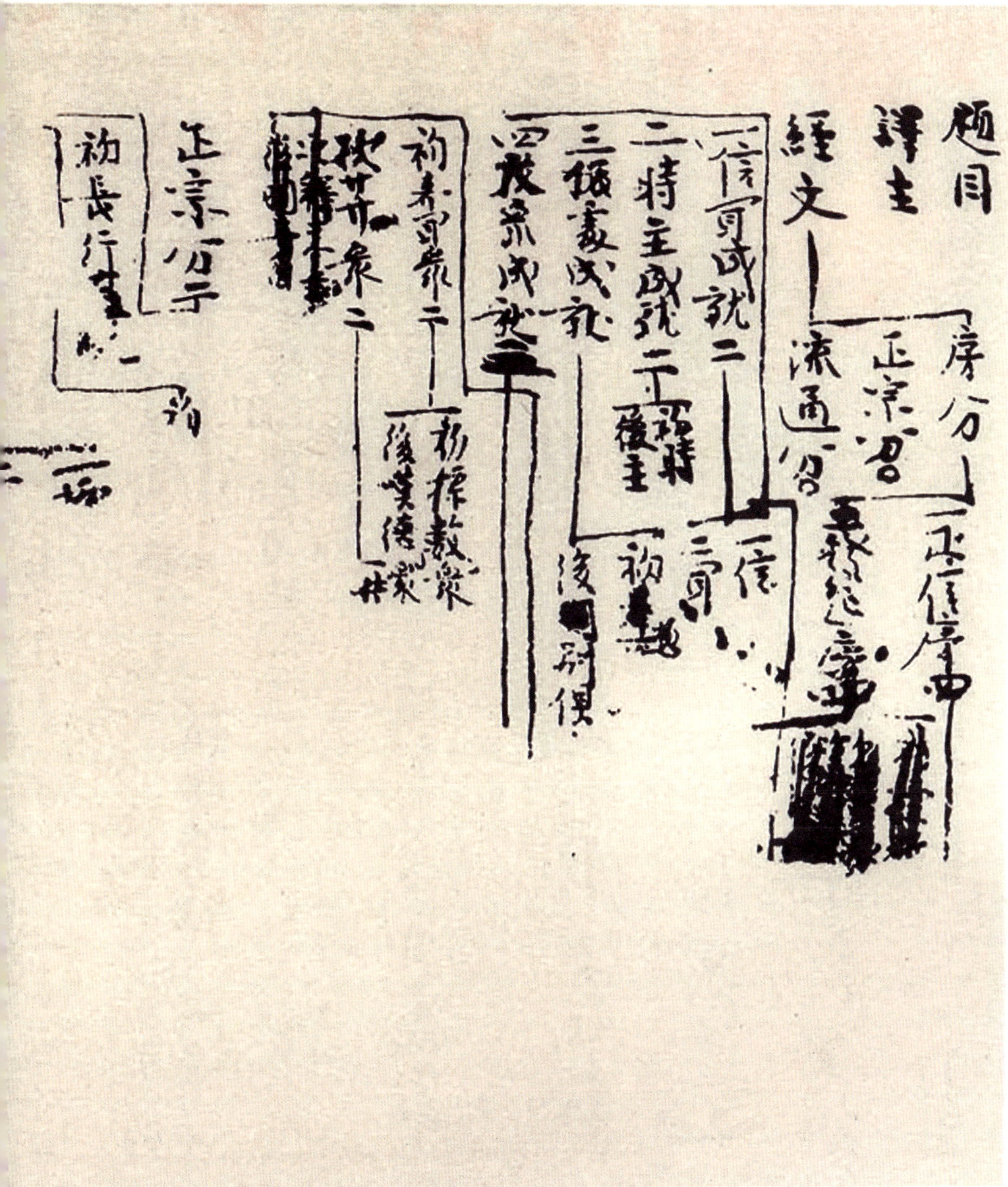
題目
譯主
經文
序分
正宗分
流通分

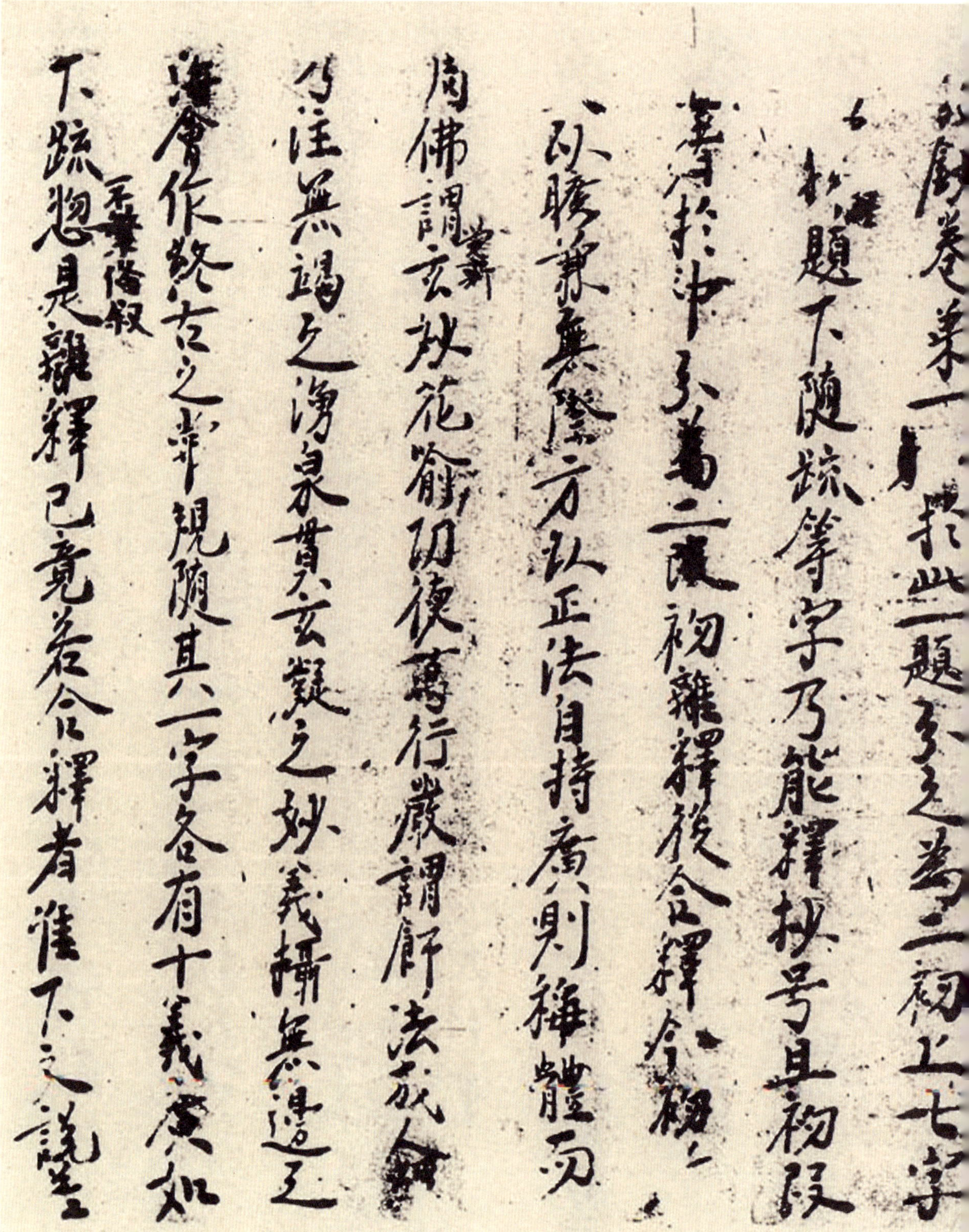

疏卷第一 於此一題分之為二初上七字
於題下隨疏等字乃能釋鈔號且初段
等於中分為二段初雜釋後合釋今初
以曠兼無際方以正法自持廣則稱體而
周佛謂覺斯玄妙花喻功德萬行嚴謂飾法成人
經乃注無竭之湧泉貫玄凝之妙義攝無邊之
海會作終古之常規隨其八字各有十義廣如
下疏總是雜釋已竟若合以釋者准下之說

00129 隨疏演義鈔經題撰人釋疏 遼寫本

卷軸裝。縱 32.2 厘米，長 234.5 厘米。卷名依據內容補，“明”字避諱。應縣木塔文物保管所藏。

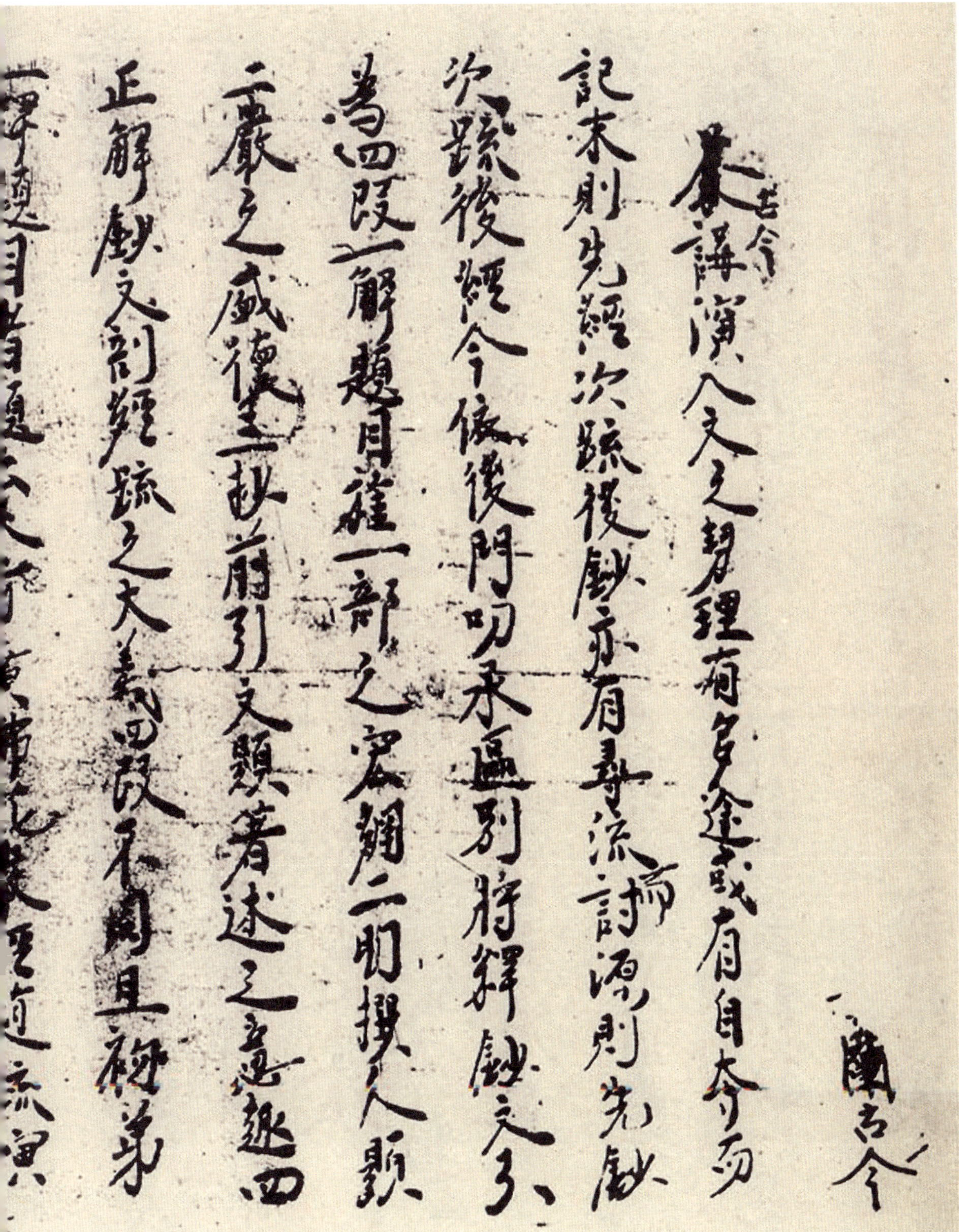
闡古今
來古今講演入文之勢理有多途或有自今而
記末則先經次疏後鈔亦有尋流討源則先鈔
次疏後經今依後門叨承區別將釋鈔文分二
為四段一解題目難一部之宏綱二明撰人顯
二嚴之威德三敍前引文顯著述之意趣四
正解鈔文剖經疏之大義四段不同且初第
一釋題目

伏願明君聖壽[illegible]固万載之龍圖親王同祖益千秋之寵等文臣武職
永茂青朝之業二留恒居邦城　金生麗水出雖堆砂玉出崑山
猶參土石去砂石而求金玉　衆等若閗生前之善雖沒後世之殃
又[illegible]濃人春不耕秋特何幸收　又論語書云四躰不動五穀不分　又孟子
書云積土成山積學成聖　釋教所說善多多福生罪少少善神加護
太公曰勤耕之人必居教倉勤學之人必居官職俗礼尚然豈況佛經在今
衆等勤勤上講受戒持課念佛佛也遠行人身有路粮不[illegible]法[illegible]也無[illegible]
人行特無扶無常經云勝因生善道惡業墮泥犁凡夫之衆無明山峻有漏
海深渠者万劫難登逐者千生莫出孝勸善友等自今後休生懈怠之心勤
念諸佛世世生生因為善友　念世世
俗中有逆有順僧中有逆順不可以律儀而取不可以一句造惡世即去不善
得如業在日尚有破戒豈況世尊入滅二千餘年何以凡夫所行雖全
佛告波斯匿王曰有親友從四方來各發大山欲害人民當設何計王
日如何逃避既無逃避應當念佛佛云善哉善哉如我說四山者即是生老
病死世擬使妙高山盡皆壞散大海深無底亦復皆枯竭未曾有一事

00130 雜抄　遼寫本

卷軸裝。縱 31.8 厘米，長 110.9 厘米。應縣木塔文物保管所藏。

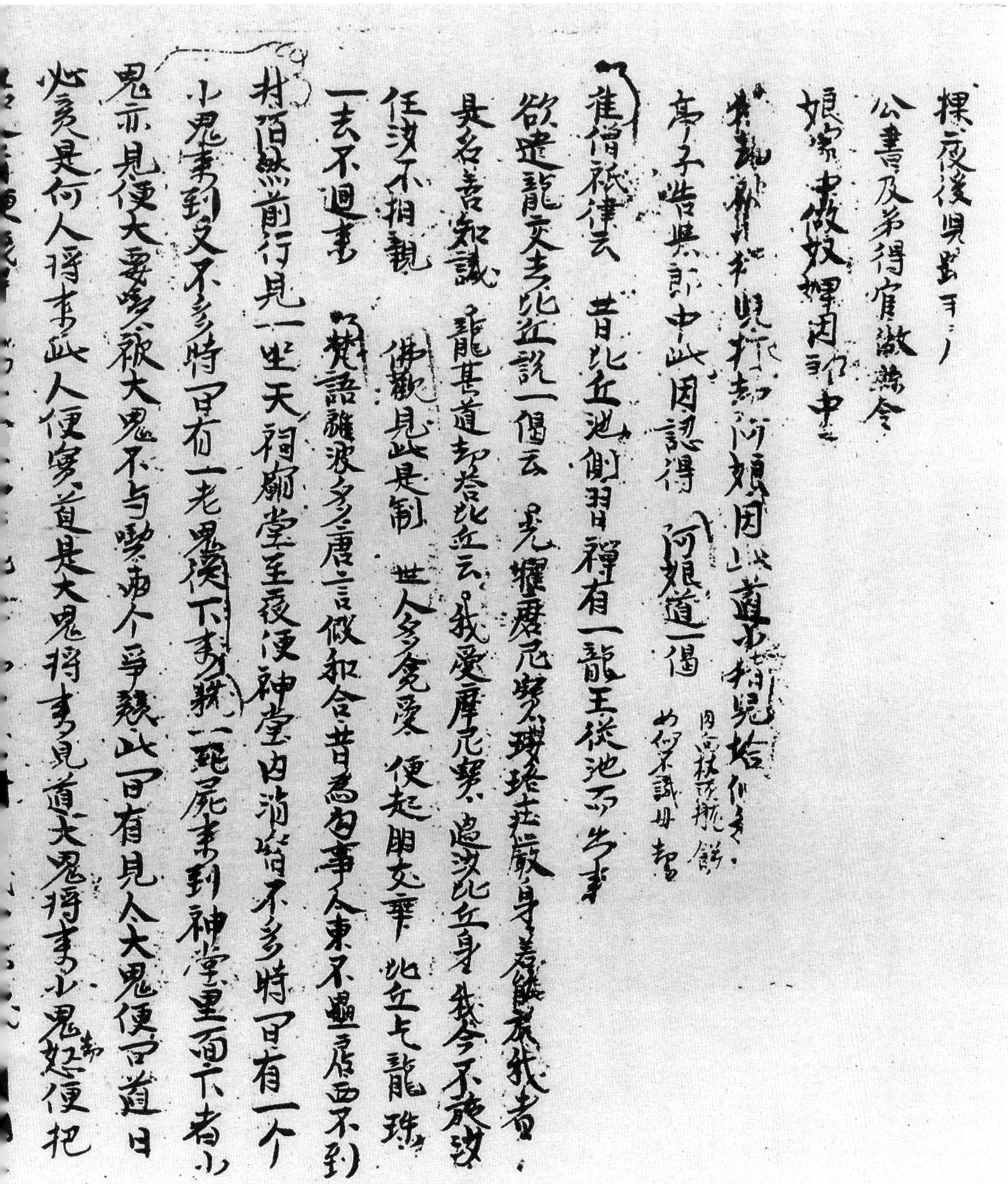

棵夜後與曲子
公書及弟得官激敕令
娘家中做奴婢因□中
共甥新婦見於宅阿娘因此遂相見始作色
亭子告與郎中此因認得 阿娘道一偈 內心林逐撫飢 也何不識母聲
僧祇律云 昔比丘池側習禪有一龍王從池而出来
欲遣龍去比丘說一偈云 兒曜摩尼寶瓔珞莊嚴身 若能施我者
是名善知識 龍甚道却答比丘云 我愛摩尼寶 遣汝比丘身 我今不施汝
任汝不相覩 佛觀見此是制 世人多貪愛 便起明支華 比丘乞龍珠
一去不迴来 梵語離波多 唐言假和合 昔為有事入東不過西不到
村陌然前行見一坐天祠廟堂至夜便神堂內宿 皆不多時□有一个
小鬼来到 又不多時□有一老鬼從下来將一死屍来到神堂裏面下着 小
鬼亦見便大要喫 被大鬼不与喫 兩个爭鬥 此□有見人 大鬼便□道 日
此是何人將来 此人便□道 是大鬼將来 見道大鬼將来 小鬼打便把

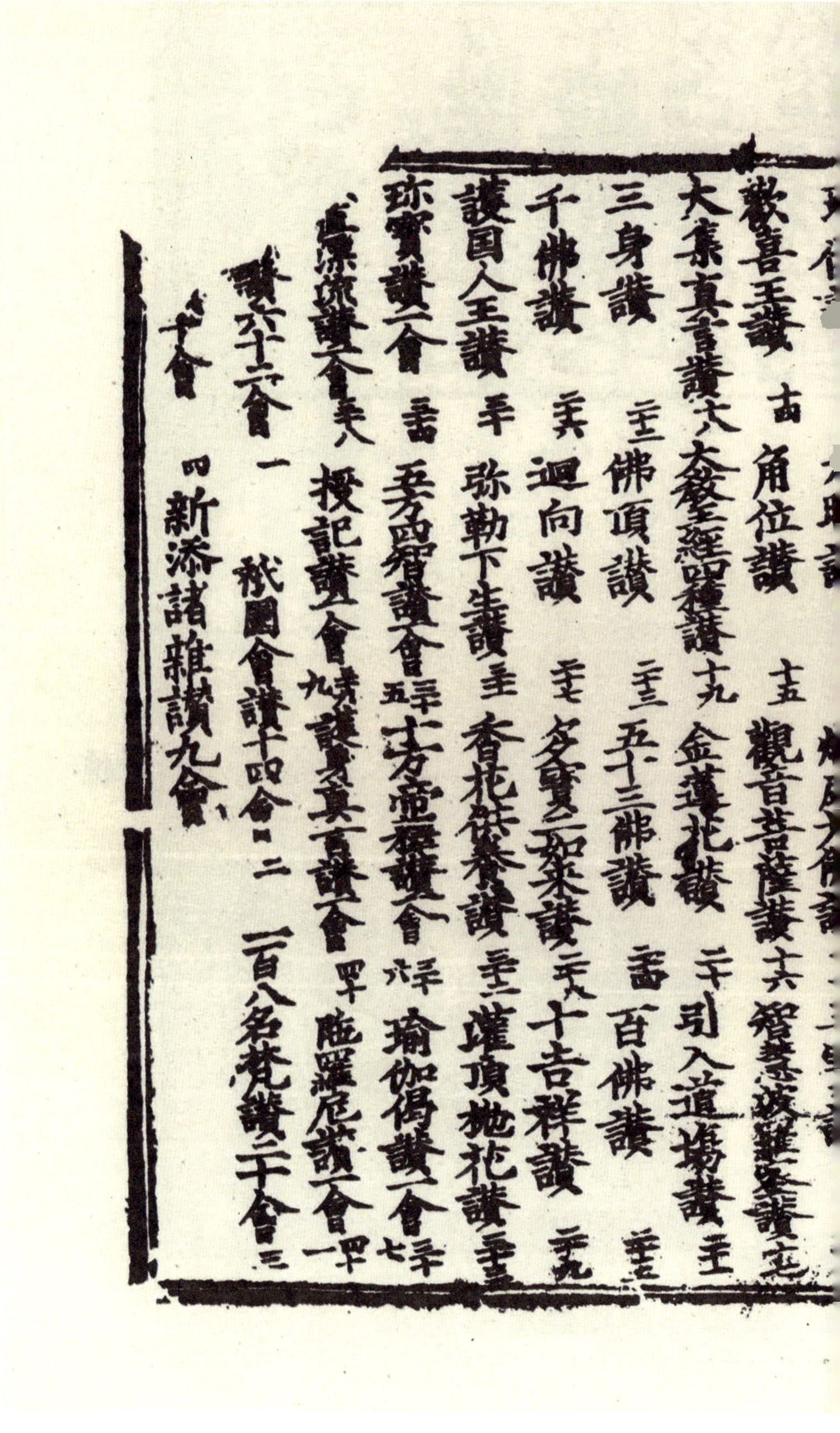

00131 新雕諸雜贊一策 遼大憫忠寺燕台刻本

蝴蝶裝。匡高 22.3 厘米，廣 30.5 厘米。每葉二十行，行字不等，四周雙邊。未避遼諱。應縣木塔文物保管所藏。

燕臺大憫忠寺常住院內新雕諸雜讚隨名各列如後

諸佛讚五會 一 散花讚五會 二 龍花讚三會 三

如來降生讚三會 四 四智讚四會 五 舊鉢羅讚十會 六

新鉢羅讚十會 七 涅槃讚三會 八 四天王讚二會 九

慎火真言讚二會 十 五讚歎五會 十一 五佛讚五會 十二

八明王讚八會 十三 五方讚五會 十四 十六王子讚十七會 十五

蓮花部讚十六會 十六 九龍讚九會 十七 七佛讚七會 十八

諸雜獨會讚四十五會 毗盧佛讚 一

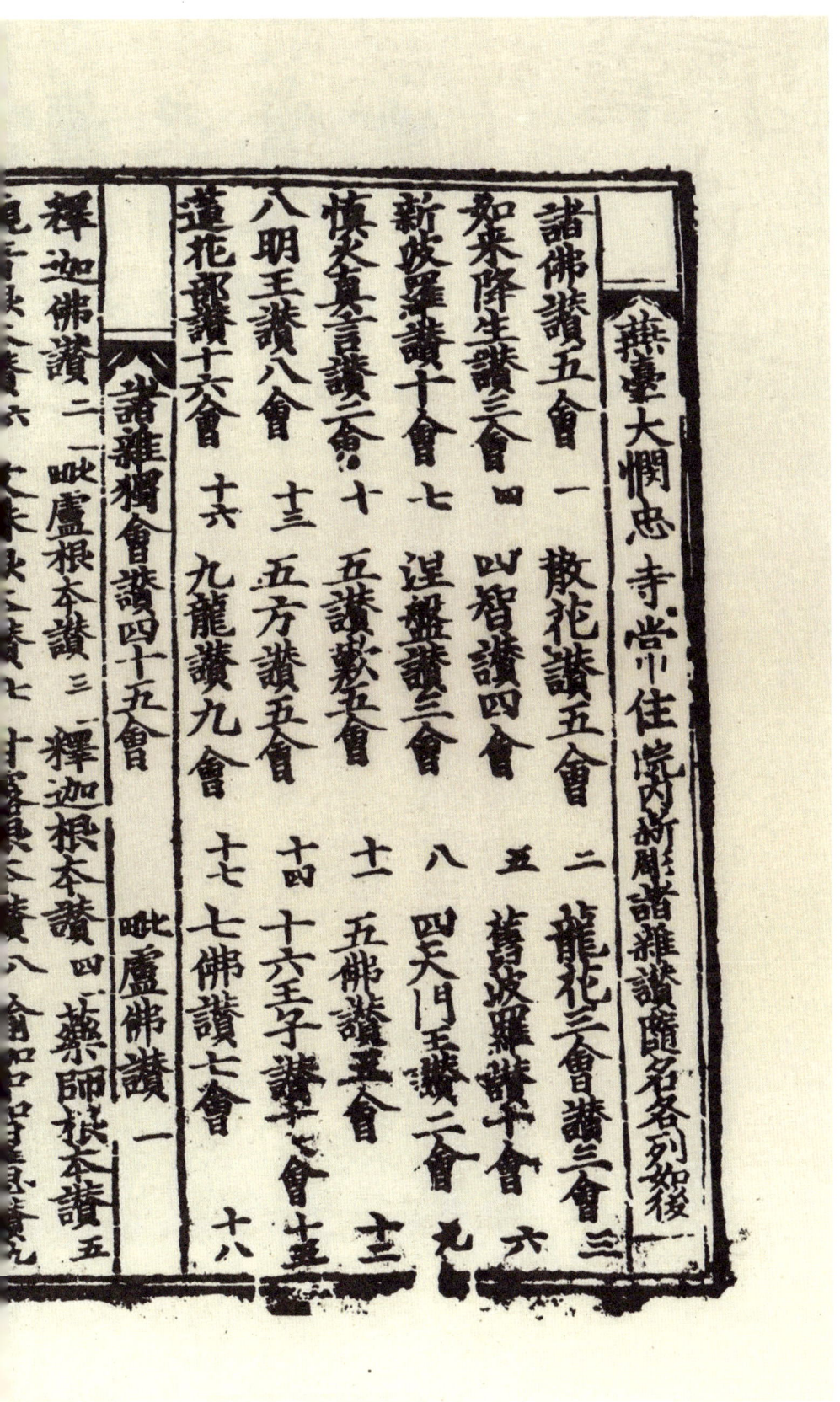

釋迦佛讚 二 毗盧根本讚 三 釋迦根本讚 四 藥師根本讚 五

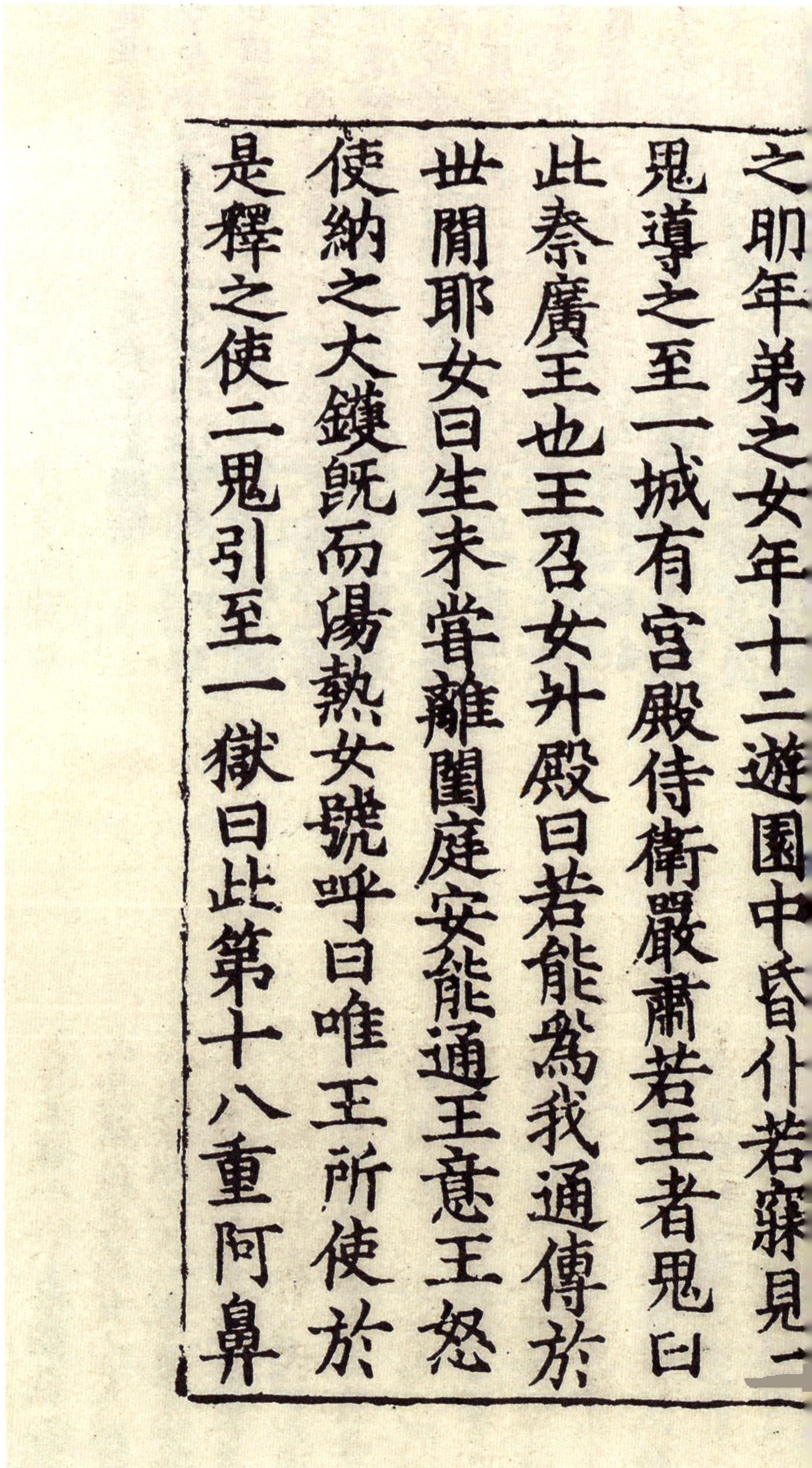

之明年弟之女年十二遊園中昏仆若寐見二
鬼導之至一城有宮殿侍衛嚴肅若王者鬼曰
此秦廣王也王召女升殿曰若能為我通傳於
世間耶女曰生未嘗離閨庭安能通王意王怒
使納之大鑊既而湯熱女號呼曰唯王所使於
是釋之使二鬼引至一獄曰此第十八重阿鼻

00132 八師經報應記 遼刻本

蝴蝶裝。匡高 28.4 厘米，廣 26.4 厘米。每葉十二行，行十八至十九字不等，四周單邊，前四行有烏絲欄線。應縣木塔文物保管所藏。僅存首葉及前後書皮。

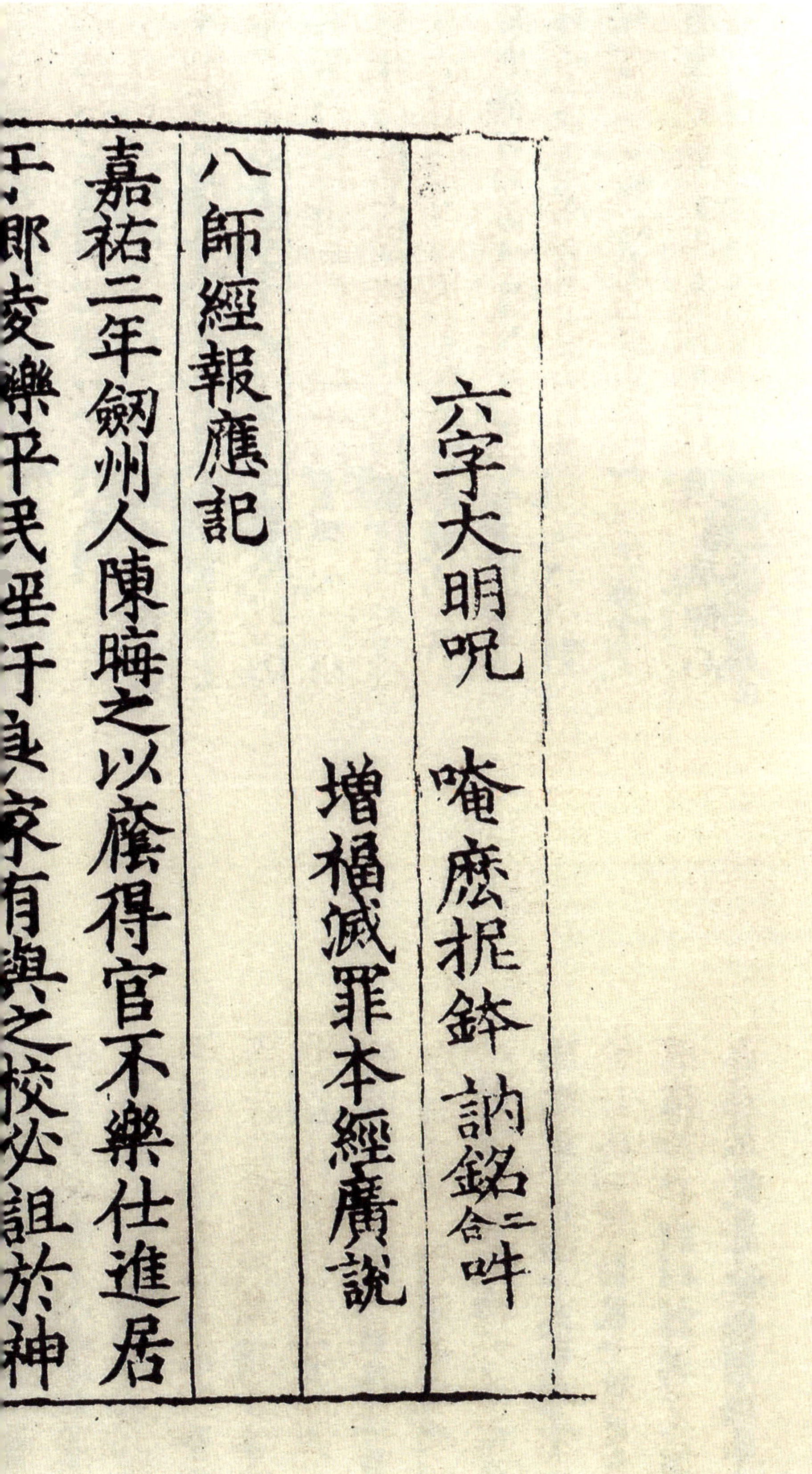
六字大明呪　唵麽抳鉢訥銘二合吽

增福滅罪本經廣説

八師經報應記

嘉祐二年鄜州人陳晦之以蔭得官不樂仕進居

于鄜交樂平民巠于身家有與之校必詛於神

陁羅難陁富樓那弥多羅尼子須菩提阿難羅睺羅如是衆所知識大阿羅漢等復有學無學二千人摩訶波闍波提比丘尼與眷屬六千人俱羅睺羅母耶輸陁羅比丘尼亦與眷屬俱

菩薩摩訶薩八萬人皆於阿耨多羅三藐三菩提不退轉皆得陁羅尼樂說辯才轉不退轉法輪供養無量百千諸佛於諸佛所殖衆

明代

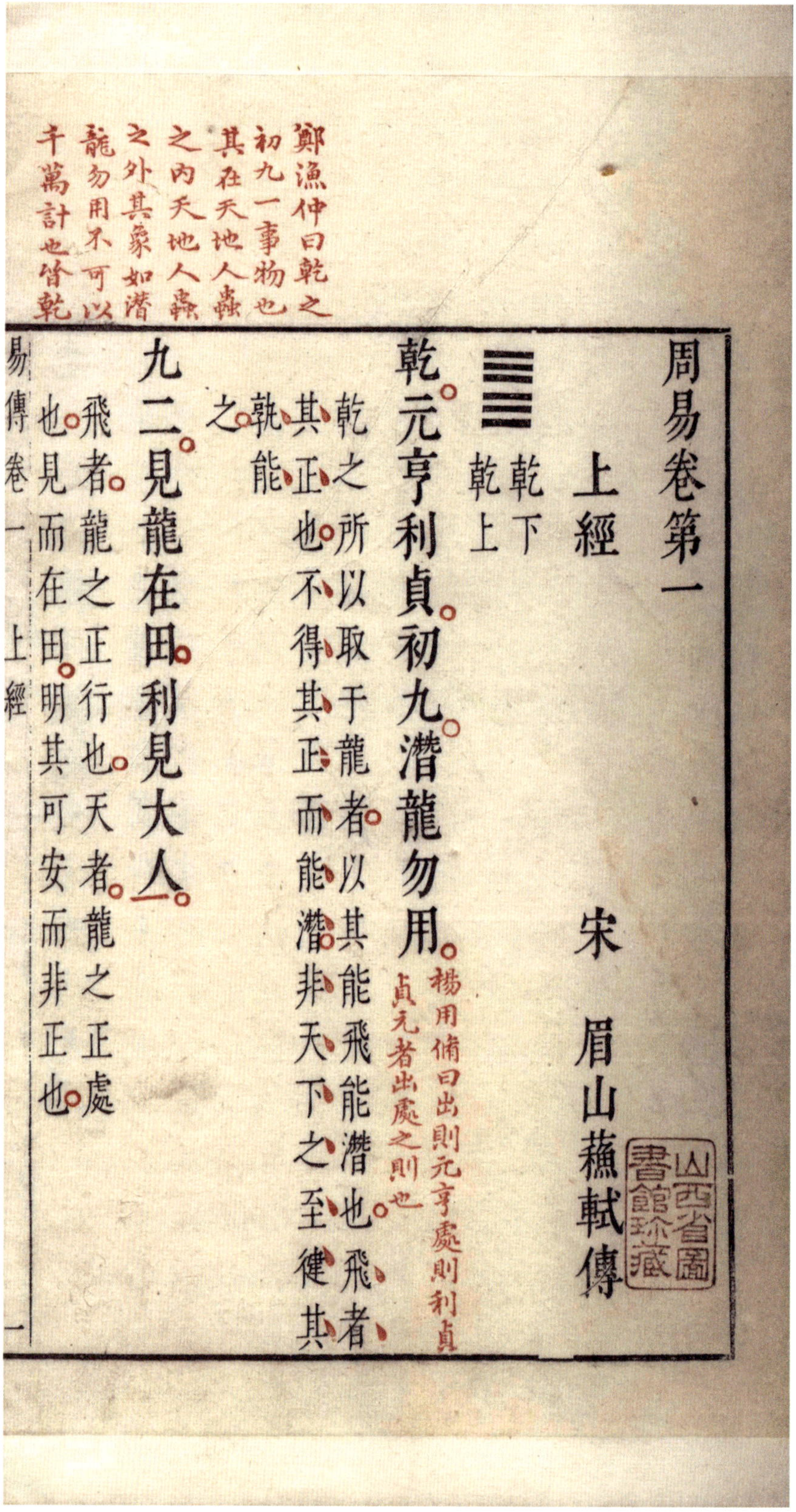
鄭漁仲曰乾之初九一事物也其在天地人蟲之內天地人蟲之外其象如潛龍勿用不可以千萬計也皆乾

周易卷第一

上經　　宋　眉山蘇軾傳

乾下
乾上

乾。元亨利貞。初九。潛龍勿用。

楊用脩曰出則元亨處則利貞
貞元者出處之則也

乾之所以取于龍者。以其能飛能潛也。飛者其正也。不得其正而能潛。非天下之至健。其孰能之。

九二。見龍在田。利見大人。

飛者。龍之正行也。天者。龍之正處也。見而在田。明其可安而非正也。

易傳卷一　上經　一

00133 易傳八卷　（宋）蘇軾撰　**王輔嗣論易一卷**　（魏）王弼撰　明閔齊伋刻朱墨套印本

綫裝。匡高 20.5 厘米，廣 14.5 厘米。半葉八行，行十八字，小字雙行，行字同，白口，四周單邊。山西省圖書館藏。

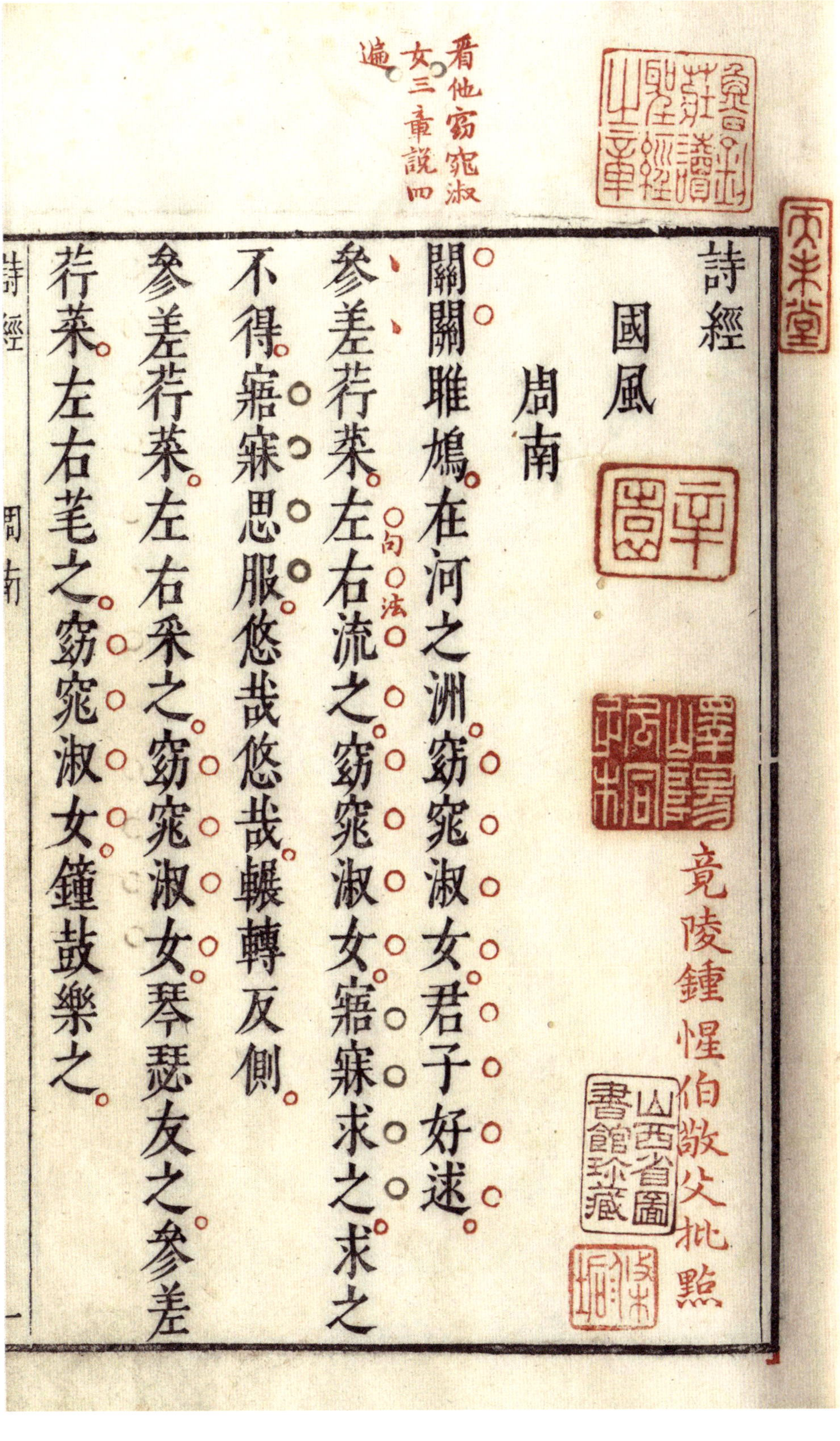
看他窈窕淑女三章說四遍

詩經
國風
周南
關關雎鳩在河之洲窈窕淑女君子好逑
參差荇菜左右流之窈窕淑女寤寐求之求之
不得寤寐思服悠哉悠哉輾轉反側
參差荇菜左右采之窈窕淑女琴瑟友之參差
荇菜左右芼之窈窕淑女鍾鼓樂之

句法

竟陵鍾惺伯敬父批點

詩經　周南　一

山西省圖書館珍藏

00134 詩經四卷　（明）鍾惺評點　明淩濛初刻三色套印本

綫裝。匡高 21 厘米，廣 14.6 厘米。半葉八行，行十八字，白口，左右雙邊，朱墨藍三色套印。山西省圖書館藏。

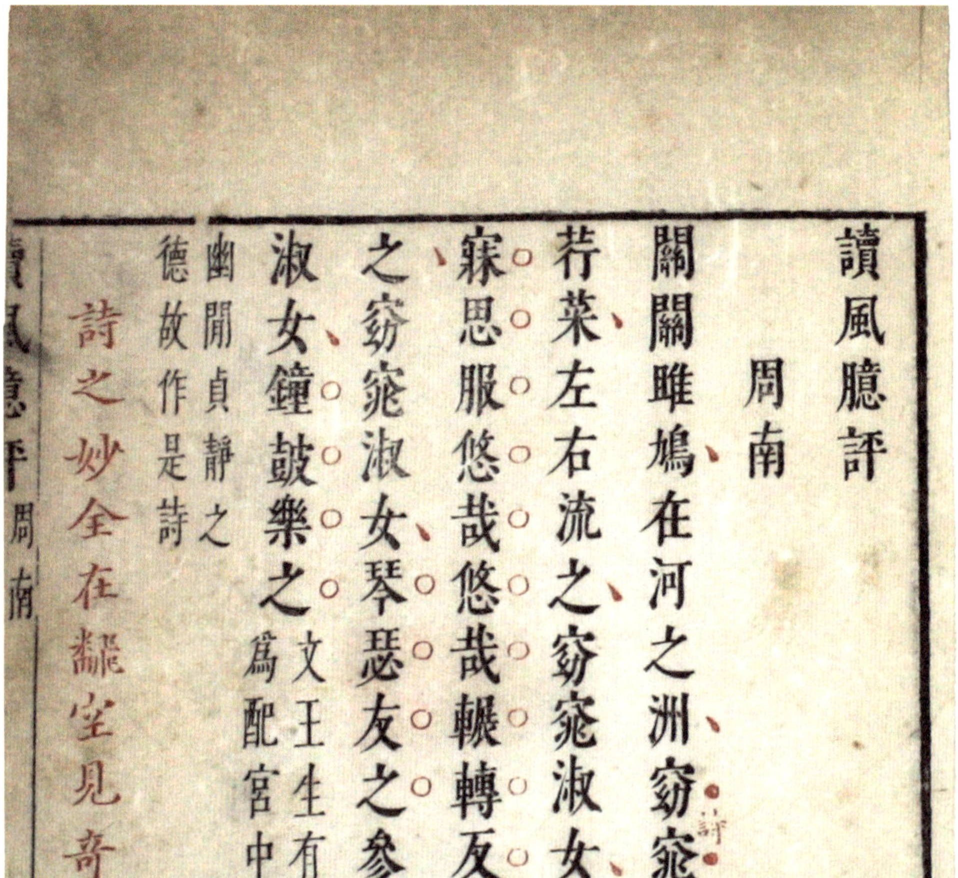
讀風臆評

周南

關關雎鳩在河之洲窈窕淑女君子好逑○參差荇菜左右流之窈窕淑女寤寐求之求之不得寤寐思服悠哉悠哉輾轉反側○參差荇菜左右采之窈窕淑女琴瑟友之參差荇菜左右芼之窈窕淑女鐘鼓樂之文王生有聖德又有聖女姒氏以爲配宮中之人於其始至見其有幽閒貞靜之德故作是詩

詩之妙全在虛空見奇此詩只窈窕淑女君子

讀風臆評　周南

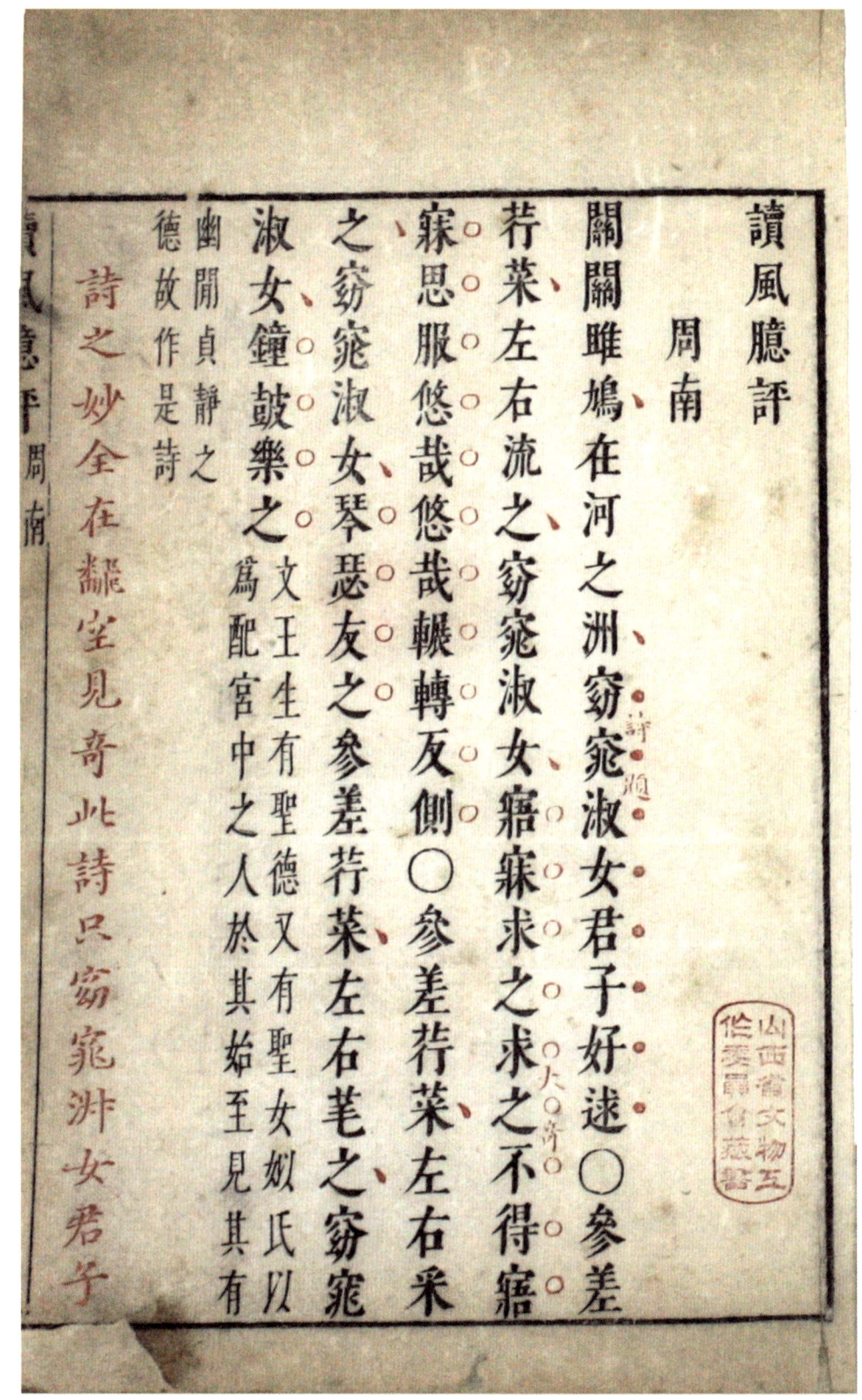

00135 讀風臆評一卷　（明）戴君恩撰　明萬曆四十八年（1620）閔齊伋刻朱墨套印本

綫裝。匡高 21.5 厘米，廣 14.6 厘米。半葉九行，行十九字，小字雙行，行十六字，白口，四周單邊。山西博物院藏。

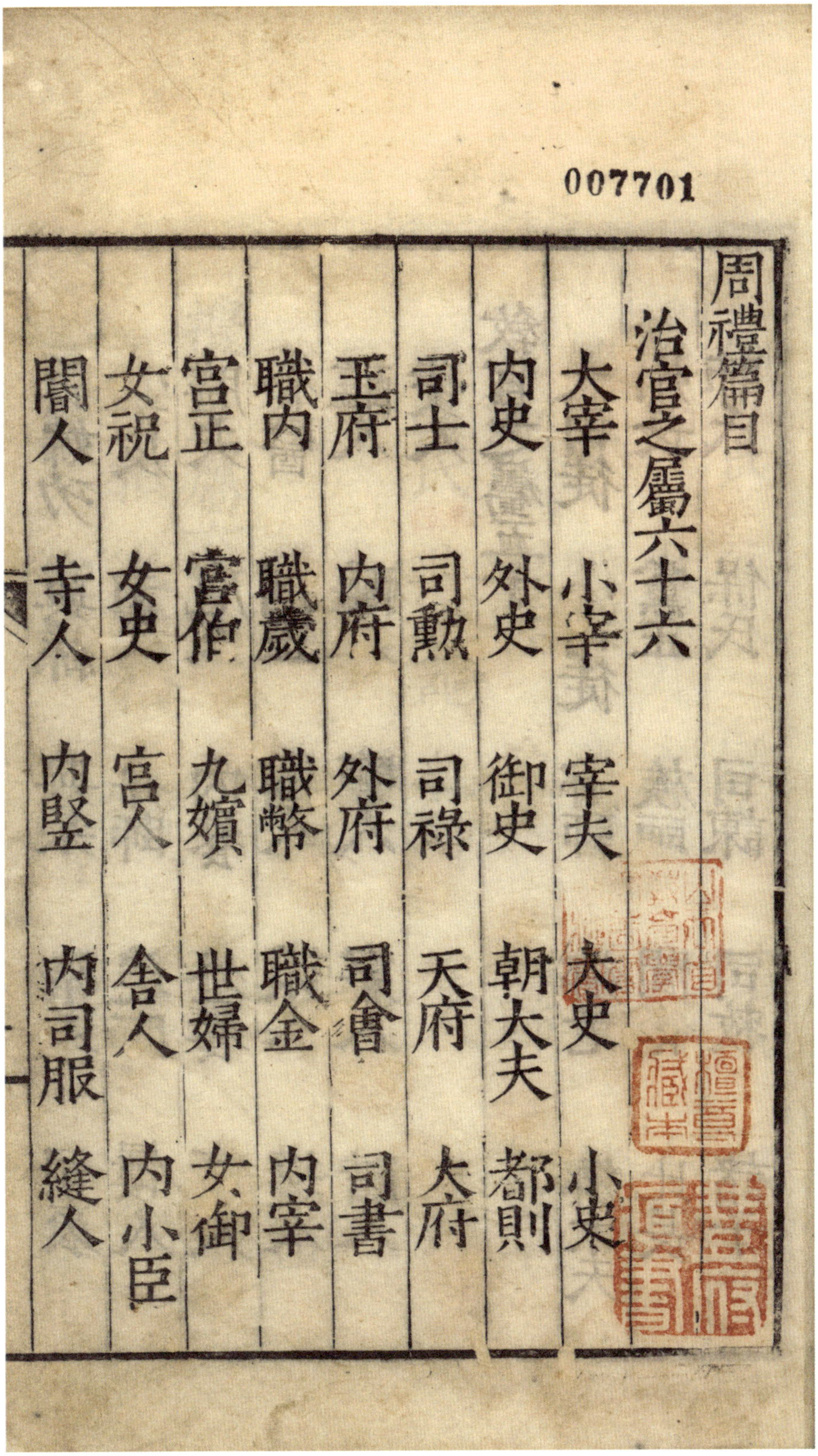

007701

周禮篇目
治官之屬六十六
大宰　小宰　宰夫　大史　小史
内史　外史　御史　朝大夫　都則
司士　司勳　司祿　天府　大府
玉府　内府　外府　司會　司書
職内　職歲　職幣　職金　内宰
宮正　宮伯　九嬪　世婦　女御
女祝　女史　宮人　舍人　内小臣
閽人　寺人　内豎　内司服　縫人

00136 周禮六卷考工記一卷　（漢）鄭玄注　明嘉靖六年（1527）何鼇刻本

綫裝。匡高 13.5 厘米，廣 22 厘米。半葉十行，行二十字，小字雙行，行字同，白口，四周單邊。鈐“豐府藏書”、“檀章藏本”印。山西師範大學圖書館藏。

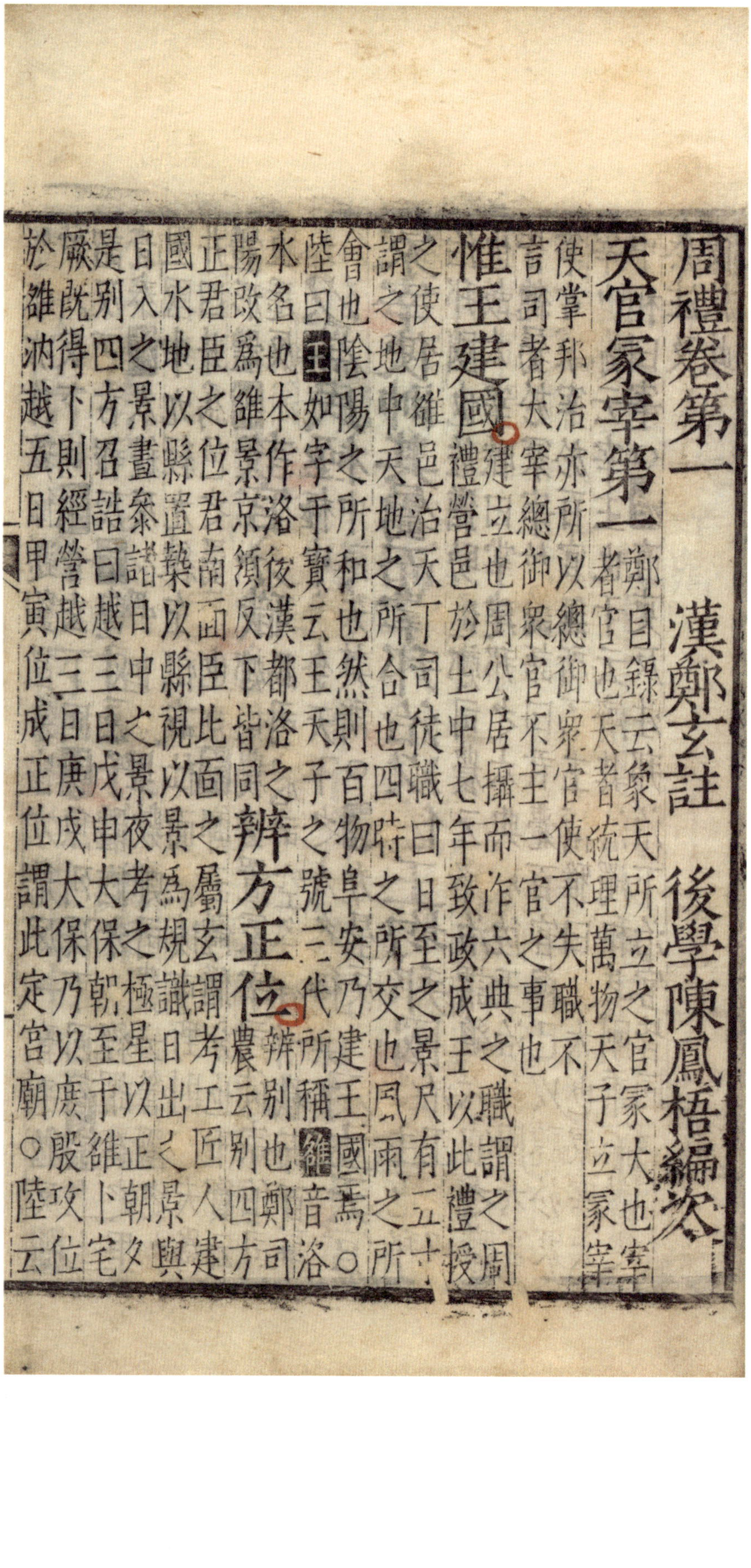
周禮卷第一　漢鄭玄註　後學陳鳳梧編次
天官冢宰第一 鄭目錄云象天所立之官冢大也宰者官也天者統理萬物天子立冢宰使掌邦治亦所以總御衆官使不失職不言司者大宰總御衆官不主一官之事也
惟王建國 建立也周公居攝而作六典之職謂之周禮營邑於土中七年致政成王以此禮授之使居雒邑治天下司徒職曰日至之景尺有一五寸謂之地中天地之所合也四時之所交也風雨之所會也陰陽之所和也然則百物阜安乃建王國焉○陸曰王如字干寶云王天子之號三代所稱雒音洛水名也本作洛後漢都洛陽改為雒景京須反下皆同
辨方正位 辨別也鄭司農云別四方正君臣之位君南面臣北面之屬玄謂考工匠人建國水地以縣置槷以縣視以景為規識日出之景與日入之景晝參諸日中之景夜考之極星以正朝夕是別四方召誥曰越三日戊申大保朝至于雒卜宅厥既得卜則經營越三日庚戌大保乃以庶殷攻位於雒汭越五日甲寅位成正位謂此定宮廟○陸云

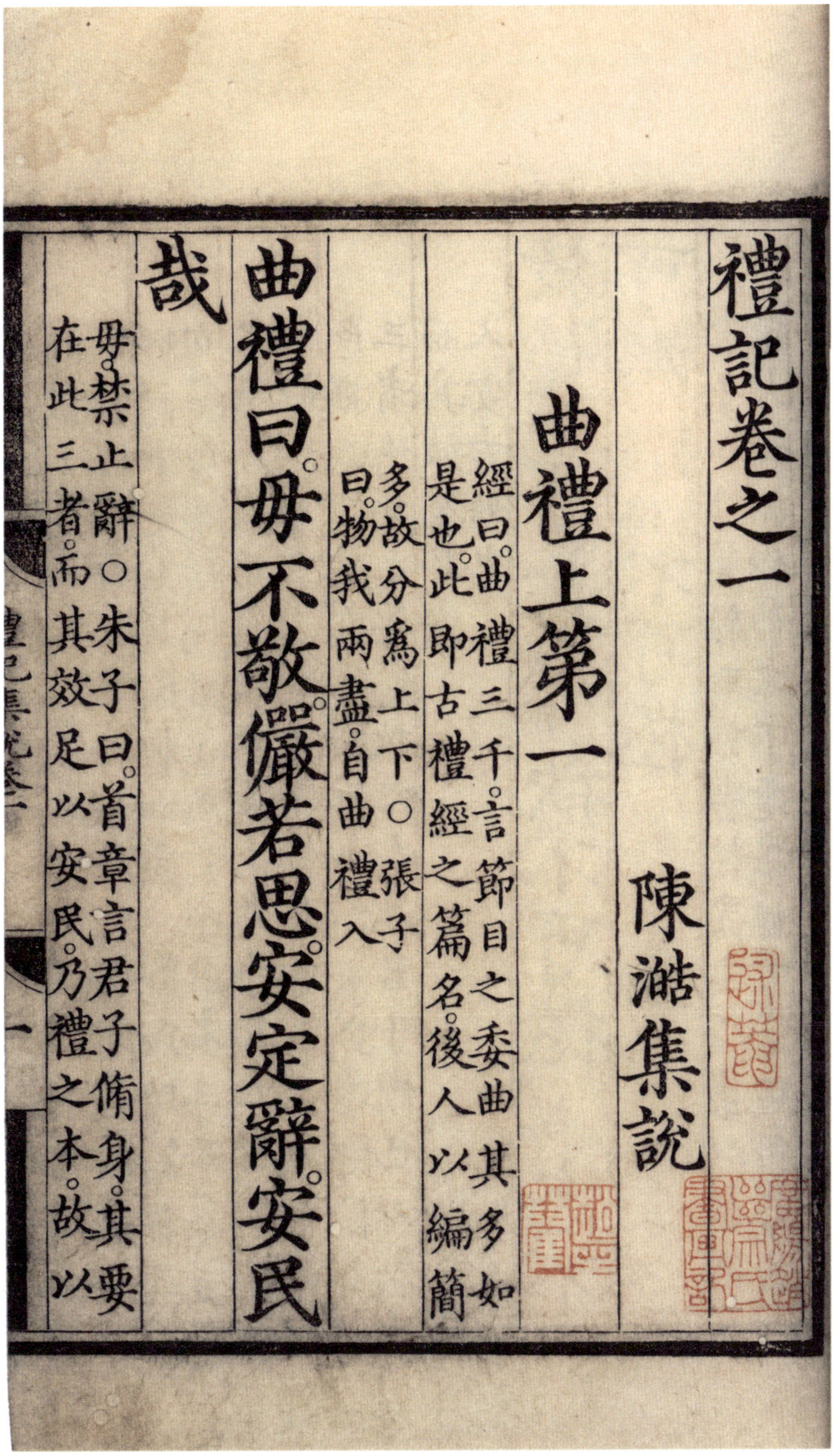
禮記卷之一
陳澔集說
曲禮上第一
經曰曲禮三千言節目之委曲其多如是也此即古禮經之篇名後人以編簡多故分爲上下○張子曰物我兩盡自曲禮入
曲禮曰毋不敬儼若思安定辭安民哉
毋禁止辭○朱子曰首章言君子脩身其要在此三者而其效足以安民乃禮之本故以
禮記集說卷一　一

00137 禮記集說十六卷　（元）陳澔撰　明正統十二年（1447）司禮監刻本

綫裝。匡高 23.2 厘米，廣 15.7 厘米。半葉八行，行十四字，小字雙行，行十八字，黑口，四周雙邊。有“杲如”、“廣陽趙繼宗氏書畫記”、“趙之蘭”、“述庵”、“借人典籍先須愛護此士大夫百行之首”、“廣陽”等印。山西師範大學圖書館藏。

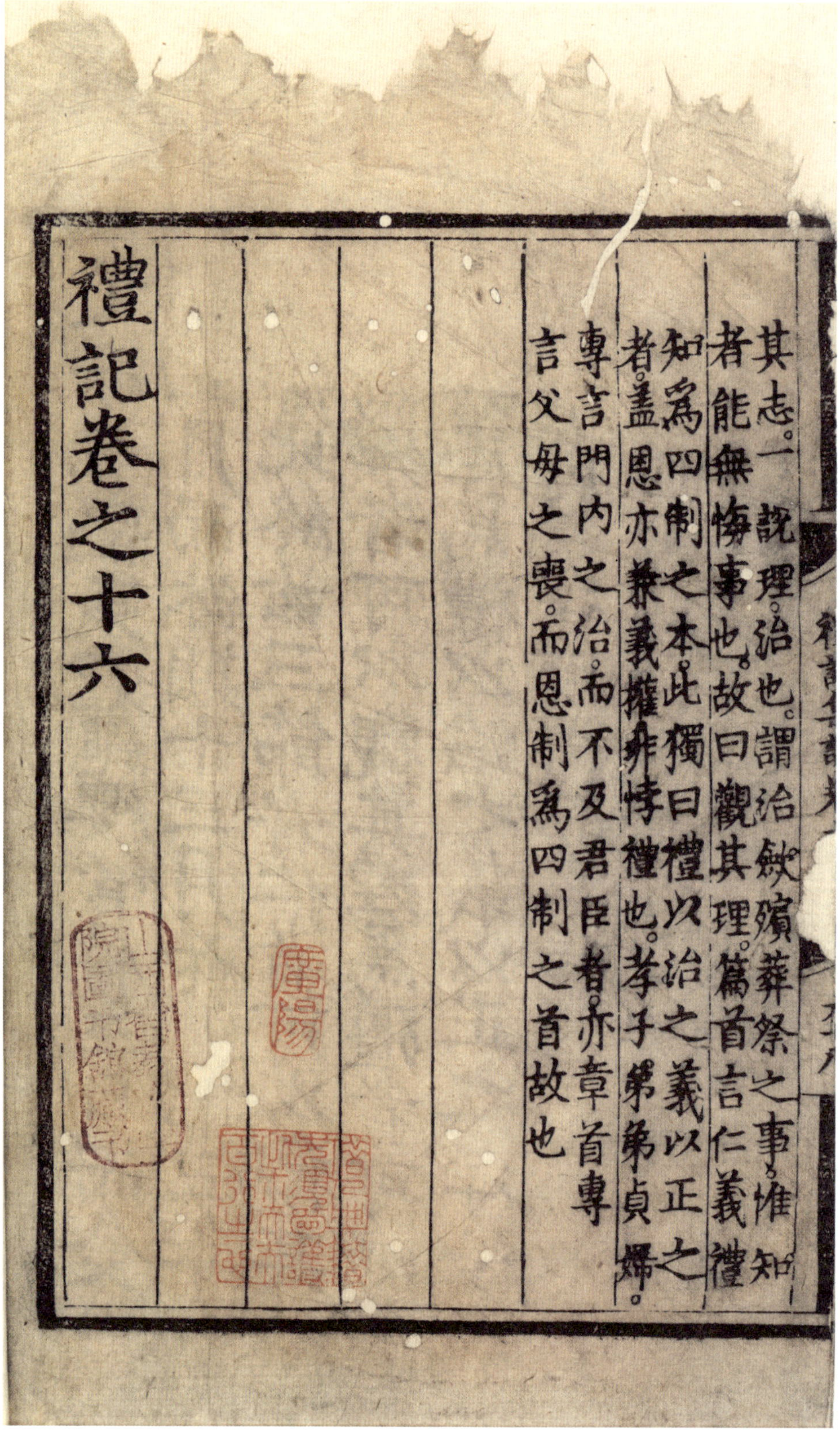

其志。一說理。治也。謂治斂殯葬祭之事。惟知者能無悔事也。故曰觀其理。篇首言仁義禮知爲四制之本。此獨曰禮以治之。義以正之者。蓋恩亦兼義權非悖禮也。孝子弟弟貞婦。專言門內之治。而不及君臣者。亦章首專言父母之喪。而恩制爲四制之首故也

禮記卷之十六

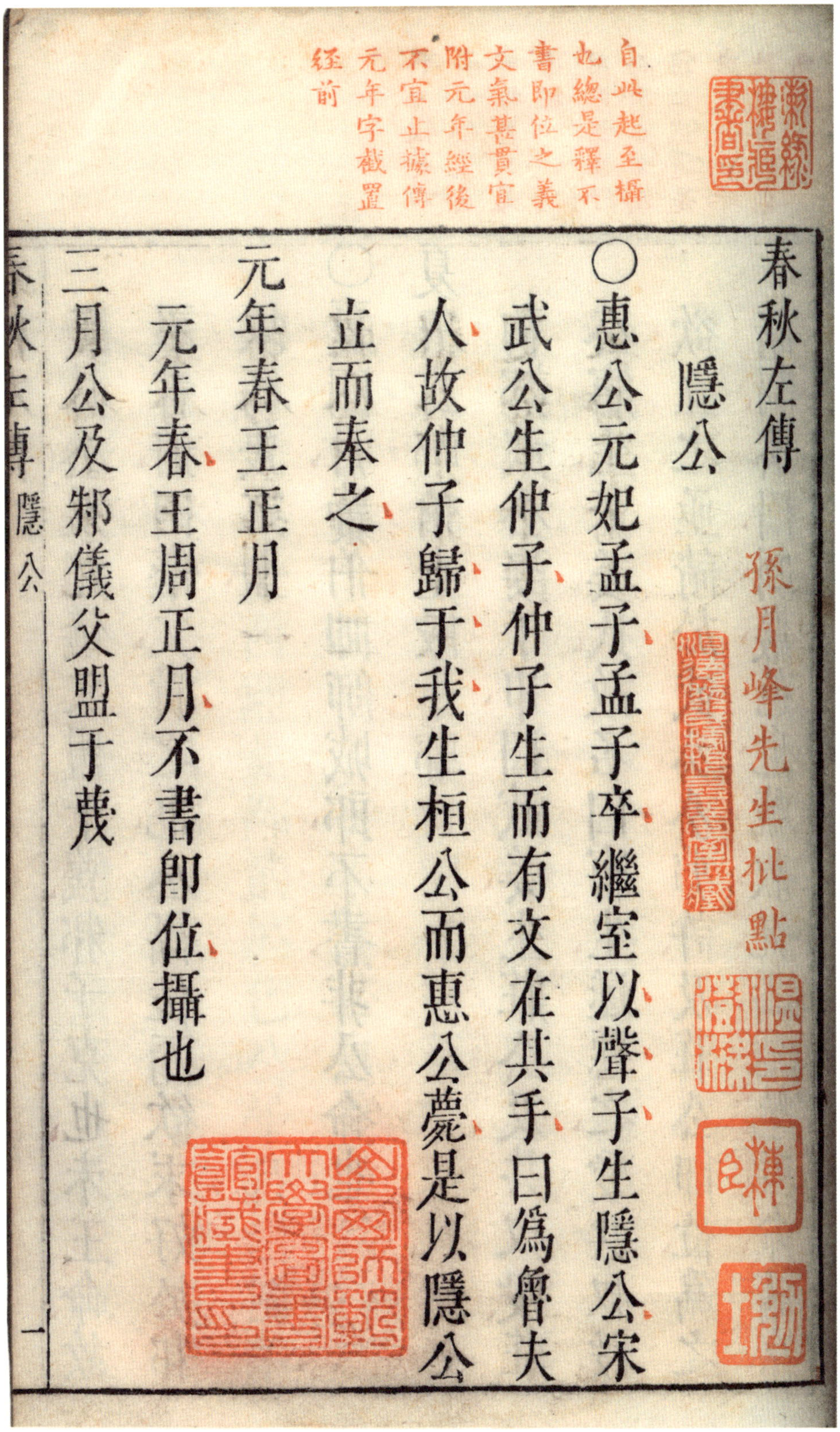

自此起至攝也總是釋不書即位之義文氣甚貫宜附元年經後不宜止據傳元年字截置經前

春秋左傳　　孫月峰先生批點

隱公

○惠公元妃孟子孟子卒繼室以聲子生隱公宋武公生仲子仲子生而有文在其手曰爲魯夫人故仲子歸于我生桓公而惠公薨是以隱公立而奉之

元年春王正月

元年春王周正月不書即位攝也

三月公及邾儀父盟于蔑

春秋左傳　隱公　一

00138 春秋左傳十五卷　（明）孫鑛批點 明萬曆四十四年（1616）閔齊伋刻朱墨套印本

綫裝。匡高 21.4 厘米，廣 14.5 厘米。半葉九行，行十九字，白口，四周單邊。有“勉士”、“岭南温氏珍藏”、“善本”、“溫澍梁印”等朱印 25 枚。山西師範大學圖書館藏。

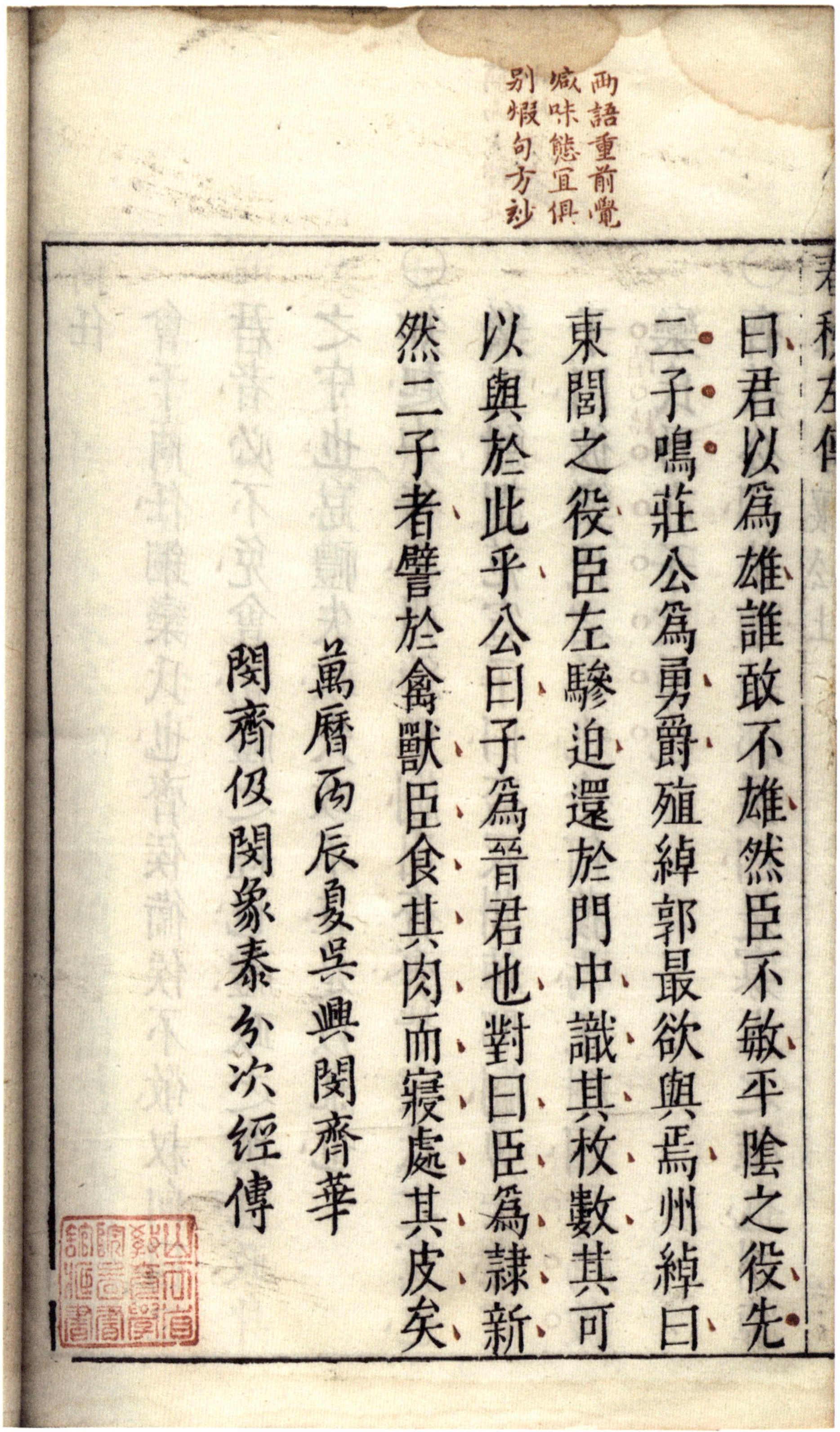
兩語重疊
嫩味態宜俱
別暇句方妙

曰君以爲雄誰敢不雄然臣不敏平陰之役先
二子鳴莊公爲勇爵殖綽郭最欲與焉州綽曰
東閭之役臣左驂迫還於門中識其枚數其可
以與於此乎公曰子爲晉君也對曰臣爲隸新
然二子者譬於禽獸臣食其肉而寢處其皮矣

萬曆丙辰夏吳興閔齊華
閔齊伋閔象泰分次經傳

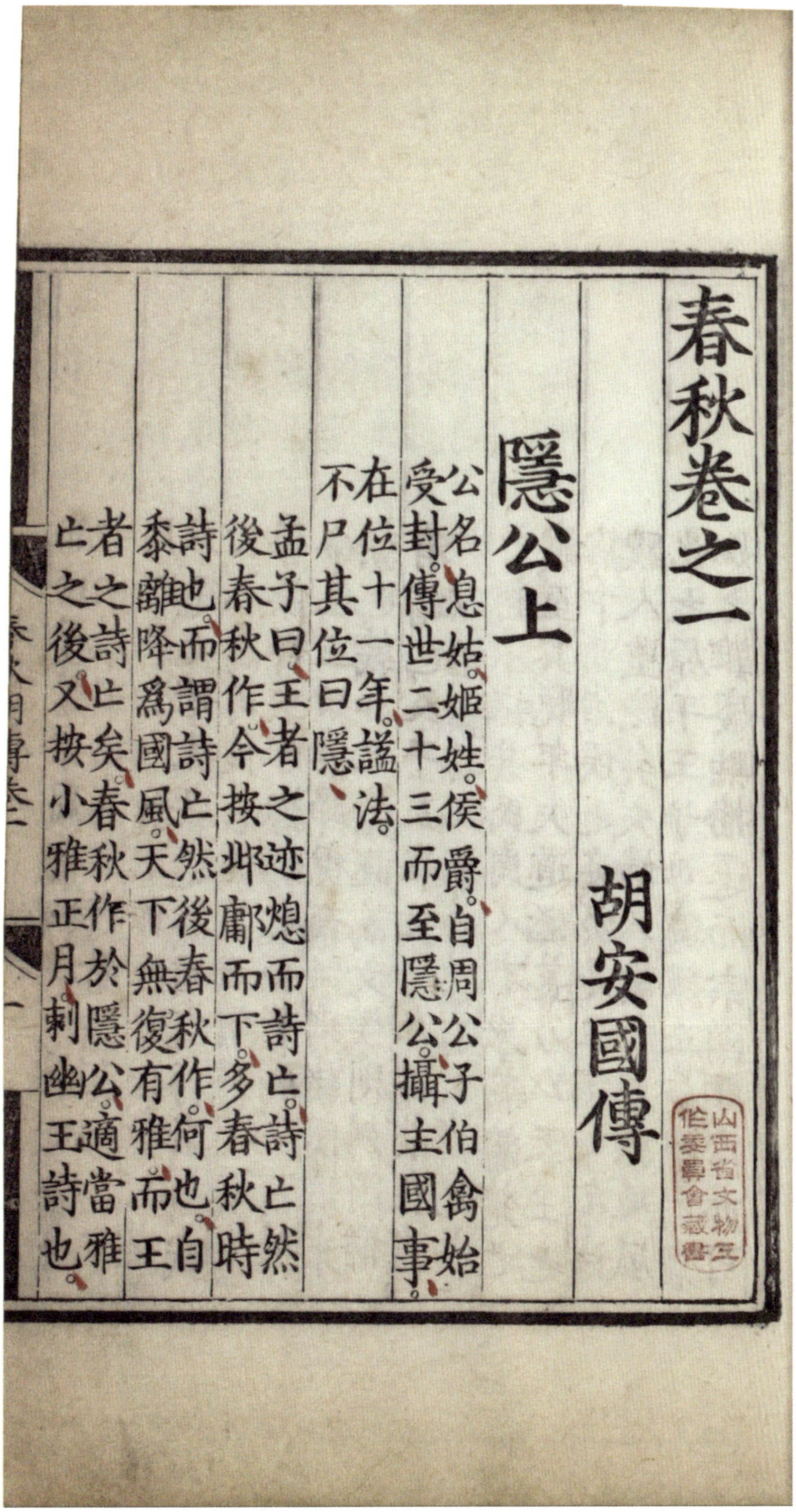
春秋卷之一

胡安國傳

隱公上

公名息姑。姬姓。侯爵。自周公子伯禽始受封。傳世二十三而至隱公。攝主國事。在位十一年。謚法。不尸其位曰隱。

孟子曰。王者之迹熄而詩亡。詩亡然後春秋作。今按邶鄘而下。多春秋時詩也。而謂詩亡然後春秋作。何也。自黍離降爲國風。天下無復有雅。而王者之詩亡矣。春秋作於隱公。適當雅亡之後。又按小雅正月刺幽王詩也。

00139 春秋胡傳三十卷　（宋）胡安國撰　明正統十二年（1447）司禮監刻本

綫裝。匡高 23 厘米，廣 16.7 厘米。半葉八行，行十四字，小字雙行，行十七字，粗黑口，四周雙邊。山西博物院藏。卷二十九至三十有抄補。

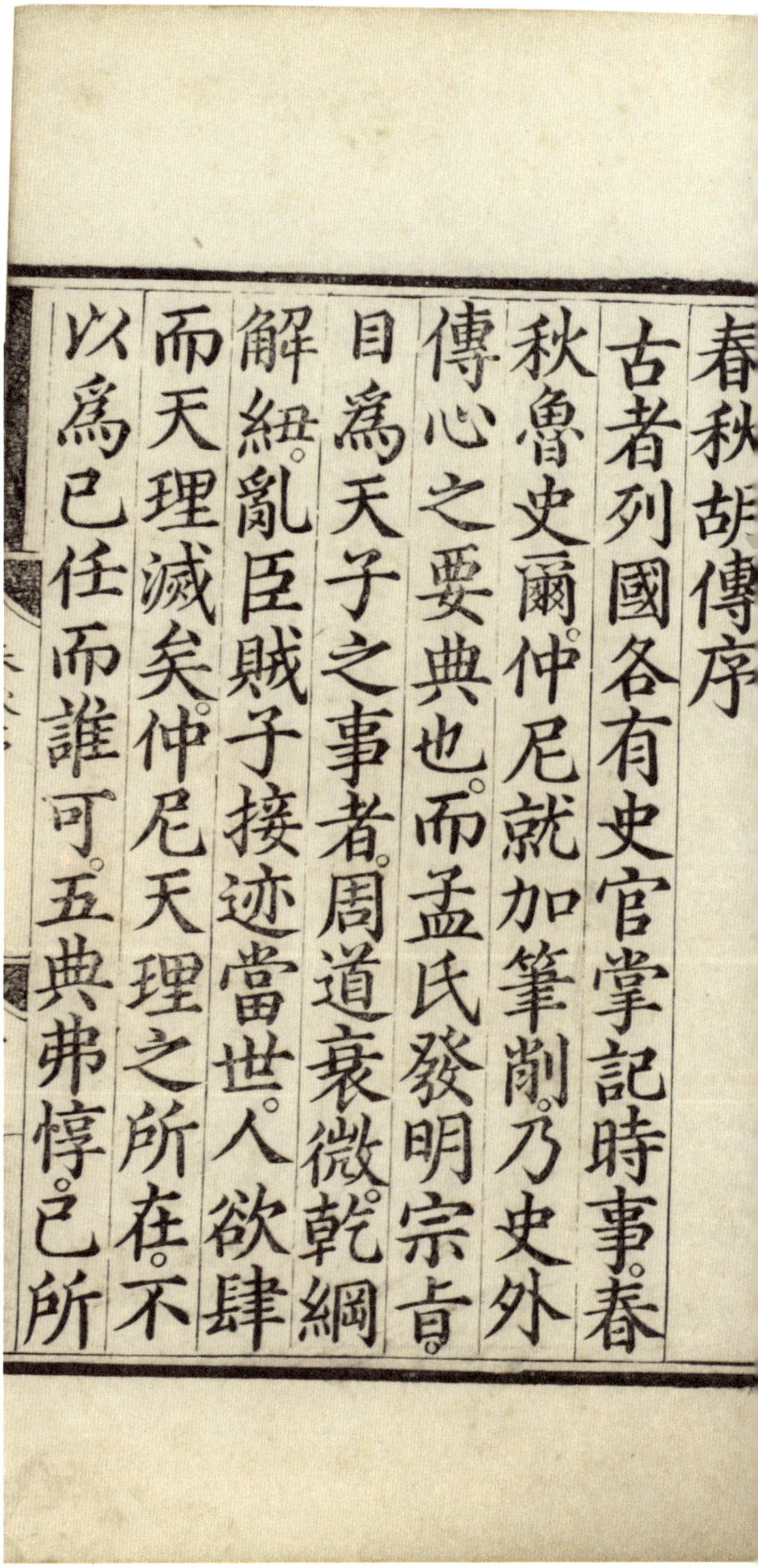
春秋胡傳序
古者列國各有史官掌記時事。春秋魯史爾。仲尼就加筆削。乃史外傳心之要典也。而孟氏發明宗旨。目爲天子之事者。周道衰微。乾綱解紐。亂臣賊子接迹當世。人欲肆而天理滅矣。仲尼天理之所在。不以爲己任而誰可。五典弗惇。己所

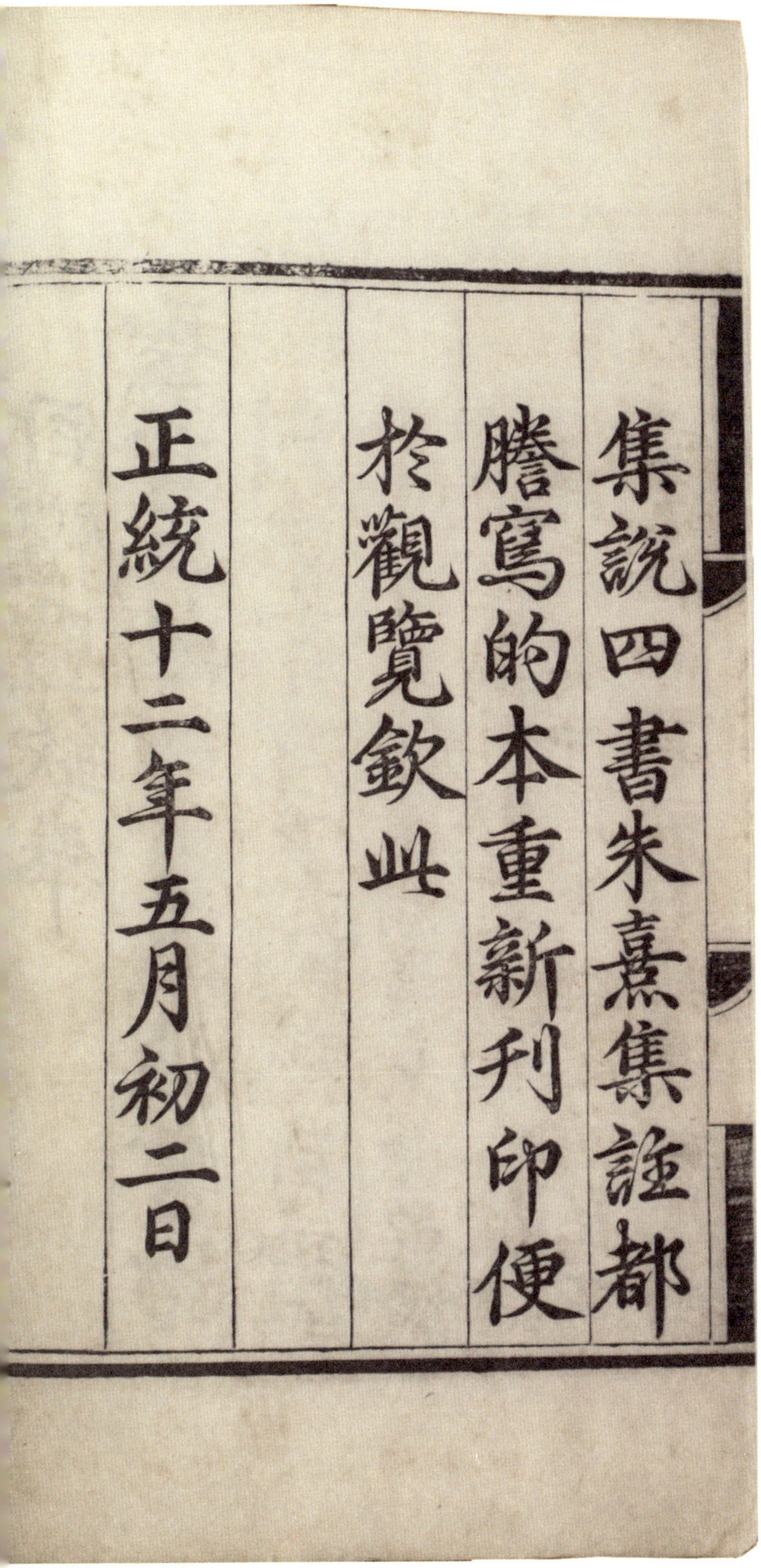
集說四書朱熹集註都
謄寫的本重新刊印便
於觀覽欽此
正統十二年五月初二日

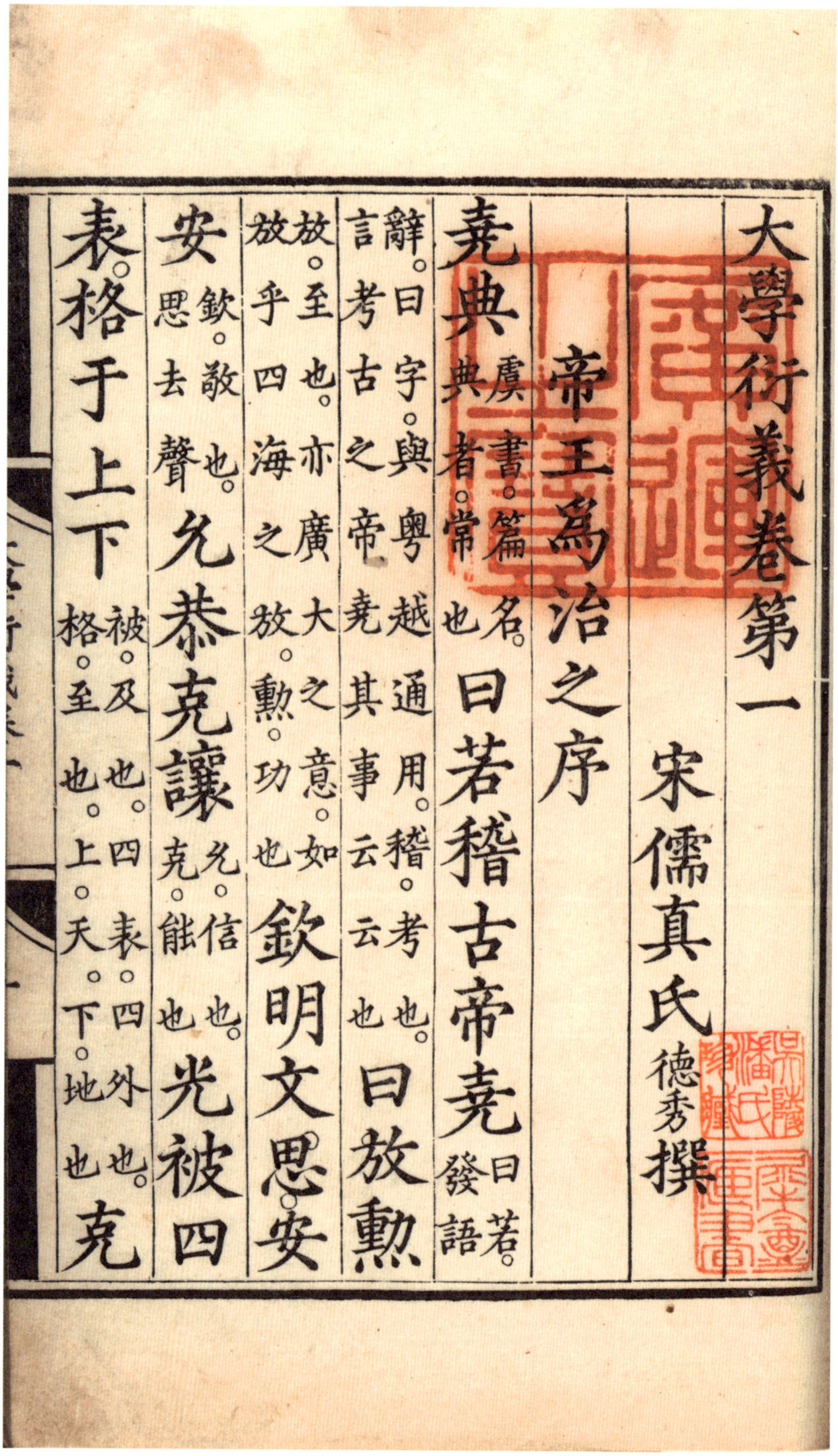

大學衍義卷第一
宋儒真氏德秀撰
帝王爲治之序
堯典虞書篇名。典者常也。曰若稽古帝堯曰若。發語
辭。曰字與粤越通用。稽。考也。言考古之帝堯其事云云也。曰放勳
放。至也。亦廣大之意。如放乎四海之放。勳。功也。欽明文思安
欽。敬也。思去聲。安允恭克讓允。信也。克。能也。光被四
表格于上下被。及也。四表。四外也。格。至也。上。天。下。地也。克

00140 大學衍義四十三卷　（宋）真德秀撰　明嘉靖六年（1527）司禮監刻本

綫裝。匡高 22.6 厘米，廣 15.7 厘米。半葉八行，行十四字，小字雙行，行字同，黑口，四周雙邊。鈐“廣運之寶”、“欽文之璽”、“犀盦藏書”、“吴陵潘氏珍藏”等印。山西師範大學圖書館藏。

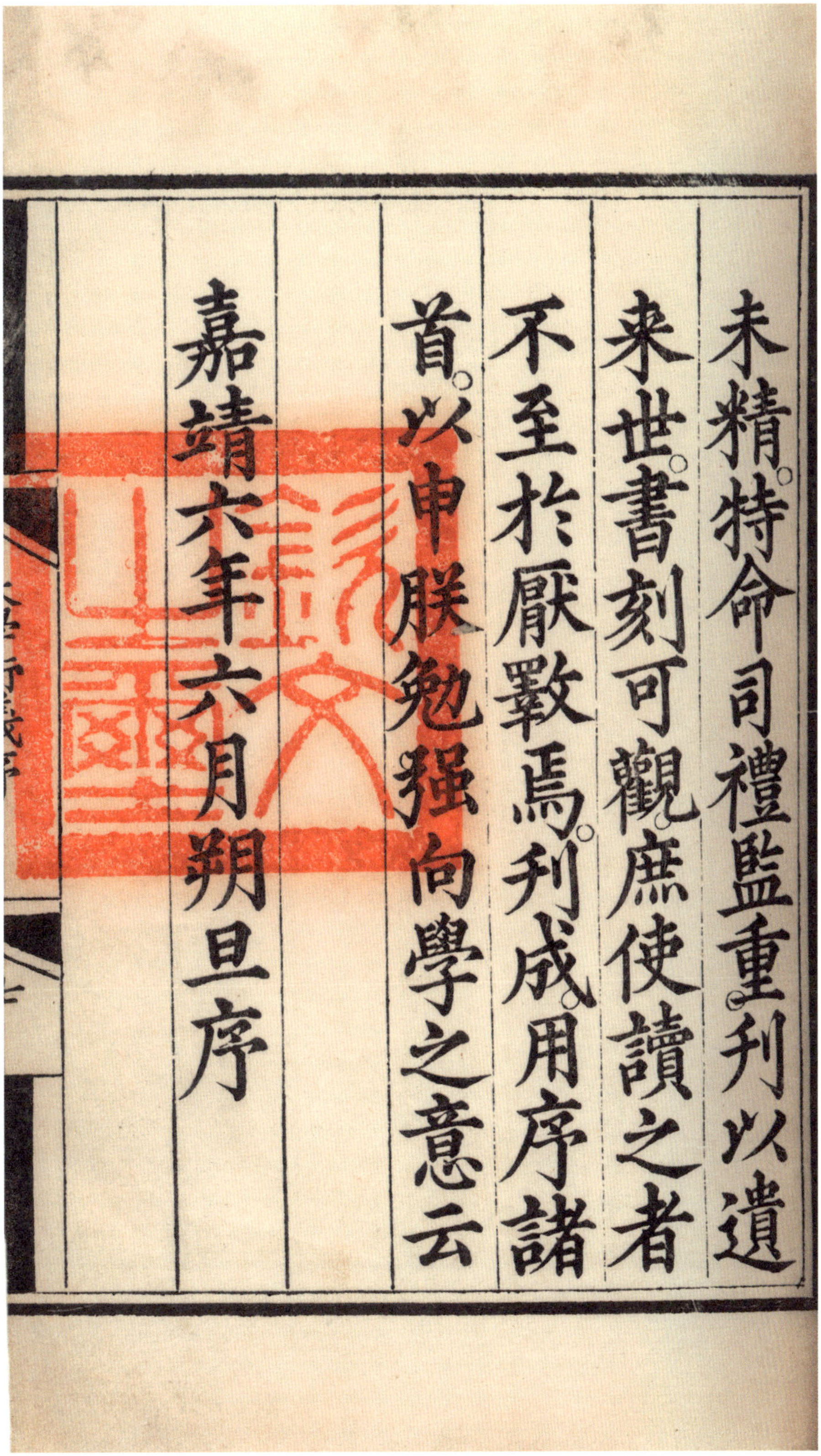
未精特命司禮監重刋以遺
來世書刻可觀庶使讀之者
不至於厭斁焉刋成用序諸
首以申朕勉强向學之意云
嘉靖六年六月朔旦序

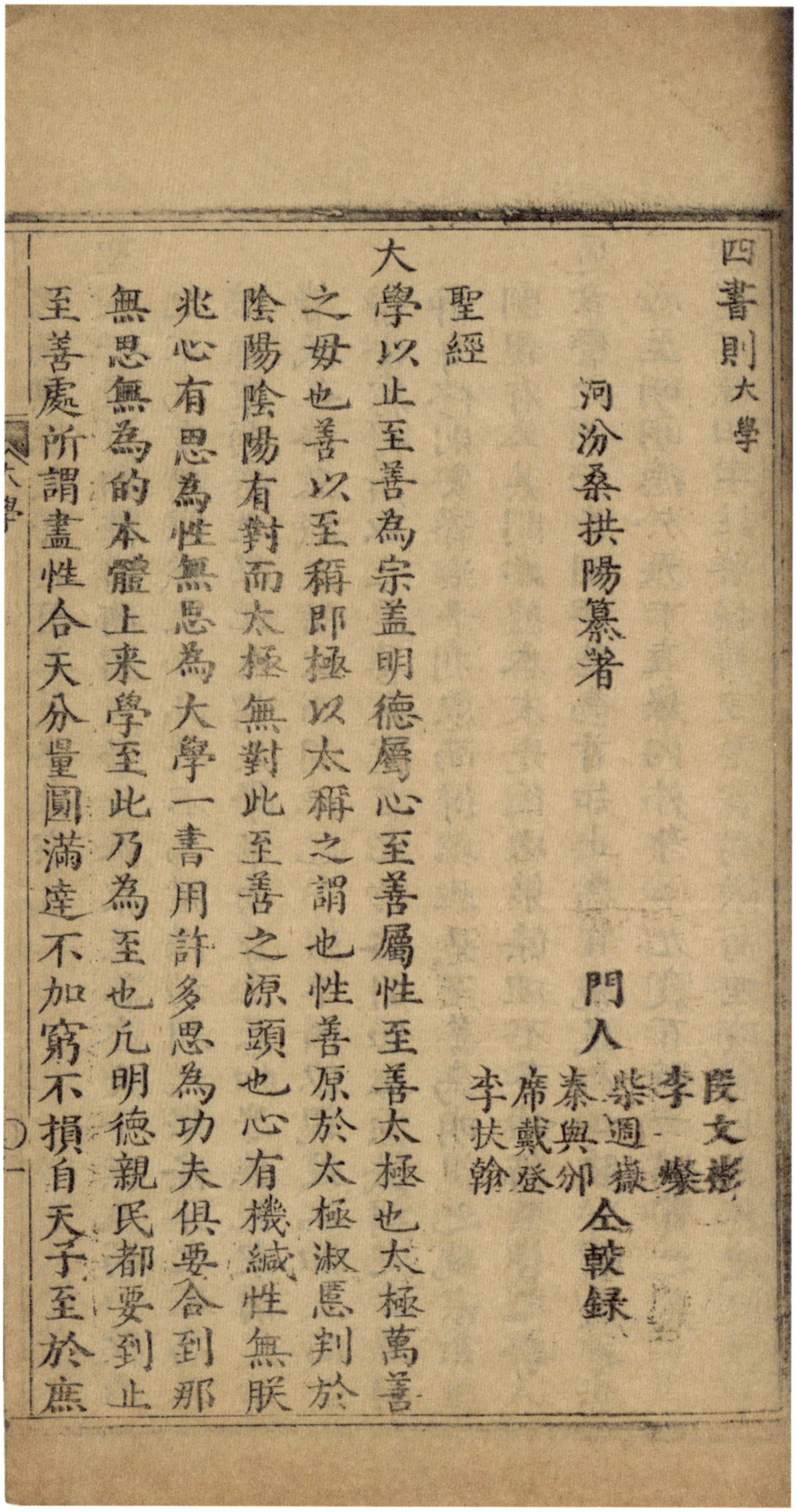
四書則大學
河汾桑拱陽纂著
門人
段文蔚
李　燮
柴週嶽
秦與郊
席戴登
李扶翰
仝較録
聖經
大學以止至善為宗蓋明德屬心至善屬性至善太極也太極萬善
之母也善以至稱即極以太稱之謂也性善原於太極淑慝判於
陰陽陰陽有對而太極無對此至善之源頭也心有機緘性無朕
兆心有思為性無思為大學一書用許多思為功夫俱要合到那
無思無為的本體上来學至此乃為至也凡明德親民都要到止
至善處所謂盡性合天分量圓滿達不加窮不損自天子至於庶
大學　一

00141 四書則六卷 （明）桑拱陽撰 明崇禎十四年（1641）松風書院刻本

綫裝。匡高 23 厘米，廣 14.6 厘米。半葉十一行，行二十五字，白口，四周雙邊。無界欄。鈐“聞田張氏聞三藏書”印。山西大學圖書館藏。

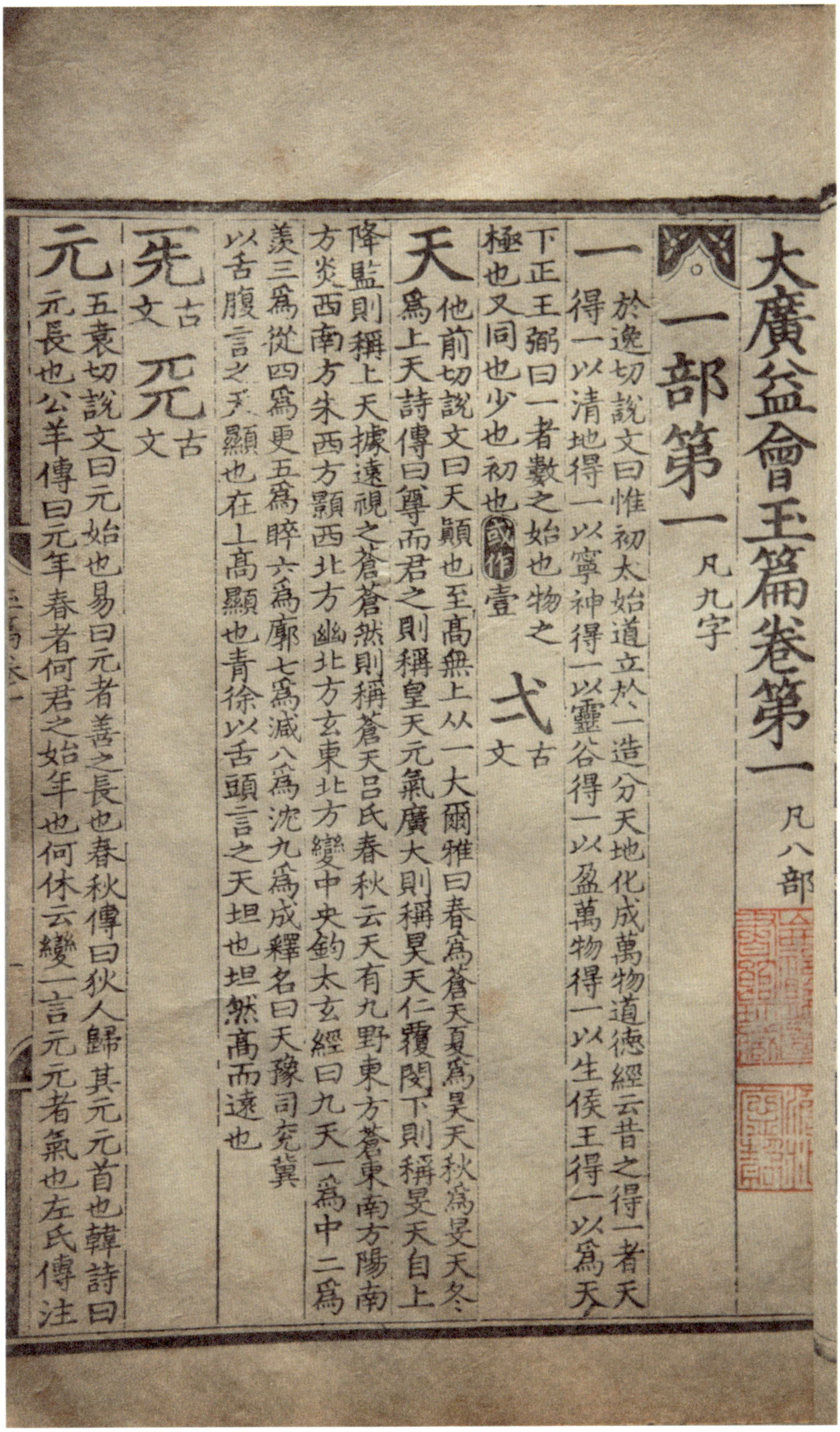

大廣益會玉篇卷第一　凡八部

一部第一　凡九字

一　於逸切說文曰惟初太始道立於一造分天地化成萬物道德經云昔之得一者天得一以清地得一以寧神得一以靈谷得一以盈萬物得一以生侯王得一以爲天下正王弼曰一者數之始也物之極也又同也少也初也或作壹　弌 古文

天　他前切說文曰天顚也至高無上从一大爾雅曰春爲蒼天夏爲昊天秋爲旻天冬爲上天詩傳曰尊而君之則稱皇天元氣廣大則稱昊天仁覆閔下則稱旻天自上降監則稱上天據遠視之蒼蒼然則稱蒼天呂氏春秋云天有九野東方蒼東南方陽南方炎西南方朱西方顥西北方幽北方玄東北方變中央鈞太玄經曰九天一爲中二爲羨三爲從四爲更五爲晬六爲廓七爲減八爲沈九爲成釋名曰天豫司兗冀以舌腹言之天顯也在上高顯也青徐以舌頭言之天坦也坦然高而遠也

先 古文　兀 古文

元　五袁切說文曰元始也易曰元者善之長也春秋傳曰狄人歸其元元首也韓詩曰元長也公羊傳曰元年春者何君之始年也何休云變一言元元者氣也左氏傳注

00142　大廣益會玉篇三十卷　（梁）顧野王撰　（唐）孫強增字　（宋）陳彭年等重修　**玉篇廣韻指南一卷**　明前期刻本

綫裝。匡高 24.6 厘米，廣 17.9 厘米。半葉九行，行十七字，小字雙行，行三十四字，粗黑口，四周雙邊。祁縣圖書館藏。

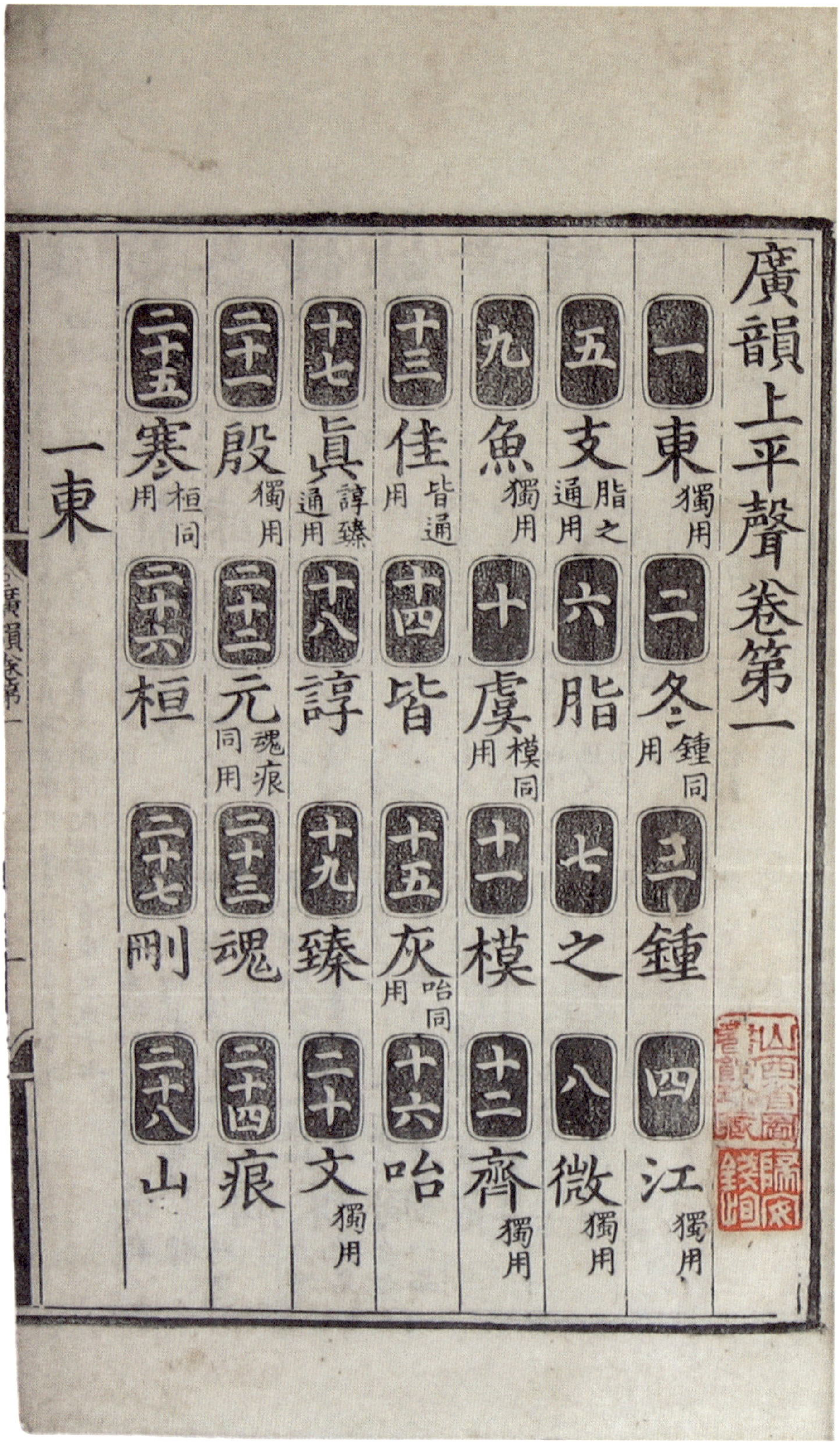

廣韻上平聲卷第一

一東獨用　二冬鍾同用　三鍾　四江獨用
五支脂之通用　六脂　七之　八微獨用
九魚獨用　十虞模同用　十一模　十二齊獨用
十三佳皆通用　十四皆　十五灰咍同用　十六咍
十七真諄臻通用　十八諄　十九臻　二十文獨用
二十一殷獨用　二十二元魂痕同用　二十三魂　二十四痕
二十五寒桓同用　二十六桓　二十七刪　二十八山

一東

00143 廣韻五卷　明刻本

綫裝。匡高 24.8 厘米，廣 18 厘米。半葉九行，行二十字，小字雙行，行三十三字，粗黑口，四周雙邊。山西省圖書館藏。

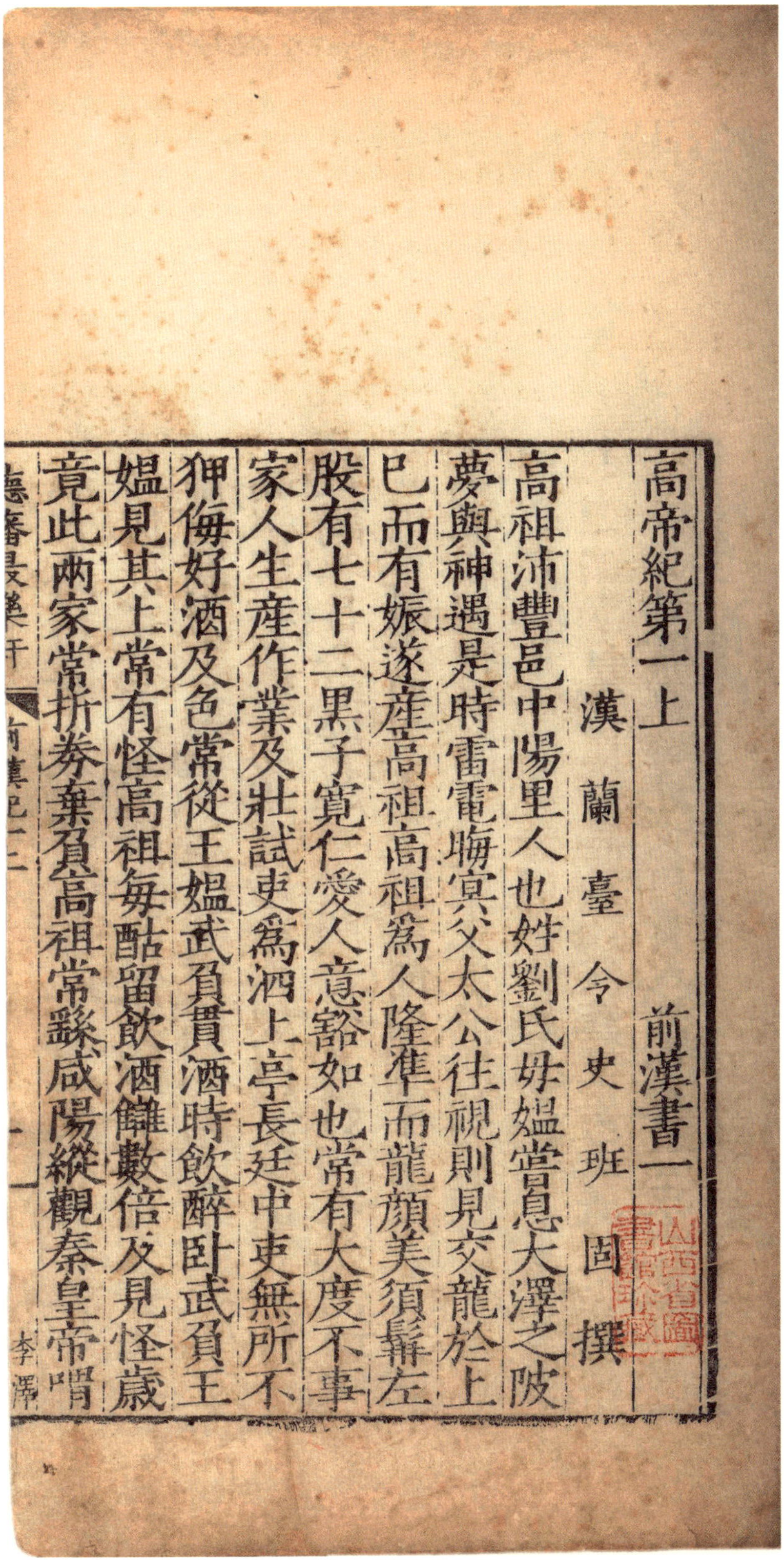
高帝紀第一上　　前漢書一
漢　蘭　臺　令　史　班　固　撰
高祖沛豐邑中陽里人也姓劉氏母媼嘗息大澤之陂
夢與神遇是時雷電晦冥父太公往視則見交龍於上
已而有娠遂產高祖高祖為人隆準而龍顏美須髯左
股有七十二黑子寬仁愛人意豁如也常有大度不事
家人生產作業及壯試吏為泗上亭長廷中吏無所不
狎侮好酒及色常從王媼武負貰酒時飲醉臥武負王
媼見其上常有怪高祖每酤留飲酒讎數倍及見怪歲
竟此兩家常折券棄負高祖常繇咸陽縱觀秦皇帝喟
德藩最樂軒　前漢紀一上　一　李澤

00144 前漢書一百卷　（漢）班固撰　明德藩最樂軒刻本

綫裝。匡高 20.1 厘米，廣 14.5 厘米。半葉十行，行二十一字，白口，左右雙邊。山西省圖書館藏。

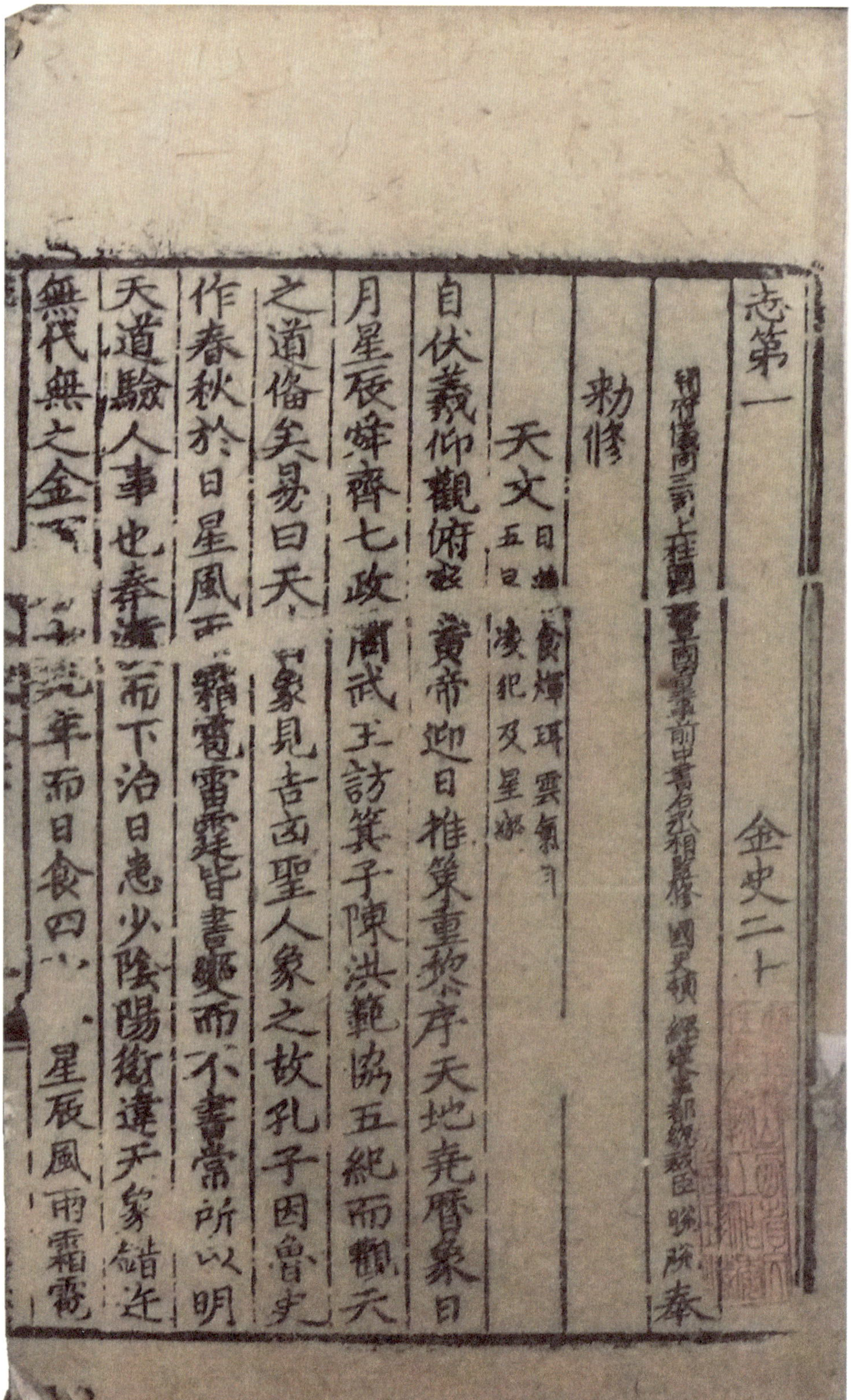

00145 金史一百三十五卷　（元）脱脱等撰　明初刻本

綫裝。匡高 22 厘米，廣 15.6 厘米。半葉十行，行二十二字，粗黑口，左右雙邊。鈐“雙鑑樓藏書印”、“傅沅叔藏書記”等印。山西博物院藏，存七十二卷（二十至九十一）。

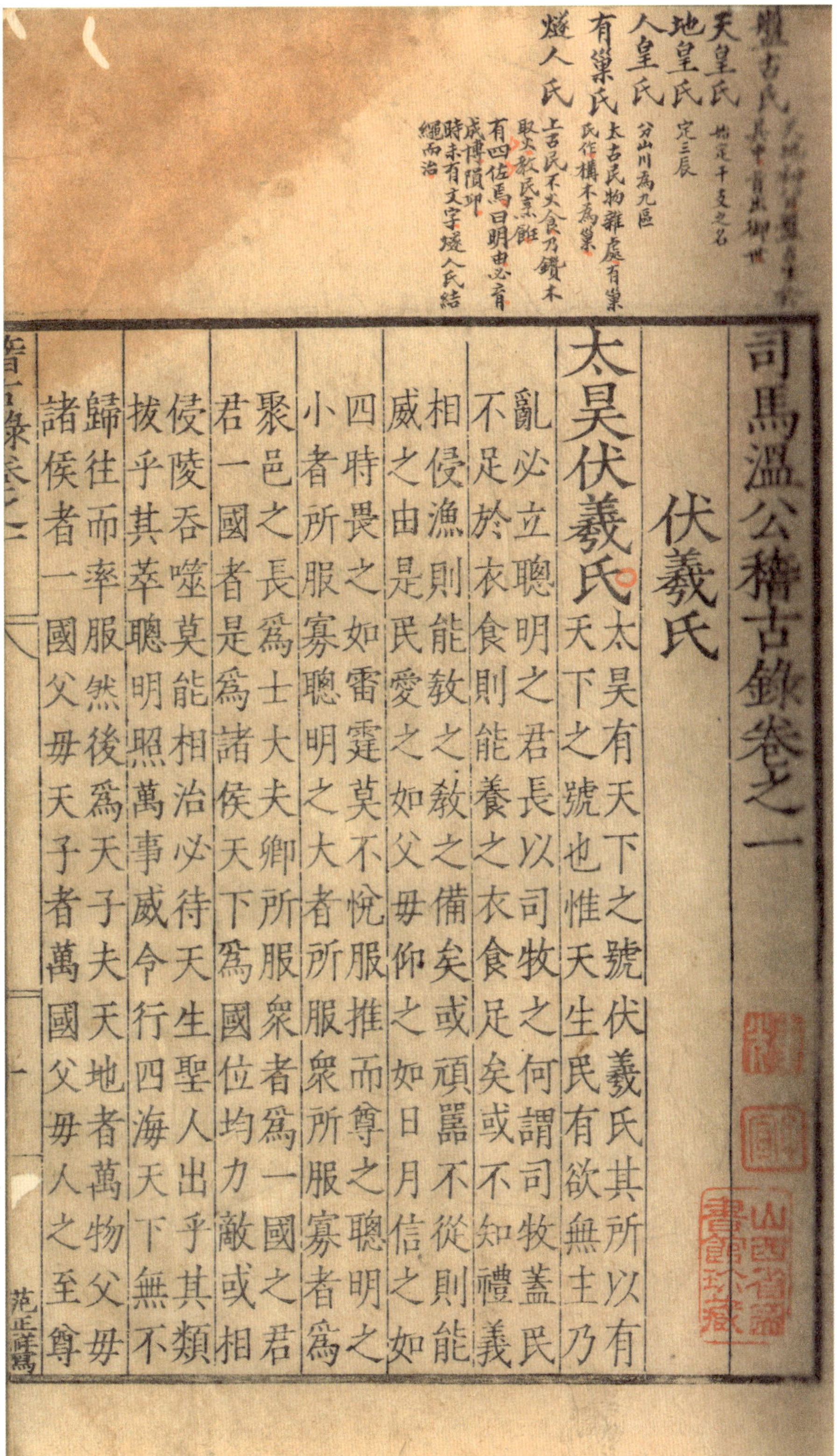

00146 司馬溫公稽古錄二十卷　（宋）司馬光撰　明范氏天一閣刻本

线装。匡高 20.6 厘米，廣 15.5 厘米。半葉九行，行十九字，小字雙行，行字同，白口，四周單邊。有“重光”、“子宣”、“漱六藝之芳潤”等印。山西省圖書館藏。

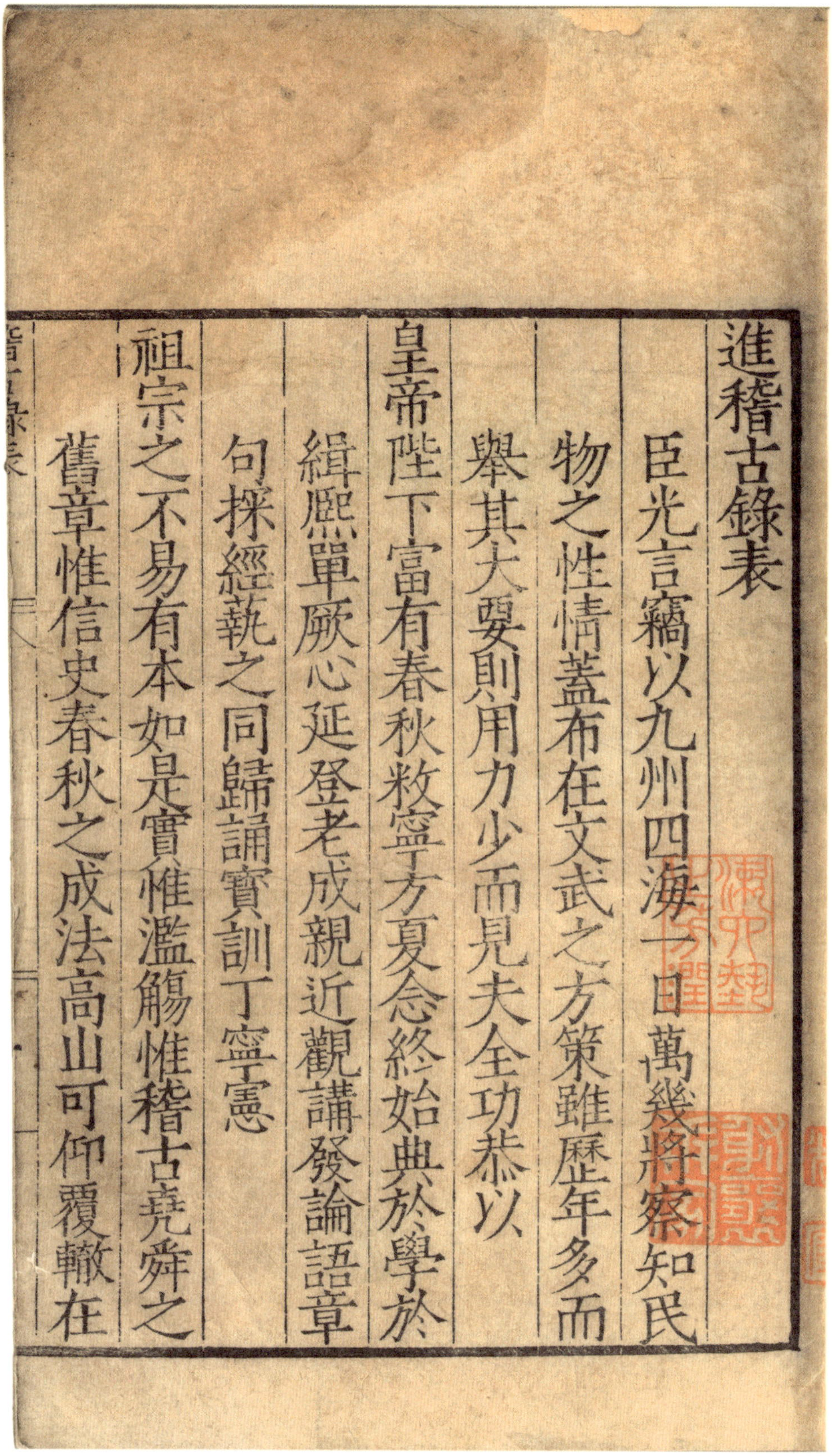
進稽古錄表
臣光言竊以九州四海一日萬幾將察知民
物之性情蓋布在文武之方策雖歷年多而
舉其大要則用力少而見夫全功恭以
皇帝陛下富有春秋敉寧方夏念終始典於學於
緝熙單厥心延登老成親近觀講發論語章
句探經執之同歸誦寶訓丁寧憲
祖宗之不易有本如是實惟濫觴惟稽古堯舜之
舊章惟信史春秋之成法高山可仰覆轍在

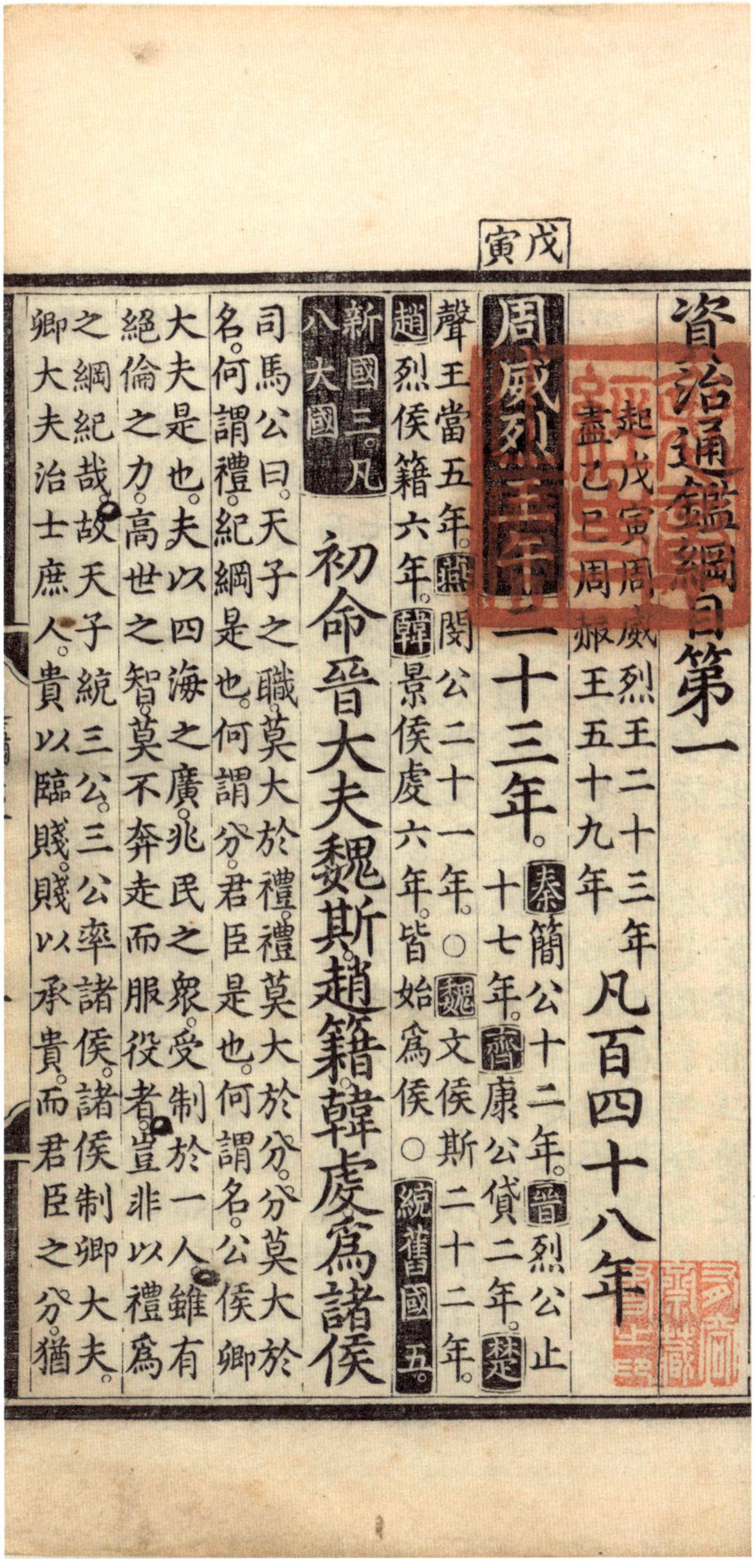
資治通鑑綱目第一
起戊寅周威烈王二十三年盡乙巳周赧王五十九年凡百四十八年
戊寅
周威烈王二十三年。秦簡公十二年。晉烈公止十七年。齊康公貸二年。楚聲王當五年。燕閔公二十一年。○魏文侯斯二十二年。趙烈侯籍六年。韓景侯虔六年。皆始爲侯○統舊國五。新國三。凡八大國
初命晉大夫魏斯趙籍韓虔爲諸侯
司馬公曰。天子之職莫大於禮。禮莫大於分。分莫大於名。何謂禮。紀綱是也。何謂分。君臣是也。何謂名。公侯卿大夫是也。夫以四海之廣。兆民之衆。受制於一人。雖有絕倫之力。高世之智。莫不奔走而服役者。豈非以禮爲之綱紀哉。故天子統三公。三公率諸侯。諸侯制卿大夫。卿大夫治士庶人。貴以臨賤。賤以承貴。而君臣之分猶

00147 資治通鑑綱目五十九卷　（宋）朱熹撰　明成化九年（1473）內府刻本

綫裝。匡高 27.4 厘米，廣 18.2 厘米。半葉八行，行十八字，小字雙行，行二十一字，黑口，四周雙邊。鈐“廣運之寶”、“表章經史之寶”、“范用變印”、“有容齋藏書之印”等印。山西省圖書館藏。

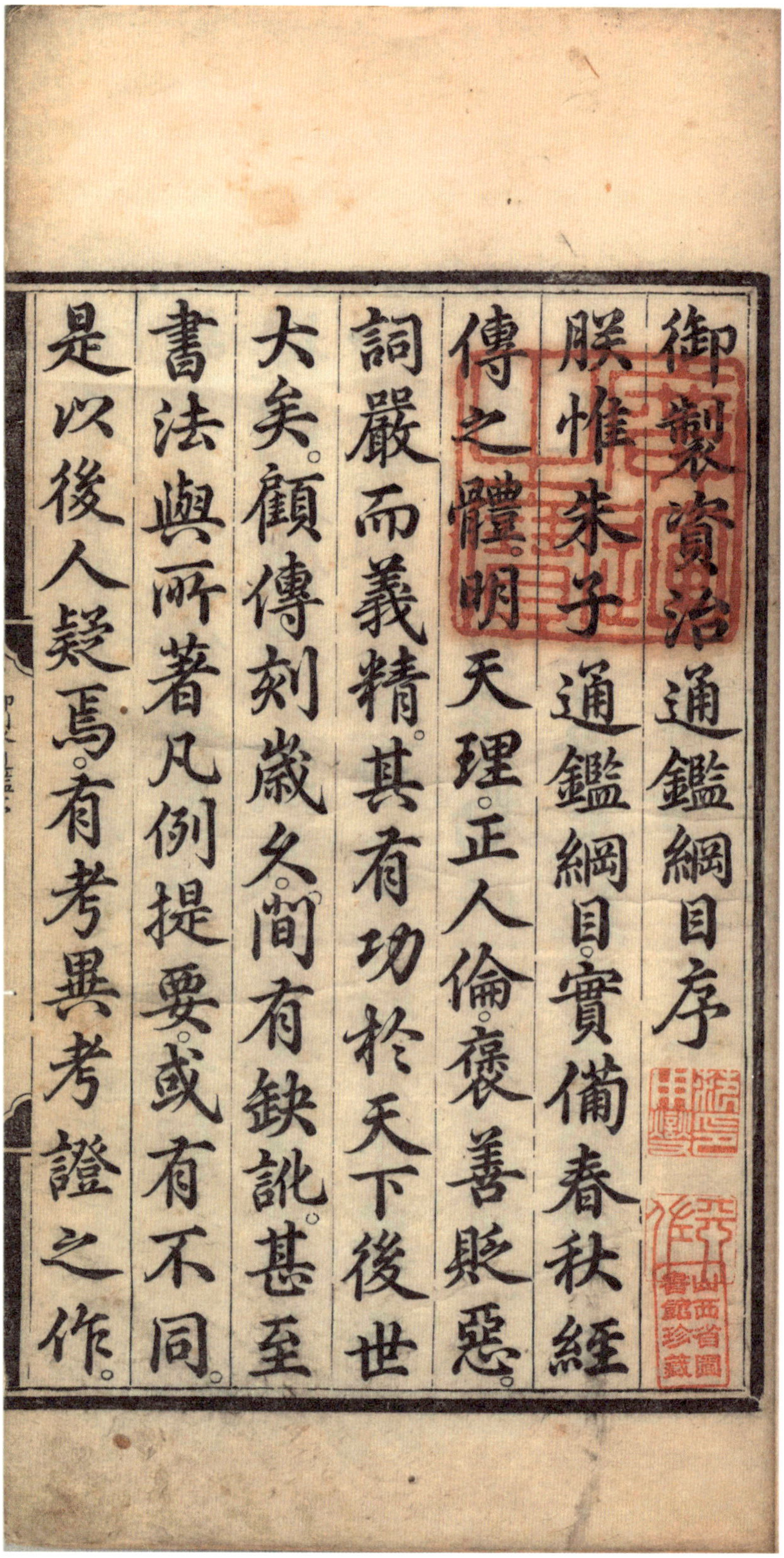

御製資治通鑑綱目序

朕惟朱子通鑑綱目實備春秋經傳之體。明天理。正人倫。褒善貶惡。詞嚴而義精。其有功於天下後世大矣。顧傳刻歲久。間有鈌訛。甚至書法與所著凡例提要。或有不同。是以後人疑焉。有考異考證之作。

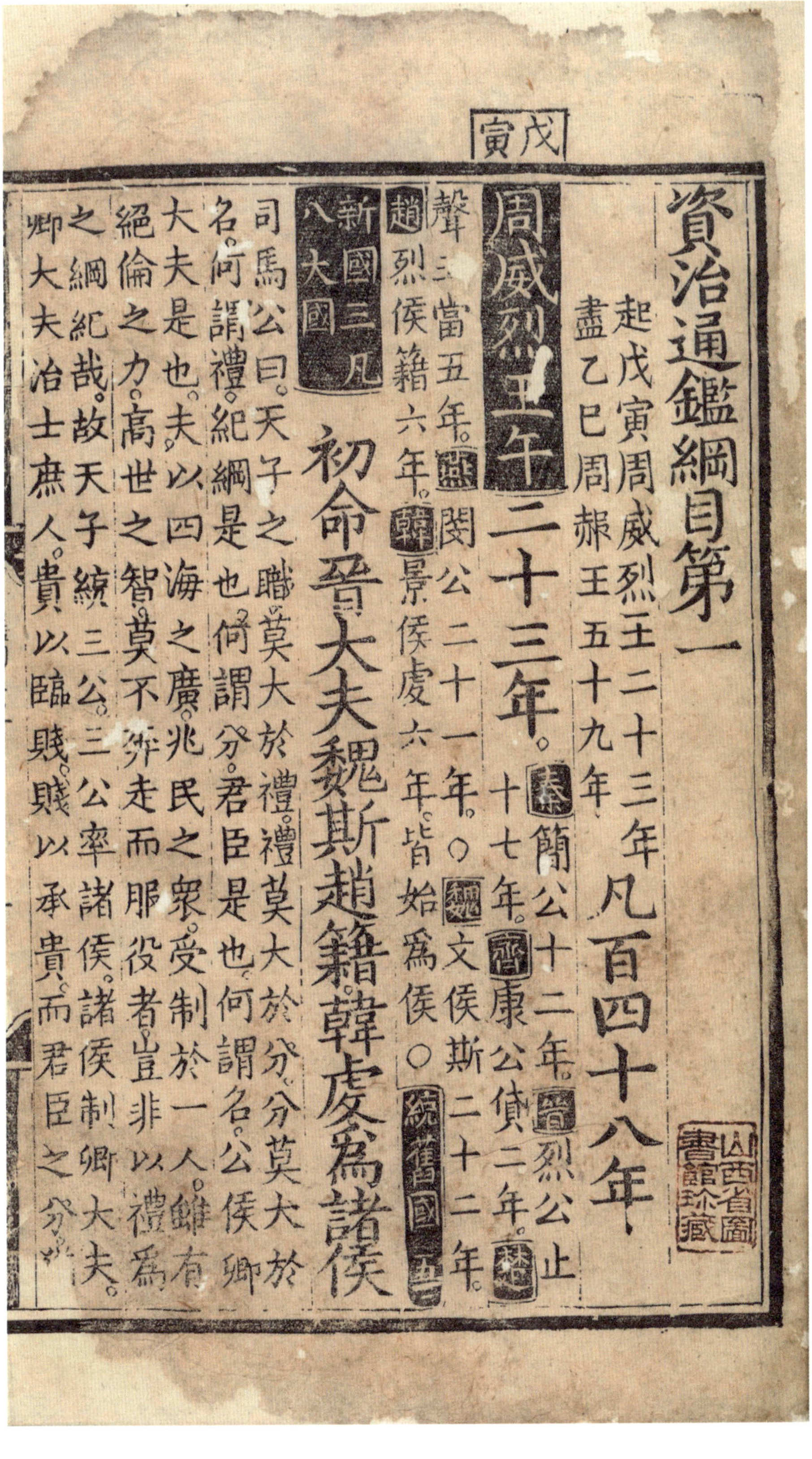
戊寅

資治通鑑綱目第一

起戊寅周威烈王二十三年凡百四十八年
盡乙巳周赧王五十九年

周威烈王二十三年。秦簡公十二年。晉烈公止十七年。齊康公貸二年。楚聲王當五年。燕閔公二十一年。○魏文侯斯二十二年。趙烈侯籍六年。韓景侯虔六年。皆始爲侯。○統舊國五新國三凡八大國

初命晉大夫魏斯趙籍韓虔爲諸侯

司馬公曰。天子之職莫大於禮。禮莫大於分。分莫大於名。何謂禮。紀綱是也。何謂分。君臣是也。何謂名。公侯卿大夫是也。夫以四海之廣。兆民之衆。受制於一人。雖有絕倫之力。高世之智。莫不奔走而服役者。豈非以禮爲之綱紀哉。故天子統三公。三公率諸侯。諸侯制卿大夫。卿大夫治士庶人。貴以臨賤。賤以承貴。而君臣之分

00148 資治通鑑綱目五十九卷　（宋）朱熹撰 明成化九年（1473）內府刻本

綫裝。匡高 27.4 厘米，廣 18.2 厘米。半葉八行，行十八字，小字雙行，行二十一字，黑口，四周雙邊。山西省圖書館藏。

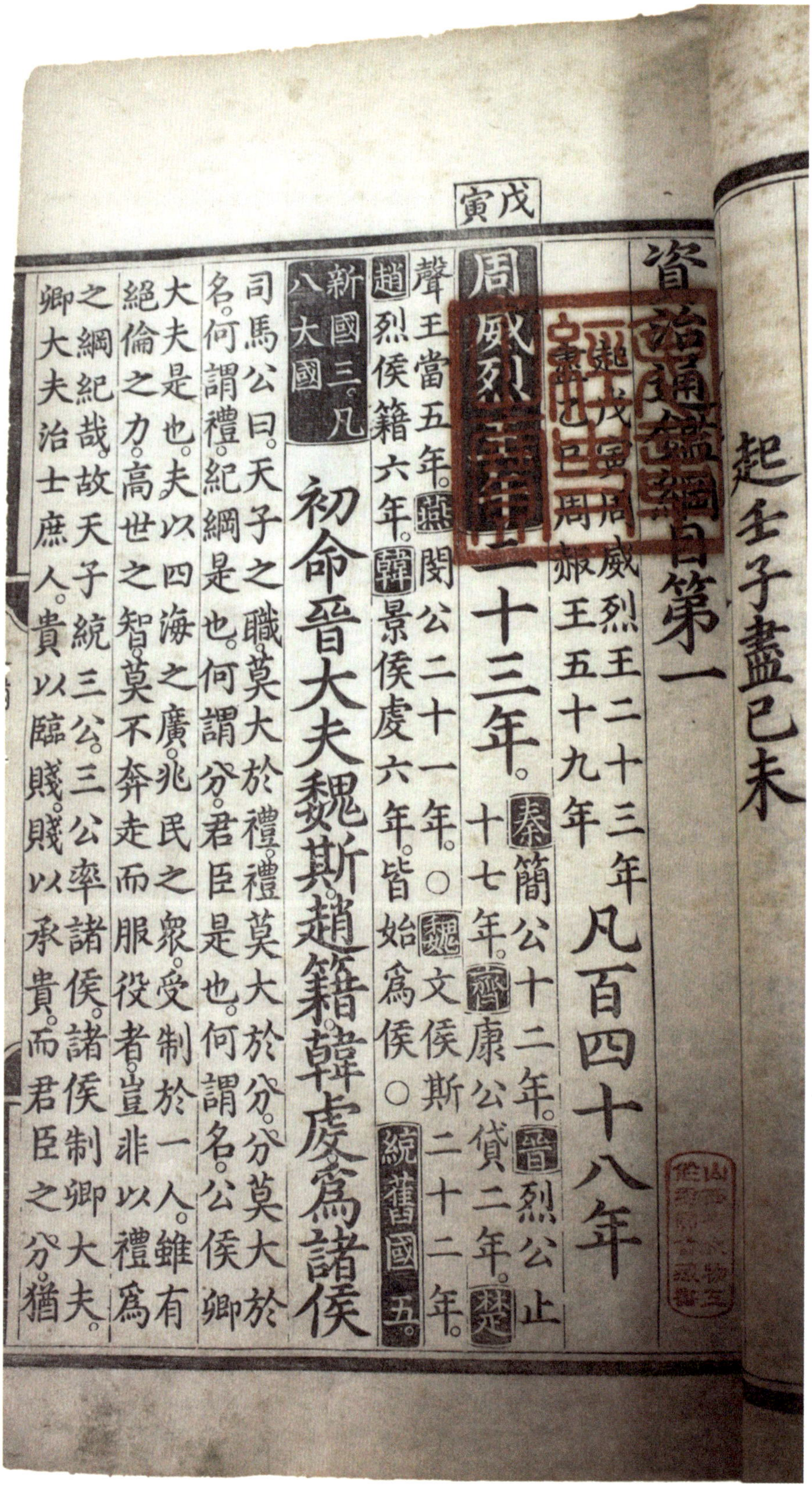
起壬子盡己未

資治通鑑綱目第一

起戊寅周威烈王二十三年 盡己巳周赧王五十九年 凡百四十八年

戊寅

周威烈王二十三年。秦簡公十二年。晉烈公止十七年。齊康公貸二年。楚聲王當五年。燕閔公二十一年。○魏文侯斯二十二年。趙烈侯籍六年。韓景侯虔六年。皆始爲侯○統舊國五。新國三。凡八大國

初命晉大夫魏斯趙籍韓虔爲諸侯

司馬公曰。天子之職莫大於禮。禮莫大於分。分莫大於名。何謂禮。紀綱是也。何謂分。君臣是也。何謂名。公侯卿大夫是也。夫以四海之廣。兆民之衆。受制於一人。雖有絕倫之力。高世之智。莫不奔走而服役者。豈非以禮爲之綱紀哉。故天子統三公。三公率諸侯。諸侯制卿大夫。卿大夫治士庶人。貴以臨賤。賤以承貴。而君臣之分。猶

00149 資治通鑑綱目五十九卷　（宋）朱熹撰　明成化九年（1473）內府刻本

綫裝。匡高 27.4 厘米，廣 18.2 厘米。半葉八行，行十八字，小字雙行，行二十一字，黑口，四周雙邊。鈐"廣運之寶"等印。山西博物院藏。

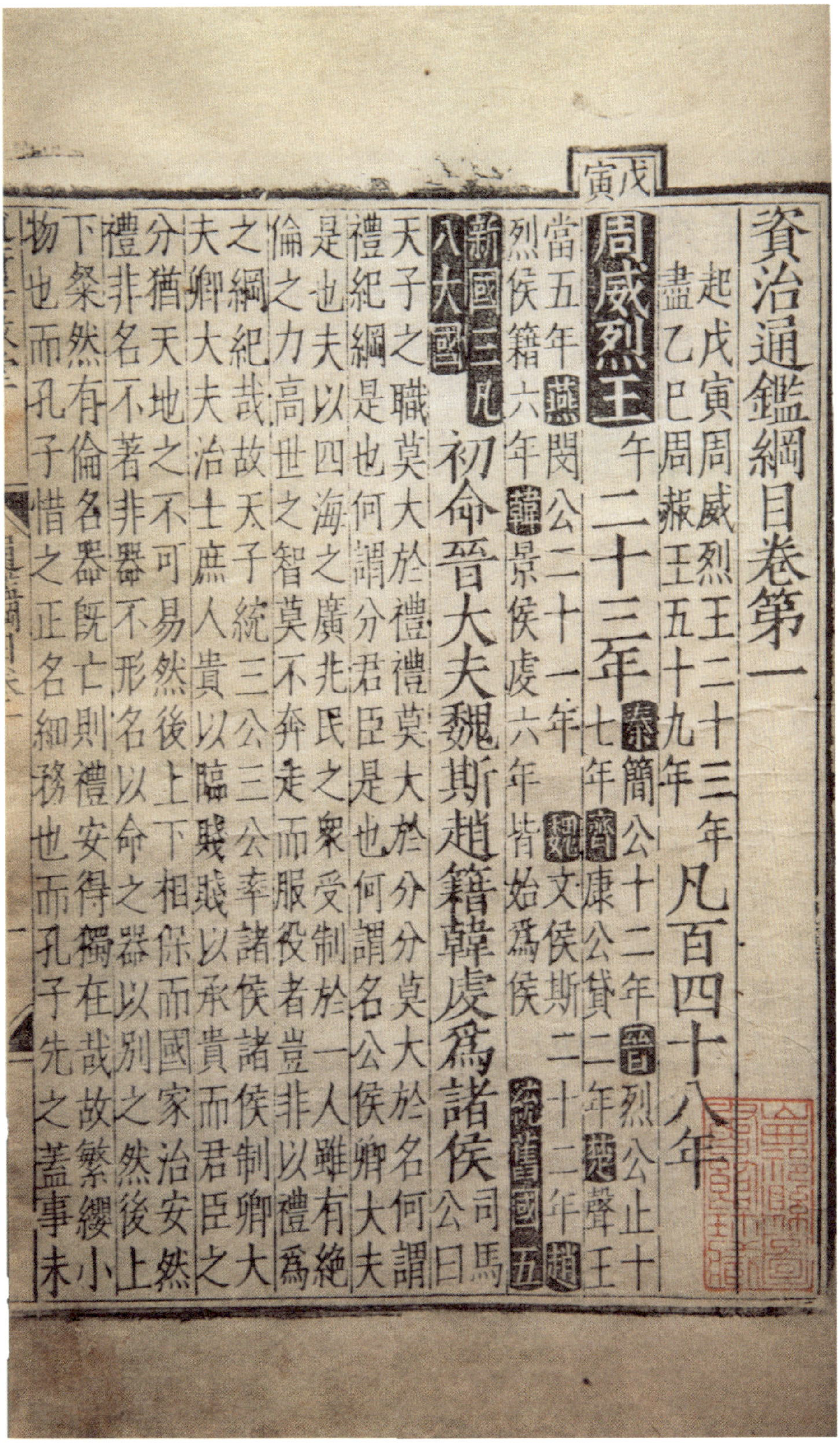
戊寅

資治通鑑綱目卷第一

起戊寅周威烈王二十三年
盡乙巳周赧王五十九年
凡百四十八年

周威烈王午二十三年 秦簡公十二年晉烈公止十七年齊康公貸二十年楚聲王當五年燕閔公二十一年趙烈侯籍六年韓景侯虔六年魏文侯斯二十二年皆始爲侯凡舊國五新國三凡八大國

初命晉大夫魏斯趙籍韓虔爲諸侯

司馬公曰天子之職莫大於禮禮莫大於分分莫大於名何謂禮紀綱是也何謂分君臣是也何謂名公侯卿大夫是也夫以四海之廣兆民之衆受制於一人雖有絶倫之力高世之智莫不奔走而服役者豈非以禮爲之綱紀哉故天子統三公三公率諸侯諸侯制卿大夫卿大夫治士庶人貴以臨賤賤以承貴而君臣之分猶天地之不可易然後上下相保而國家治安然禮非名不著非器不形名以命之器以别之然後上下粲然有倫名器既亡則禮安得獨在哉故繁纓小物也而孔子惜之正名細務也而孔子先之蓋事未

00150 資治通鑑綱目五十九卷　（宋）朱熹撰　明嘉靖三十五年（1556）趙府居敬堂刻本

綫裝。匡高 20.2 厘米，廣 14.7 厘米。半葉十行，行二十字，小字雙行，行字同，白口，四周雙邊。祁縣圖書館藏。

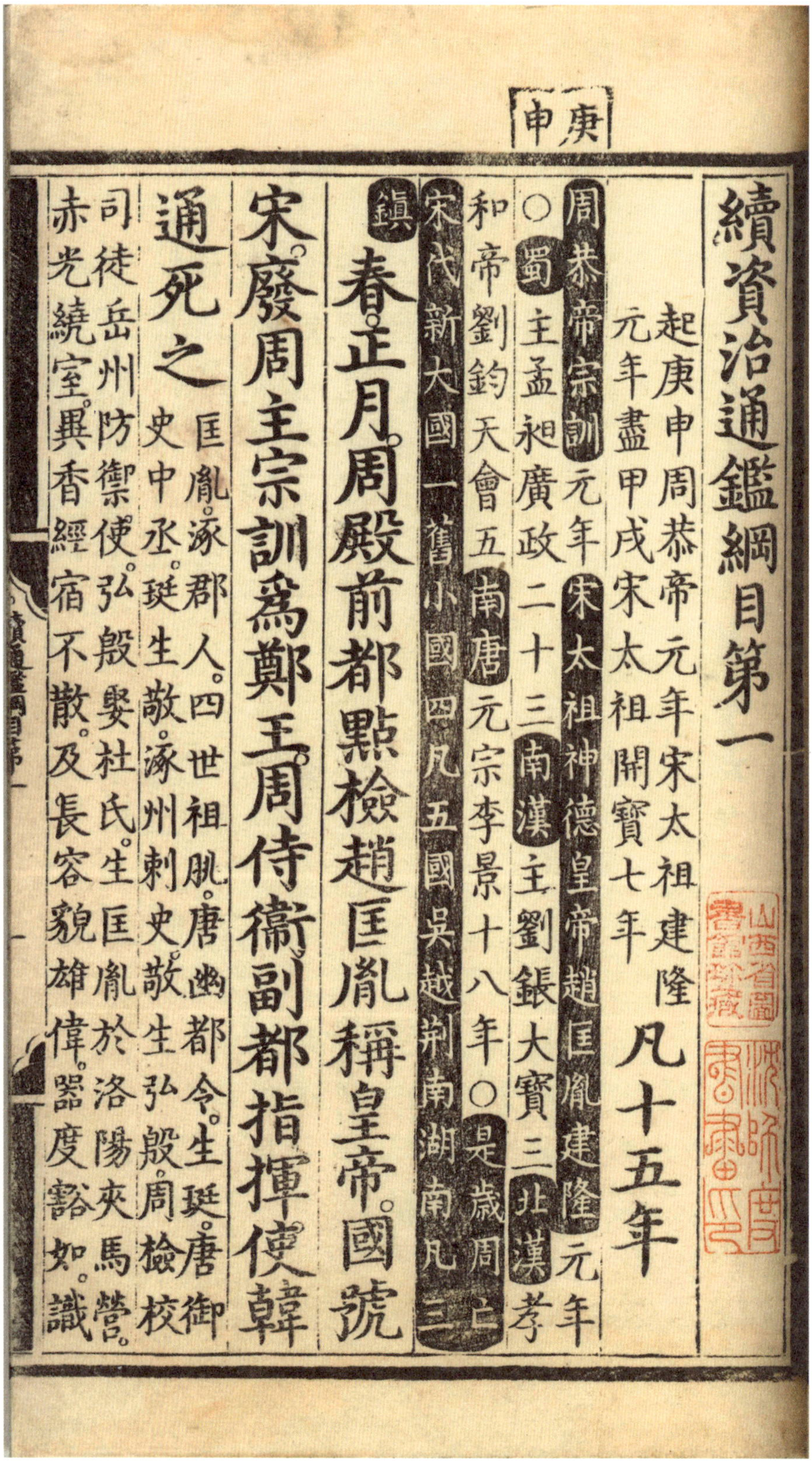

00151 續資治通鑑綱目二十七卷　（明）商輅等撰　明成化十二年（1476）內府刻本

綫裝。匡高 27.4 厘米，廣 18 厘米。半葉八行，行十八字，小字雙行，行二十一字，黑口，四周雙邊。鈐“沈師度書畫印”等印。山西省圖書館藏。

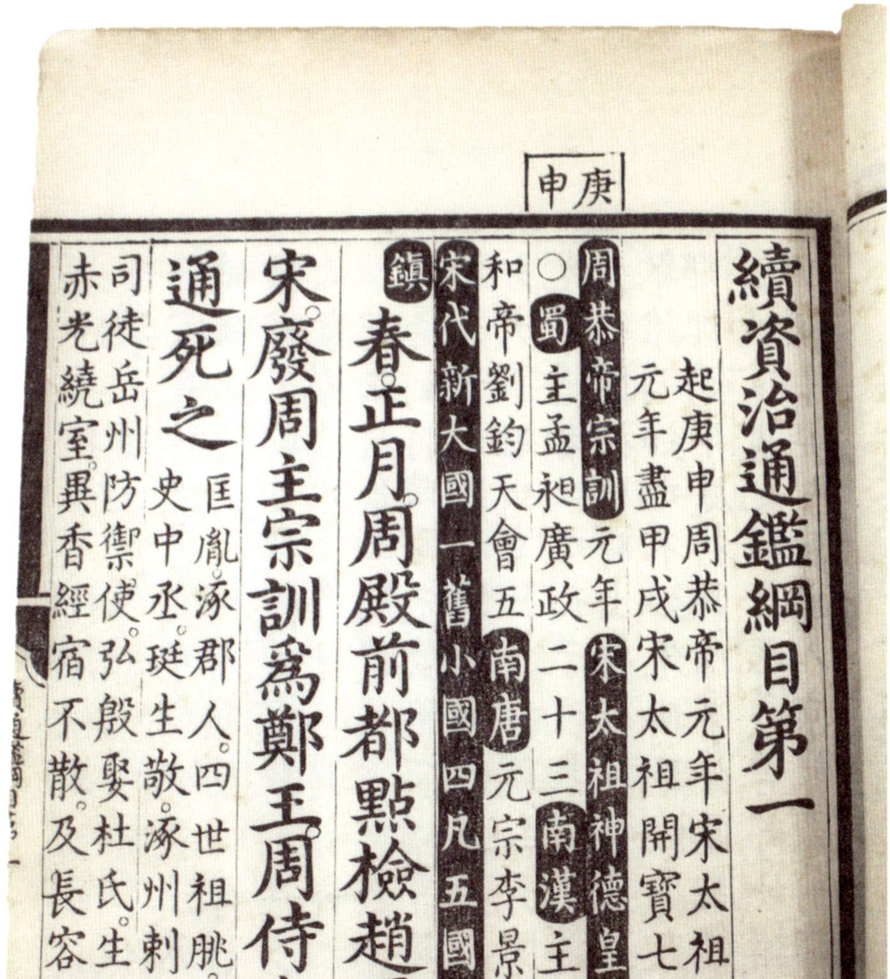

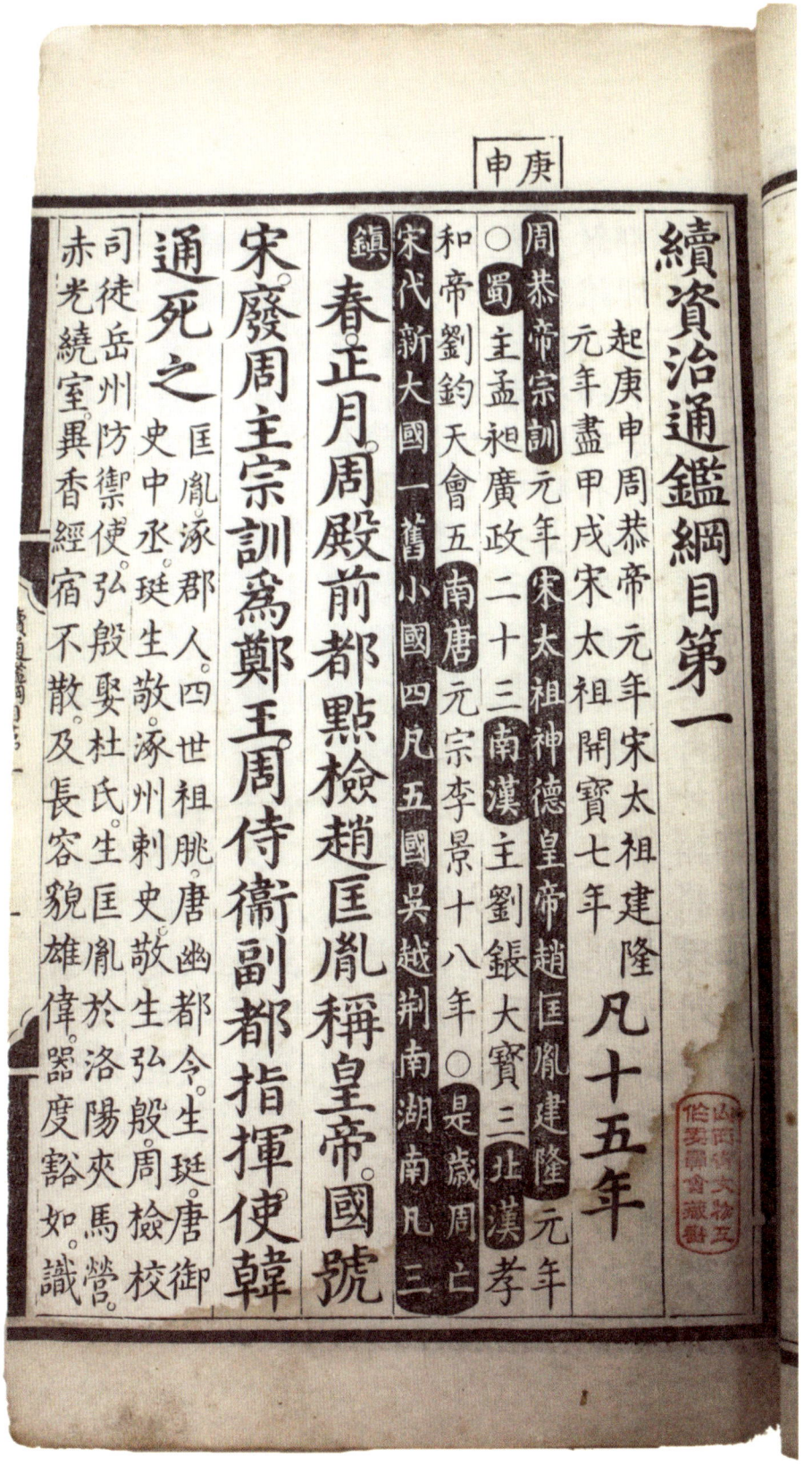

00152 續資治通鑑綱目二十七卷　（明）商輅等撰　明成化十二年（1476）內府刻本

綫裝。匡高 27.4 厘米，廣 18 厘米。半葉八行，行十八字，小字雙行，行二十一字，黑口，四周雙邊。山西博物院藏。

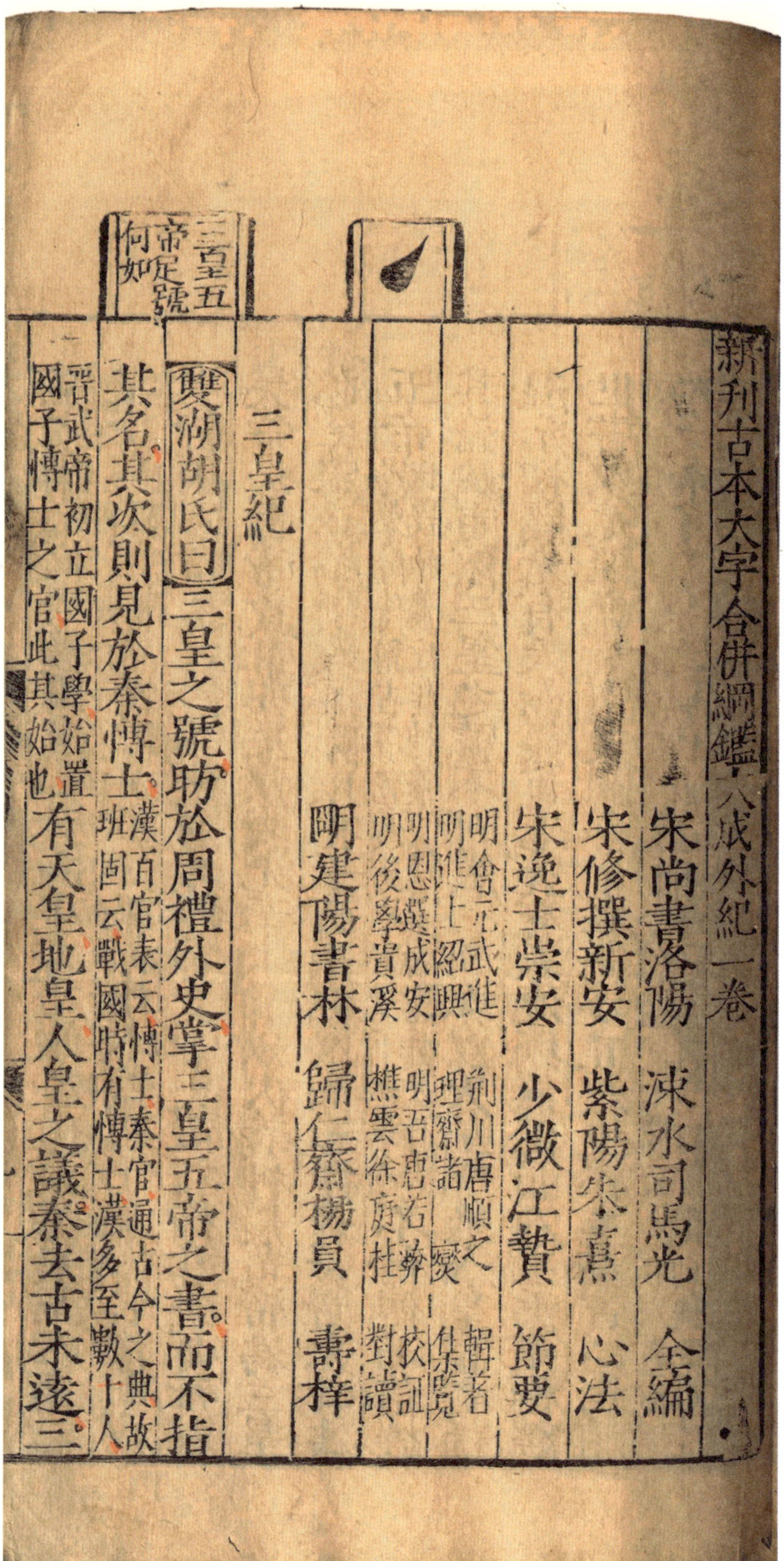

00153 新刊古本大字合併綱鑑大成四十六卷　（明）唐順之輯　明隆慶建陽書林歸仁齋楊員壽刻本

綫裝。匡高 19.7 厘米，廣 13.4 厘米。半葉十一行，行二十六字，小字雙行，行字同，白口，四周單邊。山西省圖書館藏。

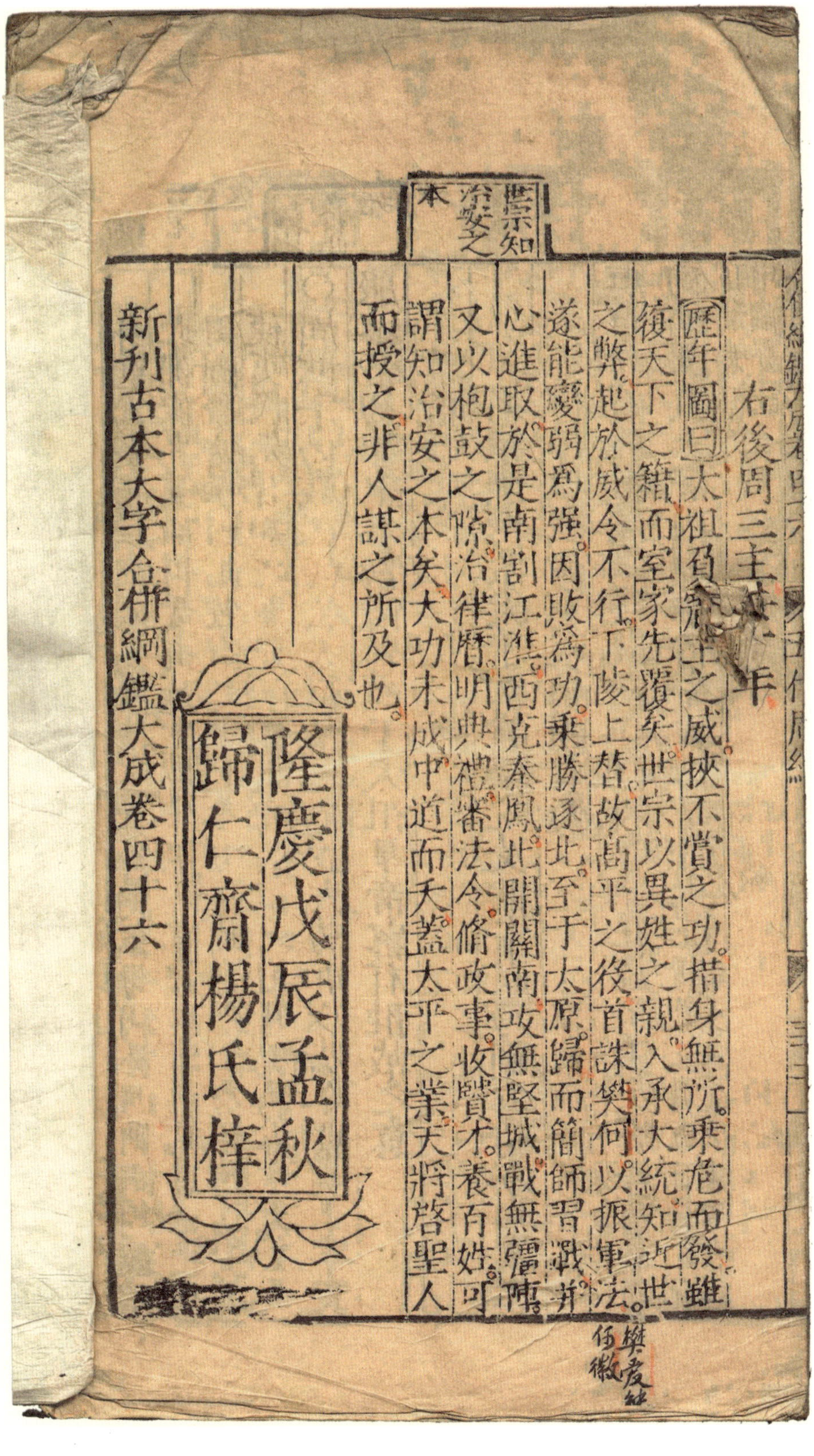

世宗知治安之本

右後周三主共十年

歷年圖曰太祖負震主之威挾不賞之功措身無所乘危而發雖復天下之籍而室家先覆矣世宗以異姓之親入承大統知近世之弊起於威令不行下陵上替故高平之役首誅樊何以振軍法遂能變弱爲强因敗爲功乘勝逐北至于太原歸而簡師習戰并心進取於是南割江淮西克秦鳳北開關南攻無堅城戰無彊陣又以袍鼓之隙治律曆明典禮審法令脩政事收賢才養百姓可謂知治安之本矣大功未成中道而夭蓋太平之業天將啓聖人而授之非人謀之所及也

隆慶戊辰孟秋
歸仁齋楊氏梓

新刊古本大字合併綱鑑大成卷四十六

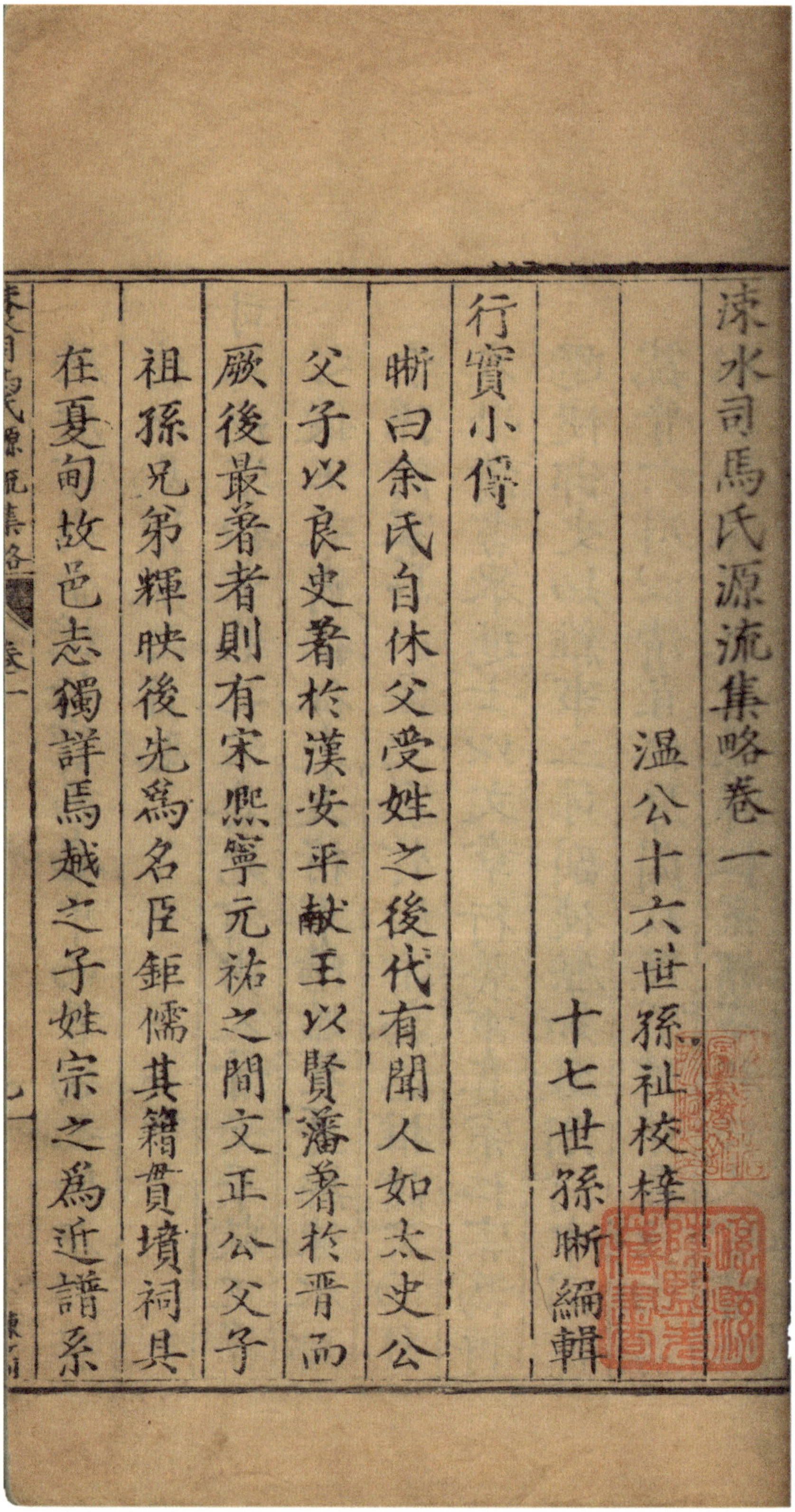

00154 涑水司馬氏源流集略八卷　(明)司馬晰輯　明萬曆十五年(1587)司馬祉刻三十五年(1607)增補印本

綫裝。匡高 19.8 厘米，廣 14 厘米。半葉九行，行二十字，白口，四周雙邊。有“復耕堂藏書記”、“崞縣陳監先藏書”等印。山西省圖書館藏。

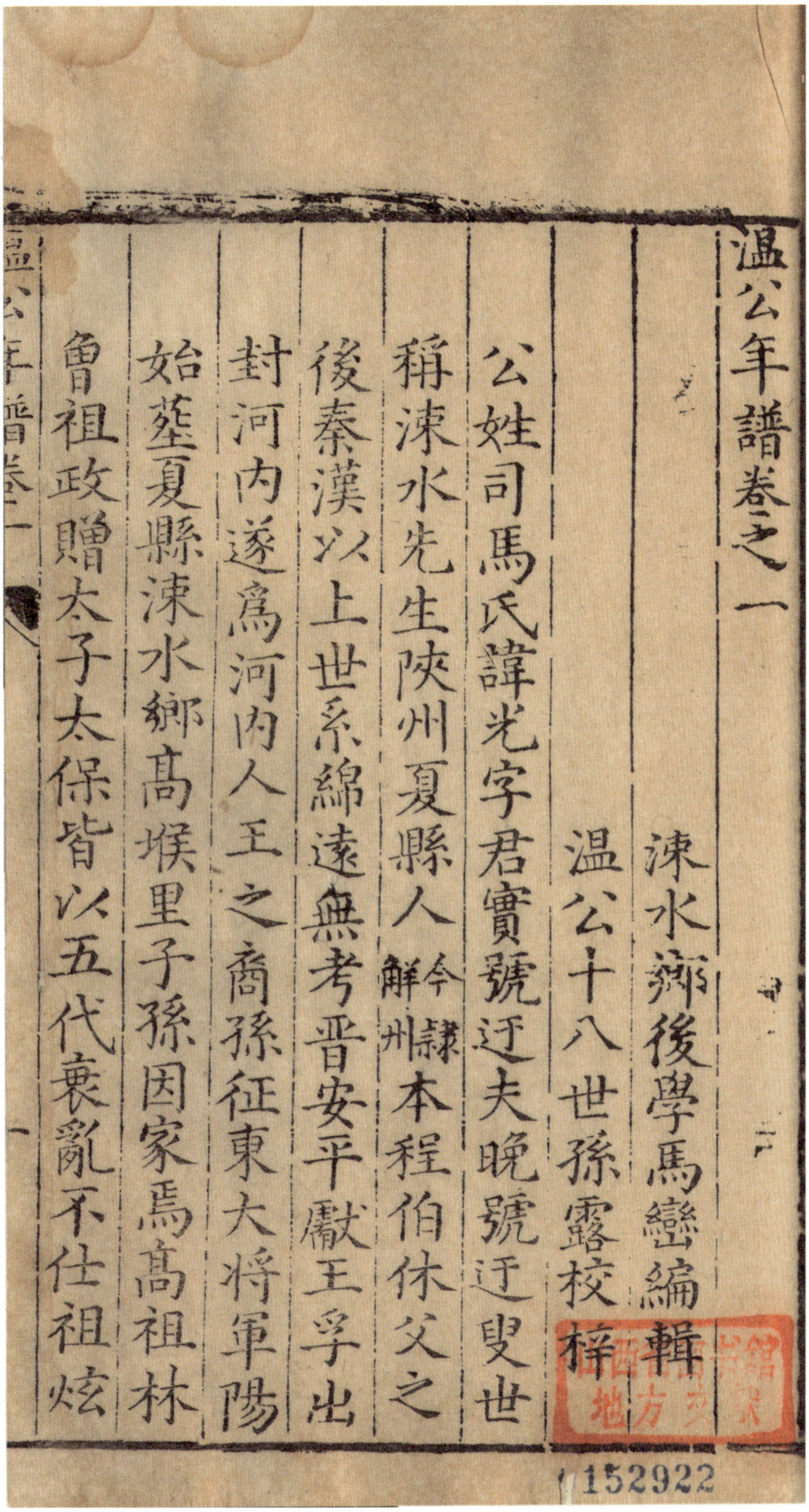
温公年譜卷之一
涑水鄉後學馬巒編輯
温公十八世孫露校梓
公姓司馬氏諱光字君實號迂夫晚號迂叟世
稱涑水先生陝州夏縣人今隸解州本程伯休父之
後秦漢以上世系綿遠無考晋安平獻王孚出
封河内遂爲河内人王之裔孫征東大將軍陽
始塟夏縣涑水鄉高堠里子孫因家焉高祖林
曾祖政贈太子太保皆以五代衰亂不仕祖炫
温公年譜卷之一　一

00155 司馬温公年譜六卷 (明)馬巒編輯 明萬曆四十六年(1618)司馬露刻本

綫裝。匡高 22.3 厘米，廣 14.5 厘米。半葉九行，行二十字，白口，四周單邊。山西省圖書館藏。

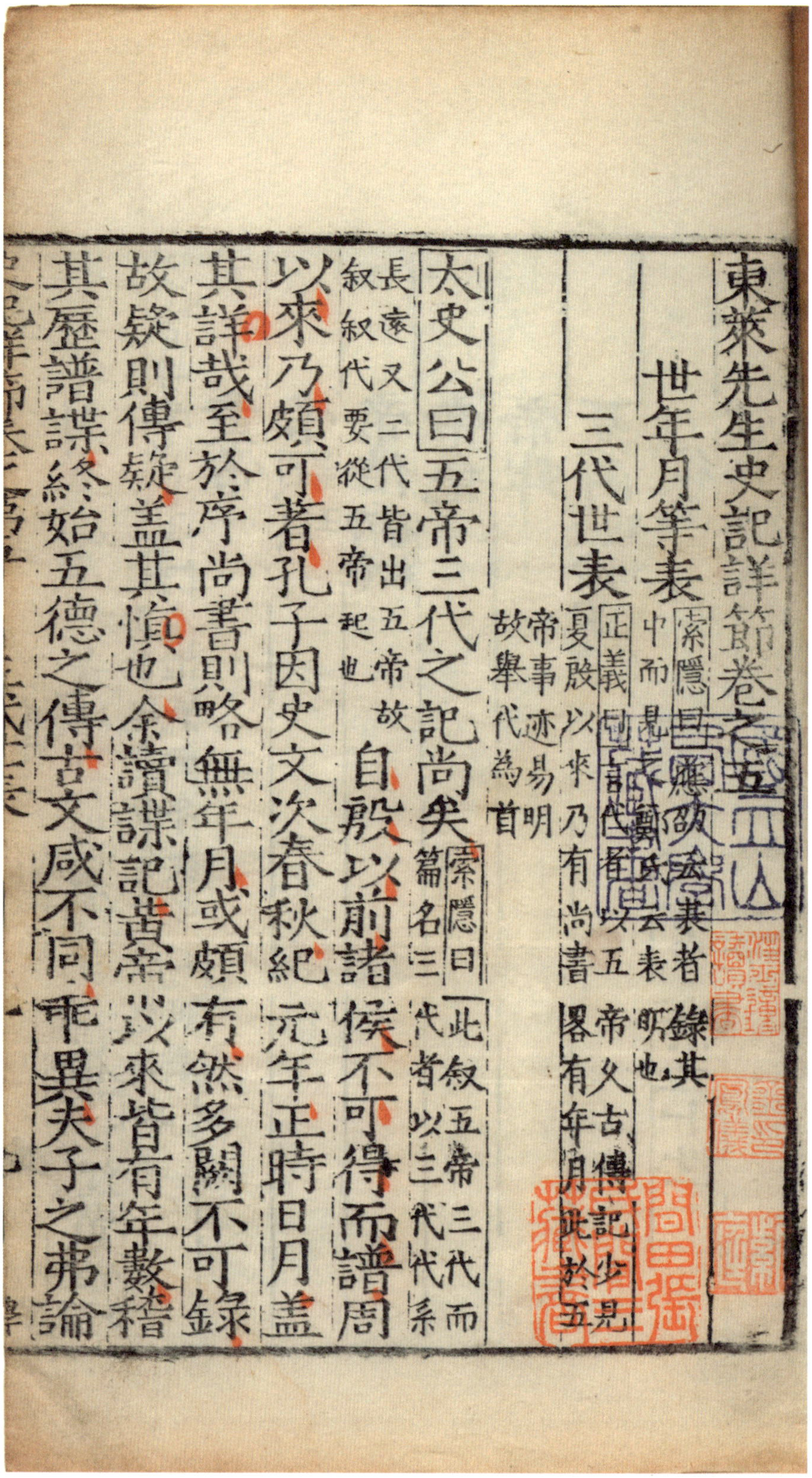

東萊先生史記詳節卷之五
世年月等表索隱曰應劭云表者錄其中而[illegible]鄭玄云表明也
三代世表正義曰[illegible]以五帝久古傳記少見夏殷以來乃有尚書略有年月比於五帝事迹易明故舉代為首
太史公曰五帝三代之記尚矣索隱曰此敘五帝三代而篇名三代者以三代代系長遠又二代皆出五帝故敘敘代要從五帝起也自殷以前諸侯不可得而譜周以來乃頗可著孔子因史文次春秋紀元年正時日月蓋其詳哉至於序尚書則略無年月或頗有然多闕不可錄故疑則傳疑蓋其慎也余讀諜記黃帝以來皆有年數稽其歷譜諜終始五德之傳古文咸不同乖異夫子之弗論

00156 十七史詳節二百七十三卷　（宋）呂祖謙輯　明嘉靖四十五年（1566）至隆慶四年（1570）陝西布政司刻本

綫裝。匡高 19 厘米，廣 13.5 厘米。半葉十行，行二十二字，小字雙行，行字同，白口，四周單邊。有“萬玉堂”、“紫庭”、“金鳳儀”、“汪士鐘讀書”、“閬田張氏聞三藏書”等印。山西大學圖書館藏。卷一至四抄配。

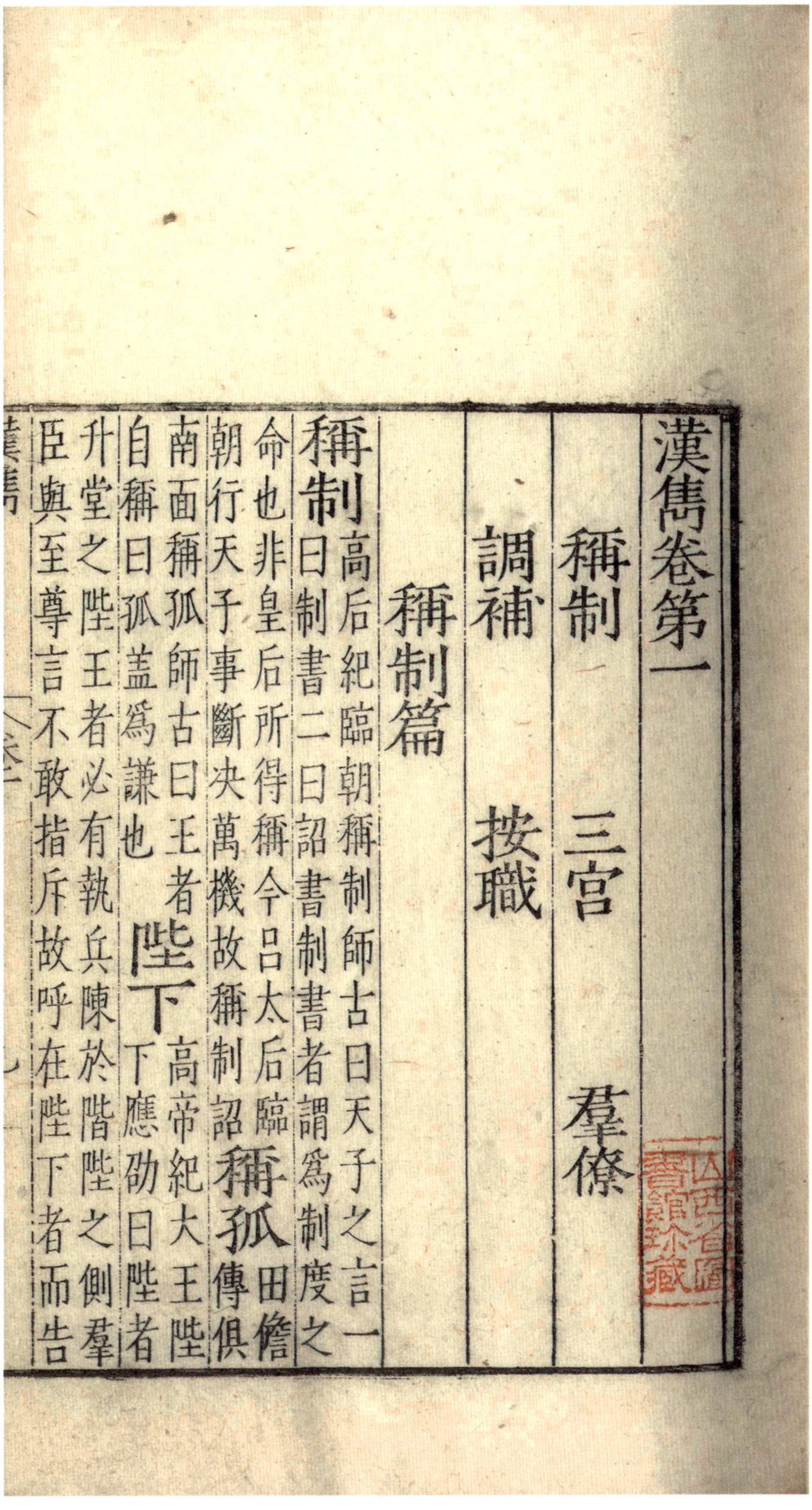
漢雋卷第一
稱制　三宮　羣僚
調補　接職
稱制篇
稱制 高后紀臨朝稱制師古曰天子之言一
曰制書二曰詔書制書者謂爲制度之
命也非皇后所得稱今呂太后臨朝稱制
朝行天子事斷決萬機故稱制詔 稱孤 田儋傳俱
南面稱孤師古曰王者
自稱曰孤蓋爲謙也 陛下 高帝紀大王陛
下應劭曰陛者
升堂之陛王者必有執兵陳於階陛之側羣
臣與至尊言不敢指斥故呼在陛下者而告

00157 漢雋十卷　（宋）林鉞輯　明隆慶四年（1570）汪大節七瑞山房刻本

綫裝。匡高 17.7 厘米，廣 13.2 厘米。半葉八行，行十七字，小字雙行，行字同，白口，左右雙邊。山西省圖書館藏。

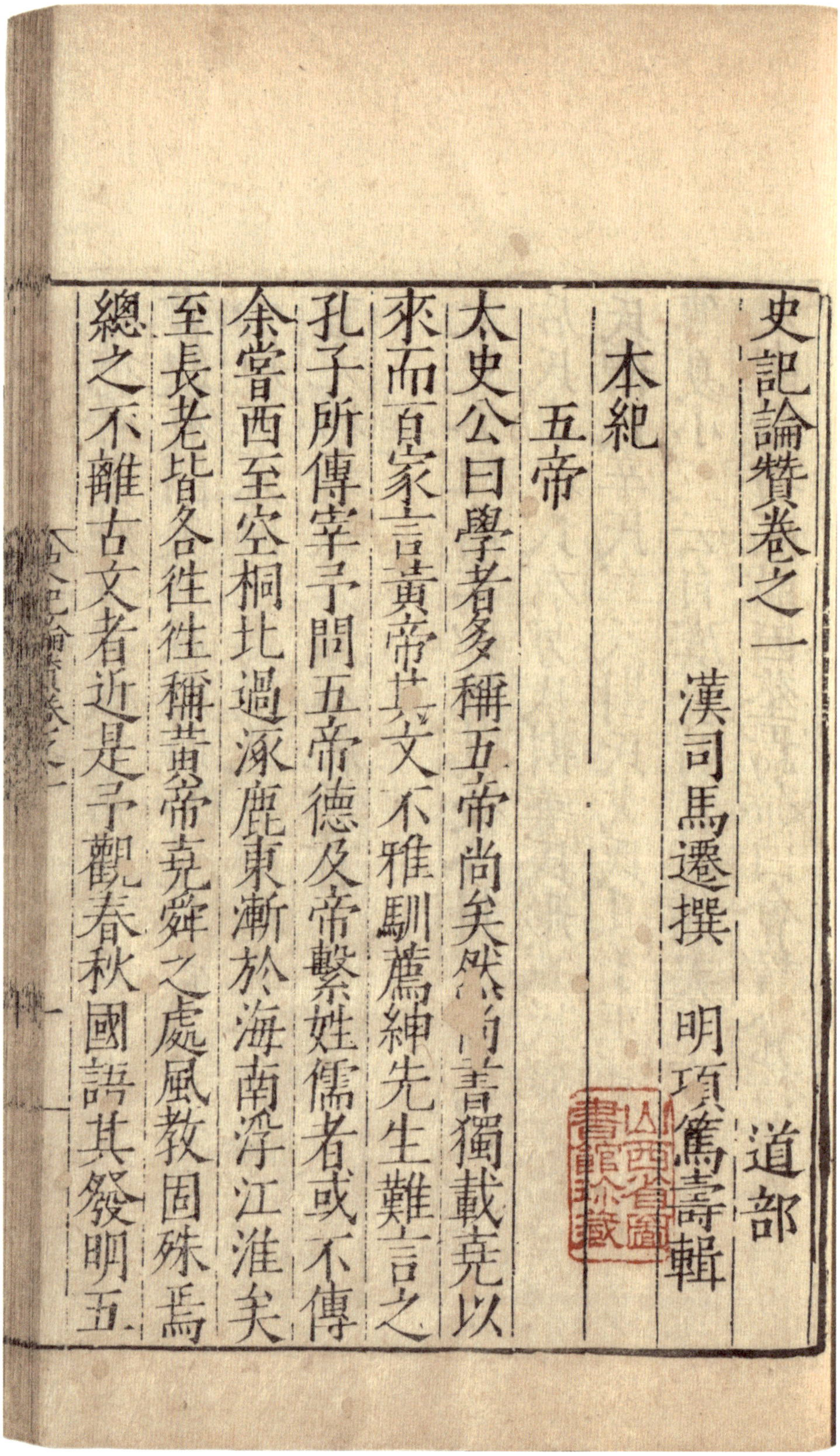
史記論贊卷之一　道部
漢司馬遷撰　明項篤壽輯
本紀
五帝
太史公曰學者多稱五帝尚矣然尚書獨載堯以
來而百家言黃帝其文不雅馴薦紳先生難言之
孔子所傳宰予問五帝德及帝繫姓儒者或不傳
余嘗西至空桐北過涿鹿東漸於海南浮江淮矣
至長老皆各往往稱黃帝堯舜之處風教固殊焉
總之不離古文者近是予觀春秋國語其發明五

00158 全史論贊八十二卷　（明）項篤壽輯 明嘉靖四十五年（1566）項氏萬卷堂刻本

綫裝。匡高 19 厘米，廣 14.2 厘米。半葉十行，行十九字，白口，左右雙邊。有“嘉禾項氏刻於萬卷樓”牌記。山西省圖書館藏。

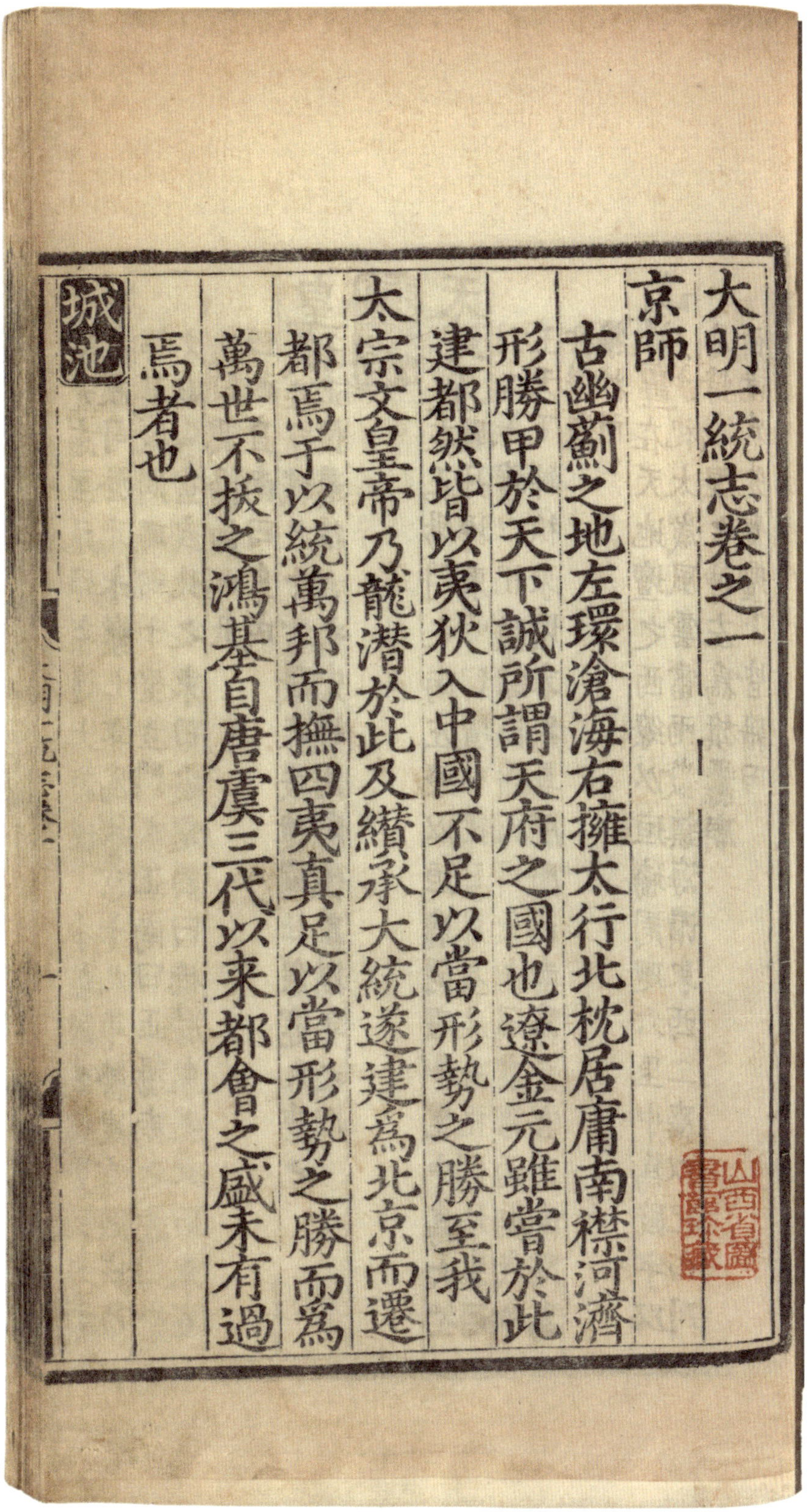

大明一統志卷之一
京師
古幽薊之地左環滄海右擁太行北枕居庸南襟河濟形勝甲於天下誠所謂天府之國也遼金元雖嘗於此建都然皆以夷狄入中國不足以當形勢之勝至我
太宗文皇帝乃龍潛於此及纘承大統遂建爲北京而遷都焉于以統萬邦而撫四夷真足以當形勢之勝而爲萬世不拔之鴻基自唐虞三代以来都會之盛未有過焉者也
城池

00159 大明一統志九十卷　（明）李賢　萬安等纂修　明天順五年（1461）內府刻本

綫裝。匡高 26.5 厘米，廣 17.6 厘米。半葉十行，行二十二字，小字雙行，行字同，黑口，四周雙邊。有“間田張氏聞三藏書”印。山西省圖書館藏。

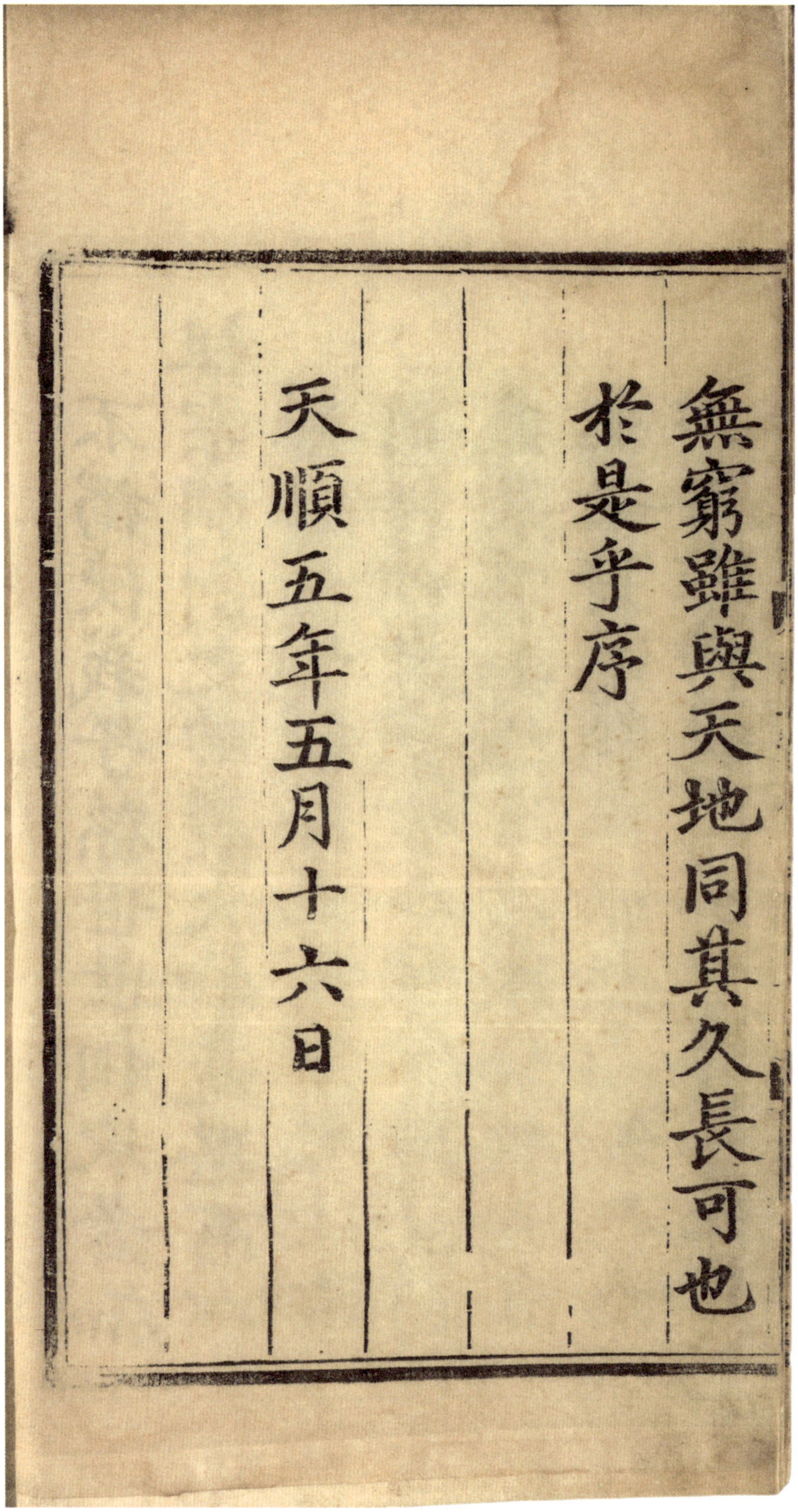
無窮雖與天地同其久長可也
於是乎序
天順五年五月十六日

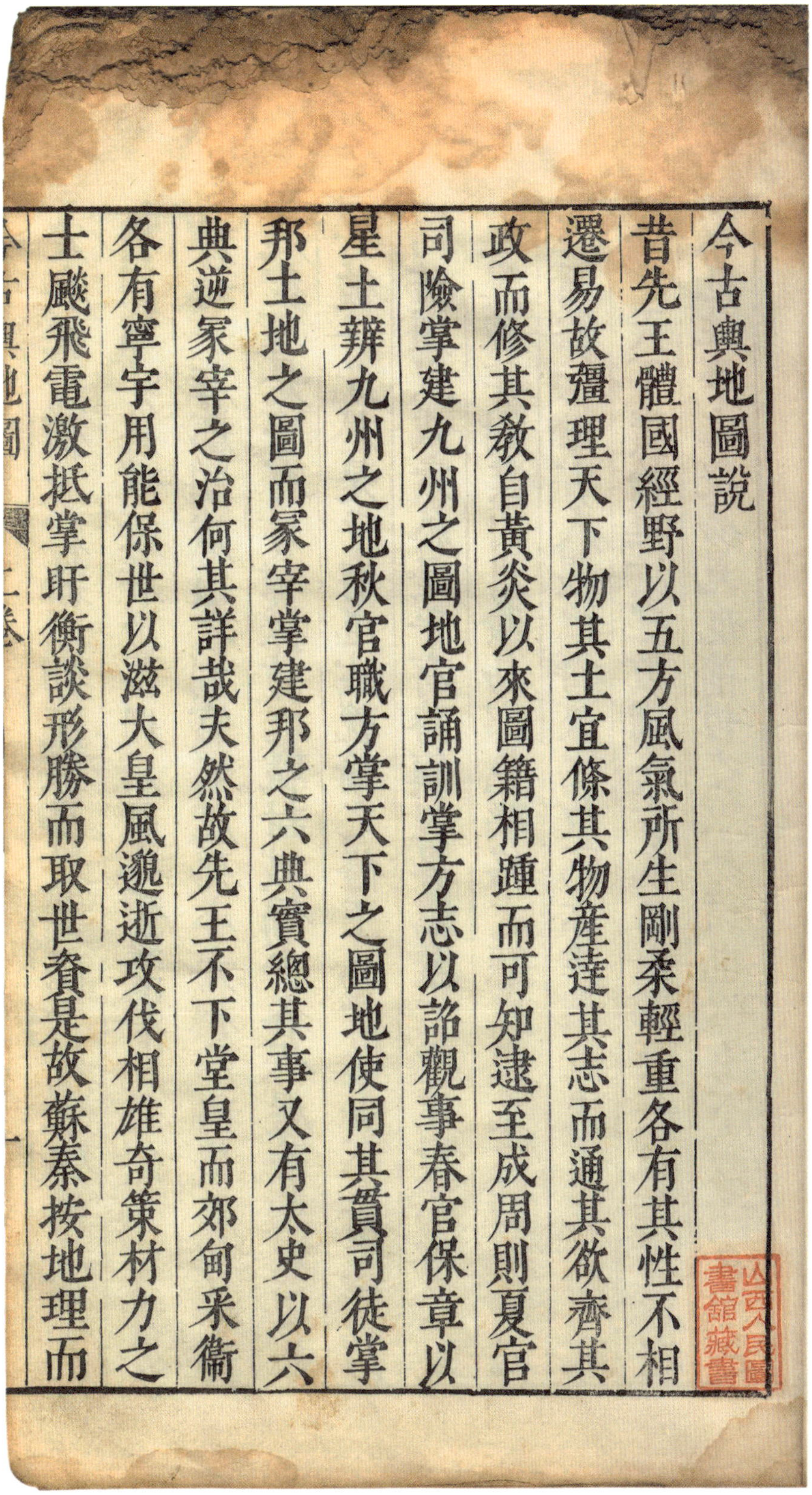
今古輿地圖説
昔先王體國經野以五方風氣所生剛柔輕重各有其性不相
遷易故殭理天下物其土宜條其物産達其志而通其欲齊其
政而修其教自黄炎以來圖籍相踵而可知逮至成周則夏官
司險掌建九州之圖地官誦訓掌方志以詔觀事春官保章以
星土辨九州之地秋官職方掌天下之圖地使同其貫司徒掌
邦土地之圖而冢宰掌建邦之六典實總其事又有太史以六
典逆冢宰之治何其詳哉夫然故先王不下堂皇而郊甸采衛
各有寧宇用能保世以滋大皇風邈逝攻伐相雄奇策材力之
士颷飛電激抵掌盱衡談形勝而取世資是故蘇秦按地理而
今古輿地圖　上卷　一

00160 今古輿地圖三卷　（明）吳國輔　沈定之撰　明崇禎十六年（1643）刻朱墨套印本

綫裝。匡高 25.2 厘米，廣 16.2 厘米。半葉十行，二十四字，小字雙行，行字同，白口，四周單邊。山西省圖書館藏。

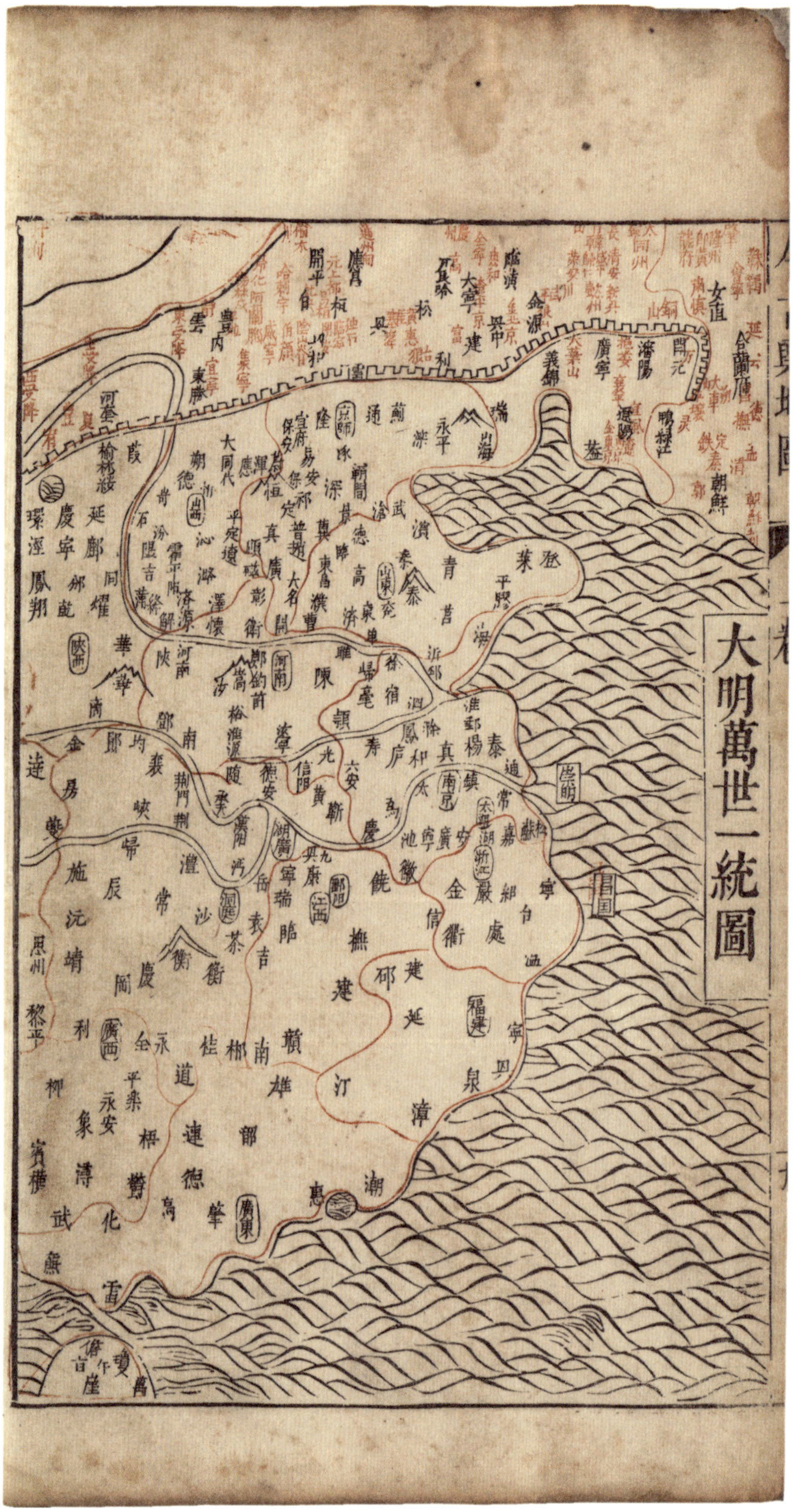
大明萬世一統圖

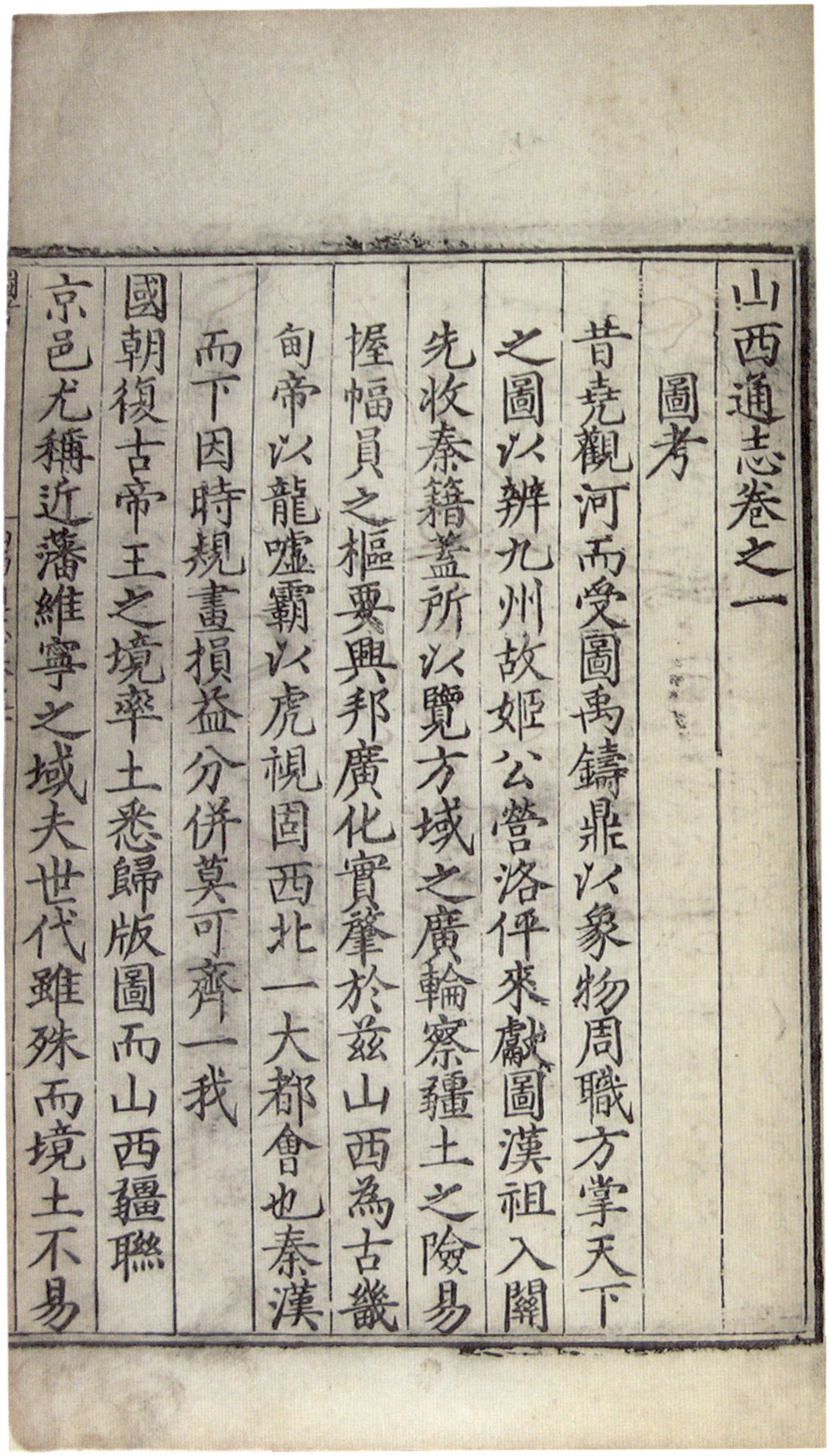

山西通志卷之一

圖考

昔堯觀河而受圖禹鑄鼎以象物周職方掌天下之圖以辨九州故姬公營洛伻來獻圖漢祖入關先收秦籍蓋所以覽方域之廣輪察疆土之險易握幅員之樞要興邦廣化實肇於茲山西為古畿甸帝以龍嘘霸以虎視固西北一大都會也秦漢而下因時規畫損益分併莫可齊一我

國朝復古帝王之境率土悉歸版圖而山西疆聯

京邑尤稱近藩維寧之域夫世代雖殊而境土不易

00161 [嘉靖]山西通志三十二卷　（明）楊宗氣 周斯盛纂修 明嘉靖刻本

綫裝。匡高 22.7 厘米，廣 16.8 厘米。半葉十行，行二十字，小字雙行，行字同，白口，四周雙邊。山西省圖書館藏。

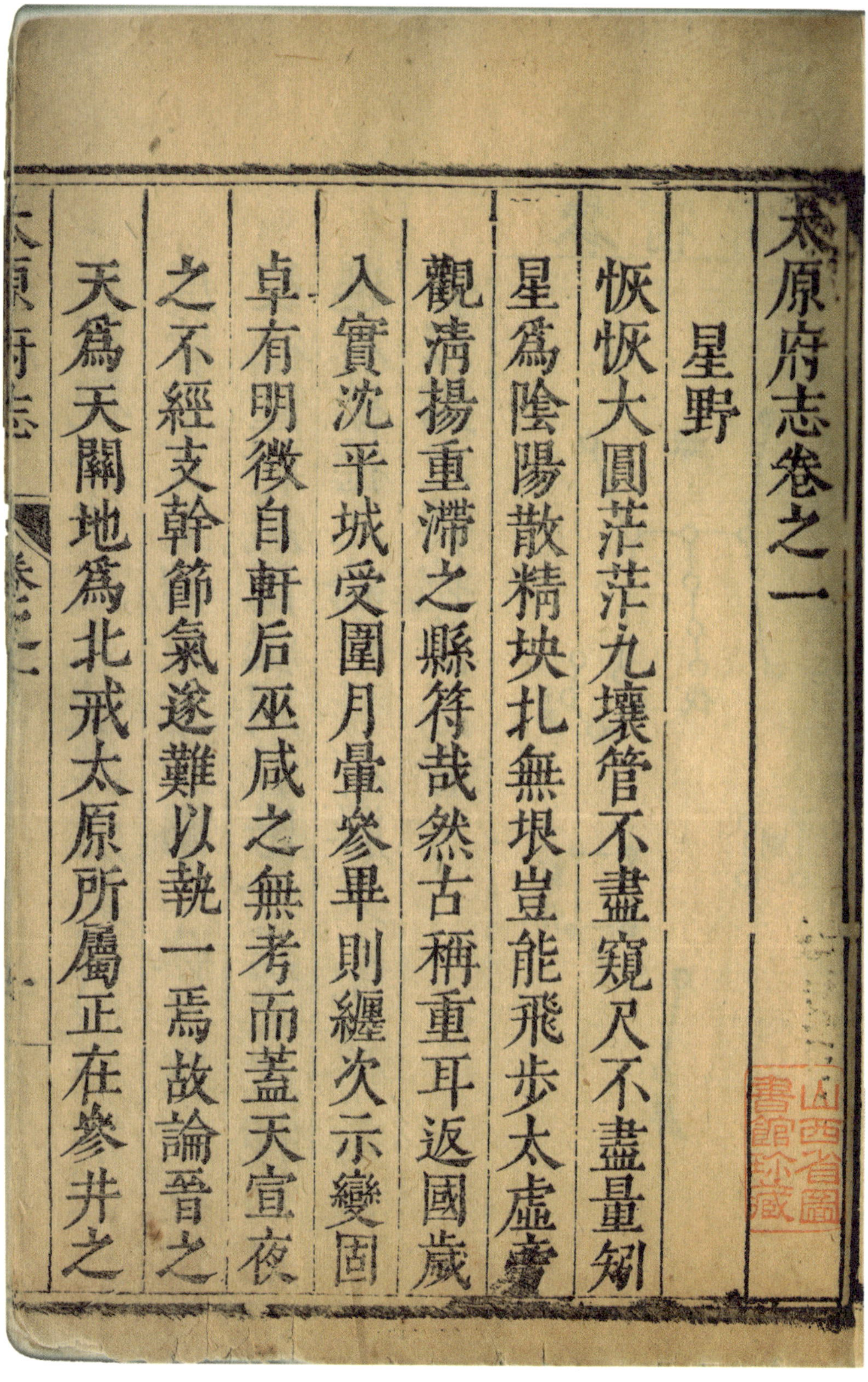

00162 [萬曆]太原府志二十六卷　(明)關廷訪修　明萬曆四十年(1612)刻清順治續修本

綫裝。匡高 20.2 厘米，廣 15.3 厘米。半葉九行，行十八字，小字雙行，行字同，白口，四周雙邊。山西省圖書館藏。

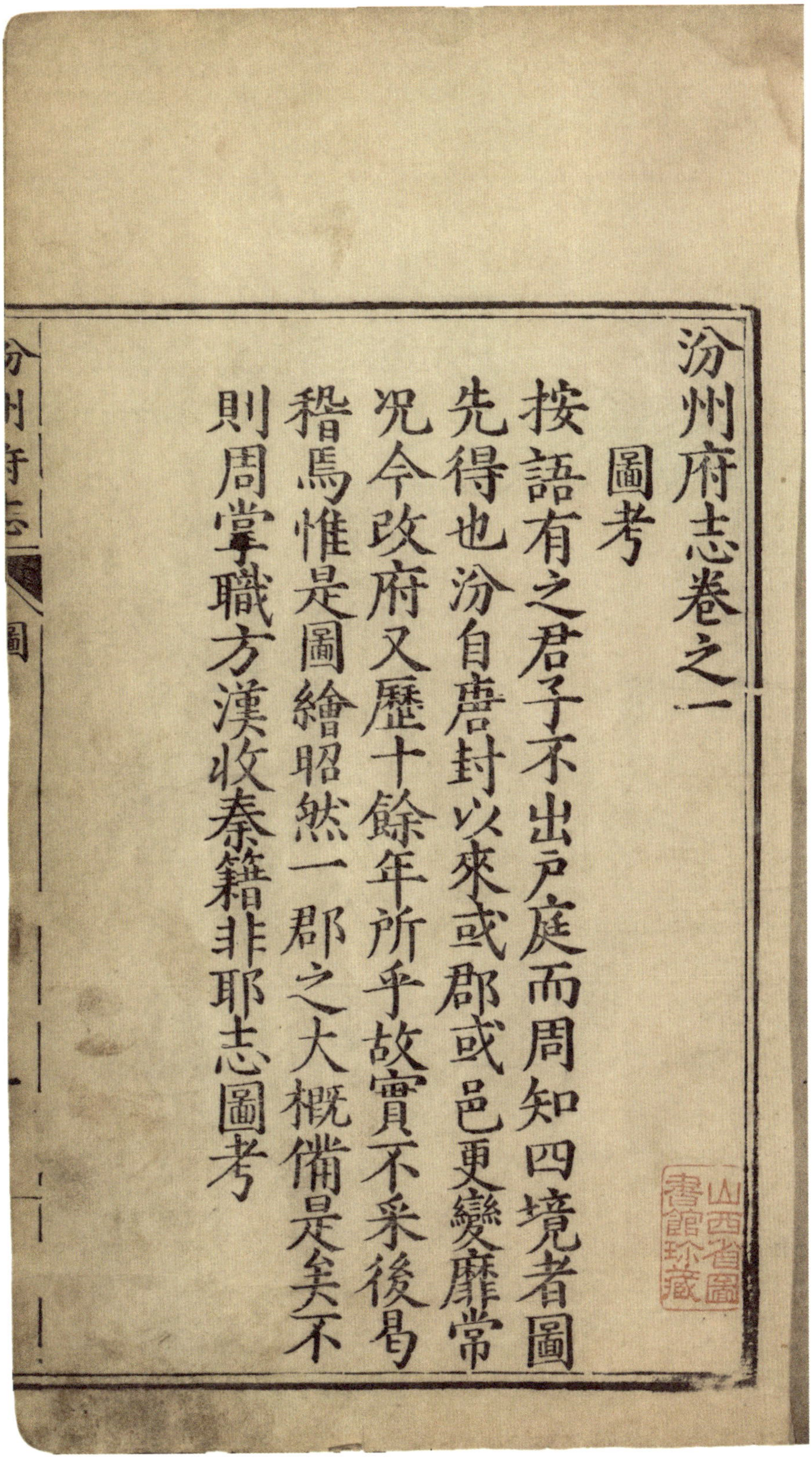
汾州府志卷之一
圖考
按語有之君子不出戶庭而周知四境者圖
先得也汾自唐封以來或郡或邑更變靡常
況今改府又歷十餘年所乎故實不采後曷
稽焉惟是圖繪昭然一郡之大概備是矣不
則周掌職方漢收秦籍非耶志圖考

汾州府志　圖

00163 [萬曆]汾州府志十六卷　（明）王道一纂修 明萬曆三十七年（1609）刻本

綫裝。匡高 22.8 厘米，廣 15.8 厘米。半葉九行，行十八字，小字雙行，行字同，白口，四周雙邊。山西省圖書館藏。

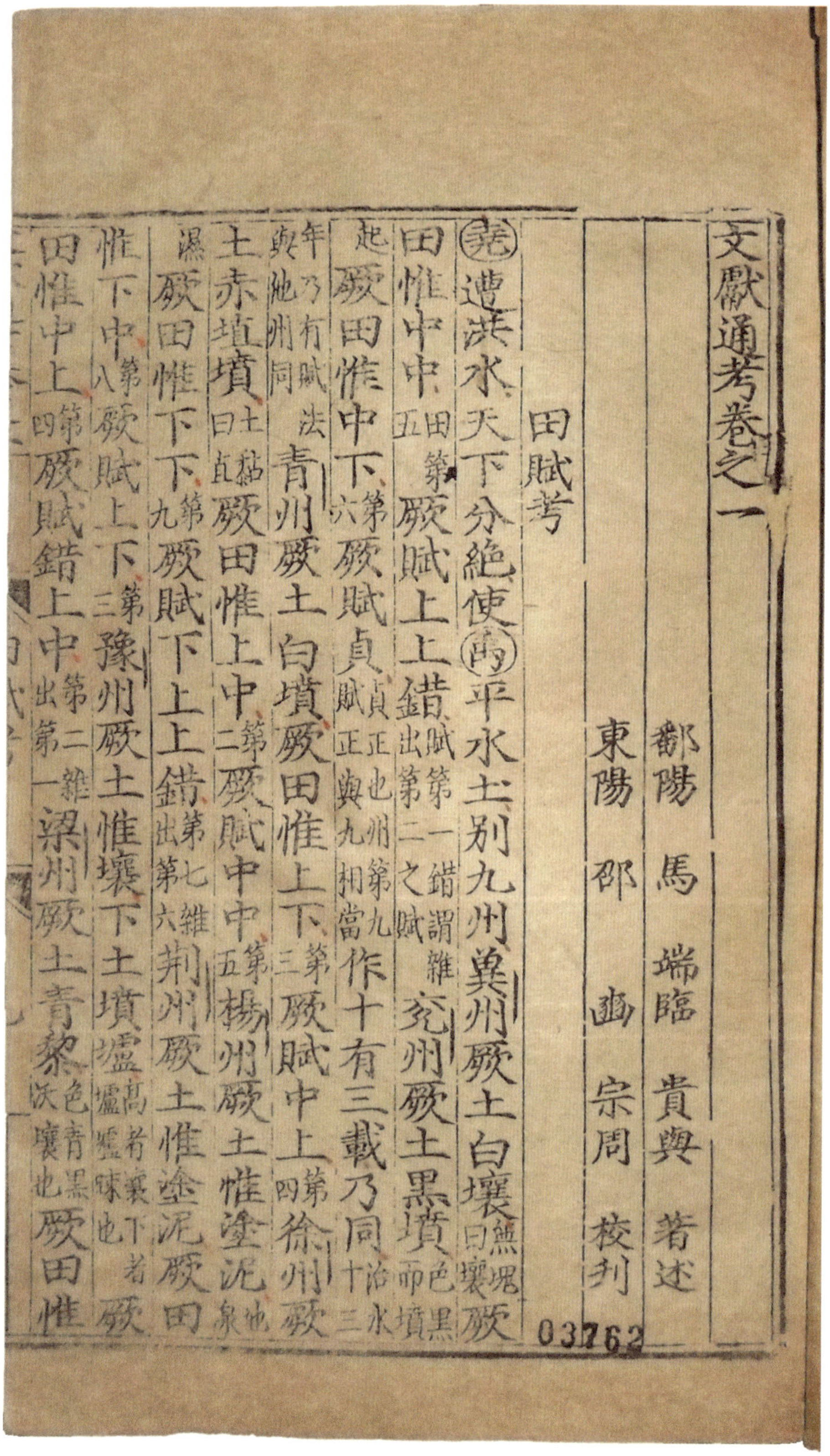
文獻通考卷之一
鄱陽 馬端臨 貴與 著述
東陽 邵豳 宗周 校刊
田賦考
堯遭洪水天下分絕使禹平水土別九州兾州厥土白壤無塊曰壤厥
田惟中中田第五厥賦上上錯賦第一錯謂雜出第二之賦兖州厥土黑墳色黑而墳起
厥田惟中下第六厥賦貞貞正也州第九賦正與九州相當作十有三載乃同治水十三
年乃有賦法與他州同青州厥土白墳厥田惟上下第三厥賦中上第四徐州厥
土赤埴墳土黏曰埴厥田惟上中第二厥賦中中第五楊州厥土惟塗泥水泉
濕厥田惟下下第九厥賦下上上錯第七雜出第六荊州厥土惟塗泥厥田
惟下中第八厥賦上下第三豫州厥土惟壤下土墳壚高者壤下者壚壚疏也厥
田惟中上第四厥賦錯上中第二雜出第一梁州厥土青黎色青黑沃壤也厥田惟

00164 文獻通考三百四十八卷　（元）馬端臨撰　明正德十一至十四年（1516–1519）劉洪慎獨齋刻十六年（1521）重修本

綫裝。匡高 19.4 厘米，廣 13 厘米。半葉十二行，行二十五字，小字雙行，行五十字，白口，四周雙邊。運城市鹽湖區圖書館藏。卷一百七十四有抄配。

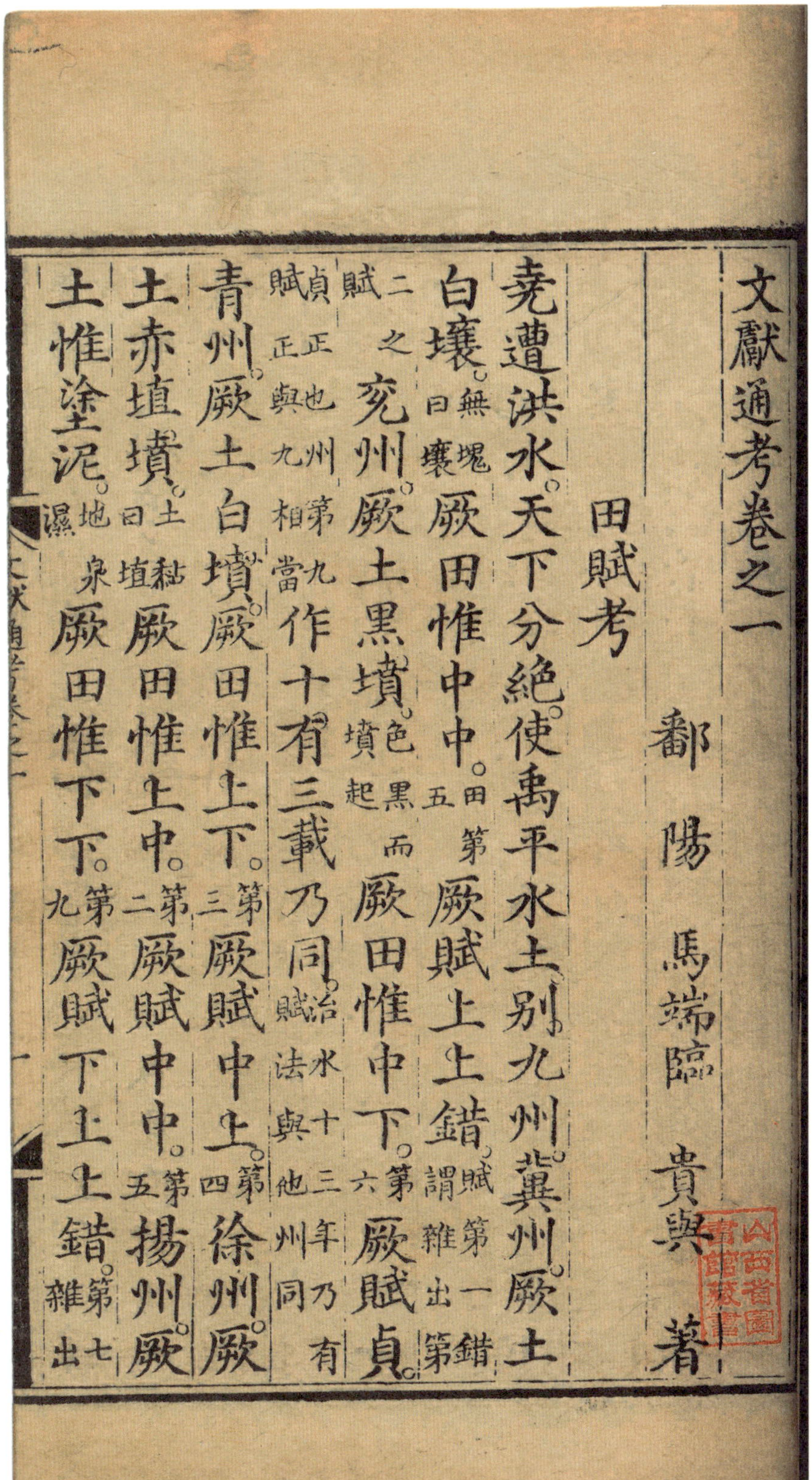
文獻通考卷之一
鄱陽　馬端臨　貴與　著
田賦考
堯遭洪水。天下分絶。使禹平水土。别九州。冀州厥土白壤。無塊曰壤厥田惟中中。田第五厥賦上上錯。賦第一錯謂雜出第二之兖州厥土黑墳。色黑而墳起厥田惟中下。第六厥賦貞。貞正也州第九賦正與九州相當作十有三載乃同。治水十三年乃有賦法與他州同青州。厥土白墳。厥田惟上下。第三厥賦中上。第四徐州厥土赤埴墳。土黏曰埴厥田惟上中。第二厥賦中中。第五揚州。厥土惟塗泥。地泉濕厥田惟下下。第九厥賦下上上錯。第七雜出

00165 文獻通考三百四十八卷　（元）馬端臨撰　明嘉靖三年（1524）司禮監刻本

綫裝。匡高 25.6 厘米，廣 17.8 厘米。半葉十行，行二十字，小字雙行，行字同，上下黑口，四周雙邊。山西省圖書館藏。

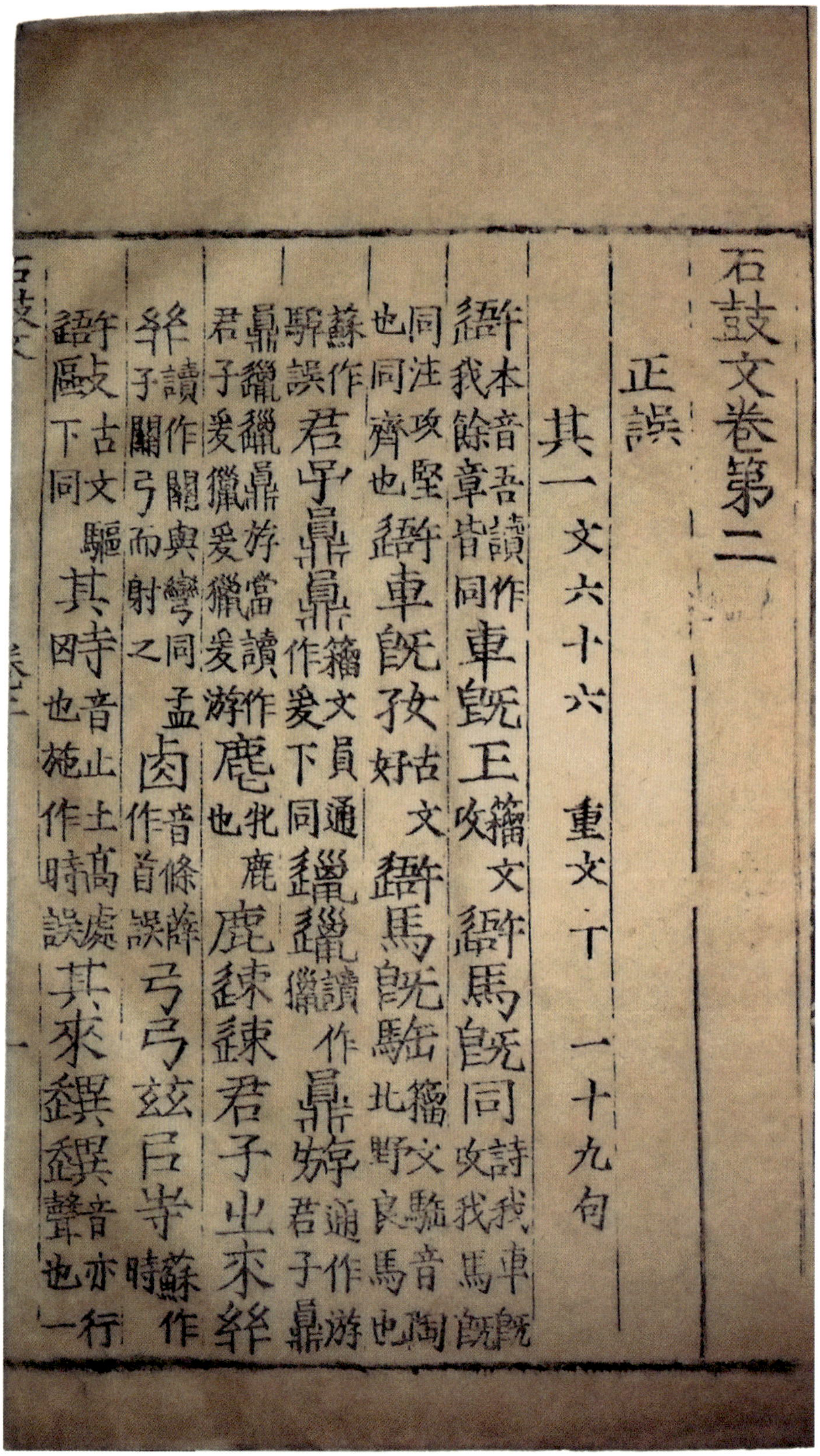

00166 石鼓文正誤四卷　（明）陶滋撰　明嘉靖十二年（1533）錢貢刻本

綫裝。匡高 21.2 厘米，廣 14 厘米。半葉九行，行二十字，小字雙行，行字同，白口，四周單邊。運城市鹽湖區圖書館藏。

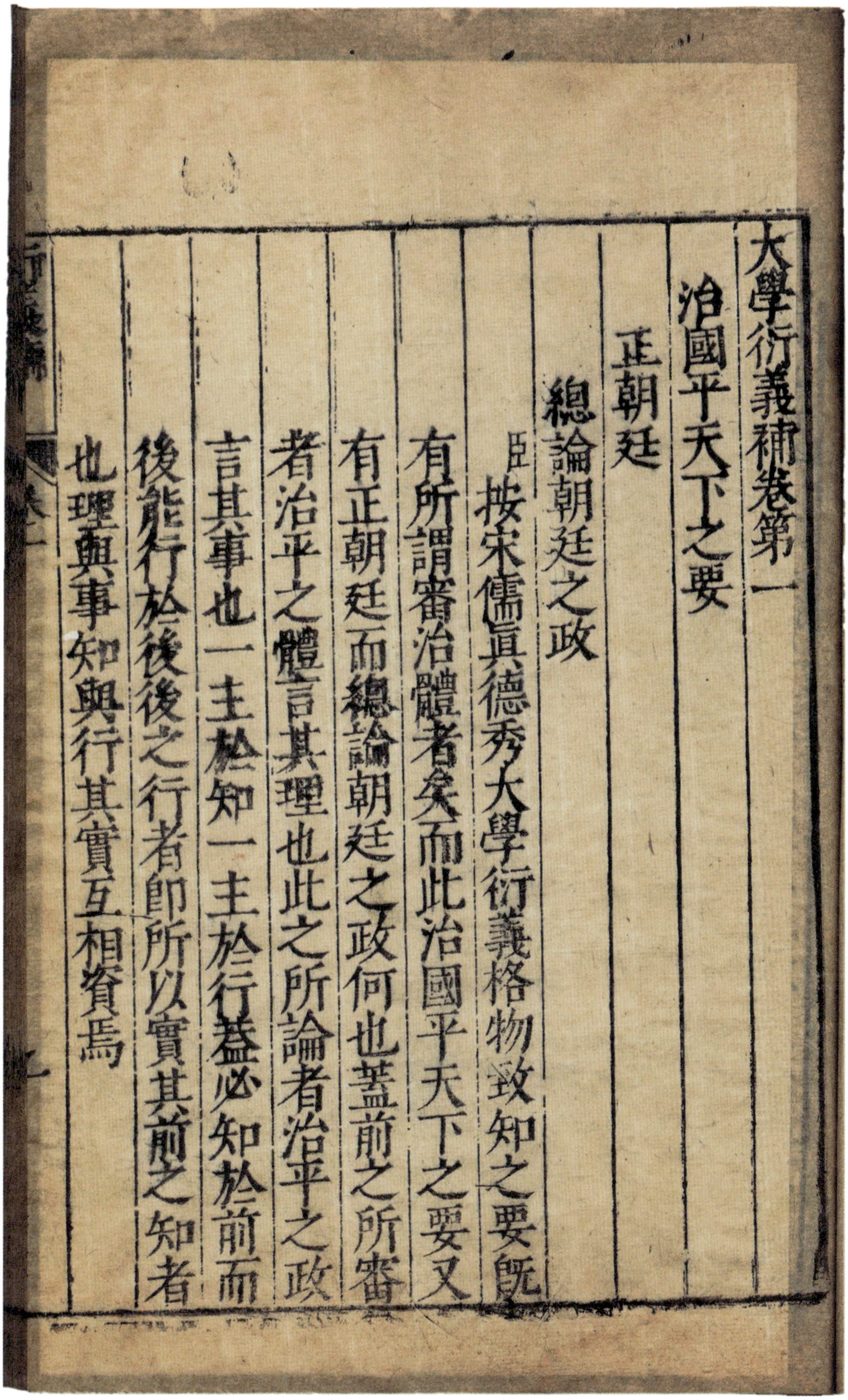
大學衍義補卷第一
治國平天下之要
正朝廷
總論朝廷之政
臣按宋儒真德秀大學衍義格物致知之要旣有所謂審治體者矣而此治國平天下之要又有正朝廷而總論朝廷之政何也蓋前之所審者治平之體言其理也此之所論者治平之政言其事也一主於知一主於行蓋必知於前而後能行於後後之行者即所以實其前之知者也理與事知與行其實互相資焉

00167 大學衍義補一百六十卷首一卷　（明）丘濬撰 明萬曆三十三年（1605）山西喬應甲刻本

綫裝。匡高 27 厘米，廣 15 厘米。半葉十一行，行二十二字，白口，四周單邊。山西省圖書館藏。

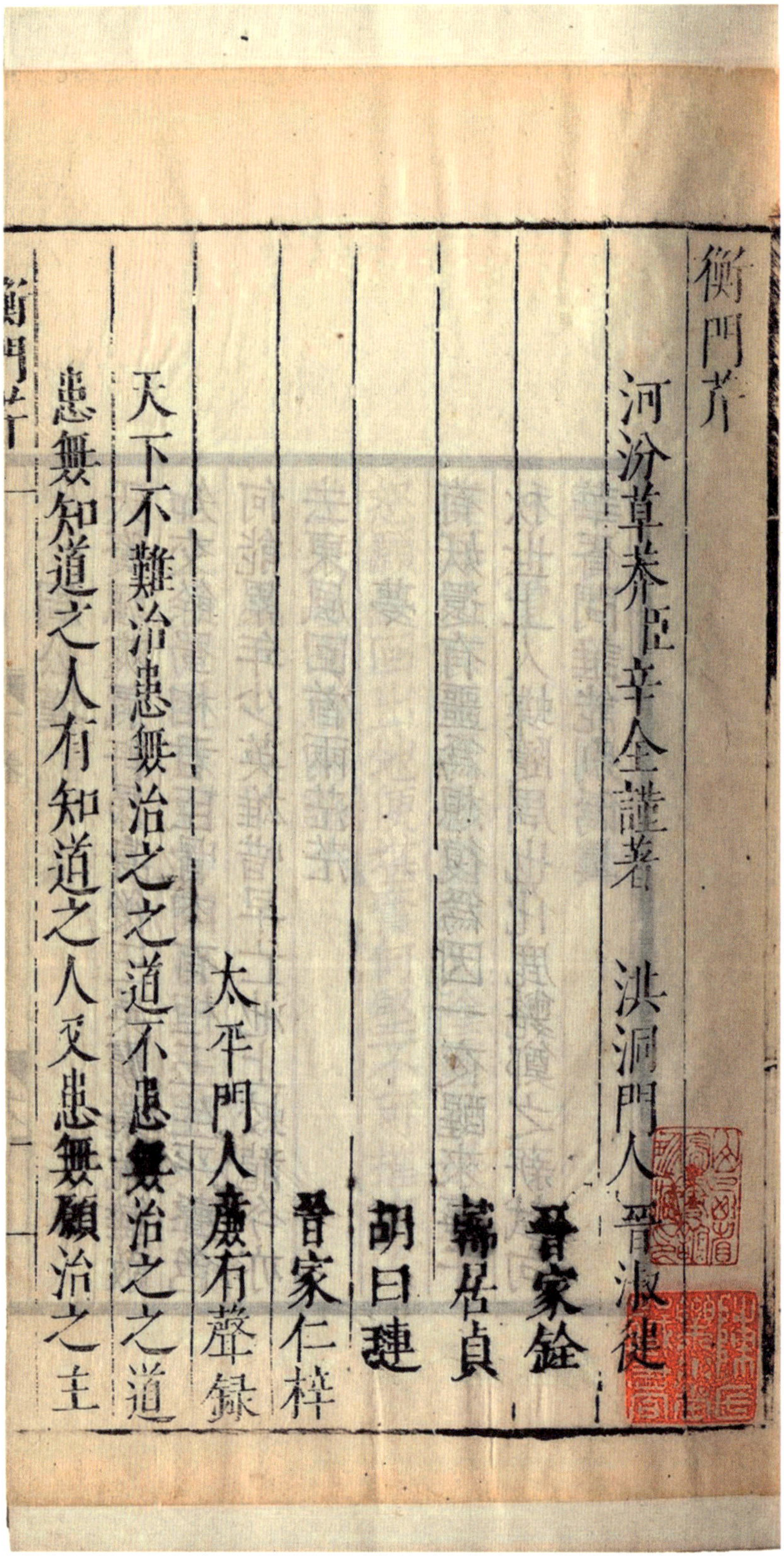

衡門芹
河汾草莽臣辛全謹著　洪洞門人晉淑健
晉家銓
韓居貞
胡曰璉
晉家仁梓
太平門人龐有聲録
天下不難治患無治之之道不患無治之之道
患無知道之人有知道之人又患無願治之之主

00168 衡門芹一卷　（明）辛全撰 明末山西洪洞晉淑健等刻本

綫裝。匡高 23 厘米，廣 14.5 厘米。半葉九行，行二十字，白口，左右雙邊。山西省圖書館藏。

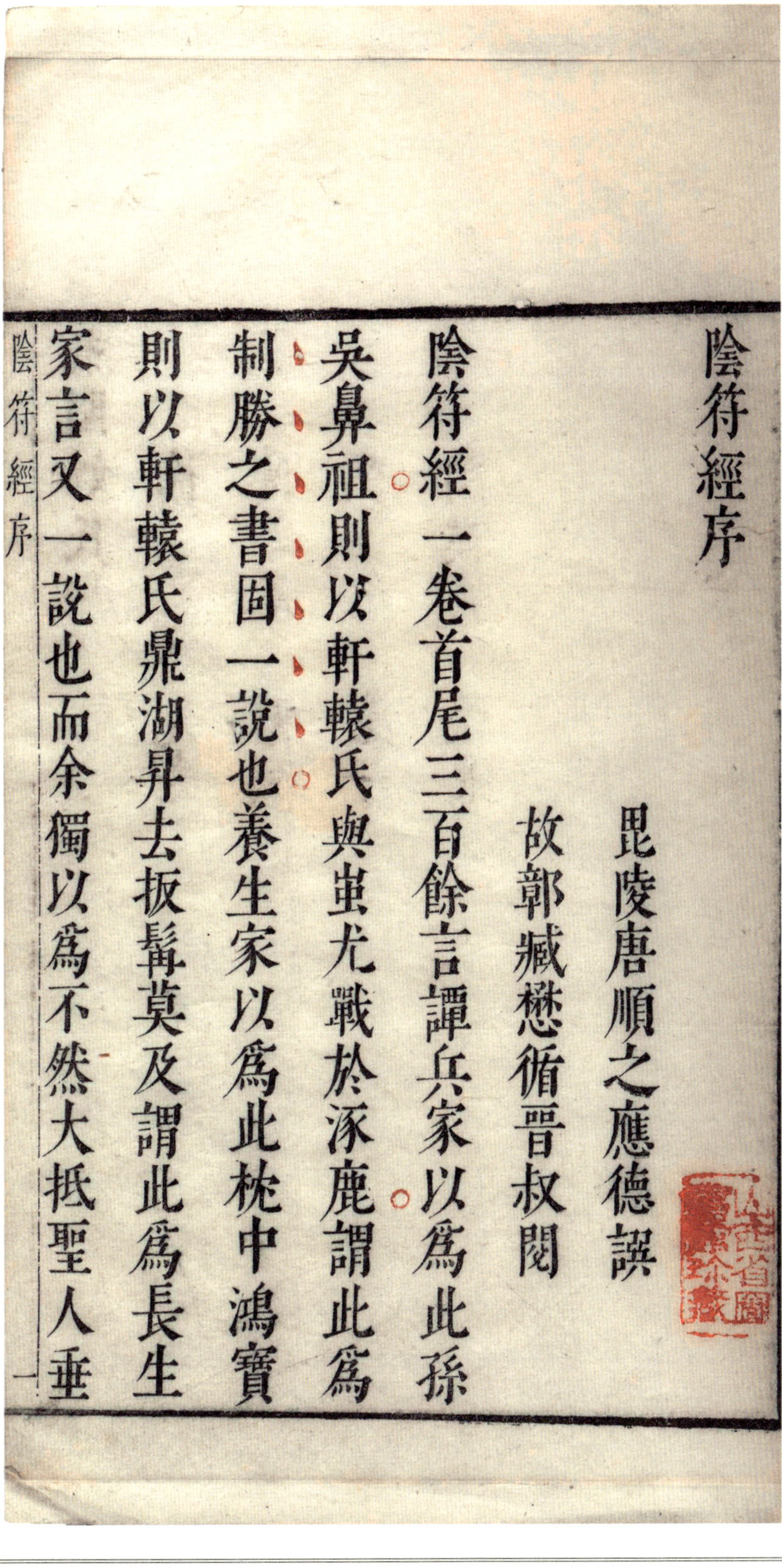
陰符經序

毘陵唐順之應德譔

故鄣臧懋循晉叔閱

陰符經一卷首尾三百餘言譚兵家以爲此孫吳鼻祖則以軒轅氏與蚩尤戰於涿鹿謂此爲制勝之書固一說也養生家以爲此枕中鴻寶則以軒轅氏鼎湖昇去扳髯莫及謂此爲長生家言又一說也而余獨以爲不然大抵聖人垂

陰符經序　一

00169 兵垣四編四卷附三卷　（明）閔聲編　明天啟元年（1621）閔氏刻套印本

綫裝。匡高 20.6 厘米，廣 14.6 厘米。半葉八行，行十八字，白口，四周單邊。鈐“白石樵”等印。山西省圖書館藏。

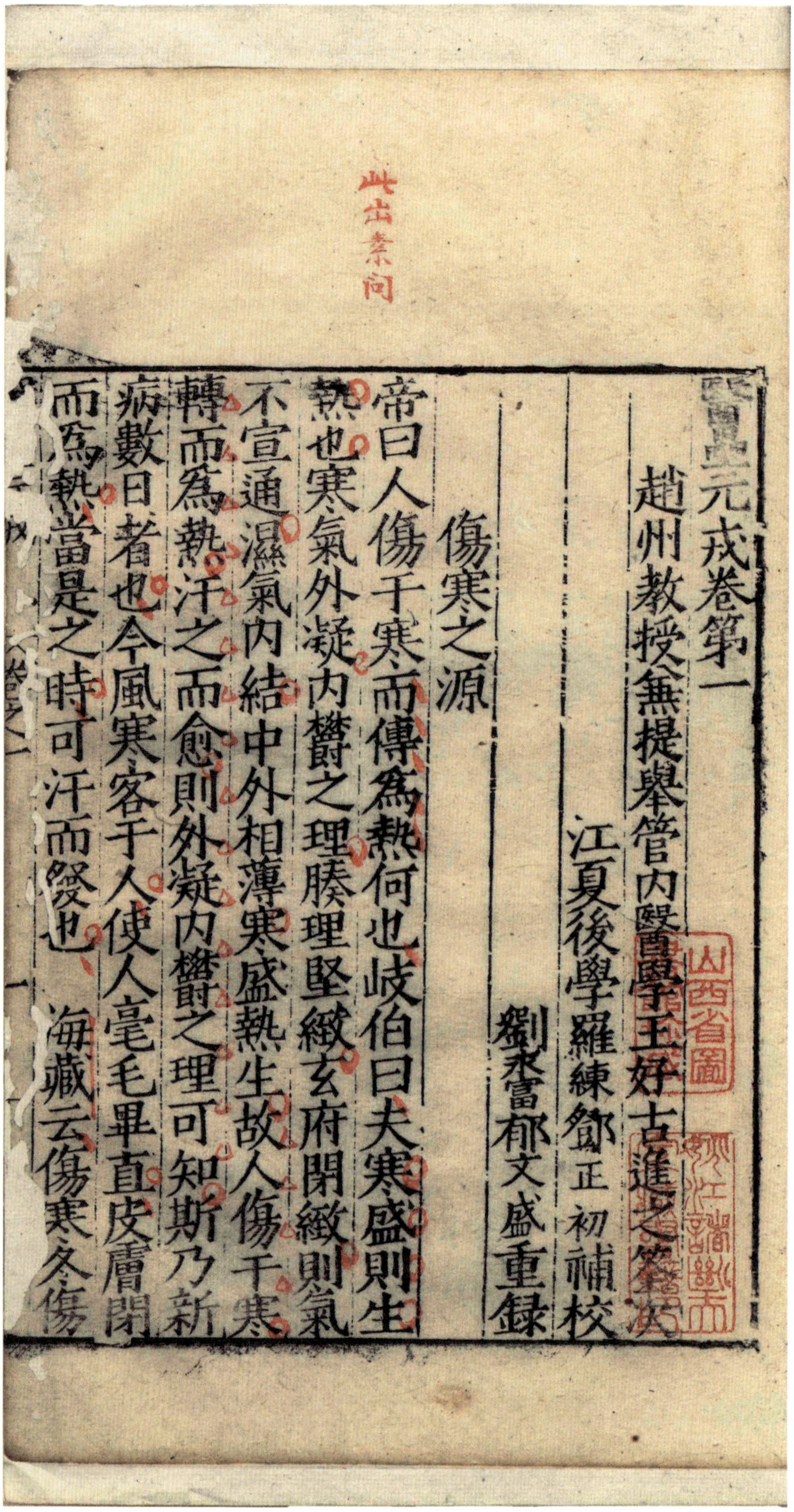

醫壘元戎卷第一
趙州教授兼提舉管內醫學王好古進之纂次
江夏後學羅練鄧正初補校
劉永富郁文盛重録
傷寒之源
帝曰人傷于寒而傳爲熱何也岐伯曰夫寒盛則生熱也寒氣外凝內鬱之理腠理堅緻玄府閉緻則氣不宣通濕氣內結中外相薄寒盛熱生故人傷于寒轉而爲熱汗之而愈則外凝內鬱之理可知斯乃新病數日者也今風寒客于人使人毫毛畢直皮膚閉而爲熱當是之時可汗而發也　海藏云傷寒冬傷

00170 醫壘元戎十二卷　（元）王好古撰　明嘉靖二十二年（1543）顧遂刻本

綫裝。匡高 18 厘米，廣 13.3 厘米。半葉十一行，行二十字，小字雙行，行字同，白口，四周單邊。鈐“周靜安藏”等印。山西省圖書館藏。

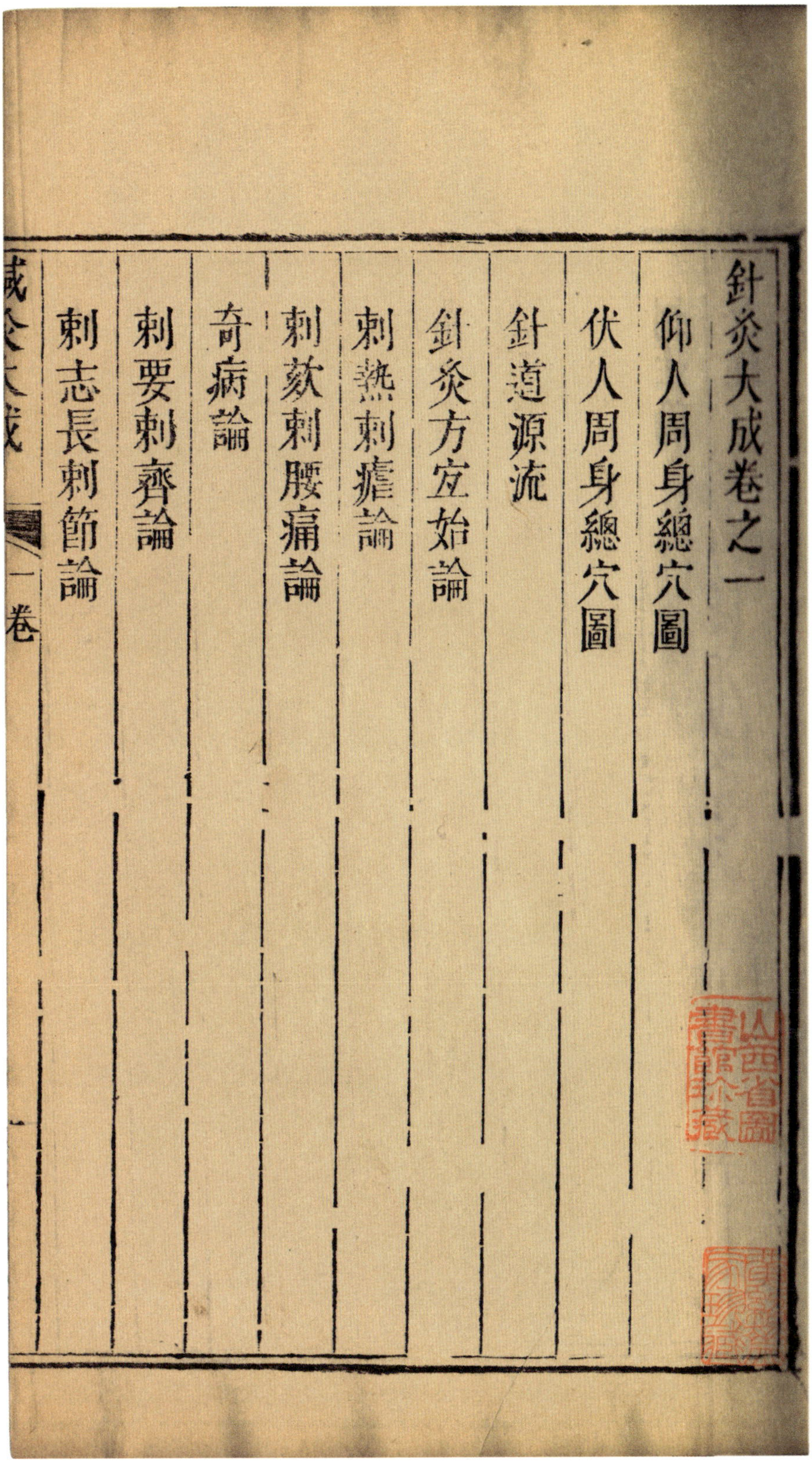

00171 針灸大成十卷 (明)楊繼洲撰　明萬曆二十九年(1601)平陽署刻本

綫裝。匡高 21.9 厘米，廣 15.2 厘米。半葉十行，行二十二字，白口，四周雙邊。鈐“黃紹齋家珍藏”印。山西省圖書館藏。

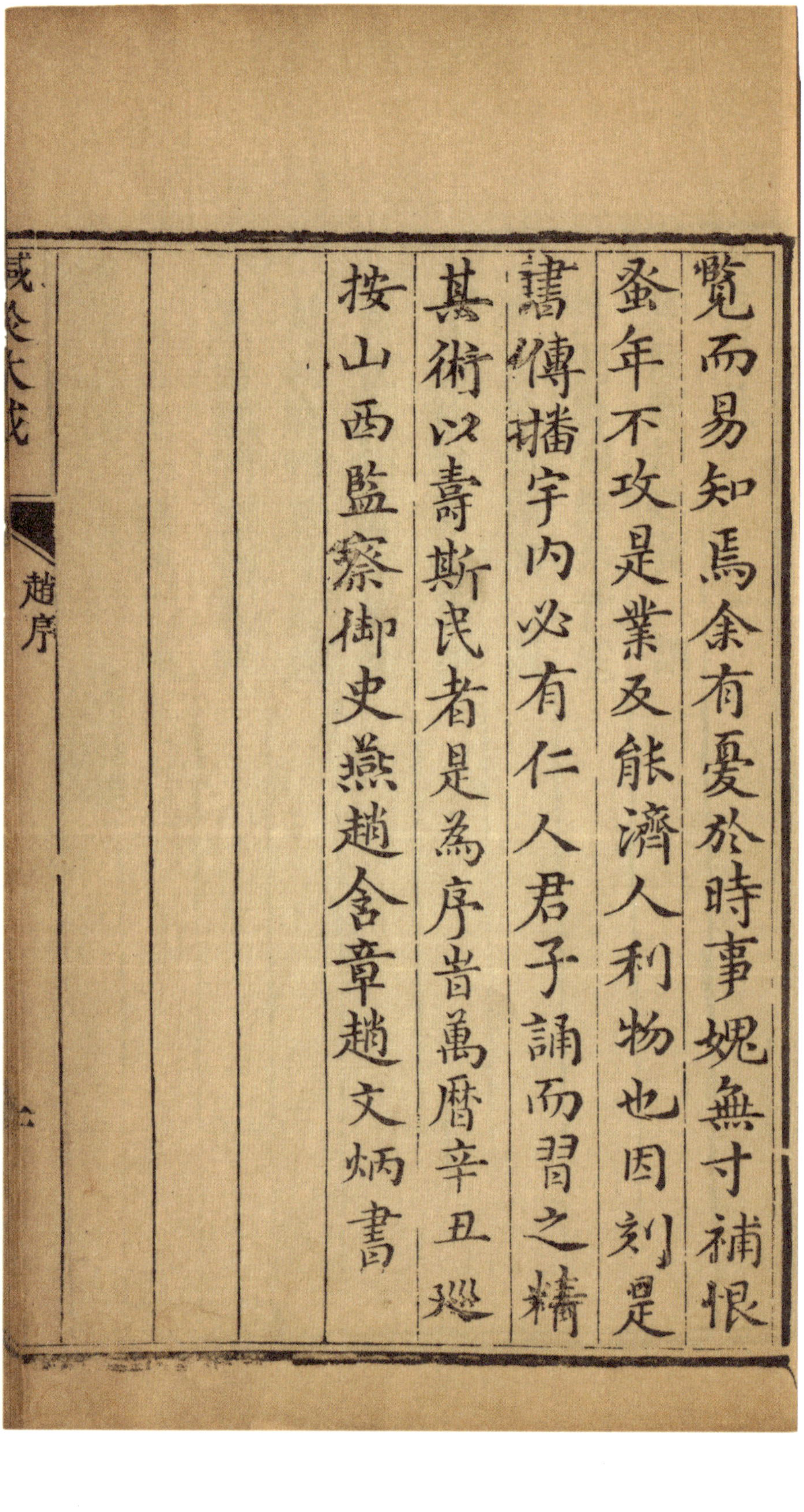
覽而易知焉余有憂於時事媿無寸補恨
蚤年不攻是業及能濟人利物也因刻是
書傳播宇內必有仁人君子誦而習之精
其術以壽斯民者是為序旹萬曆辛丑巡
按山西監察御史燕趙含章趙文炳書

鍼灸大成　趙序　二

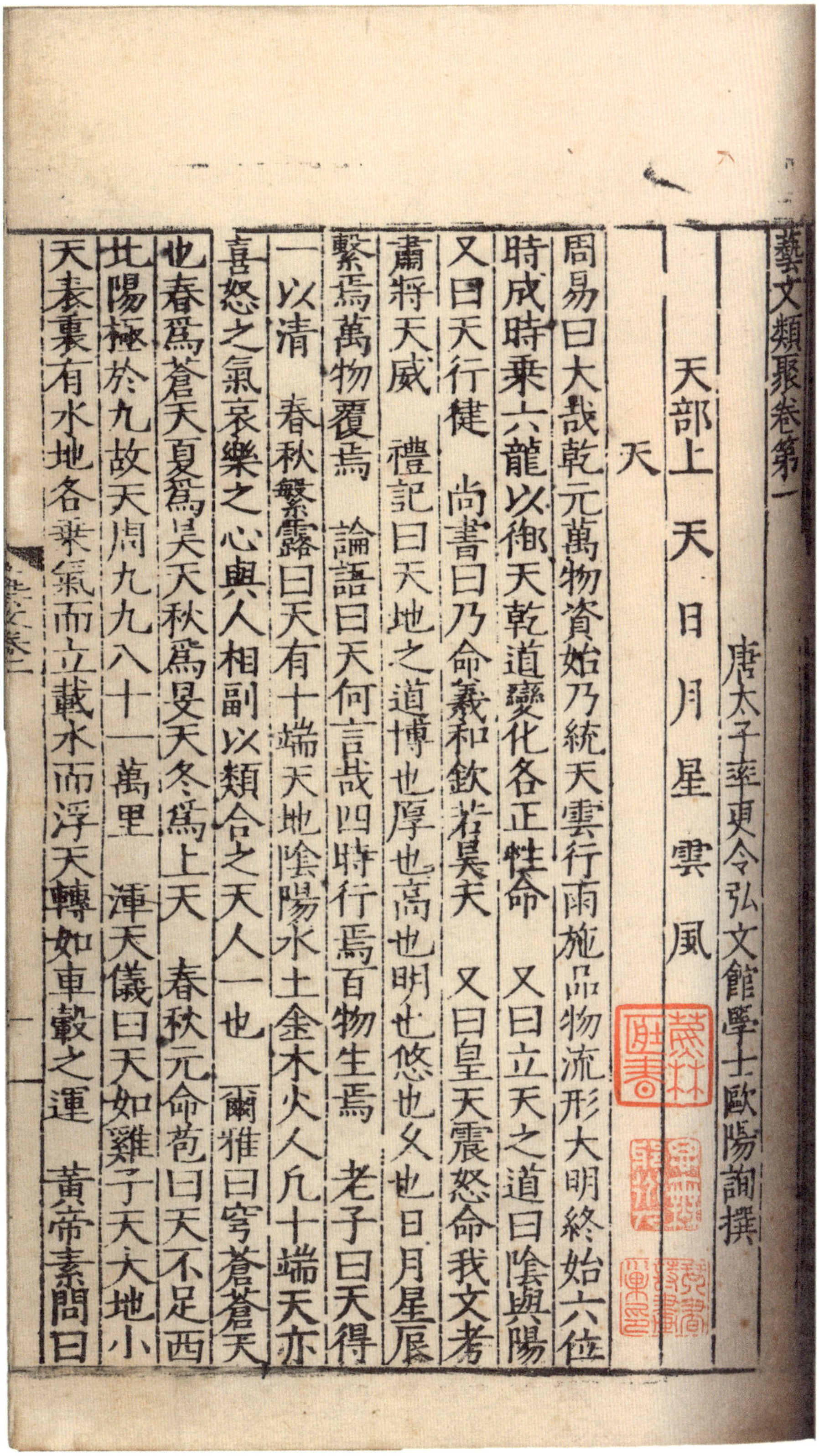

藝文類聚卷第一

唐太子率更令弘文館學士歐陽詢撰

天部上　天　日　月　星　雲　風

天

周易曰大哉乾元萬物資始乃統天雲行雨施品物流形大明終始六位時成時乘六龍以御天乾道變化各正性命　又曰立天之道曰陰與陽又曰天行健　尚書曰乃命羲和欽若昊天　又曰皇天震怒命我文考肅將天威　禮記曰天地之道博也厚也高也明也悠也久也日月星辰繫焉萬物覆焉　論語曰天何言哉四時行焉百物生焉　老子曰天得一以清　春秋繁露曰天有十端天地陰陽水土金木火人凡十端天亦喜怒之氣哀樂之心與人相副以類合之天人一也　爾雅曰穹蒼蒼天也春爲蒼天夏爲昊天秋爲旻天冬爲上天　春秋元命苞曰天不足西北陽極於九故天周九九八十一萬里　渾天儀曰天如雞子天大地小天表裏有水地各乘氣而立載水而浮天轉如車轂之運　黃帝素問曰

00172 藝文類聚一百卷　（唐）歐陽詢撰　明嘉靖六至七年（1527–1528）胡纘宗 陸采刻本

綫裝。匡高 20.1 厘米，廣 13.2 厘米。半葉十四行，行二十八字，小字雙行，行字同，白口，左右雙邊。清宋犖跋，宋筠題记。山西師範大學圖書館藏。

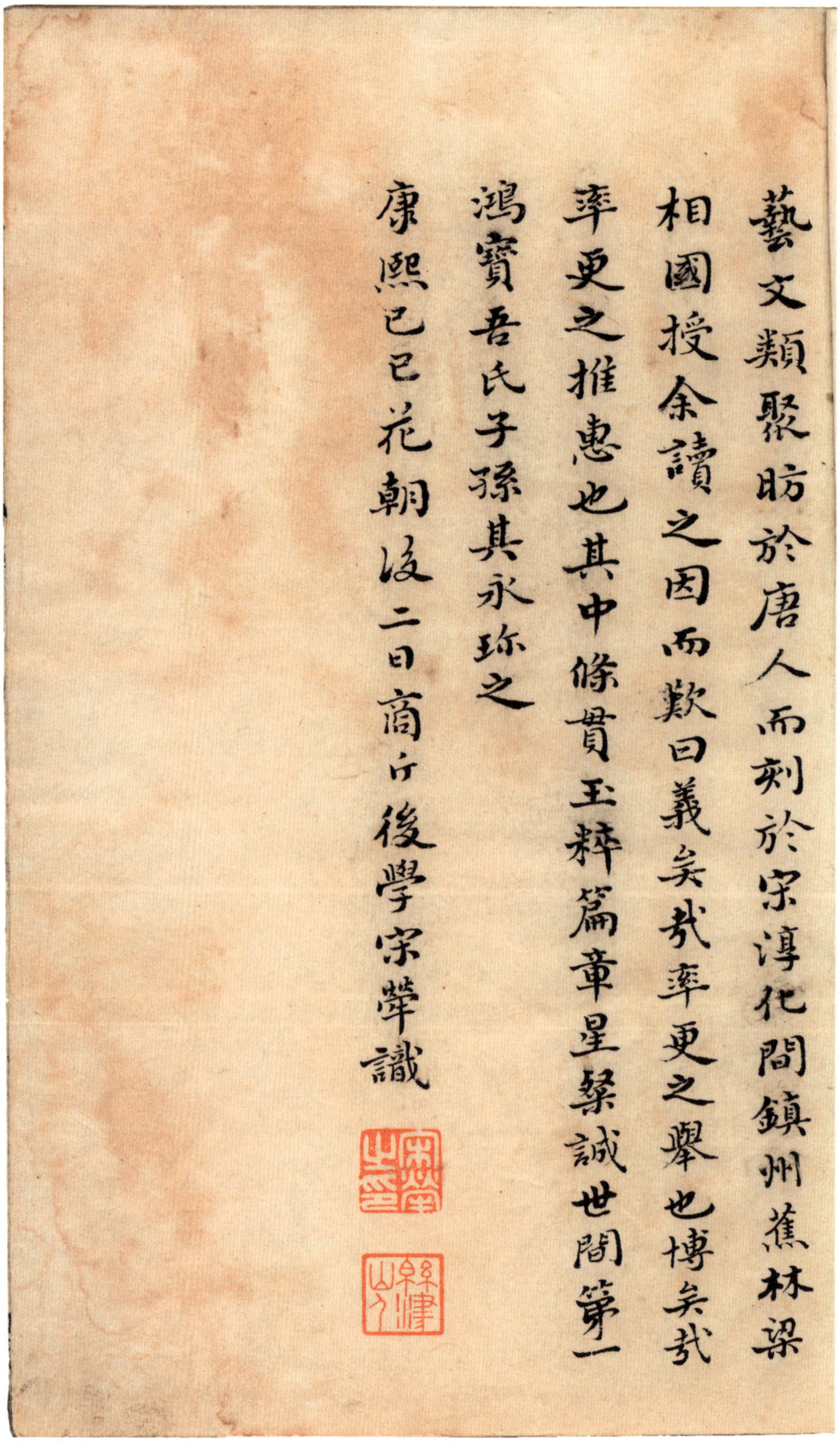
藝文類聚昉於唐人而刻於宋淳化間鎮州蕉林梁
相國授余讀之因而歎曰義矣哉率更之舉也博矣哉
率更之推惠也其中條貫玉粹篇章星粲誠世間第一
鴻寶吾氏子孫其永珍之
康熙己巳花朝後二日商丘後學宋犖識

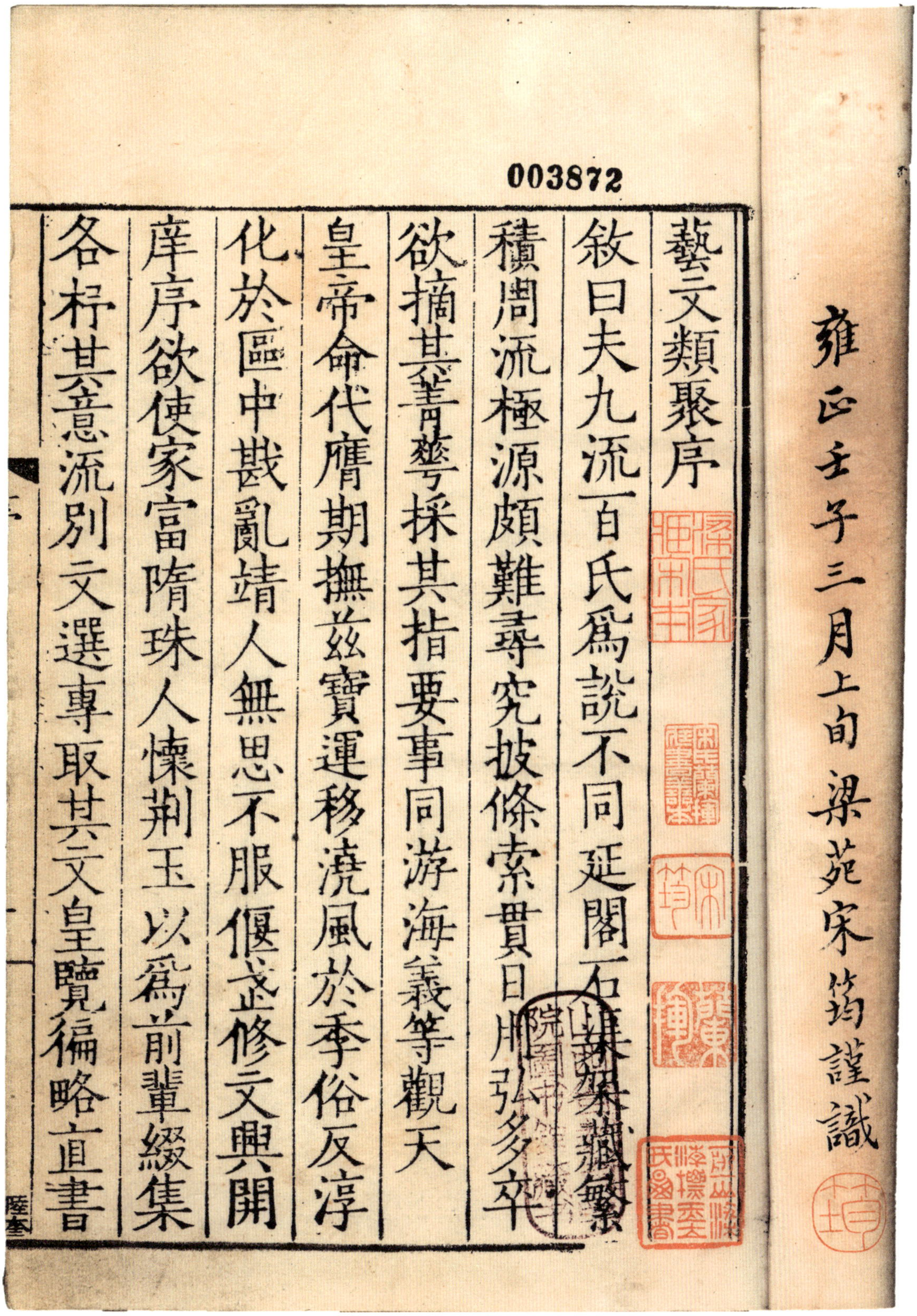
雍正壬子三月上旬梁苑宋筠謹識

003872

藝文類聚序

敘曰夫九流百氏爲說不同延閣石渠架藏繁積周流極源頗難尋究披條索貫日用弘多卒欲摘其菁華採其指要事同游海義等觀天皇帝命代膺期撫茲寶運移澆風於季俗反淳化於區中戡亂靖人無思不服偃武修文興開庠序欲使家富隋珠人懷荊玉以爲前輩綴集各杼其意流別文選專取其文皇覽徧略直書

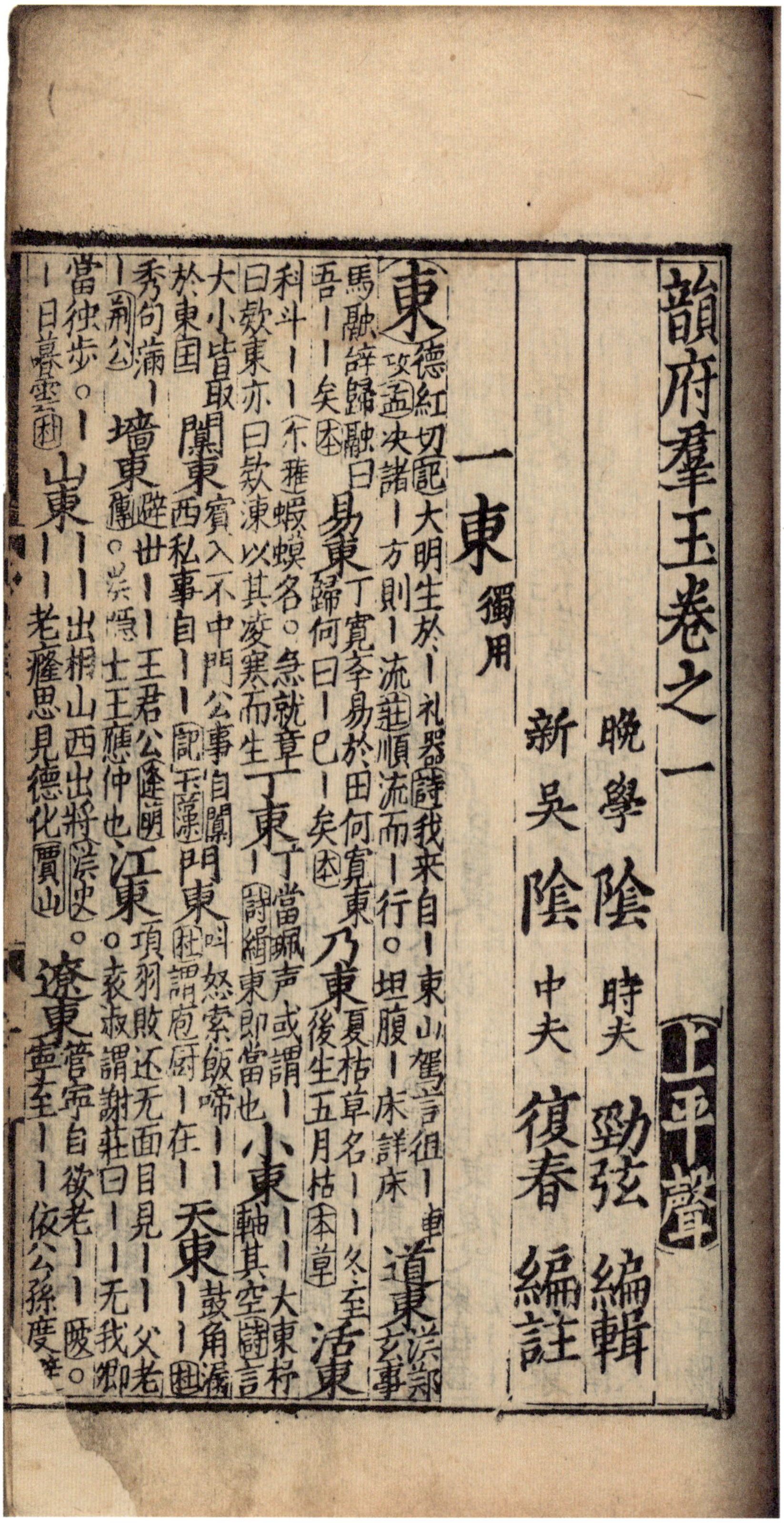
韻府羣玉卷之一
晚學陰時夫勁弦編輯
新吴陰中夫復春編註
上平聲
一東　獨用

00173 韻府羣玉二十卷　（元）陰時夫輯　（元）陰中夫注　明嘉靖三十一年（1552）荊聚刻本

綫裝。匡高 12.9 厘米，廣 21 厘米。半葉十行，行十六字，小字雙行，行二十九字，黑口，四周雙邊。鈐“王朋山”、“王簡堂印”等印。山西師範大學圖書館藏。

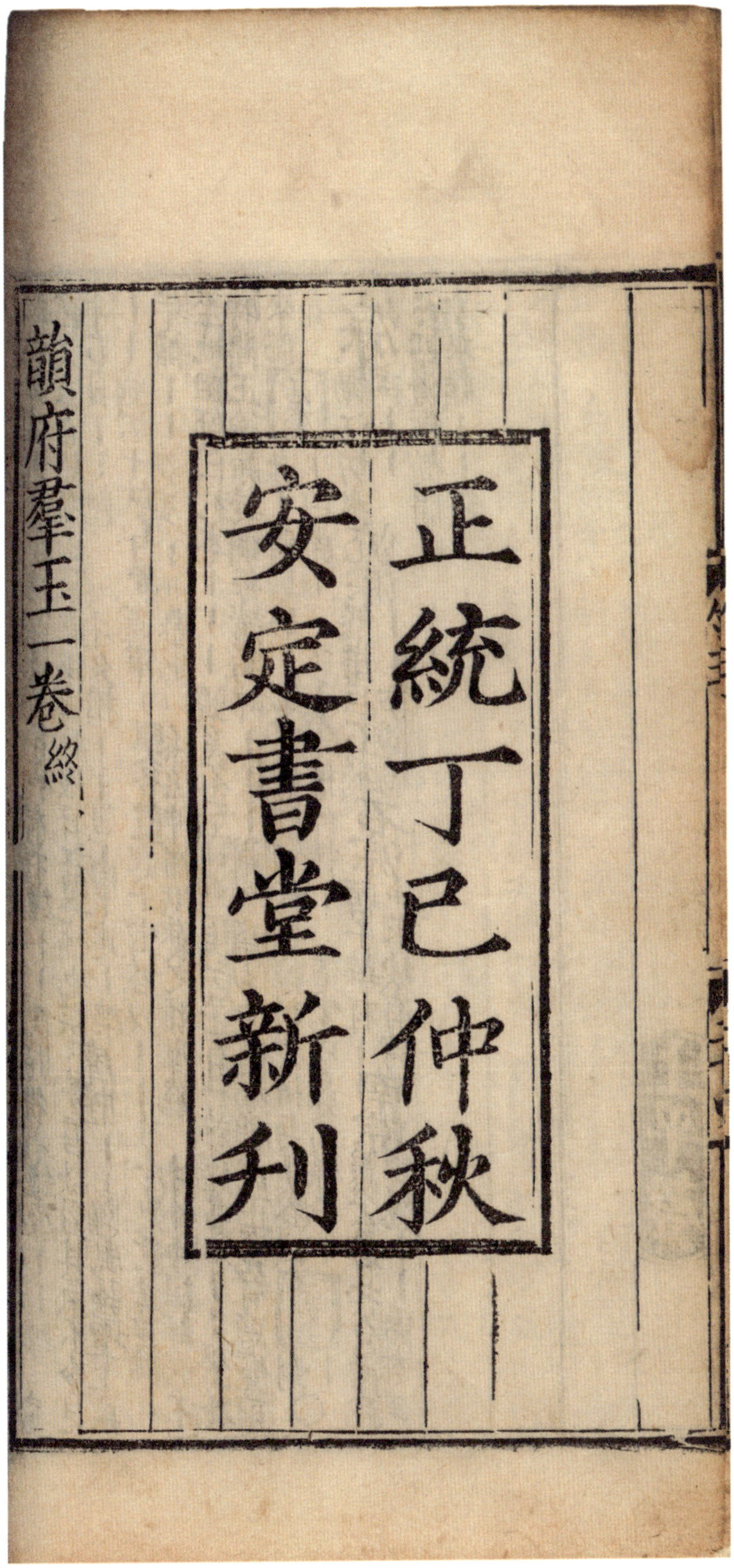
正統丁巳仲秋
安定書堂新刊
韻府羣玉一卷終

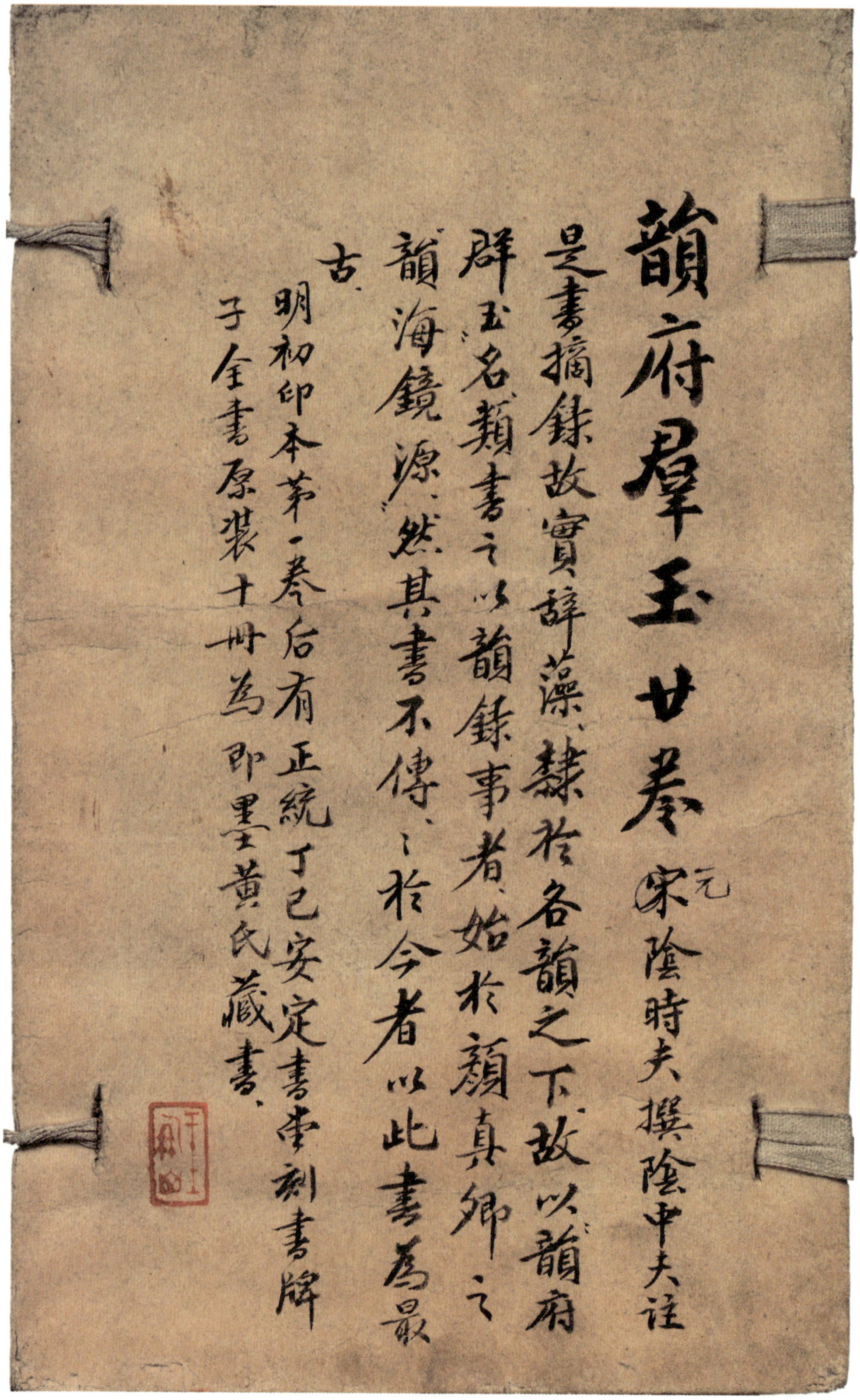
韻府羣玉廿卷
元陰時夫撰 陰中夫注
是書摘録故實辭藻，隷於各韻之下，故以韻府
羣玉名類書，以韻録事者，始於顏真卿之
韻海鏡源，然其書不傳，傳於今者以此書為最
古。
明初印本第一卷后有正統丁巳安定書堂刻書牌
子全書原裝十冊為即墨黃氏藏書。

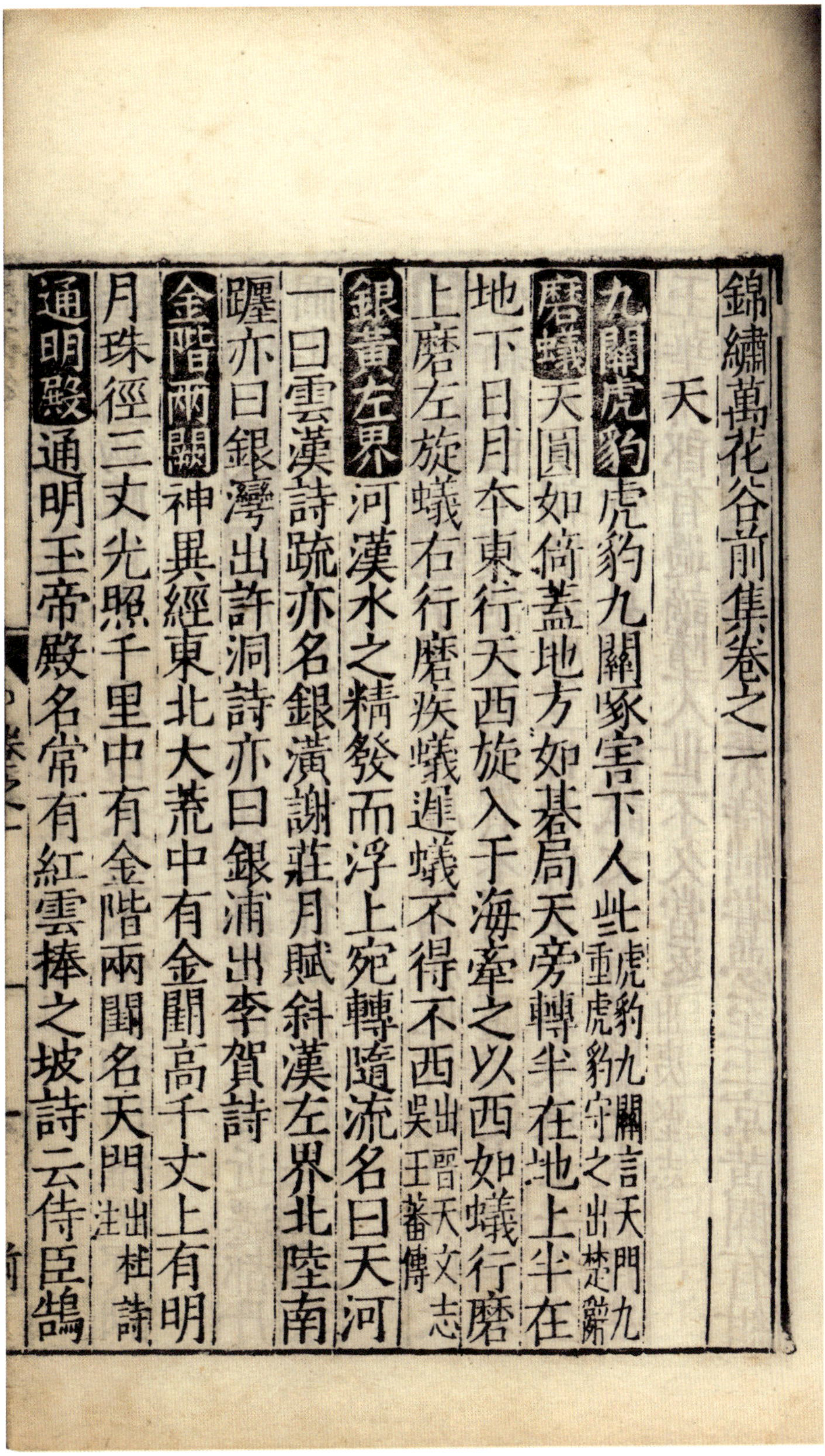
錦繡萬花谷前集卷之一
天
九關虎豹　虎豹九關啄害下人些虎豹九關言天門九重虎豹守之出楚辭
磨蟻　天圓如倚蓋地方如碁局天旁轉半在地上半在地下日月本東行天西旋入于海牽之以西如蟻行磨上磨左旋蟻右行磨疾蟻進蟻不得不西出晉天文志吳王蕃傳
銀黃左界　河漢水之精發而浮上宛轉隨流名曰天河一曰雲漢詩䟽亦名銀潢謝莊月賦斜漢左界北陸南躔亦曰銀灣出許洞詩亦曰銀浦出李賀詩
金階兩闕　神異經東北大荒中有金闕高千丈上有明月珠徑三丈光照千里中有金階兩闕名天門出杜詩注
通明殿　通明玉帝殿名常有紅雲捧之坡詩云侍臣鵠

00174　錦繡萬花谷前集四十卷後集四十卷續集四十卷　明嘉靖十五年（1536）秦汴繡石書堂刻本

綫裝。匡高 18.9 厘米，廣 13 厘米。半葉十二行，行二十一字，白口，左右雙邊。山西大學圖書館藏。

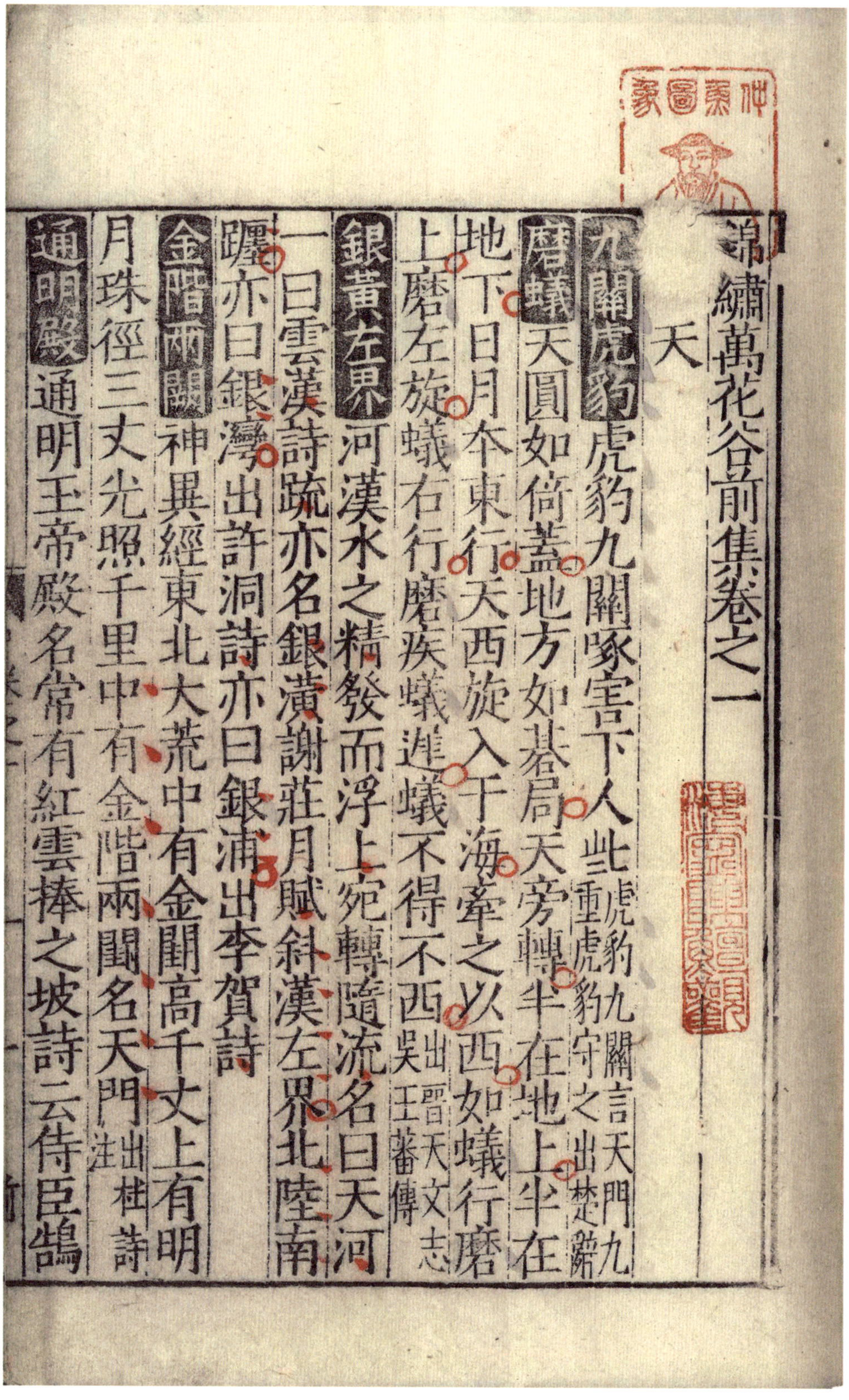

00175 錦繡萬花谷前集四十卷後集四十卷續集四十卷　明嘉靖十五年（1536）秦汴繡石書堂刻本

綫裝。匡高 18.9 厘米，廣 13 厘米。半葉十二行，行二十一字，白口，左右雙邊。有“仲魚圖象”、“海寧陳鱣觀”等印。山西省圖書館藏。

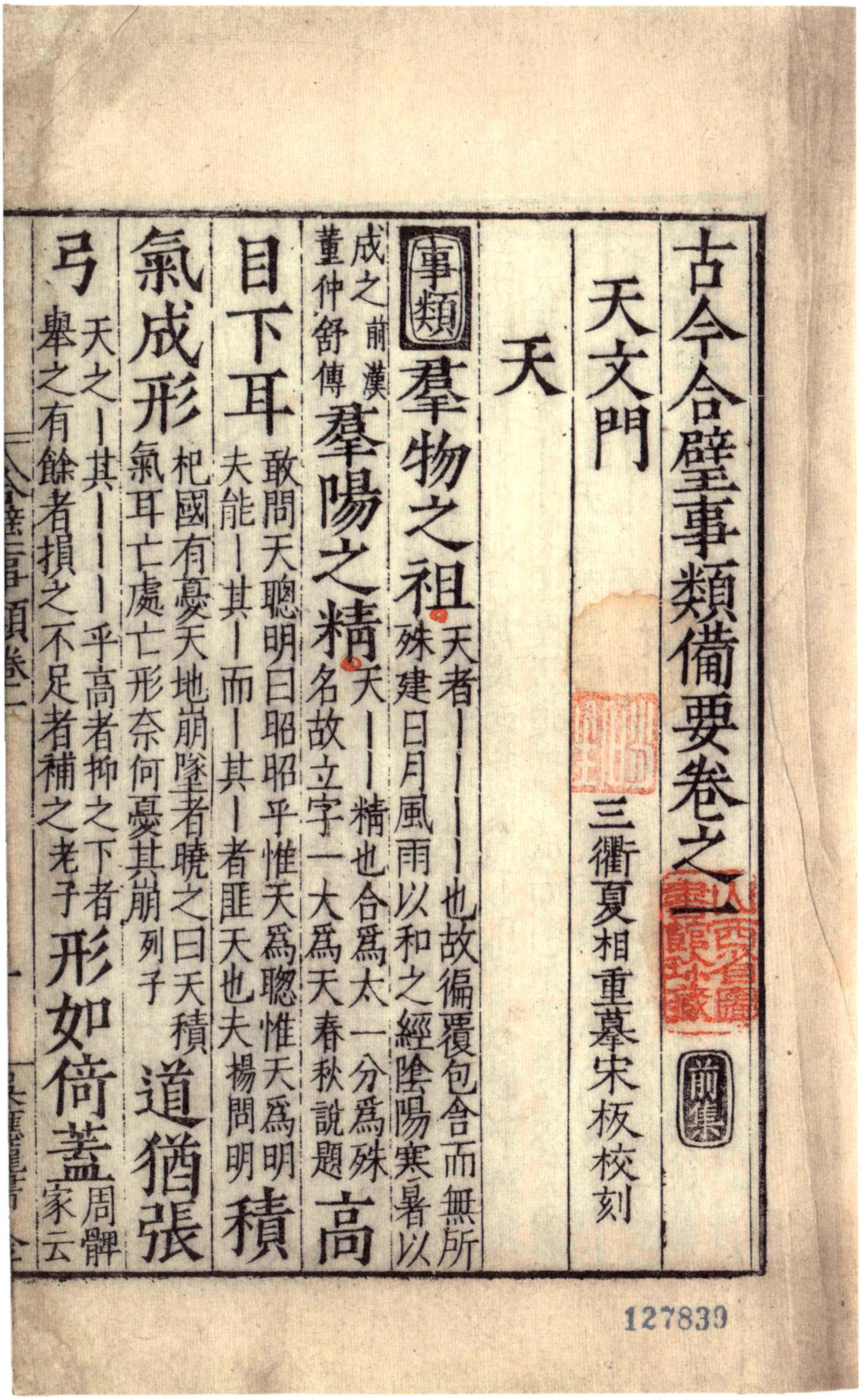

00176 古今合璧事類備要前集六十九卷後集八十一卷續集五十六卷　（宋）謝維新輯
別集九十四卷外集六十六卷　（宋）虞載輯　明嘉靖三十一至三十五年（1552–1556）夏相刻本

綫裝。匡高 19.7 厘米，廣 14 厘米。半葉八行，小字雙行，行二十四字，白口，左右雙邊。山西省圖書館藏。

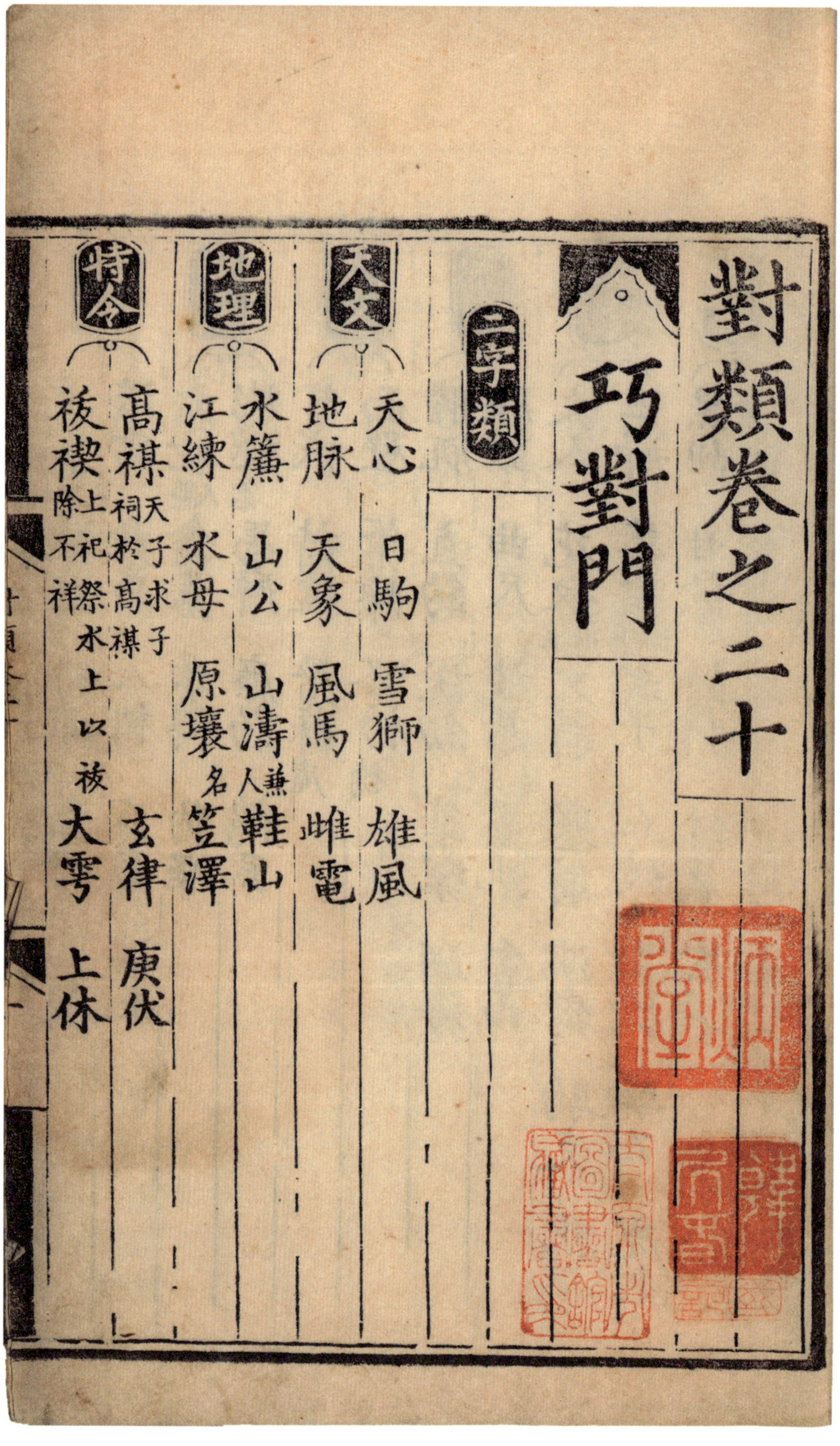

00177 對類二十卷　明刻本

綫裝。匡高 22 厘米，廣 16.4 厘米。半葉十二行，行字不等，大黑口，四周雙邊。有“炳堂”等印。太原市圖書館藏。

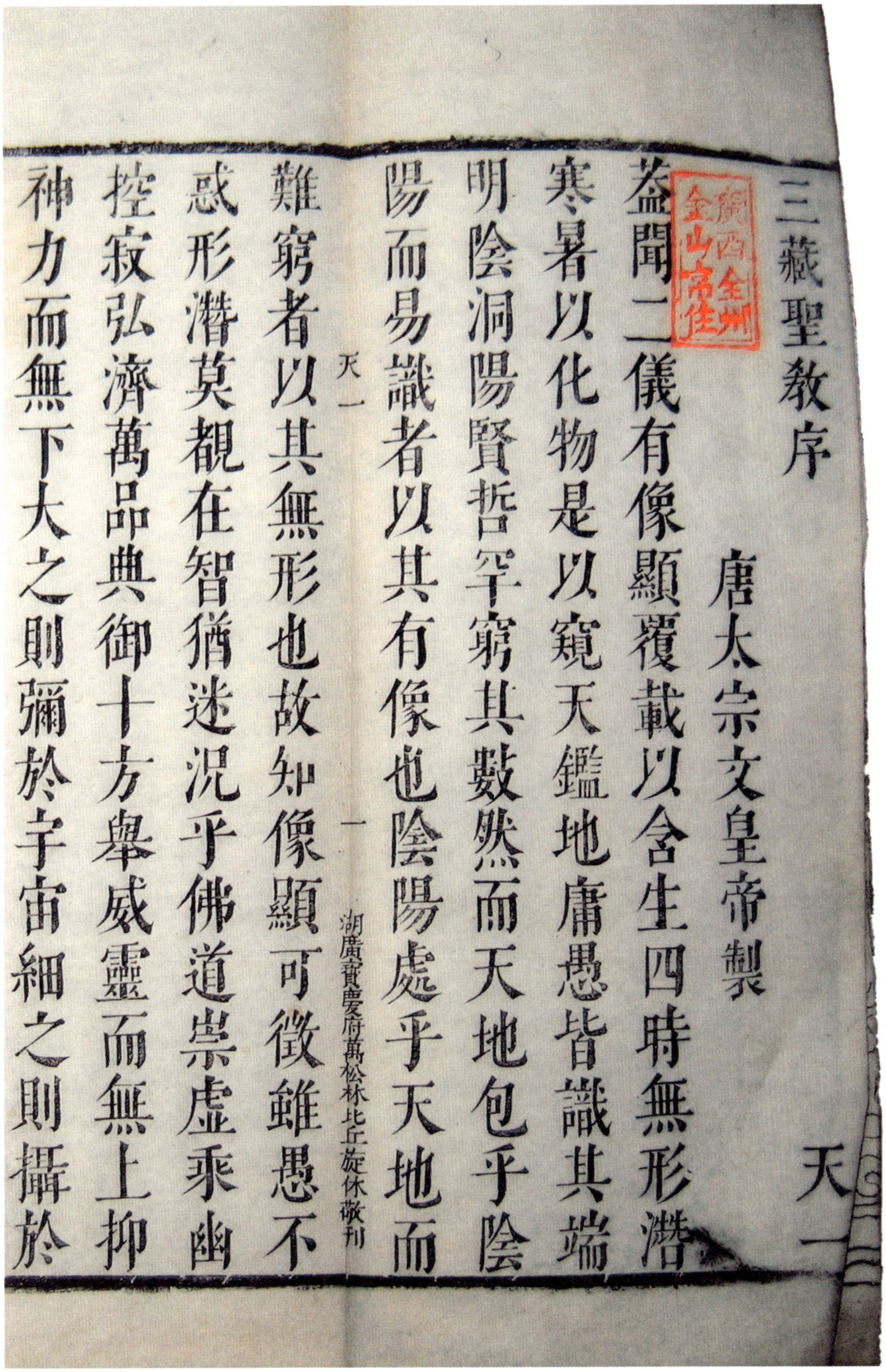

三藏聖教序　　天一
唐太宗文皇帝製
廣西全州金山常住
蓋聞二儀有像顯覆載以含生四時無形潛
寒暑以化物是以窺天鑑地庸愚皆識其端
明陰洞陽賢哲罕窮其數然而天地包乎陰
陽而易識者以其有像也陰陽處乎天地而
天一　一　湖廣寶慶府萬松林比丘旋休敬刊
難窮者以其無形也故知像顯可徵雖愚不
惑形潛莫覩在智猶迷況乎佛道崇虛乘幽
控寂弘濟萬品典御十方舉威靈而無上抑
神力而無下大之則彌於宇宙細之則攝於

00178 永樂南藏六千三百三十一卷續藏四百十卷 明永樂十至十五年（1412–1417）刻明清續刻本

經折裝。匡高 55.1 厘米，廣 11 厘米。半葉六行，行十七字。鈐“廣西全州金山常住”等印。寧武縣文物館藏，存五千八百七十九冊。

淨五眼定得無上正等菩提
大般若波羅蜜多經卷第八
天晟修監造
天八

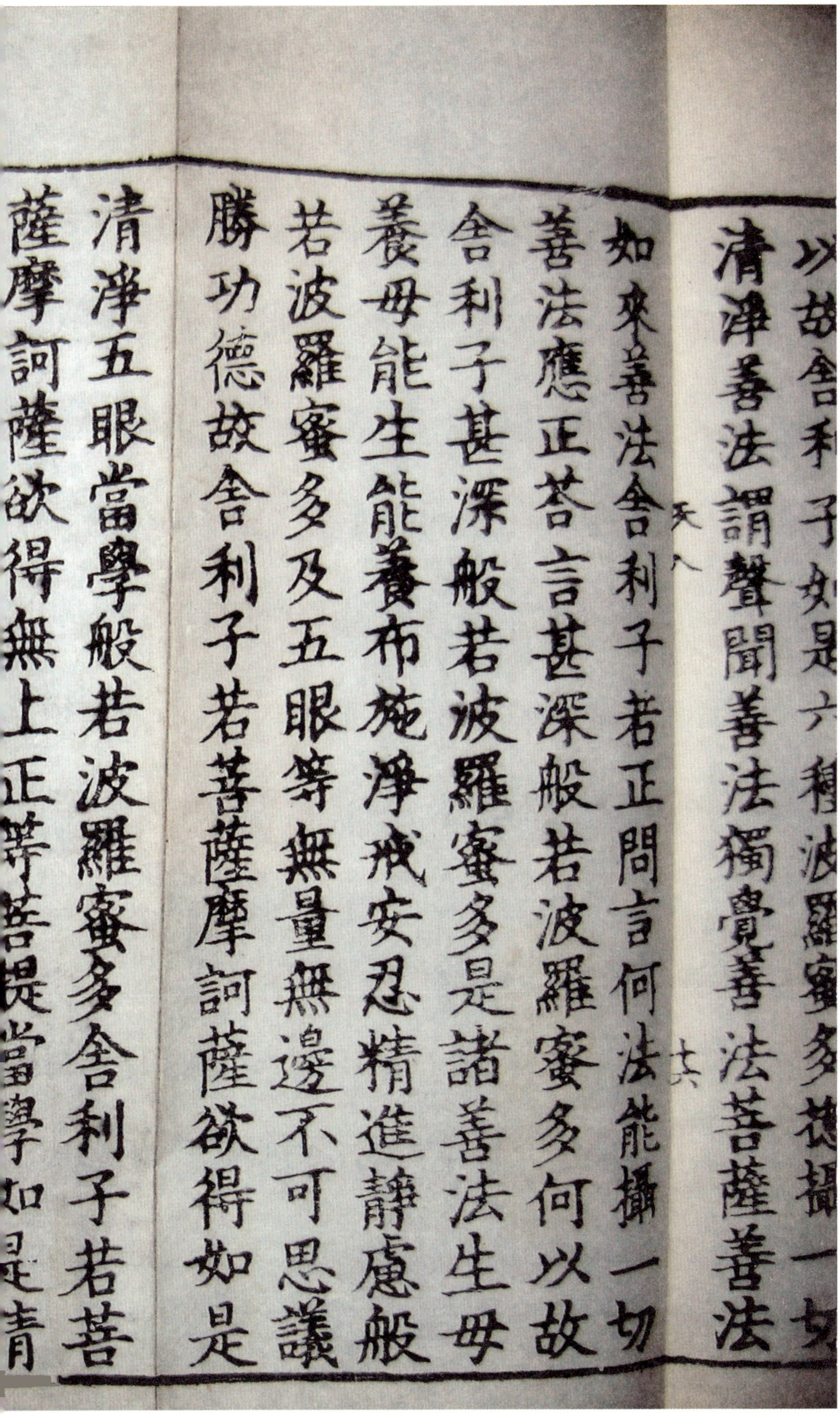
以故舍利子如是六種波羅蜜多攝一切
清淨善法謂聲聞善法獨覺善法菩薩善法
如來善法舍利子若正問言何法能攝一切
善法應正答言甚深般若波羅蜜多何以故
舍利子甚深般若波羅蜜多是諸善法生母
養母能生能養布施淨戒安忍精進靜慮般
若波羅蜜多及五眼等無量無邊不可思議
勝功德故舍利子若菩薩摩訶薩欲得如是
清淨五眼當學般若波羅蜜多舍利子若菩
薩摩訶薩欲得無上正等菩提當學如是清

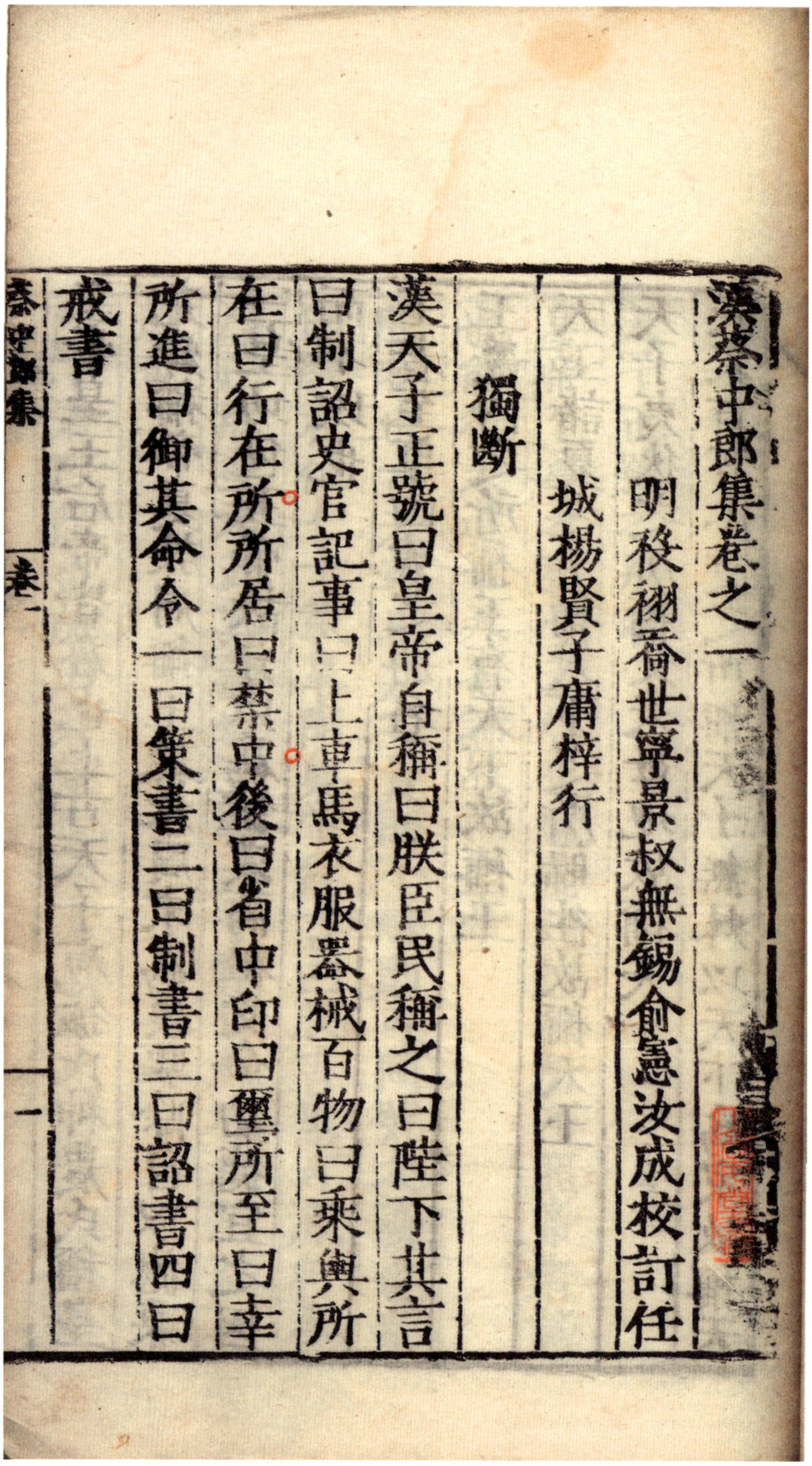
漢蔡中郎集卷之一
明稜翔喬世寧景叔無錫俞憲汝成校訂
任城楊賢子庸梓行
獨斷
漢天子正號曰皇帝自稱曰朕臣民稱之曰陛下其言
曰制詔史官記事曰上車馬衣服器械百物曰乘輿所
在曰行在所所居曰禁中後曰省中印曰璽所至曰幸
所進曰御其命令一曰策書二曰制書三曰詔書四曰
戒書
蔡中郎集　卷一　一

00179 蔡中郎集六卷　（漢）蔡邕撰　明嘉靖二十七年（1548）楊賢刻本

綫裝。匡高 20.1 厘米，廣 13.2 厘米。半葉九行，行二十一字，白口，四周單邊。鈐“小容安堂藏”、“番禺林國賡字敭伯鞠錄葊收藏金石書畫圖籍印”、“己酉優元壬辰翰林甲午散館一等改吏部文選司”等印。山西師範大學圖書館藏。

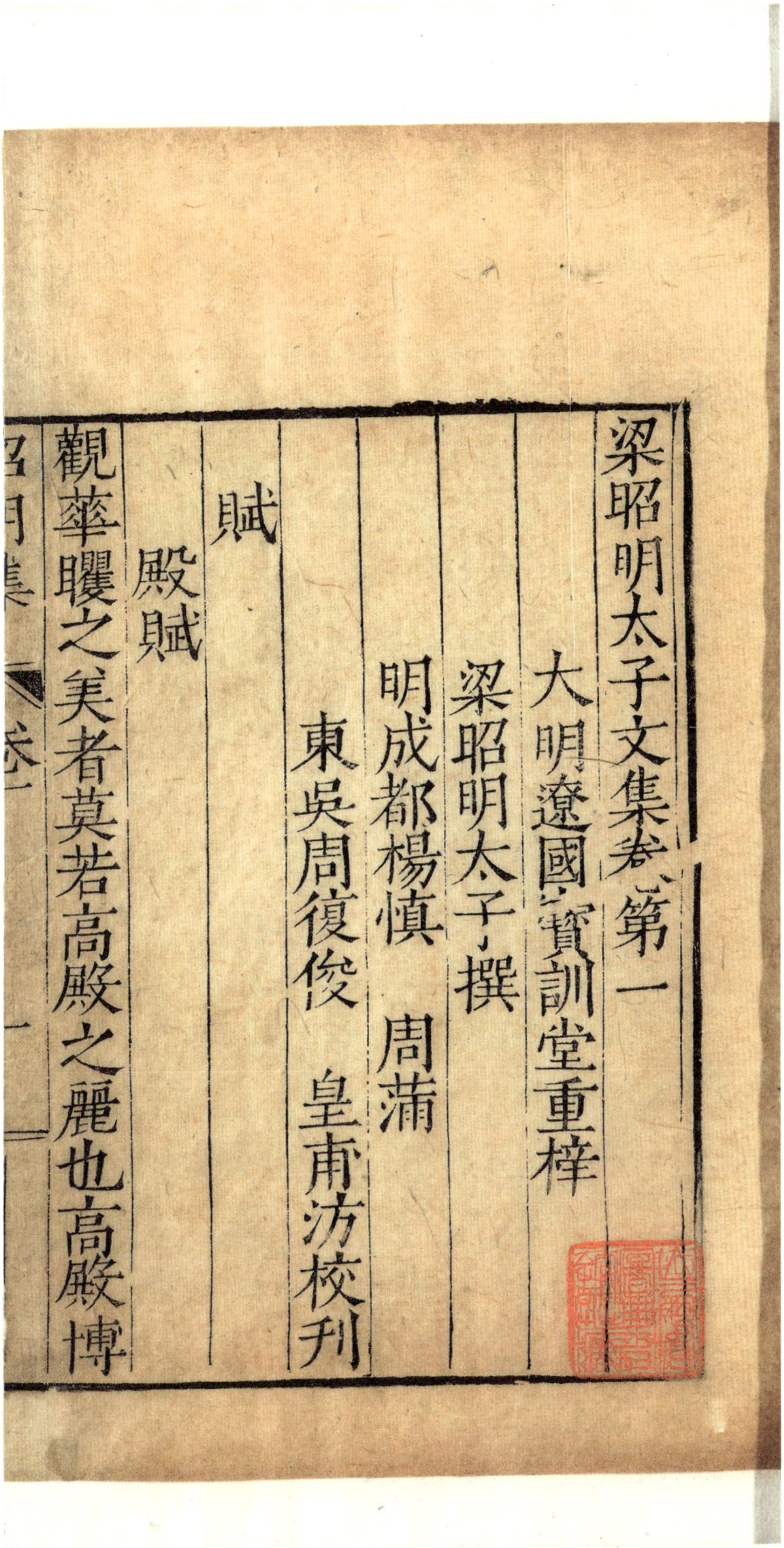
梁昭明太子文集卷第一
大明遼國寳訓堂重梓
梁昭明太子撰
明成都楊慎　周蒲
東吳周復俊　皇甫汸校刋
賦
殿賦
觀華矆之美者莫若高殿之麗也高殿博

00180　梁昭明太子文集五卷　（梁）蕭統撰　明遼國寶訓堂刻本

綫裝。匡高 18.5 厘米，廣 13.3 厘米。半葉八行，行十六字，白口，左右雙邊。山西省圖書館藏。

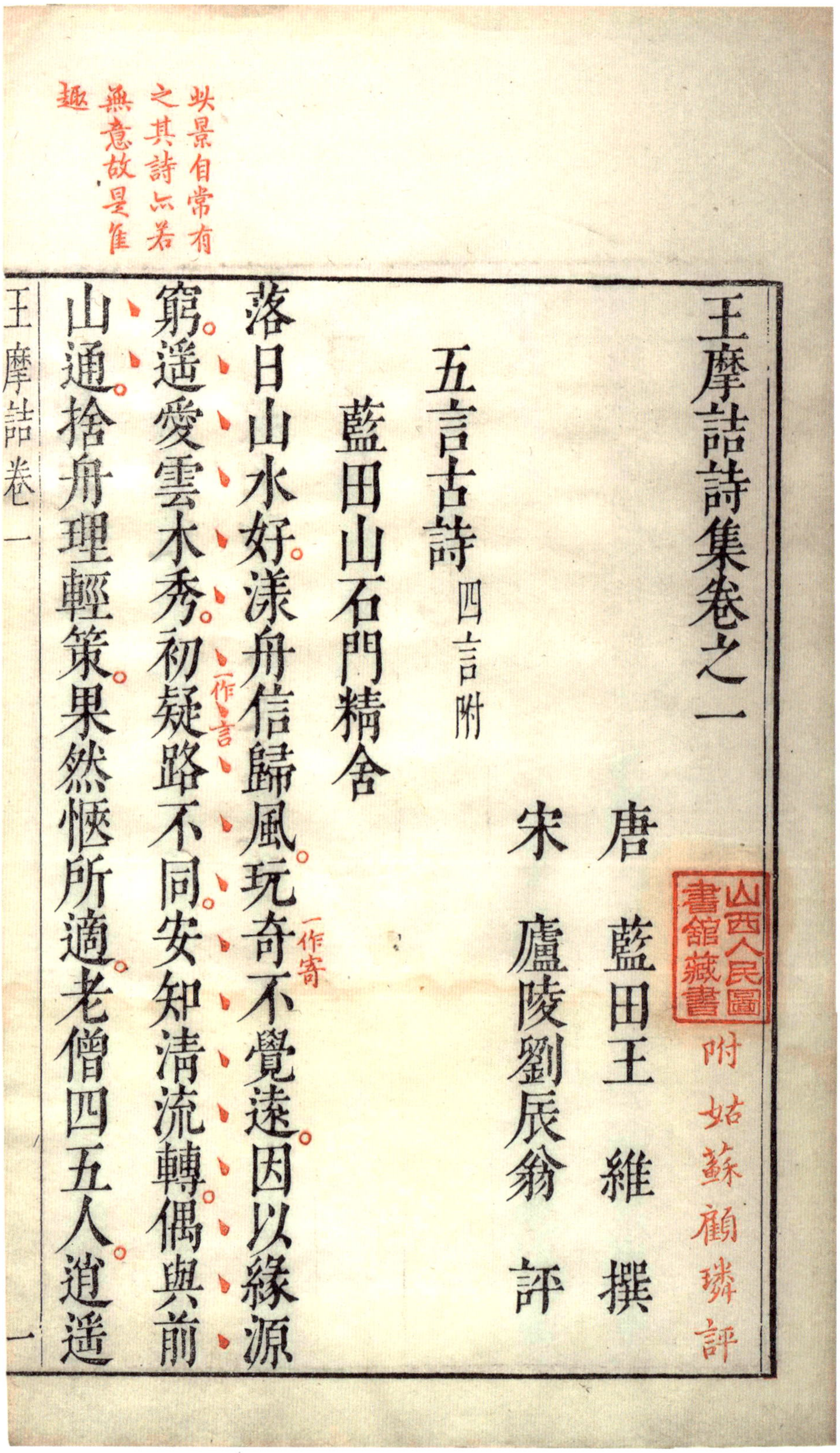
此景自常有之其詩亦若無意故是佳趣

王摩詰詩集卷之一

唐　藍田王維撰

宋　廬陵劉辰翁評

附　姑蘇顧璘評

五言古詩　四言附

藍田山石門精舍

落日山水好漾舟信歸風玩奇不覺遠因以緣源

一作言　一作寄

窮遥愛雲木秀初疑路不同安知清流轉偶與前

山通捨舟理輕策果然愜所適老僧四五人逍遥

王摩詰卷一　一

00181　王摩詰詩集七卷　（唐）王維撰（宋）劉辰翁評　明淩濛初刻朱墨套印本

綫裝。匡高 20.8 厘米，廣 15 厘米。半葉九行，行十九字，白口，左右雙邊。山西省圖書館藏。

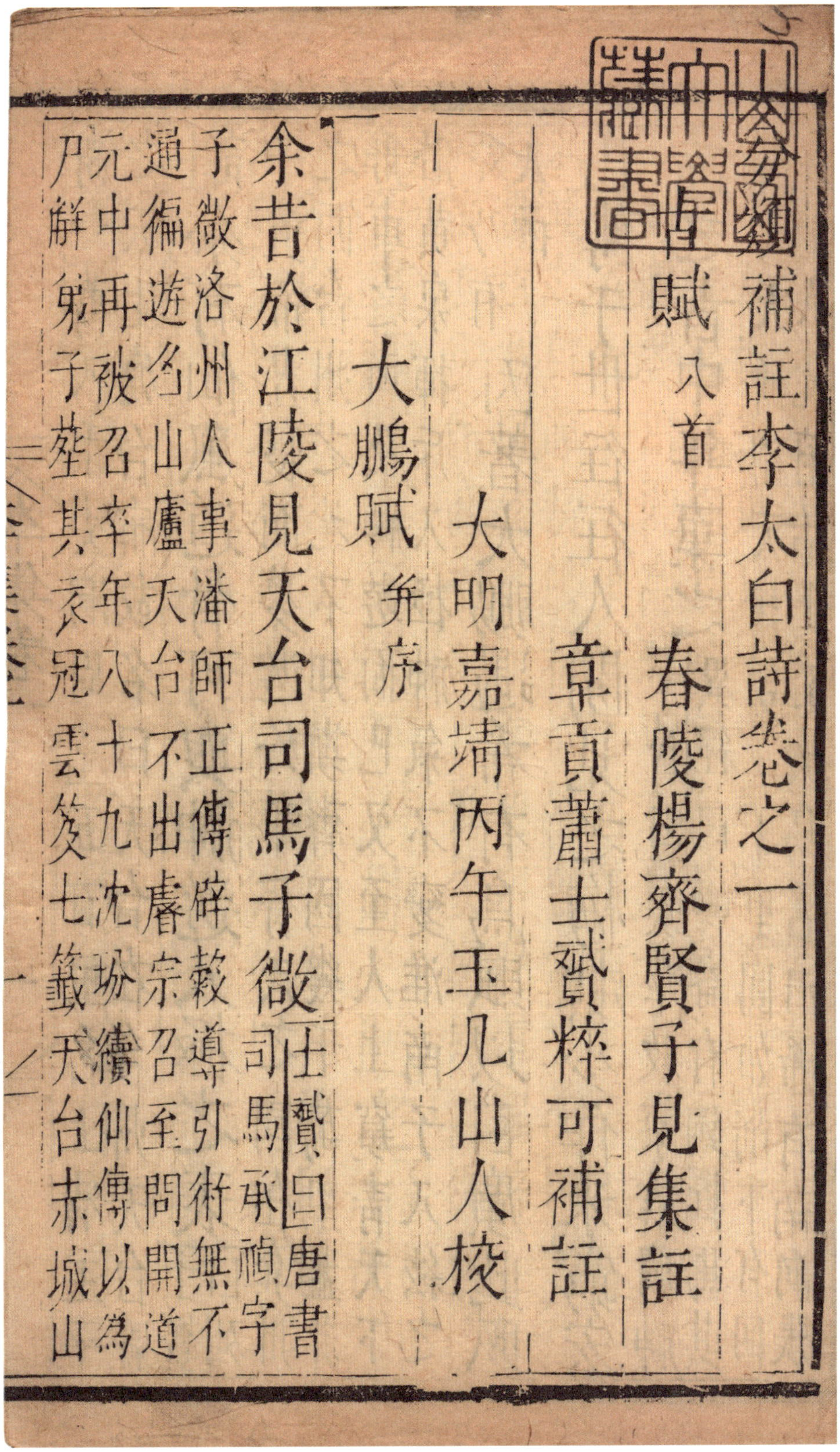
補註李太白詩卷之一
賦八首　春陵楊齊賢子見集註
章貢蕭士贇粹可補註
大明嘉靖丙午玉几山人校
大鵬賦幷序
余昔於江陵見天台司馬子微士贇曰唐書司馬承禎字子微洛州人事潘師正傳辟穀導引術無不通徧遊名山廬天台不出睿宗召至問開道元中再被召卒年八十九沈汾續仙傳以為尸解弟子葬其衣冠雲笈七籤天台赤城山

00182 分類補注李太白詩二十五卷　（唐）李白撰　（宋）楊齊賢集注　（元）蕭士贇補注

明嘉靖二十五年（1546）玉几山人刻重修本

綫裝。匡高 21.7 厘米，廣 13 厘米。半葉八行，行十七字，小字雙行，行字同，白口，四周雙邊。山西大學圖書館藏。

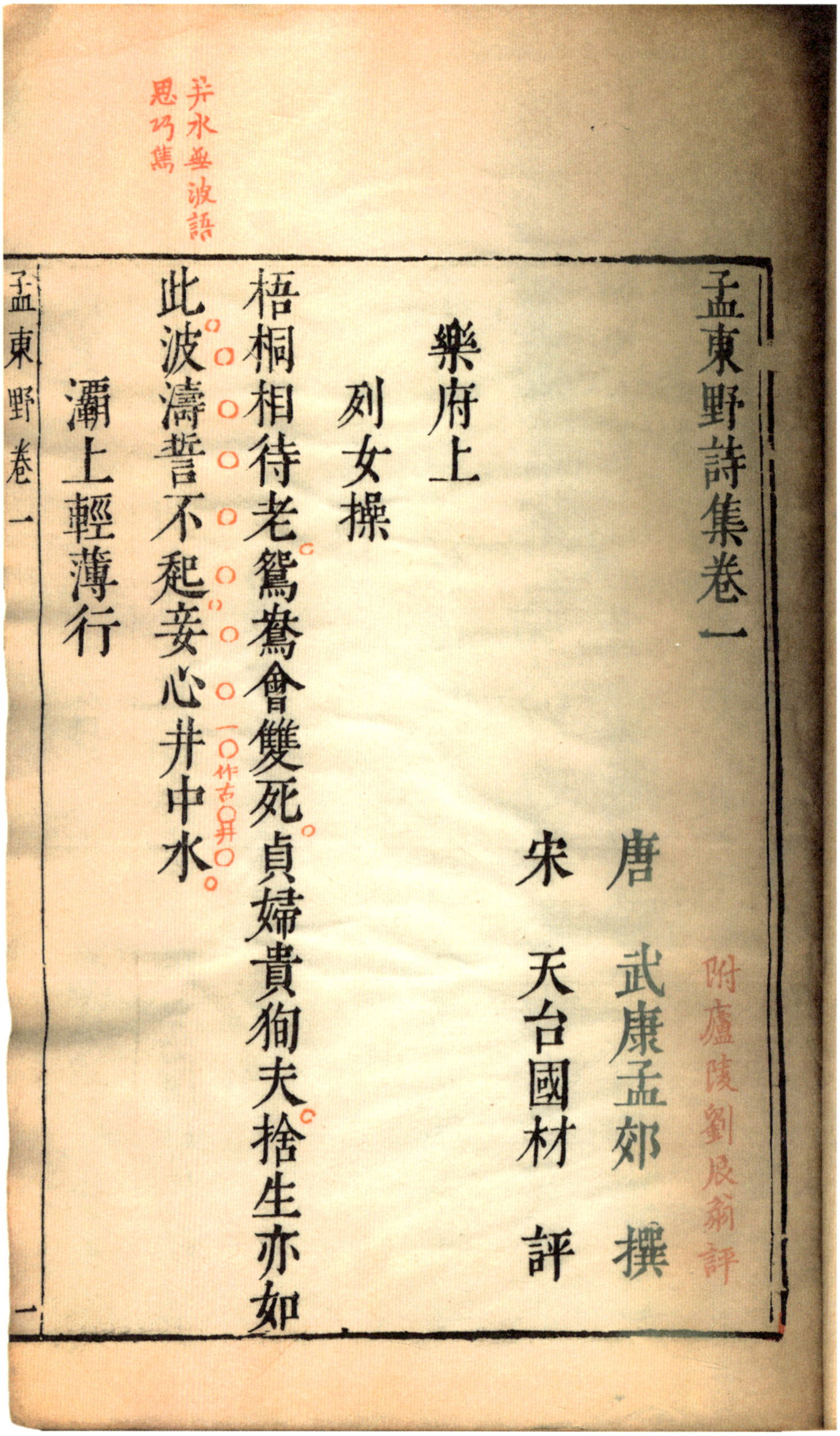
井水無波語思巧雋
孟東野詩集卷一
唐　武康孟郊　撰
宋　天台國材　評
附盧陵劉辰翁評
樂府上
列女操
梧桐相待老鴛鴦會雙死貞婦貴狥夫捨生亦如
此波濤誓不起妾心井中水（一作古井）
灞上輕薄行
孟東野卷一　一

00183 孟東野詩集十卷　（唐）孟郊撰（宋）國材 劉辰翁評 明淩濛初刻朱墨套印本

綫裝。匡高 20 厘米，廣 13.7 厘米。半葉八行，行十九字，白口，左右雙邊。太谷縣圖書館藏。

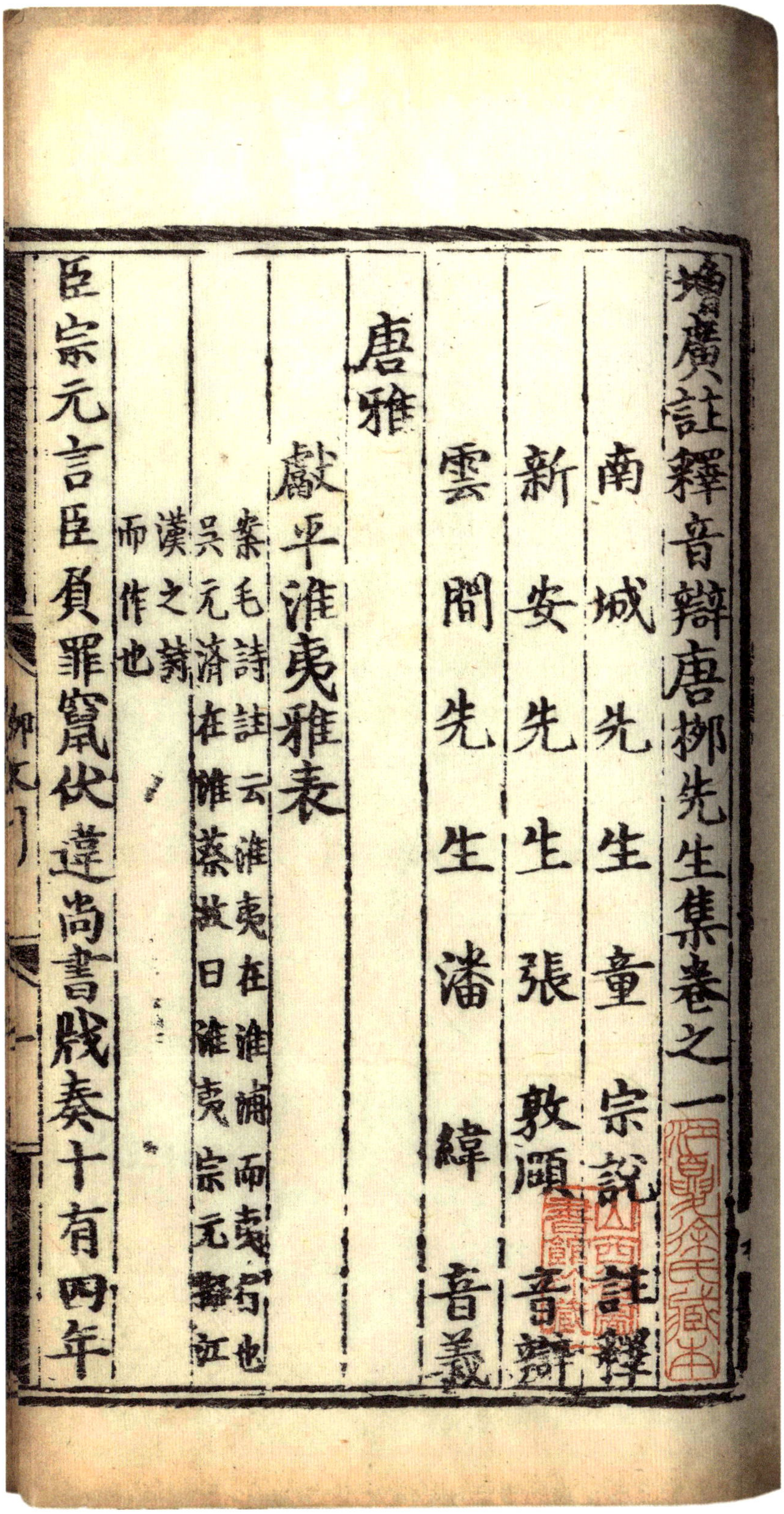

00184 增廣注釋音辯唐柳先生集四十三卷外集二卷　（唐）柳宗元撰　（宋）童宗説注釋　張敦頤音辯　潘緯音義　明正統十三年（1448）善敬堂刻遞修本

綫裝。匡高 22.3 厘米，廣 13.8 厘米。半葉九行，行十八字，小字雙行，行字同。有"正統戊辰善敬堂刊"牌記。鈐"江夏徐氏藏本"印。山西省圖書館藏。

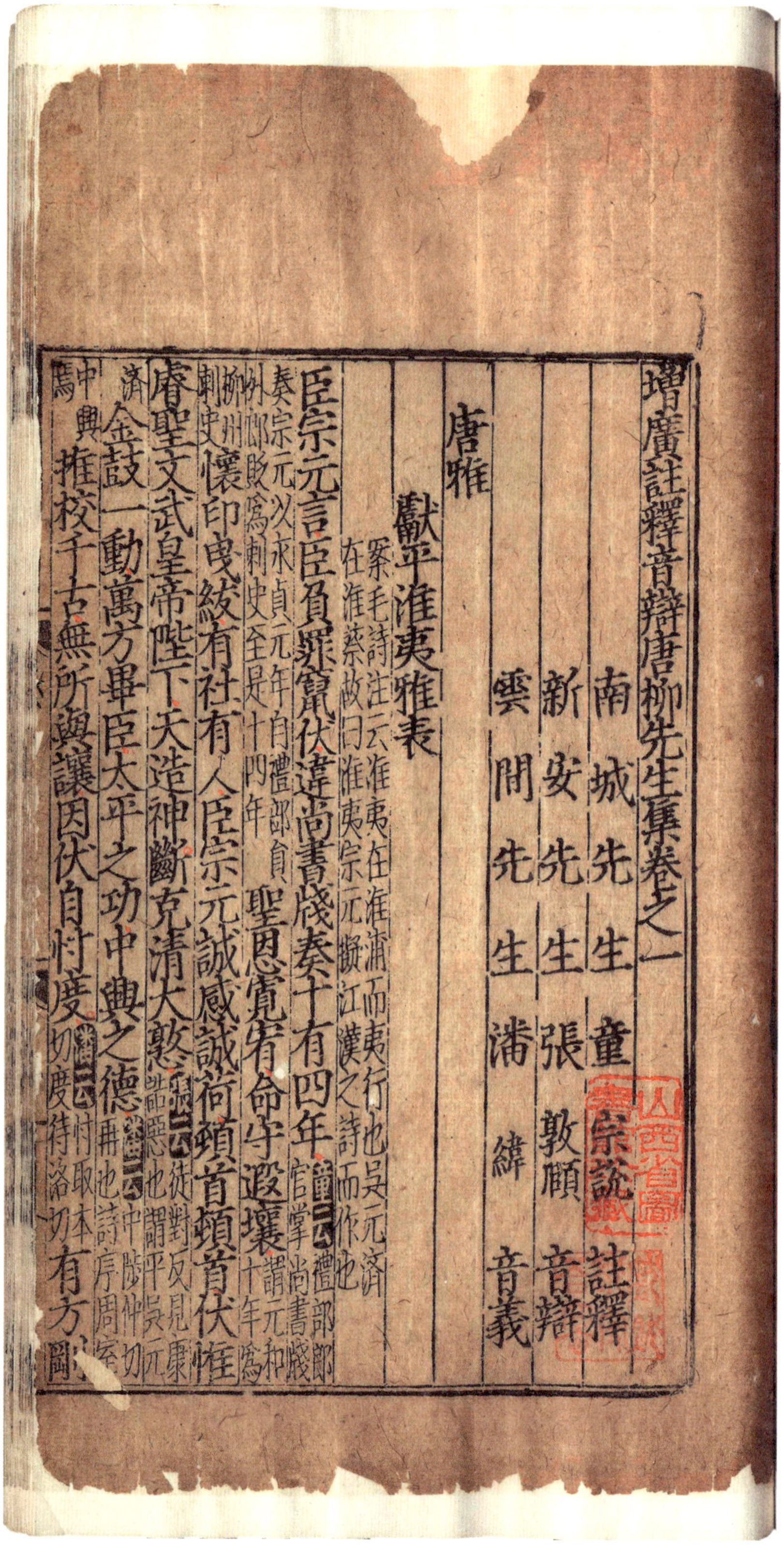

00185 增廣注釋音辯唐柳先生集四十三卷別集二卷外集二卷年譜一卷附錄一卷

（唐）柳宗元撰　（宋）董宗說注釋 張敦頤音辨 潘緯音義　明刻本

綫裝。匡高 20 厘米，廣 12.6 厘米。半葉十三行，行二十三字，小字雙行，行字同，黑口，四周雙邊。山西省圖書館藏。

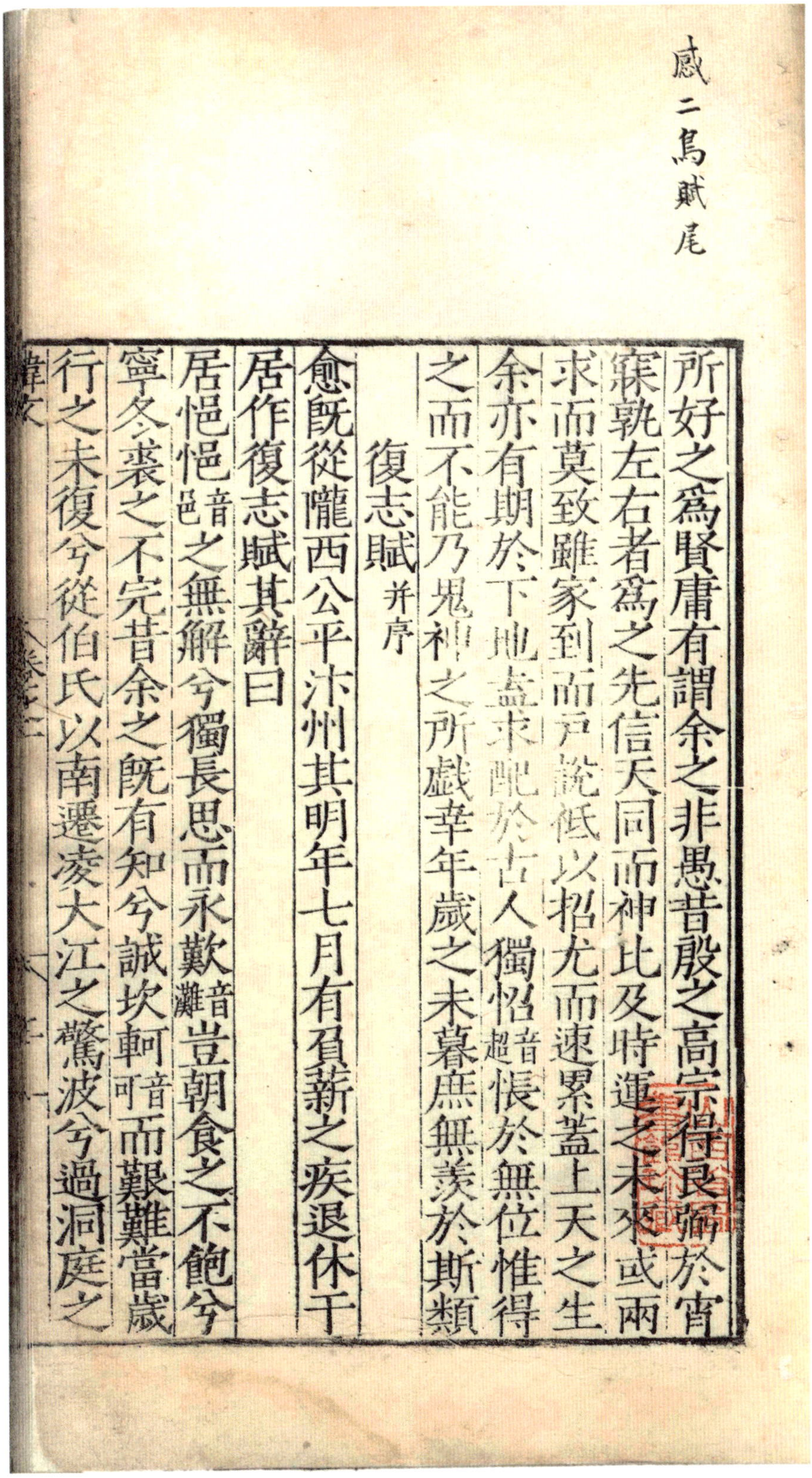
感二鳥賦尾

所好之爲賢庸有謂余之非愚昔殷之高宗得良弼於宵寐孰左右者爲之先信天同而神比及時運之未來或兩求而莫致雖家到而戶説祗以招尤而速累蓋上天之生余亦有期於下地盍求配於古人獨怊音超悵於無位惟得之而不能乃鬼神之所戲幸年歲之未暮庶無羨於斯類

復志賦并序

愈既從隴西公平汴州其明年七月有負薪之疾退休于居作復志賦其辭曰

居悒悒音邑之無解兮獨長思而永歎音灘豈朝食之不飽兮寧冬裘之不完昔余之既有知兮誠坎軻音可而艱難當歲行之未復兮從伯氏以南遷淩大江之驚波兮過洞庭之

00186　韓文四十卷外集一卷遺集一卷　（唐）韓愈撰　**集傳一卷**　明嘉靖十六年（1537）游居敬刻韓柳文本

綫裝。匡高 18.9 厘米，廣 13.7 厘米。半葉十一行，行二十二字，白口，左右雙邊。山西省圖書館藏。

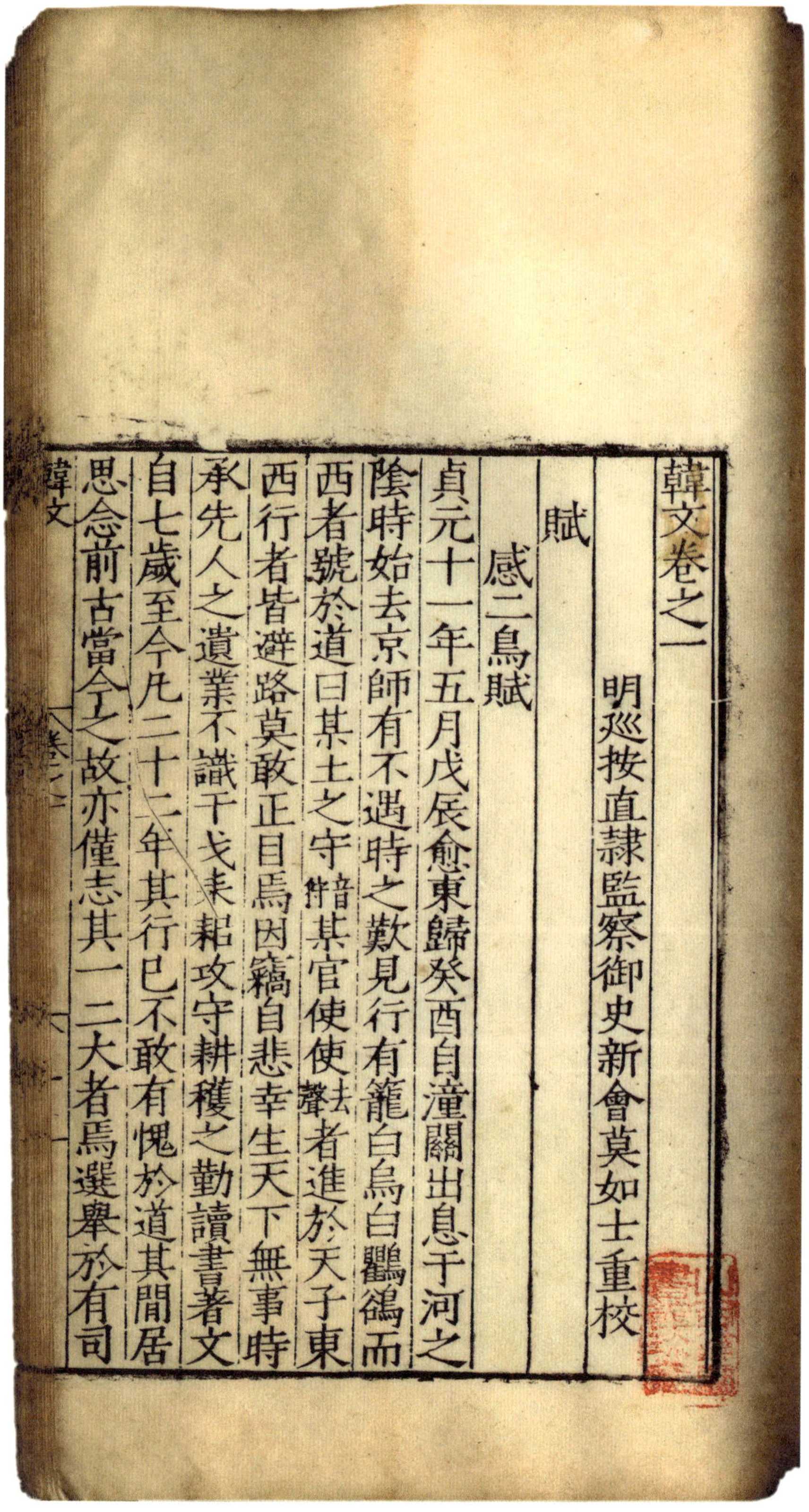

00187 韓文四十卷外集一卷遺集一卷 （唐）韓愈撰 **集傳一卷** 明嘉靖三十五年（1556）莫如士刻韓柳文本

綫裝。匡高 18.9 厘米，廣 13.5 厘米。半葉十一行，行二十二字，白口，左右雙邊。山西省圖書館藏。

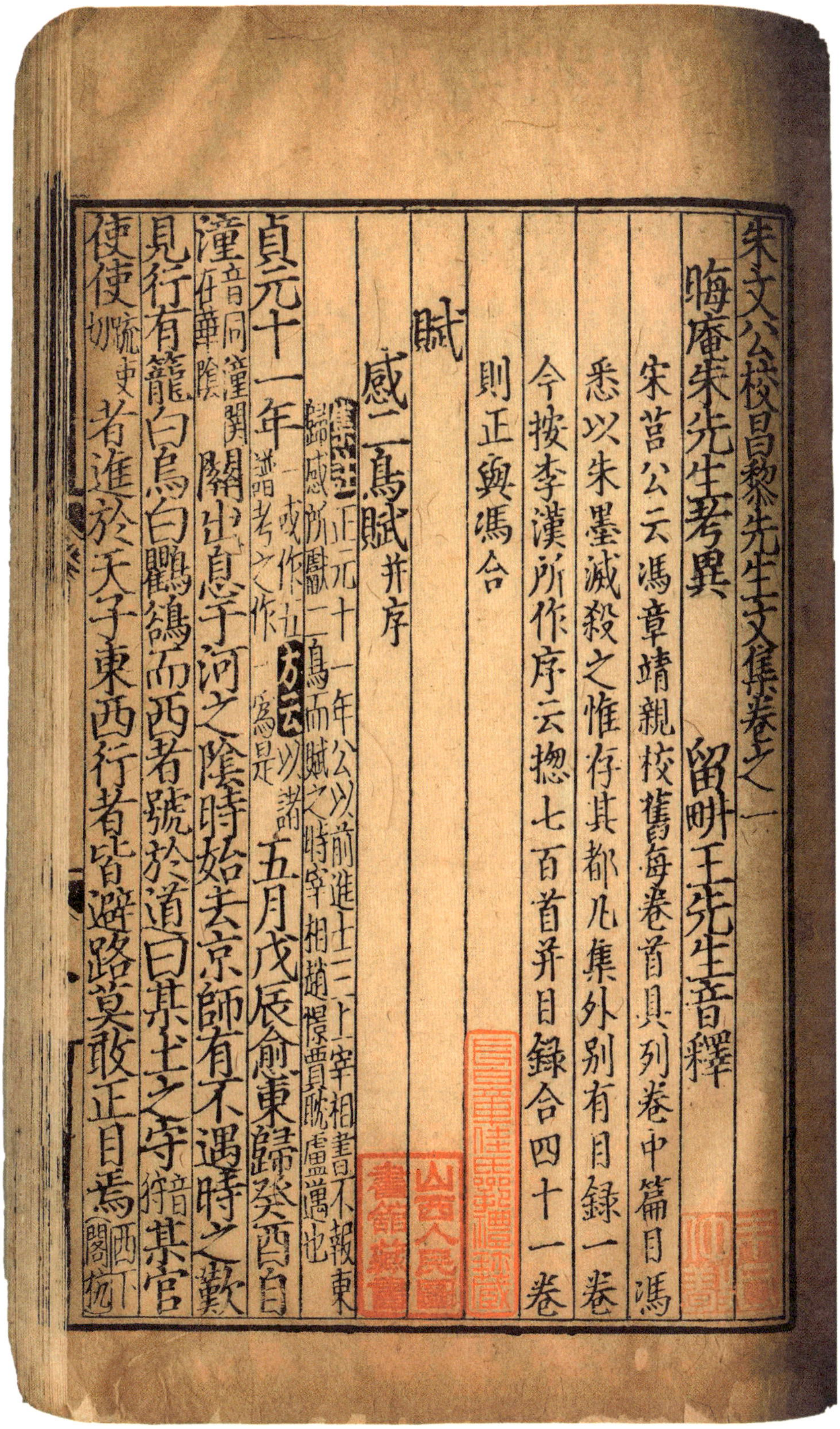
朱文公校昌黎先生文集卷之一
晦庵朱先生考異　留畊王先生音釋
宋莒公云馮章靖親校舊每卷首具列卷中篇目馮
悉以朱墨滅殺之惟存其都凡集外別有目錄一卷
今按李漢所作序云揔七百首并目錄合四十一卷
則正與馮合
賦
感二鳥賦并序
集注正元十一年公以前進士三上宰相書不報東歸感所獻二鳥而賦之時宰相趙憬賈耽盧邁也
貞元十一年一或作五方云以諸本考之作一爲是五月戊辰愈東歸癸酉自
潼音同在華陰潼關出息于河之陰時始去京師有不遇時之歎
見行有籠白烏白鸜鵒而西者號於道曰某土之守衍音某官
使使疏吏切者進於天子東西行者皆避路莫敢正目焉西下闕物

00188 朱文公校昌黎先生文集四十卷外集十卷遺文一卷　（唐）韓愈撰（宋）朱熹考異 王伯大音釋 明正統十三年（1448）書林王宗玉刻本

綫裝。匡高 19.8 厘米，廣 12.6 厘米。半葉十三行，行二十三字，小字雙行，行字同，黑口，四周雙邊。鈐“朱氏仲敬”等印。山西省圖書館藏。

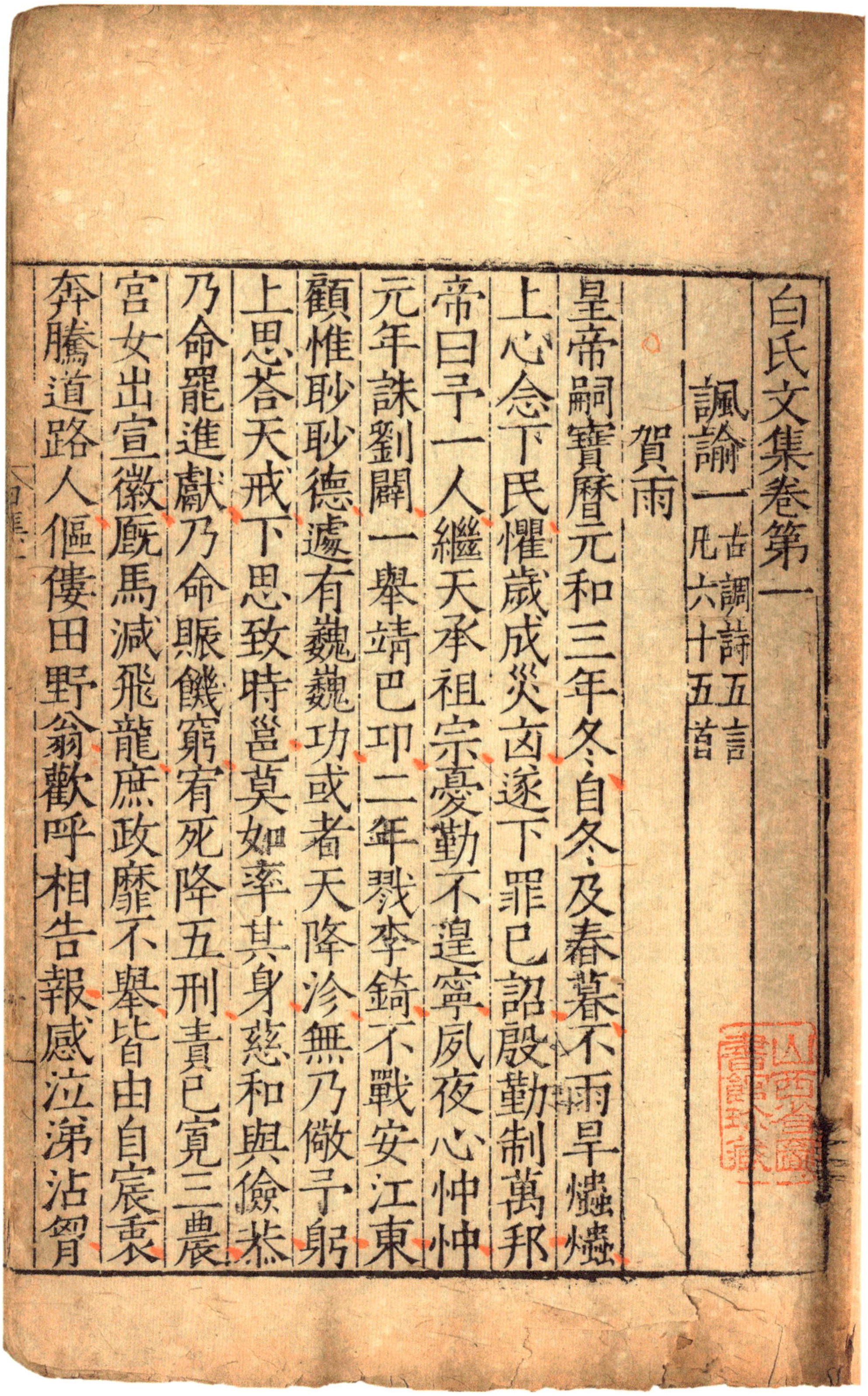
白氏文集卷第一
諷諭一　古調詩五言　凡六十五首
賀雨
皇帝嗣寶曆元和三年冬自冬及春暮不雨旱爞爞
上心念下民懼歲成災凶遂下罪己詔殷勤制萬邦
帝曰予一人繼天承祖宗憂勤不遑寧夙夜心忡忡
元年誅劉闢一舉靖巴邛二年戮李錡不戰安江東
顧惟眇眇德遽有巍巍功或者天降沴無乃儆予躬
上思荅天戒下思致時邕莫如率其身慈和與儉恭
乃命罷進獻乃命賑饑窮宥死降五刑責己寬三農
宮女出宣徽廄馬減飛龍庶政靡不舉皆由自宸衷
奔騰道路人傴僂田野翁歡呼相告報感泣涕沾胷

00189 白氏文集七十一卷　（唐）白居易撰　明嘉靖十七年（1538）伍忠光龍池草堂刻本

綫裝。匡高 19.3 厘米，廣 15.5 厘米。半葉十二行，行二十字，白口，左右雙邊。山西省圖書館藏。

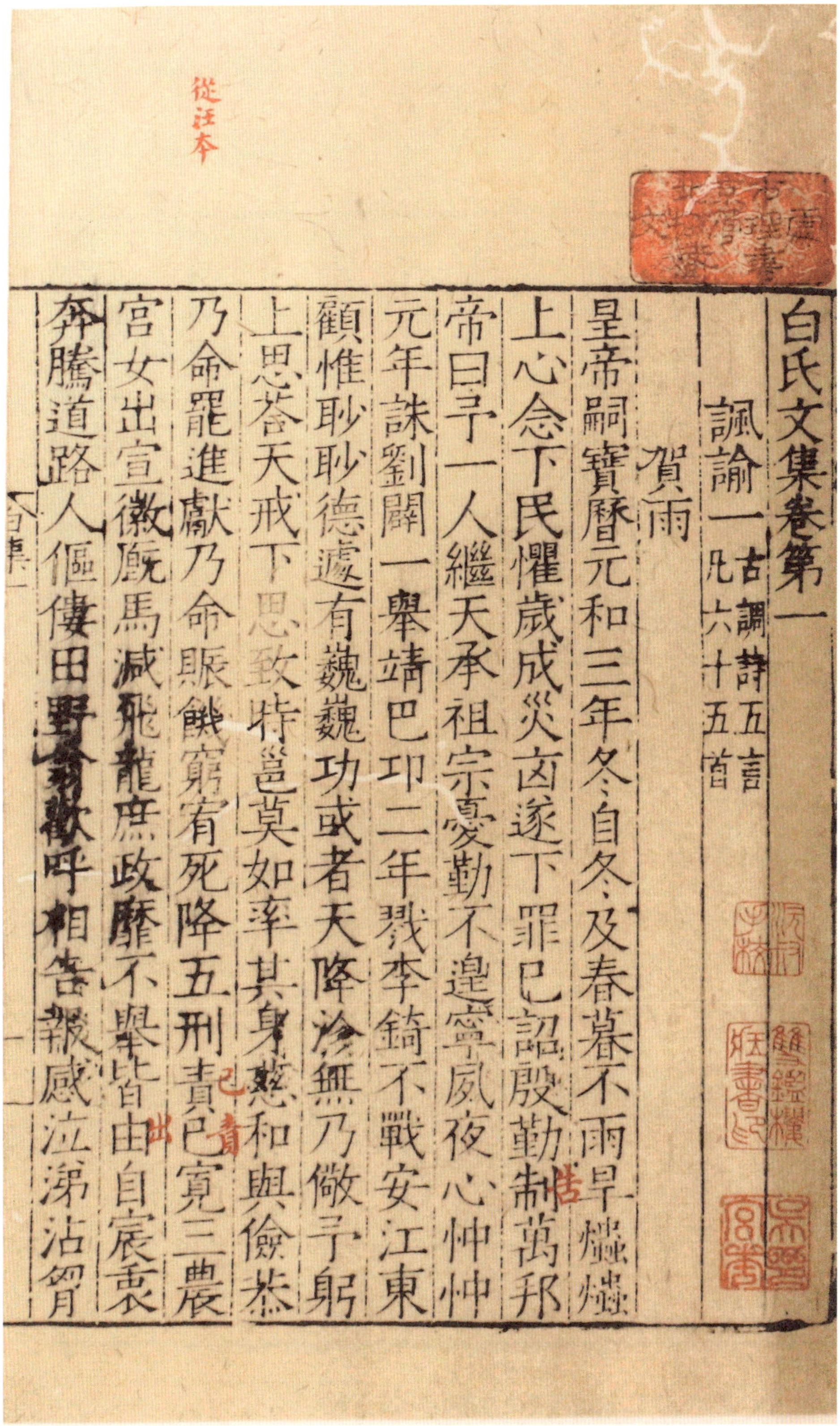
白氏文集卷第一
諷諭一 古調詩五言 凡六十五首
賀雨
皇帝嗣寶曆元和三年冬自冬及春暮不雨旱爞爞
上心念下民懼歲成災凶遂下罪己詔殷勤制萬邦
帝曰予一人繼天承祖宗憂勤不遑寧夙夜心忡忡
元年誅劉闢一舉靖巴邛二年戮李錡不戰安江東
顧惟眇眇德遽有巍巍功或者天降沴無乃儆予躬
上思荅天戒下思致時邕莫如率其身慈和與儉恭
乃命罷進獻乃命賑饑窮宥死降五刑責己寬三農
宮女出宣徽廄馬減飛龍庶政靡不舉皆出自宸衷
奔騰道路人傴僂田野翁歡呼相告報感泣涕沾胷

00190 白氏文集七十一卷 (唐)白居易撰 明嘉靖十七年(1538)伍忠光龍池草堂刻錢應龍重修本

綫装。匡高 19.3 厘米，廣 15.5 厘米。半葉十二行，行二十字，白口，左右雙邊。鈐“沅叔”、“傅增湘”、“企驎軒”、“雙鑑楼藏书印”等印。山西博物院藏，有抄配。

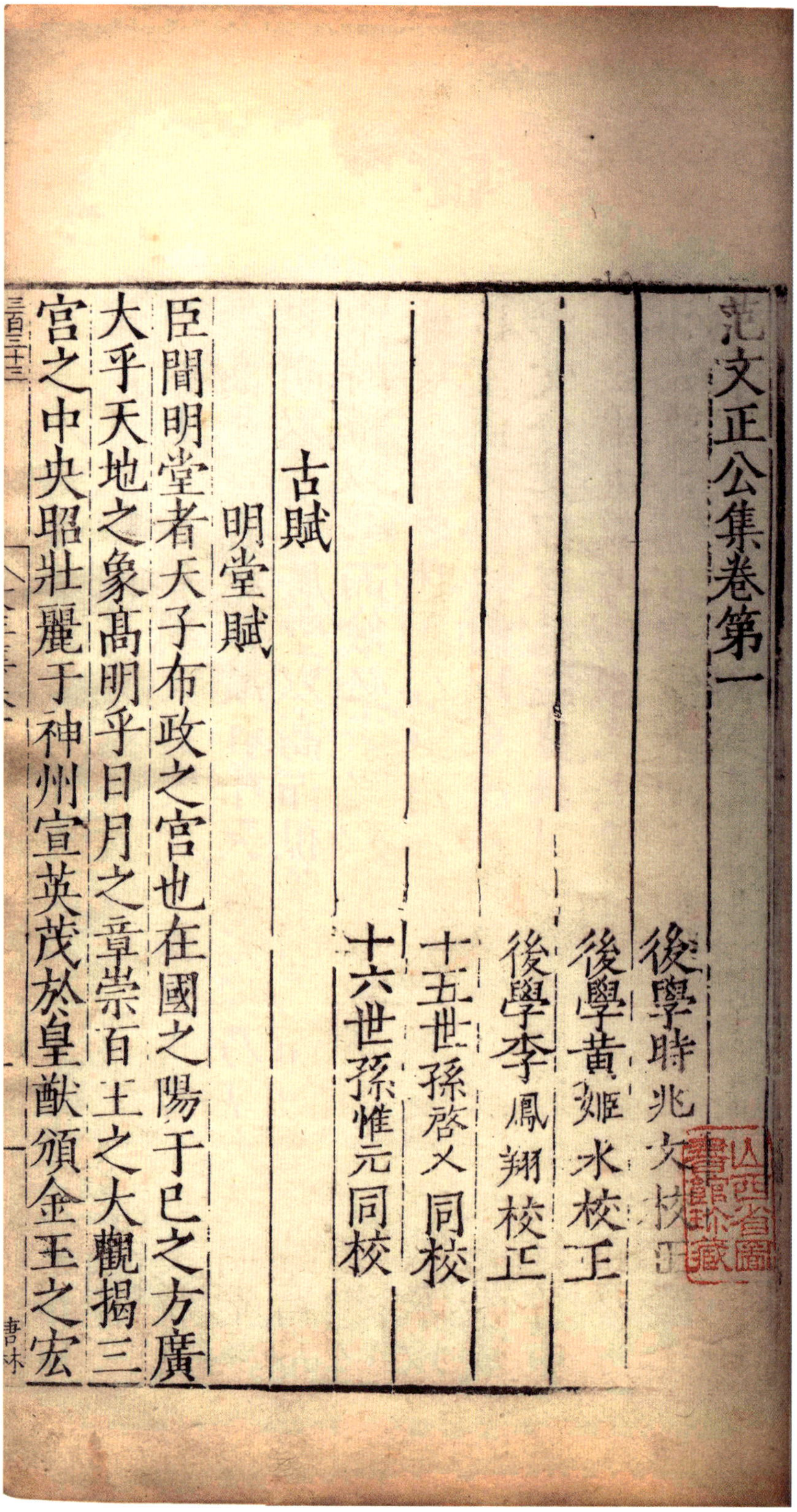

00191 范文正公集二十卷別集四卷政府奏議二卷尺牘三卷　（宋）范仲淹撰　**遺文一卷**　（宋）范純仁 范純粹撰　**年譜一卷**　（宋）樓鑰撰　**年譜補遺一卷祭文一卷褒賢集一卷褒賢祠記二卷諸賢讃頌論疏一卷論頌一卷詩頌一卷遺跡一卷言行拾遺事錄四卷鄱陽遺事錄一卷義莊規矩一卷**　明嘉靖范惟元等刻本

綫裝。匡高 21.5 厘米，廣 15.3 厘米。半葉十二行，行二十一字，白口，左右雙邊。山西省圖書館藏。

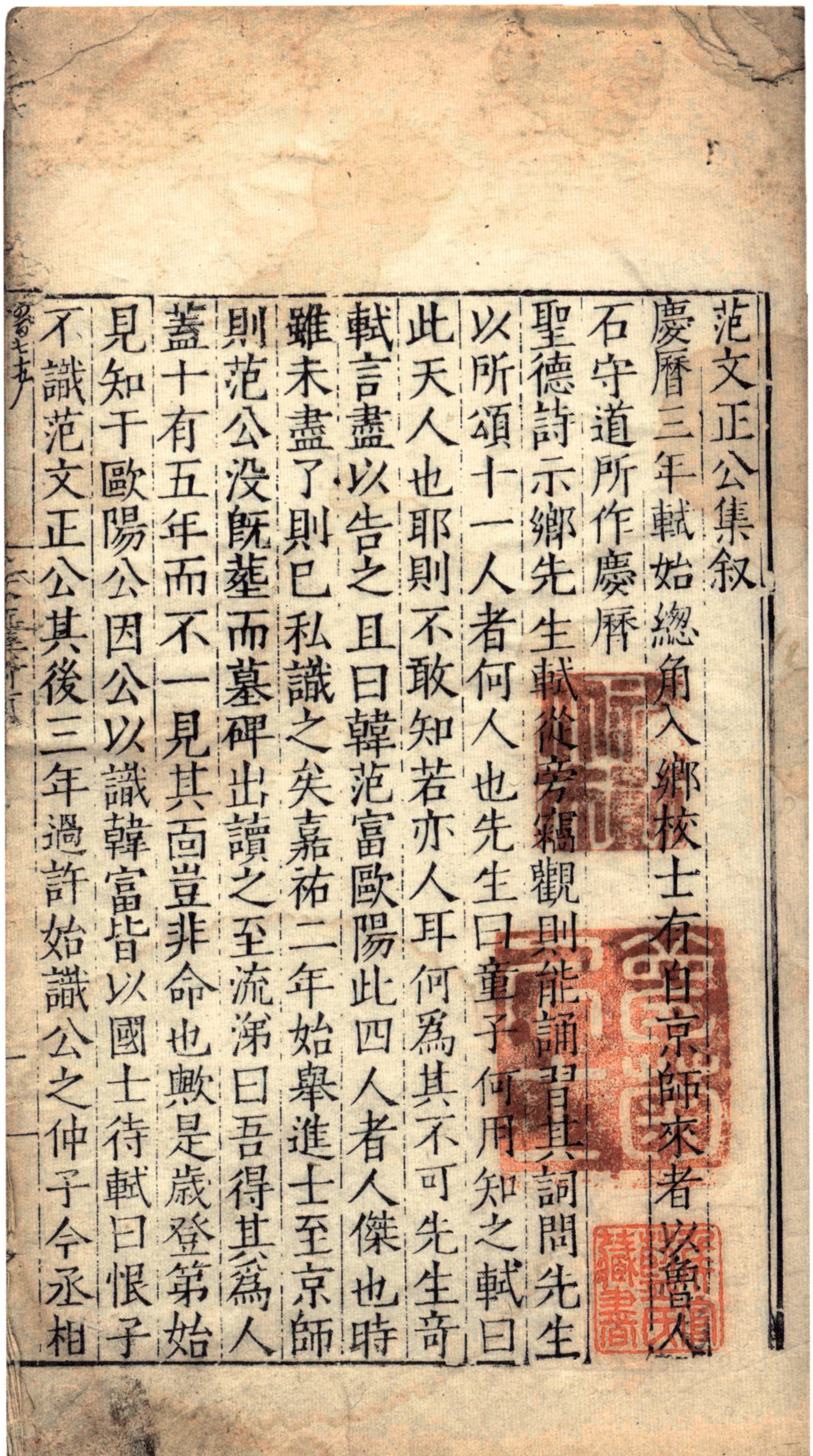

范文正公集叙

慶曆三年軾始總角入鄉校士有自京師來者以魯人石守道所作慶曆聖德詩示鄉先生軾從旁竊觀則能誦習其詞問先生以所頌十一人者何人也先生曰童子何用知之軾曰此天人也耶則不敢知若亦人耳何爲其不可先生奇軾言盡以告之且曰韓范富歐陽此四人者人傑也時雖未盡了則已私識之矣嘉祐二年始舉進士至京師則范公没旣葬而墓碑出讀之至流涕曰吾得其爲人蓋十有五年而不一見其面豈非命也歟是歲登第始見知于歐陽公因公以識韓富皆以國士待軾曰恨子不識范文正公其後三年過許始識公之仲子今丞相

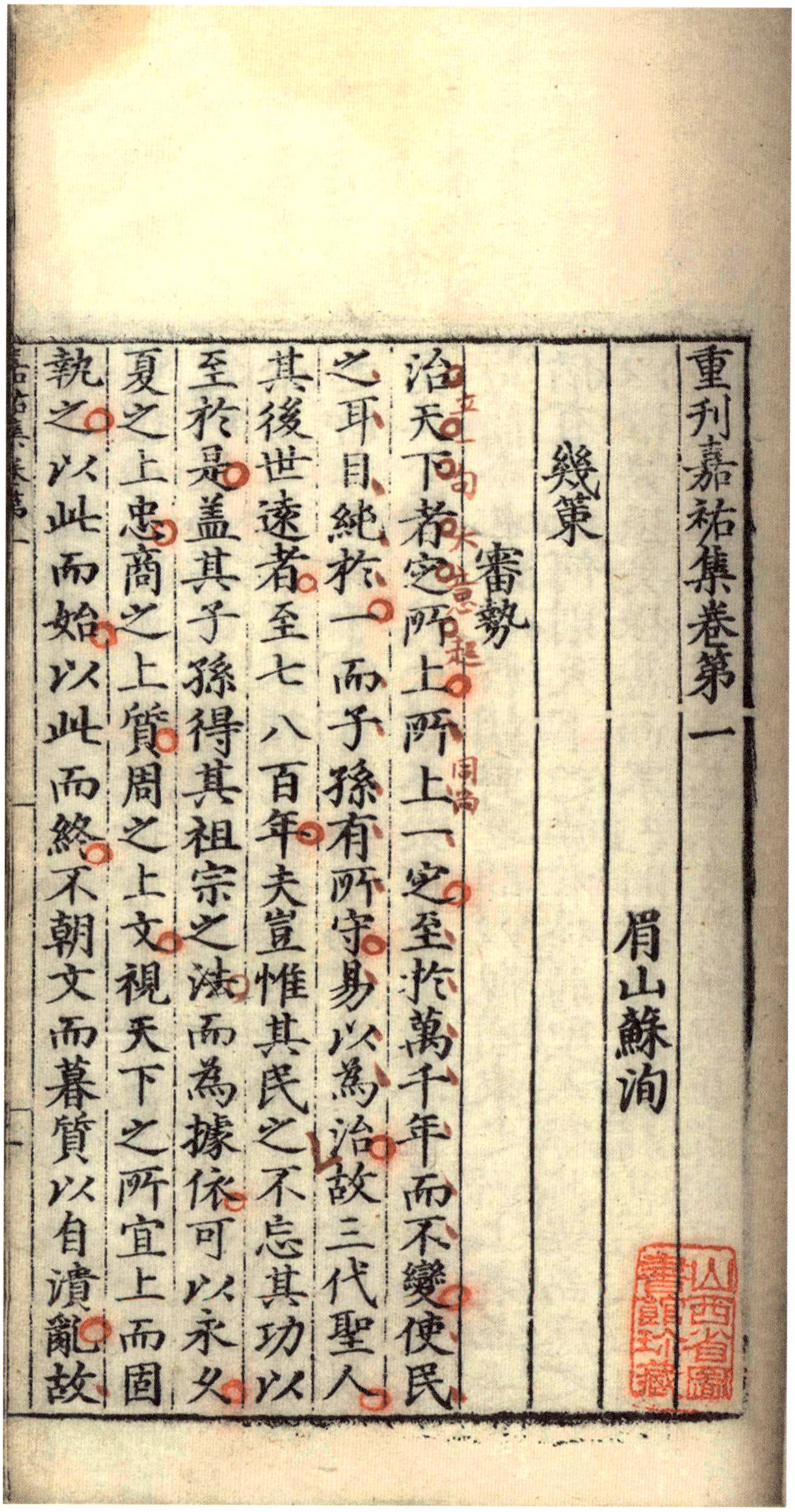
重刊嘉祐集卷第一
眉山蘇洵
幾策
審勢
治天下者定所上所上一定至於萬千年而不變使民之耳目純於一而子孫有所守易以為治故三代聖人其後世遠者至七八百年夫豈惟其民之不忘其功以至於是蓋其子孫得其祖宗之法而為據依可以永久夏之上忠商之上質周之上文視天下之所宜上而固執之以此而始以此而終不朝文而暮質以自潰亂故

00192 重刊嘉祐集十五卷　（宋）蘇洵撰　明嘉靖十一年（1532）太原府刻本

綫裝。匡高 19.6 厘米，廣 13.3 厘米。半葉十行，行二十一字，白口，四周單邊。山西省圖書館藏。

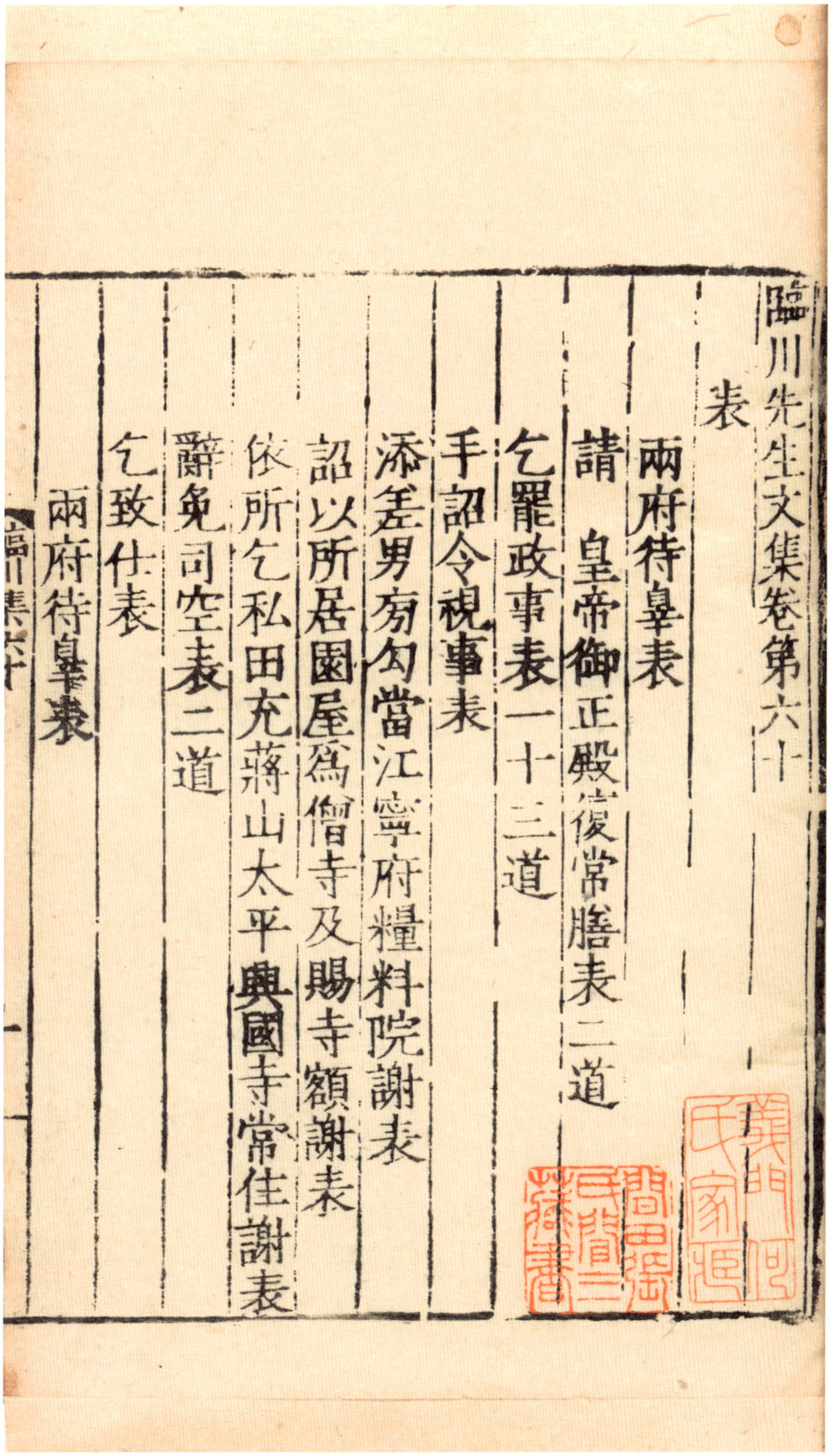
臨川先生文集卷第六十
表
兩府待辠表
請皇帝御正殿復常膳表二道
乞罷政事表一十三道
手詔令視事表
添差男旁勾當江寧府糧料院謝表
詔以所居園屋爲僧寺及賜寺額謝表
依所乞私田充蔣山太平興國寺常住謝表
辭免司空表二道
乞致仕表
兩府待辠表

00193 臨川先生文集一百卷目錄二卷　（宋）王安石撰 明嘉靖三十九年（1560）何遷刻本

綫裝。匡高 21 厘米，廣 15.8 厘米。半葉十一行，行二十字，白口，左右雙邊。鈐“義門何氏家藏”、“何焯之印”、“郈園過目”、“長沙葉氏元尚齋鑒藏”、“法符堂印”、“屺瞻”等印。山西大學圖書館藏。

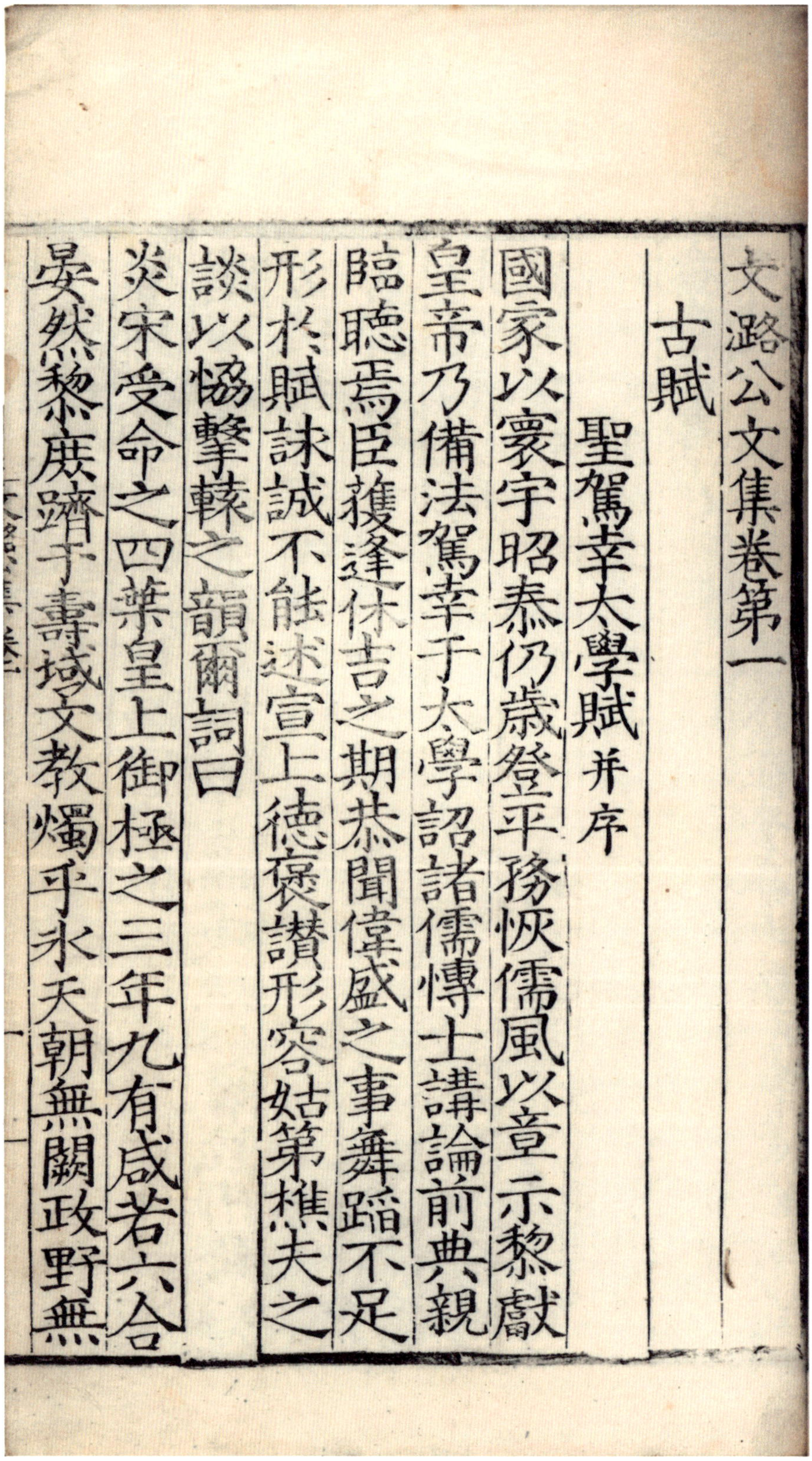
文潞公文集卷第一
古賦
聖駕幸太學賦并序
國家以寰宇昭泰仍歲登平務恢儒風以章示黎獻
皇帝乃備法駕幸于太學詔諸儒博士講論前典親
臨聽焉臣獲逢休吉之期恭聞偉盛之事舞蹈不足
形於賦詠誠不能述宣上德褒讚形容姑第樵夫之
談以恊擊轅之韻爾詞曰
炎宋受命之四葉皇上御極之三年九有咸若六合
晏然黎庶躋于壽域文教燭乎氷天朝無闕政野無

00194 文潞公文集四十卷　（宋）文彥博撰　明嘉靖五年（1526）王溱刻本

綫裝。匡高 20 厘米，廣 13.8 厘米。半葉十行，行二十字，白口，四周單邊。鈐“青浦王昶字曰德甫”、“一字述庵別號藍泉”、“博古齋收藏善本書籍”等印。山西大學圖書館藏。

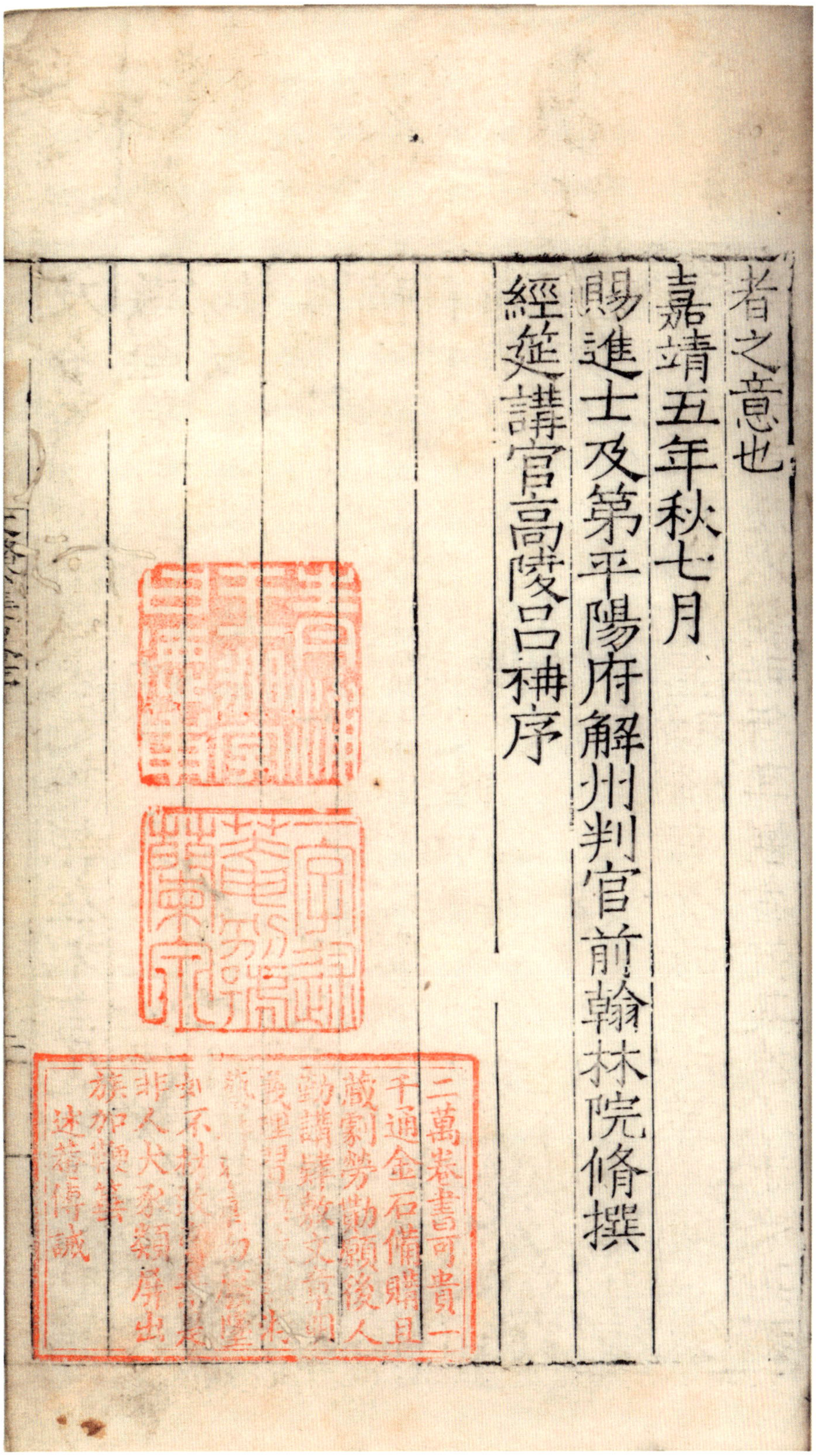

者之意也
嘉靖五年秋七月
賜進士及第平陽府解州判官前翰林院脩撰
經筵講官高陵呂柟序

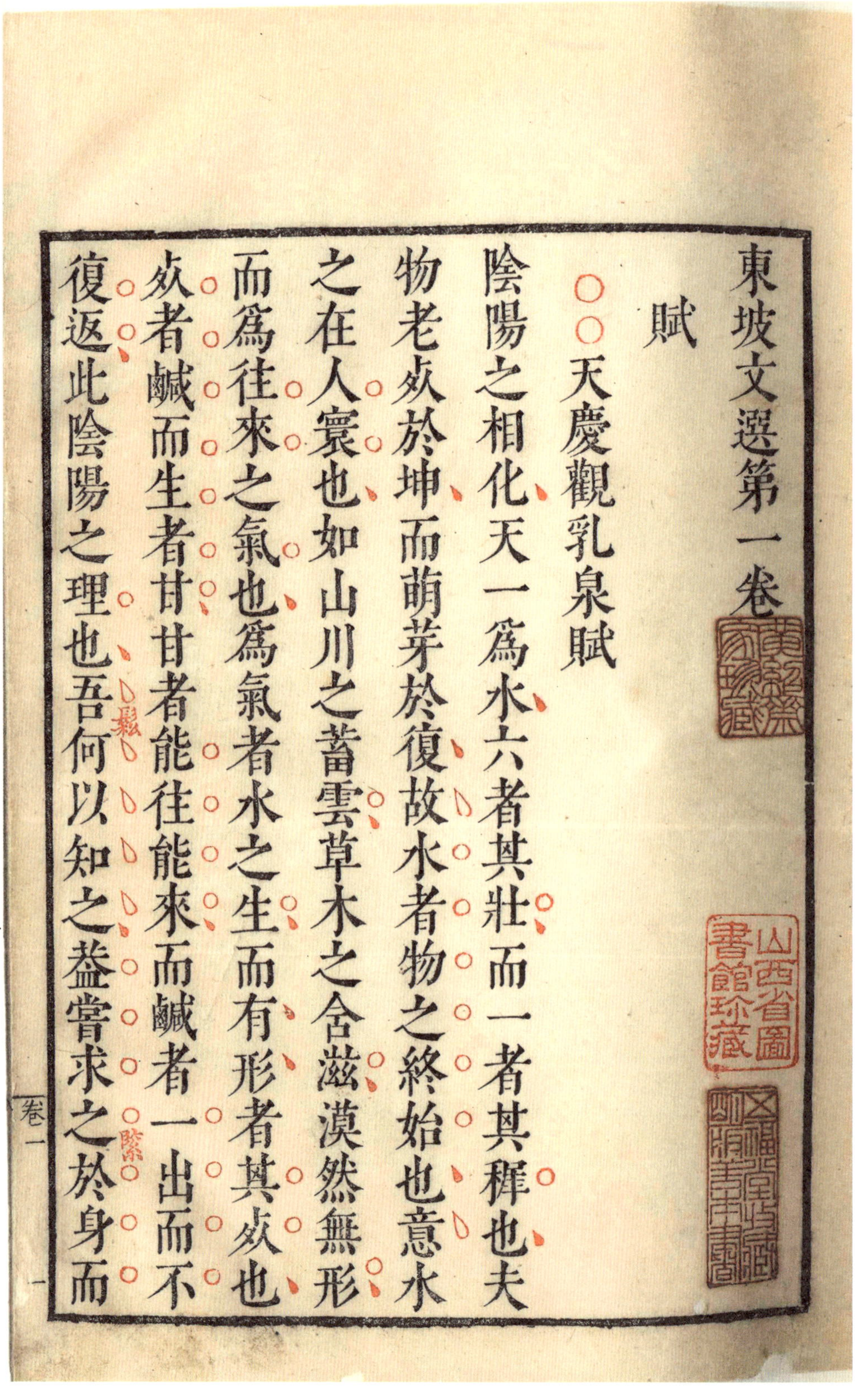
東坡文選第一卷
賦
天慶觀乳泉賦
陰陽之相化天一爲水六者其壯而一者其稺也夫
物老死於坤而萌芽於復故水者物之終始也意水
之在人寰也如山川之蓄雲草木之含滋漠然無形
而爲往來之氣也爲氣者水之生而有形者其死也
死者鹹而生者甘甘者能往能來而鹹者一出而不
復返此陰陽之理也吾何以知之盍嘗求之於身而
卷一　一

00195 東坡文選二十卷　（宋）蘇軾撰　（明）鐘惺輯並評　明閔氏刻朱墨套印本

綫裝。匡高 20.8 厘米，廣 15.3 厘米。半葉九行，行二十字，白口，四周單邊。鈐“鐘惺之印”、“敬伯氏”、“五福堂收藏明版善本書”等印。山西省圖書館藏。

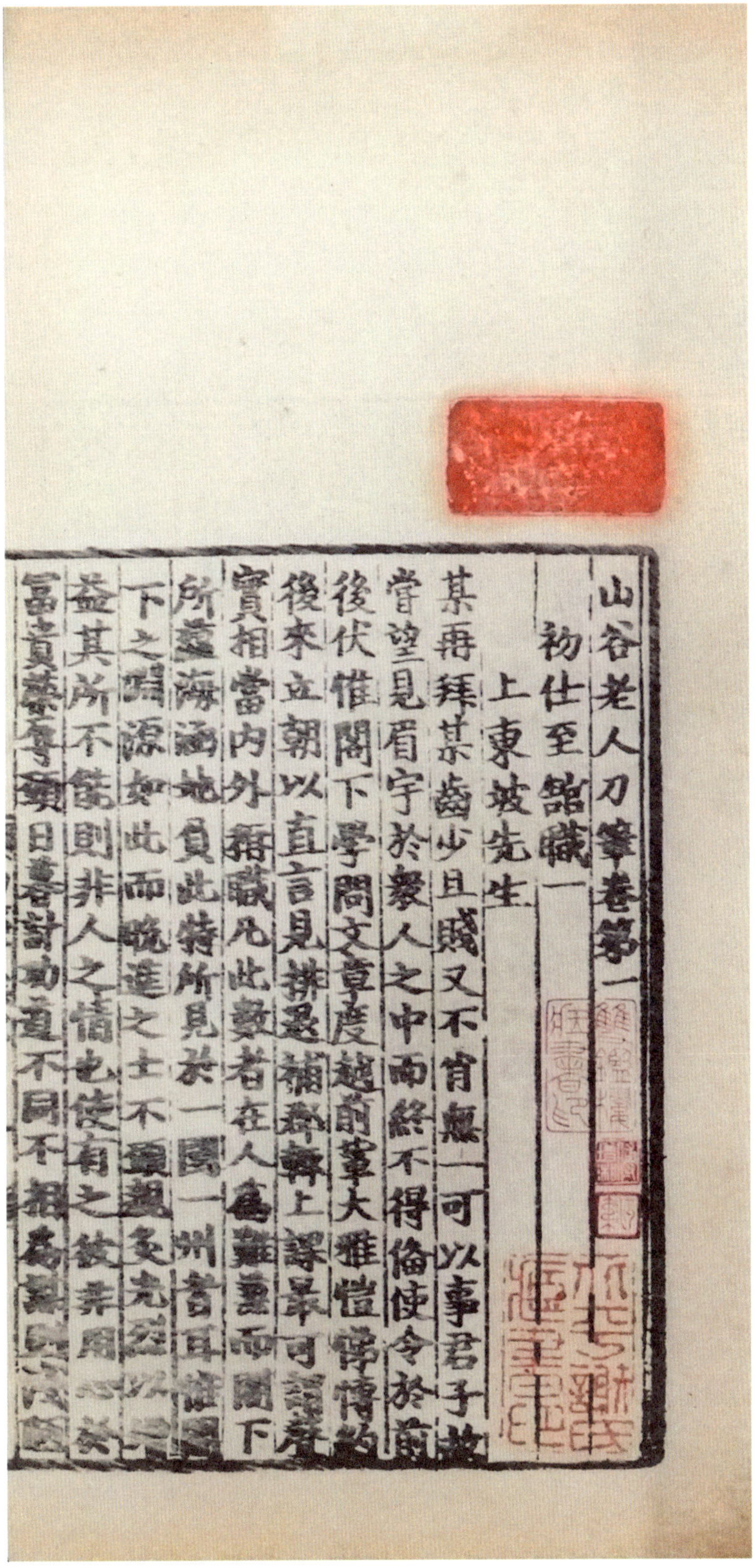

00196 山谷老人刀筆二十卷　（宋）黄庭堅撰 明弘治十二年（1499）張汝舟刻本

綫裝。匡高 15.5 厘米，廣 11.3 厘米。半葉十二行，行十九字，白口，左右雙邊。鈐“傅增湘”、“雙鑑樓藏書印”、“沅叔”等印。山西博物院藏。

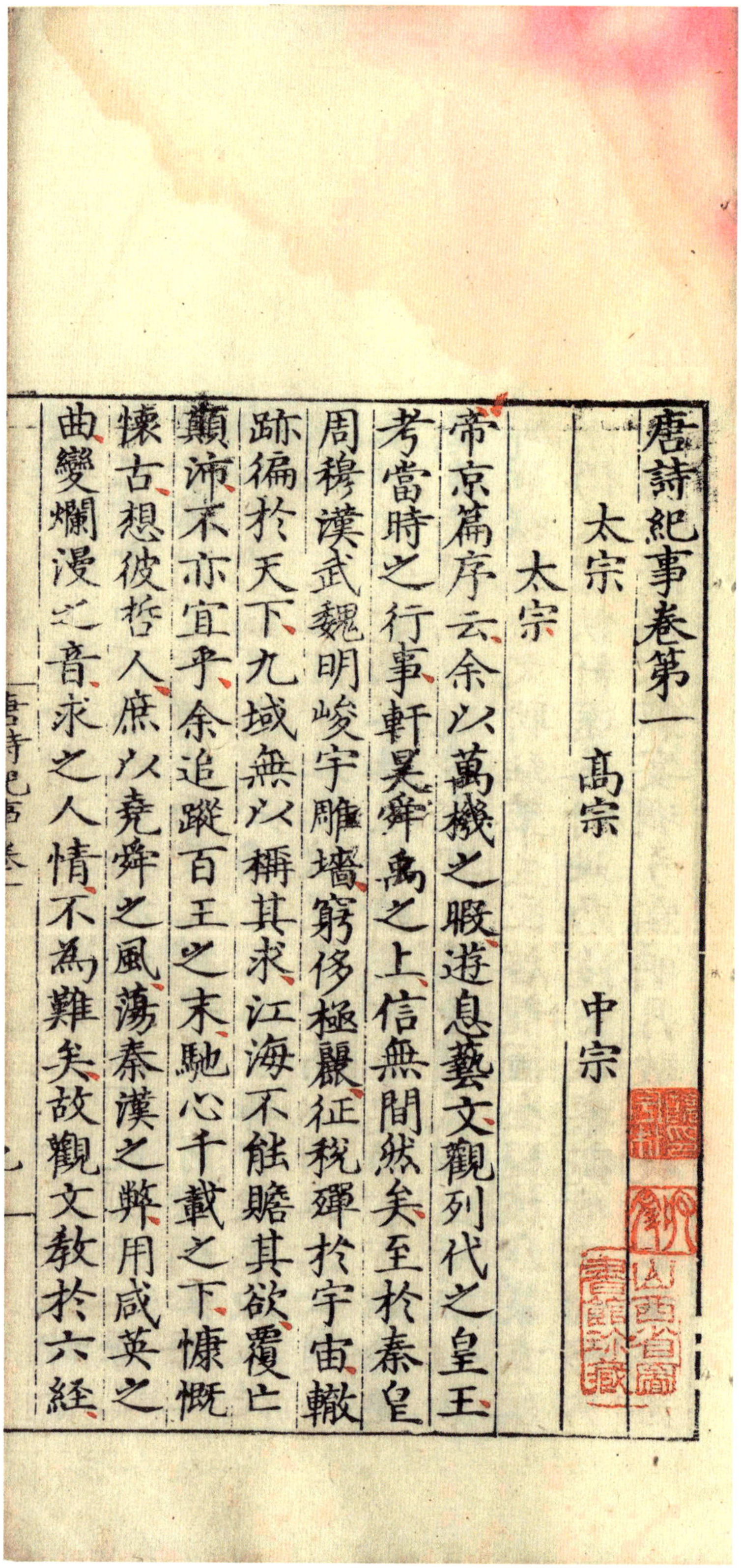
唐詩紀事卷第一
太宗　高宗　中宗
太宗
帝京篇序云余以萬機之暇遊息藝文觀列代之皇王
考當時之行事軒昊舜禹之上信無間然矣至於秦皇
周穆漢武魏明峻宇雕墻窮侈極麗征稅殫於宇宙轍
跡徧於天下九域無以稱其求江海不能贍其欲覆亡
顛沛不亦宜乎余追蹤百王之末馳心千載之下慷慨
懐古想彼哲人庶以堯舜之風蕩秦漢之弊用咸英之
曲變爛漫之音求之人情不為難矣故觀文教於六經

00197 唐詩紀事八十一卷　（宋）計有功撰 明嘉靖二十四年（1545）張子立刻本

綫裝。匡高 20 厘米，廣 13.3 厘米。半葉十行，行二十一字，白口，四周單邊。山西省圖書館藏。

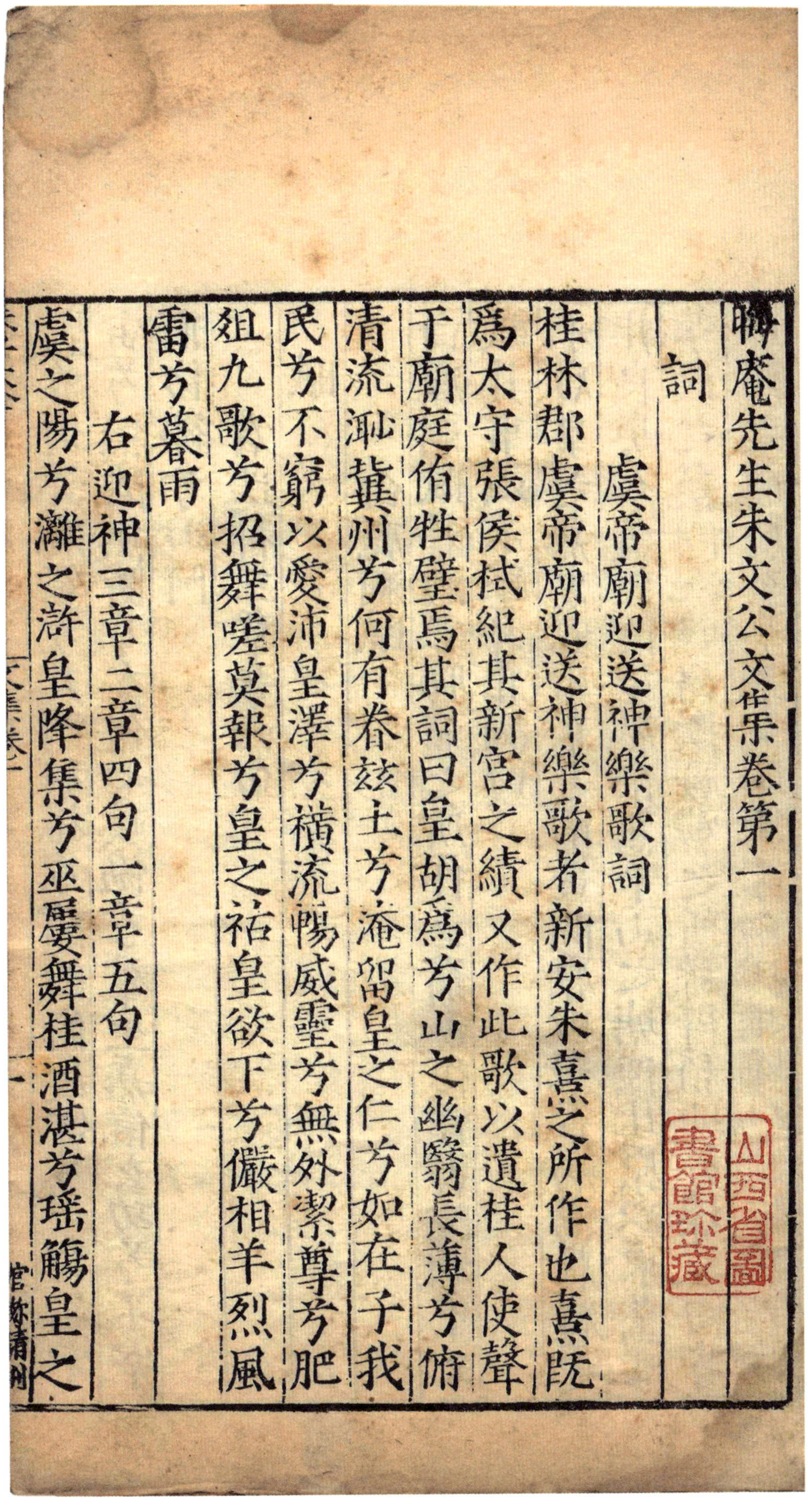
晦庵先生朱文公文集卷第一
詞
虞帝廟迎送神樂歌詞
桂林郡虞帝廟迎送神樂歌者新安朱熹之所作也熹既
爲太守張侯栻紀其新宮之績又作此歌以遺桂人使聲
于廟庭侑牲璧焉其詞曰皇胡爲兮山之幽翳長薄兮俯
清流[illegible]龔州兮何有眷玆土兮淹留皇之仁兮如在子我
民兮不窮以愛沛皇澤兮橫流暢威靈兮無外絜尊兮肥
俎九歌兮招舞嗟莫報兮皇之祐皇欲下兮儼相羊烈風
雷兮暮雨
右迎神三章二章四句一章五句
虞之陽兮灕之滸皇降集兮巫屢舞桂酒湛兮瑤觴皇之

00198 晦庵先生朱文公文集一百卷目錄二卷續集十一卷別集十卷　（宋）朱熹撰　明嘉靖十一年（1532）張大輪胡岳等刻本

綫裝。匡高 18.9 厘米，廣 13.3 厘米。半葉十二行，行二十二字，白口，四周單邊。山西省圖書館藏。

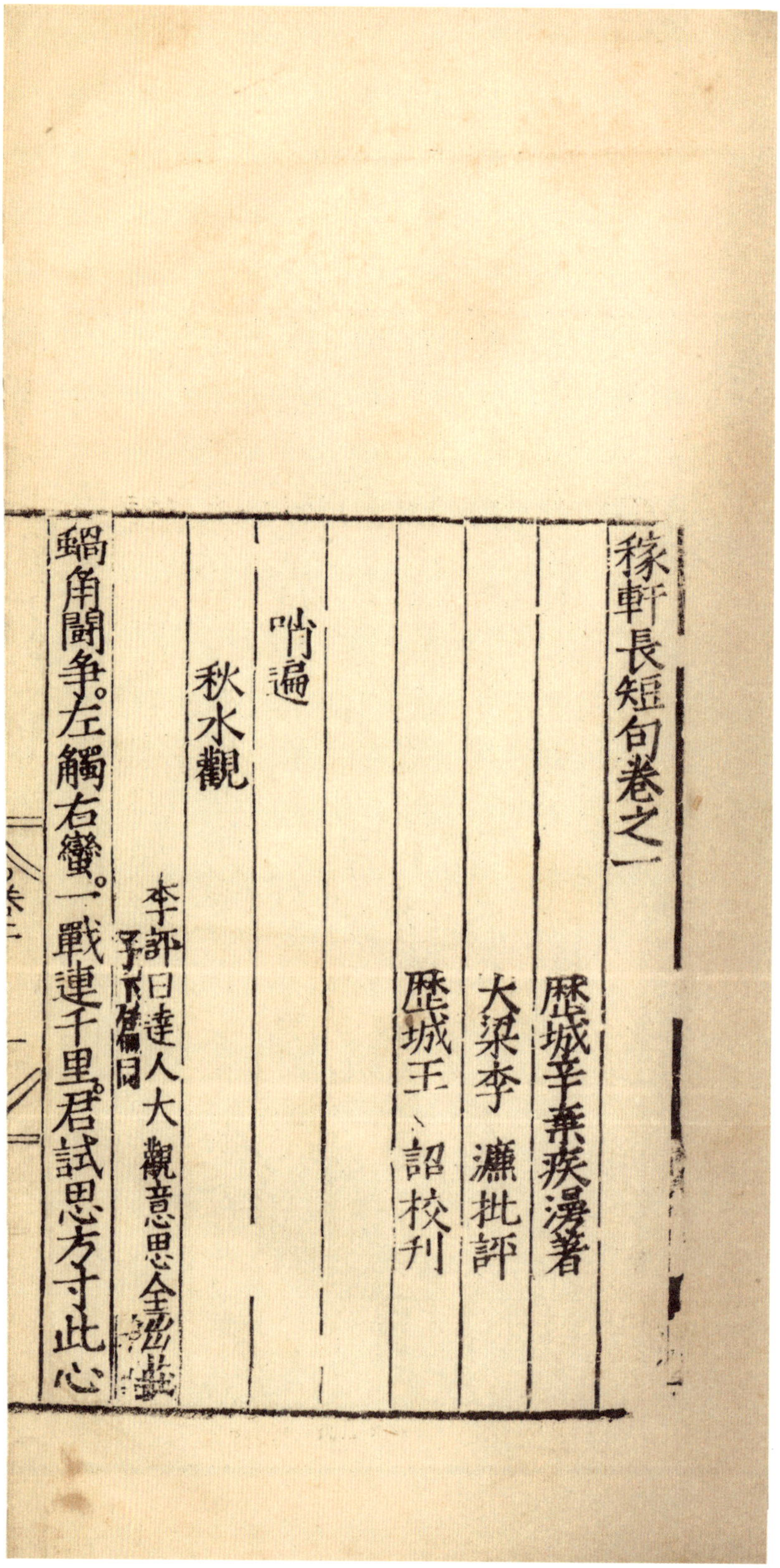
稼軒長短句卷之一
歷城辛棄疾湯著
大梁李　濂批評
歷城王　詔校刊
哨遍
秋水觀
李評曰達人大觀意思全
子下篇同
蝸角鬭爭。左觸右蠻。一戰連千里。君試思方寸此心

00199 稼軒長短句十二卷　（宋）辛棄疾撰　（明）李濂評　明嘉靖十五年（1536）王詔刻本

綫裝。匡高 16 厘米，廣 15.3 厘米。半葉九行，行二十字，白口，四周雙邊。太原市圖書館藏。

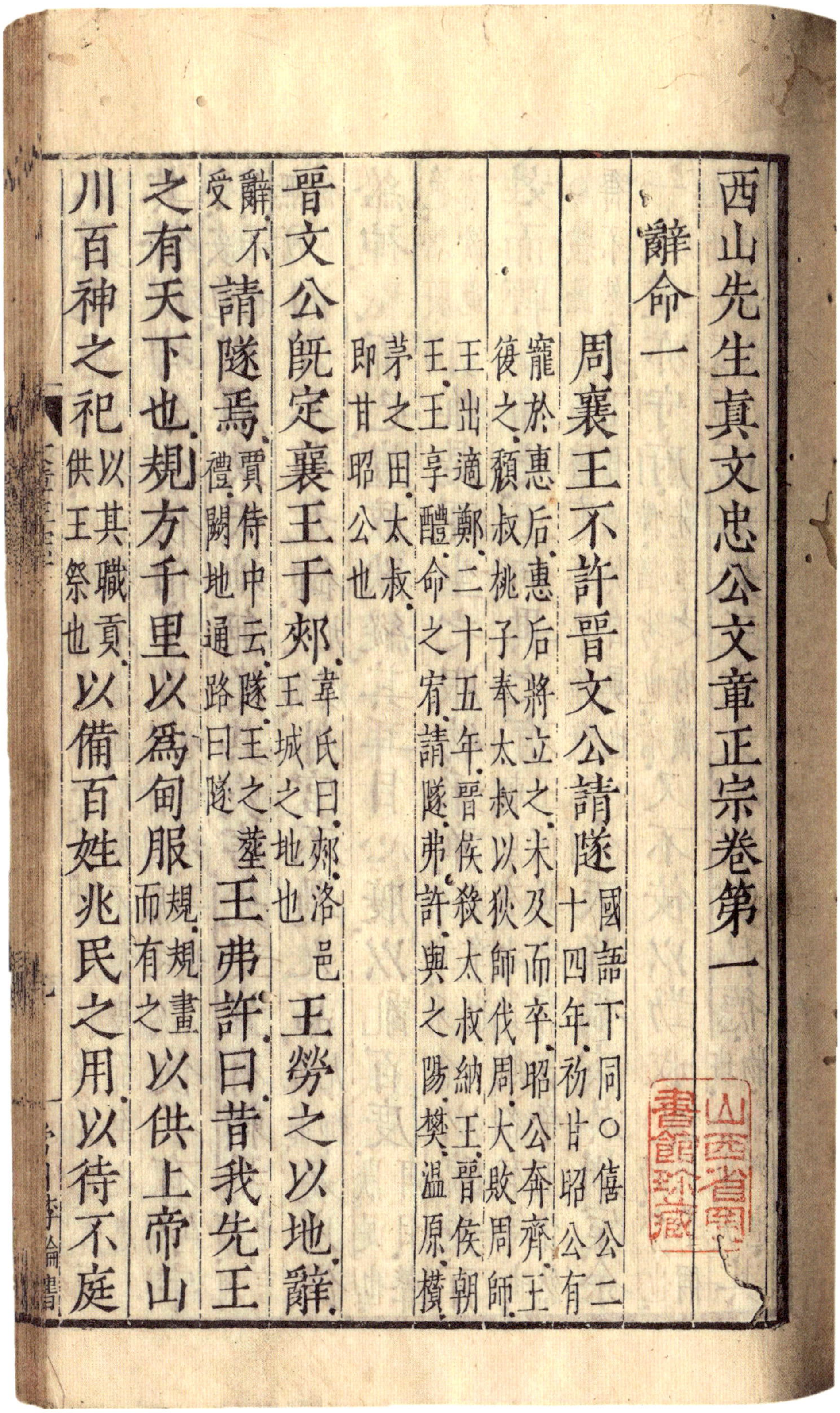
西山先生真文忠公文章正宗卷第一
辭命一
周襄王不許晉文公請隧國語下同○僖公二十四年秋甘昭公有寵於惠后惠后將立之未及而卒昭公奔齊王復之頹叔桃子奉太叔以狄師伐周大敗周師王王出適鄭二十五年晉侯殺太叔納王晉侯朝王王享醴命之宥請隧弗許與之陽樊溫原欑茅之田太叔即甘昭公也
晉文公既定襄王于郟韋氏曰郟洛邑王城之地也王勞之以地辭辭不受請隧焉賈侍中云隧王之葬禮闕地通路曰隧王弗許曰昔我先王之有天下也規方千里以為甸服規規畫而有之以供上帝山川百神之祀以其職貢供王祭也以備百姓兆民之用以待不庭

00200　西山先生真文忠公文章正宗二十四卷續二十卷　（宋）真德秀輯　明嘉靖四十三年（1564）蔣氏家塾刻本

綫裝。匡高 20.5 厘米，廣 12.7 厘米。半葉十行，行二十一字，小字雙行，行字同，白口，左右雙邊。山西省圖書館藏。

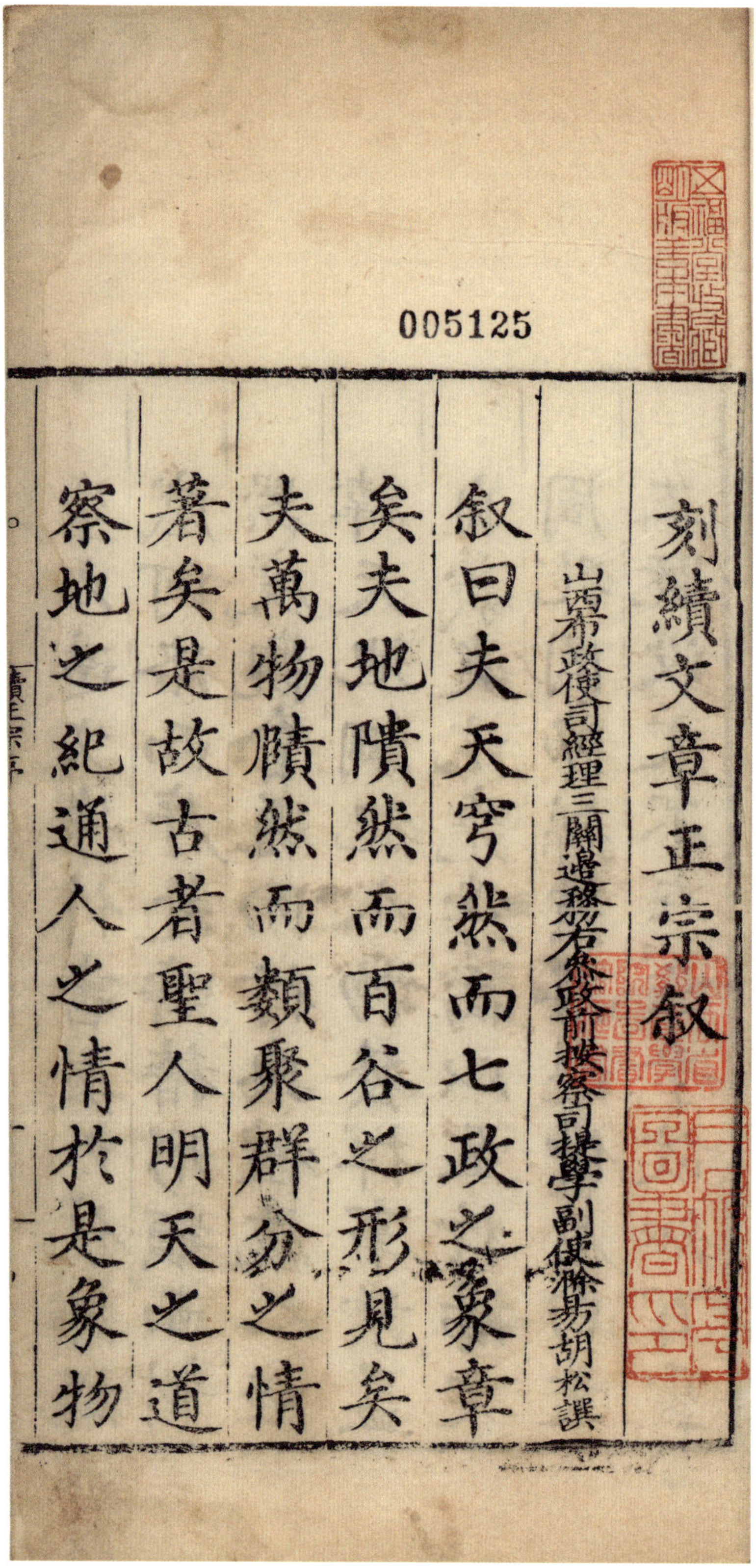
005125

刻續文章正宗叙

山西布政使司經理三關邊務右參政前按察司提學副使滁陽胡松譔

叙曰夫天穹然而七政之象章矣夫地隤然而百谷之形見矣夫萬物隤然而類聚群分之情著矣是故古者聖人明天之道察地之紀通人之情於是象物

00201 真文忠公續文章正宗二十卷　（宋）真德秀輯　明嘉靖二十一年（1542）晉藩刻本

綫裝。匡高 12.8 厘米，廣 19.5 厘米。半葉十行，行二十一字，小字雙行，行字同，白口，四周單邊。鈐“啟帆亭圖書印”、“五福堂收藏明版善本書”、“池北書庫”、“國子祭酒”、“黃紹齋家珍藏”、“山西四十得所得書畫”等印。山西師範大學圖書館藏。

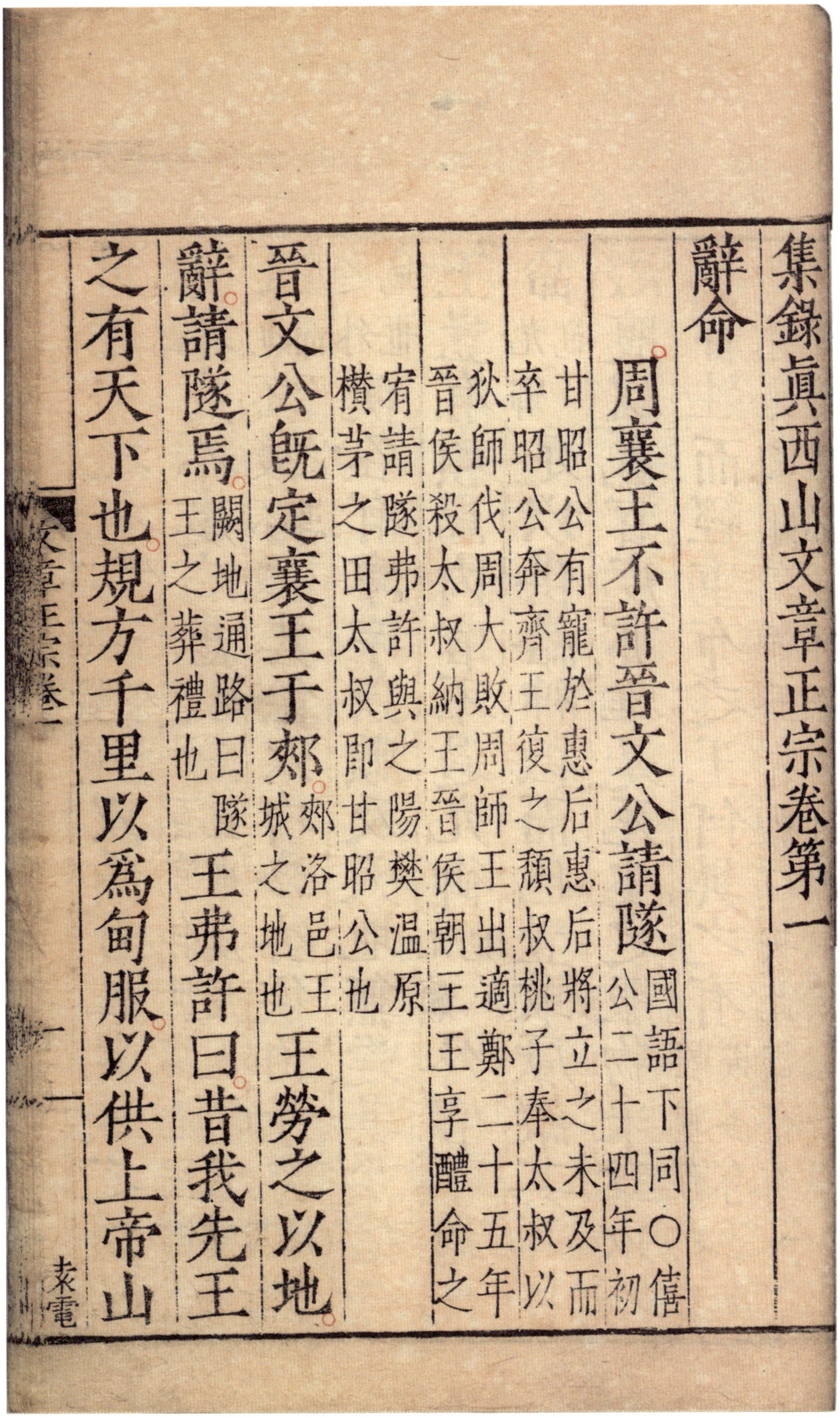

集錄眞西山文章正宗卷第一

辭命

周襄王不許晉文公請隧 國語下同○僖公二十四年初甘昭公有寵於惠后惠后將立之未及而卒昭公奔齊王復之頽叔桃子奉太叔以狄師伐周大敗周師王出適鄭二十五年晉侯殺太叔納王晉侯朝王王享醴命之宥請隧弗許與之陽樊温原櫕茅之田太叔即甘昭公也

晉文公既定襄王于郟 郟洛邑王城之地也 王勞之以地辭請隧焉 闕地通路曰隧王之葬禮也 王弗許曰昔我先王之有天下也規方千里以爲甸服以供上帝山

文章正宗卷一　一　袁電

00202 集錄真西山文章正宗三十卷　（宋）真德秀輯　明嘉靖二十三年（1544）孔天胤刻本

綫裝。匡高 21.3 厘米，廣 15 厘米。半葉九行，行十八字，小字雙行，行字同，白口，左右雙邊。山西師範大學圖書館藏。

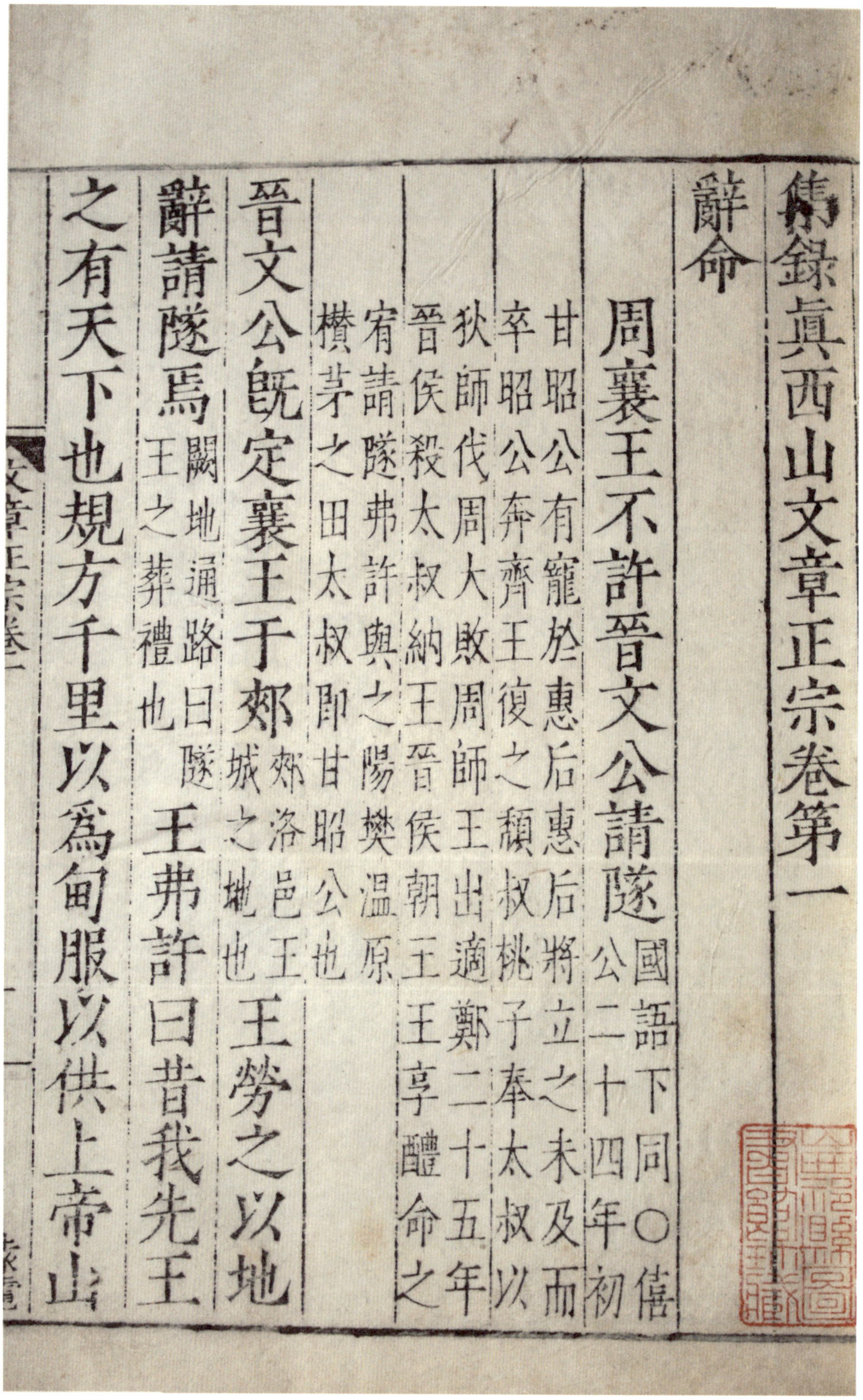
集錄真西山文章正宗卷第一
辭命
周襄王不許晉文公請隧國語下同○僖公二十四年初甘昭公有寵於惠后惠后將立之未及而卒昭公奔齊王復之穎叔桃子奉太叔以狄師伐周大敗周師王出適鄭二十五年晉侯殺太叔納王晉侯朝王王享醴命之宥請隧弗許與之陽樊溫原欑茅之田太叔即甘昭公也
晉文公既定襄王于郟郟洛邑王城之地也王勞之以地辭請隧焉闕地通路曰隧王之葬禮也王弗許曰昔我先王之有天下也規方千里以為甸服以供上帝山
文章正宗卷一

00203 集錄真西山文章正宗三十卷　（宋）真德秀輯　明嘉靖二十三年（1544）孔天胤刻本

綫裝。匡高 21.3 厘米，廣 15 厘米。半葉九行，行十八字，小字雙行，行字同，白口，左右雙邊。祁縣圖書館藏。

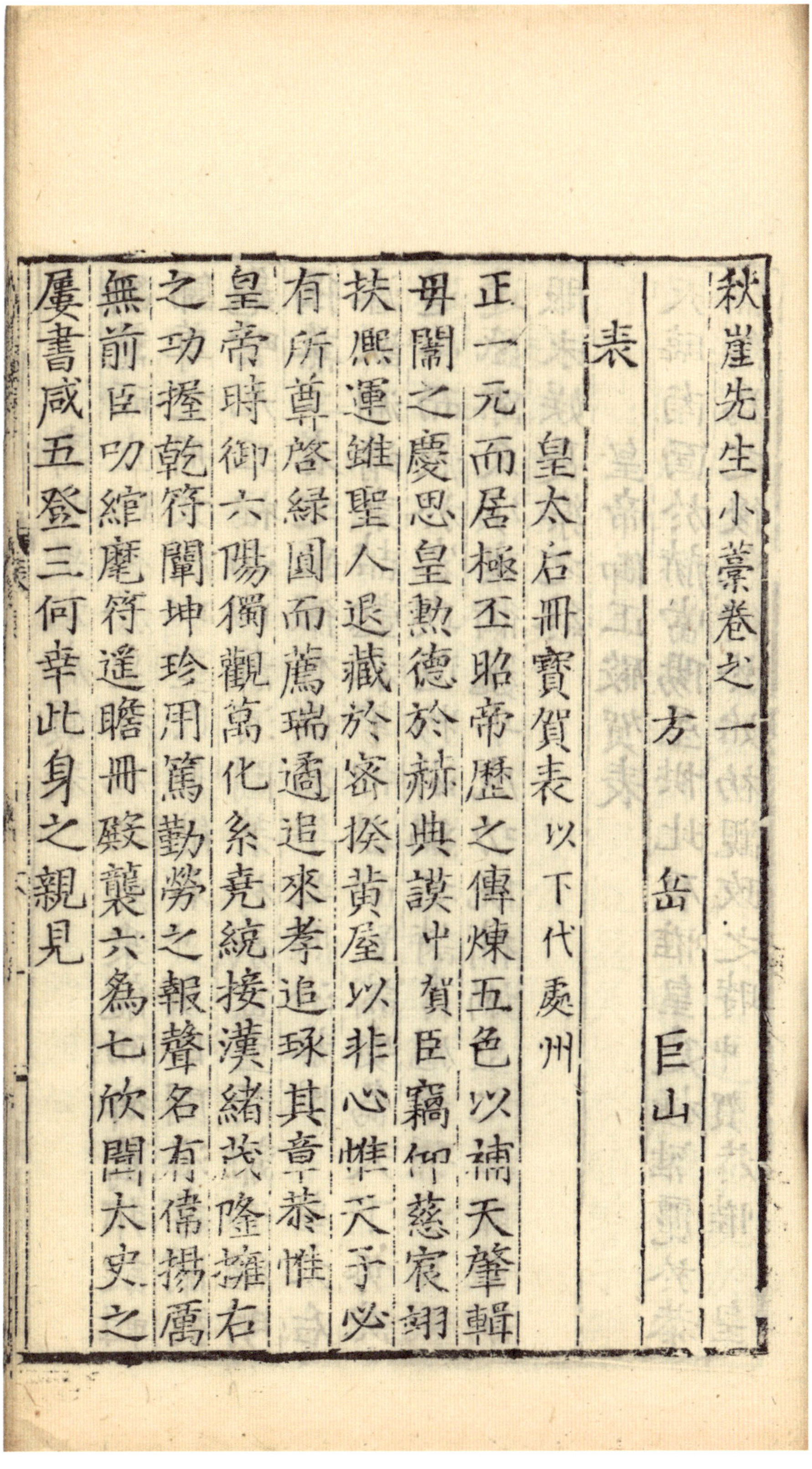

00204 秋崖先生小稿四十五卷又三十八卷　（宋）方岳撰　明嘉靖五年（1526）方謙刻本

綫裝。匡高 18 厘米，廣 12 厘米。半葉十二行，行二十字，白口，四周單邊。山西大學圖書館藏。

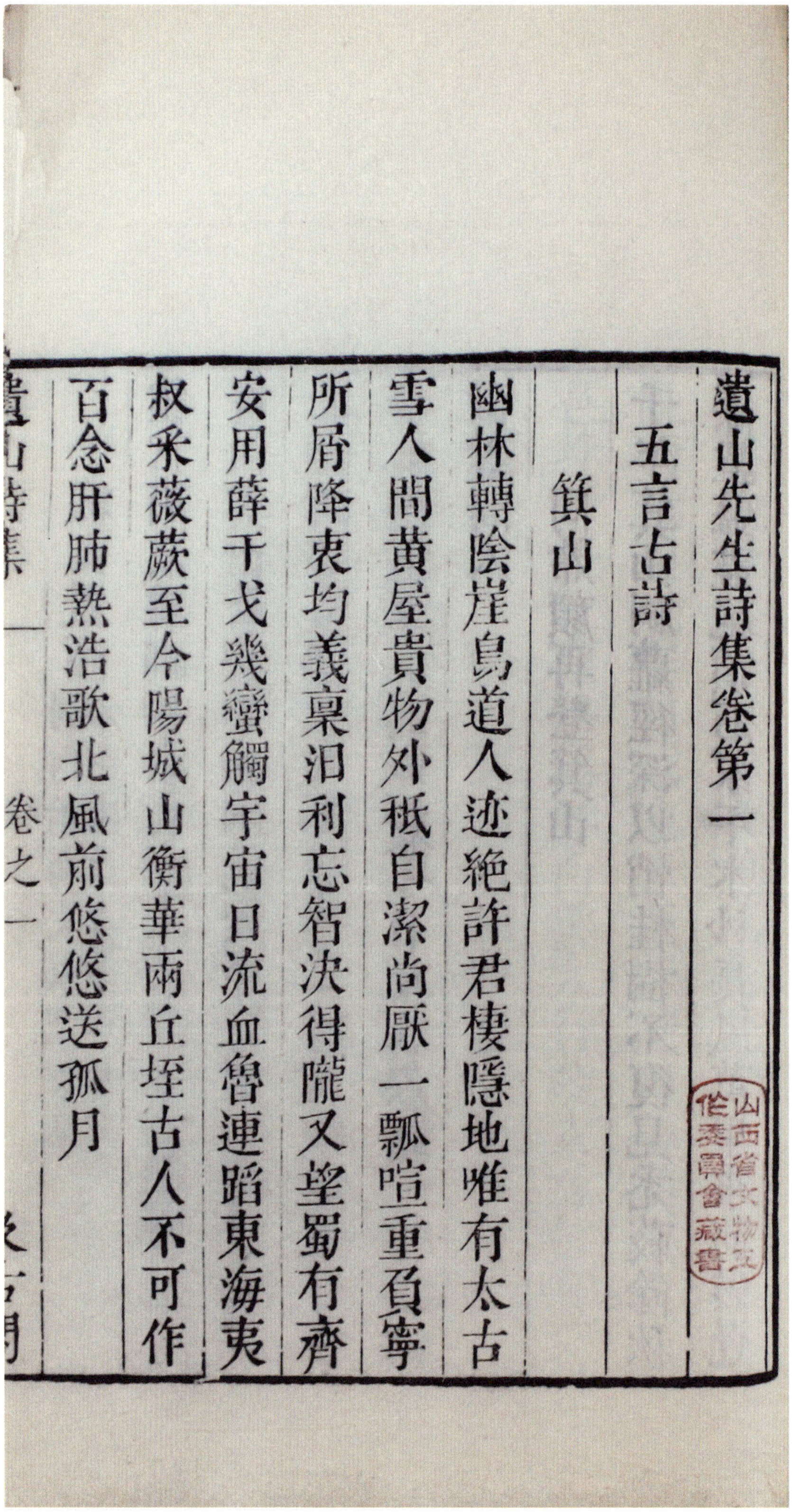

00205 **遺山詩集二十卷** (金)元好問撰　明毛氏汲古閣刻本

綫裝。匡高 18.6 厘米，廣 14.3 厘米。半葉九行，行十九字，白口，左右雙邊。山西博物院藏。

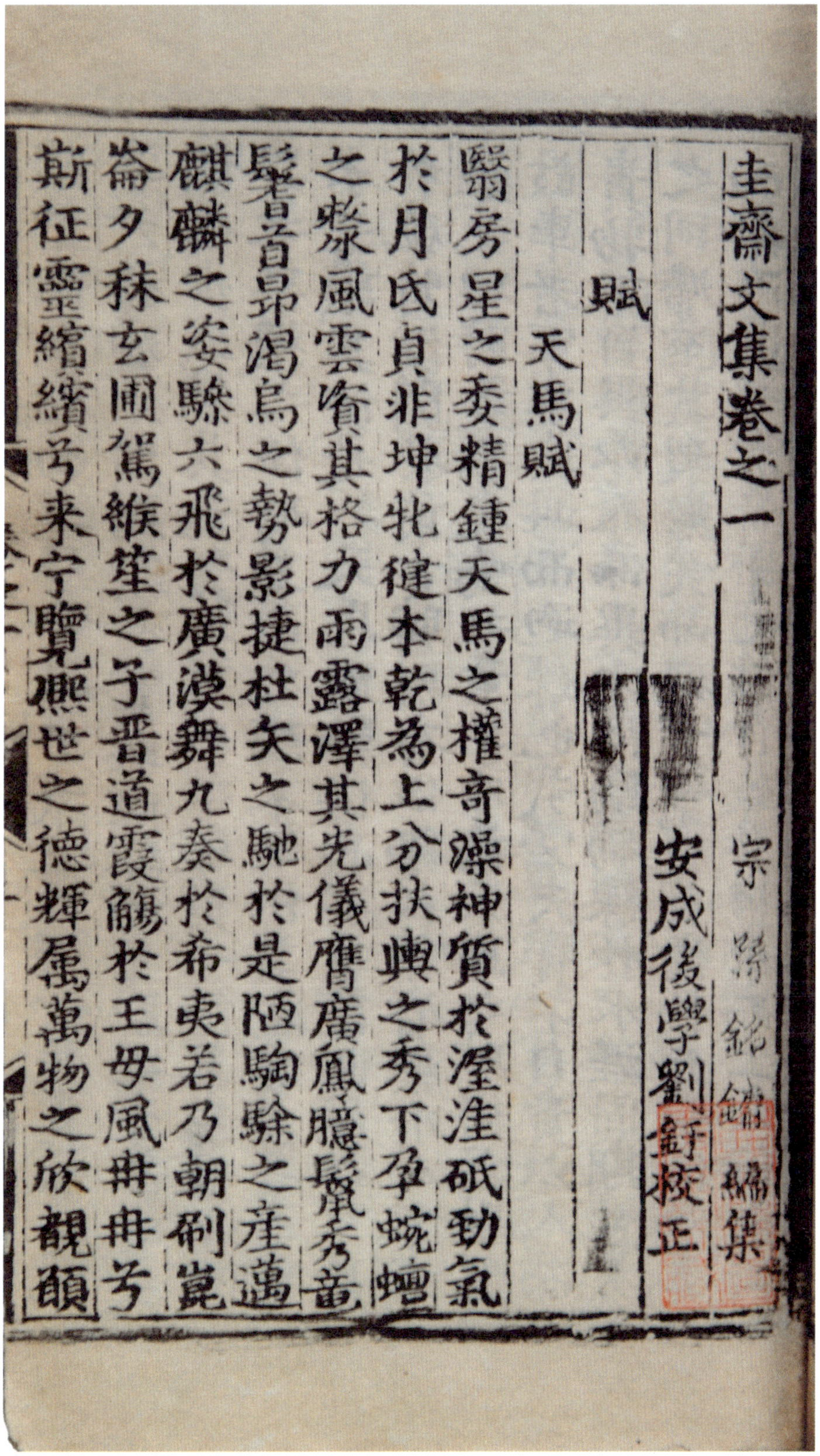
圭齋文集卷之一
宗孫銘鏞編集
安成後學劉釪校正
賦
天馬賦
翳房星之委精鍾天馬之權奇藻神質於渥洼砥勁氣
於月氏貞非坤牝從本乾為上分扶輿之秀下孕蜿蟺
之㸌風雲資其格力雨露澤其光儀膺廣鳳臆鬣亂秀畫
鬐首昂渴烏之勢影捷杜矢之馳於是陋騊駼之產邁
麒麟之姿驂六飛於廣漢舞九奏於希夷若乃朝刷崑
崙夕秣玄圃駕緱笙之子晉逌霞觴於王母風冉冉兮
靳征靈繽繽兮來宁覽幠世之德輝屬萬物之欣覩顒

00206 圭齋文集十六卷　（元）歐陽玄撰　明成化七年（1471）劉釪刻本

綫裝。匡高 20.4 厘米，廣 13.4 厘米。半葉十一行，二十一字，粗黑口，四周雙邊。祁縣圖書館藏。

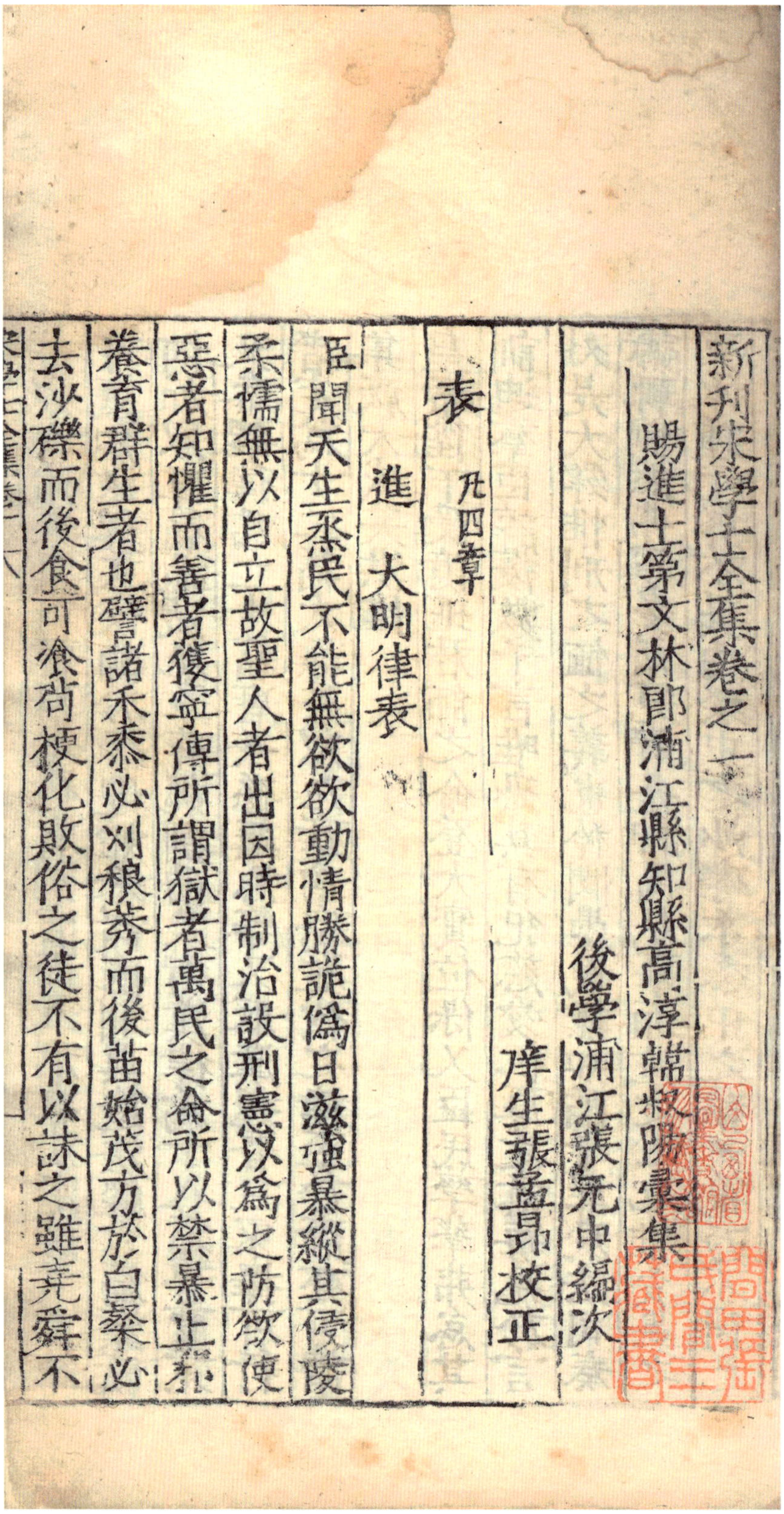

00207 新刊宋學士全集三十三卷　（明）宋濂撰　明嘉靖三十年（1551）韓叔陽刻崇禎增修本

綫裝。匡高 20.1 厘米，廣 14.4 厘米。半葉十一行，行二十四字，白口，左右雙邊。山西省圖書館藏。

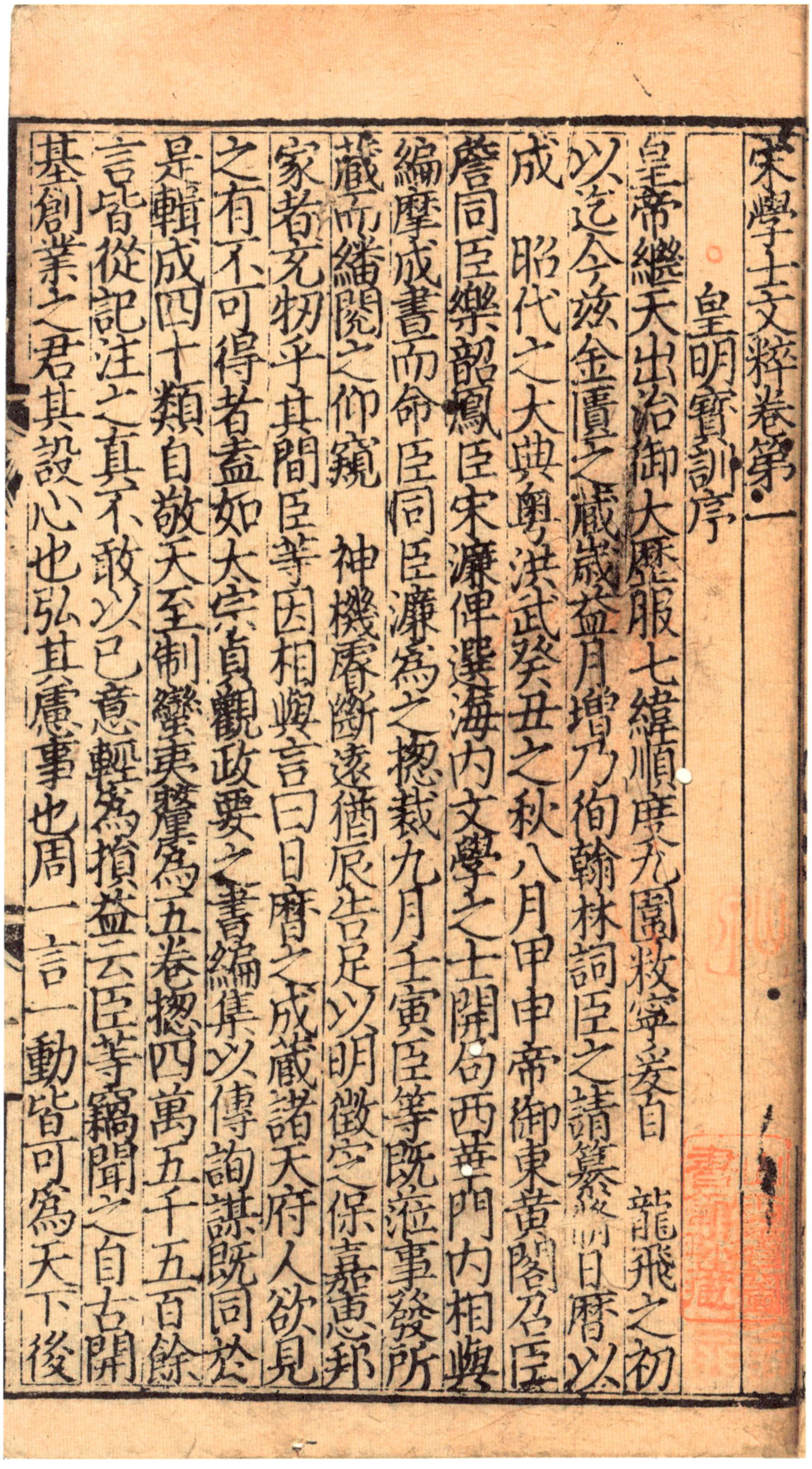

宋學士文粹卷第一
○皇明寶訓序
皇帝繼天出治御大歷服七綫順庚九圍敉寧爰自　龍飛之初
以迄今兹金匱之藏歲益月增乃徇翰林詞臣之請纂爲日曆以
成　昭代之大典粤洪武癸丑之秋八月甲申帝御東黄閣召臣
詹同臣樂韶鳳臣宋濂俾選海内文學之士開局西華門内相與
編摩成書而命臣同臣濂爲之揔裁九月壬寅臣等既涖事發所
藏而繙閱之仰窺　神機睿斷遠猶辰告足以明徵定之保嘉惠邦
家者充牣乎其間臣等因相與言曰日曆之成藏諸天府人欲見
之有不可得者盍如太宗貞觀政要之書編集以傳詢謀既同於
是輯成四十類自敬天至制蠻夷釐爲五卷揔四萬五千五百餘
言皆從記注之真不敢以己意輒爲損益云臣等竊聞之自古開
基創業之君其設心也弘其慮事也周一言一動皆可爲天下後

00208 宋學士文粹十卷補遺一卷　（明）宋濂撰 明初刻本

綫裝。匡高 27 厘米，廣 13.2 厘米。半葉十三行，行二十五字。黑口，四周雙邊。山西省圖書館藏。

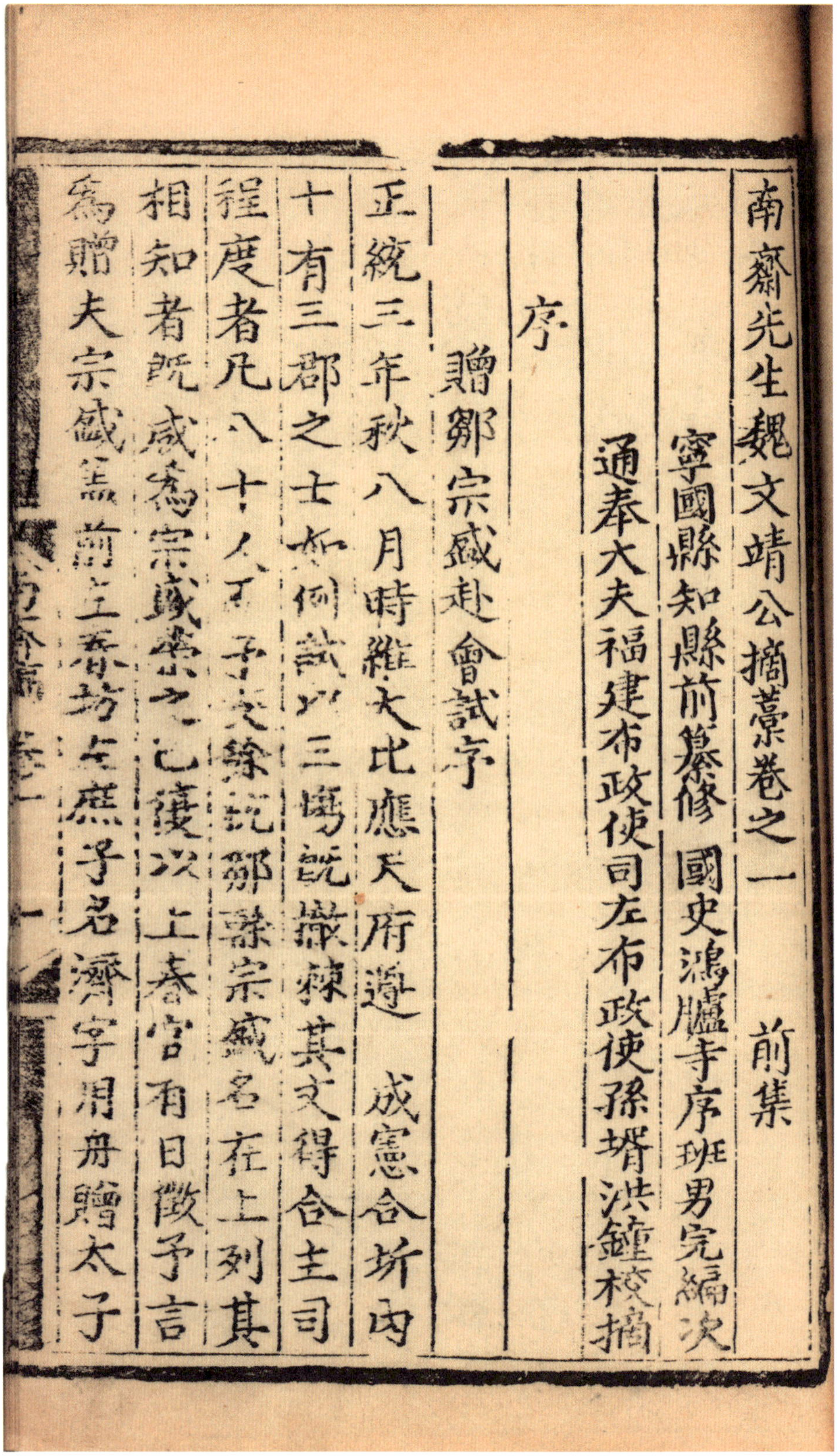

南齋先生魏文靖公摘藁卷之一　前集
寧國縣知縣前纂修　國史鴻臚寺序班男完編次
通奉大夫福建布政使司左布政使孫婿洪鍾校摘
序
贈鄒宗葳赴會試序
正統三年秋八月時維大比應天府遵　成憲合圻內十有三郡之士如例試以三場既撤棘其文得合主司程度者凡八十人而予之孫婿鄒諫宗葳名在上列其相知者既咸爲宗葳喜之已復以上春官有日徵予言爲贈夫宗葳焉前左春坊左庶子名濟字用舟贈太子

00209　南齋先生魏文靖公摘稿十卷　（明）魏驥撰　**附錄一卷**　明弘治十一年（1498）洪鐘刻　清康熙八年（1669）王余高重修本

綫裝。匡高 21 厘米，廣 13.1 厘米。半葉十行，行二十一字，粗黑口，四周雙邊。山西大學圖書館藏。

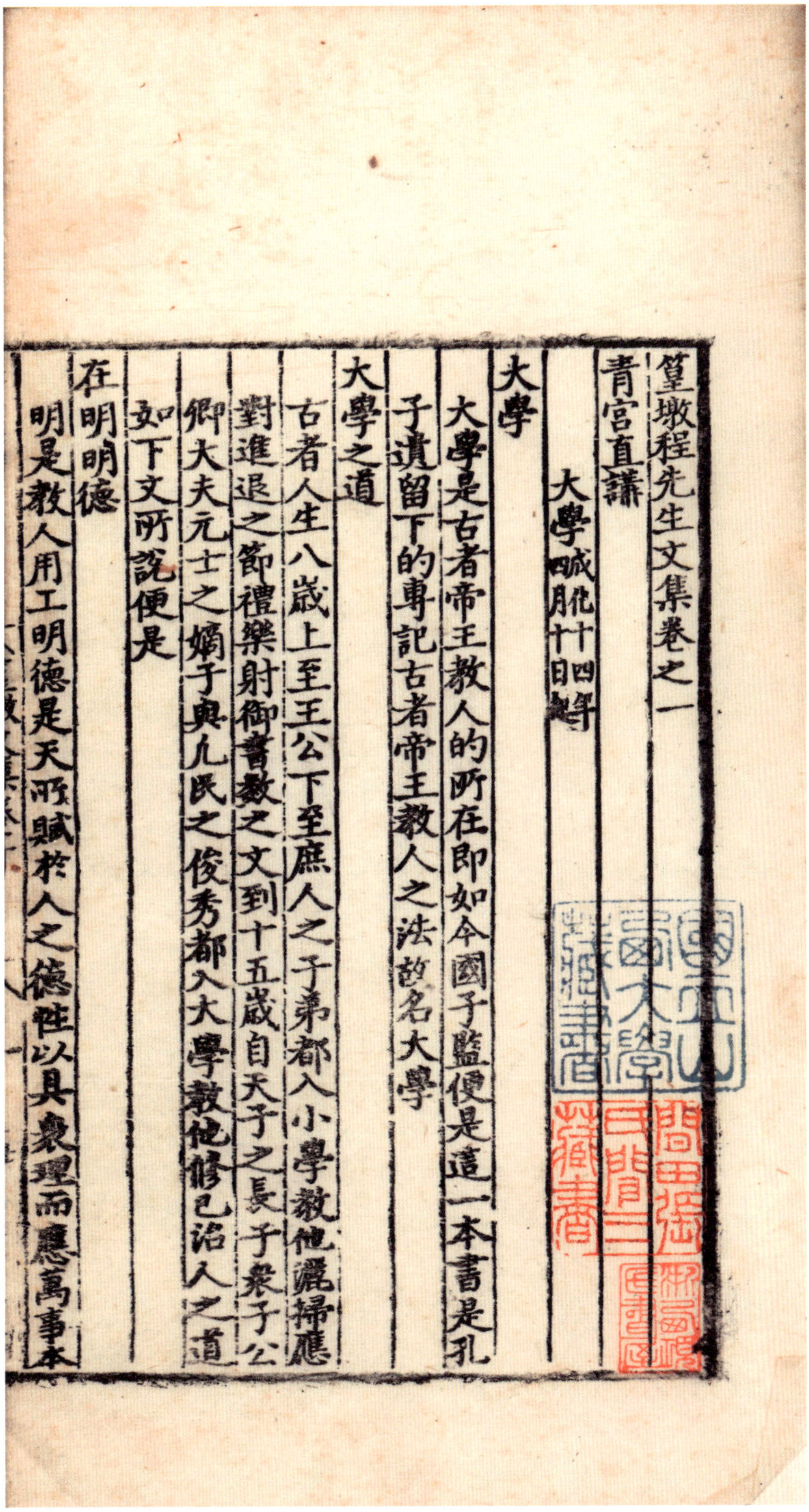

篁墩程先生文集卷之一
青宮直講
大學成化十四年四月十日進
大學
大學是古者帝王教人的所在即如今國子監便是這一本書是孔
子遺留下的專記古者帝王教人之法故名大學
大學之道
古者人生八歲上至王公下至庶人之子弟都入小學教他灑掃應
對進退之節禮樂射御書數之文到十五歲自天子之長子衆子公
卿大夫元士之嫡子與凡民之俊秀都入大學教他修己治人之道
如下文所說便是
在明明德
明是教人用工明德是天所賦於人之德性以具衆理而應萬事本

00210 篁墩程先生文集九十三卷拾遺一卷　（明）程敏政撰　明正德二年（1507）何歆刻本

綫裝。匡高 19.2 厘米，廣 12.6 厘米。半葉十三行，行二十七字，白口，左右雙邊或四周單邊。鈐“浙西項氏書屋”、“凝雲樓虞情暇奇觀”、“海瀕逸民平泉鄭履准凝雲樓書畫之印”等印。山西大學圖書館藏。

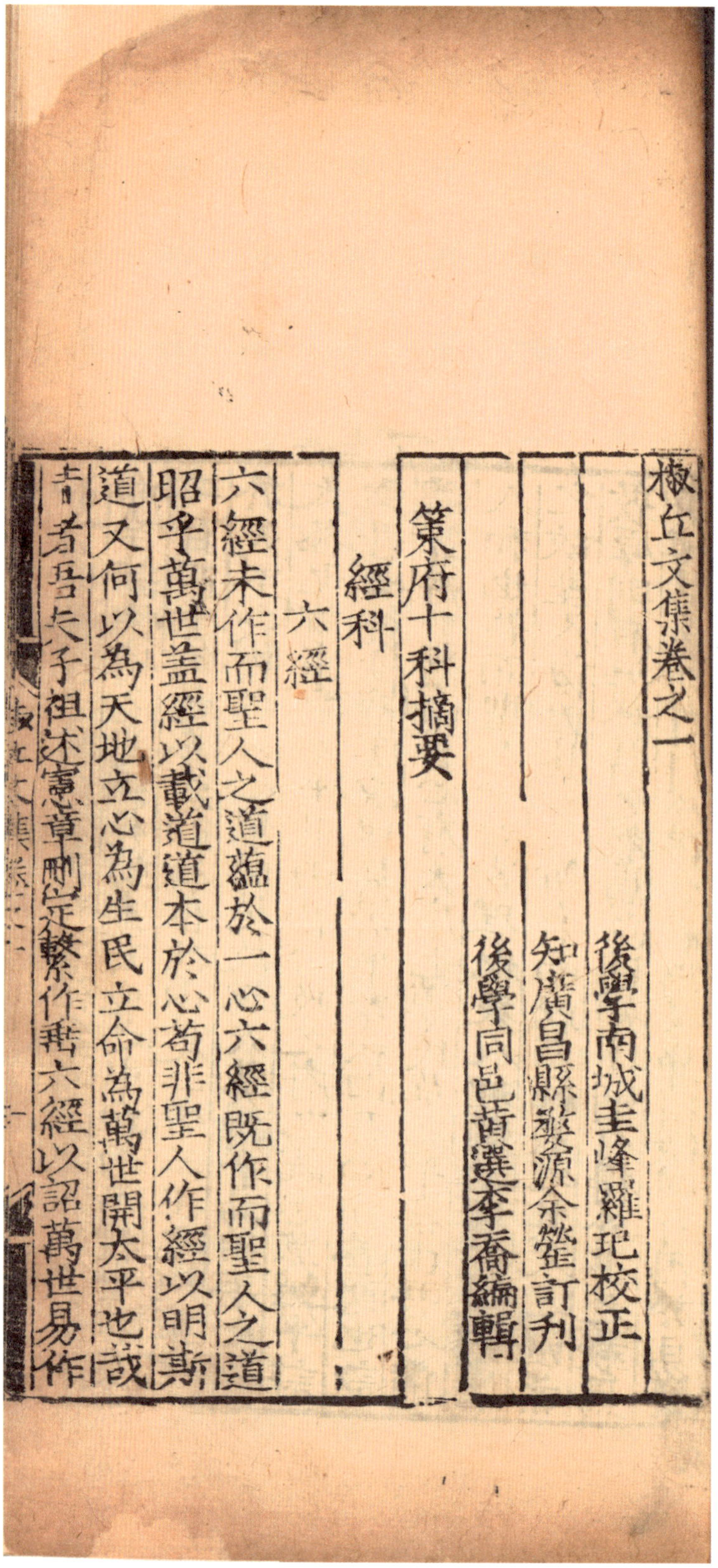

椒丘文集卷之一
後學南城圭峰羅玘校正
知廣昌縣婺源余罄訂刊
後學同邑黃選李喬編輯
策府十科摘要
經科
六經
六經未作而聖人之道蘊於一心六經既作而聖人之道
昭乎萬世蓋經以載道道本於心苟非聖人作經以明斯
道又何以為天地立心為生民立命為萬世開太平也哉
昔者吾夫子祖述憲章刪定繫作著六經以詔萬世易作

00211 椒丘文集三十四卷　（明）何喬新撰 **外集一卷** 明嘉靖元年（1522）余罄刻本

綫裝。匡高 17 厘米，廣 12 厘米。半葉十一行，行二十二字，粗黑口，四周單邊。山西大學圖書館藏。

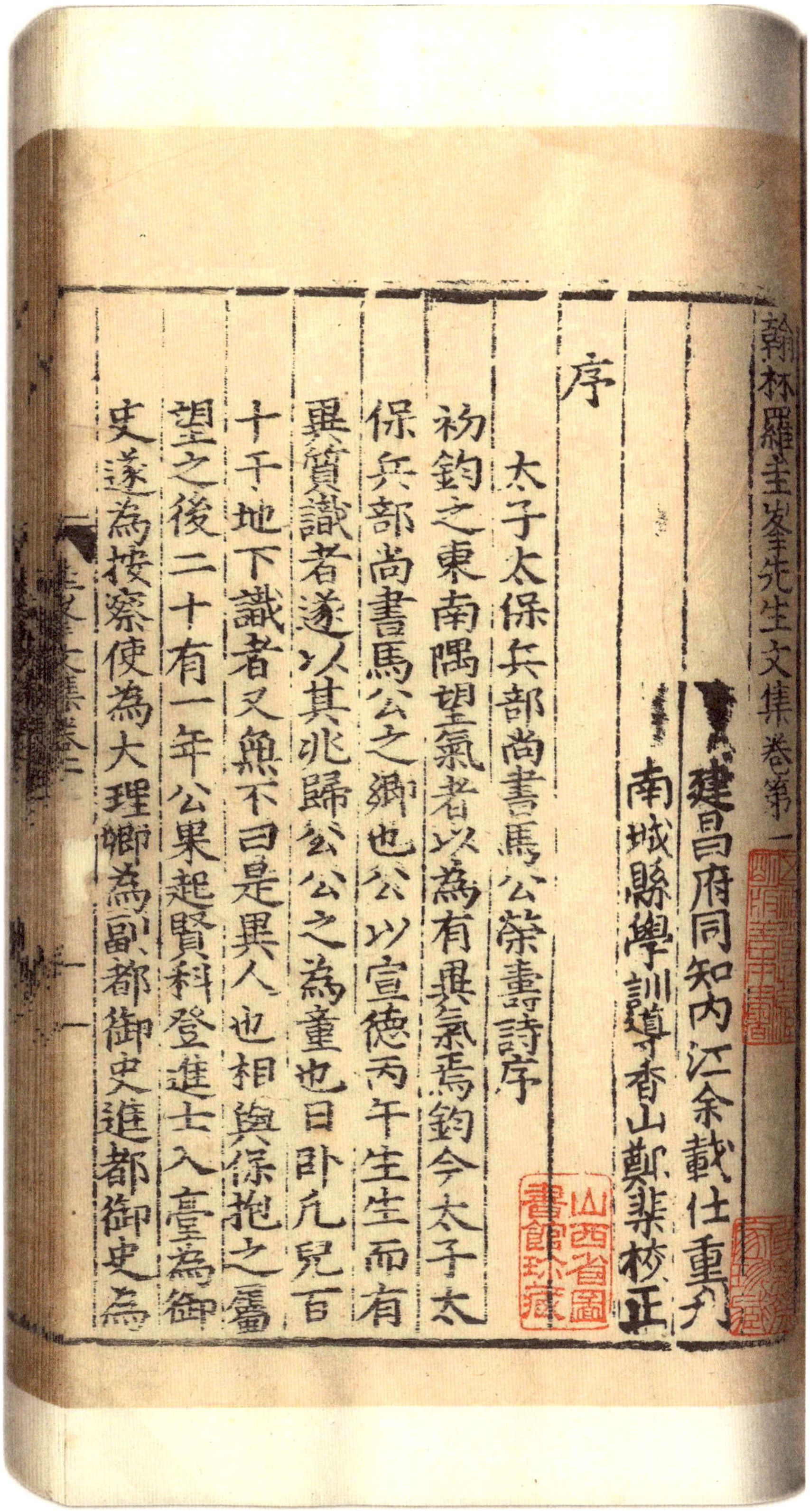

00212 翰林羅圭峯先生文集十八卷續集十五卷　（明）羅玘撰　明嘉靖五年（1526）陳洪謨 余載仕刻本

綫裝。匡高 20.5 厘米，廣 14.5 厘米。半葉十一行，行二十二字，白口，四周單邊。鈐"五福堂收藏明版善本書"、"黃紹齋家珍藏"等印。山西省圖書館藏。

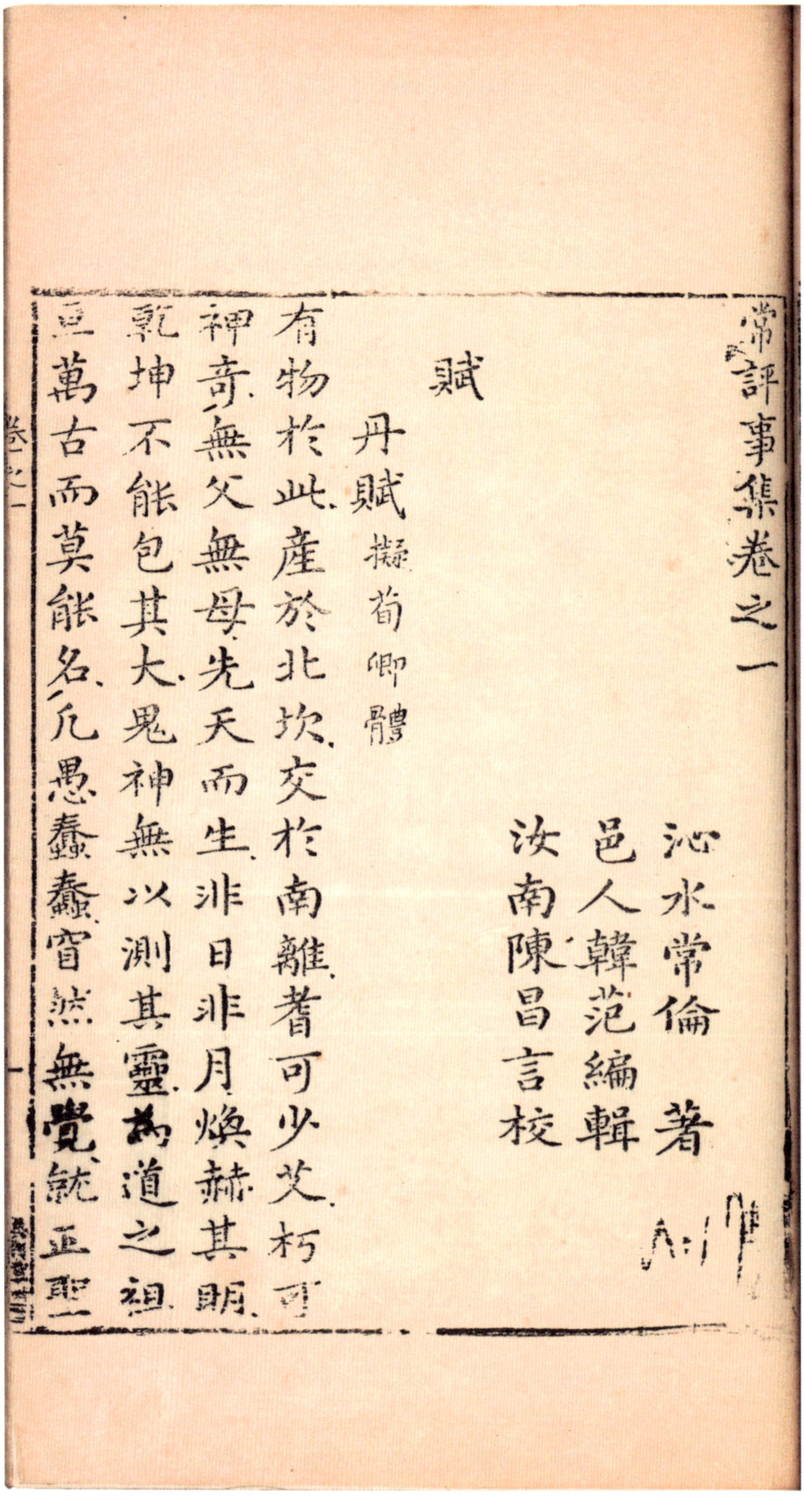

常評事集卷之一
沁水常倫　著
邑人韓范編輯
汝南陳昌言校
賦
丹賦　擬荀卿體
有物於此產於北坎交於南離着可少艾朽可
神奇無父無母先天而生非日非月煥赫其明
乾坤不能包其大鬼神無以測其靈為道之祖
亘萬古而莫能名凡愚蠢蠢窅然無覺統正聖
卷之一　一

00213 常評事集四卷　（明）常倫撰 明嘉靖七年（1528）王溱刻本

綫裝。匡高 21.3 厘米，廣 14.5 厘米。半葉十行，行十八字，白口，四周單邊。山西大學圖書館藏。

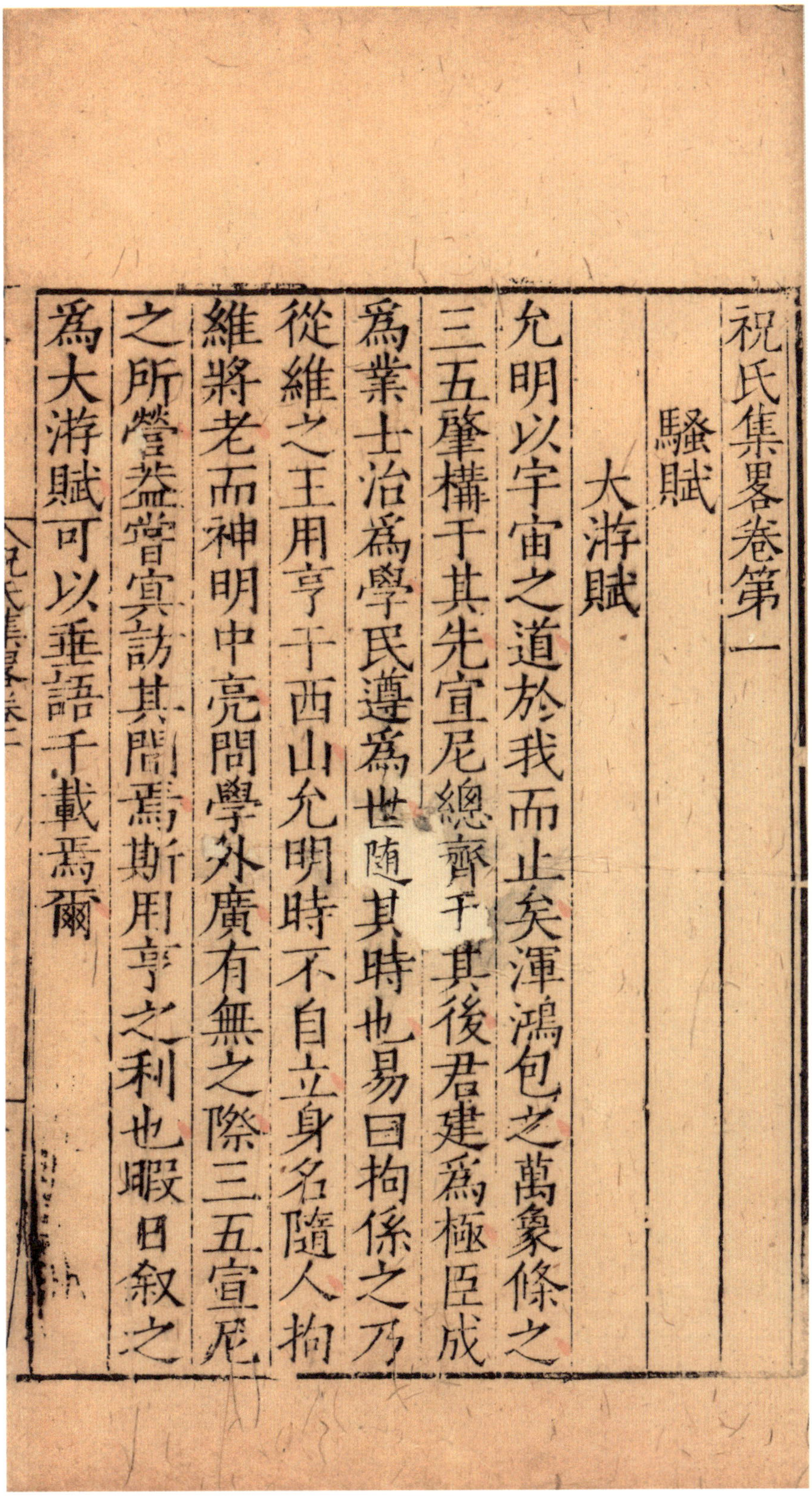
祝氏集畧卷第一
騷賦
大游賦
允明以宇宙之道於我而止矣渾鴻包之萬象條之三五肇構于其先宣尼總齊于其後君建爲極臣成爲業士治爲學民遵爲世隨其時也易曰拘係之乃從維之王用亨于西山允明時不自立身名隨人拘維將老而神明中亮問學外廣有無之際三五宣尼之所營益嘗冥訪其間焉斯用亨之利也暇日叙之爲大游賦可以垂語千載焉爾

00214 祝氏集畧三十卷　（明）祝允明撰　明嘉靖三十六年（1557）張景賢刻本

綫裝。匡高 19.2 厘米，廣 13.2 厘米。半葉十行，行十八字，小字雙行，行字同，白口，左右雙邊。山西大學圖書館藏。

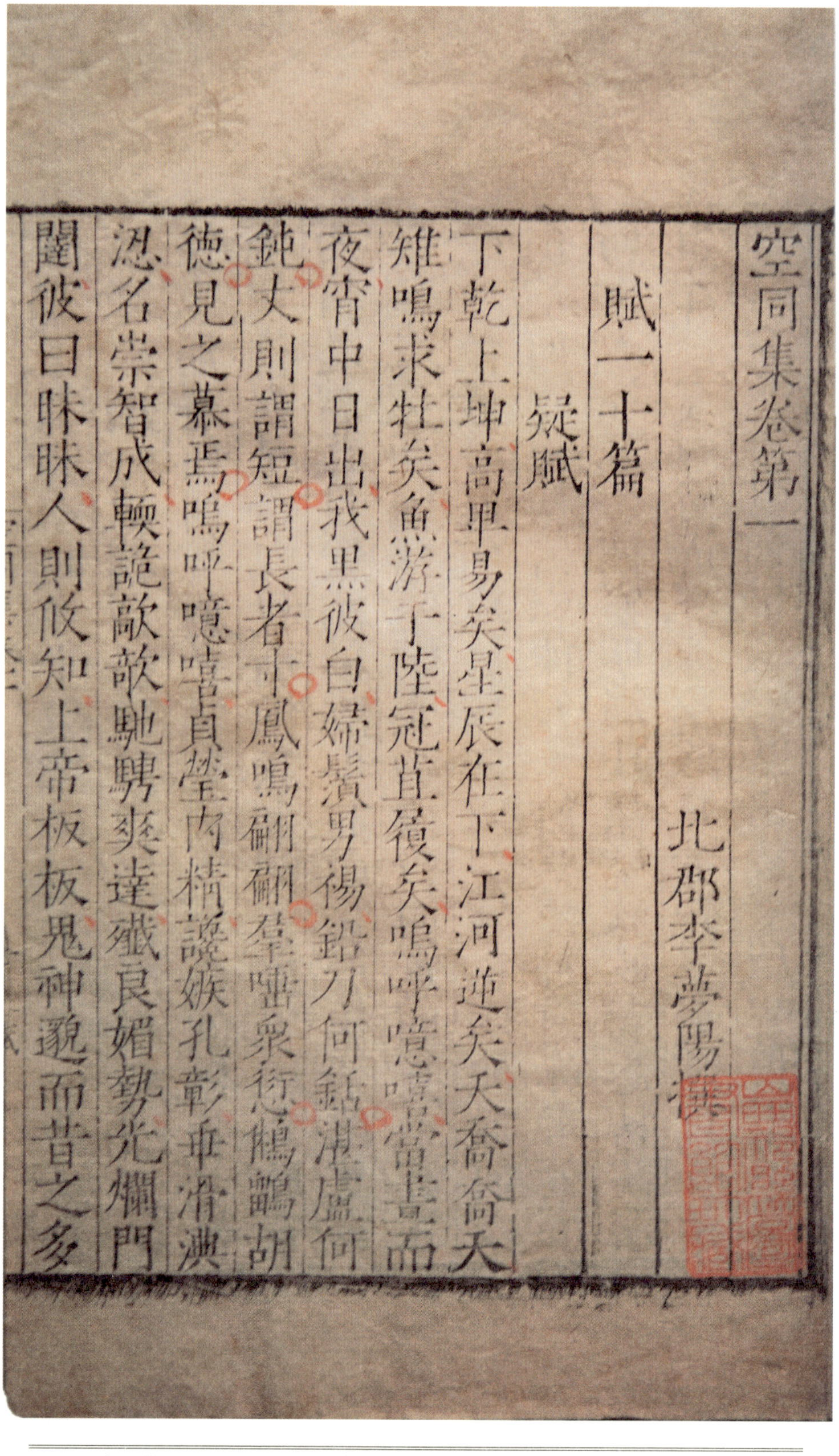

空同集卷第一
北郡李夢陽撰
賦一十篇
疑賦
下乾上坤高卑易矣星辰在下江河逆矣天喬喬天
雉鳴求牡矣魚游于陸冠苴履矣嗚呼噫嘻當晝而
夜宵中日出我黑彼白婦鬢男裼鉛刀何銛湛盧何
鈍丈則謂短謂長者寸鳳鳴翩翩羣噬衆衒鵂鶹胡
德見之慕焉嗚呼噫嘻貞瑩內精讒嫉孔彰垂滑澳
忍名崇智成輭詭歒歒馳騁爽達殲良媢勢光爛門
闉彼曰昧昧人則攸知上帝板板鬼神邈而昔之多

00215 空同集六十三卷　（明）李夢陽撰　明嘉靖十一年（1532）曹嘉刻本

綫裝。匡高 18.6 厘米，廣 13.9 厘米。半葉十一行，行二十字，白口，左右雙邊。祁縣圖書館藏。

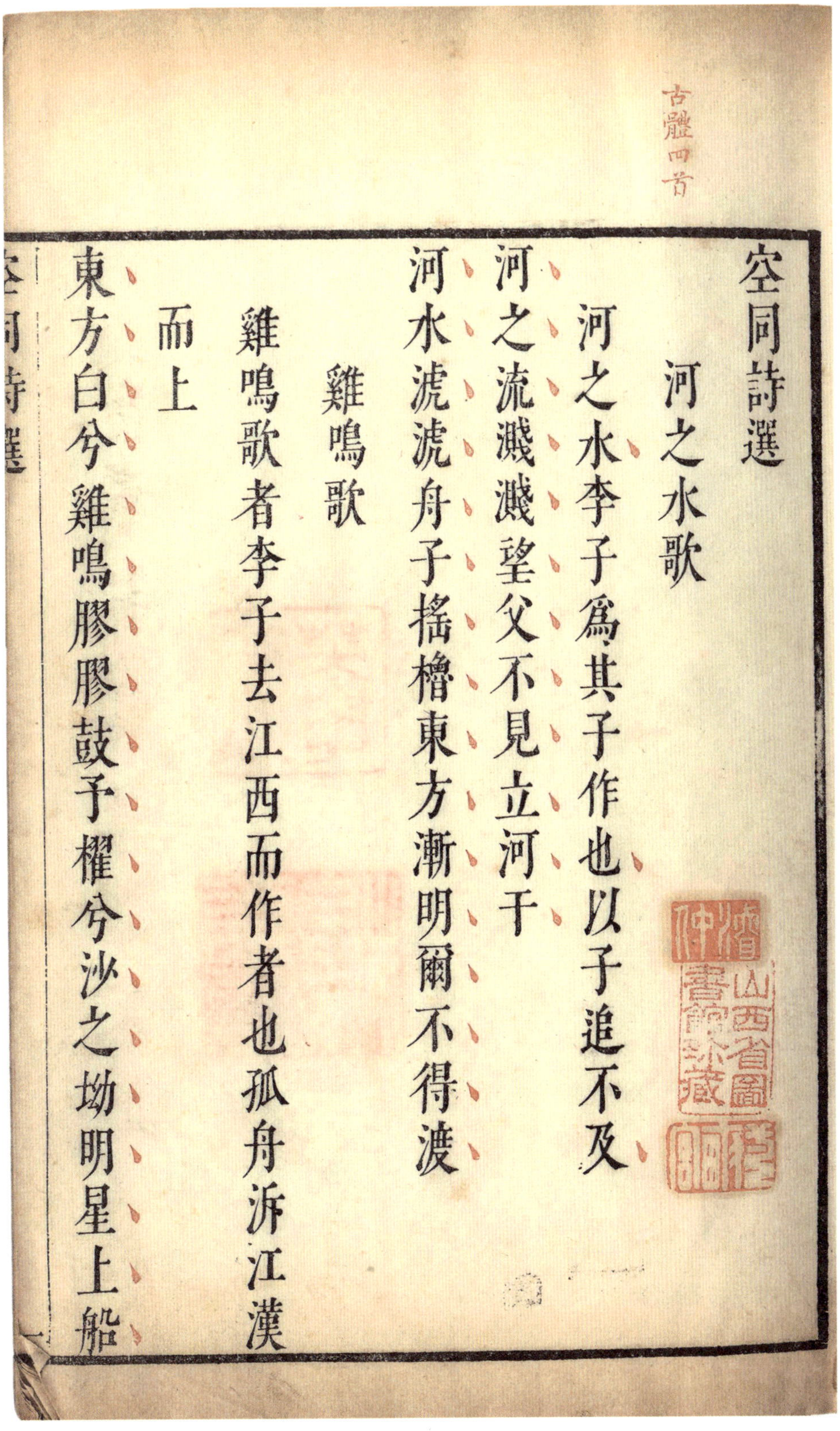
古體四首

空同詩選

河之水歌

河之水李子爲其子作也以子追不及

河之流濺濺望父不見立河干

河水淲淲舟子搖櫓東方漸明爾不得渡

雞鳴歌

雞鳴歌者李子去江西而作者也孤舟泝江漢
而上

東方白兮雞鳴膠膠鼓予櫂兮沙之坳明星上船

00216 空同詩選一卷　（明）李夢陽撰　（明）楊慎評　明閔齊伋刻朱墨套印本

綫裝。匡高 21.2 厘米，廣 15.2 厘米。半葉九行，行十九字，白口，四周單邊。鈐“萬卷樓”、“濬仲”等印。山西省圖書館藏。

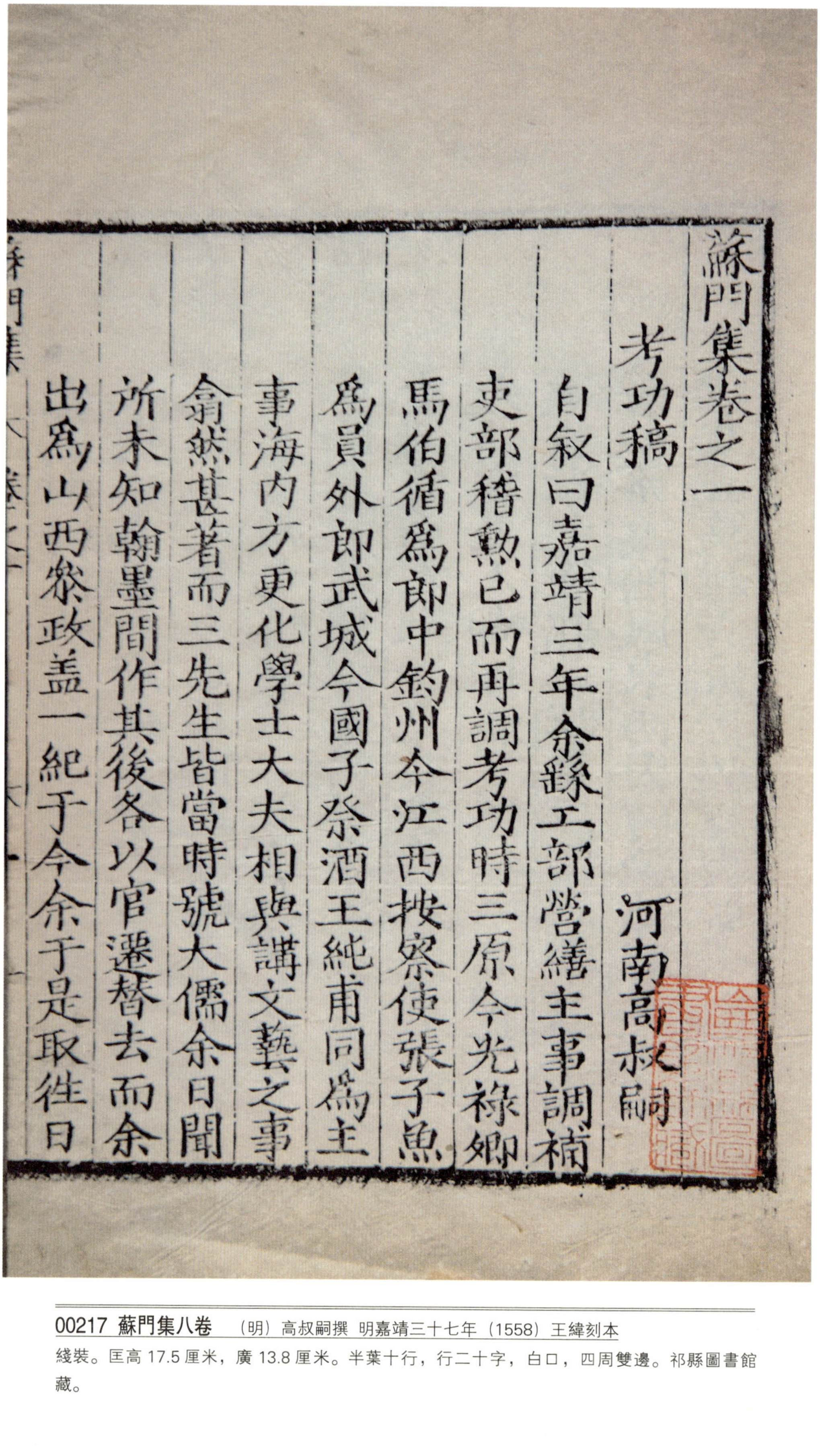

蘇門集卷之一

考功稿

河南高叔嗣

自敘曰嘉靖三年余繇工部營繕主事調補吏部稽勳已而再調考功時三原今光祿卿馬伯循爲郎中鈞州今江西按察使張子魚爲員外郎武城今國子祭酒王純甫同爲主事海内方更化學士大夫相與講文藝之事翕然甚著而三先生皆當時號大儒余日聞所未知翰墨間作其後各以官遷替去而余出爲山西參政蓋一紀于今余于是取往日

00217 蘇門集八卷　（明）高叔嗣撰　明嘉靖三十七年（1558）王緯刻本

綫裝。匡高 17.5 厘米，廣 13.8 厘米。半葉十行，行二十字，白口，四周雙邊。祁縣圖書館藏。

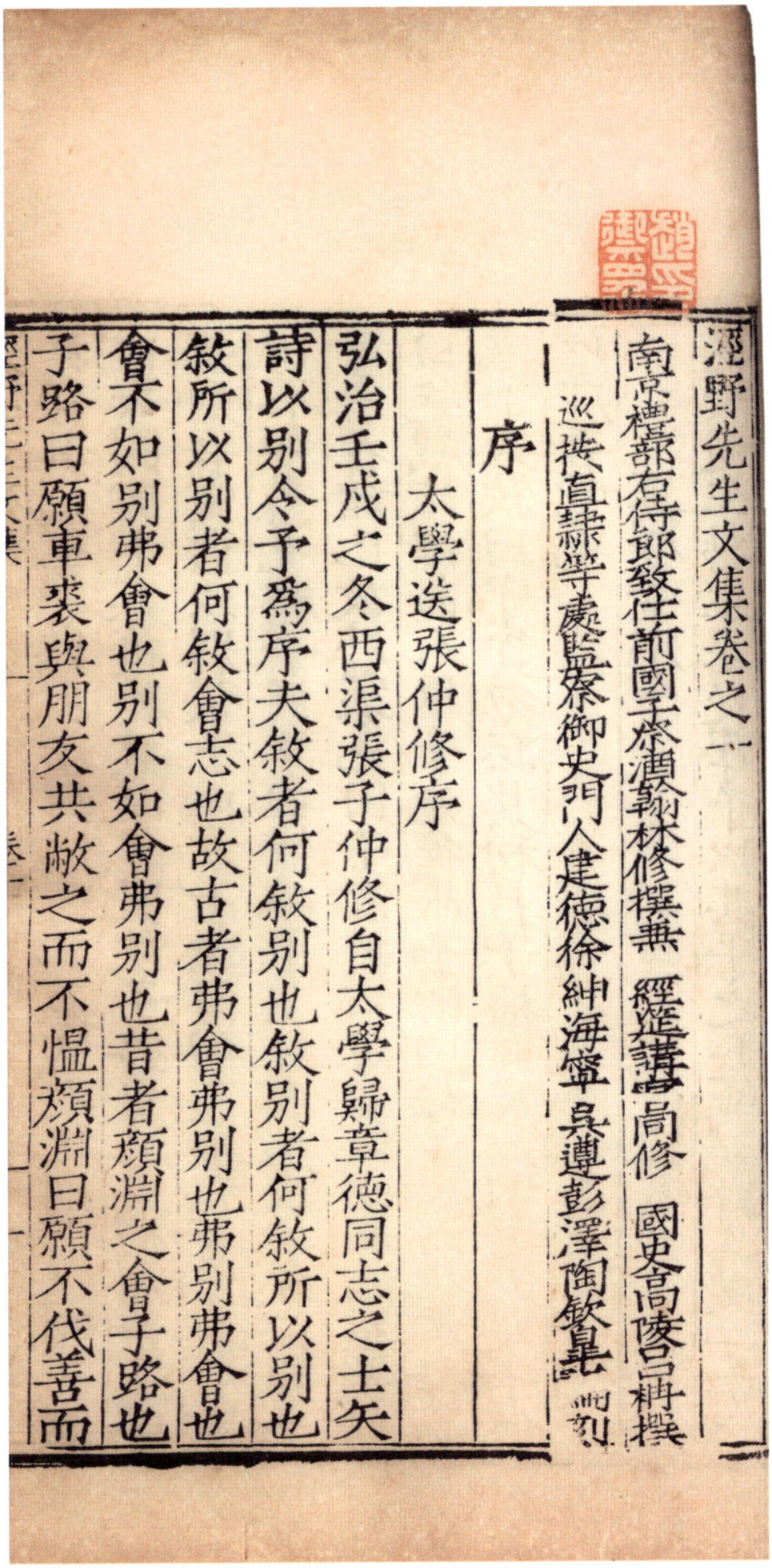
涇野先生文集卷之一
南京禮部右侍郎致仕前國子祭酒翰林修撰兼 經筵講官修 國史高陵呂柟撰
巡按直隸等處監察御史門人建德徐紳海寧吳遵彭澤陶欽臯 刪刻
序
太學送張仲修序
弘治壬戌之冬西渠張子仲修自太學歸章德同志之士矣
詩以別令予爲序夫敘者何敘別也敘別者何敘所以別也
敘所以別者何敘會志也故古者弗會弗別也弗別弗會也
會不如別弗會也別不如會弗別也昔者顏淵之會子路也
子路曰願車裘與朋友共敝之而不憾顏淵曰願不伐善而
涇野先生文集　卷一　一

00218 涇野先生文集三十六卷　（明）呂柟撰　明嘉靖三十四年（1555）于德昌刻本

綫裝。匡高 21.7 厘米，廣 13.8 厘米。半葉十行，行二十三字，白口，四周雙邊。山西大學圖書館藏。

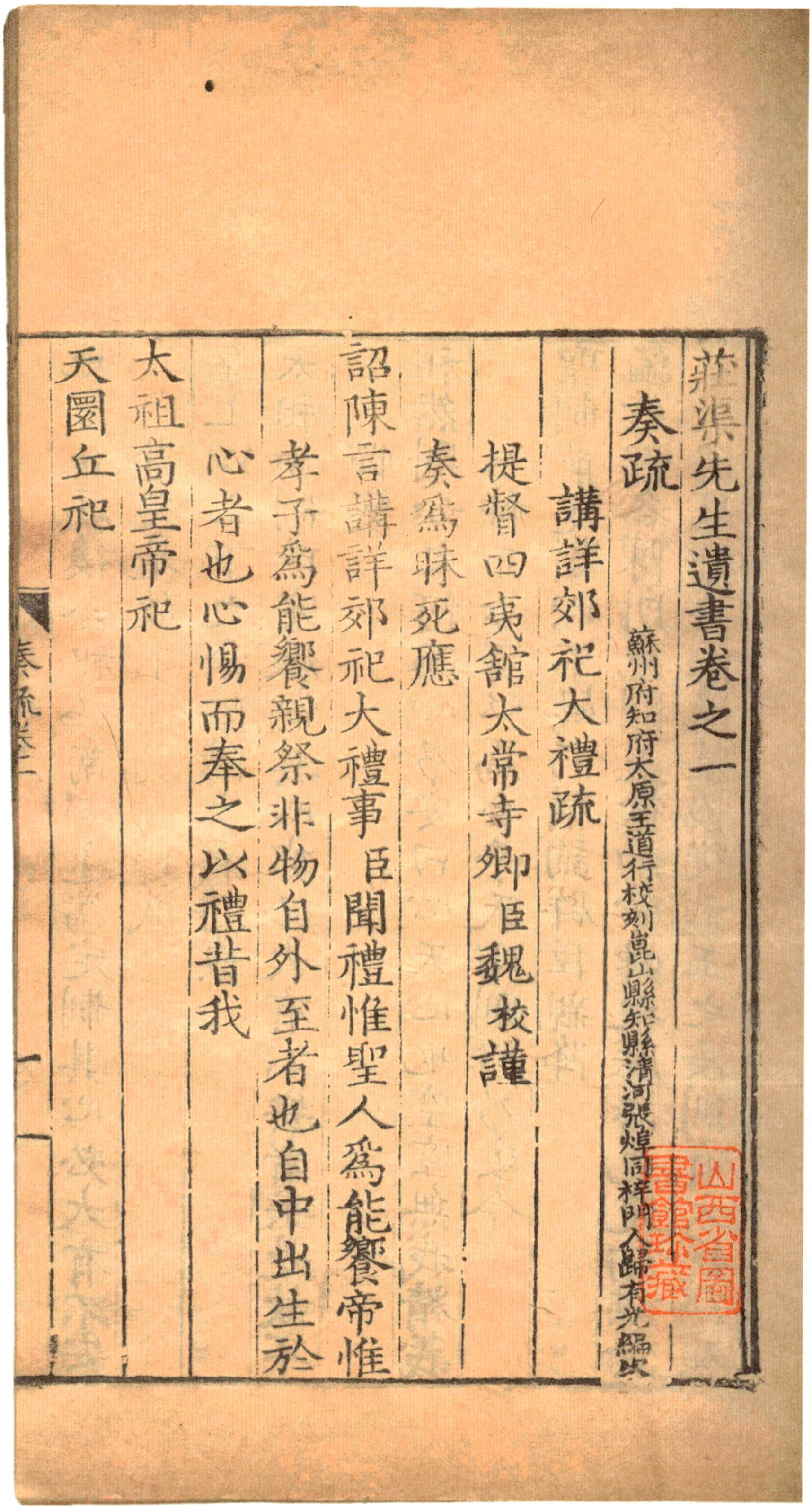
莊渠先生遺書卷之一
奏疏
蘇州府知府太原王道行校刻崑山縣知縣清河張焯同梓門人歸有光編次
講詳郊祀大禮疏
提督四夷館太常寺卿臣魏校謹
奏爲昧死應
詔陳言講詳郊祀大禮事臣聞禮惟聖人爲能饗帝惟
孝子爲能饗親祭非物自外至者也自中出生於
心者也心惕而奉之以禮昔我
太祖高皇帝祀
天圜丘祀
奏疏卷之一　一

00219 莊渠先生遺書十六卷又十卷　（明）魏校撰 明嘉靖四十年（1561）王道行 張焯刻本

綫裝。匡高 18.8 厘米，廣 13.5 厘米。半葉十行，行二十一字，白口，左右雙邊。山西省圖書館藏。

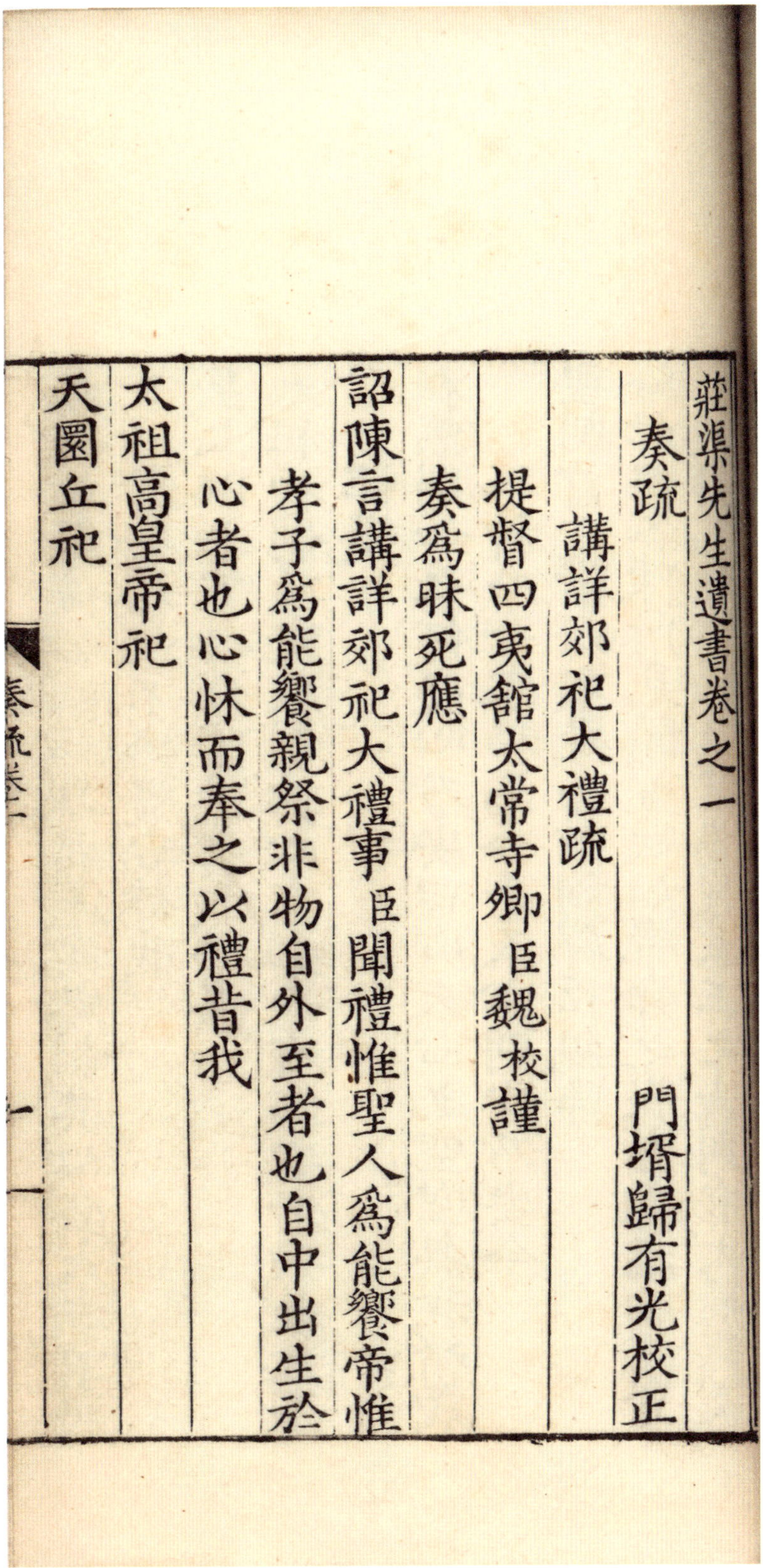
莊渠先生遺書卷之一
奏疏　門壻歸有光校正
講詳郊祀大禮疏
提督四夷館太常寺卿臣魏校謹
奏爲昧死應
詔陳言講詳郊祀大禮事臣聞禮惟聖人爲能饗帝惟
孝子爲能饗親祭非物自外至者也自中出生於
心者也心怵而奉之以禮昔我
太祖高皇帝祀
天圜丘祀
奏疏卷之一　一

00220 莊渠先生遺書十二卷　（明）魏校撰　明嘉靖四十年（1561）王道行刻本

綫裝。匡高 18.9 厘米，廣 12.5 厘米。半葉十行，行二十一字，白口，左右雙邊。山西大學圖書館藏。卷三抄配。

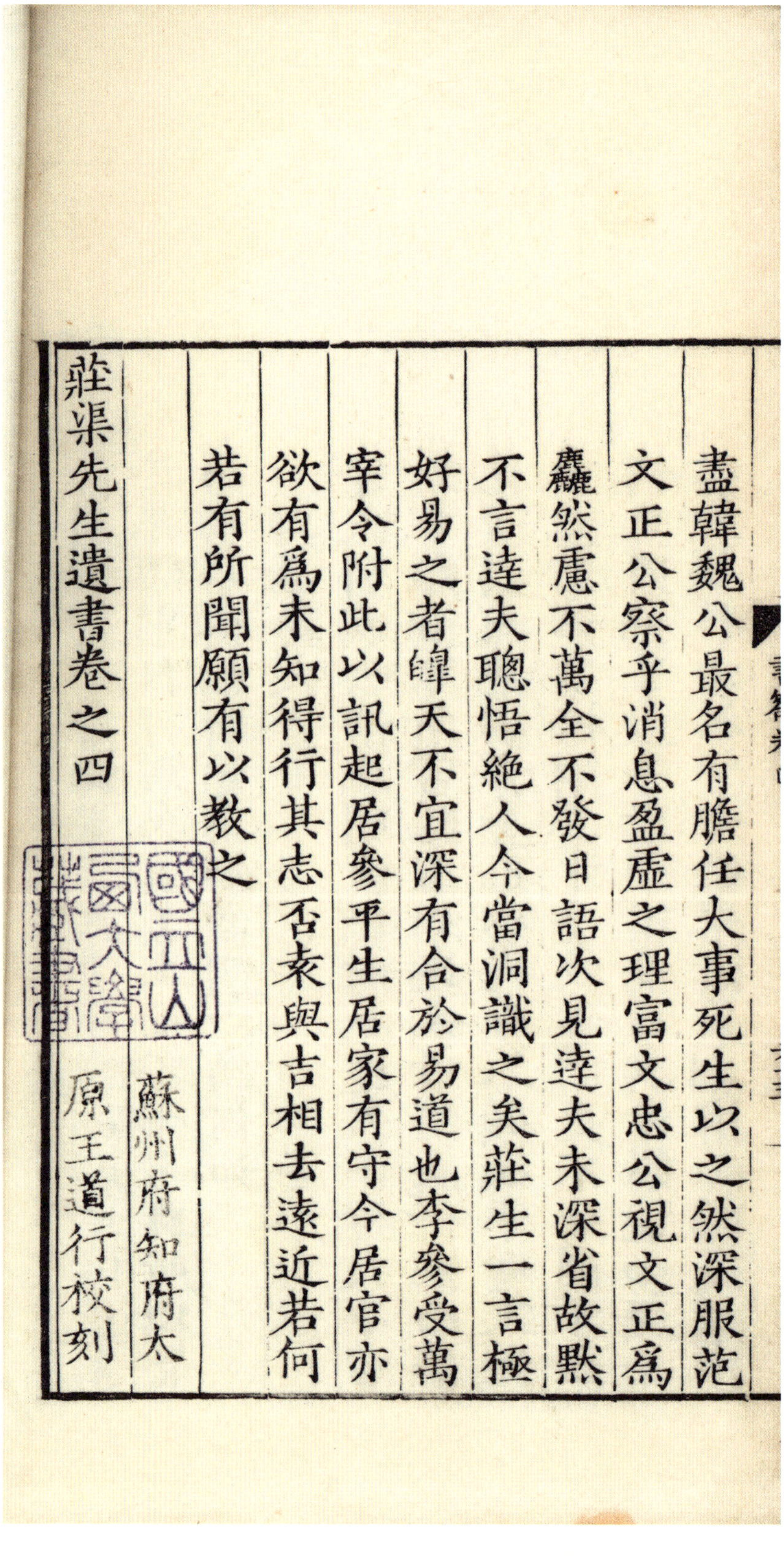
盡韓魏公最名有膽任大事死生以之然深服范
文正公察乎消息盈虛之理富文忠公視文正爲
龘然慮不萬全不發日語次見達夫未深省故默
不言達夫聽悟絕人今當洞識之矣莊生一言極
好易之者皞天不宜深有合於易道也李參受萬
宰令附此以訊起居參平生居家有守今居官亦
欲有爲未知得行其志否袁與吉相去遠近若何
若有所聞願有以教之
蘇州府知府太
原王道行校刻
莊渠先生遺書卷之四

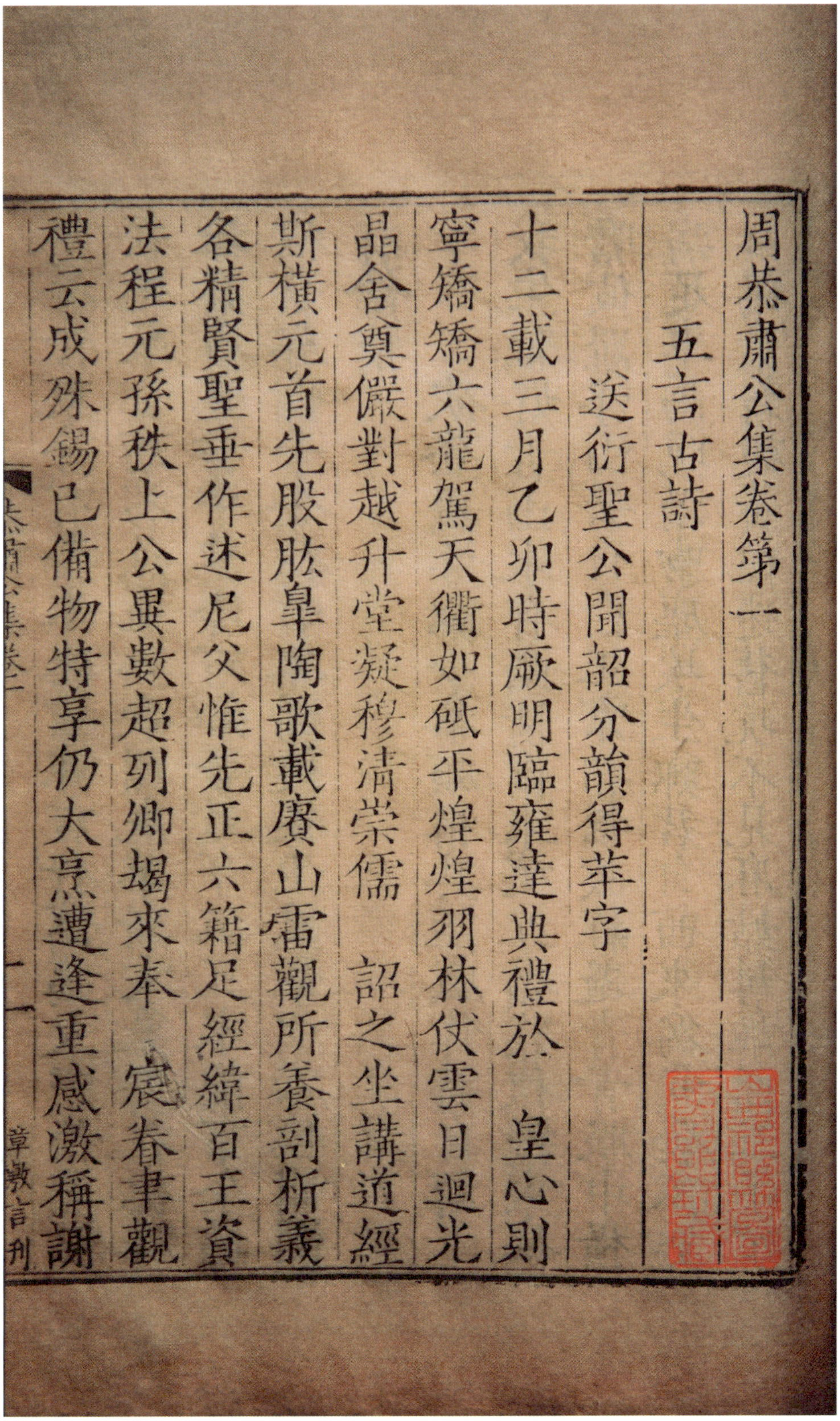
周恭肅公集卷第一
五言古詩
送衍聖公開詔分韻得芊字
十二載三月乙卯時厥明臨雍達典禮於 皇心則
寧矯矯六龍駕天衢如砥平煌煌羽林仗雲日迴光
晶舍奠儼對越升堂凝穆清崇儒 詔之坐講道經
斯橫元首先股肱臯陶歌載賡山靁觀所養剖析義
各精賢聖垂作述尼父惟先正六籍足經緯百王資
法程元孫秩上公異數超列卿竭來奉 宸眷聿觀
禮云成殊錫已備物特享仍大烹遭逢重感激稱謝

00221 周恭肅公集十六卷　（明）周用撰　**附錄一卷**　明嘉靖二十八年（1549）周國南川上草堂刻本

綫裝。匡高 19.6 厘米，廣 14.2 厘米。半葉十行，行二十字，白口，四周雙邊。祁縣圖書館藏。

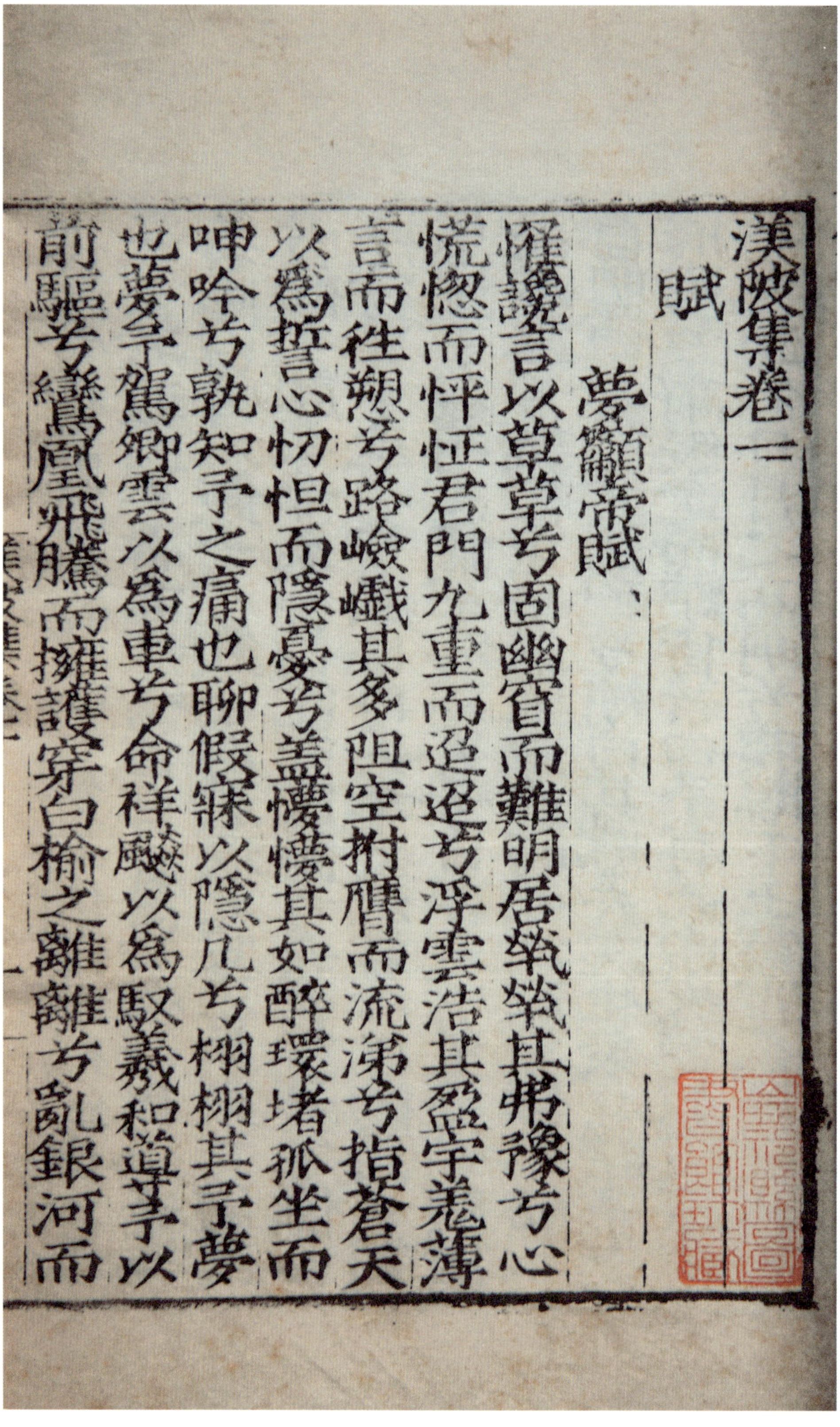

渼陂集卷一

賦

夢顓帝賦

懼讒言以草草兮固幽昏而難明居紛紛其弗豫兮心慌惚而怦怔君門九重而迢迢兮浮雲浩其盈宇羌薄言而往愬兮路嶮巇其多阻空拊膺而流涕兮指蒼天以爲誓心忉怛而隱憂兮羌懮懮其如醉環堵孤坐而呻吟兮孰知予之痛也聊假寐以隱几兮栩栩其予夢也夢予駕卿雲以爲車兮命祥飇以爲馭羲和道予以前驅兮鸞鳳飛騰而擁護穿白榆之離離兮亂銀河而

00222 渼陂集十六卷　（明）王九思撰　明嘉靖十二年（1533）王獻等刻本

綫裝。匡高 18.7 厘米，廣 13.5 厘米。半葉十行，行二十一字，白口，四周單邊。祁縣圖書館藏。

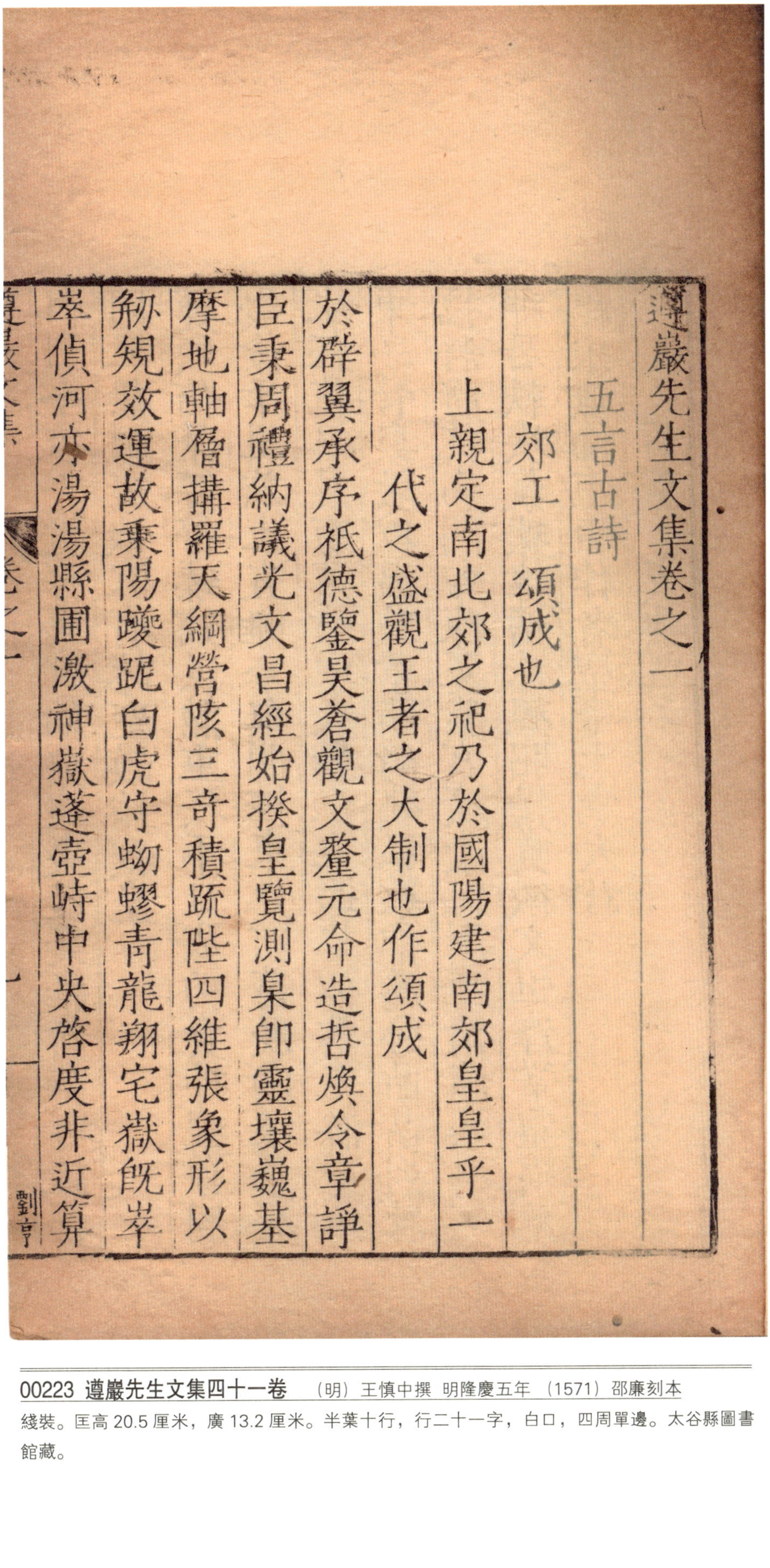

遵巖先生文集卷之一

五言古詩

郊工　頌成也

上親定南北郊之祀乃於國陽建南郊皇皇乎一

代之盛觀王者之大制也作頌成

於辟翼承序祗德鑒昊蒼觀文鼇元命造哲煥令章諍

臣秉周禮納議光文昌經始揆皇覽測臬卽靈壤巍基

厚地軸層搆羅天綱營陔三奇積疏陛四維張象形以

紛規效運故乘陽躨跜白虎守蚴蟉青龍翔宅嶽旣崒

崒偵河亦湯湯縣圃激神嶽蓬壺峙中央峉度非近算

遵巖文集　卷之一　　劉亨

00223 遵巖先生文集四十一卷　（明）王慎中撰 明隆慶五年（1571）邵廉刻本

綫裝。匡高 20.5 厘米，廣 13.2 厘米。半葉十行，行二十一字，白口，四周單邊。太谷縣圖書館藏。

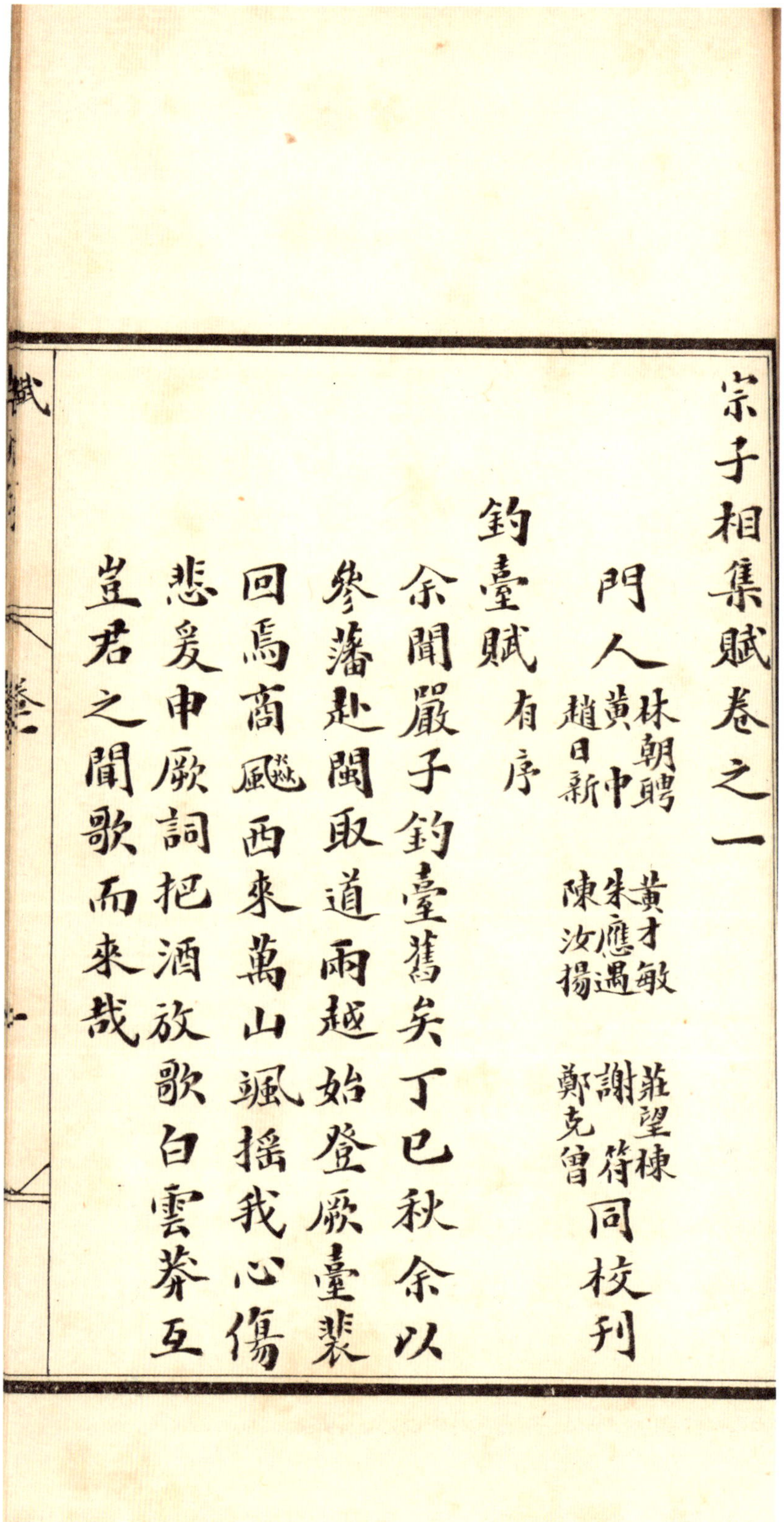

宗子相集賦卷之一

門人 林朝聘 黄中 趙日新 黄才敏 朱應遇 陳汝揚 莊望棟 謝符 鄭克曾 同校刊

釣臺賦 有序

余聞嚴子釣臺舊矣丁巳秋余以參藩赴閩取道兩越始登厥臺裴回馬首飈西來萬山颯搖我心傷悲爰申厥詞把酒放歌白雲莽互豈君之聞歌而來哉

00224 宗子相集八卷　（明）宗臣撰　明嘉靖三十九年（1560）林朝聘 黄中等刻本

綫裝。匡高 19 厘米，廣 13.2 厘米。半葉九行，行十八字，白口，四周雙邊。山西大學圖書館藏。

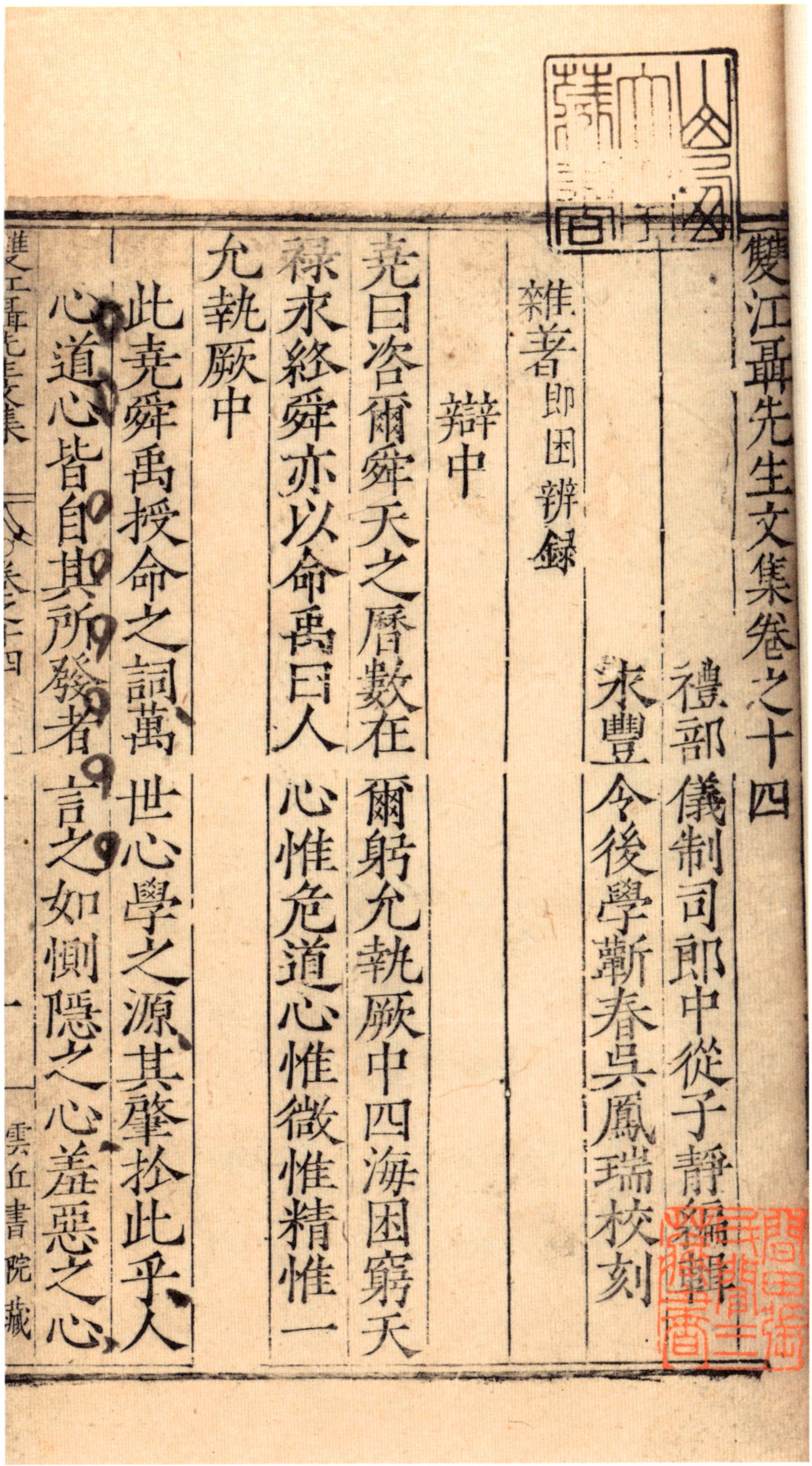
雙江聶先生文集卷之十四
禮部儀制司郎中從子靜編
永豐令後學蘄春吴鳳瑞校刻
雜著即困辨錄
辯中
堯曰咨爾舜天之曆數在爾躬允執厥中四海困窮天
祿永終舜亦以命禹曰人心惟危道心惟微惟精惟一
允執厥中
此堯舜禹授命之詞萬世心學之源其肇扵此乎人
心道心皆自其所發者言之如惻隱之心羞惡之心
雙江聶先生文集　卷之十四　一　雲丘書院藏

00225 雙江聶先生文集十四卷　（明）聶豹撰　明嘉靖四十三年（1564）吴鳳瑞刻隆慶六年（1572）印本

綫裝。匡高 20.4 厘米，廣 14 厘米。半葉十行，行二十一字，白口，四周雙邊。山西大學圖書館藏。

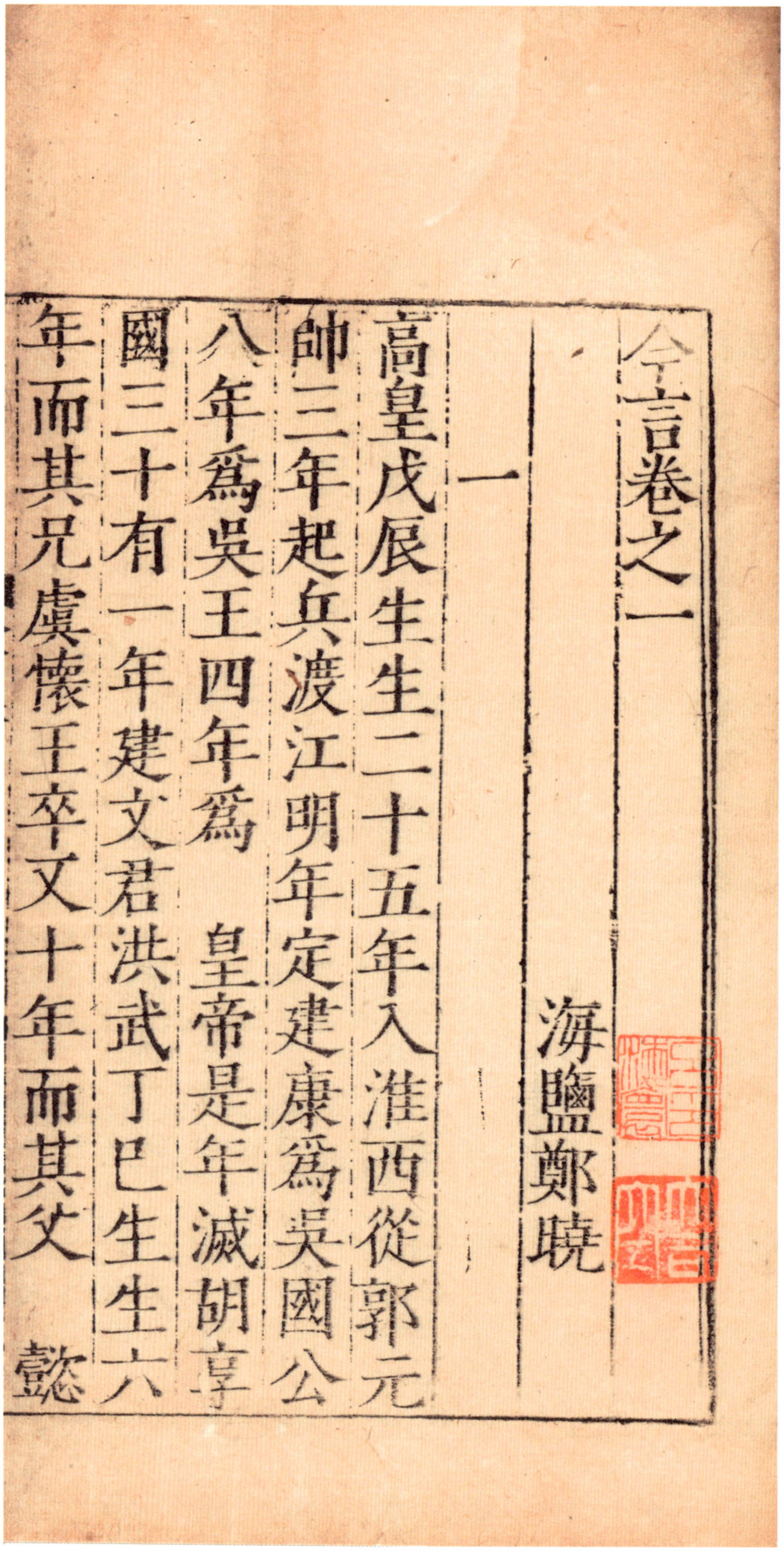
今言卷之一
海鹽鄭曉
一
高皇戊辰生二十五年入淮西從郭元
帥三年起兵渡江明年定建康爲吳國公
八年爲吳王四年爲　皇帝是年滅胡享
國三十有一年建文君洪武丁巳生生六
年而其兄虞懷王卒又十年而其父　懿

00226 古言二卷今言四卷　（明）鄭曉撰 明嘉靖四十四年（1565）項篤壽刻本

綫裝。匡高 20.8 厘米，廣 13 厘米。半葉八行，行十六字，白口，四周雙邊或左右雙邊。鈐“呂海寰”、“大司空”、“開萬樓藏書印”、“鏡宇珍藏”等印。山西大學圖書館藏。

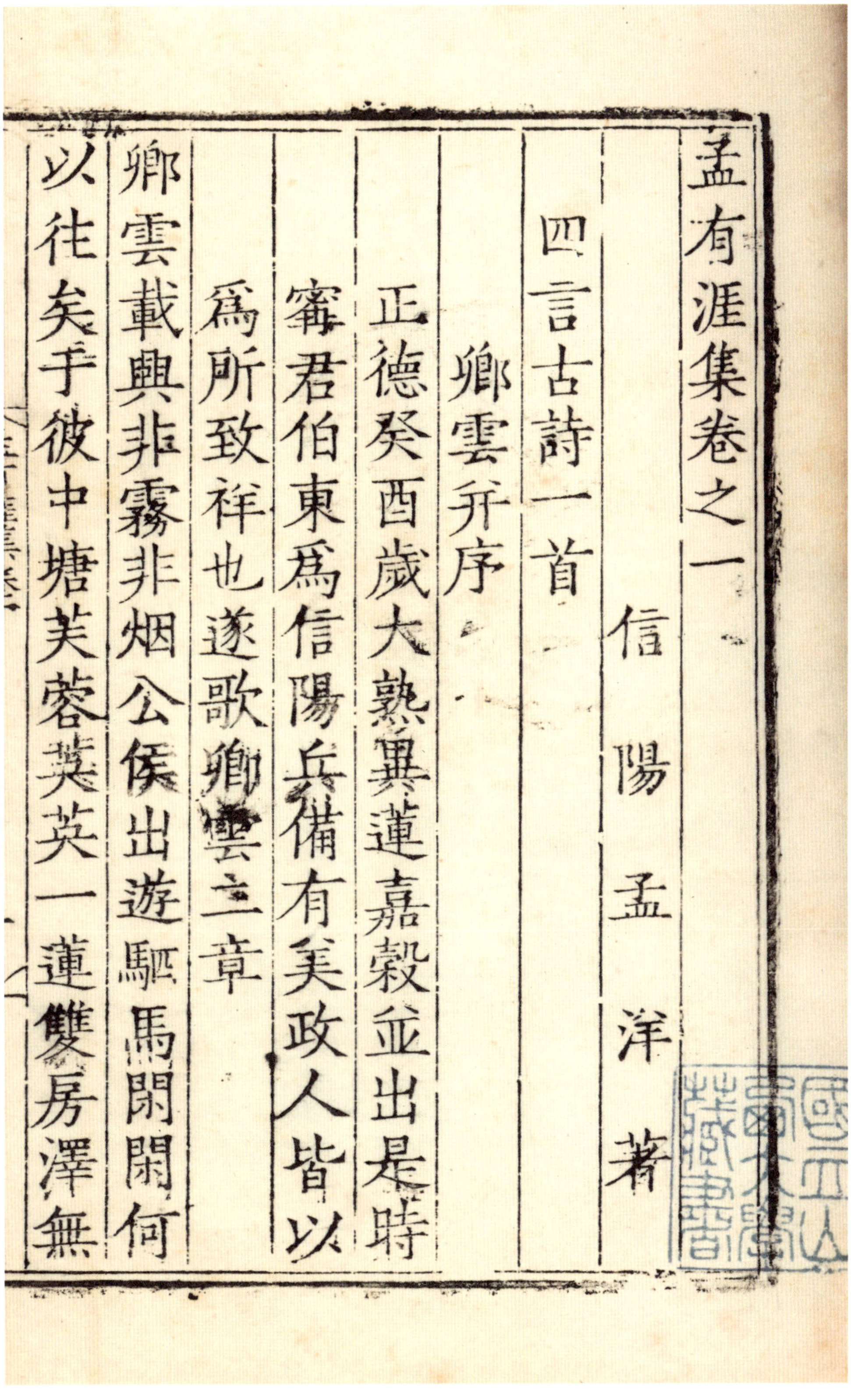
孟有涯集卷之一
信陽孟洋著
四言古詩一首
鄉雲并序
正德癸酉歲大熟異蓮嘉穀並出是時
甯君伯東爲信陽兵備有美政人皆以
爲所致祥也遂歌鄉雲之章
鄉雲載興非霧非烟公侯出遊驅馬閑閑何
以往矣于彼中塘芙蓉蕖英一蓮雙房澤無

00227 孟有涯集十七卷　（明）孟洋撰　明嘉靖十七年（1538）王廷相　徐九皋刻本

綫裝。匡高 21.5 厘米，廣 13 厘米。半葉九行，行十七字，白口，四周雙邊。山西大學圖書館藏。

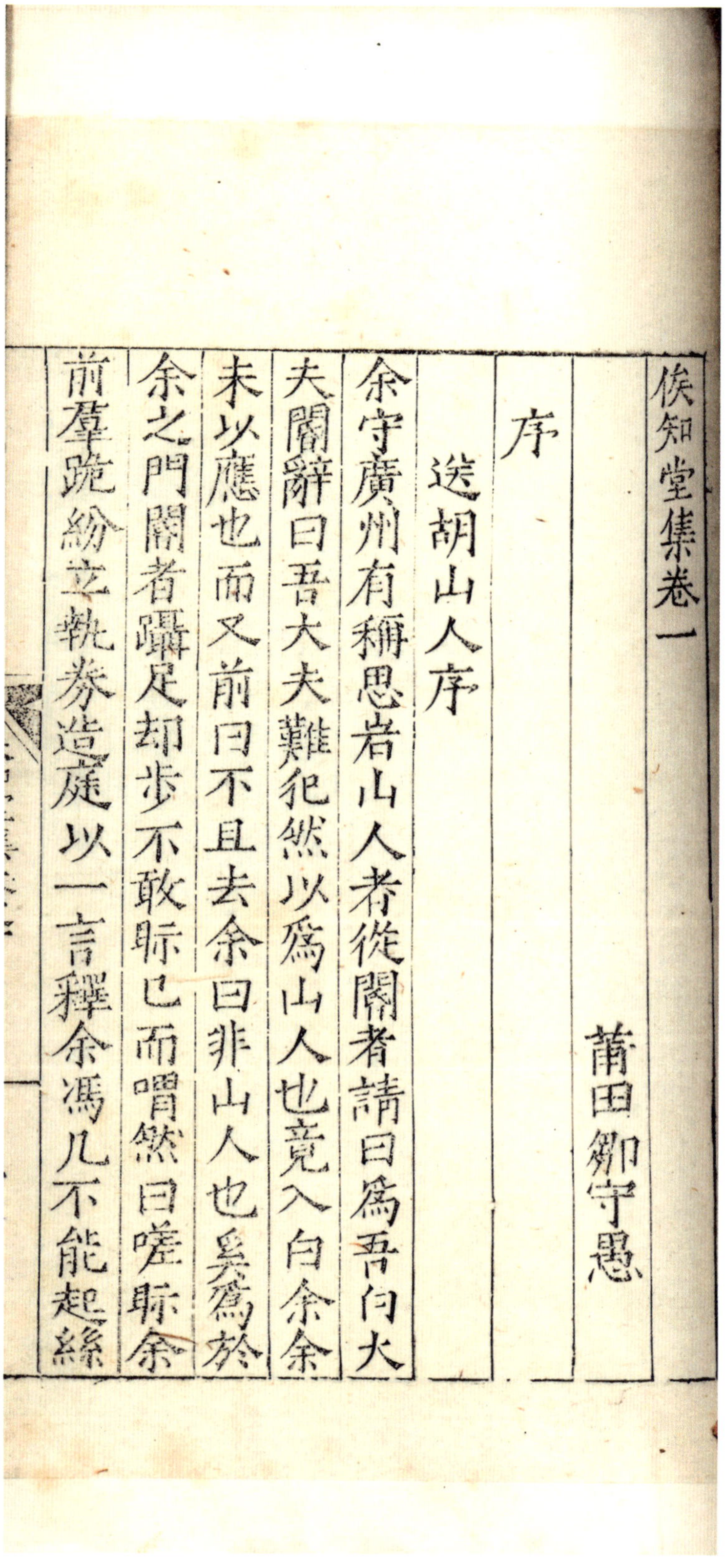

俟知堂集卷一

莆田鄭守愚

序

送胡山人序

余守廣州有稱思岩山人者從閽者請曰爲吾白大
夫閽辭曰吾大夫難祀然以爲山人也竟入白余余
未以應也而又前曰不且去余曰非山人也奚爲於
余之門閽者躡足却步不敢眎已而喟然曰嗟眎余
前羣跪紛立執券造庭以一言釋余馮几不能起絲

00228 俟知堂集十四卷　（明）鄭守愚撰　明嘉靖刻本

綫裝。匡高 19 厘米，廣 13 厘米。半葉九行，行二十字，小字雙行，行字同，白口，四周單邊。山西大學圖書館藏。

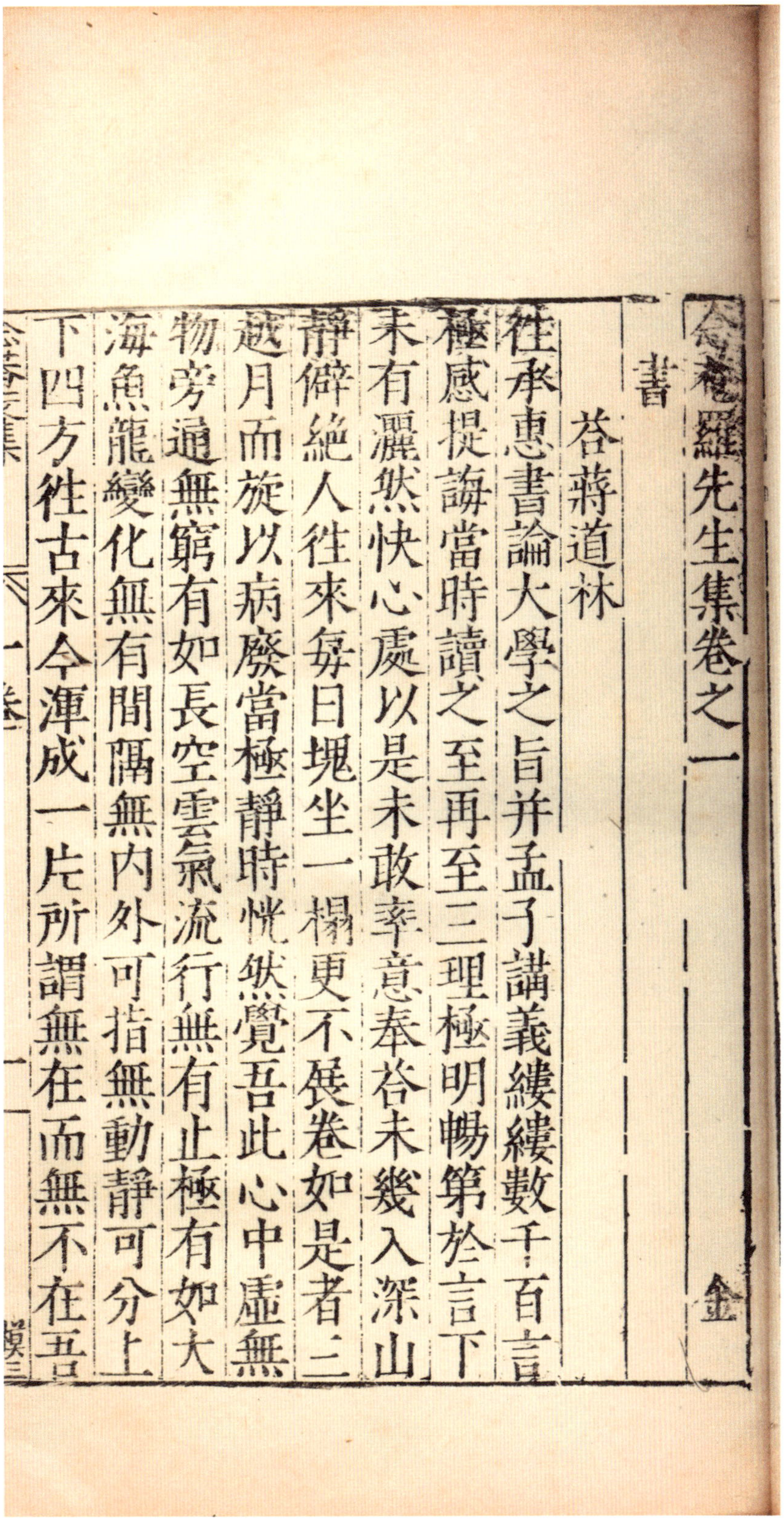

念菴羅先生集卷之一

書

荅蔣道林

往承惠書論大學之旨并孟子講義縷縷數千百言極感提誨當時讀之至再至三理極明暢第於言下未有灑然快心處以是未敢率意奉荅未幾入深山静僻絶人往來毎日塊坐一榻更不展卷如是者三越月而旋以病廢當極静時恍然覺吾此心中虛無物旁通無窮有如長空雲氣流行無有止極有如大海魚龍變化無有間隔無内外可指無動静可分上下四方往古來今渾成一片所謂無在而無不在吾

00229 念庵羅先生集十三卷　（明）羅洪先撰　明嘉靖四十二年（1563）劉玠刻本

綫裝。匡高 20.4 厘米，廣 14.6 厘米。半葉十一行，行二十字，白口，四周單邊。山西大學圖書館藏。

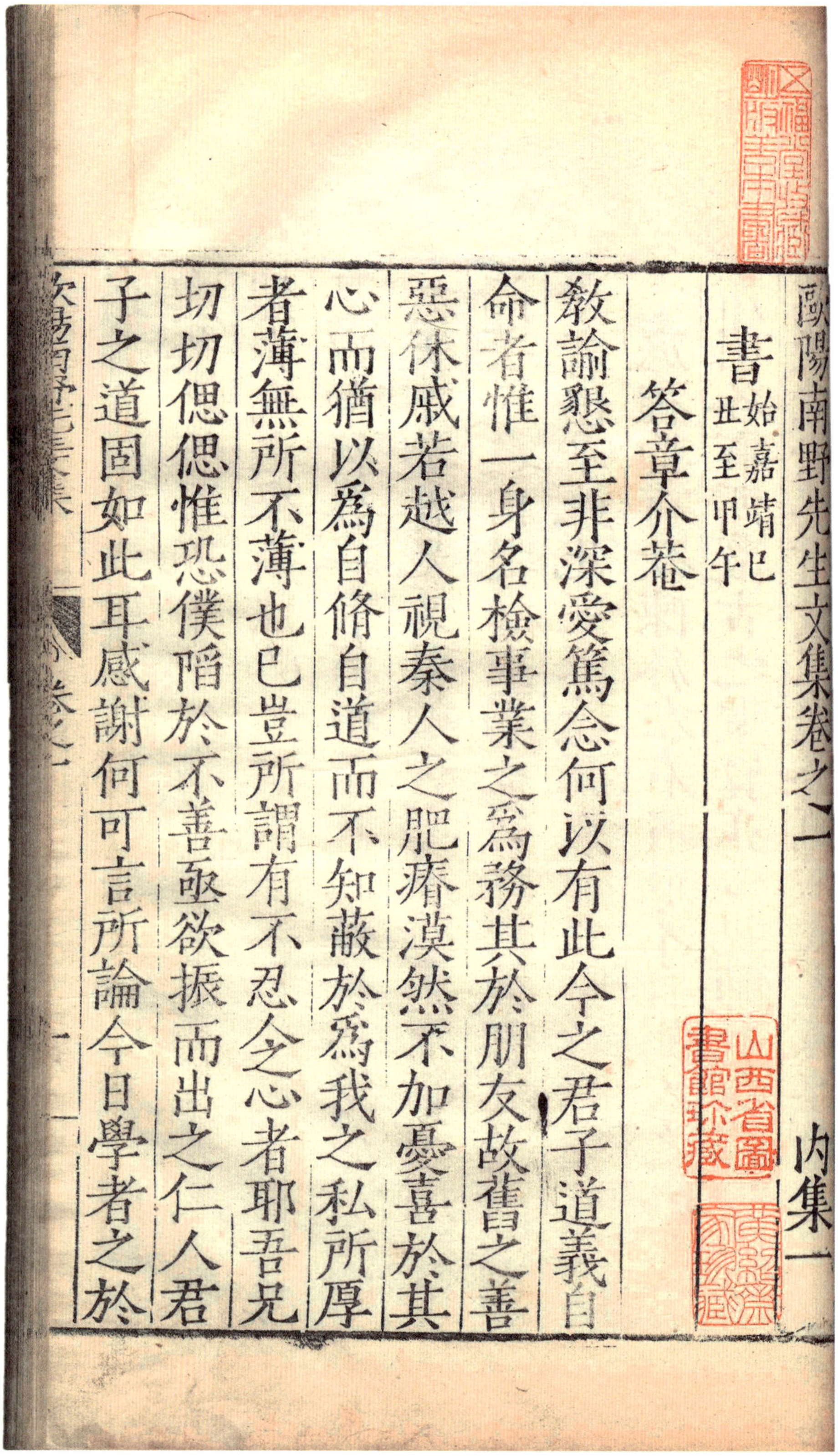

00230 歐陽南野先生文集三十卷　（明）歐陽德撰　明嘉靖三十七年（1558）梁汝魁刻本　綫裝。匡高 19.6 厘米，廣 14.5 厘米。半葉十行，行二十字，白口，四周單邊。鈐“五福堂收藏明版善本書”等印。山西省圖書館藏。

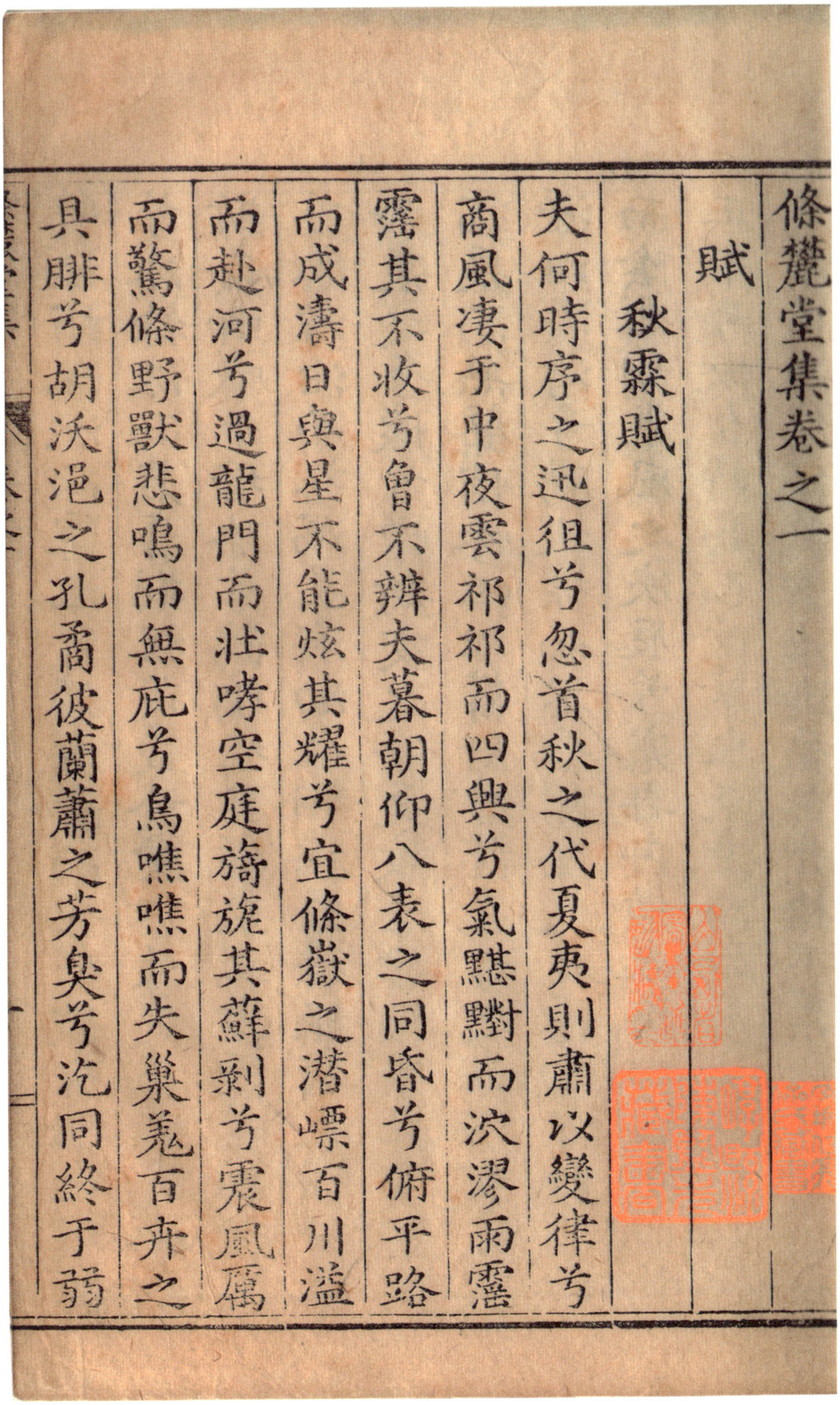
條麓堂集卷之一
賦
秋霖賦
夫何時序之迅徂兮忽首秋之代夏夷則肅以變律兮
商風凄于中夜雲祁祁而四興兮氣黮黷而泬漻雨霪
霪其不收兮曾不辨夫暮朝仰八表之同昏兮俯平路
而成濤日與星不能炫其耀兮宜條嶽之潜嘌百川濫
而赴河兮過龍門而壯哮空庭旖旎其蘚剝兮震風厲
而驚條野獸悲鳴而無庇兮鳥噍噍而失巢羌百卉之
具腓兮胡沃浥之孔喬彼蘭蕭之芳臭兮汔同終于翦

00231 條麓堂集三十四卷 (明)張四維撰 明萬曆二十四年(1596)刻本

綫裝。匡高 21.6 厘米，廣 16 厘米。半葉十行，行二十一字，白口，左右雙邊。鈐“崞縣陳監先藏書”等印。山西省圖書館藏。

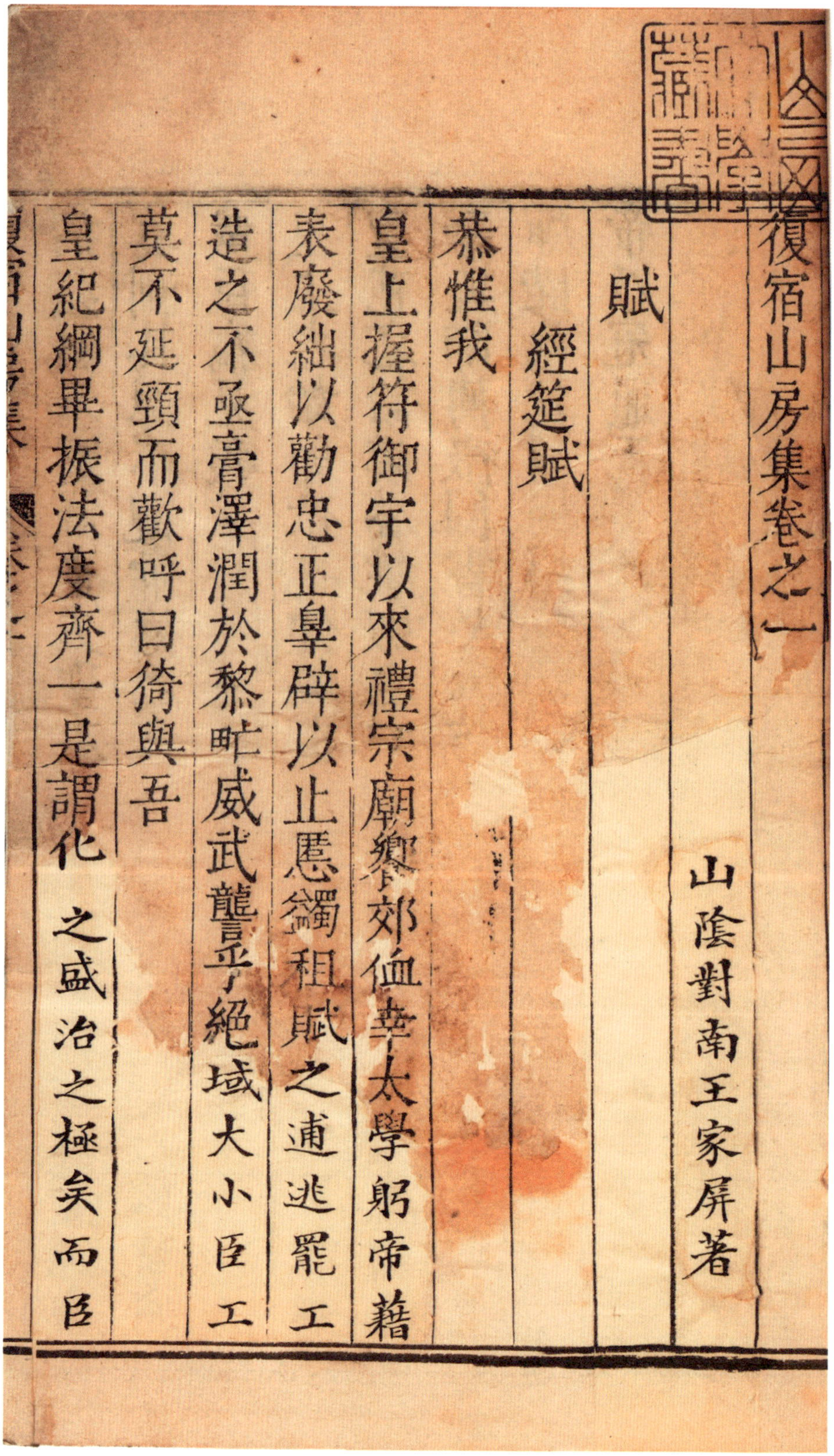
復宿山房集卷之一

山陰對南王家屏著

賦

經筵賦

恭惟我

皇上握符御宇以來禮宗廟饗郊亟幸太學躬帝藉表廢絀以勸忠正舉辟以止慝獨租賦之逋逃罷工造之不亟膏澤潤於黎甿威武讋乎絕域大小臣工莫不延頸而歡呼曰猗與吾

皇紀綱畢振法度齊一是謂化之盛治之極矣而臣

00232 復宿山房集四十卷　（明）王家屏撰　明萬曆魏養蒙刻本

线装。匡高 20.7 厘米，廣 15 厘米。半葉十行，行十二字，白口，四周雙邊。山西大學圖書館藏。

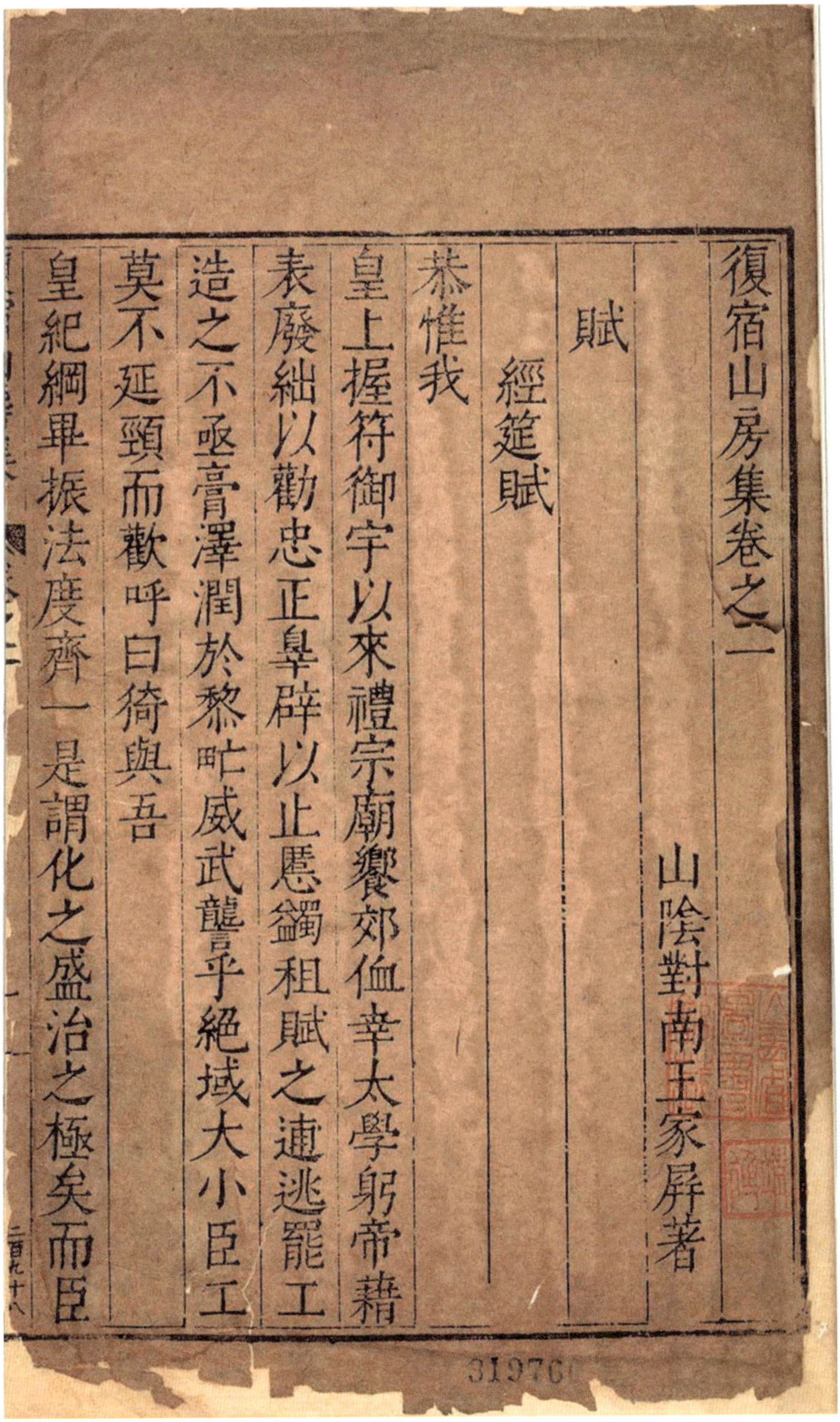
復宿山房集卷之一
山陰對南王家屏著
賦
經筵賦
恭惟我
皇上握符御宇以來禮宗廟饗郊恤辛太學躬帝藉
表廢絀以勸忠正皐辟以止慝蠲租賦之逋逃罷工
造之不亟膏澤潤於黎甿威武讋乎絶域大小臣工
莫不延頸而歡呼曰猗與吾
皇紀綱畢振法度齊一是謂化之盛治之極矣而臣

00233 復宿山房集四十卷　（明）王家屏撰　明萬曆魏養蒙刻本

綫裝。匡高 20.7 厘米，廣 15 厘米。半葉十行，行十二字，白口，四周雙邊。山西省圖書館藏，缺九卷（卷十七至十八、二十三至二十九）。

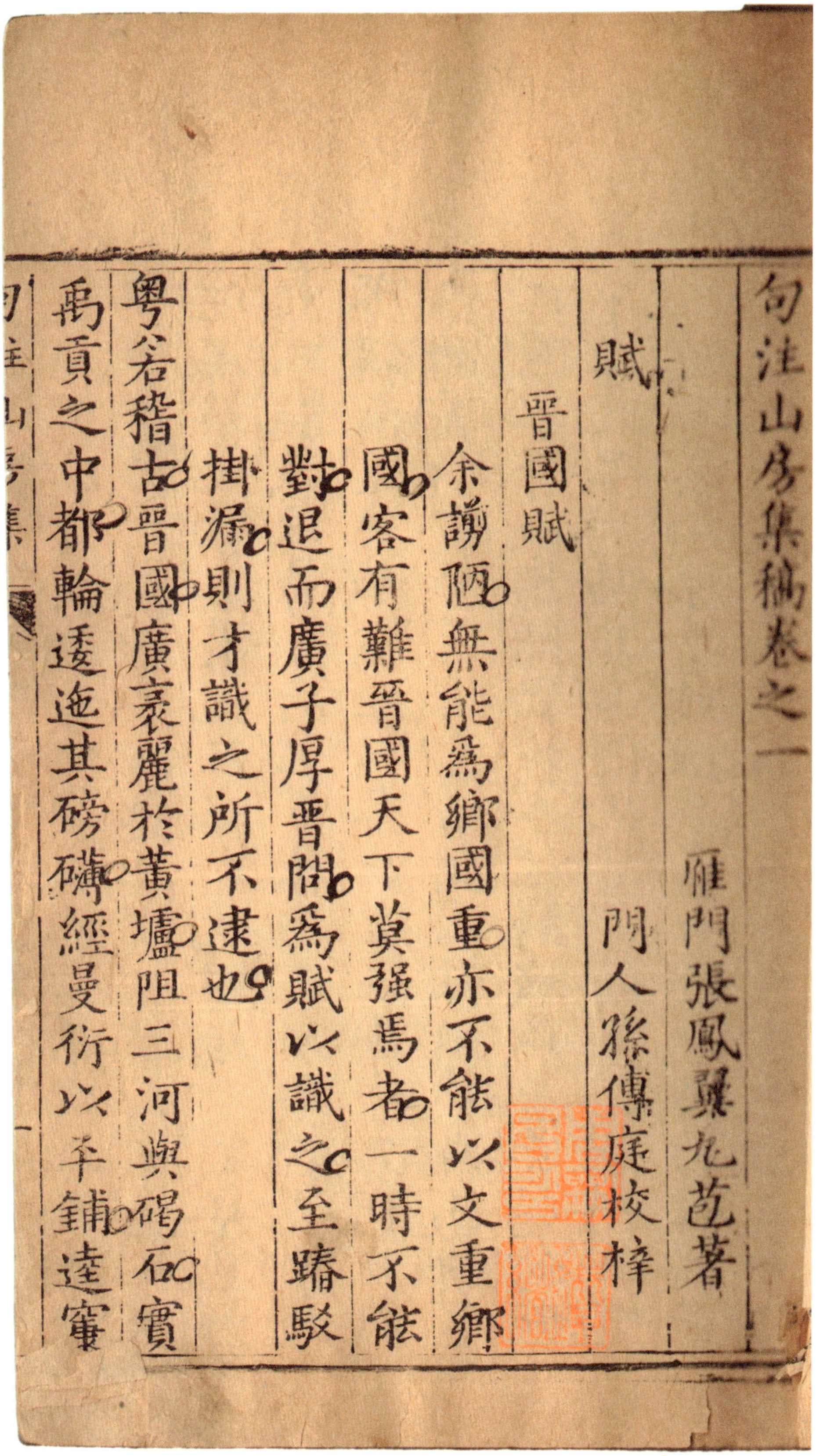

句注山房集稿卷之一
鴈門張鳳翼九苞著
門人孫傳庭校梓
賦
晉國賦
余譾陋無能爲鄉國重亦不能以文重鄉
國客有難晉國天下莫强焉者一時不能
對退而廣子厚晉問爲賦以識之至踳駁
掛漏則才識之所不逮也
粤若稽古晉國廣袤麗於黃壚阻三河與碣石賓
禹貢之中都輪逶迤其磅礴經曼衍以平鋪達寰
句注山房集　一

00234 句注山房集二十卷　（明）張鳳翼撰　明孫傳庭刻本

綫裝。匡高 20 厘米，廣 14.8 厘米。半葉十行，行十九字，白口，四周雙邊。山西省圖書館藏。

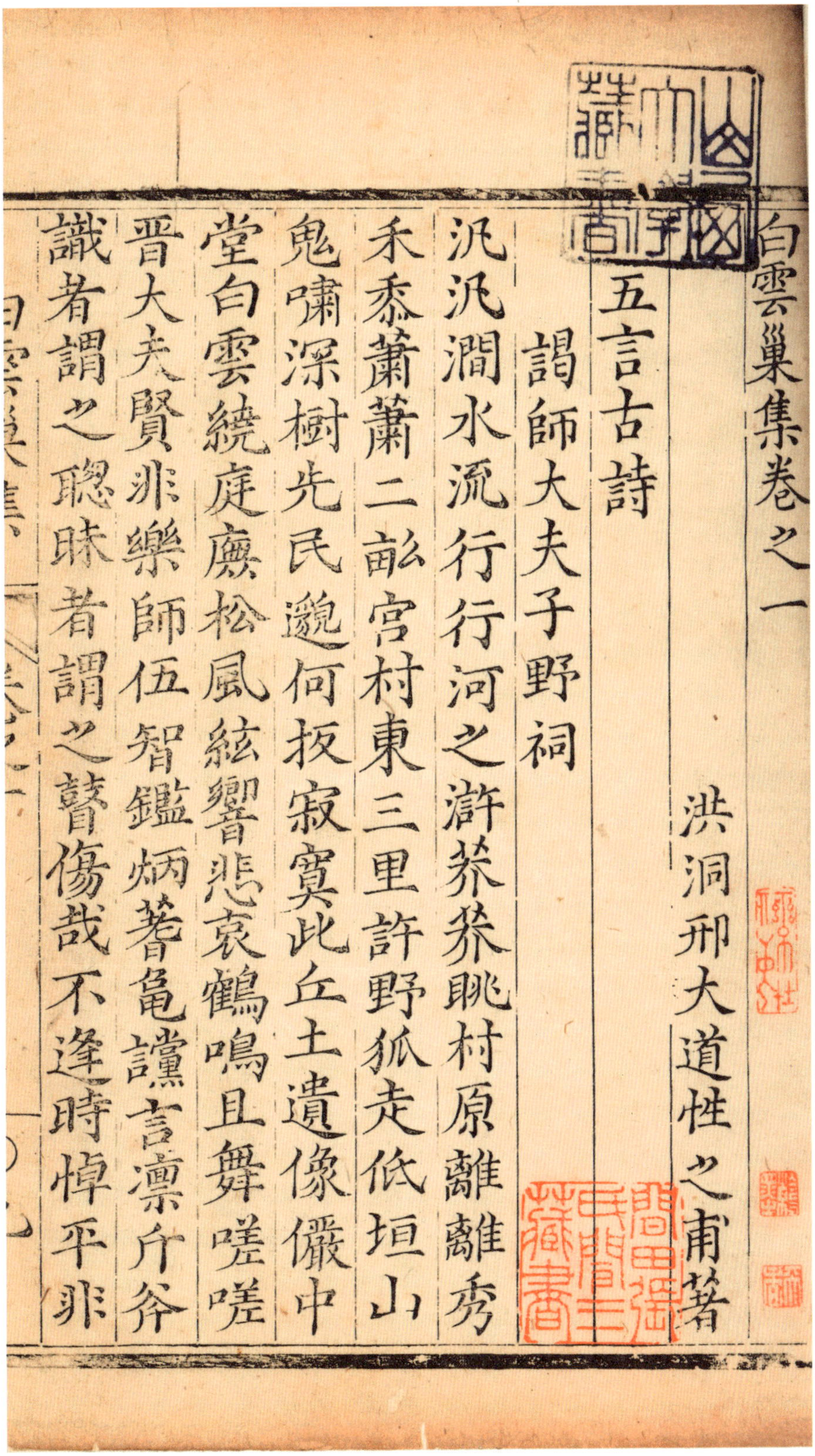

00235 白雲巢集二十四卷 （明）邢大道撰 明萬曆四十五年（1617）刻本

线裝。匡高 20.5 厘米，廣 14.5 厘米。半葉十行，行二十字，白口，四周雙邊。鈐"翰墨"、"間田张氏闻三藏书"等印。山西大學圖書館藏。

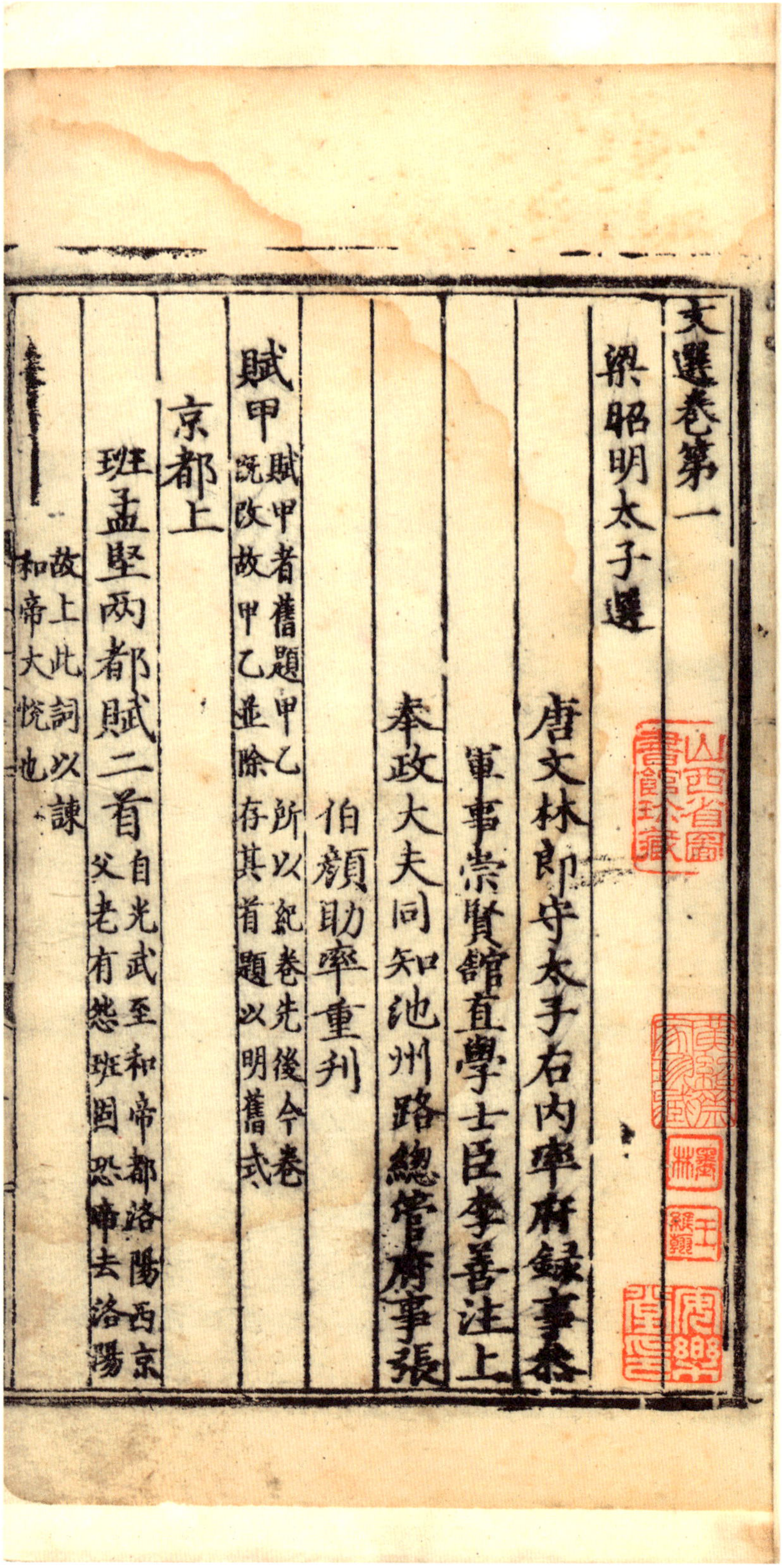

00236 文選六十卷 （梁）蕭統輯 （唐）李善注 明成化二十三年（1487）唐藩朱芝址刻本

綫裝。匡高 22.5 厘米，廣 15 厘米。半葉十行，行二十二字，小字雙行，行字同，黑口，四周雙邊。卷一末有朱筆批校。鈐“墨林”、“王維翰”、“安樂堂印”、“阮元之印”、“觀過”等印。山西省圖書館藏。

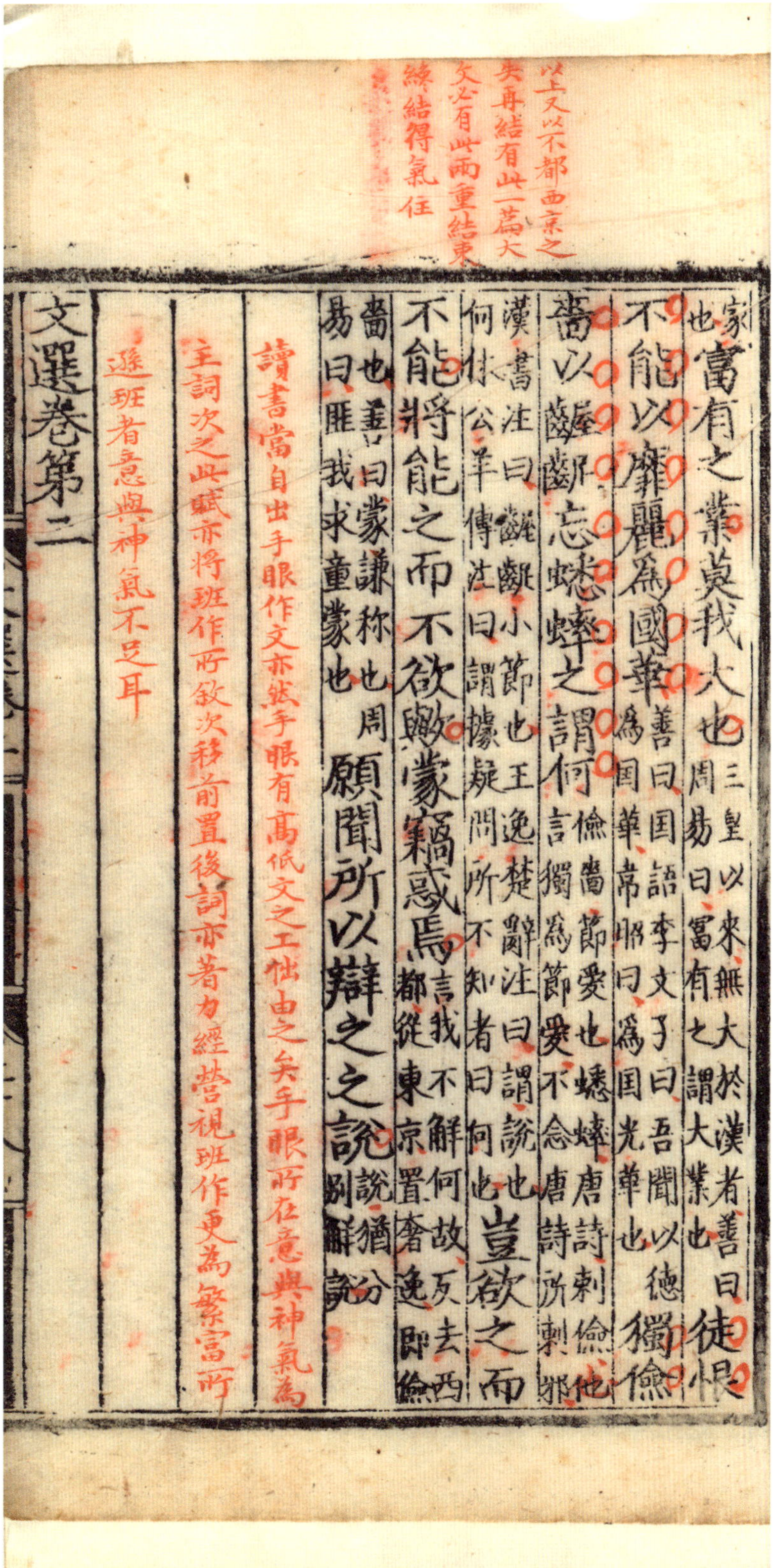

家也當有之業莫我大也三皇以來無大於漢者善曰徒恨周易曰富有之謂大業也善曰
不能以靡麗爲國華善曰國語季文子曰吾聞以德爲國華帛略曰爲國光華也獨儉
嗇以齷齪忘蟋蟀之謂何儉嗇節愛也蟋蟀唐詩刺儉也言獨爲節愛不念唐詩所刺邪
漢書注曰齷齪小節也王逸楚辭注曰謂說也何休公羊傳注曰謂據疑問所不知者曰何也豈欲之而
不能將能之而不欲歟蒙竊惑焉言我不解何故反去西都從東京置奢逸即儉
嗇也善曰蒙謙称也周易曰匪我求童蒙也願聞所以辯之之說說猶分別解說

以上又以不都西京之失再結有此一篇大文必有此兩重結束纔結得氣住

讀書當自出手眼作文亦然手眼有高低文之工拙由之矣手眼所在意與神氣爲主詞次之此賦亦將班作所敘次移前置後詞亦著力經營視班作更爲繁富所遜班者意與神氣不足耳

文選卷第二

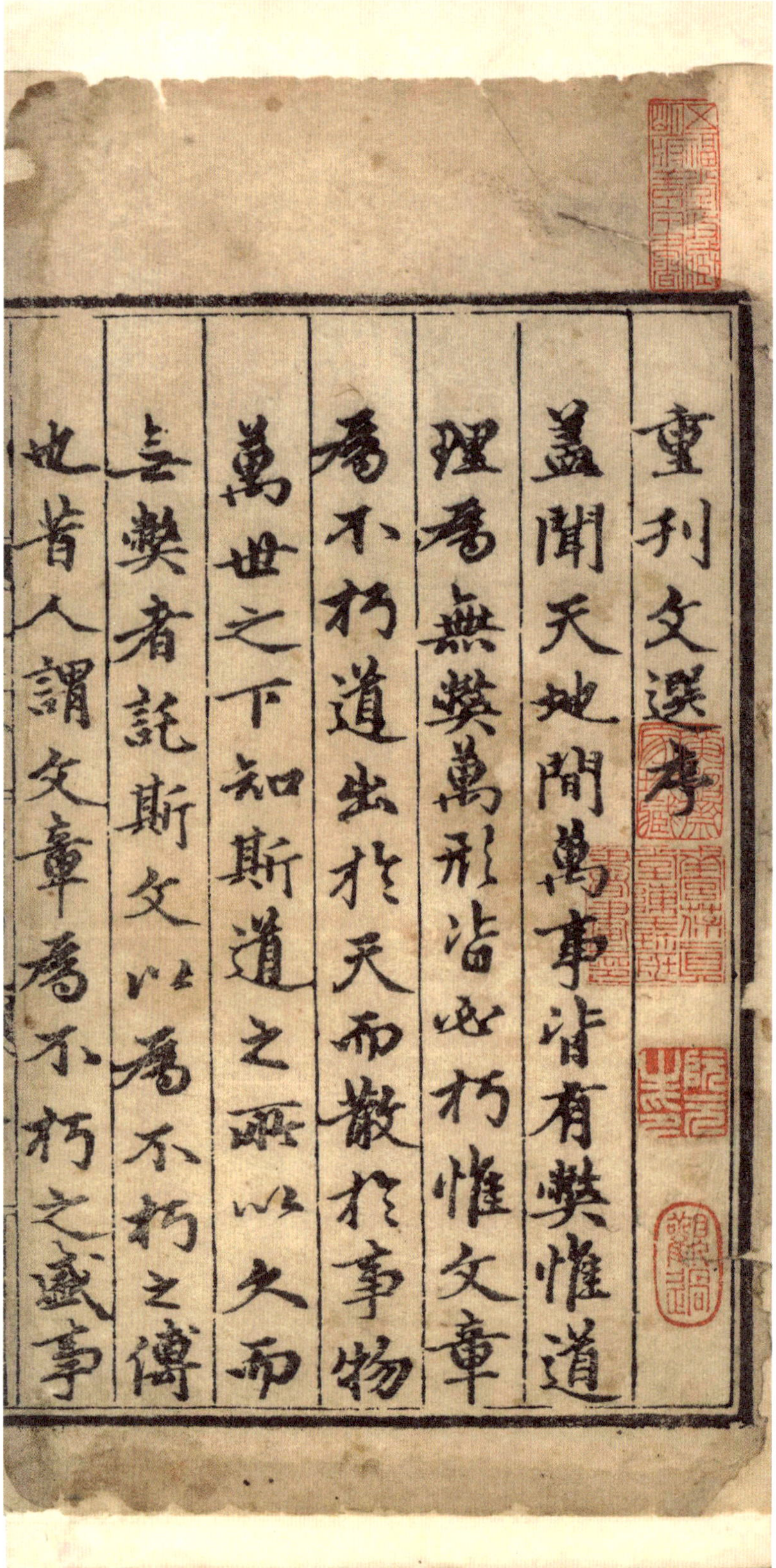

重刊文選序

蓋聞天地間萬事皆有弊惟道
理爲無弊萬形皆必朽惟文章
爲不朽道出於天而散於事物
萬世之下知斯道之所以久而
無弊者託斯文以爲不朽之傳
也昔人謂文章爲不朽之盛事

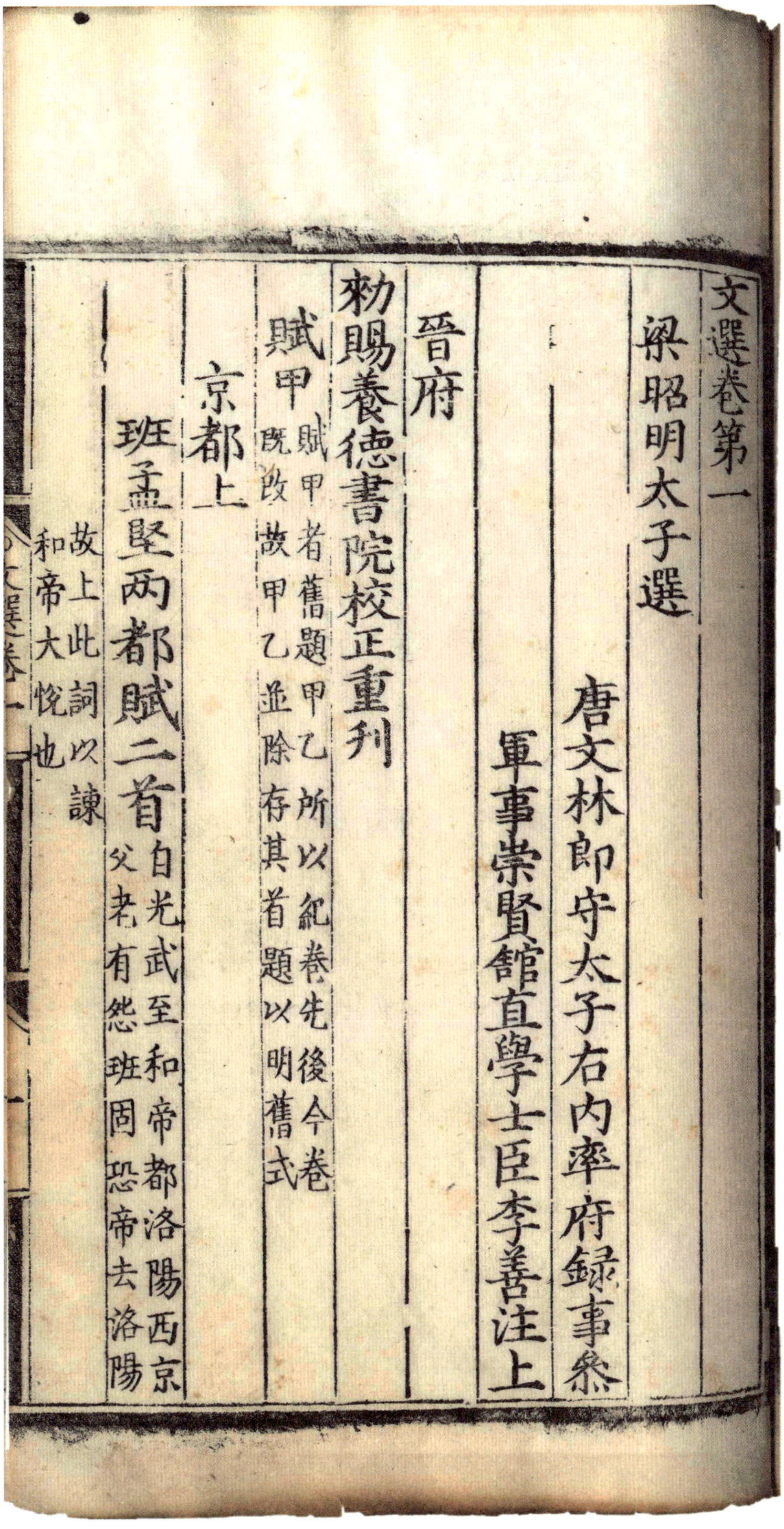
文選卷第一
梁昭明太子選
唐文林郎守太子右内率府録事叅
軍事崇賢館直學士臣李善注上
晉府
勑賜養德書院校正重刊
賦甲 賦甲者舊題甲乙所以紀卷先後今卷既改故甲乙並除存其首題以明舊式
京都上
班孟堅兩都賦二首 自光武至和帝都洛陽西京父老有怨班固恐帝去洛陽故上此詞以諫和帝大悅也

00237 文選六十卷　（梁）蕭統輯（唐）李善注 明嘉靖四年（1524）晉藩養德書院刻本

綫裝。匡高 23.3 厘米，廣 15 厘米。半葉十行，行二十二字，小字雙行，行字同，黑口，四周雙邊。山西省圖書館藏。

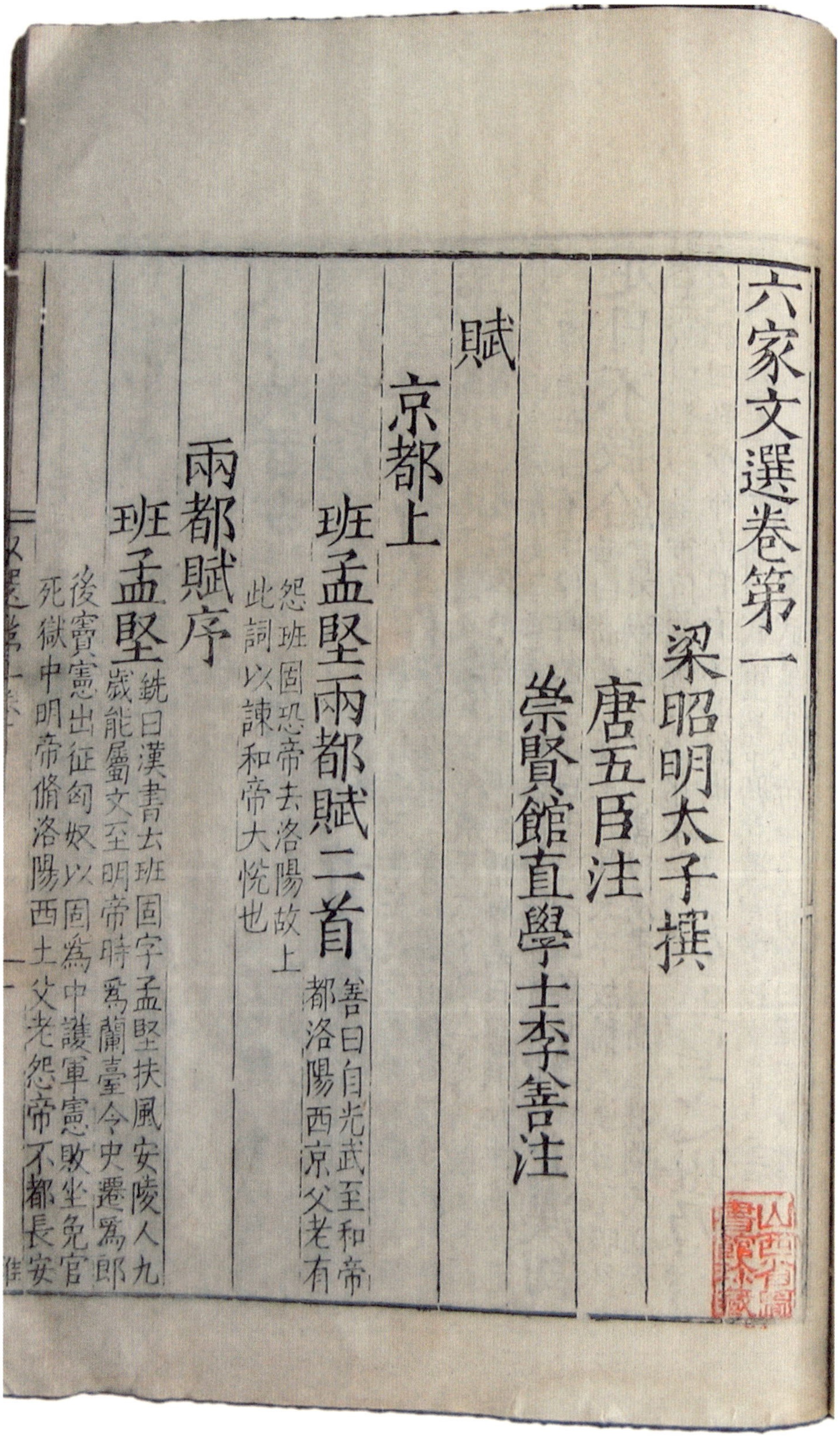

六家文選卷第一
梁昭明太子撰
唐五臣注
崇賢館直學士李善注
賦
京都上
班孟堅兩都賦二首善曰自光武至和帝都洛陽西京父老有怨班固恐帝去洛陽故上此詞以諫和帝大悅也
兩都賦序
班孟堅銑曰漢書云班固字孟堅扶風安陵人九歲能屬文至明帝時爲蘭臺令史遷爲郎後竇憲出征匈奴以固爲中護軍憲敗坐免官死獄中明帝脩洛陽西土父老怨帝不都長安

00238　六家文選六十卷　（梁）蕭統輯　（唐）李善等注　明嘉靖十三至二十八年（1534–1549）袁褧嘉趣堂刻本

綫裝。匡高 24 厘米，廣 18.9 厘米。半葉十一行，行十八字，小字雙行，行二十六字，白口，左右雙邊。山西省圖書館藏。

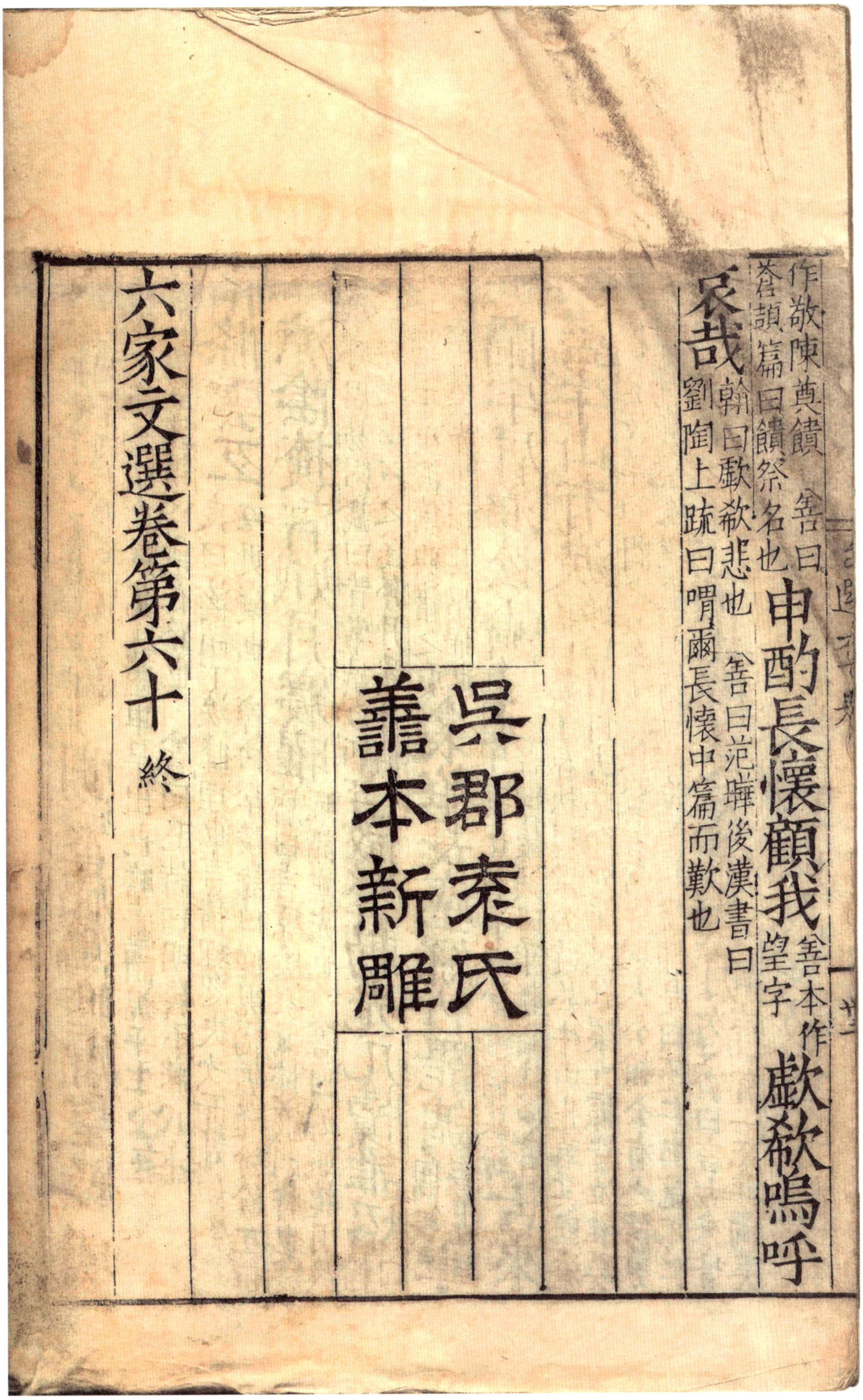
作敬陳奠饋 善曰
蒼頡篇曰饋祭名也
申酌長懷顧我
善本作望字
歔欷嗚呼
哀哉
翰曰歔欷悲也 善曰范曄後漢書曰
劉陶上䟽曰喟爾長懷中篇而歎也
吳郡袁氏
善本新雕
六家文選卷第六十 終

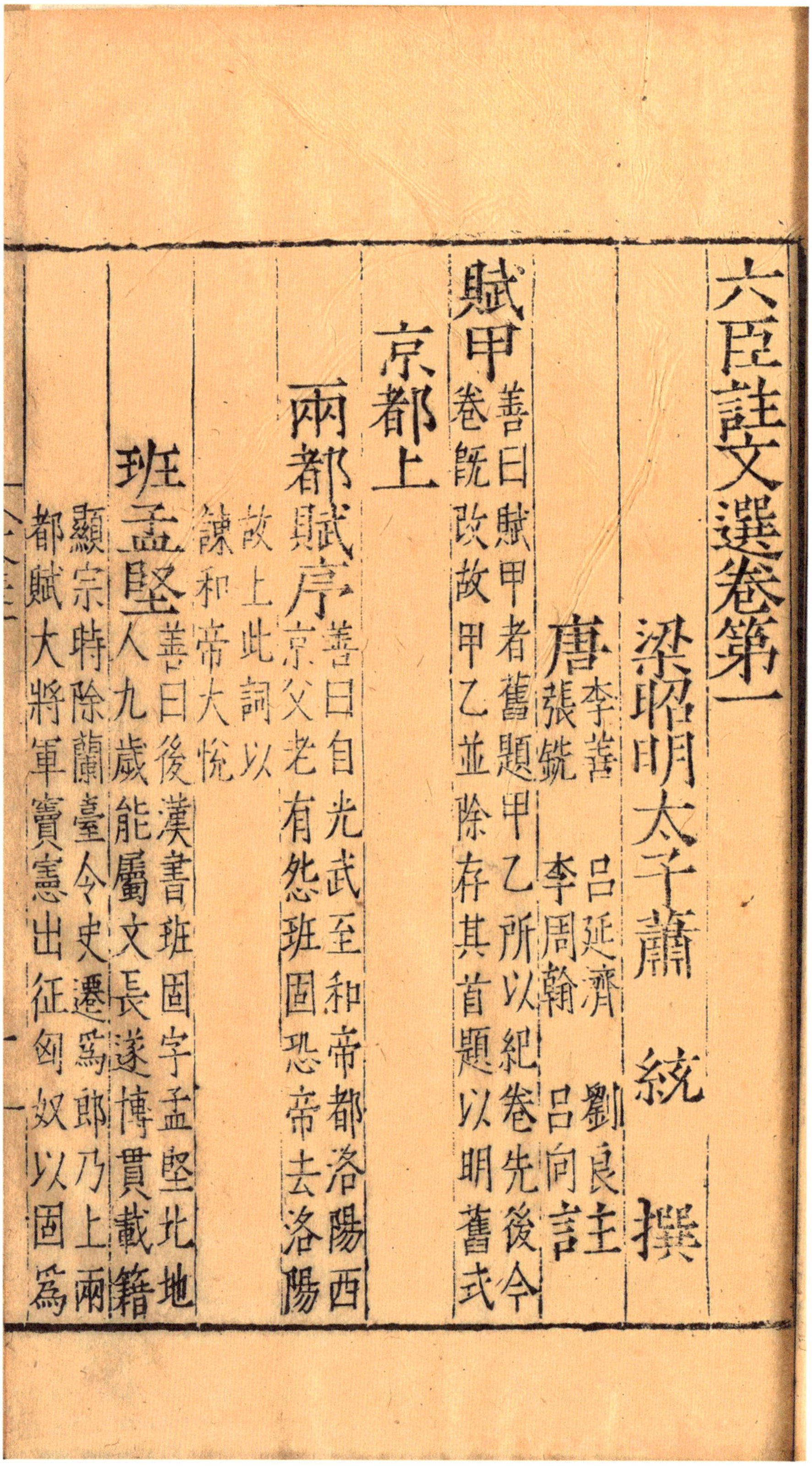

六臣註文選卷第一
梁昭明太子蕭　統　撰
唐　李善　呂延濟　劉良　張銑　李周翰　呂向　註
賦甲　善曰賦甲者舊題甲乙所以紀卷先後今卷既改故甲乙並除存其首題以明舊式
京都上
兩都賦序　善曰自光武至和帝都洛陽西京父老有怨班固恐帝去洛陽故上此詞以諫和帝大悅
班孟堅　善曰後漢書班固字孟堅北地人九歲能屬文長遂博貫載籍顯宗特除蘭臺令史遷爲郎乃上兩都賦大將軍竇憲出征匈奴以固爲

00239　六臣注文選六十卷　（梁）蕭統輯（唐）李善等注　明吴勉學刻本

綫裝。匡高 23 厘米，廣 15 厘米。半葉九行，行十八字，小字雙行，行字同，白口，左右雙邊。山西省圖書館藏。

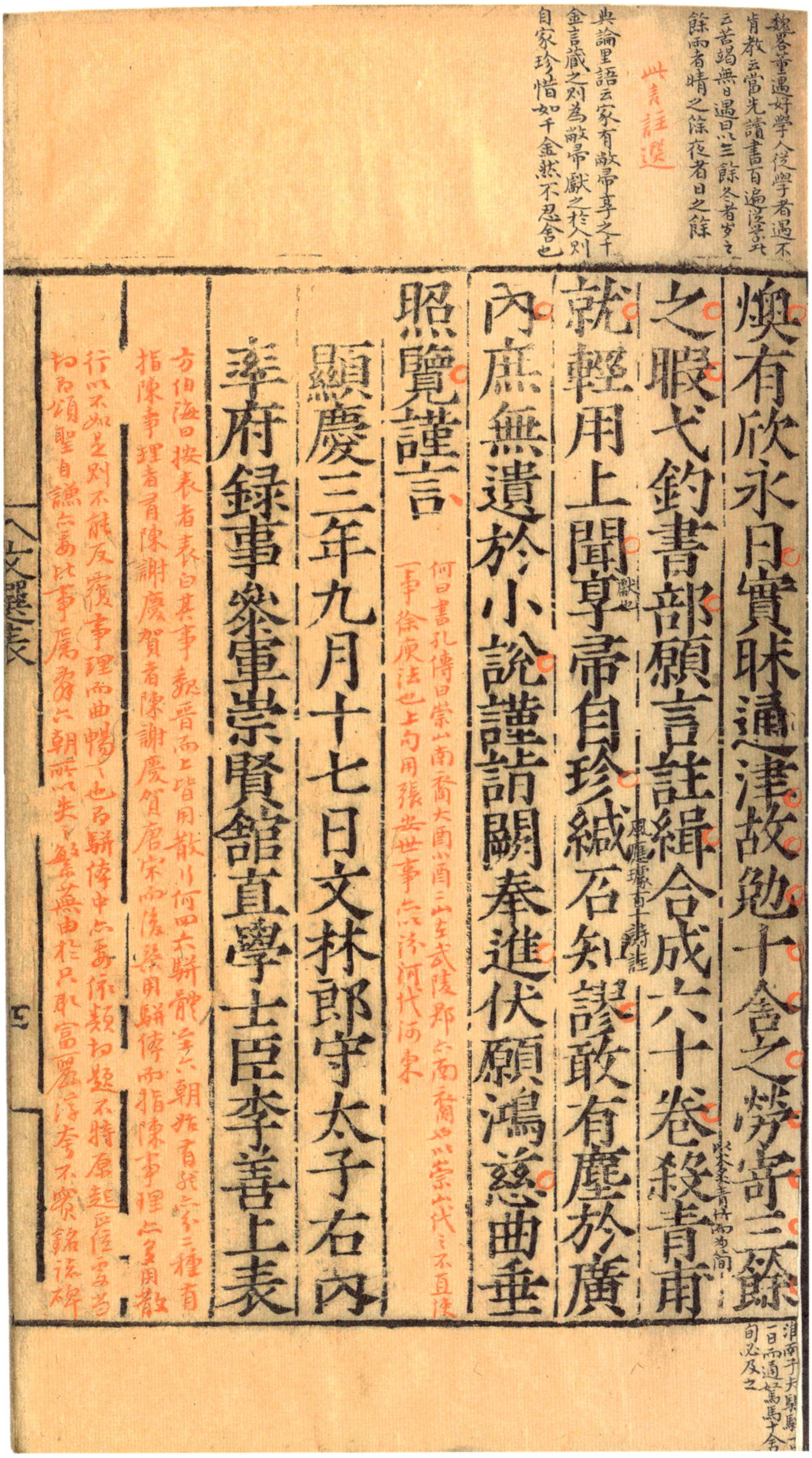

魏略董遇好學人從學者遇不肯教云當先讀書百遍而義自見云苦渴無日遇曰以三餘冬者歲之餘雨者晴之餘夜者日之餘

典論里語云家有敝帚享之千金言藏之則為敝帚獻之於人則自家珍惜如千金然不忍舍也

煥有欣永日實昧通津故勉十舍之勞寄三餘之暇弋釣書部願言註緝合成六十卷殺青甫就輕用上聞享帚自珍緘石知謬敢有塵於廣内庶無遺於小說讙詣闕奉進伏願鴻慈曲垂照覽謹言

顯慶三年九月十七日文林郎守太子右内率府録事參軍崇賢舘直學士臣李善上表

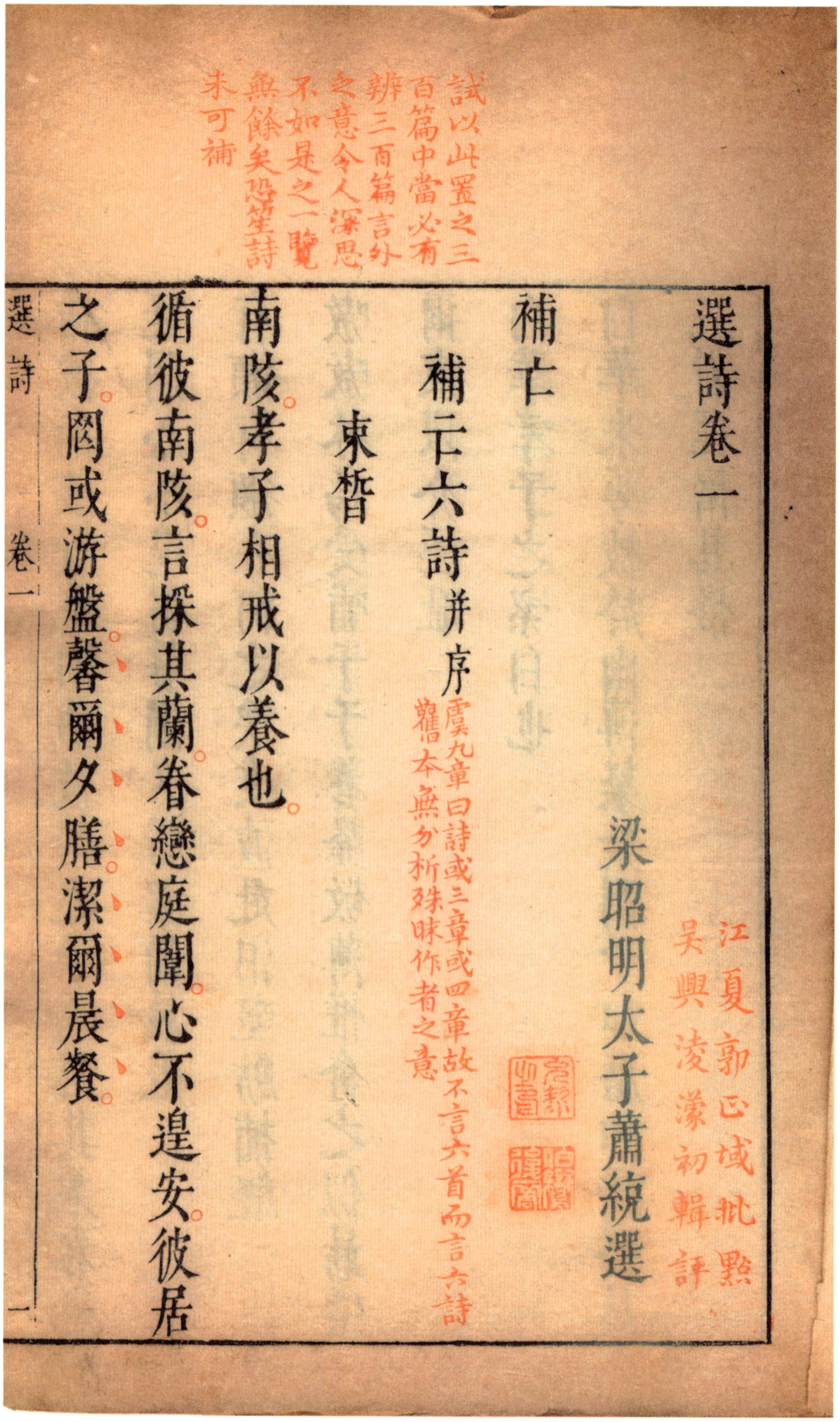

試以此置之三百篇中當必有辨三百篇言外之意令人深思不如是之一覽無餘矣恐笙詩未可補

選詩卷一

梁昭明太子蕭統選

江夏郭正域批點

吳興淩濛初輯評

補亡

補亡六詩并序

虞九章曰詩或三章或四章故不言六首而言六詩舊本無分析殊昧作者之意

束皙

南陔。孝子相戒以養也。

循彼南陔。言採其蘭。眷戀庭闈。心不遑安。彼居之子。罔或游盤。馨爾夕膳。潔爾晨餐。

選詩　卷一　一

00240 選詩七卷　（梁）蕭統輯　（明）郭正域評點　（明）淩濛初輯評　**詩人世次爵里一卷**　明淩濛初刻朱墨套印本

綫裝。匡高 20 厘米，廣 14.5 厘米。半葉八行，行十八字，白口，四周單邊。太谷縣圖書館藏。

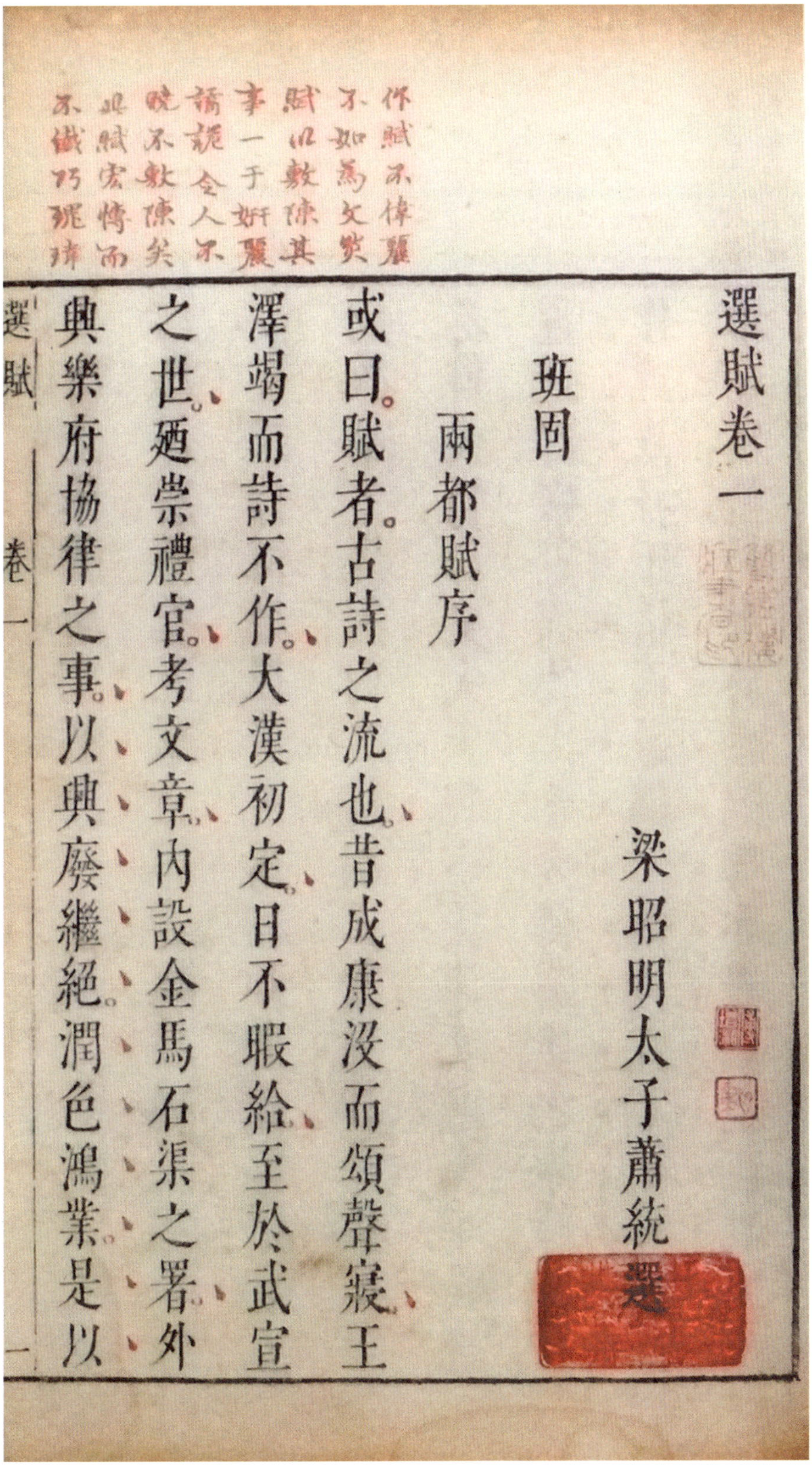

00241 選賦六卷　（梁）蕭統輯（明）郭正域評點 明淩氏鳳笙閣刻朱墨套印本

綫裝。匡高 20.5 厘米，廣 14.5 厘米。半葉八行，行十八字，白口，四周單邊。鈐“雙鑑樓藏書印”、“傅增湘”等印。山西博物院藏。

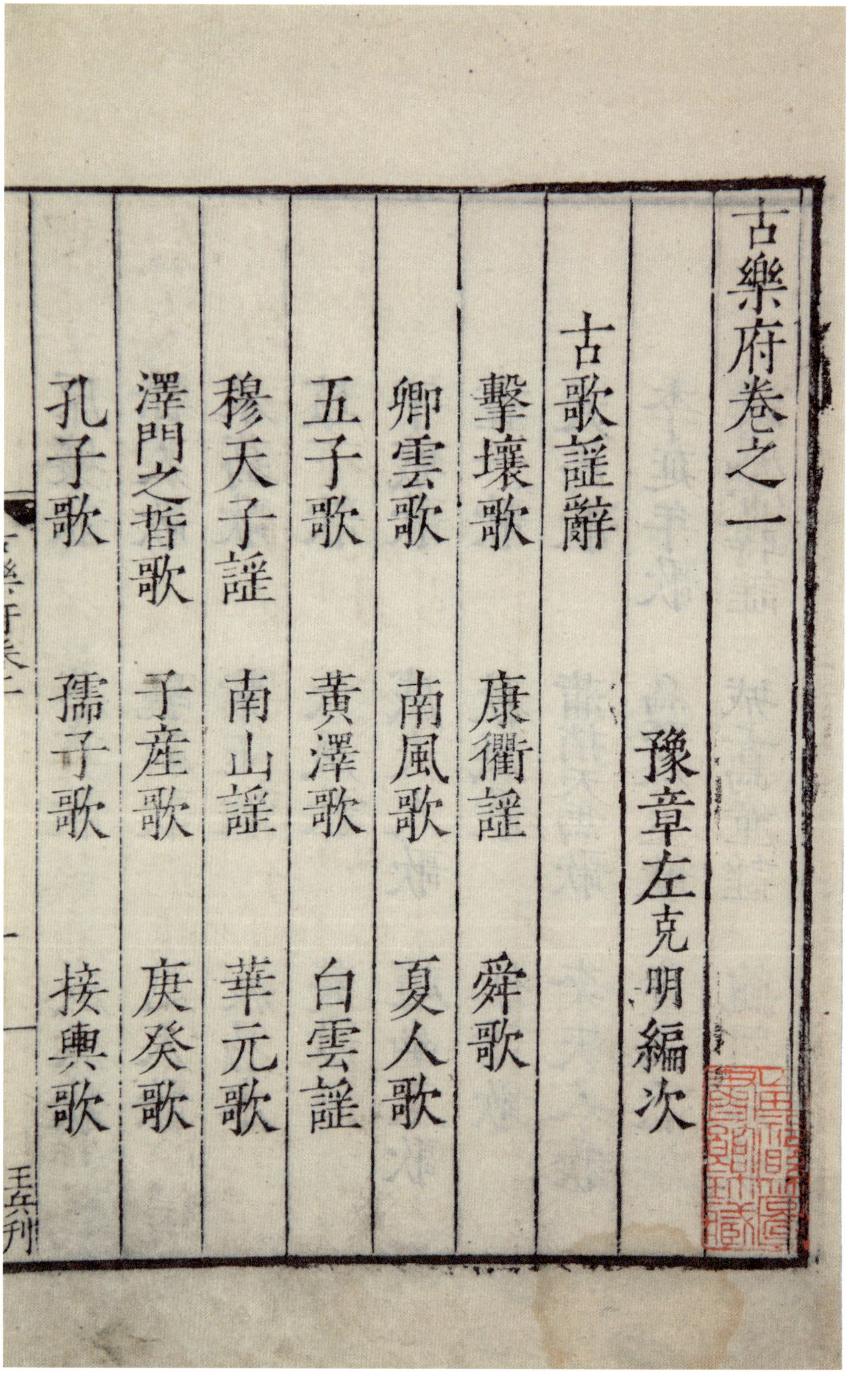
古樂府卷之一
豫章左克明編次
古歌謡辭
擊壤歌　康衢謡　舜歌
卿雲歌　南風歌　夏人歌
五子歌　黄澤歌　白雲謡
穆天子謡　南山謡　華元歌
澤門之晳歌　子産歌　庚癸歌
孔子歌　孺子歌　接輿歌

00242 古樂府十卷　（元）左克明輯　明嘉靖二十三年（1544）蕭一中刻本

綫裝。匡高 19.2 厘米，廣 15.1 厘米。半葉九行，行十八字，小字雙行，行字同，白口，左右雙邊。祁縣圖書館藏。

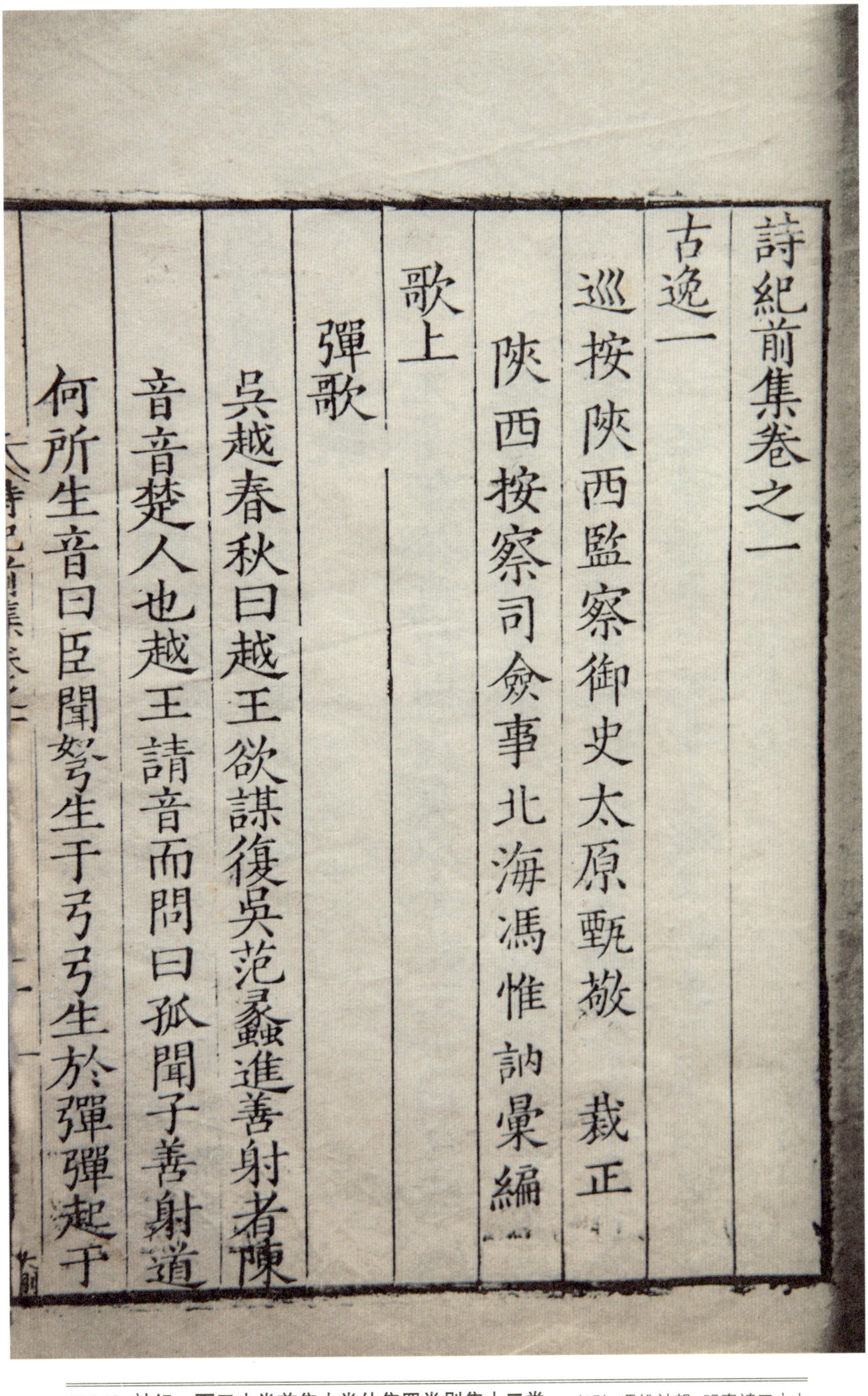
詩紀前集卷之一
古逸一
巡按陝西監察御史太原甄敬　裁正
陝西按察司僉事北海馮惟訥彙編
歌上
彈歌
吴越春秋曰越王欲謀復吴范蠡進善射者陳
音音楚人也越王請音而問曰孤聞子善射道
何所生音曰臣聞弩生于弓弓生於彈彈起于

00243 詩紀一百三十卷前集十卷外集四卷別集十二卷　（明）馮惟訥輯 明嘉靖三十九年（1560）甄敬刻本

綫裝。匡高 18.7 厘米，廣 13.9 厘米。半葉九行，行二十一字，白口，四周單邊。祁縣圖書館藏。

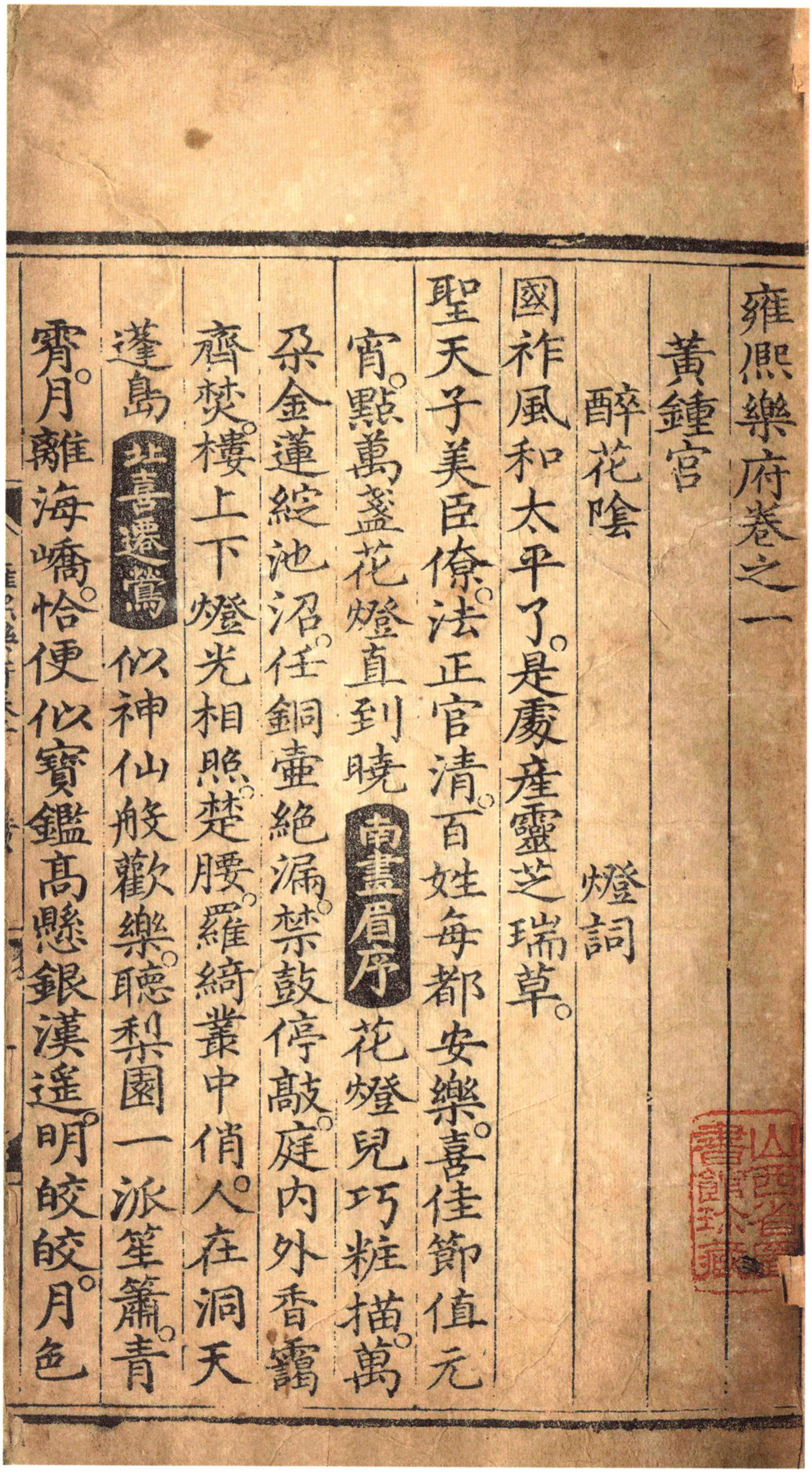
雍熙樂府卷之一
黃鍾宮
醉花陰　燈詞
國祚風和太平了。是處產靈芝瑞草。
聖天子美臣僚。法正官清。百姓每都安樂。喜佳節值元
宵。點萬盞花燈直到曉【南畫眉序】花燈兒巧粧描。萬
朶金蓮綻池沼。任銅壺絕漏。禁鼓停敲。庭內外香靄
齊焚。樓上下燈光相照。楚腰。羅綺叢中俏。人在洞天
蓬島【北喜遷鶯】似神仙般歡樂。聽梨園一派笙簫。青
霄。月離海嶠。恰便似寶鑑高懸銀漢遥。明皎皎。月色

00244　雍熙樂府二十卷　（明）郭勳輯　明嘉靖四十五年（1566）荊聚刻本

綫裝。匡高 19.8 厘米，廣 13.8 厘米。半葉十行，行二十一字，白口，四周雙邊。山西省圖書館藏。

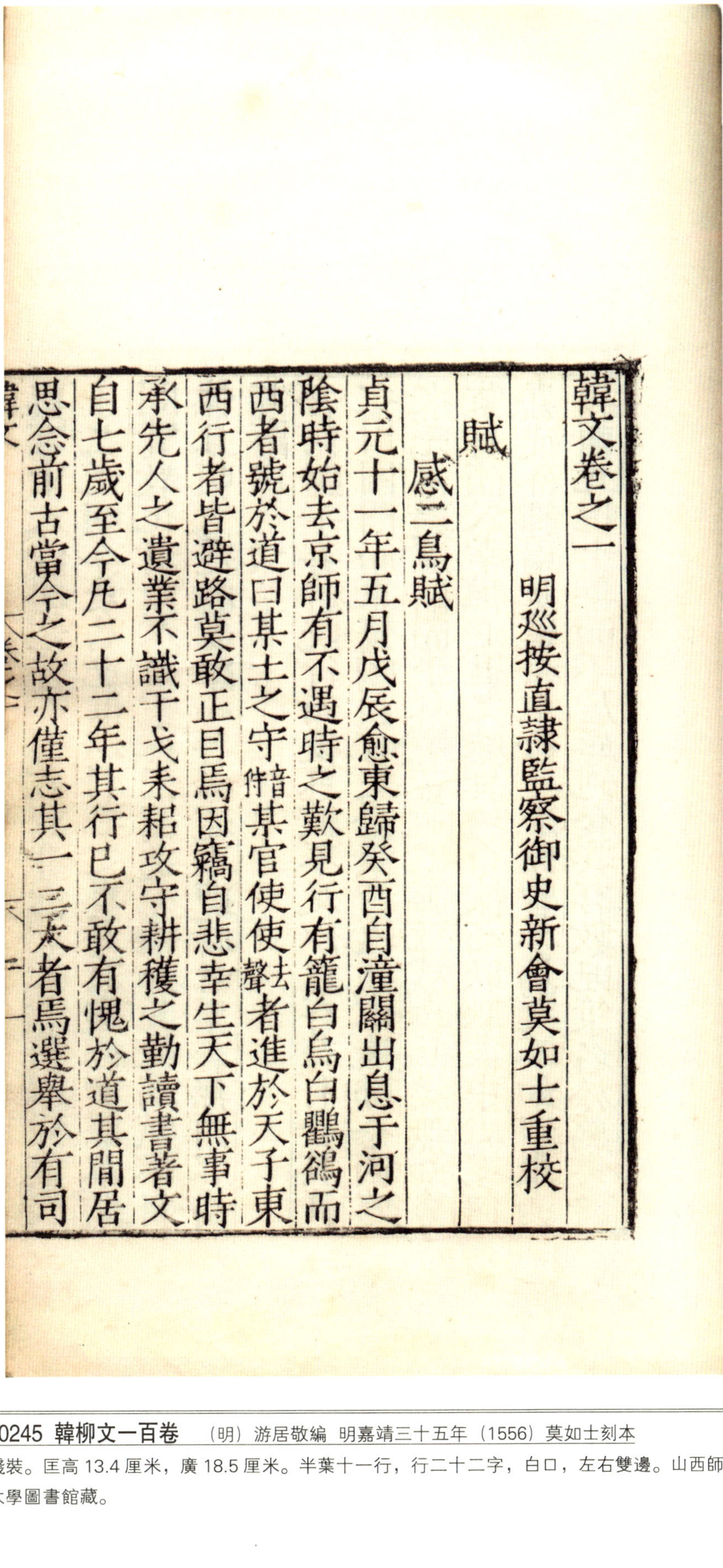
韓文卷之一
明巡按直隸監察御史新會莫如士重校
賦
感二鳥賦
貞元十一年五月戊辰愈東歸癸酉自潼關出息于河之
陰時始去京師有不遇時之歎見行有籠白烏白鸜鵒而
西者號於道曰某土之守（音狩）某官使使（去聲）者進於天子東
西行者皆避路莫敢正目焉因竊自悲幸生天下無事時
承先人之遺業不識干戈耒耜攻守耕穫之勤讀書著文
自七歲至今凡二十二年其行已不敢有愧於道其間居
思念前古當今之故亦僅志其一二大者焉選舉於有司

00245 韓柳文一百卷　（明）游居敬編　明嘉靖三十五年（1556）莫如士刻本

綫裝。匡高 13.4 厘米，廣 18.5 厘米。半葉十一行，行二十二字，白口，左右雙邊。山西師範大學圖書館藏。

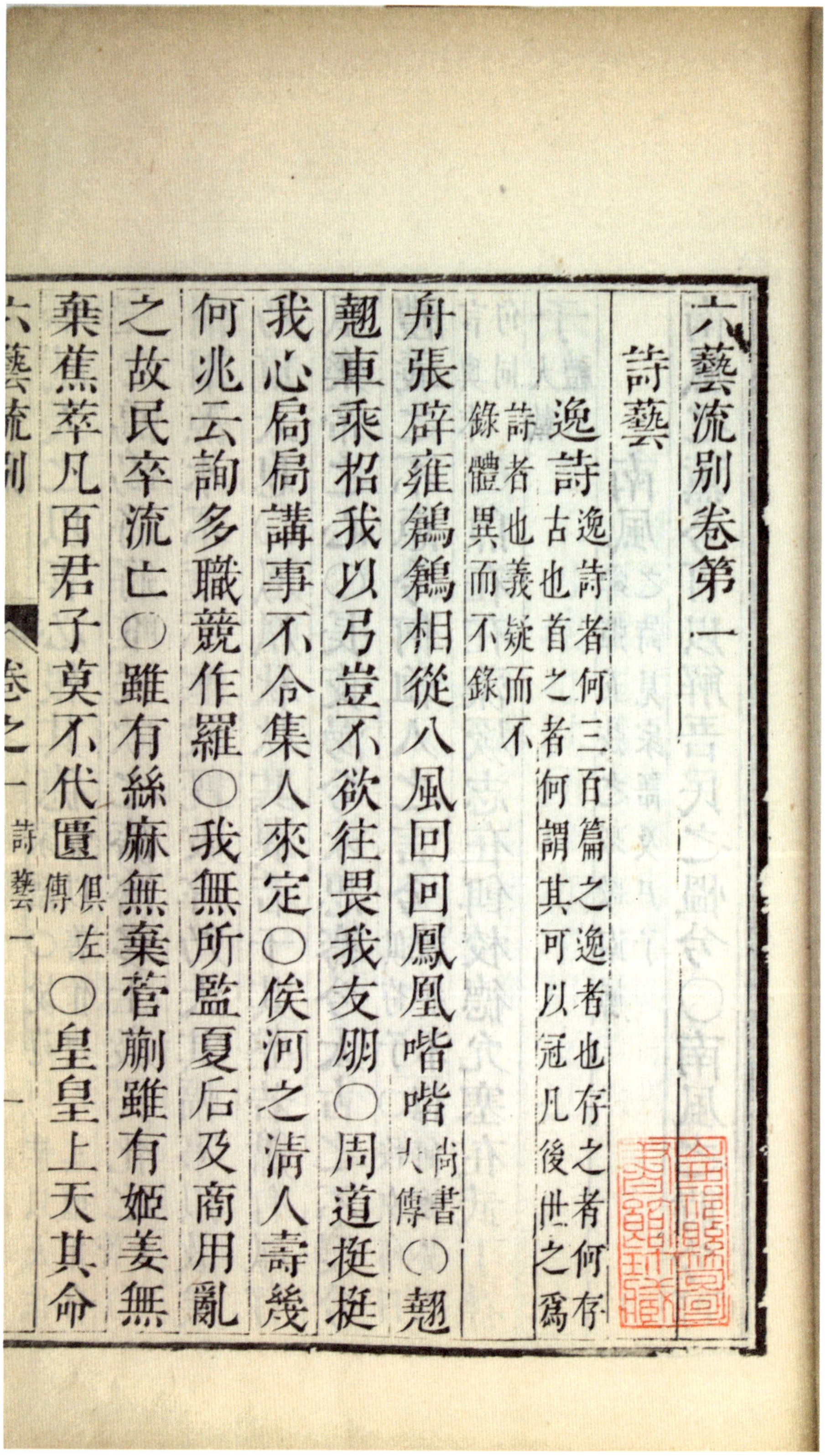

六藝流別卷第一

詩藝

逸詩　逸詩者何三百篇之逸者也存之者何存古也首之者何謂其可以冠凡後世之爲詩者也義疑而不錄體異而不錄

舟張辟雍鶬鶬相從八風回回鳳凰喈喈尚書大傳○翹翹車乘招我以弓豈不欲往畏我友朋○周道挺挺我心扃扃講事不令集人來定○俟河之淸人壽幾何兆云詢多職競作羅○我無所監夏后及商用亂之故民卒流亡○雖有絲麻無棄菅蒯雖有姬姜無棄蕉萃凡百君子莫不代匱俱左傳○皇皇上天其命

六藝流別　卷之一　詩藝　一

00246 六藝流別二十卷　（明）黄佐輯　明嘉靖四十一年（1562）歐大任刻本

线装。匡高 19.4 厘米，廣 13.6 厘米。半葉十一行，行二十二字，白口，左右雙邊。祁縣圖書館藏。

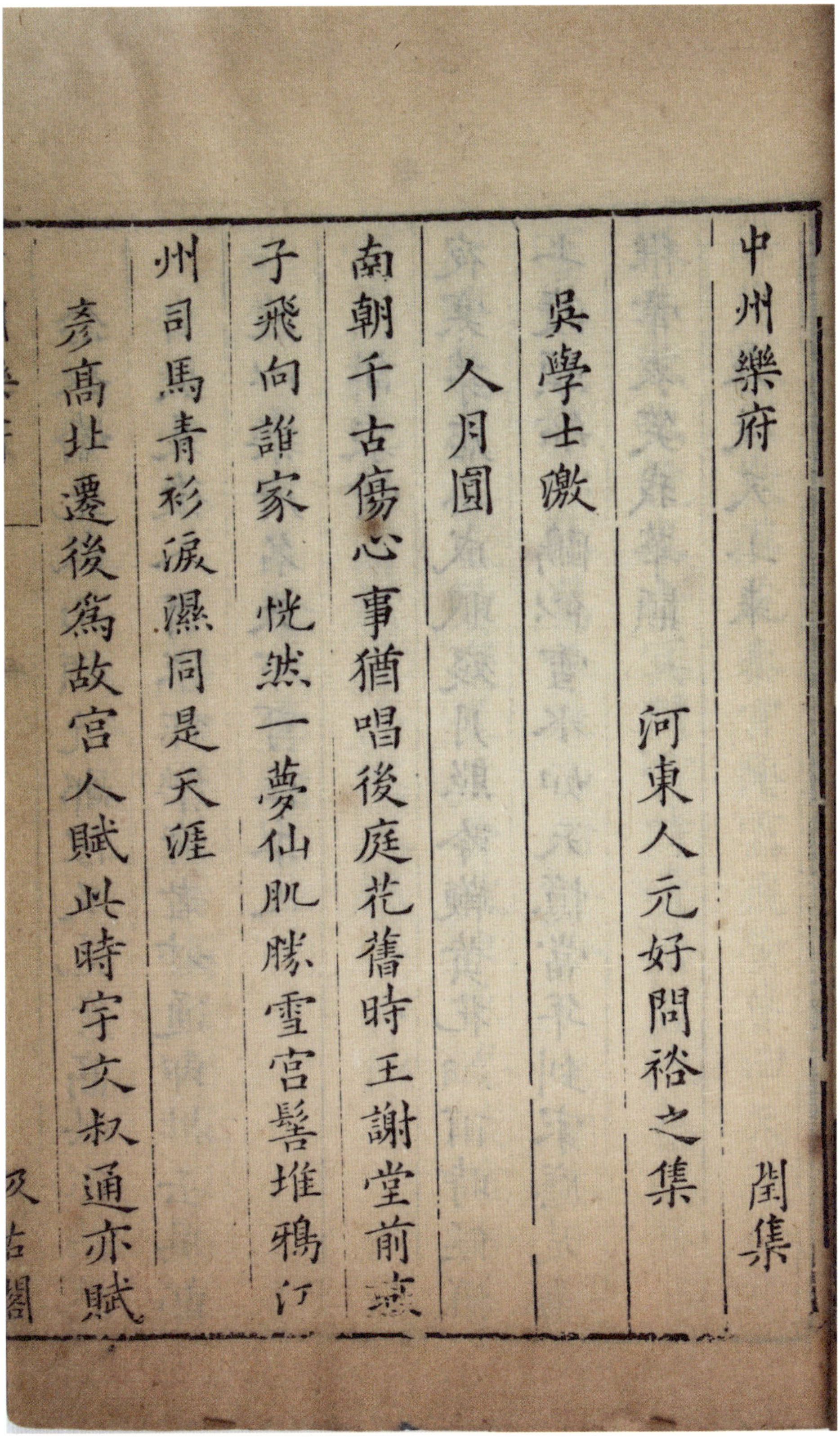
中州樂府　閏集

河東人元好問裕之集

吳學士激

人月圓

南朝千古傷心事猶唱後庭花舊時王謝堂前燕

子飛向誰家　恍然一夢仙肌勝雪宮髻堆鴉江

州司馬青衫淚濕同是天涯

彥高北遷後爲故宮人賦此時宇文叔通亦賦

汲古閣

00247 中州集十卷　（金）元好問輯　明末汲古閣刻清古松堂印本

綫裝。匡高 19.1 厘米，廣 13.8 厘米。半葉八行，行十九字，白口，左右雙邊。祁縣圖書館藏。

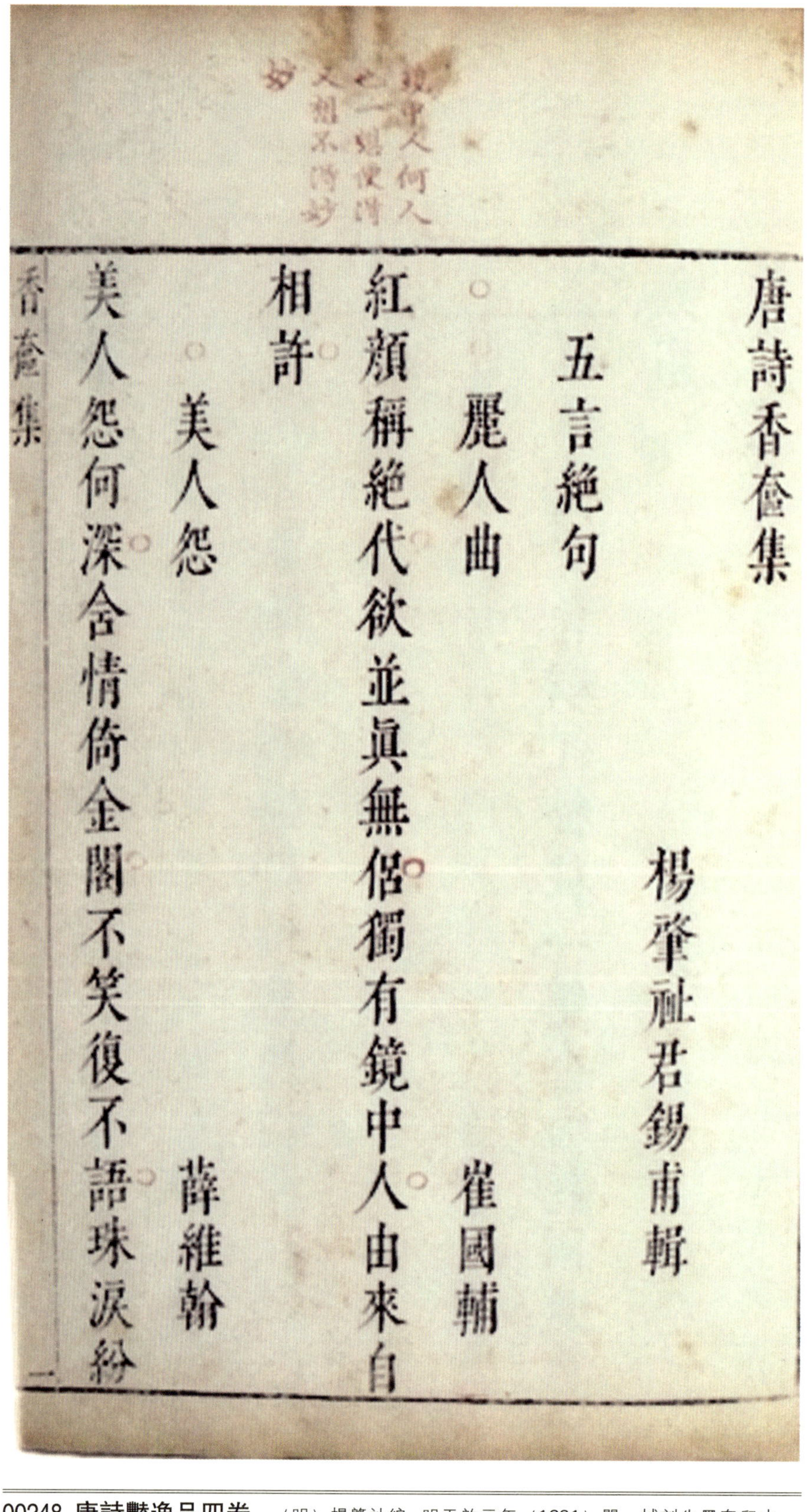

00248 唐詩豔逸品四卷　（明）楊肇祉編　明天啟元年（1621）閔一栻刻朱墨套印本

綫裝。匡高 20.7 厘米，廣 14.5 厘米。半葉八行，行十八字，白口，四周單邊。運城市鹽湖區圖書館藏。

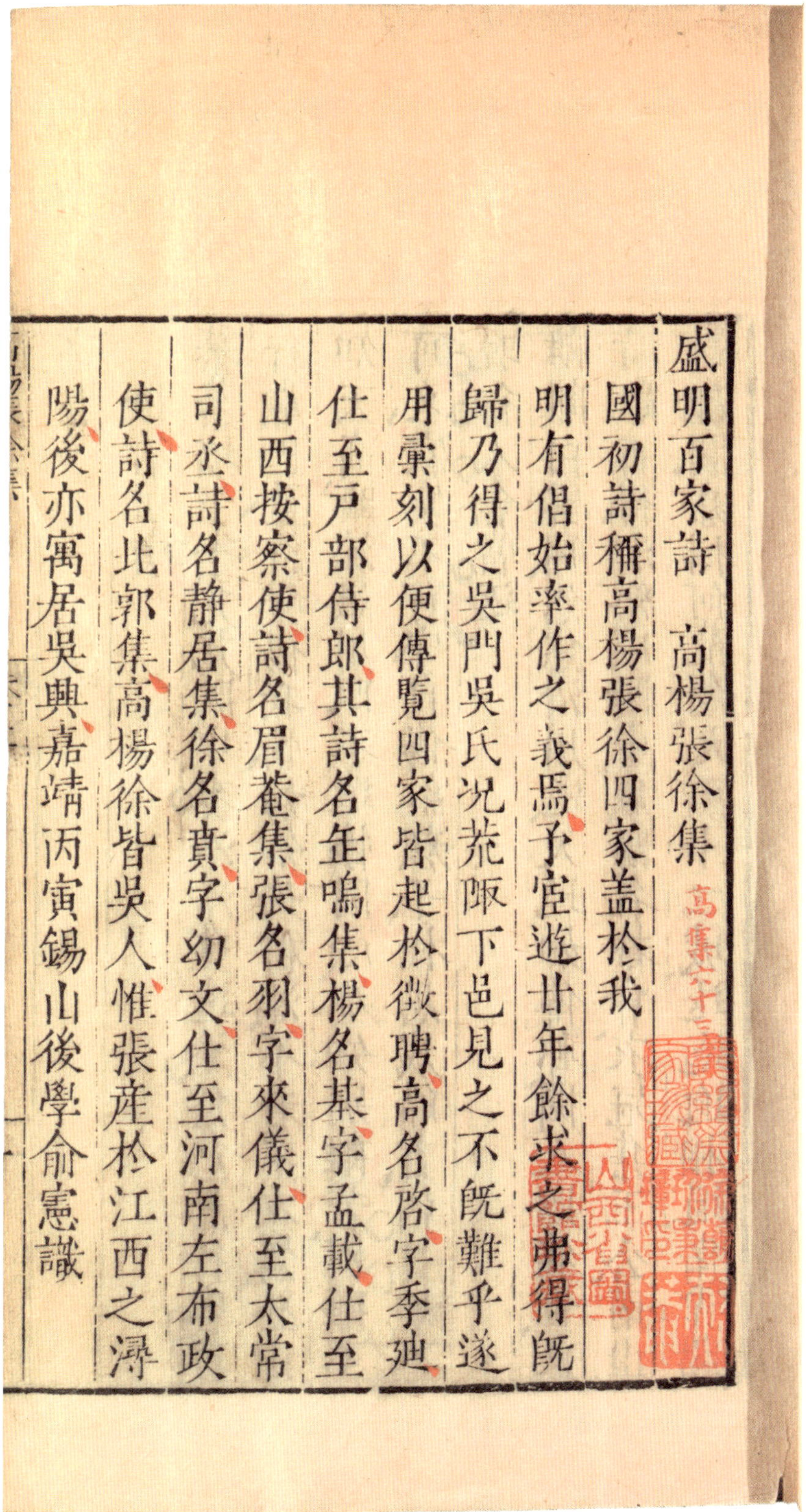

00249 盛明百家詩三百二十卷　（明）俞憲編　明嘉靖隆慶間刻本

綫裝。匡高 19.8 厘米，廣 12.9 厘米。半葉十行，行二十一字，白口，四周單邊。山西省圖書館藏。

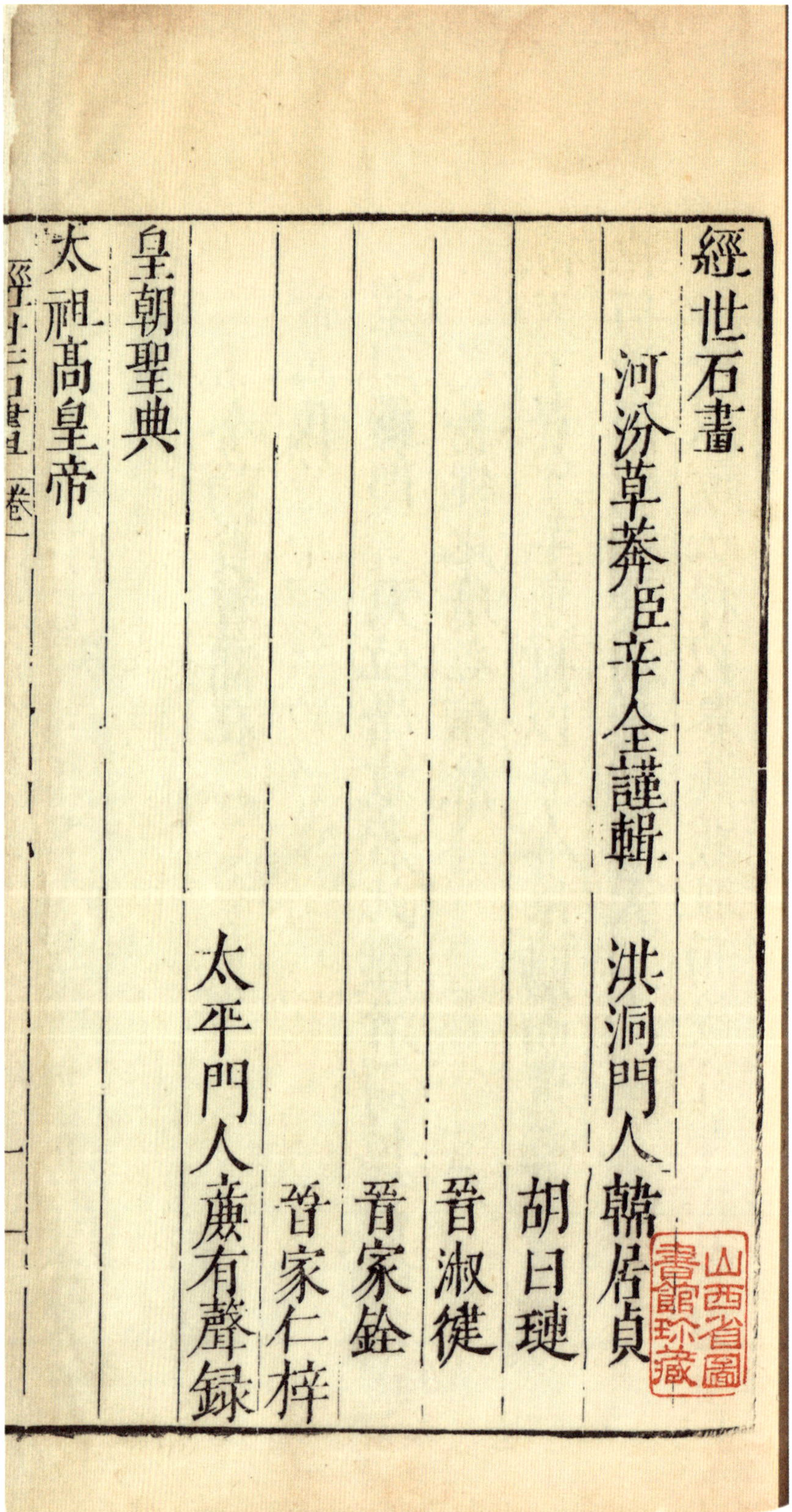

00250 經世石畫三卷　（明）辛全輯　明崇禎二年（1629）刻辛復元先生著述六種本

綫裝。匡高 22.7 厘米，廣 14.3 厘米。半葉九行，行二十字，白口，四周單邊。山西省圖書館藏。

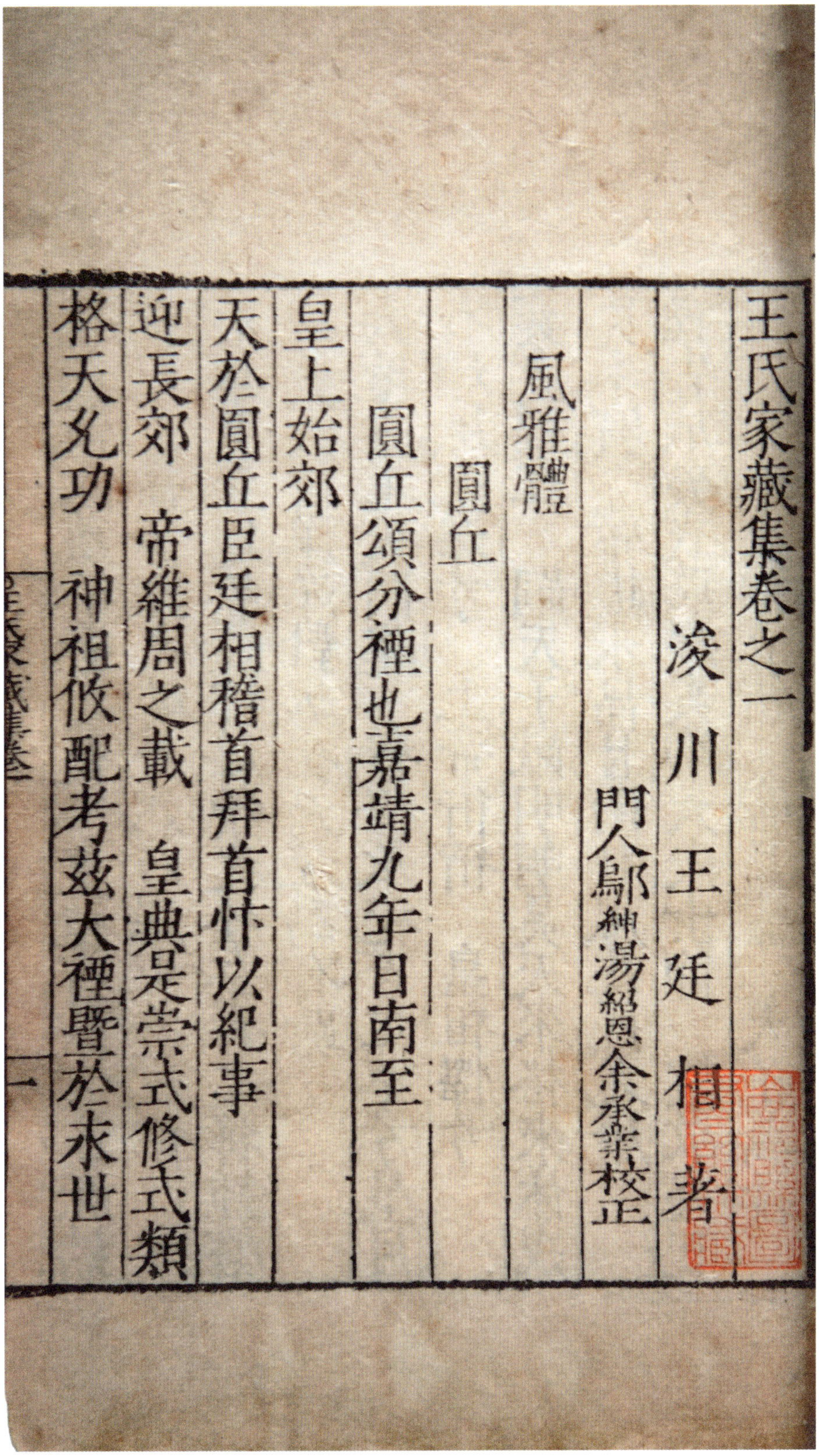
王氏家藏集卷之一
浚川王廷相著
門人鄢紳湯紹恩余承業校正
風雅體
圓丘
圓丘頌分禮也嘉靖九年日南至
皇上始郊
天於圓丘臣廷相稽首拜首作以紀事
迎長郊　帝維周之載　皇典是崇式修式類
格天允功　神祖依配考茲大禮曁於永世
王氏家藏集卷　一

00251 王氏家藏集五種六十五卷 （明）王廷相撰 明嘉靖刻本

綫裝。匡高 18.5 厘米，廣 14.1 厘米。半葉十行，行十八字，白口，四周單邊。祁縣圖書館藏。

陁羅難陁富樓那弥多羅尼子須菩提阿難羅睺羅如是衆所知識大阿羅漢等復有學無學二千人摩訶波闍波提比丘尼與眷屬六千人俱羅睺羅母耶輸陁羅比丘尼亦與眷屬俱

菩薩摩訶薩八萬人皆於阿耨多羅三藐三菩提不退轉皆得陁羅尼樂說辯才轉不退轉法輪供養無量百千諸佛於諸佛所殖衆

清代

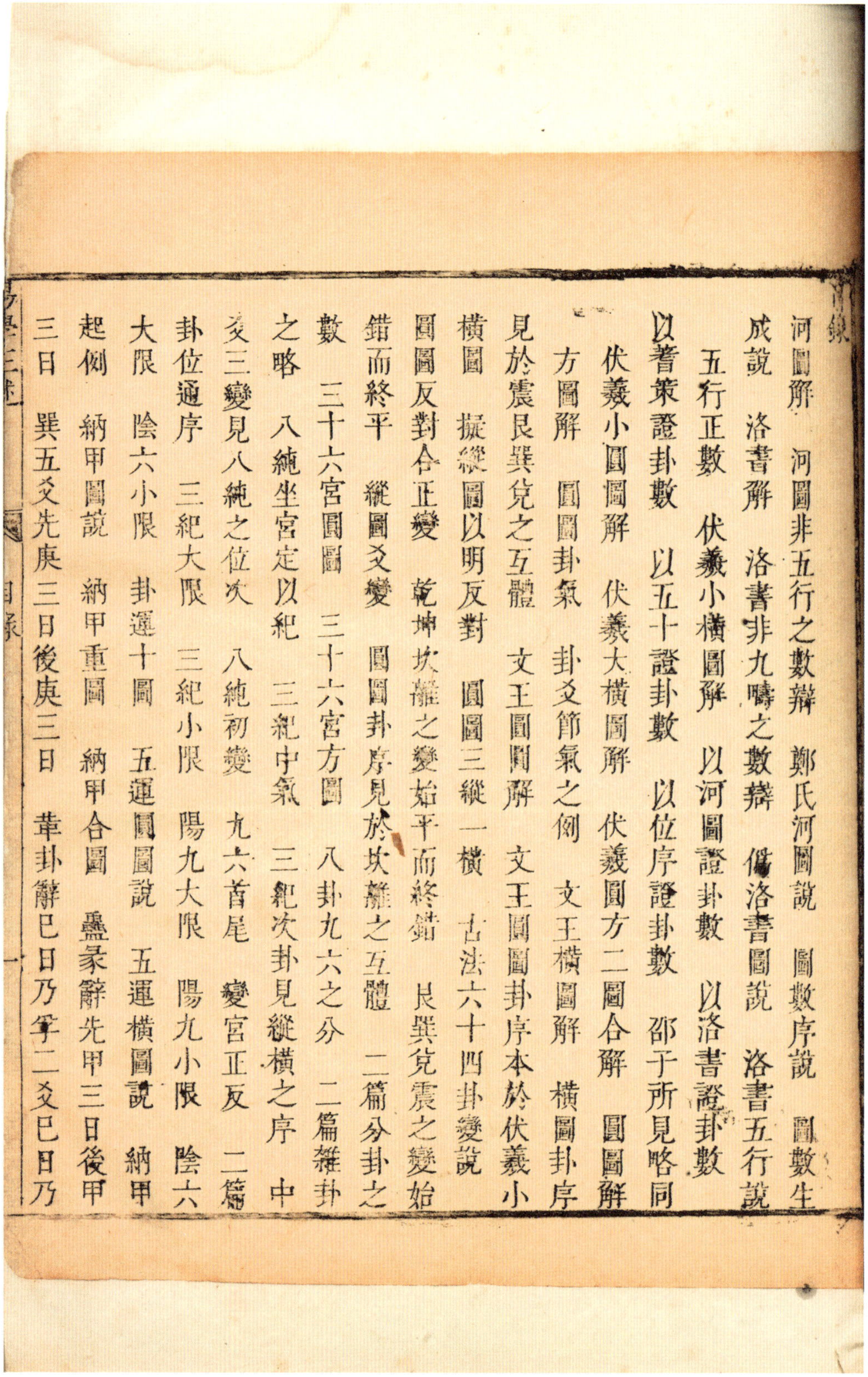

00252 易學三述不分卷　（清）王含光撰　清刻本

綫裝。匡高 20.2 厘米，廣 18.5 厘米。半葉十八行，行二十六字，白口，四周單邊。鈐“間田张氏闻三藏书”等印。山西大學圖書館藏。

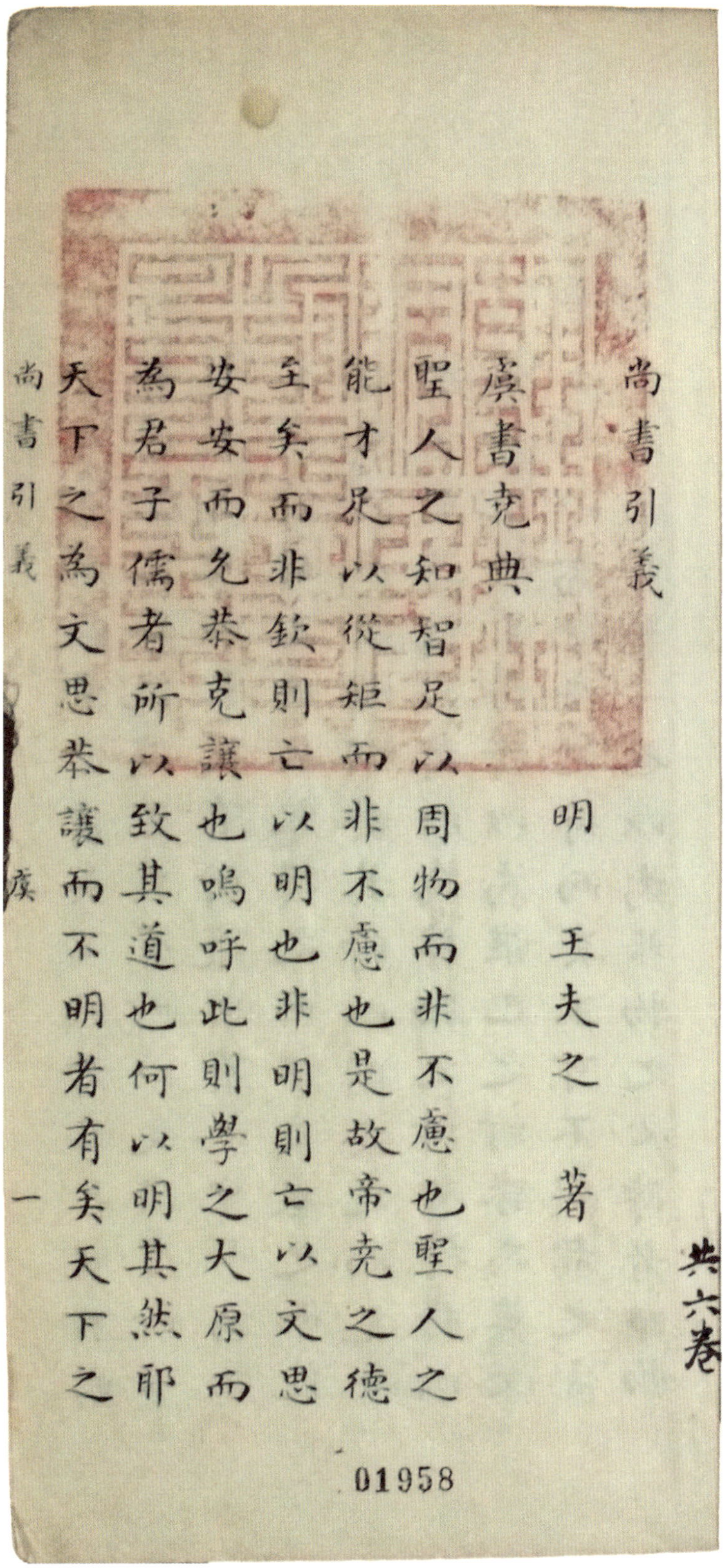
尚書引義
虞書堯典　　明　王夫之　著
聖人之知智足以周物而非不慮也聖人之
能才足以從矩而非不慮也是故帝堯之德
至矣而非欽則亡以明也非明則亡以文思
安安而允恭克讓也嗚呼此則學之大原而
為君子儒者所以致其道也何以明其然耶
天下之為文思恭讓而不明者有矣天下之
尚書引義　虞　一
共六卷
01958

00253 尚書引義六卷　（清）王夫之撰　清抄四庫進呈本

綫裝。半葉九行，行十七字。鈐“翰林院印”。運城市鹽湖區圖書館藏。

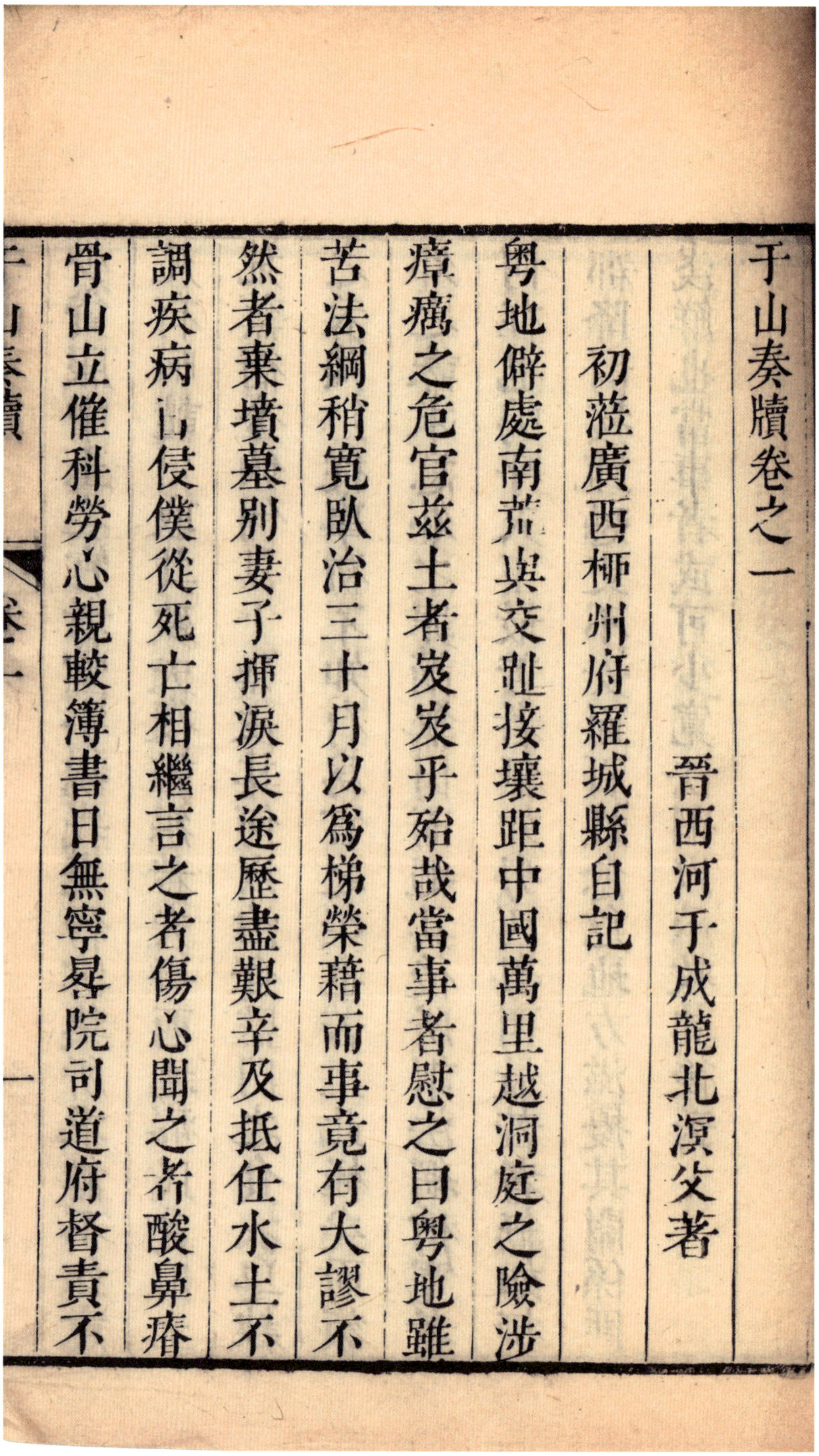
于山奏牘卷之一
晉西河于成龍北溟父著
初蒞廣西柳州府羅城縣自記
粵地僻處南荒與交趾接壤距中國萬里越洞庭之險涉瘴癘之危官茲土者岌岌乎殆哉當事者慰之曰粵地雖苦法綱稍寬臥治三十月以爲梯榮藉而事竟有大謬不然者棄墳墓別妻子揮淚長途歷盡艱辛及抵任水土不調疾病自侵僕從死亡相繼言之者傷心聞之者酸鼻痛骨山立催科勞心親較簿書日無寧晷院司道府督責不
于山奏牘　卷一　一

00254 于山奏牘七卷詩詞一卷　（清）于成龍撰　清康熙二十二年（1683）劉鼎刻本

綫裝。匡高 18.8 厘米，廣 14.2 厘米。半葉九行，行二十二字，白口，左右雙邊。鈐“汪”、“間田張氏聞三藏書”、“得古堂印”等印。山西大學圖書館藏。

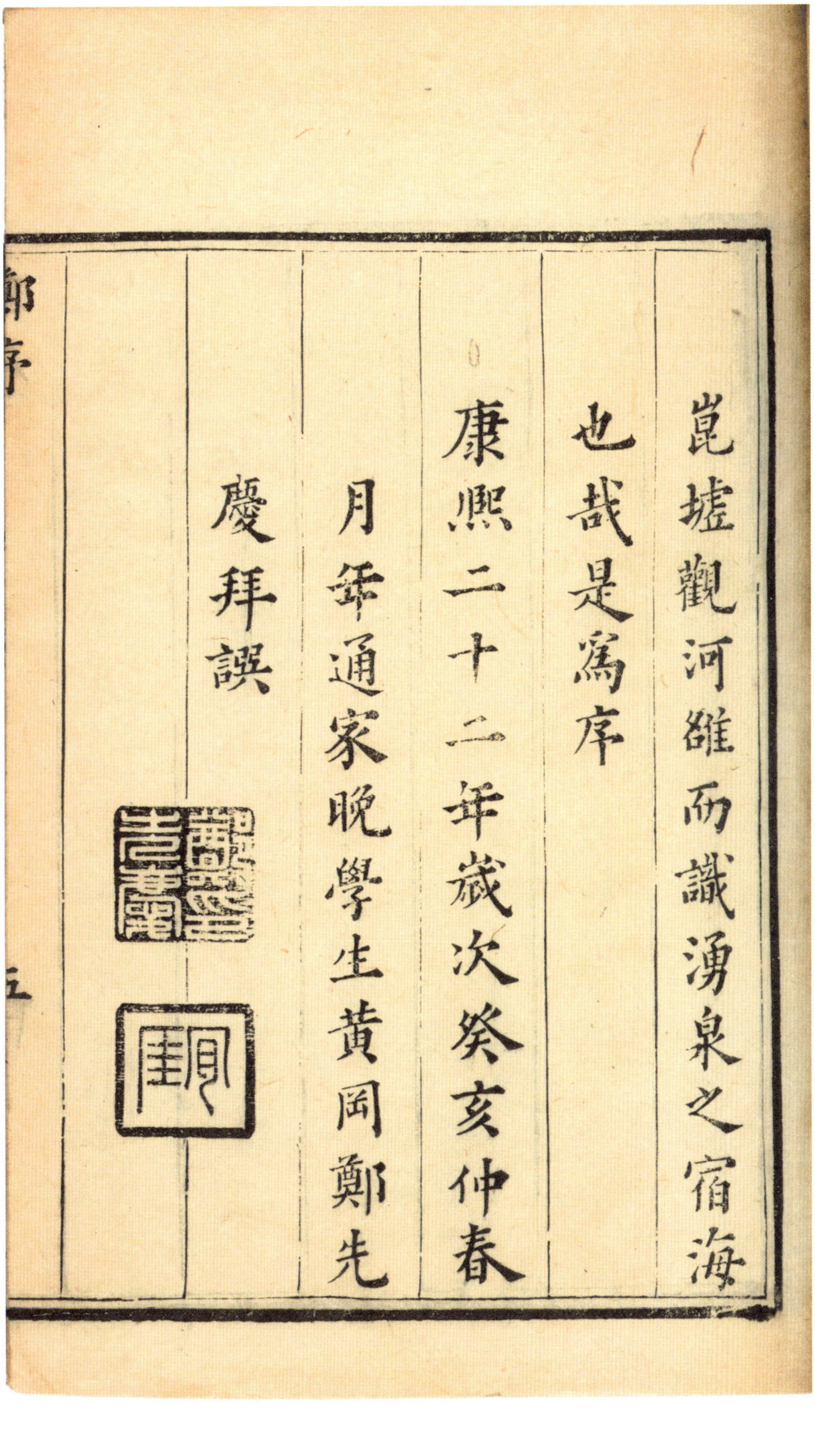
崑墟觀河雒而識湧泉之宿海
也哉是爲序
康熙二十二年歲次癸亥仲春
月[illegible]通家晚學生黃岡鄭先
慶拜譔
鄭序
五

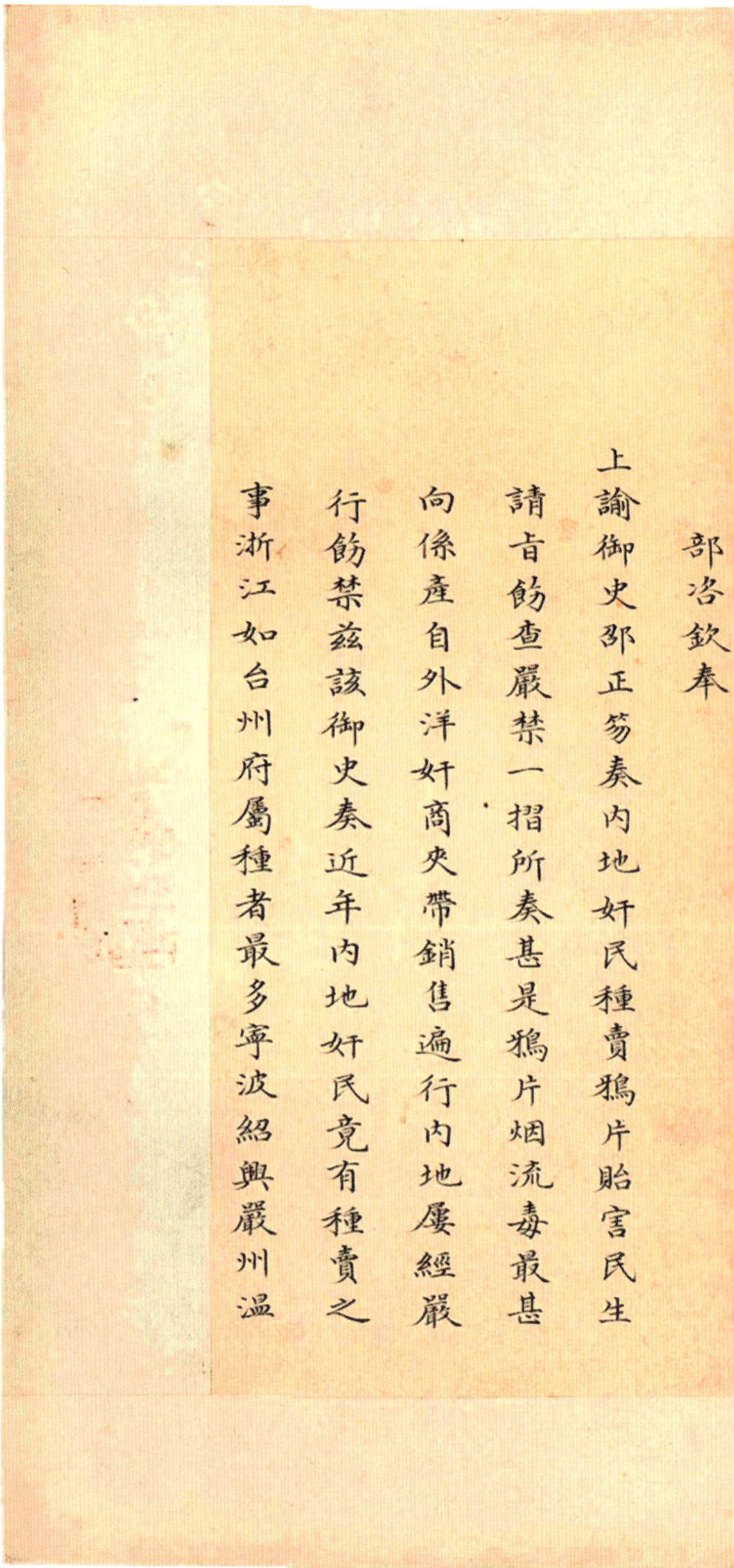

部咨欽奉
上諭御史邵正笏奏內地奸民種賣鴉片貽害民生
請旨飭查嚴禁一摺所奏甚是鴉片烟流毒最甚
向係產自外洋奸商夾帶銷售遍行內地屢經嚴
行飭禁茲該御史奏近年內地奸民竟有種賣之
事浙江如台州府屬種者最多寧波紹興嚴州溫

00255 祁墳奏稿不分卷　（清）祁墳撰 清道光十一年（1831）稿本

綫裝。匡高 20.8 厘米，廣 9.5 厘米。半葉六行，行二十字。山西省圖書館藏。

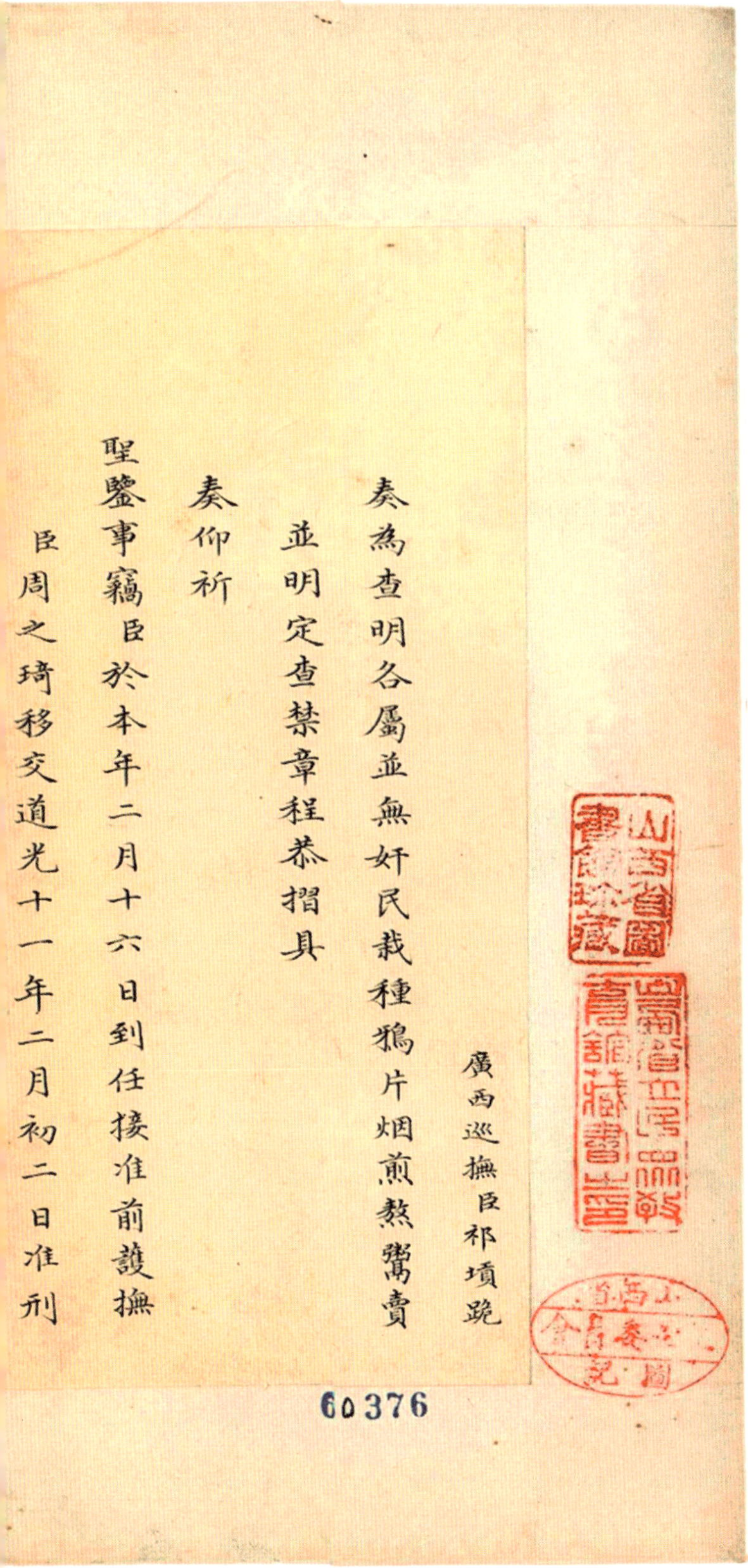

廣西巡撫臣祁墳跪
奏為查明各屬並無奸民栽種鴉片烟煎熬鬻賣
並明定查禁章程恭摺具
奏仰祈
聖鑒事竊臣於本年二月十六日到任接准前護撫
臣周之琦移交道光十一年二月初二日准刑

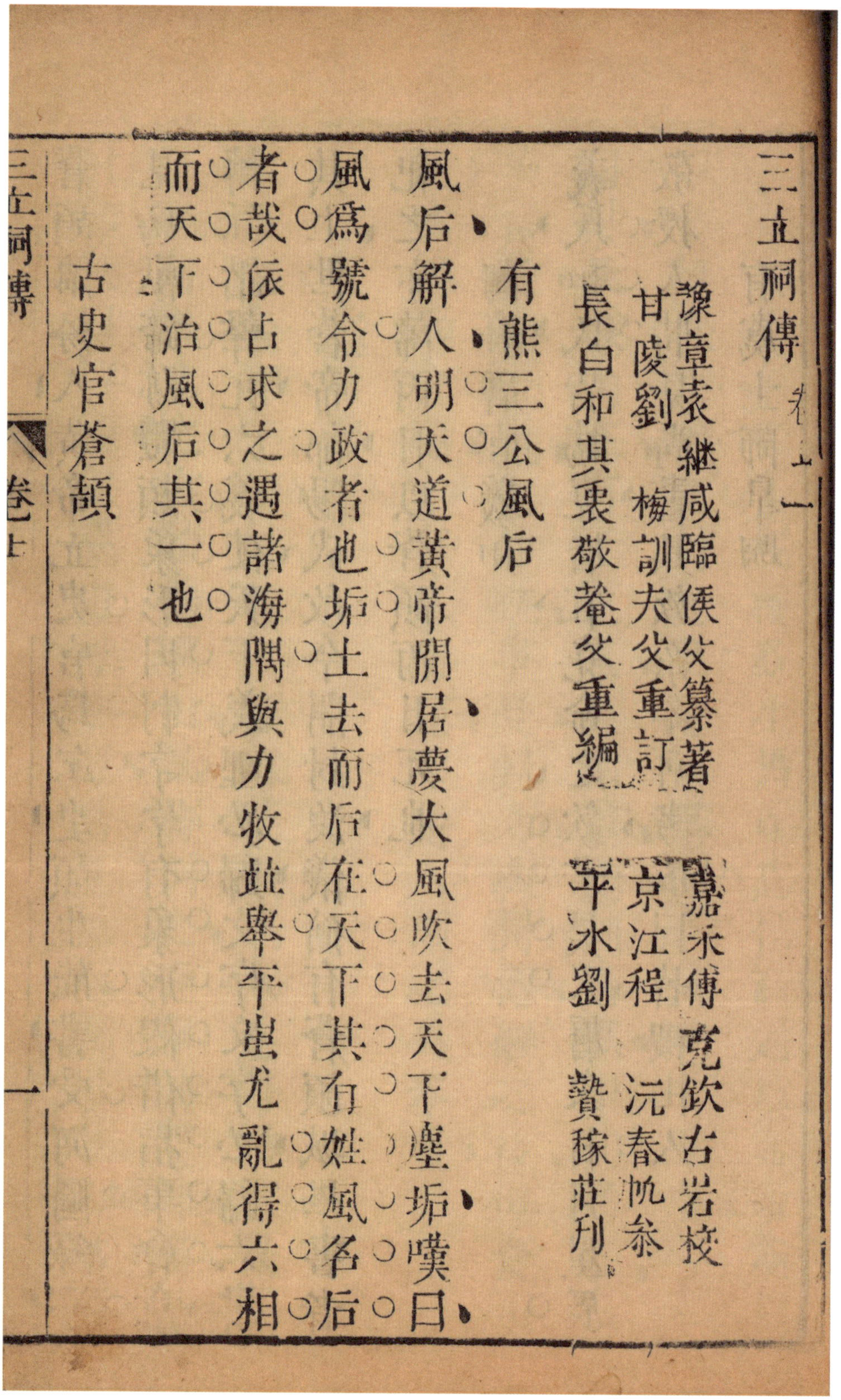
三立祠傳卷上
豫章袁繼咸臨侯父纂著　嘉禾傳充欽古若校
甘陵劉梅訓夫父重訂　京江程沅春帆叅
長白和其衷敬菴父重編　平水劉贇稼莊刊
有熊三公風后
風后解人明天道黄帝閒居夢大風吹去天下塵垢嘆曰
風爲號令力政者也垢土去而后在天下其有姓風名后
者哉係占求之遇諸海隅與力牧並舉平蚩尤亂得六相
而天下治風后其一也
古史官蒼頡

00256 三立祠傳二卷首一卷附錄一卷　（明）袁繼咸撰（清）劉梅重訂 和其衷重編 清乾隆三十年（1765）刻本

綫裝。匡高 21.1 厘米，廣 14.3 厘米。半葉九行，行二十二字，小字雙行，行字同，白口，四周單邊。山西師範大學圖書館藏。

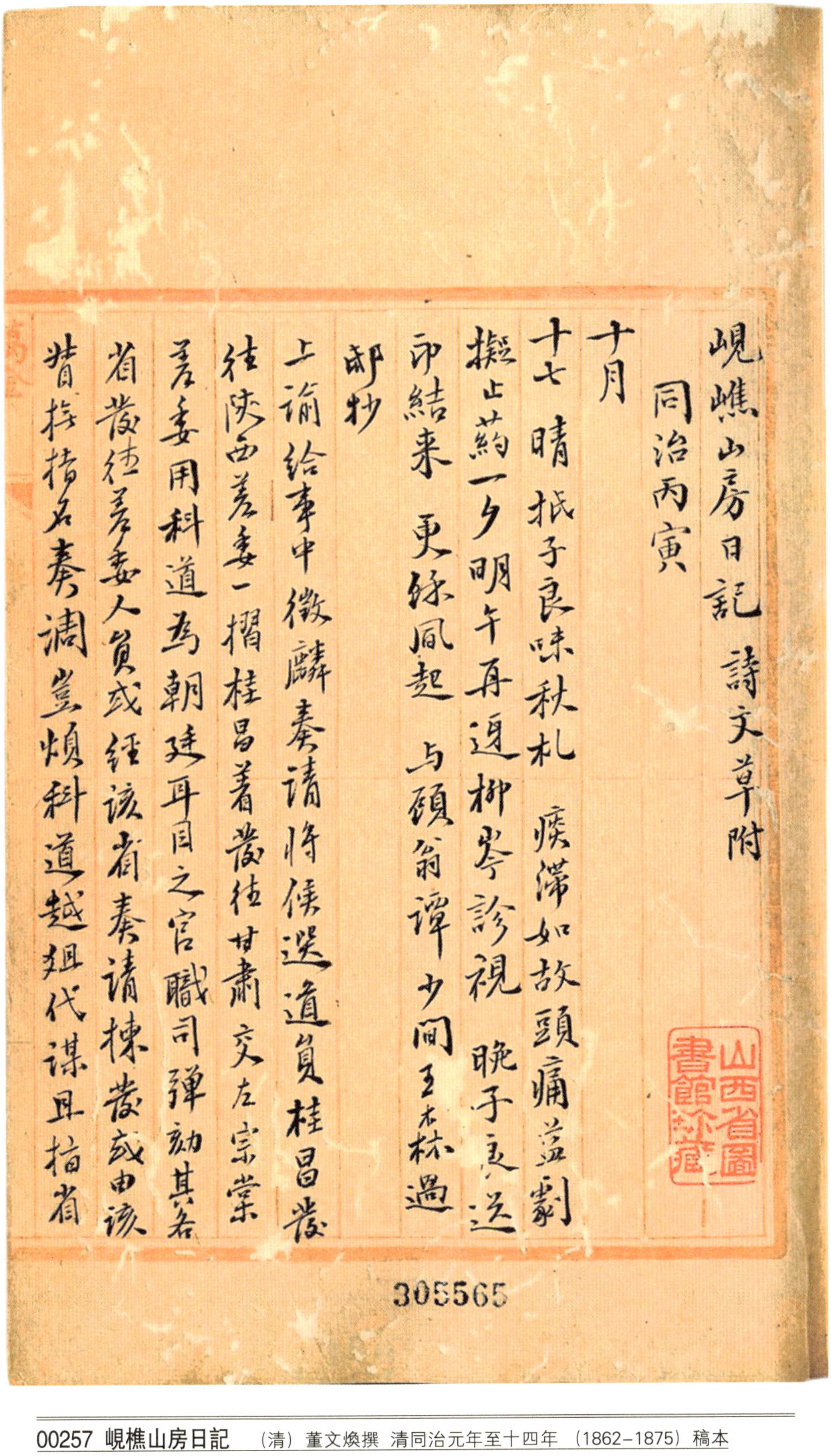

00257 峴樵山房日記　（清）董文煥撰 清同治元年至十四年（1862–1875）稿本

綫裝。匡高 18.6 厘米，廣 14.7 厘米。半葉十二行，行字不等。白口，四周雙邊，紅格。鈐“研樵詩草”等印。山西省圖書館藏。

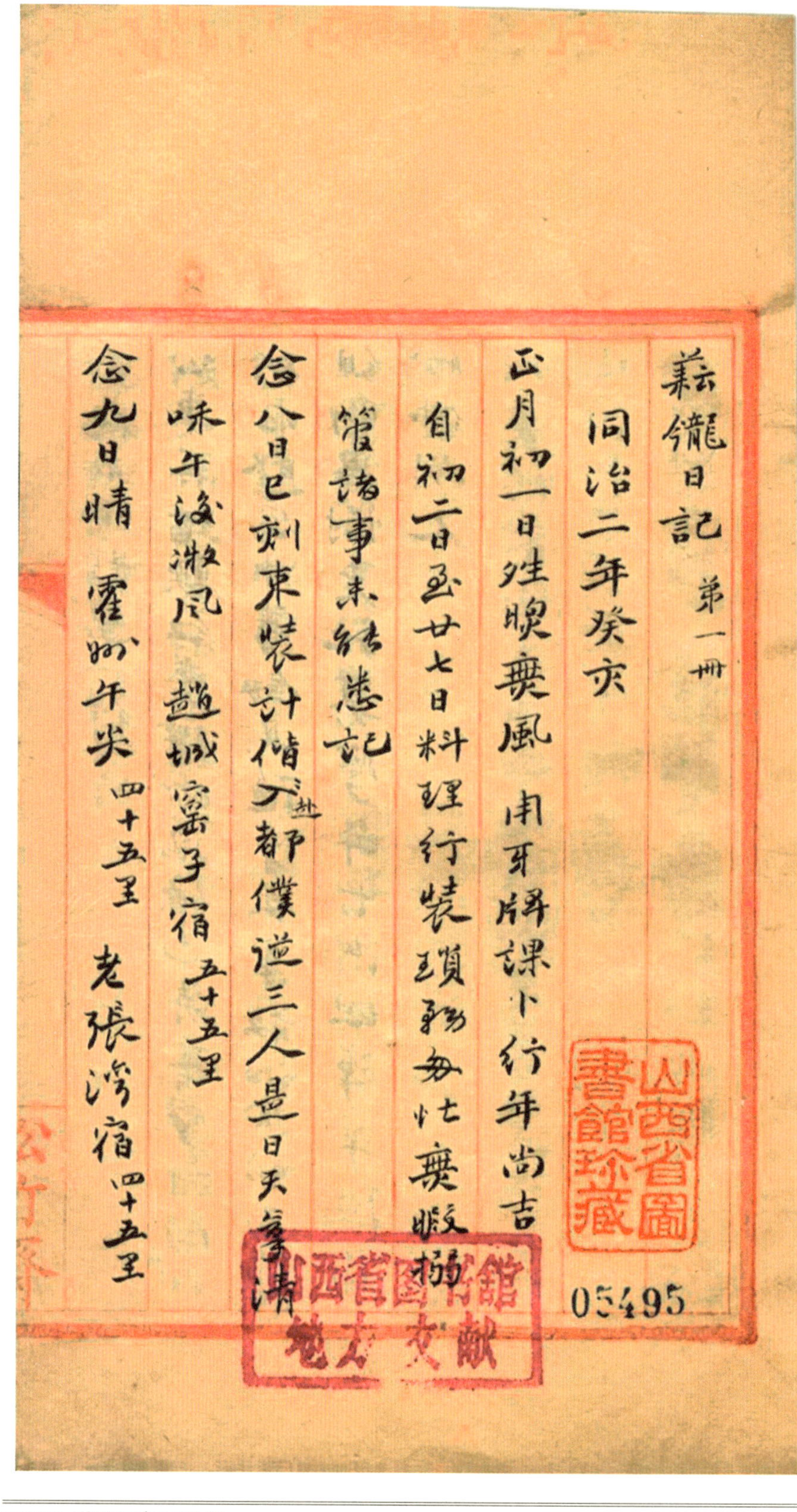
蕓𥶷日記　第一冊
同治二年癸亥
正月初一日陰晚爽風　開牙牌課卜行年尚吉
自初二日至廿七日料理行裝瑣務多忙爽暇撰
箸諸事未結迷記
念八日巳刻束裝計偕入都僕從三人是日天氣清
晡午後微風　趙城窯子宿　五十五里
念九日晴　霍州午尖　四十五里　老張灣宿　四十五里

00258 蕓𥶷日記不分卷　（清）董文燦撰　清同治二年至十二年（1863-1873）稿本

綫裝。匡高 14.5 厘米，廣 10.5 厘米。半葉八行，行字不等，白口，四周雙邊，紅格。鈐“臣文燦印”、“蕓𥶷書畫”等印。山西省圖書館藏。

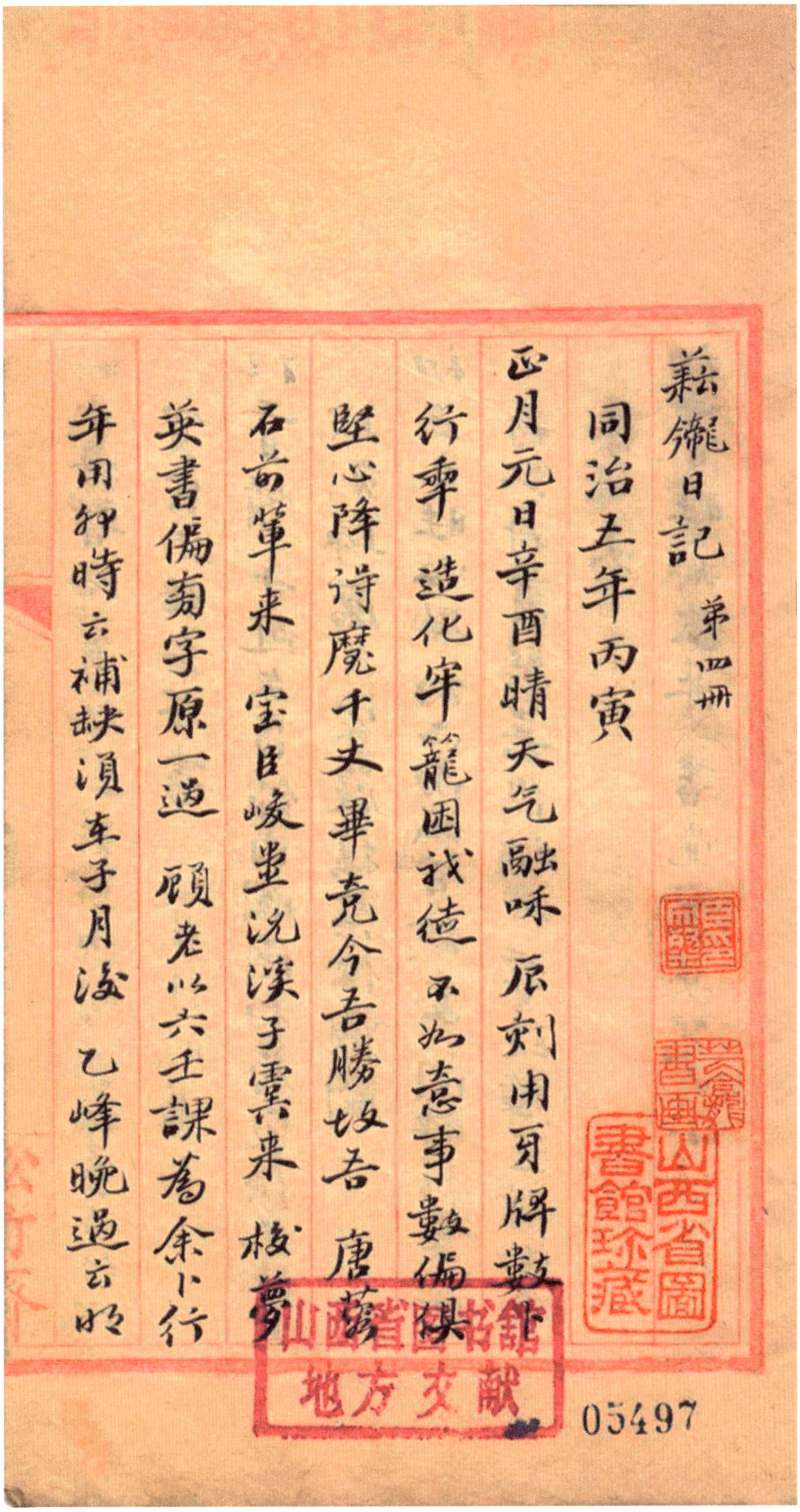

耘龕日記　第四冊
同治五年丙寅
正月元日辛酉晴天气融咊　辰刻用易解數卜
行年　造化牢籠困我德　不如意事數偏惧
堅心降詩魔千丈畢竟今吾勝故吾　唐䕫
石岑範來　宝臣峻峯沈溪子雲来　桉夢
英書偏菊字原一過　碩老以六壬課為余卜行
年用神時云補缺須本年子月後　乙峰晚過云明

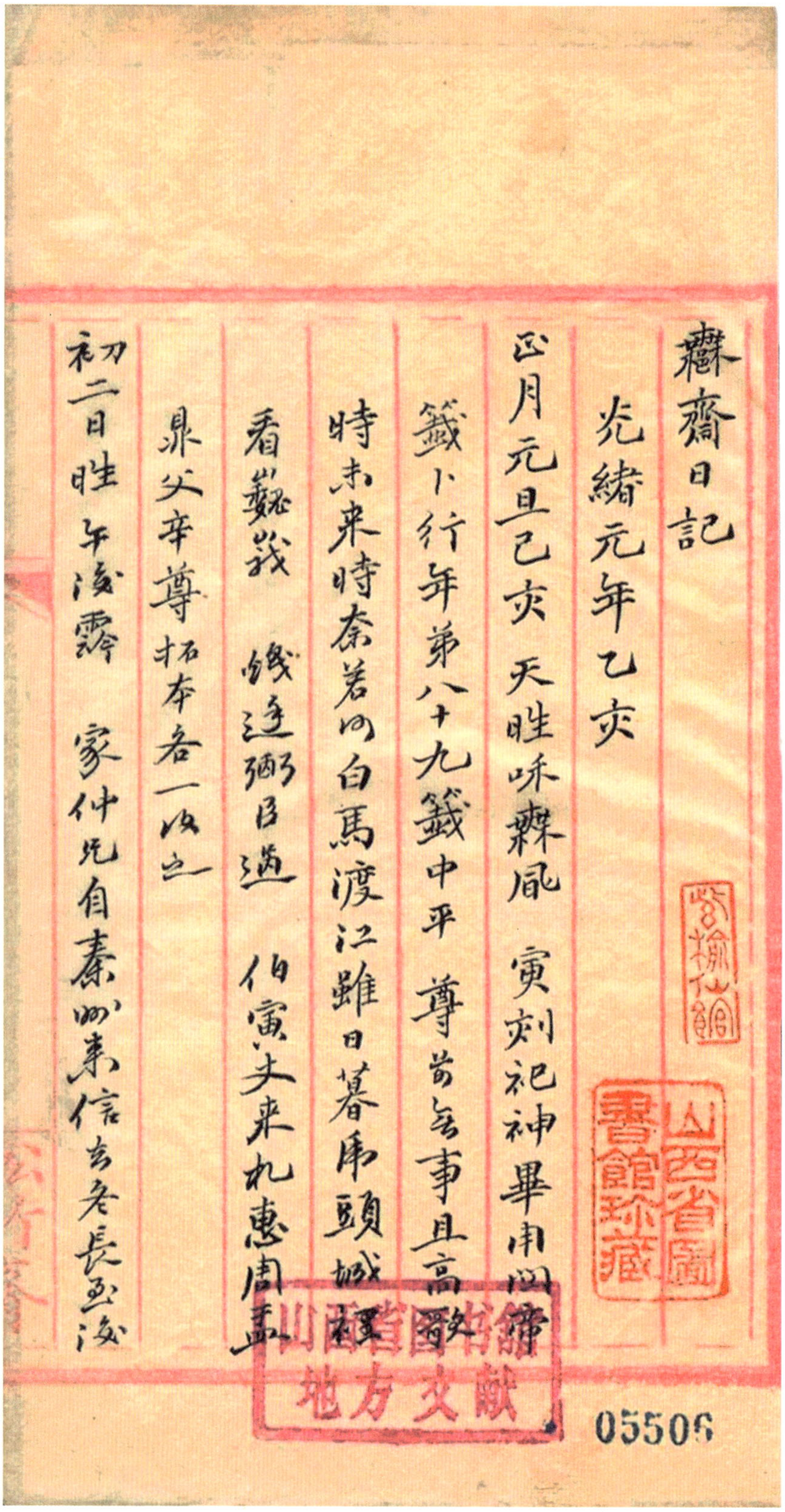

00259 [illegible]齋日記不分卷　（清）董文燦撰　清光緒元年(1875)稿本

綫裝。匡高 15 厘米，廣 10.7 厘米。半葉八行，行字不等，白口，四周雙邊，紅格。鈐“紫榆仙館”等印。山西省圖書館藏。

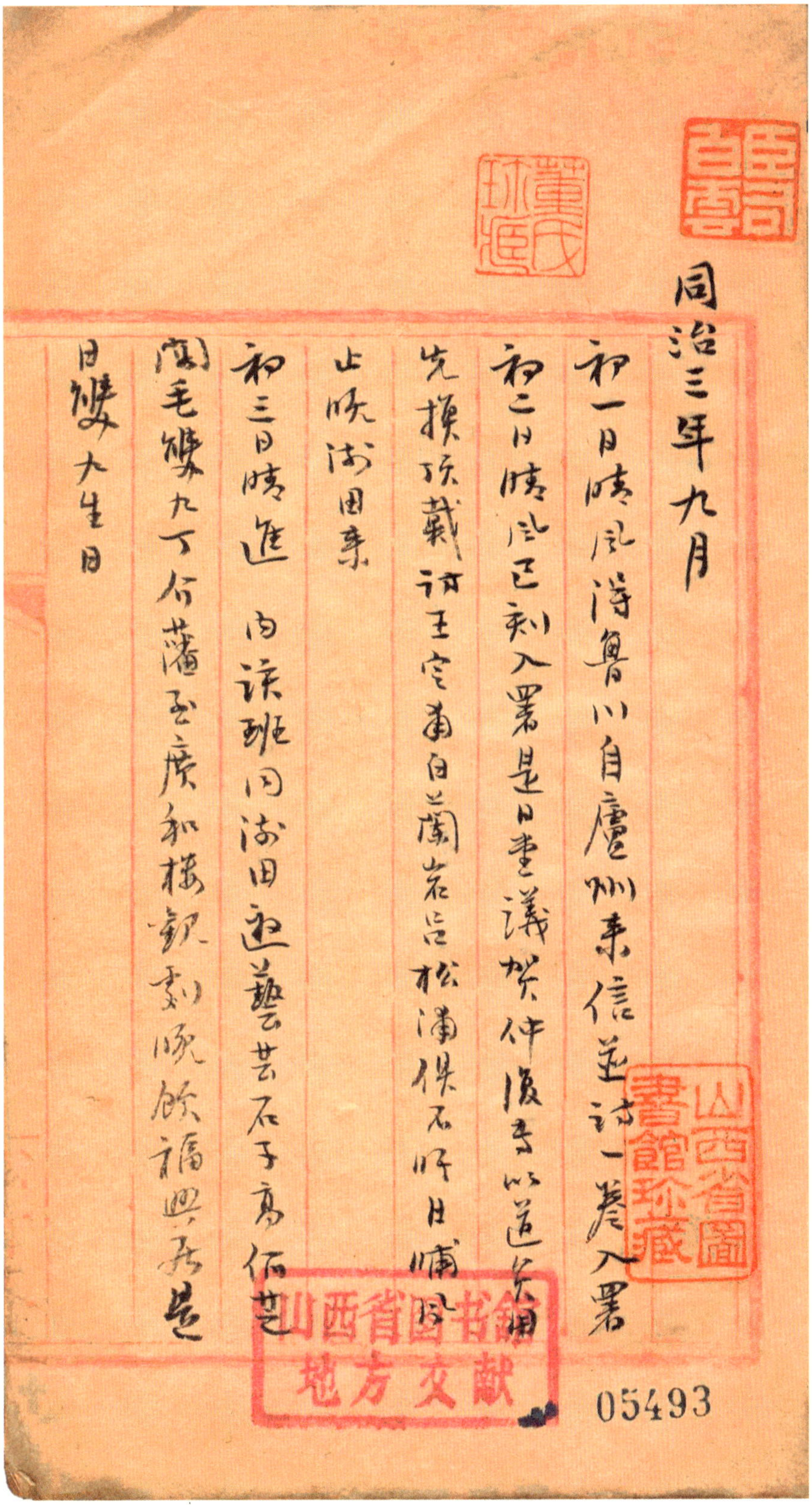
同治三年九月
初一日晴風濤魯川自廬州來信並詩一卷入署

00260 觀阜山房日記不分卷　（清）董麟撰　稿本

綫裝。匡高 14.5 厘米，廣 10.4 厘米。半葉八行，行字不等，白口，四周雙邊，紅格。鈐“雲舫審定”、“董氏珍藏”等印。山西省圖書館藏。

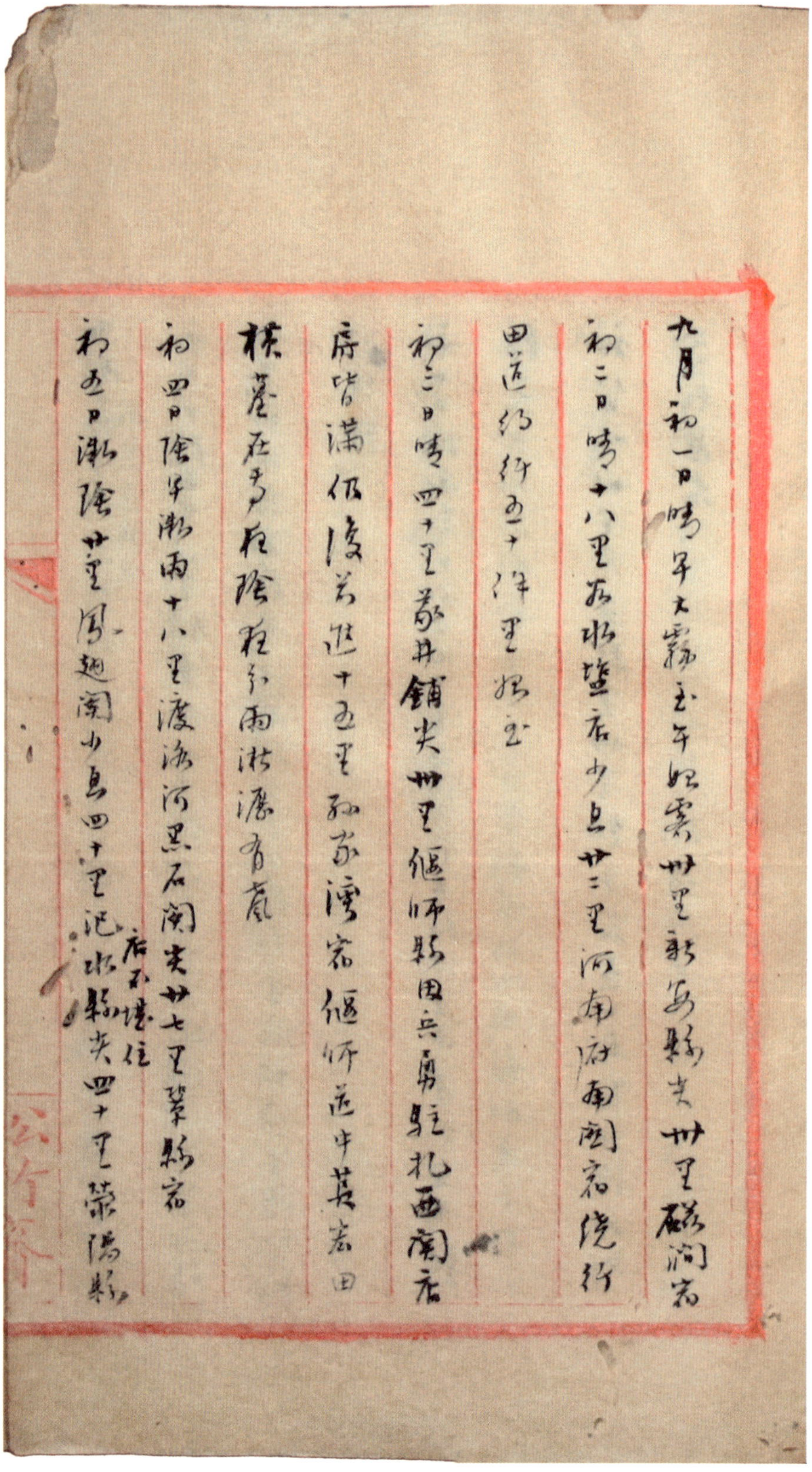
九月初一日晴早大霧至午始霽卅里新安縣尖卅里磁澗宿
初二日晴十八里谷水鎮店少息廿三里河南府南關宿繞行
田道仍行五十餘里始至
初三日晴四十里蔡井鋪尖卅里偃師縣因兵勇駐扎西關店
房皆滿仍復前進十五里孫家灣宿偃師道中莫宿田
棧蓋在手指陰雨漸漉有着
初四日陰午漸雨十八里渡洛河黑石關尖廿七里鞏縣宿
初五日漸陰廿里風趣關少息四十里汜水縣尖四十里滎陽縣
店不堪住

00261 忘適適齋日記不分卷　（清）董麟撰　清光緒元年（1875）三月至十二月稿本

綫裝。匡高 15 厘米，廣 10.5 厘米。半葉八行，行字不等，白口，四周雙邊，紅格。山西省圖書館藏。

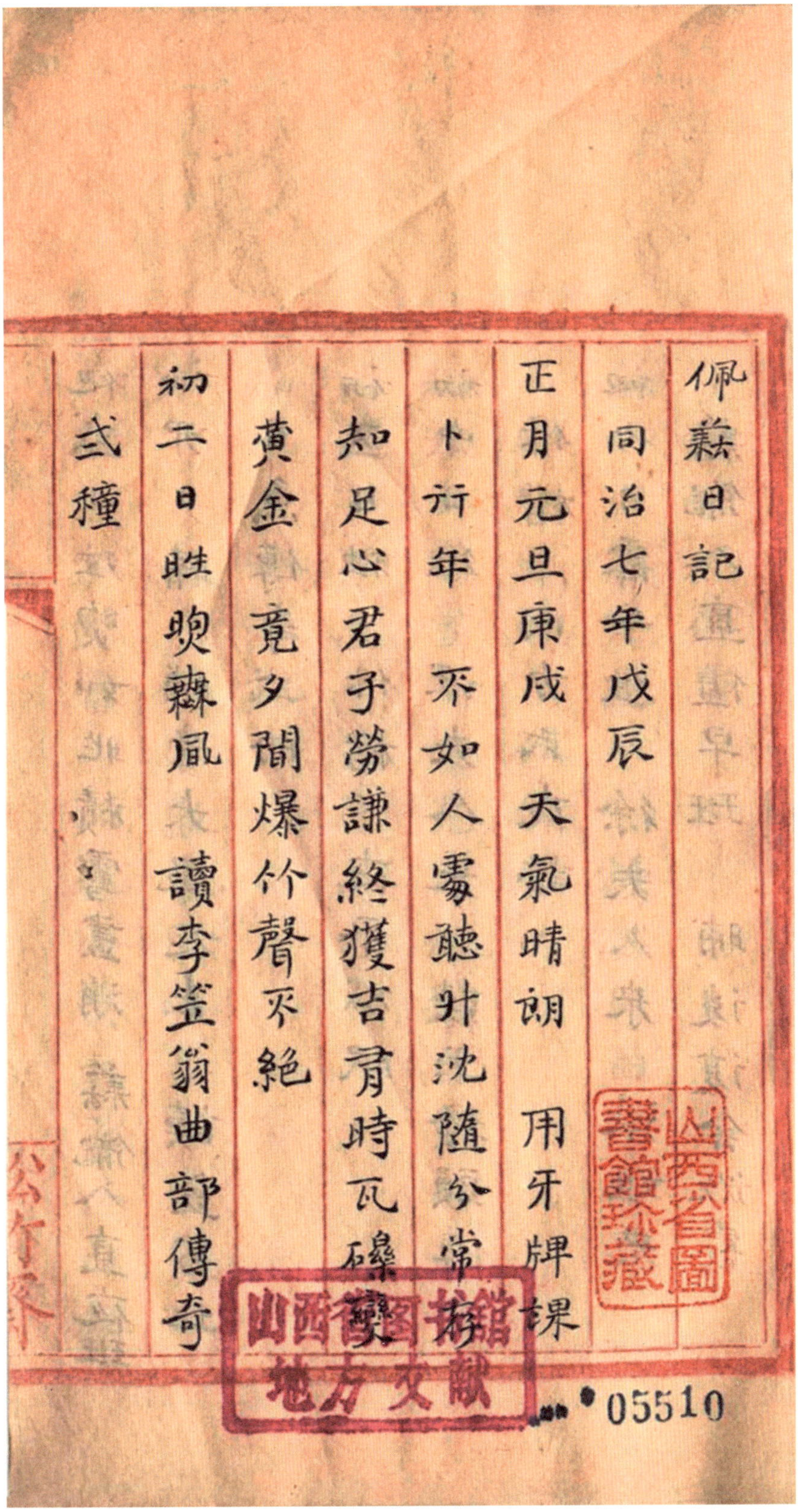

00262 佩蕤日記不分卷 (清)馮婉琳撰 清同治六年至八年(1867–1869)光緒十年（1884）稿本

綫裝。匡高 14.6 厘米，廣 10.7 厘米。半葉八行，行十六字，白口，四周雙邊，红格。鈐“佩蕤翰墨”、“佩蕤書畫”等印。山西省圖書館藏。

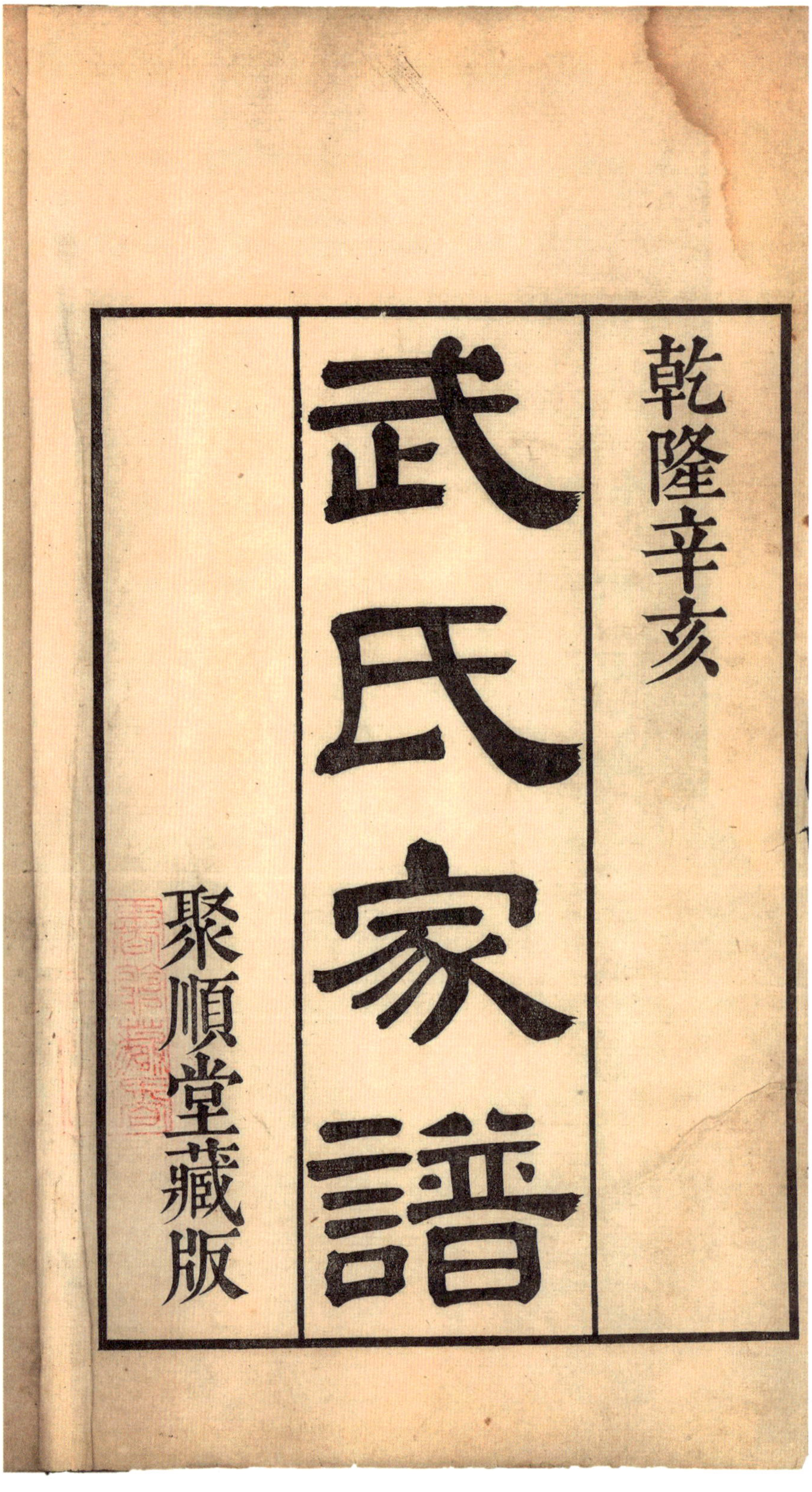

00263 武氏家譜不分卷　（清）武先慎纂 清乾隆五十六年（1791）刻本 聚順堂藏板

綫裝。匡高 22.1 厘米，廣 15.6 厘米。半葉八行，行二十字，白口，四周單邊。太谷縣圖書館藏。

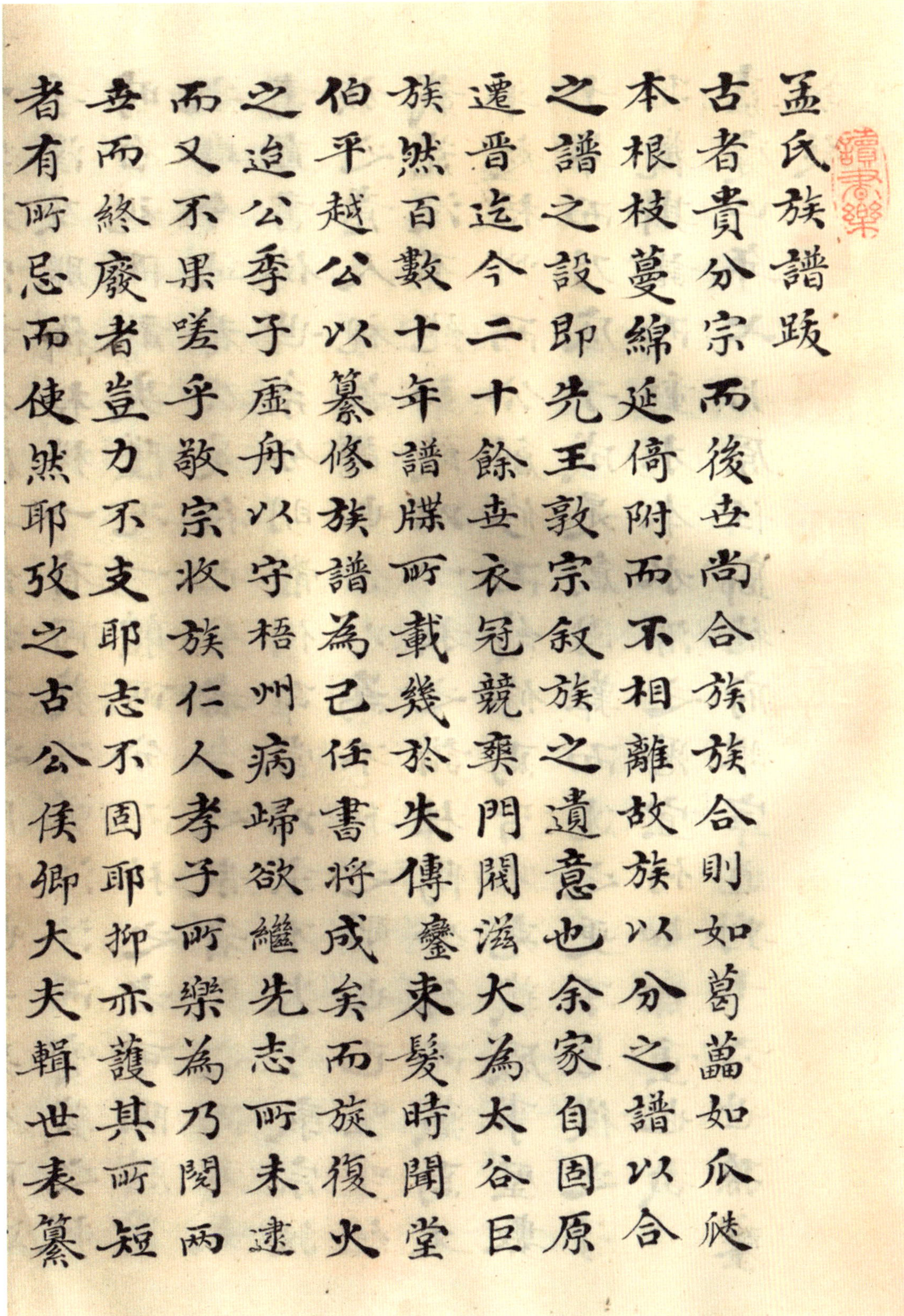
孟氏族譜跋
古者貴分宗而後世尚合族族合則如葛藟如瓜瓞
本根枝蔓綿延倚附而不相離故族以分之譜以合
之譜之設即先王敦宗叙族之遺意也余家自固原
遷晋迄今二十餘世衣冠競爽門閥滋大爲太谷巨
族然百數十年譜牒所載幾於失傳 鑾束髮時聞堂
伯平越公以纂修族譜爲己任書將成矣而旋復火
之迨公季子虛舟以守梧州病歸欲繼先志所未逮
而又不果嗟乎敬宗收族仁人孝子所樂爲乃閲兩
世而終廢者豈力不支耶志不固耶抑亦護其所短
者有所忌而使然耶攷之古公侯卿大夫輯世表纂

00264 孟氏家譜不分卷　清嘉慶六年（1801）稿本

綫裝。半葉十五行，行二十二字。鈐“天澹一蒹秋”、“讀書樂”、“鑾”等印。太谷縣圖書館藏。殘。

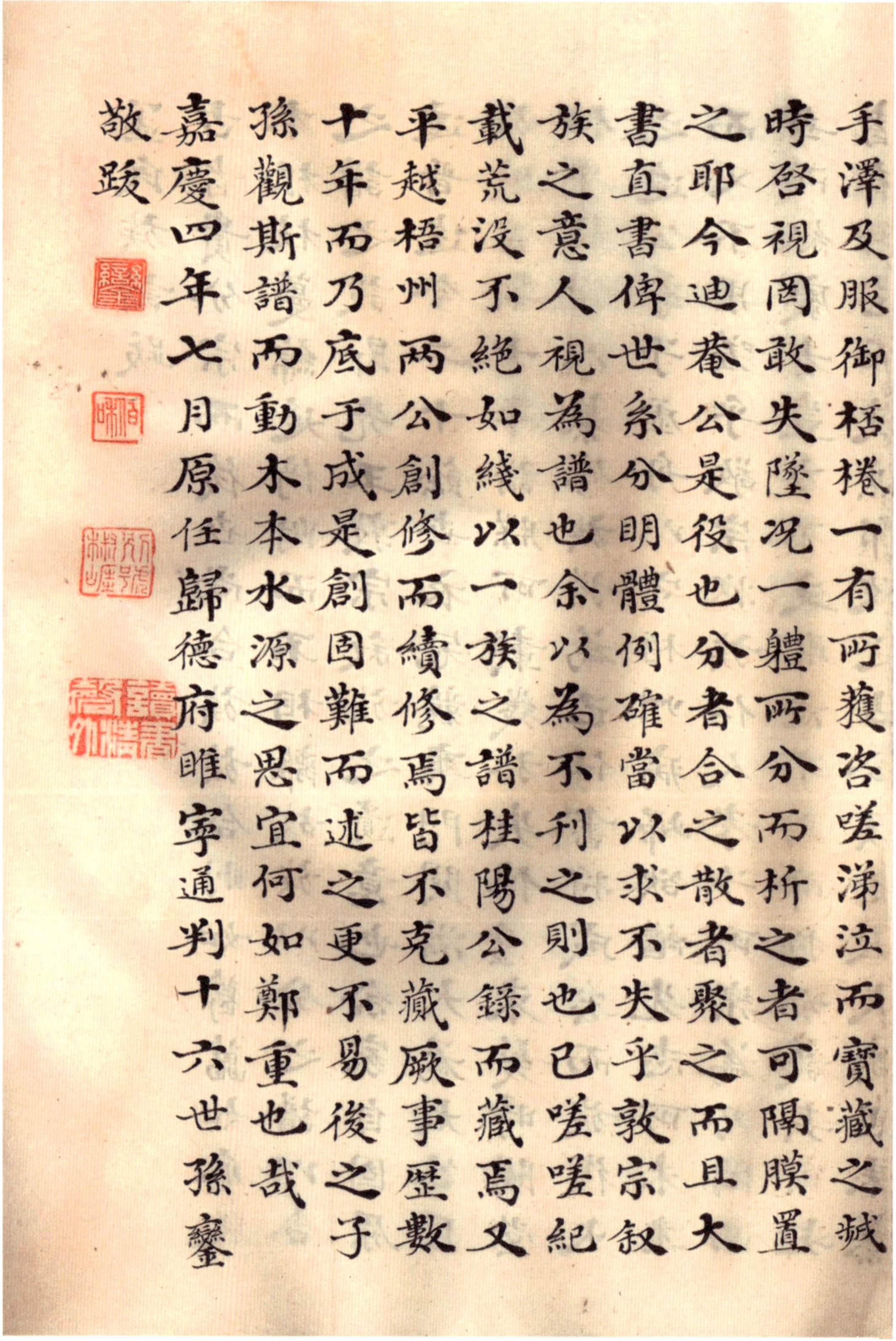

手澤及服御梧棬一有所獲咨嗟涕泣而寶藏之緘
時啓視罔敢失墜况一體所分而析之者可隔膜置
之耶今迪菴公是役也分者合之散者聚之而且大
書直書俾世系分明體例確當以求不失乎敦宗叙
族之意人視爲譜也余以爲不刊之則也已嗟嗟紀
載荒没不絶如綫以一族之譜桂陽公録而藏焉又
平越梧州兩公創修而續修焉皆不克藏厥事歷數
十年而乃底于成是創固難而述之更不易後之子
孫觀斯譜而動木本水源之思宜何如鄭重也哉
嘉慶四年七月原任歸德府睢寧通判十六世孫鑾
敬跋

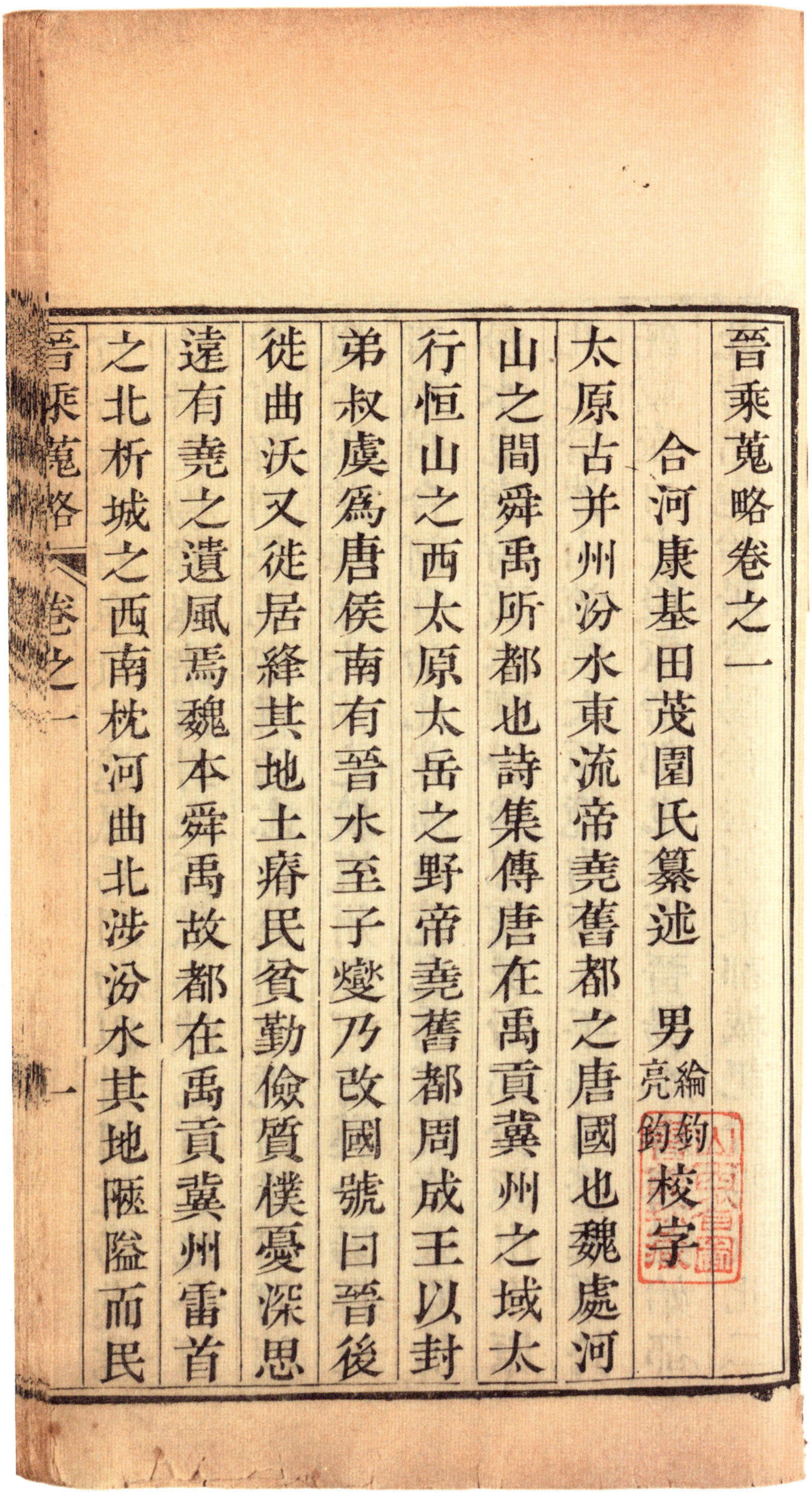
晉乘蒐略卷之一
合河康基田茂園氏纂述　男綸鈞 亮鈞 校字
太原古并州汾水東流帝堯舊都之唐國也魏處河
山之間舜禹所都也詩集傳唐在禹貢冀州之域太
行恒山之西太原太岳之野帝堯舊都周成王以封
弟叔虞爲唐侯南有晉水至子燮乃改國號曰晉後
徙曲沃又徙居絳其地土瘠民貧勤儉質樸憂深思
遠有堯之遺風焉魏本舜禹故都在禹貢冀州雷首
之北析城之西南枕河曲北涉汾水其地陿隘而民

晉乘蒐略　卷之一　一

00265 晉乘蒐略不分卷　(清) 康基田撰 清嘉慶十六年(1811)霞蔭堂刻本

綫裝。匡高 19.3 厘米，廣 10.3 厘米。半葉九行，行二十字，白口，四周雙邊。山西省圖書館藏。

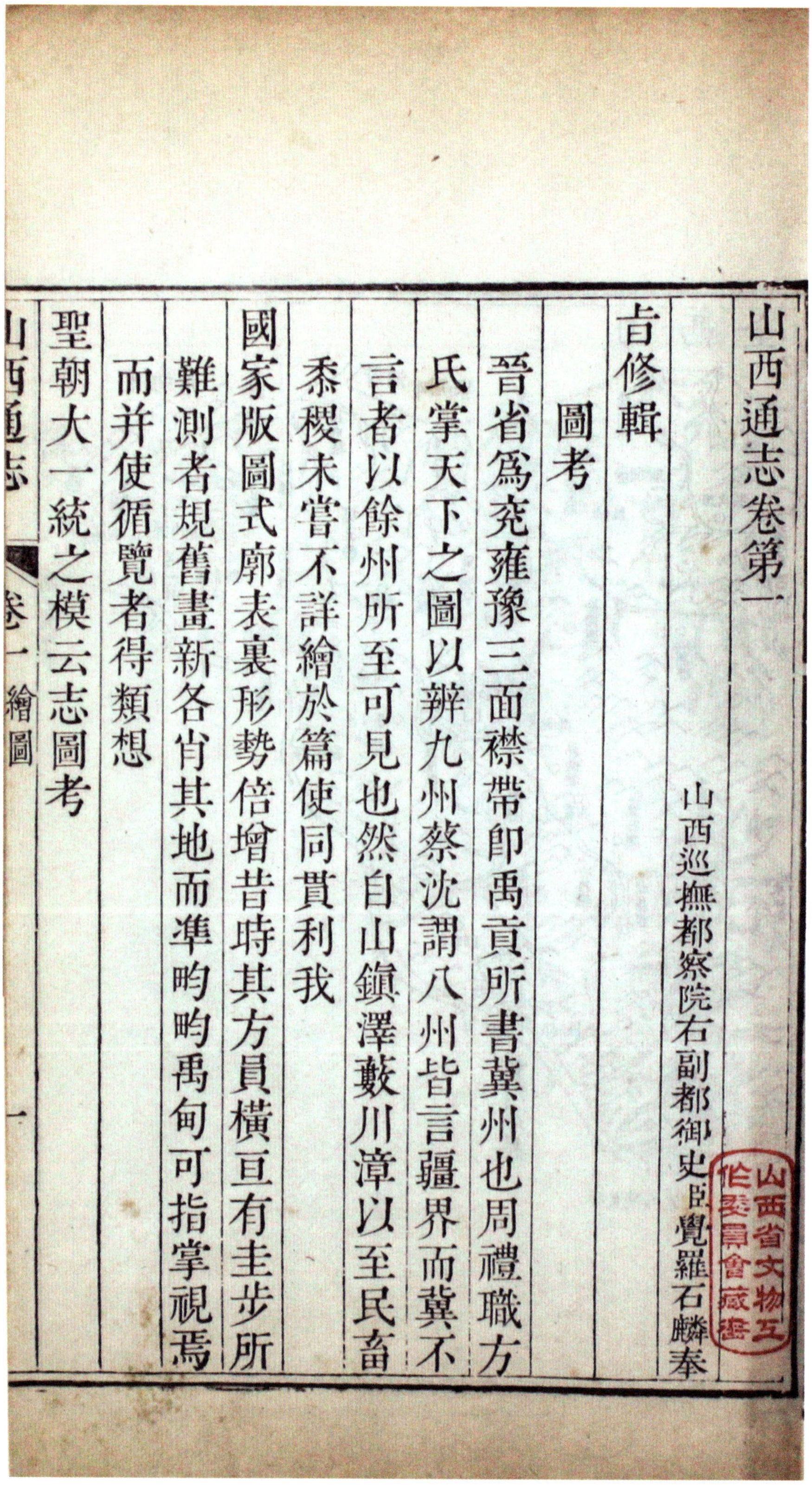

山西通志卷第一

山西巡撫都察院右副都御史臣覺羅石麟奉

旨修輯

圖考

晉省爲兖雍豫三面襟帶卽禹貢所書冀州也周禮職方氏掌天下之圖以辨九州蔡沈謂八州皆言疆界而冀不言者以餘州所至可見也然自山鎮澤藪川漳以至民畜黍稷未嘗不詳繪於篇使同貫利我

國家版圖式廓表裏形勢倍增昔時其方員横亘有圭步所難測者規舊畫新各肖其地而準昀昀禹甸可指掌視焉而并使循覽者得類想

聖朝大一統之模云志圖考

山西通志　卷一　繪圖　一

00266 [雍正]山西通志二百三十卷　（清）覺羅石麟修　儲大文纂　清雍正十二年（1734）刻本

綫裝。匡高 20.2 厘米，廣 14.6 厘米。半葉十二行，行二十三字。小字雙行，行字同，白口，四周雙邊。山西博物院藏。

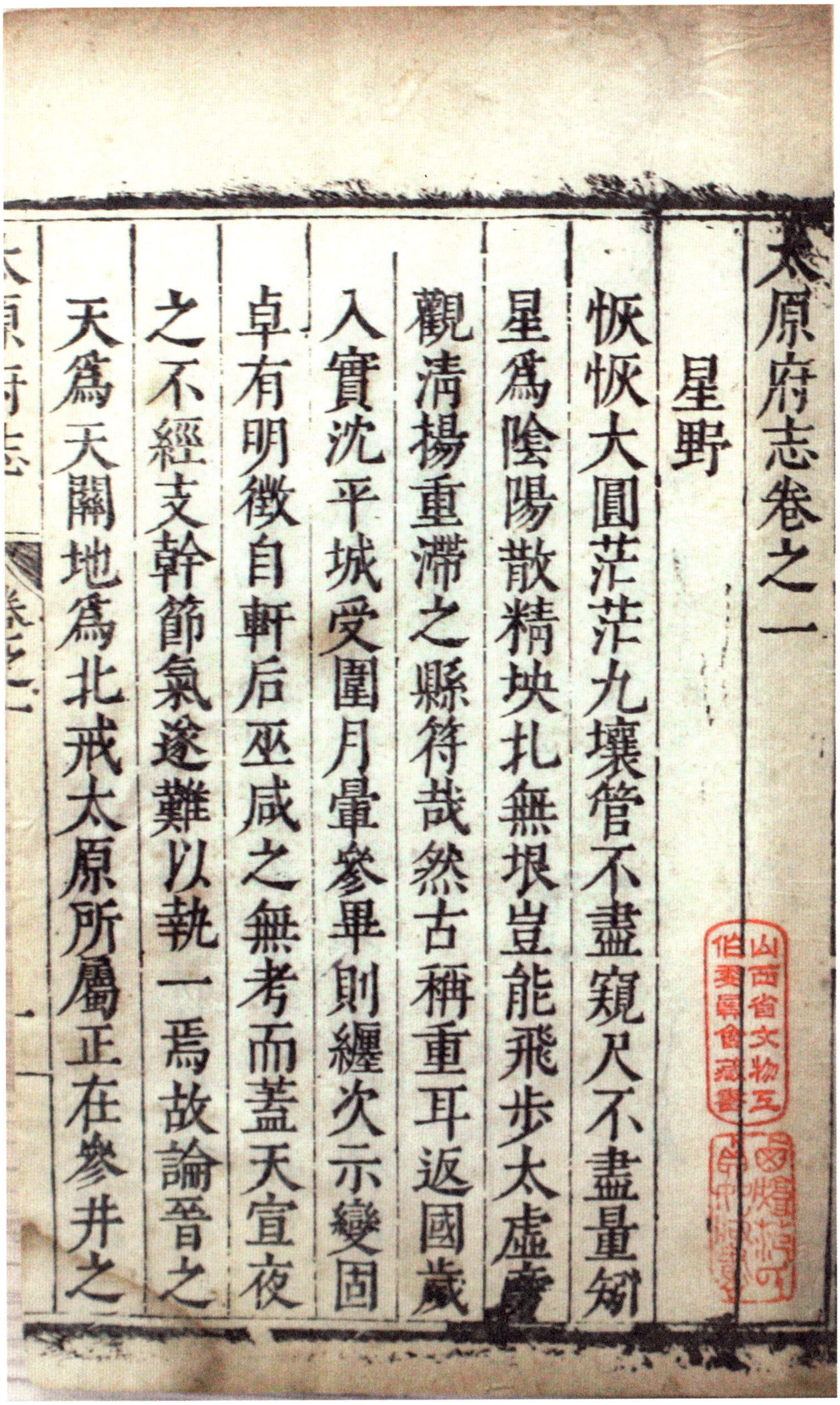
太原府志卷之一
星野
恢恢大圓茫茫九壤管不盡窺尺不盡量矧
星爲陰陽散精坱扎無垠豈能飛步太虛
觀淸揚重滯之縣符哉然古稱重耳返國歲
入實沈平城受圍月暈參畢則纏次示變固
卓有明徵自軒后巫咸之無考而蓋天宣夜
之不經支幹節氣遂難以執一焉故論晉之
天爲天闕地爲北戒太原所屬正在參井之

00267　[順治]太原府志二十六卷續志四卷（明）關廷訪修 清順治十一年（1654）刻本

綫裝。匡高 20.6 厘米，廣 15.3 厘米。半葉九行，行十八字。小字雙行，行字同，白口，四周雙邊。山西博物院藏。

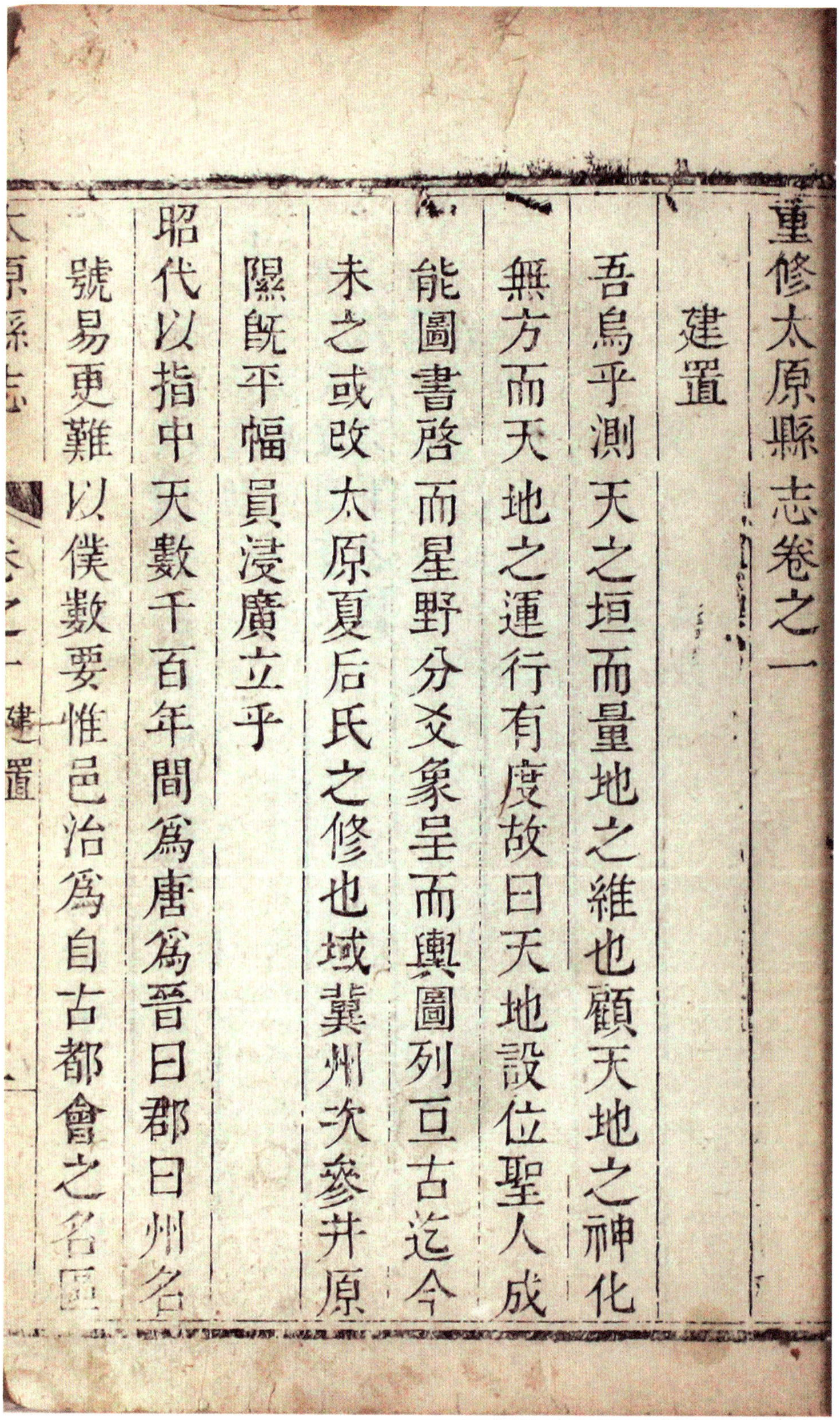

重修太原縣志卷之一

建置

吾烏乎測天之垣而量地之維也顧天地之神化無方而天地之運行有度故曰天地設位聖人成能圖書啓而星野分爻象呈而輿圖列亙古迄今未之或改太原夏后氏之修也域冀州次參井原隰既平幅員浸廣立乎

昭代以指中天數千百年間爲唐爲晉曰郡曰州名號易更難以僕數要惟邑治爲自古都會之名區

太原縣志　卷之一　建置

00268 [雍正]重修太原縣志十六卷 （清）龔新 沈繼賢修 高若岐等纂 清雍正九年（1731）刻本

綫裝。匡高 19.7 厘米，廣 14.5 厘米。半葉九行，行二十字，白口，四周雙邊。山西博物院藏。

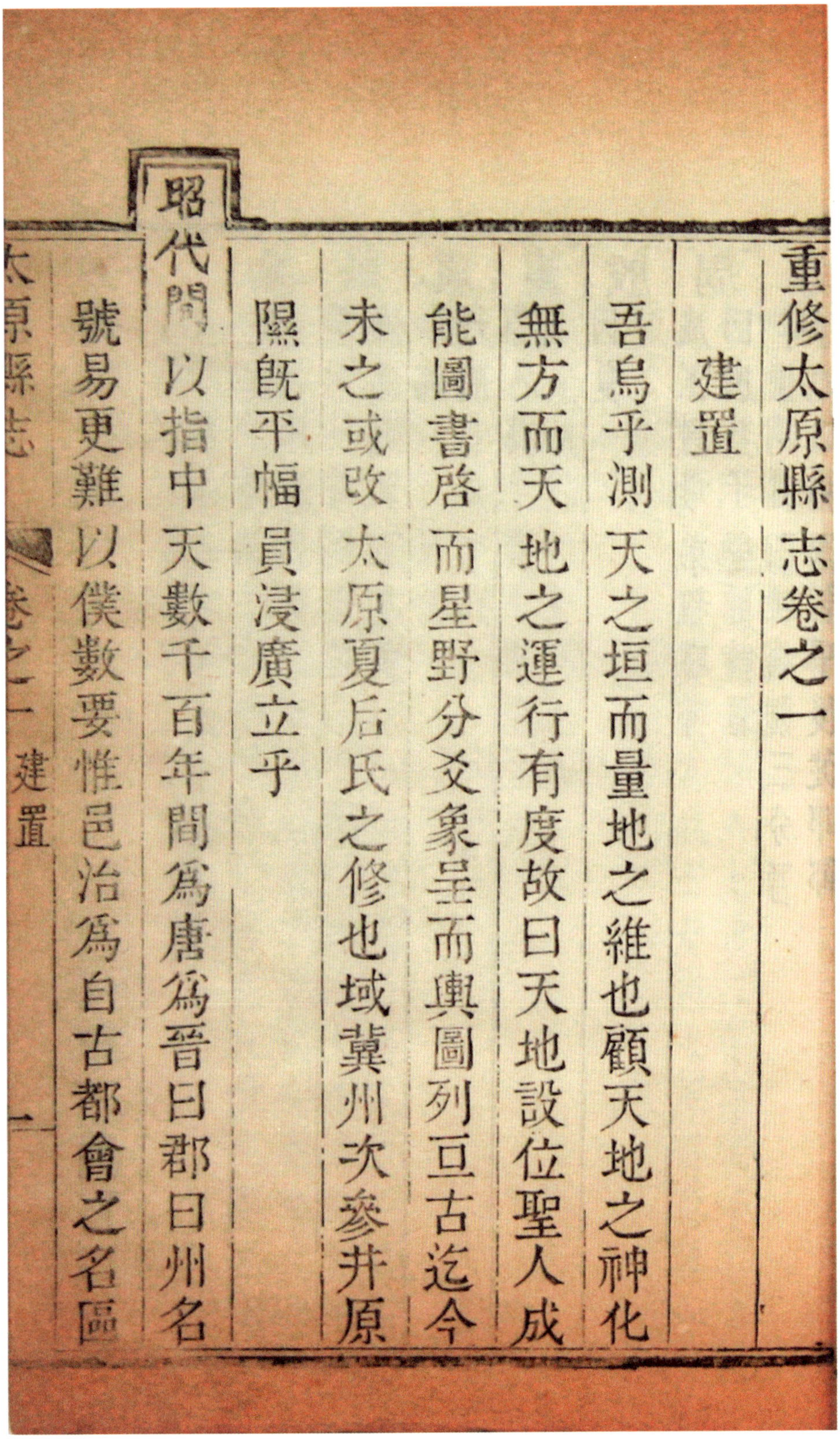
重修太原縣志卷之一

建置

吾烏乎測天之垣而量地之維也顧天地之神化無方而天地之運行有度故曰天地設位聖人成能圖書啓而星野分爻象呈而輿圖列亘古迄今未之或改太原夏后氏之修也域冀州次參井原隰既平幅員浸廣立乎

昭代間以指中天數千百年間爲唐爲晉曰郡曰州名號易更難以僕數要惟邑治爲自古都會之名區

太原縣志　卷之一　建置　一

00269　［雍正］重修太原縣志十六卷　（清）龔新 沈繼賢修 高若岐等纂 清雍正九年（1731）刻本

綫裝。匡高 19.7 厘米，廣 14.5 厘米。半葉九行，行二十字，白口，四周雙邊。太原市圖書館藏。

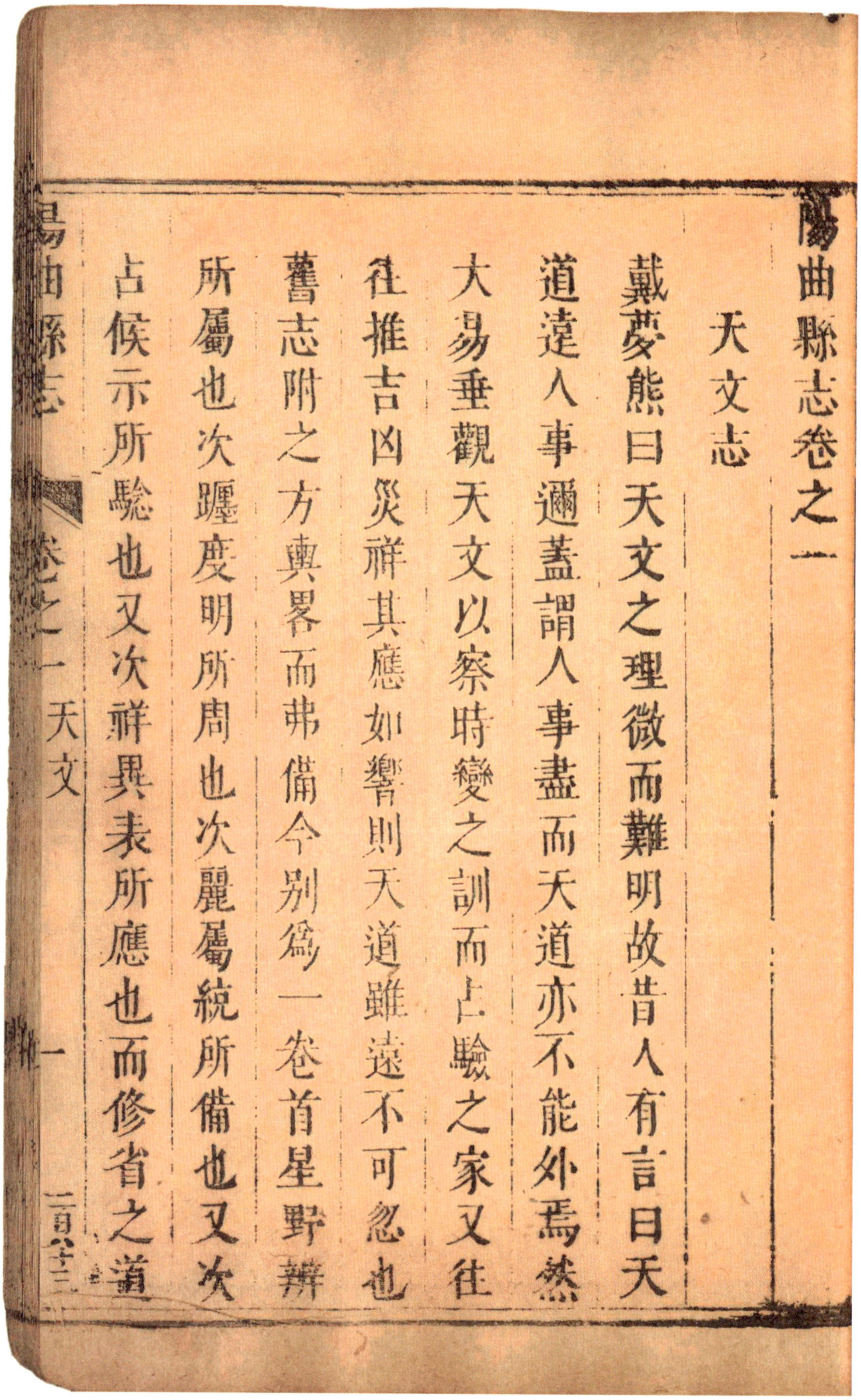
陽曲縣志卷之一

天文志

戴夢熊曰天文之理微而難明故昔人有言曰天道遠人事邇蓋謂人事盡而天道亦不能外焉然大易垂觀天文以察時變之訓而占驗之家又往往推吉凶災祥其應如響則天道雖遠不可忽也舊志附之方輿畧而弗備今別爲一卷首星野辨所屬也次躔度明所周也次麗屬統所備也又次占候示所驗也又次祥異表所應也而修省之道

陽曲縣志　卷之一　天文　一　二百八十三

00270　［康熙］陽曲縣志十四卷　（清）戴夢熊修　李方蓁　李方芃纂　清康熙二十一年（1682）刻本

綫裝。匡高 20 厘米，廣 14 厘米。半葉九行，行二十字。白口，四周雙邊。太原市圖書館藏。

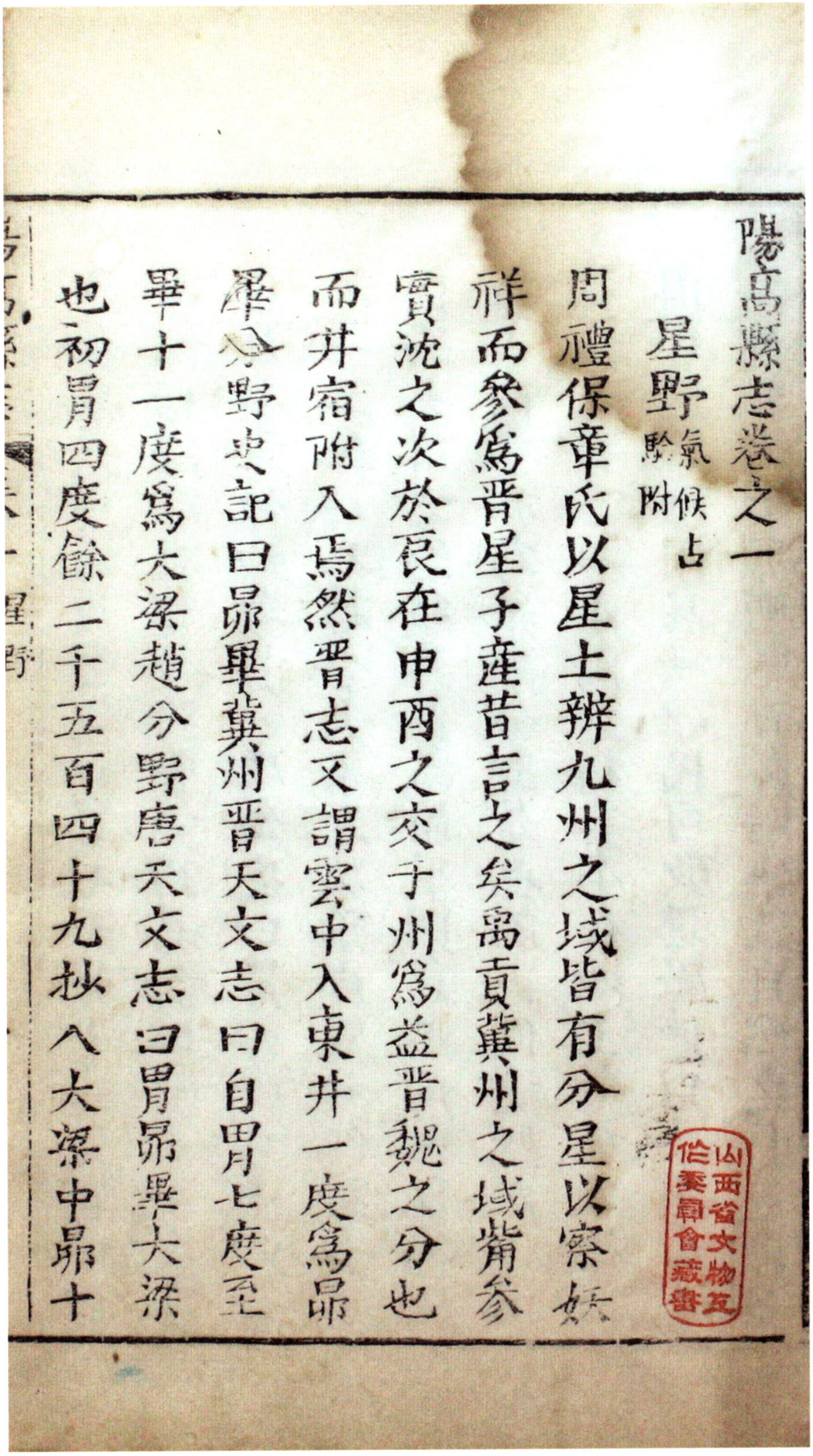

陽高縣志卷之一

星野 氣候占驗附

周禮保章氏以星土辨九州之域皆有分星以察妖祥而參爲晋星子產昔言之矣禹貢冀州之域觜參實沈之次於辰在申酉之交于州爲益晋魏之分也而井宿附入焉然晋志又謂雲中入東井一度爲昴畢分野史記曰昴畢冀州晋天文志曰自胃七度至畢十一度爲大梁趙分野唐天文志曰胃昴畢大梁也初胃四度餘二千五百四十九秒入大梁中昴十

陽高縣志　卷一　星野

00271　［雍正］陽高縣志六卷　（清）房裔蘭修 蘇之芬纂 清雍正七年（1729）刻本

綫裝。匡高 22 厘米，廣 15.4 厘米。半葉九行，行二十一字，小字雙行，行字同，白口，四周單邊。山西博物院藏。

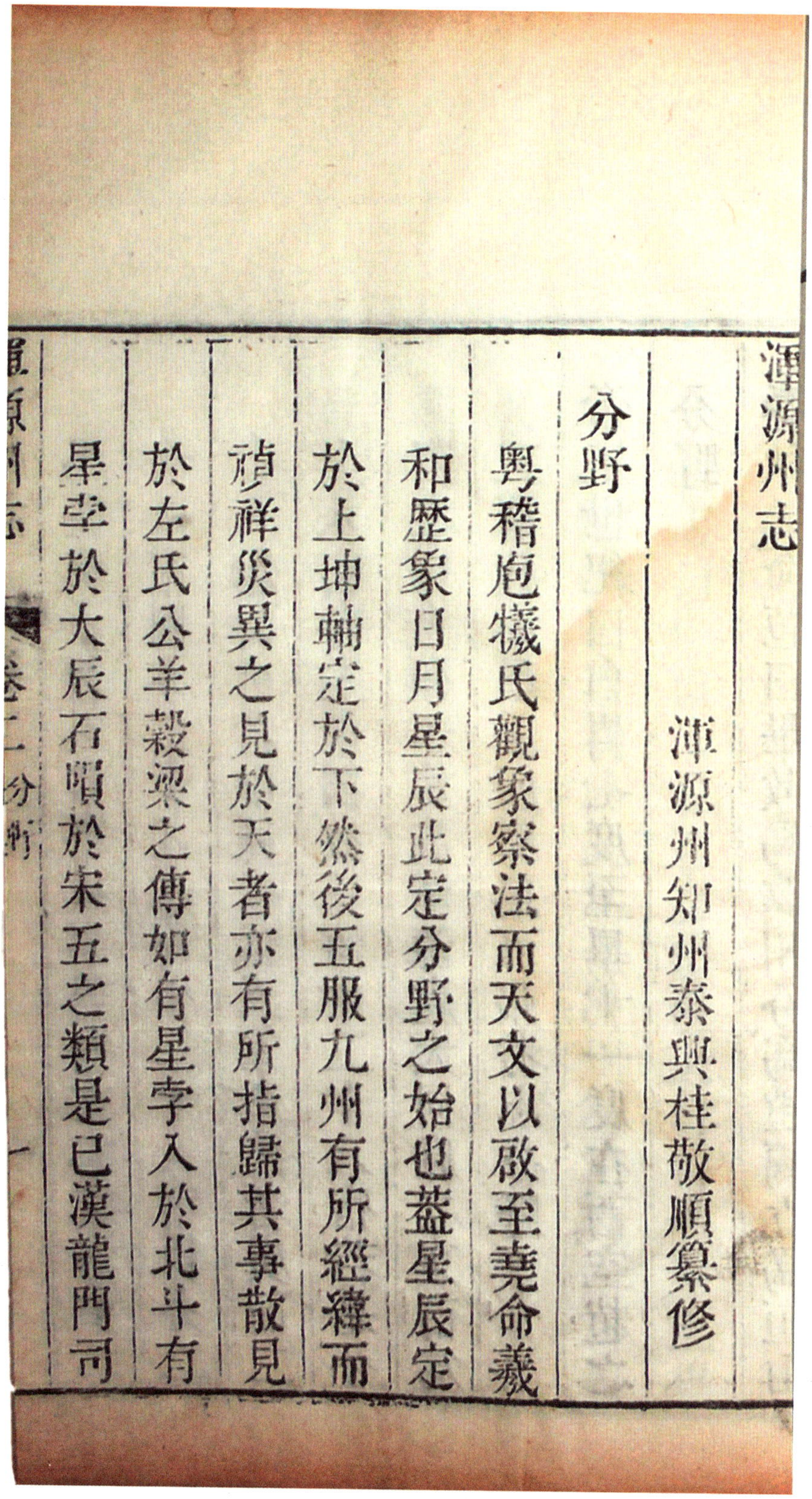

00272　［乾隆］渾源州志十卷　（清）桂敬順纂修　清乾隆二十八年（1763）刻本

綫裝。匡高 18.1 厘米，廣 14.4 厘米。半葉九行，行二十字，白口，左右雙邊。鈐“慼城范氏貞如藏書”等印。山西博物院藏。

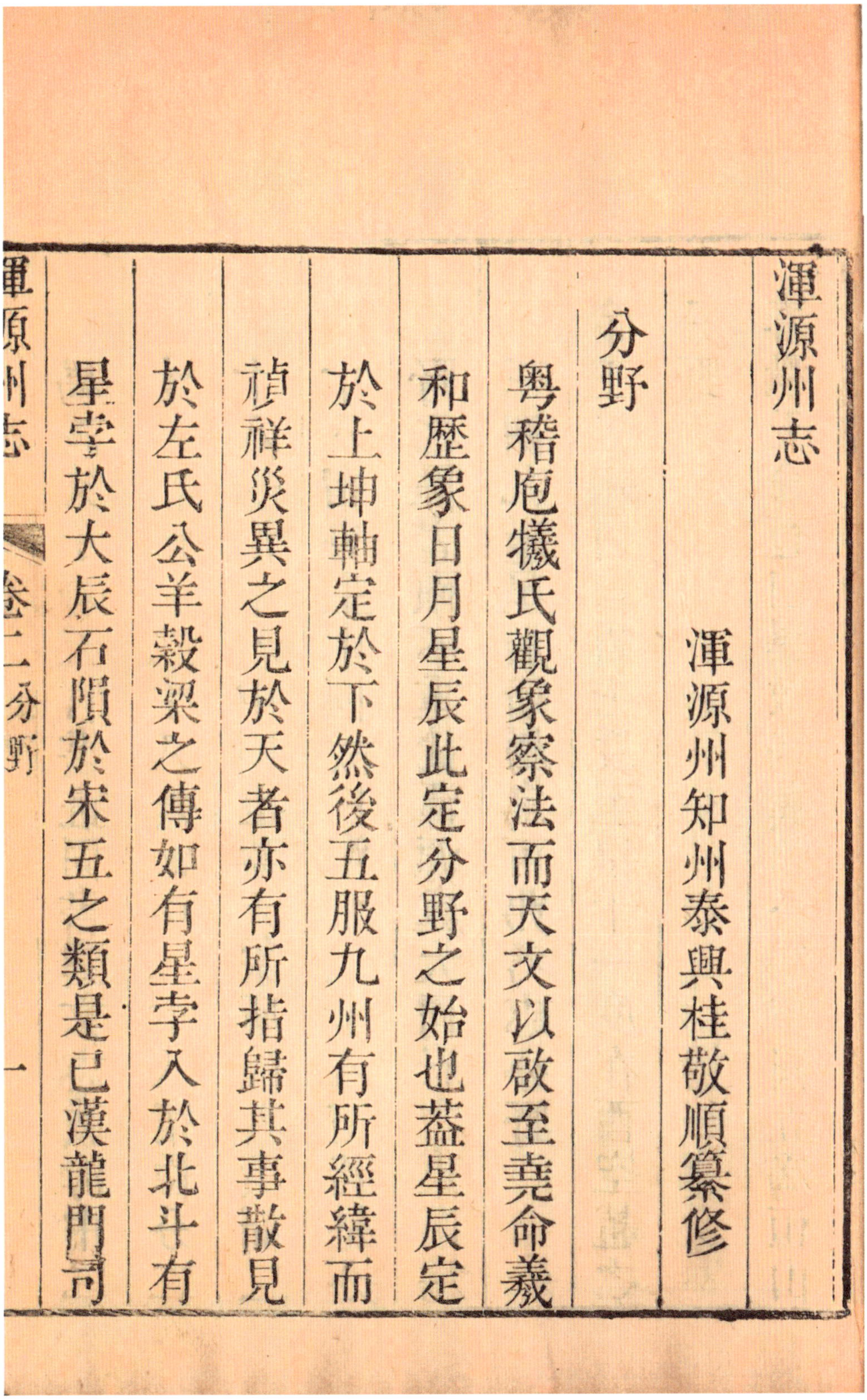

渾源州志

渾源州知州泰興桂敬順纂修

分野

粤稽庖犧氏觀象察法而天文以啟至堯命羲和歷象日月星辰此定分野之始也蓋星辰定於上坤軸定於下然後五服九州有所經緯而禎祥災異之見於天者亦有所指歸其事散見於左氏公羊穀梁之傳如有星孛入於北斗有星孛於大辰石隕於宋五之類是已漢龍門司

渾源州志　卷二　分野　一

00273　［乾隆］渾源州志十卷　（清）桂敬順纂修　清乾隆二十八（1763）刻本

綫裝。匡高 18.1 厘米，廣 14.4 厘米。半葉九行，行二十字，白口，左右雙邊。太原市圖書館藏。

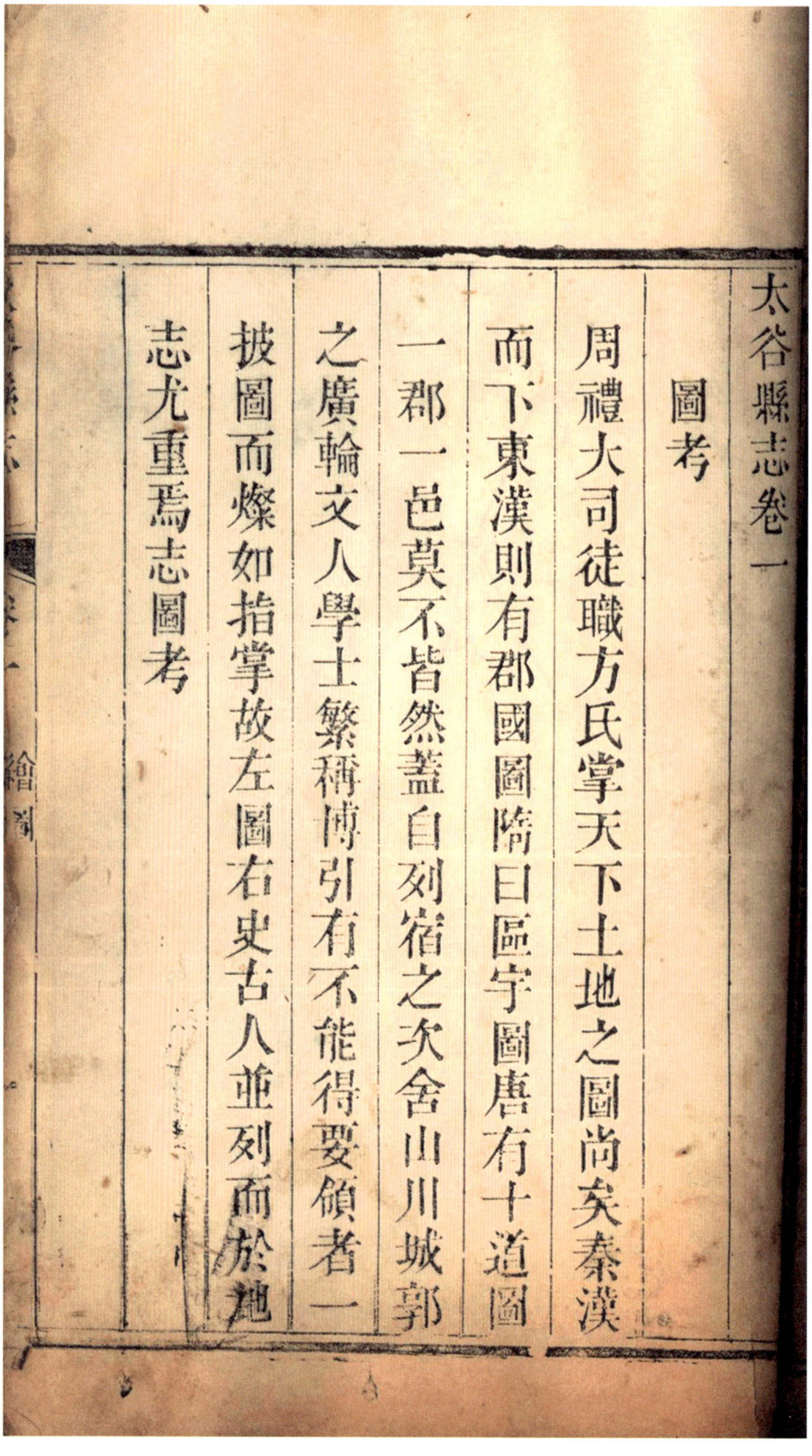
太谷縣志卷一

圖考

周禮大司徒職方氏掌天下土地之圖尚矣秦漢而下東漢則有郡國圖隋曰區宇圖唐有十道圖一郡一邑莫不皆然蓋自列宿之次舍山川城郭之廣輪文人學士繁稱博引有不能得要領者一披圖而燦如指掌故左圖右史古人並列而於地志尤重焉志圖考

00274　［乾隆］太谷縣志八卷　（清）郭晉修　管粵秀撰　清乾隆六十年（1795 年）刻本　綫裝。匡高 18.9 厘米，廣 14.2 厘米。半葉九行，行二十字，白口，四周雙邊。太谷縣圖書館藏。

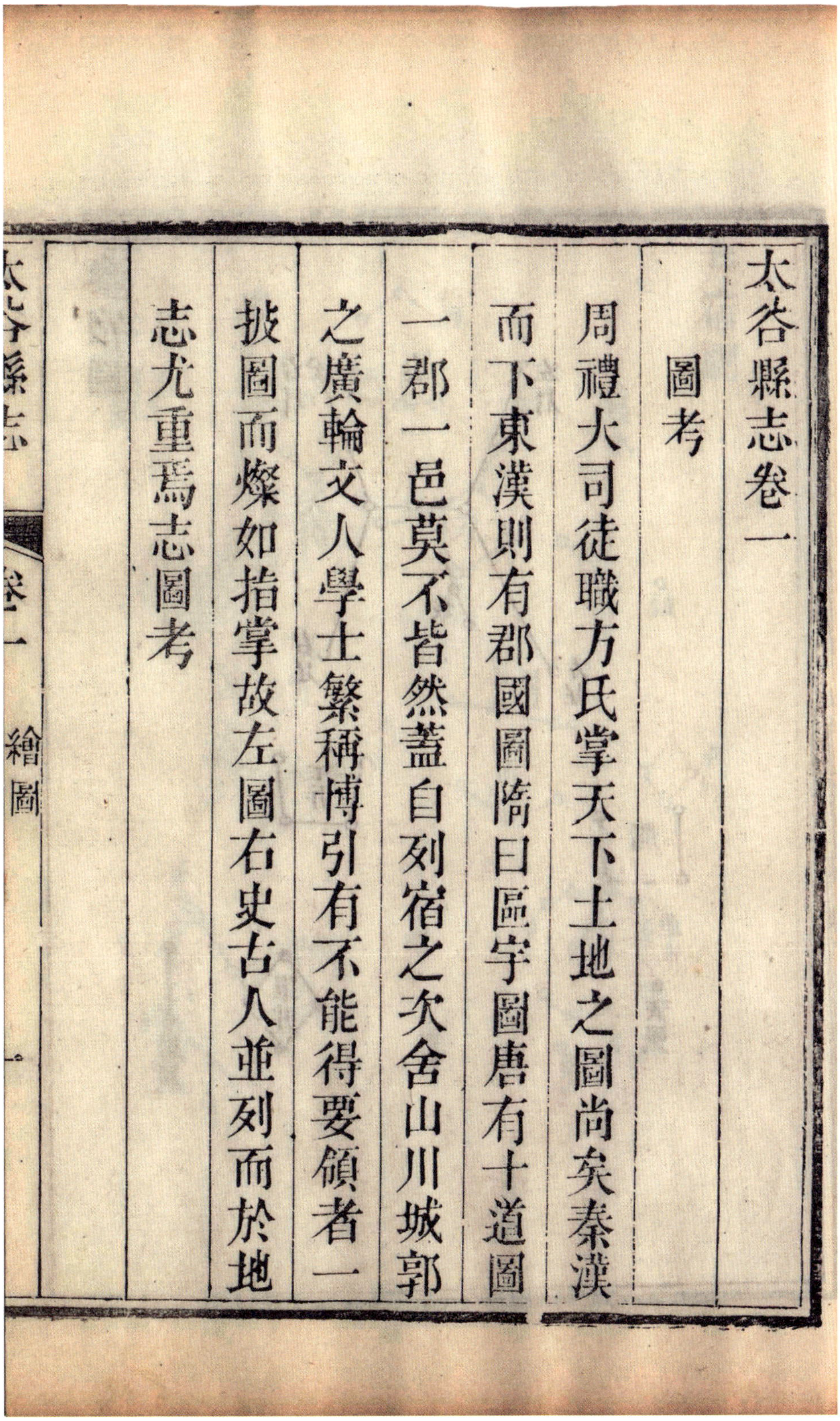

太谷縣志卷一

圖考

周禮大司徒職方氏掌天下土地之圖尚矣秦漢而下東漢則有郡國圖隋曰區宇圖唐有十道圖一郡一邑莫不皆然蓋自列宿之次舍山川城郭之廣輪文人學士緐稱博引有不能得要領者一披圖而燦如指掌故左圖右史古人並列而於地志尤重焉志圖考

太谷縣志　卷一　繪圖　一

00275　[乾隆] 太谷縣志八卷　（清）郭晉修 管粵秀纂 清乾隆六十年（1795）刻本

线裝。匡高 18.9 厘米，廣 14.2 厘米。半葉九行，行二十字，白口，四周雙邊。太原市圖書館藏。

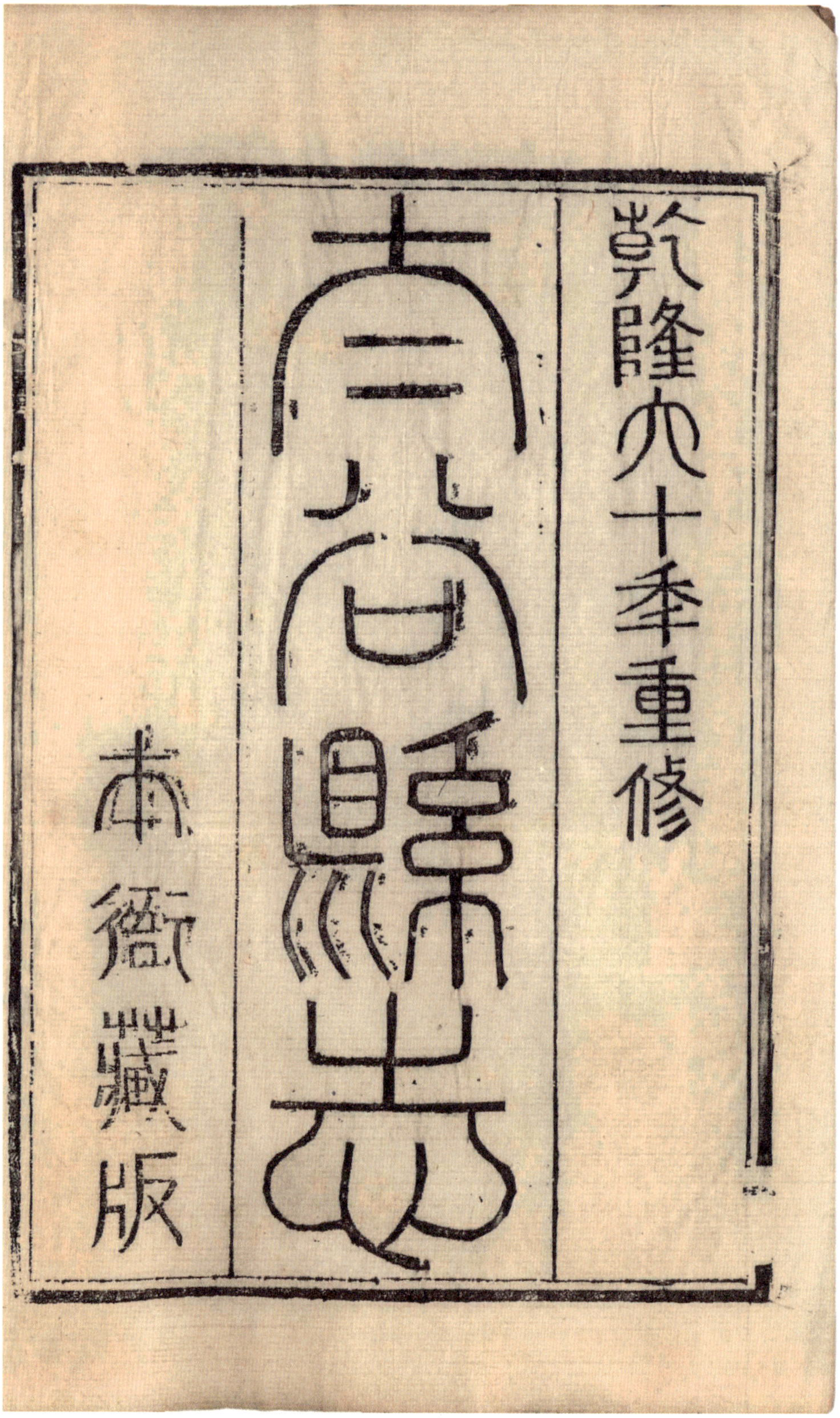

乾隆六十年重修

壺縣志

本衙藏版

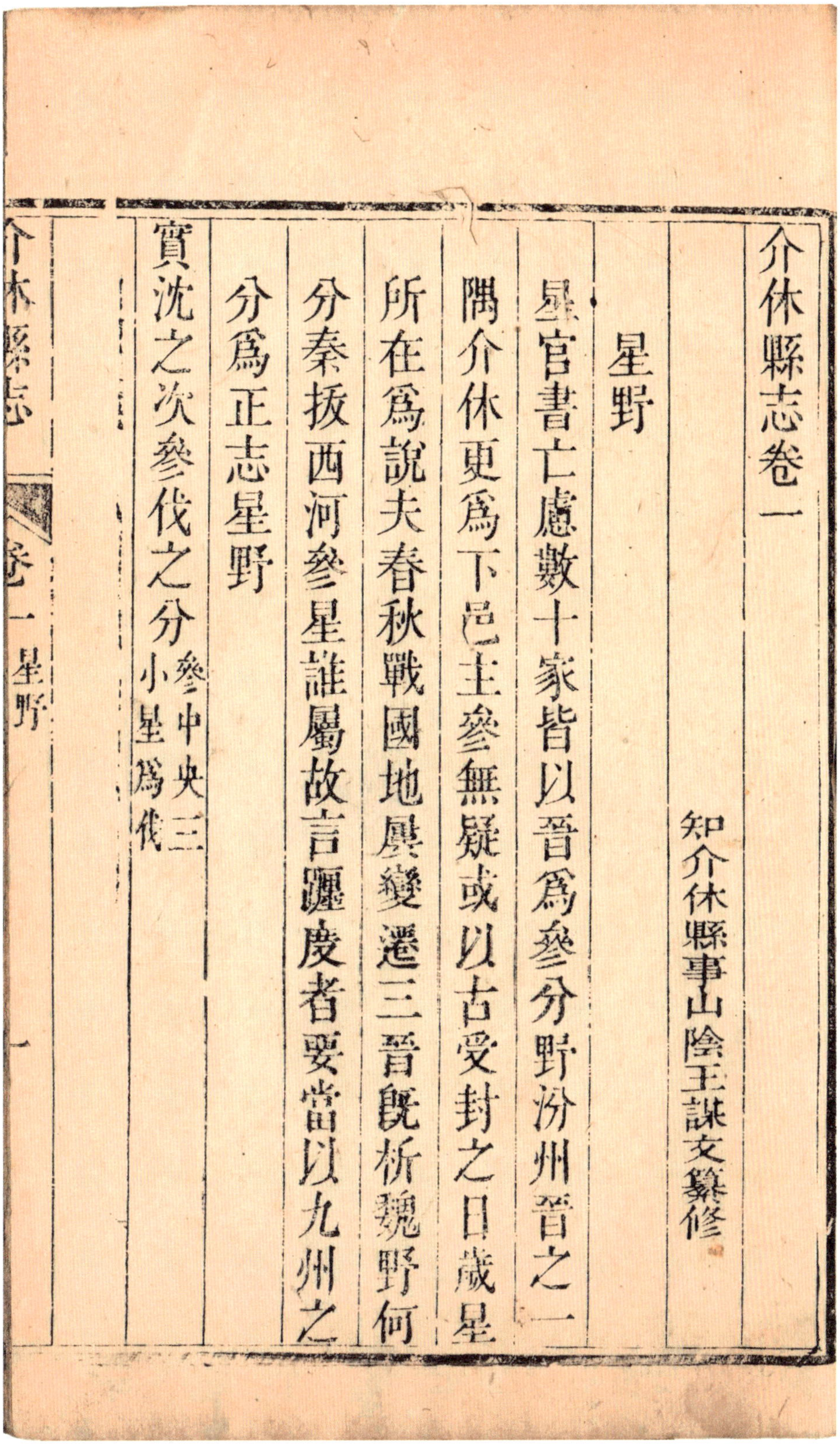

介休縣志卷一

知介休縣事山陰王謀文纂修

星野

星官書亡慮數十家皆以晉爲參分野汾州晉之一隅介休更爲下邑主參無疑或以古受封之日歲星所在爲說夫春秋戰國地屢變遷三晉既析魏野何分秦拔西河參星誰屬故言躔度者要當以九州之分爲正志星野

實沈之次參伐之分參中央三小星爲伐

介休縣志　卷一　星野　一

00276　［乾隆］介休縣志十四卷　（清）王謀文纂修　清乾隆三十五年（1770）刻本　綫裝。匡高 19.3 厘米，廣 14.3 厘米。半葉十行，行二十一字，白口，四周雙邊。太原市圖書館藏。

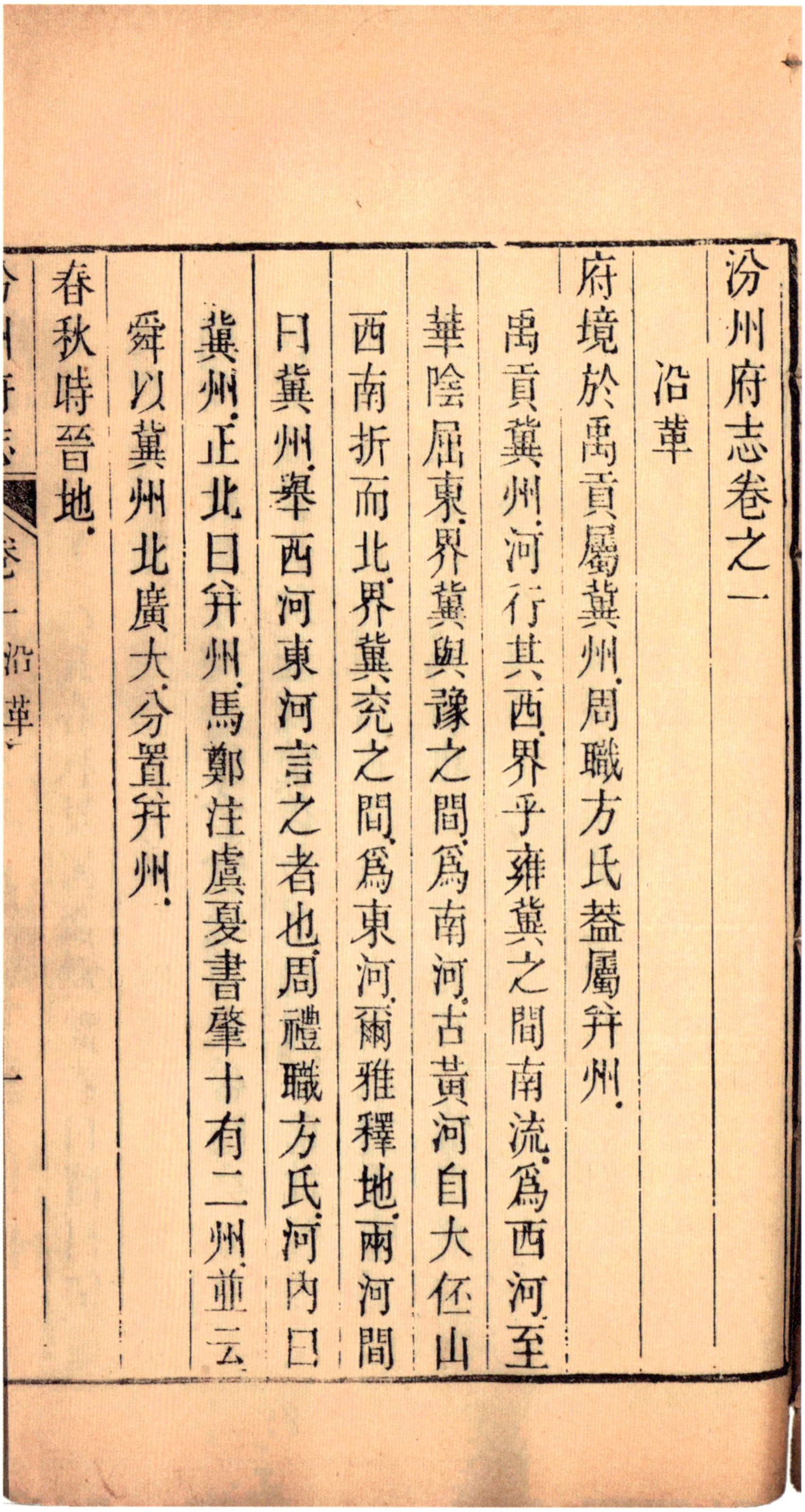

汾州府志卷之一

沿革

府境於禹貢屬冀州周職方氏葢屬并州

禹貢冀州河行其西界乎雍冀之間南流爲西河至華陰屈東界冀與豫之間爲南河古黄河自大伾山西南折而北界冀兖之間爲東河爾雅釋地兩河間曰冀州舉西河東河言之者也周禮職方氏河内曰冀州正北曰并州馬鄭注虞夏書肇十有二州並云舜以冀州北廣大分置并州

春秋時晉地

00277 [乾隆]汾州府志三十四卷首一卷　（清）孫和相修　戴震纂　清乾隆三十六年（1771）刻本

綫裝。匡高 19.7 厘米，廣 14.4 厘米。半葉十行，行二十一字，白口，左右雙邊。太原市圖書館藏。

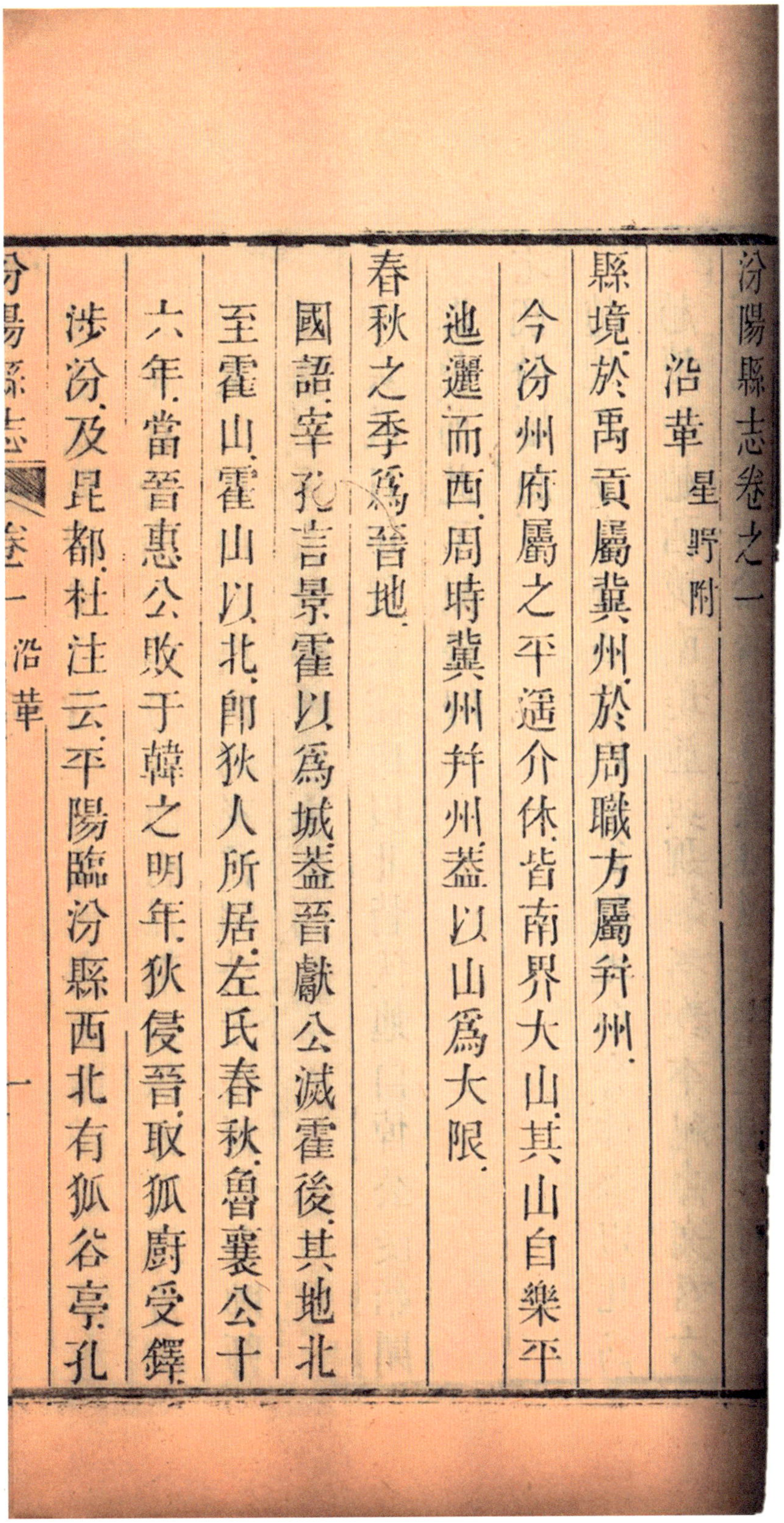
汾陽縣志卷之一

沿革　星野附

縣境於禹貢屬冀州。於周職方屬幷州。

今汾州府屬之平遥介休。皆南界大山。其山自樂平迤邐而西。周時冀州幷州。蓋以山爲大限。

春秋之季爲晉地。

國語。宰孔言景霍以爲城。蓋晉獻公滅霍後。其地北至霍山。霍山以北。即狄人所居。左氏春秋。魯襄公十六年。當晉惠公敗于韓之明年。狄侵晉。取狐廚受鐸涉汾。及昆都。杜注云。平陽臨汾縣西北有狐谷亭。孔

汾陽縣志　卷一　沿革　一

00278　［乾隆］汾陽縣志十四卷首一卷　（清）李文起修　戴震纂　清乾隆三十七年（1772）刻本

綫裝。匡高 19.4 厘米，廣 15 厘米。半葉十行，行二十一字，白口，左右雙邊。太谷縣圖書館藏。

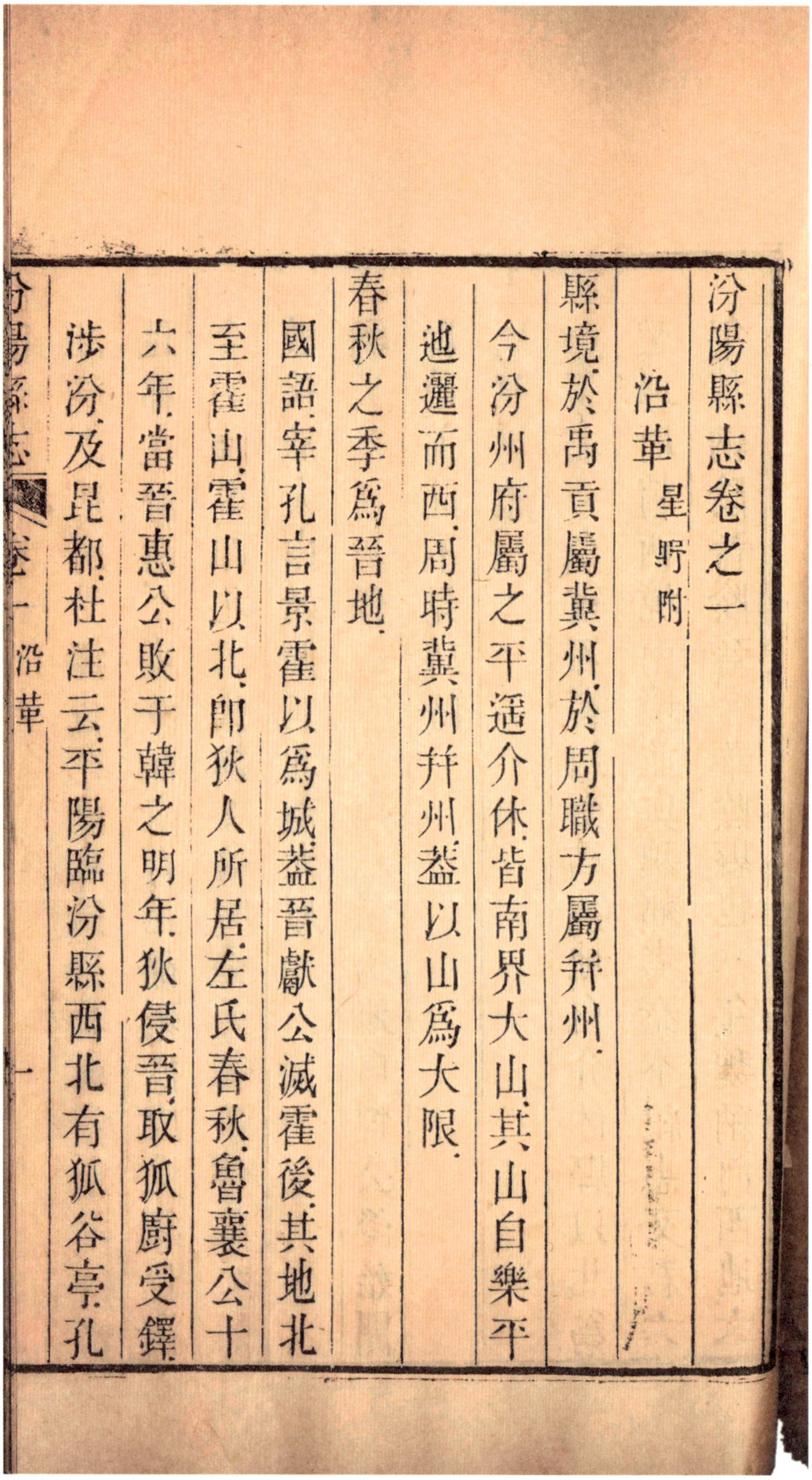

汾陽縣志卷之一

沿革 星野附

縣境於禹貢屬冀州於周職方屬幷州

今汾州府屬之平遥介休皆南界大山其山自樂平迤邐而西周時冀州幷州葢以山爲大限

春秋之季爲晉地

國語宰孔言景霍以爲城葢晉獻公滅霍後其地北至霍山霍山以北即狄人所居左氏春秋魯襄公十六年當晉惠公敗于韓之明年狄侵晉取狐廚受鐸涉汾及昆都杜注云平陽臨汾縣西北有狐谷亭孔

汾陽縣志　卷一　沿革　一

00279 ［乾隆］汾陽縣志十四卷首一卷　（清）李文起修 戴震纂 清乾隆三十七年（1772）刻本

綫裝。匡高 19.4 厘米，廣 15 厘米。半葉十行，行二十一字，白口，左右雙邊。太原市圖書館藏。

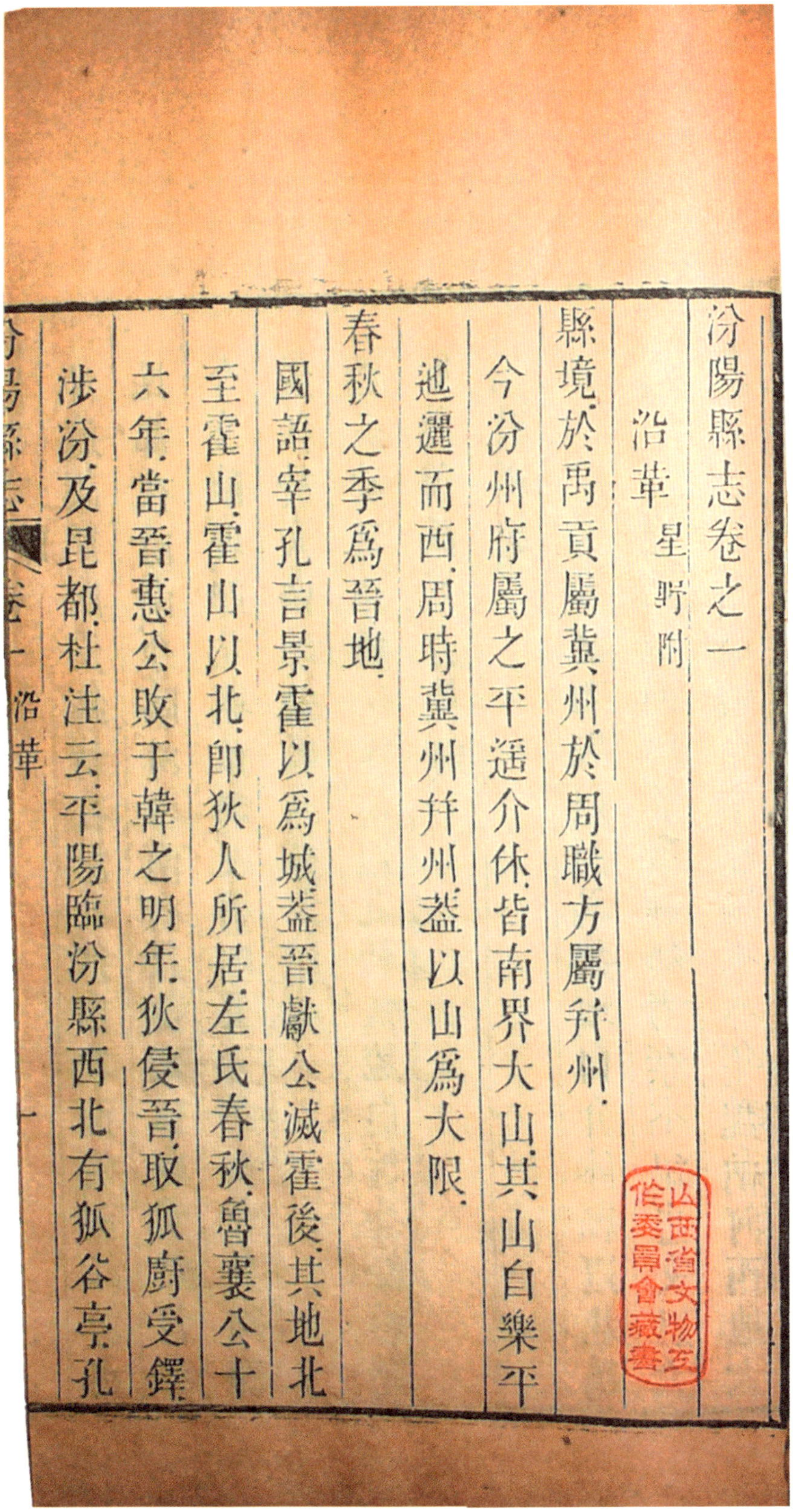
汾陽縣志卷之一
沿革　星野附
縣境於禹貢屬冀州於周職方屬幷州
今汾州府屬之平遥介休皆南界大山其山自樂平
迤邐而西周時冀州幷州蓋以山爲大限
春秋之季爲晉地
國語宰孔言景霍以爲城蓋晉獻公滅霍後其地北
至霍山霍山以北卽狄人所居左氏春秋魯襄公十
六年當晉惠公敗于韓之明年狄侵晉取狐廚受鐸
涉汾及昆都杜注云平陽臨汾縣西北有狐谷亭孔

汾陽縣志　卷一　沿革　一

00280　［乾隆］汾陽縣志十四卷首一卷　（清）李文起修　戴震纂　清乾隆三十七年（1772）刻本

綫裝。匡高 19.4 厘米，廣 15 厘米。半葉十行，行二十一字，白口，左右雙邊。山西博物院藏。

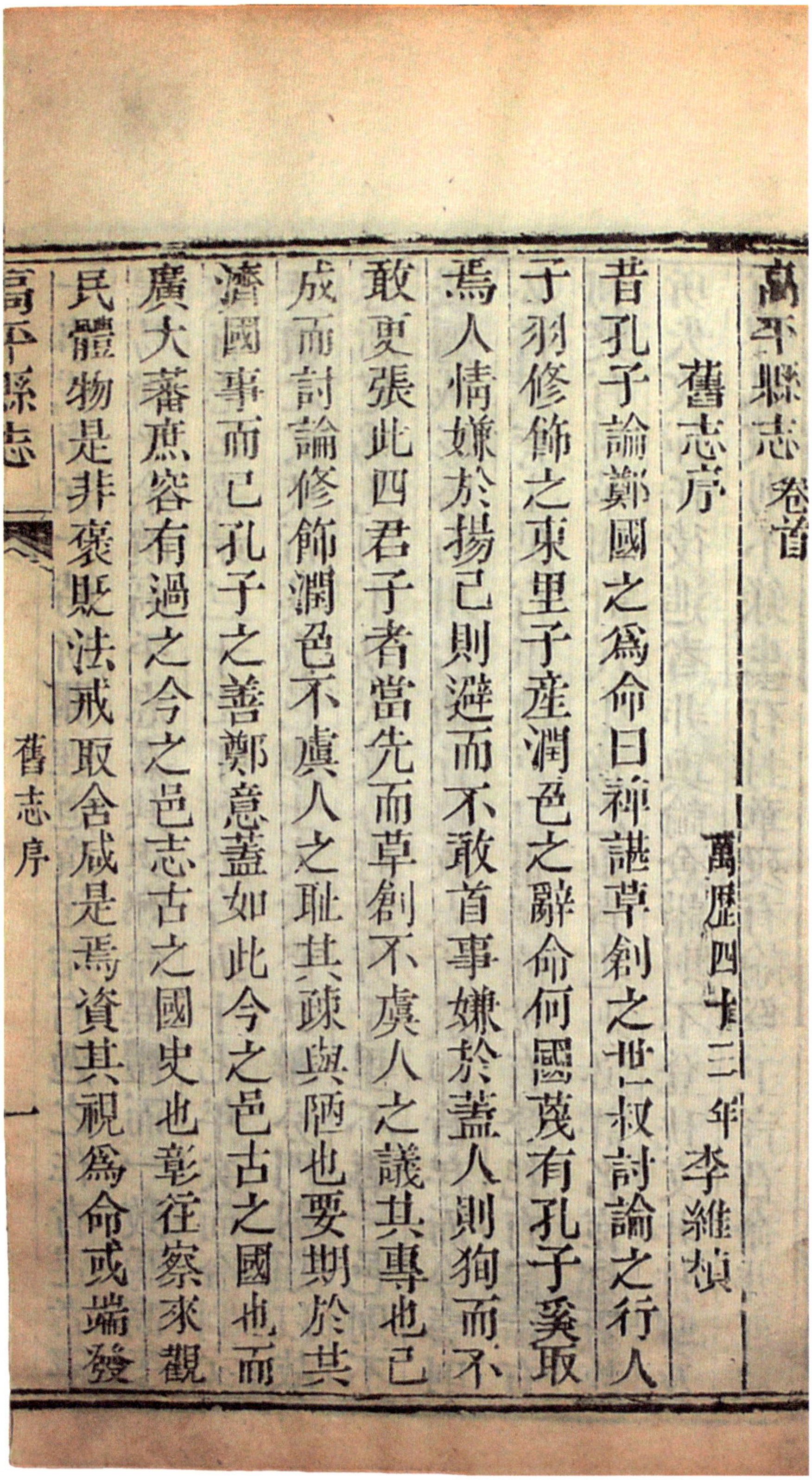

00281　［乾隆］高平縣志二十二卷　（清）傅德宜修　戴純纂　清乾隆三十九年（1774）刻本

綫裝。匡高 19.2 厘米，廣 14.1 厘米。半葉十行，行字不等，白口，四周雙邊。山西博物院藏。

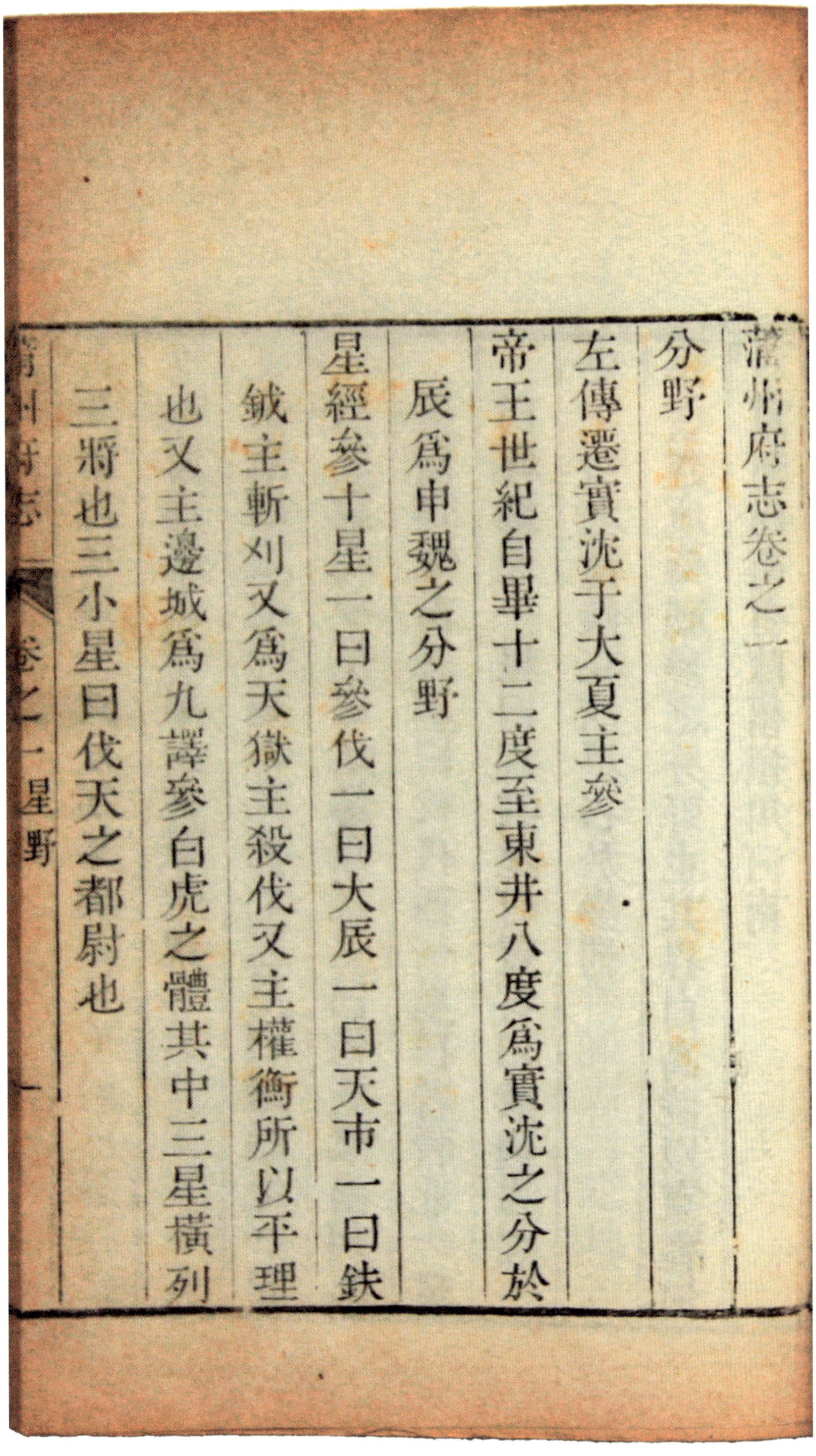

蒲州府志卷之一

分野

左傳遷實沈于大夏主參

帝王世紀自畢十二度至東井八度爲實沈之分於

辰爲申魏之分野

星經參十星一曰參伐一曰大辰一曰天市一曰鈇

鉞主斬刈又爲天獄主殺伐又主權衡所以平理

也又主邊城爲九譯參白虎之體其中三星橫列

三將也三小星曰伐天之都尉也

蒲州府志　卷之一　星野　一

00282　[乾隆] 蒲州府志二十四卷　(清) 周景柱等纂修　清乾隆二十年 (1755) 刻本　线裝。匡高 19 厘米，廣 16.2 厘米。半葉九行，行二十字，白口，左右雙邊。太原市圖書館藏。

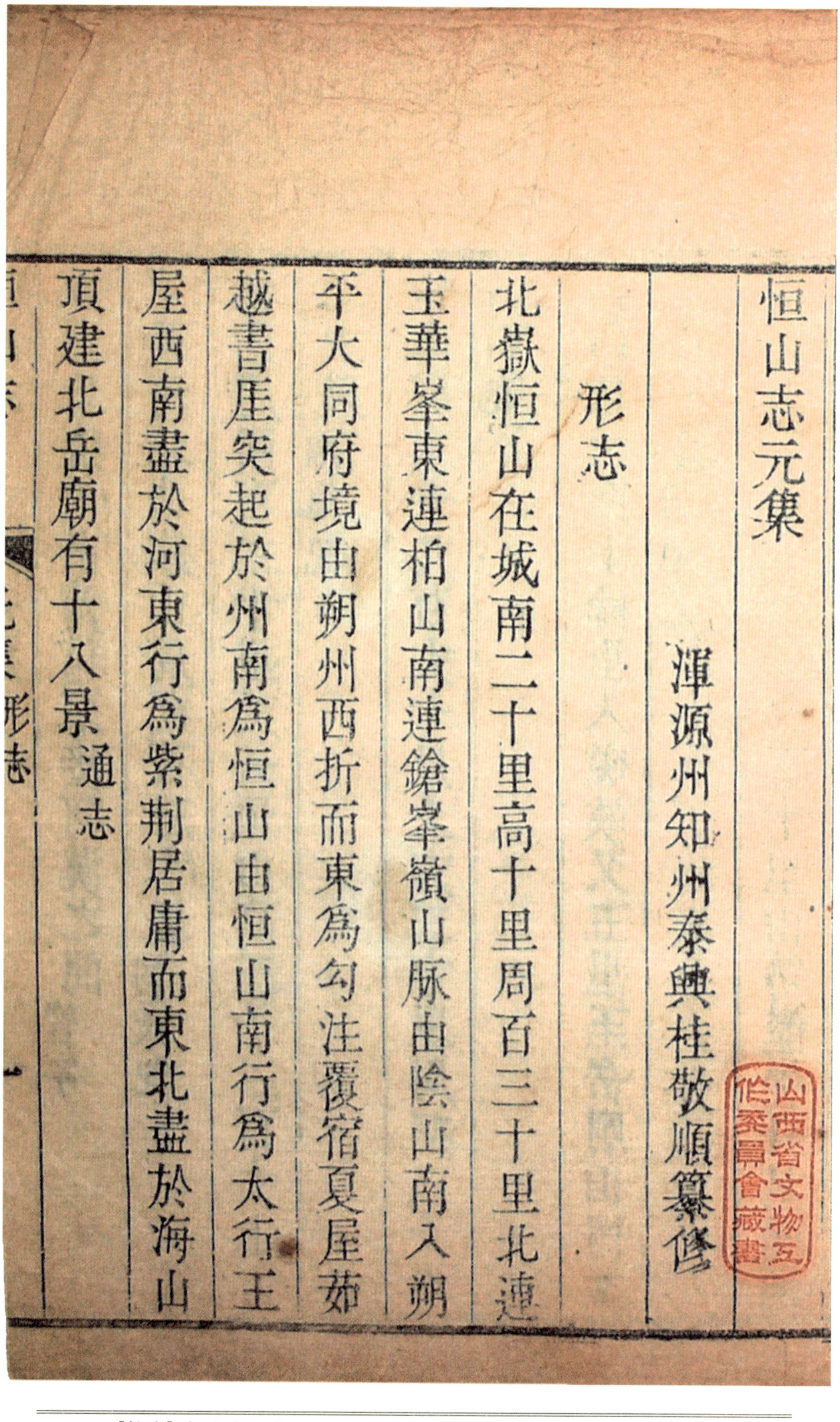
恒山志元集
渾源州知州泰興桂敬順纂修
形志
北嶽恒山在城南二十里高十里周百三十里北連
玉華峯東連柏山南連鎗峯嶺山脉由陰山南入朔
平大同府境由朔州西折而東為勾注覆宿夏屋茹
越書厓突起於州南為恒山由恒山南行為太行王
屋西南盡於河東行為紫荆居庸而東北盡於海山
頂建北岳廟有十八景 通志

00283　[乾隆] 恒山志五卷　（清）桂敬順纂修　清乾隆二十八年（1763）刻本

綫裝。匡高 18.5 厘米，廣 14.6 厘米。半葉九行，行二十字，白口，左右雙邊。山西博物院藏。

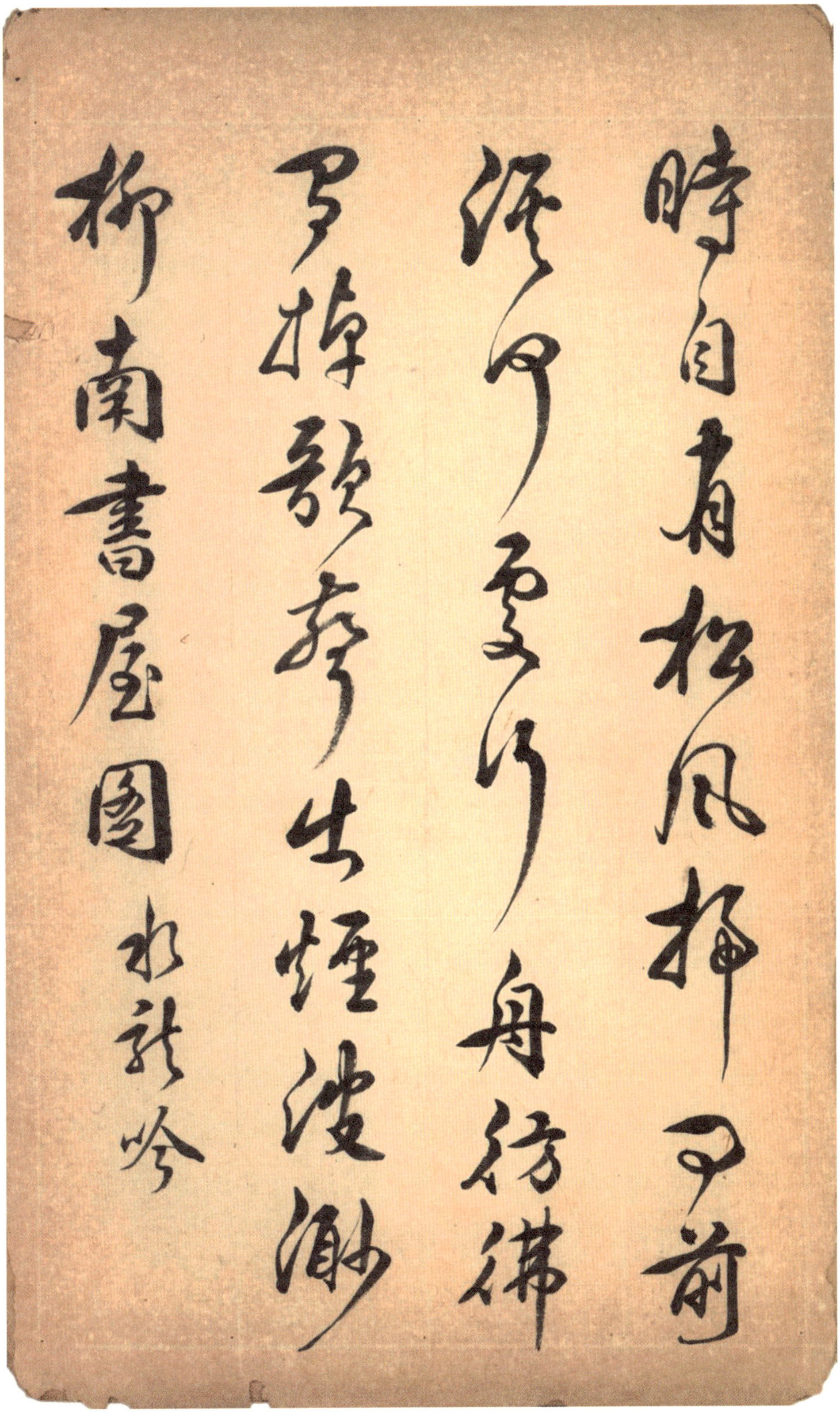

00284 晉祠全景序晉祠八景詩　（清）楊二酉撰 清乾隆四十二年（1777 年）稿本

經折裝。半葉四行，行字不等。鈐“二酉之印”等印。太谷縣圖書館藏。

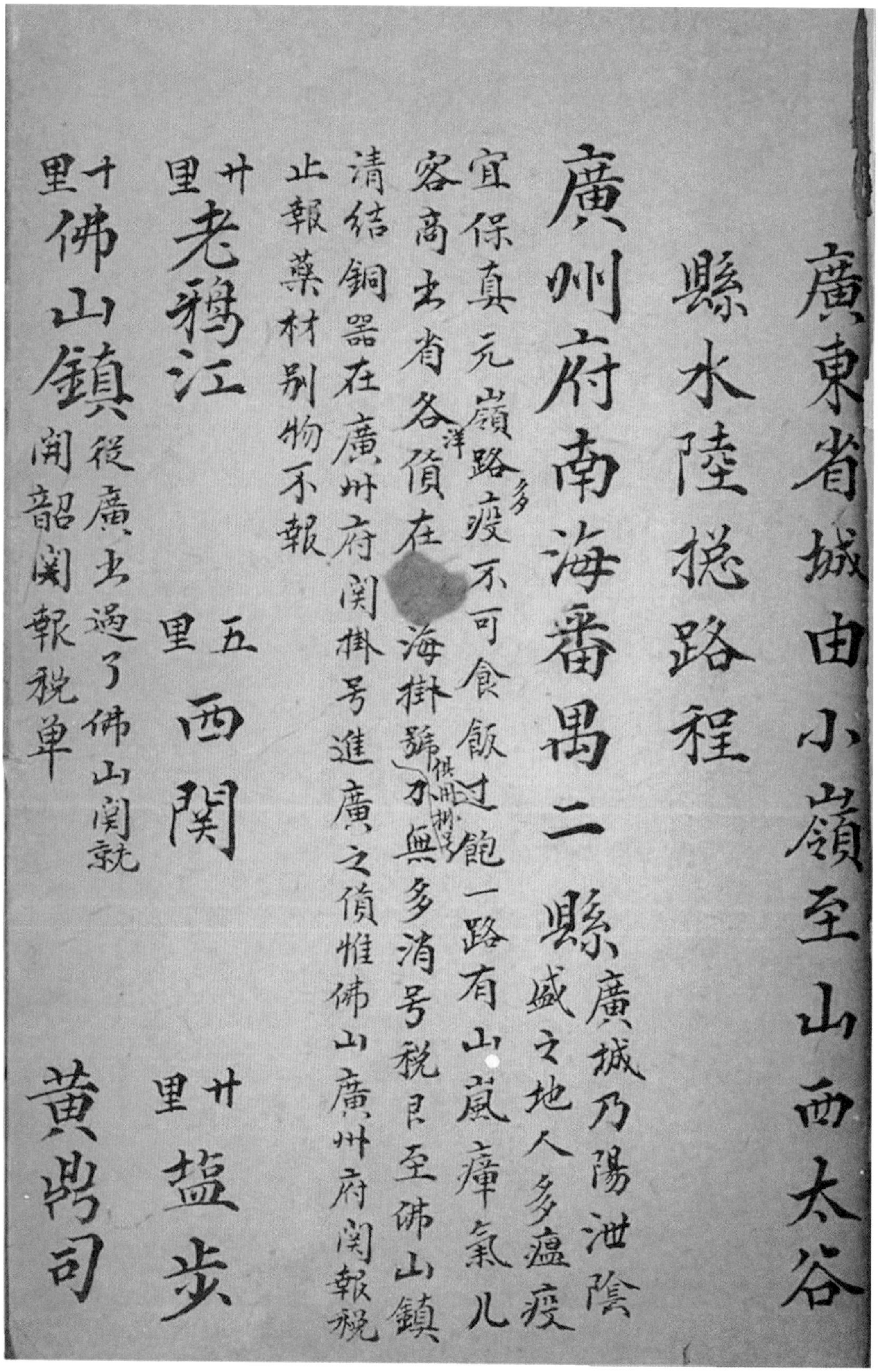
廣東省城由小嶺至山西太谷
縣水陸揔路程
廣州府南海番禺二縣廣城乃陽泄陰盛之地人多瘟疫
宜保真元嶺路疫不可食飯过飽一路有山嵐瘴氣几
客商出省各貨在海掛號無多消号税艮至佛山鎮
清結銅器在廣州府関掛号進廣之貨惟佛山廣州府関報税
止報藥材别物不報
廿里老鴉江　五里西関　廿里盐步
十里佛山鎮從廣出過了佛山関就開韶関報税單　黄崗司

00285　[太谷至廣東江西等地經商線路及沿路氣候風俗稿一卷]　清抄本
綫裝。半葉七行，行字不等，小字雙行，行字不等。太谷縣圖書館藏。

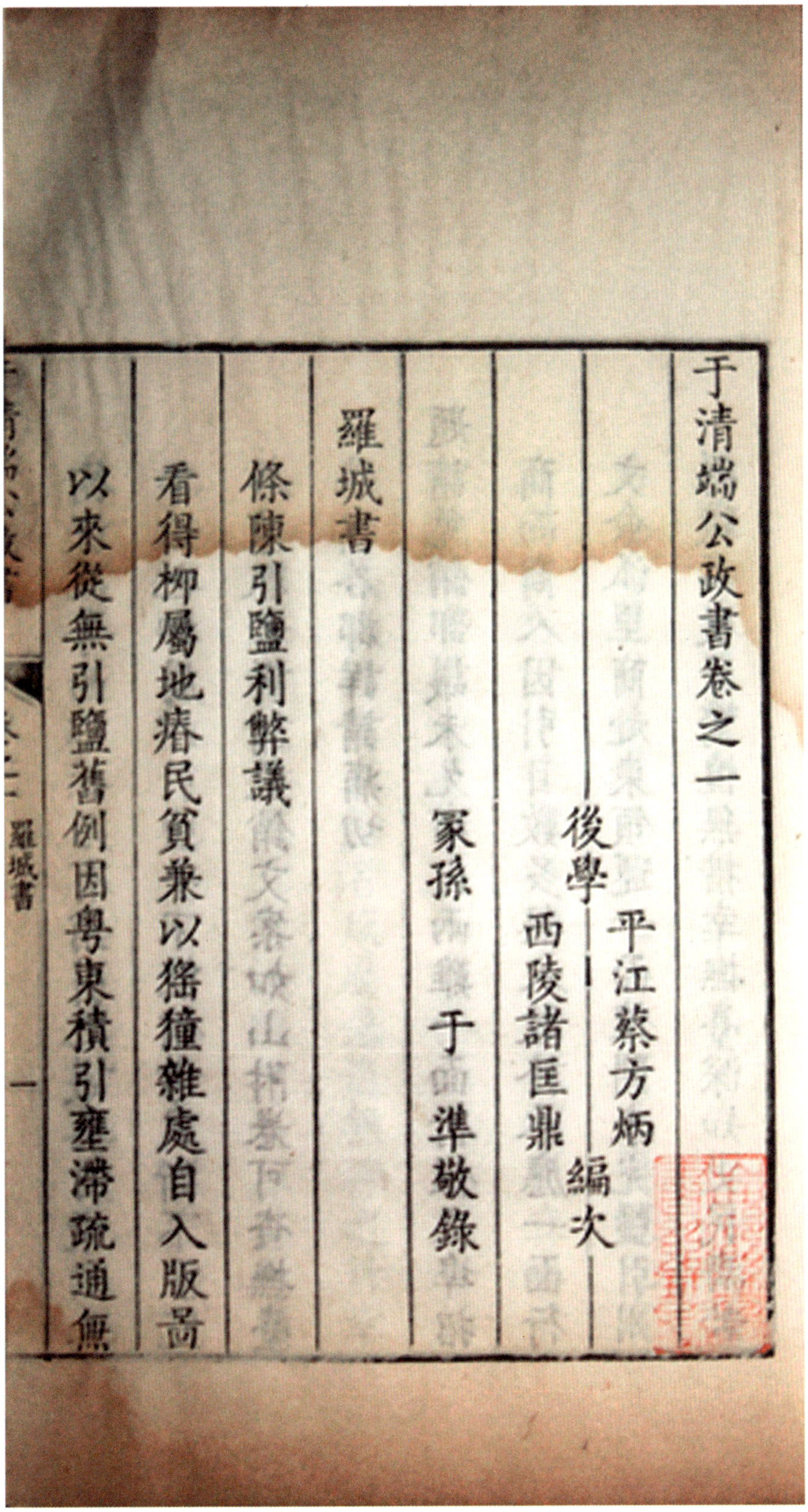

00286 于清端公政書八卷續集一卷外集一卷首編一卷　（清）于成龍撰 蔡方炳等編

清乾隆二十六年（1761）刻本

綫裝。匡高 17.6 厘米，廣 13.3 厘米。半葉八行，行二十字，白口，四周單邊。祁縣圖書館藏。

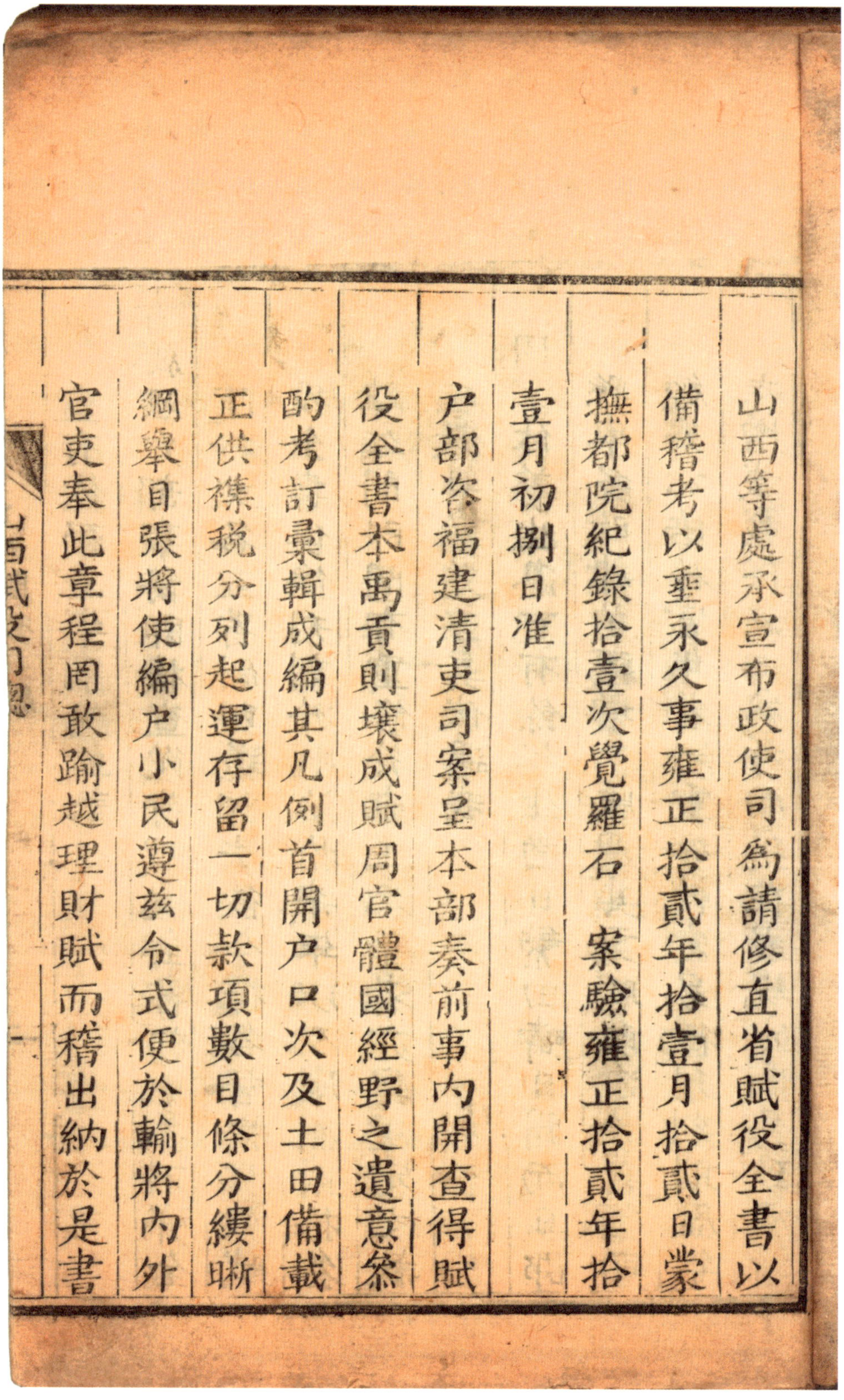
山西等處承宣布政使司爲請修直省賦役全書以
備稽考以垂永久事雍正拾貳年拾壹月拾貳日蒙
撫都院紀錄拾壹次覺羅石　案驗雍正拾貳年拾
壹月初捌日准
户部咨福建清吏司案呈本部奏前事内開查得賦
役全書本禹貢則壤成賦周官體國經野之遺意叅
酌考訂彙輯成編其凡例首開户口次及土田備載
正供襍税分列起運存留一切款項數目條分縷晰
綱舉目張將使編户小民遵兹令式便於輸將内外
官吏奉此章程罔敢踰越理財賦而稽出納於是書

00287　［雍正］山西賦役全書一百二十五卷　（清）覺羅石麟等纂修　清雍正十三年（1735）山西布政使司刻本

綫裝。匡高 21.7 厘米，廣 16.8 厘米。半葉十行，行二十二字，白口，四周雙邊。山西大學圖書館藏。

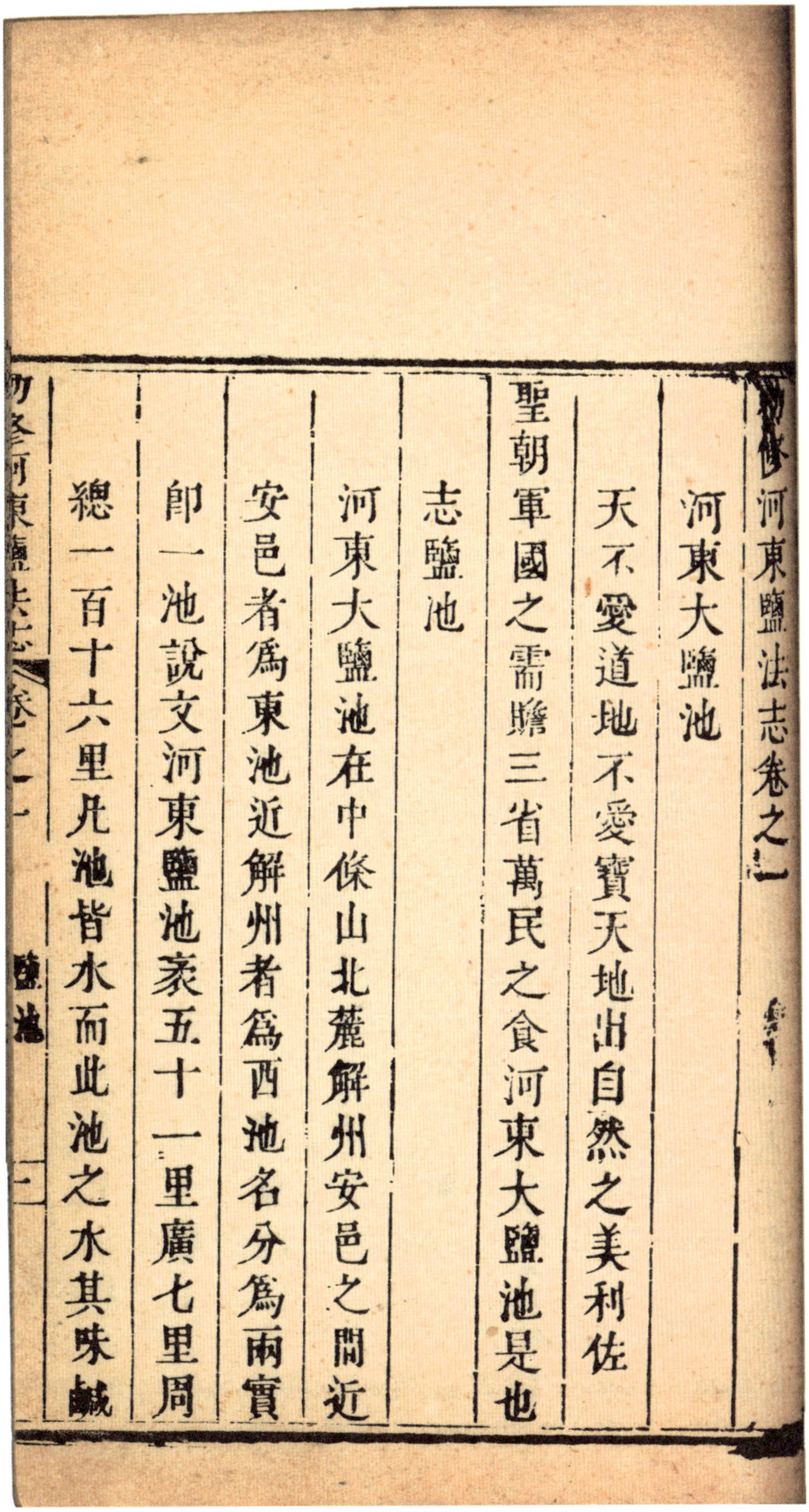

勑修河東鹽法志卷之一

河東大鹽池

天不愛道地不愛寶天地出自然之美利佐
聖朝軍國之需贍三省萬民之食河東大鹽池是也

志鹽池

河東大鹽池在中條山北麓解州安邑之間近
安邑者爲東池近解州者爲西池名分爲兩實
即一池說文河東鹽池袤五十一里廣七里周
總一百十六里凡池皆水而此池之水其味鹹

勑修河東鹽法志　卷之一　鹽池　三

00288 敕修河東鹽法志十二卷　（清）覺羅石麟等纂修　清雍正五年（1727）刻本

綫裝。匡高 19.5 厘米，廣 14 厘米。半葉九行，行二十字，白口，四周雙邊。山西大學圖書館藏。

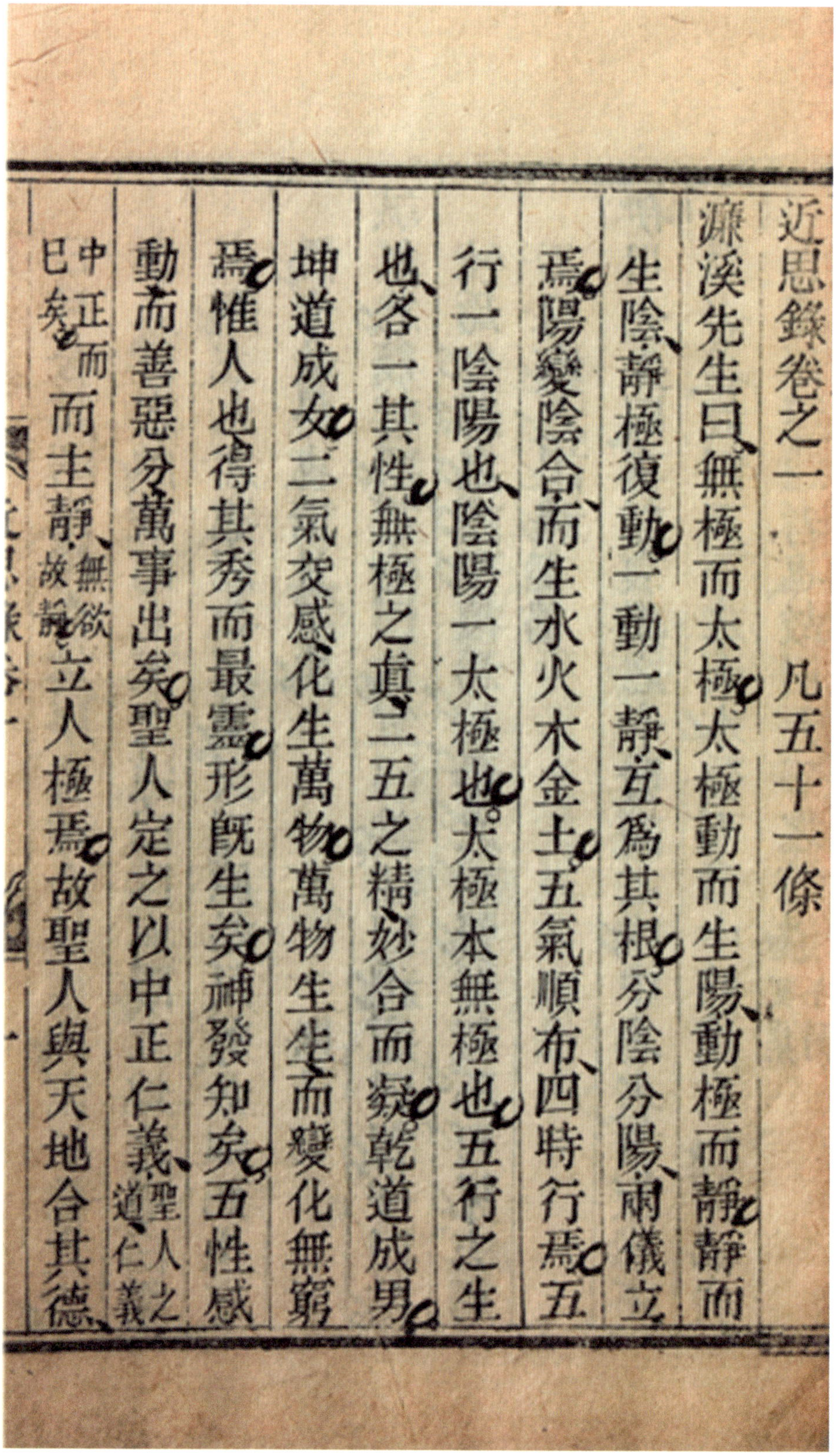
近思錄卷之一　凡五十一條
濂溪先生曰無極而太極太極動而生陽動極而靜靜而
生陰靜極復動一動一靜互爲其根分陰分陽兩儀立
焉陽變陰合而生水火木金土五氣順布四時行焉五
行一陰陽也陰陽一太極也太極本無極也五行之生
也各一其性無極之真二五之精妙合而凝乾道成男
坤道成女二氣交感化生萬物萬物生生而變化無窮
焉惟人也得其秀而最靈形既生矣神發知矣五性感
動而善惡分萬事出矣聖人定之以中正仁義聖人之道仁義
中正而已矣而主靜無欲故靜立人極焉故聖人與天地合其德

00289 近思錄十四卷　（宋）朱熹撰　（清）令狐亦岱輯　清刻本　猗氏方麓書院藏板

线装。匡高 17.5 厘米，廣 12.5 厘米。半葉十行，行二十二字，白口，四周單邊。有“猗氏方麓書院藏板”牌記。臨猗縣圖書館藏。

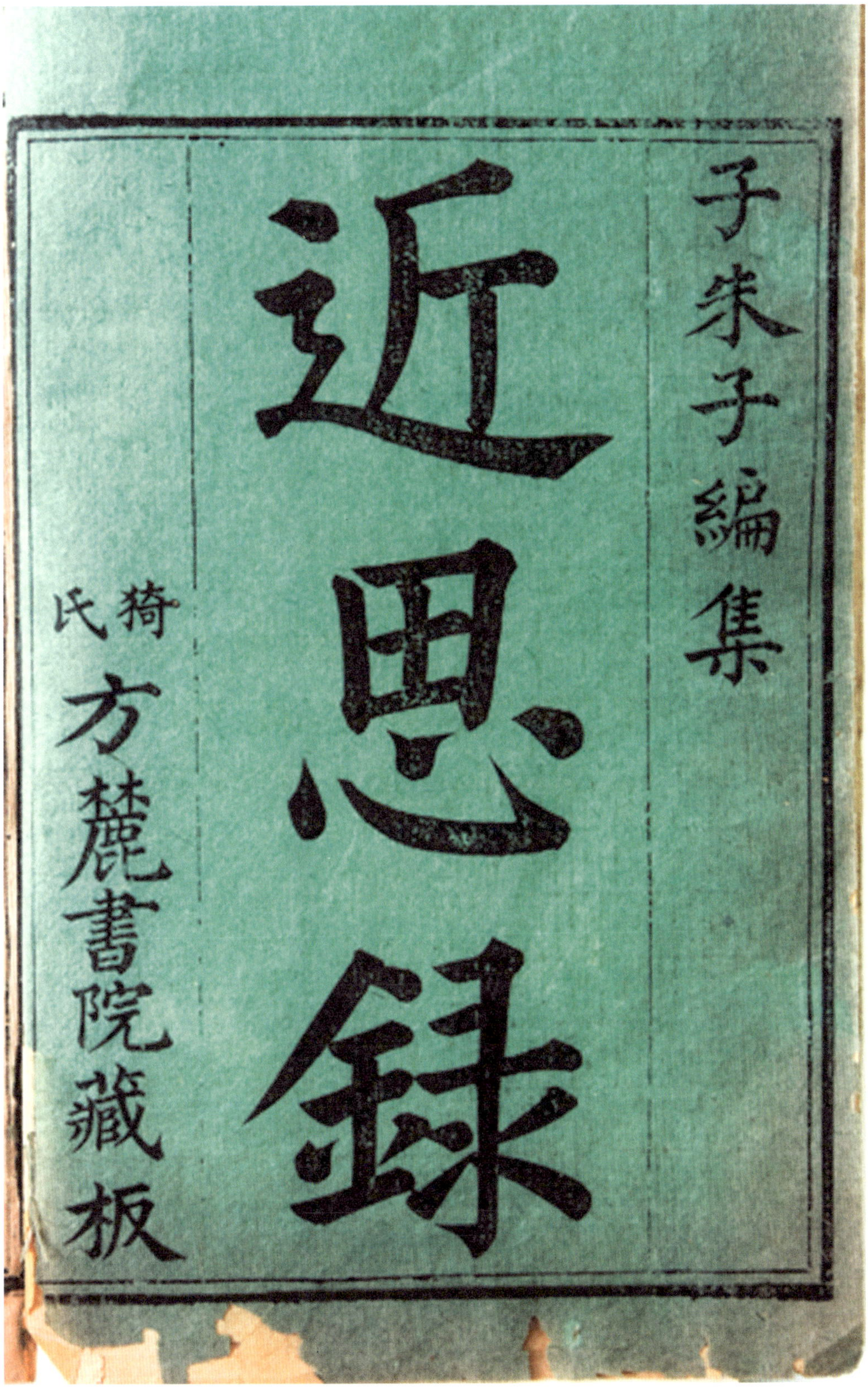
子朱子編集
近思録
猗氏
方麓書院藏板

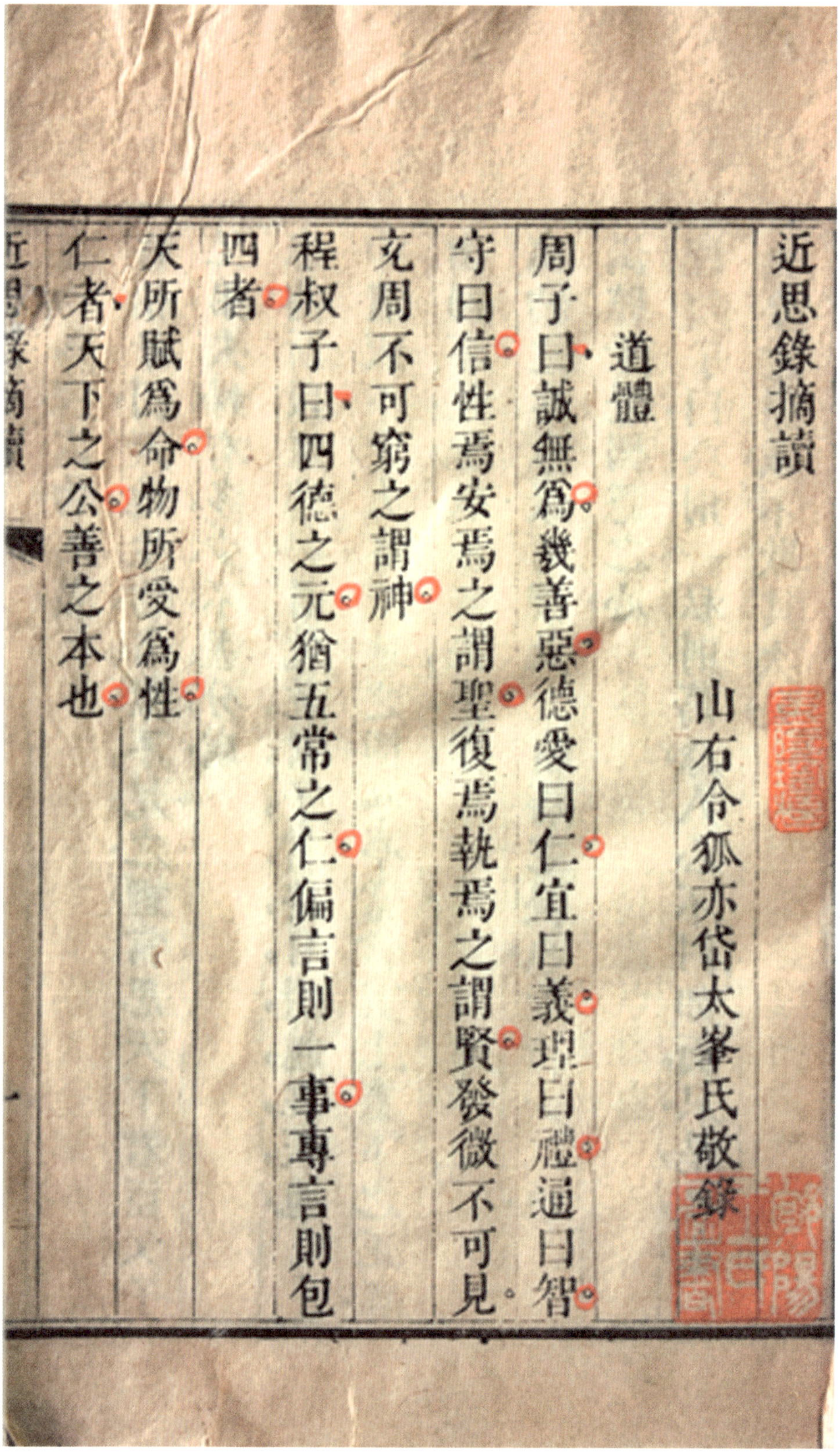

00290 近思錄摘讀一卷　（清）令狐亦岱錄　清乾隆三十二年（1767）刻本　五雲藏板

綫裝。匡高 19.5 厘米，廣 14 厘米。半葉十行，行二十二字，白口，四周雙邊。鈐“郇陽王氏藏書”等印。臨猗縣圖書館藏。

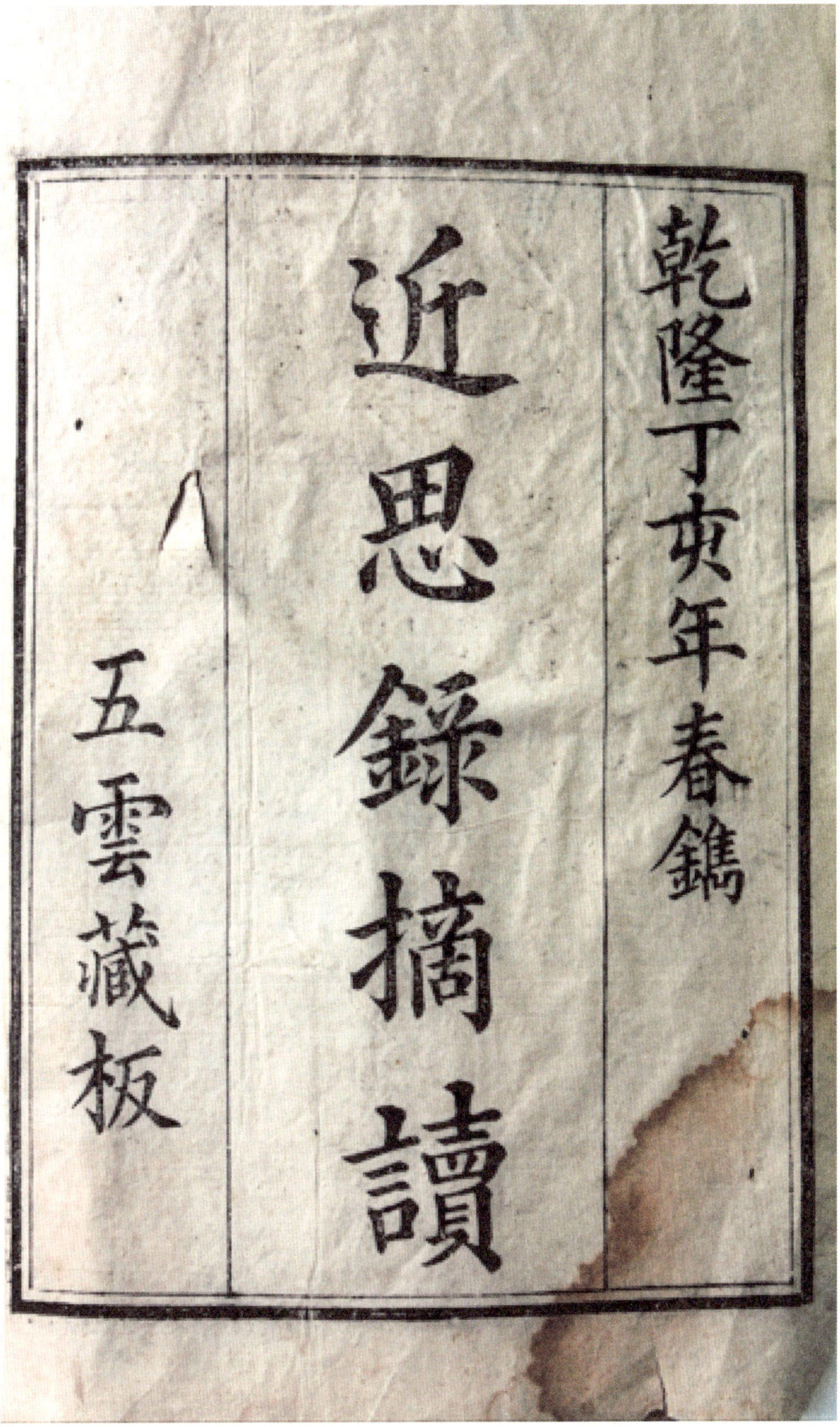

乾隆丁亥年春鐫

近思錄摘讀

五雲藏板

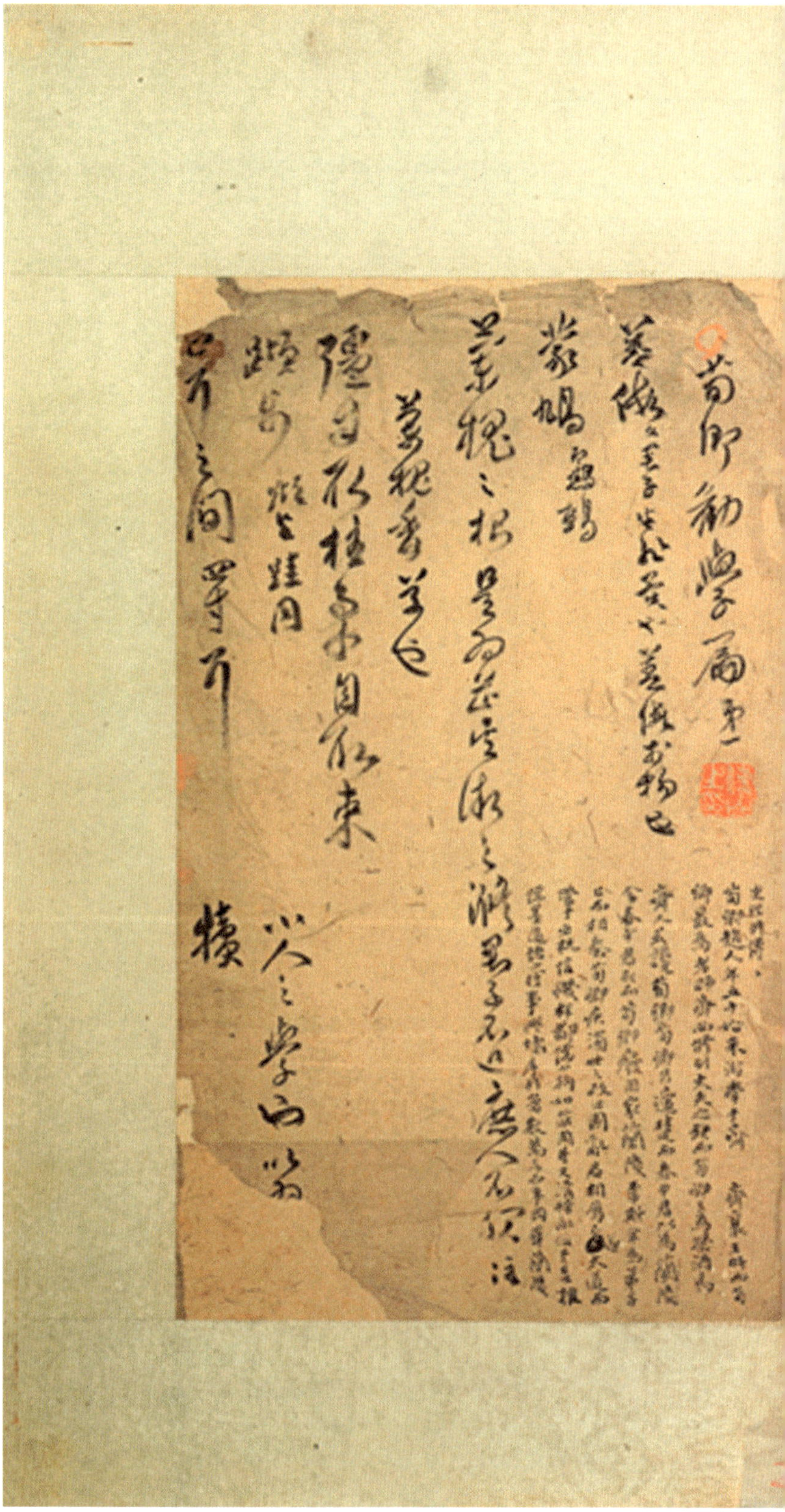

00291 荀子評注三十二卷　（清）傅山撰　稿本

綫裝。匡高 32 厘米，廣 18.5 厘米。半葉十二行至十五行不等，行字不等。鈐“傅山之印”。山西博物院藏。

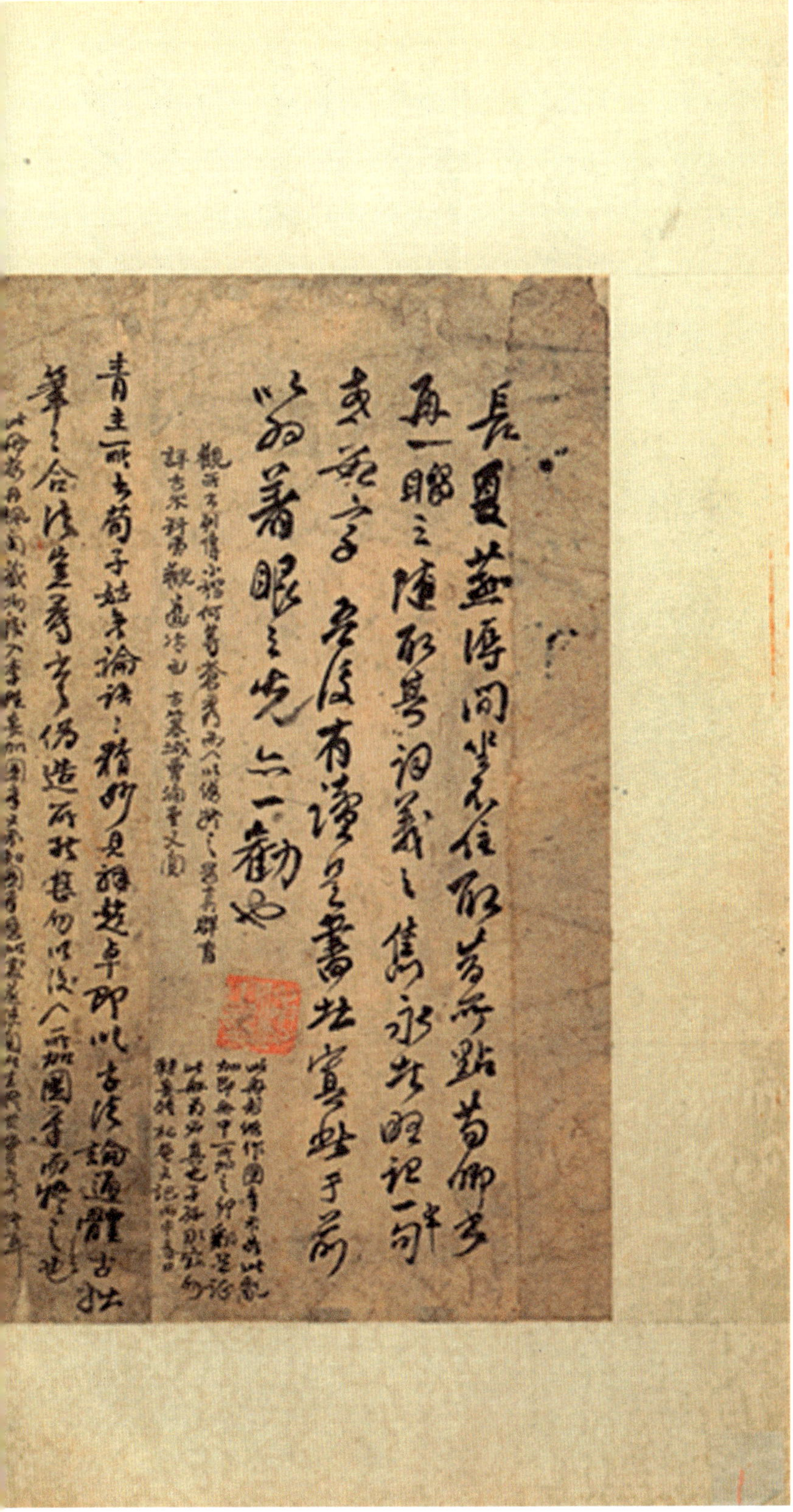

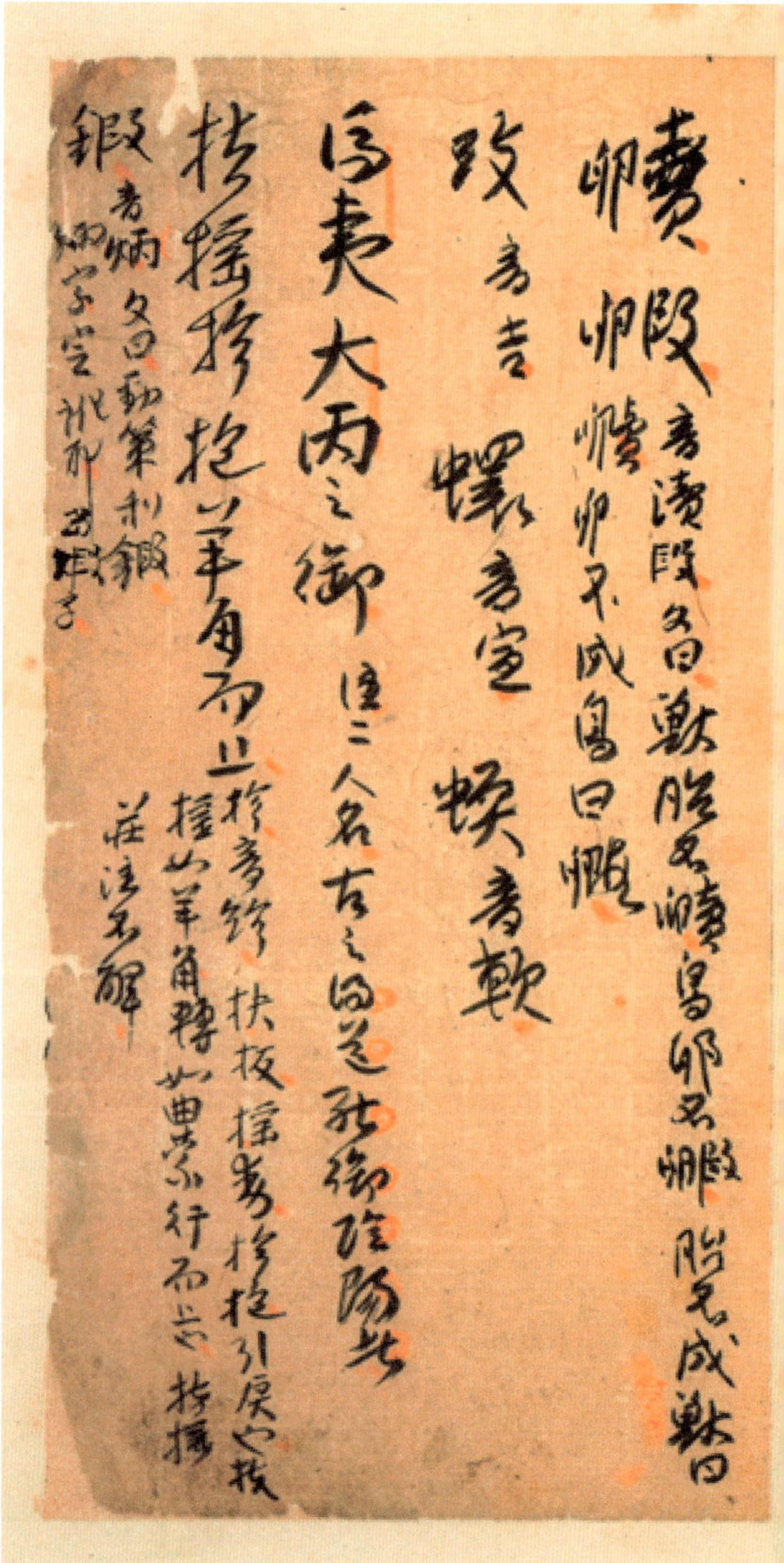

00292 淮南子評注不分卷　（清）傅山撰　稿本

綫裝。匡高 21 厘米，廣 10.3 厘米。半葉十二行至十五行不等，行字不等。鈐“傅山之印”。山西博物院藏。

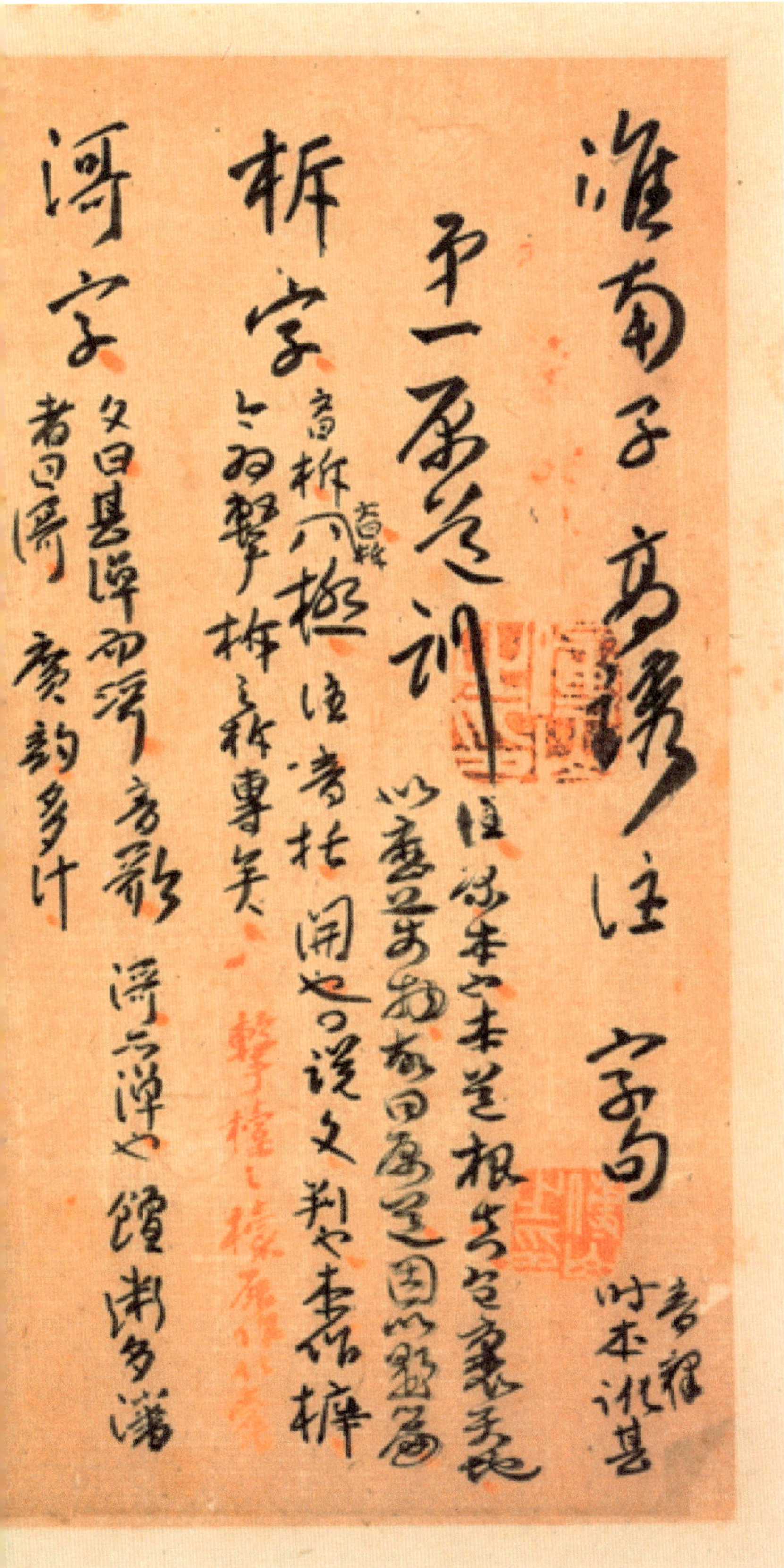

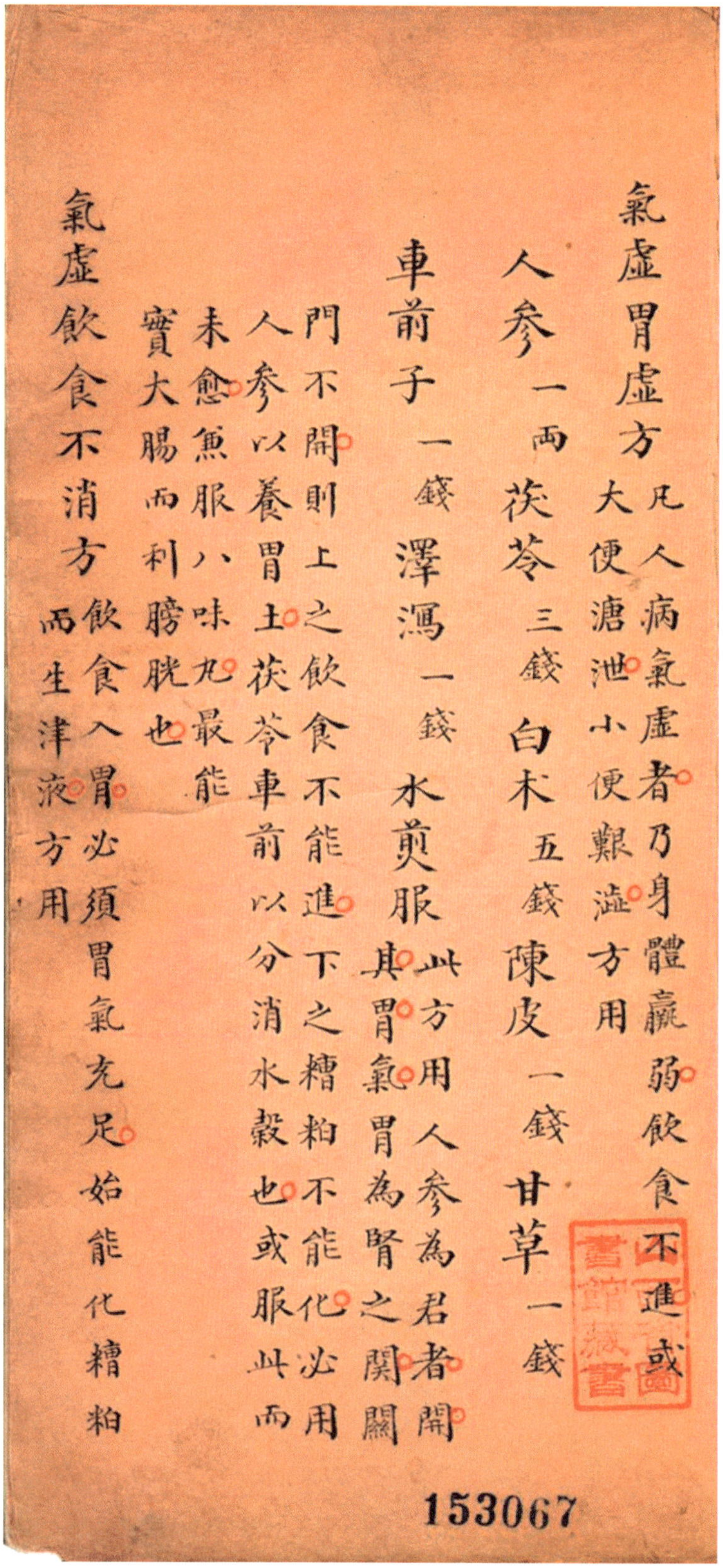

氣虛胃虛方凡人病氣虛者乃身體羸弱飲食不進或大便溏泄小便艱澁方用

人參一兩　茯苓三錢　白朮五錢　陳皮一錢　甘草一錢

車前子一錢　澤瀉一錢　水煎服此方用人參為君者開其胃氣胃為腎之關關門不開則上之飲食不能進下之糟粕不能化必用人參以養胃土茯苓車前以分消水穀也或服此而未愈無服八味丸最能實大腸而利膀胱也

氣虛飲食不消方飲食入胃必須胃氣充足始能化糟粕而生津液方用

00293 大小諸證方論不分卷　（清）傅山撰　清抄本

綫裝。半葉六行，行二十二字，小字雙行，行字同。山西省圖書館藏。

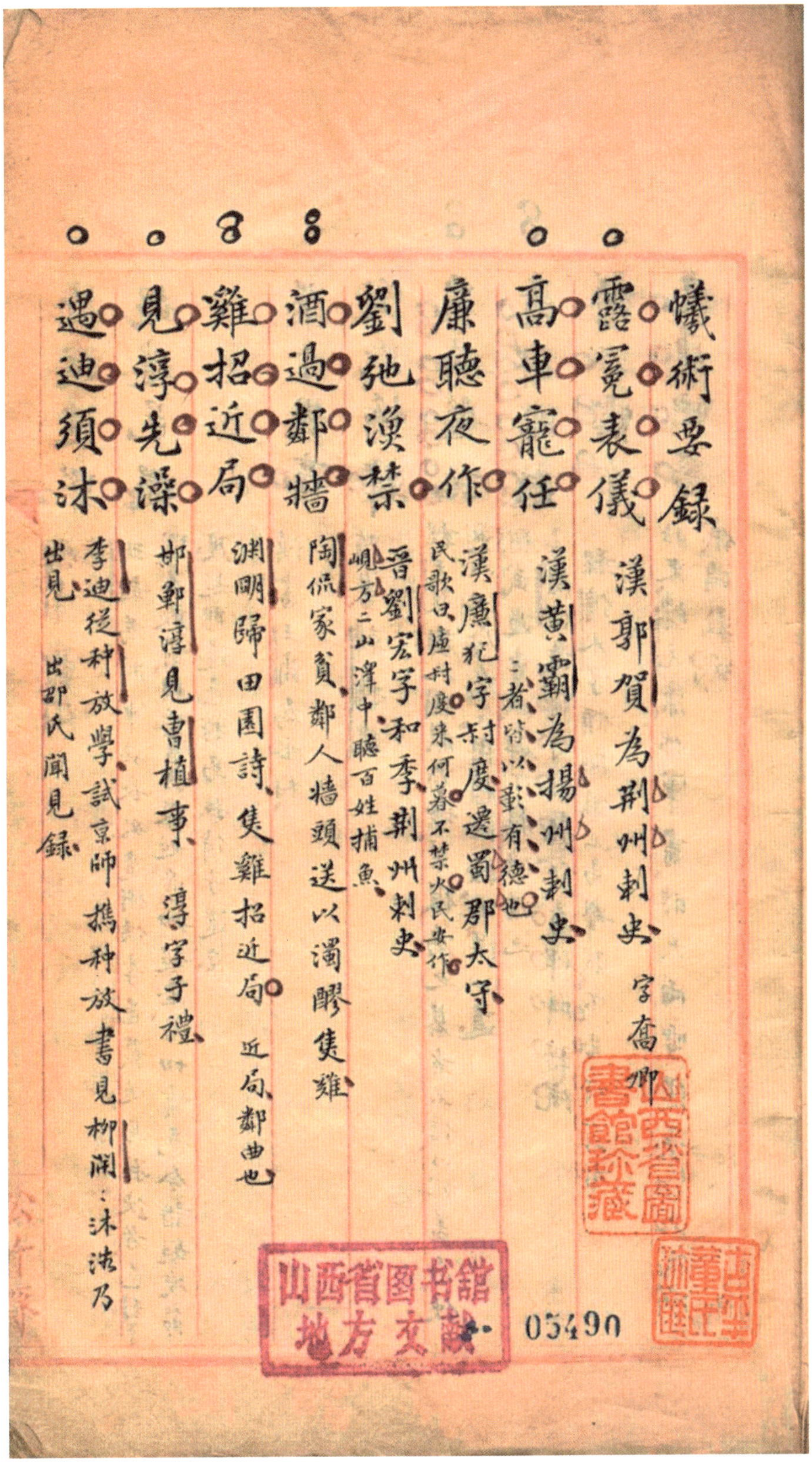
巇術要録
露冕表儀
高車寵任
廉聽夜作
劉弛漢禁
酒過鄰牆
雞招近局
見淳先澡
遇迪須沐
漢郭賀為荊州刺史 字喬卿
漢黃霸為揚州刺史 二者皆以彰有德也
漢廉犯字叔度遷蜀郡太守 民歌曰廉叔度來何暮不禁火民安作
晉劉宏字和季荊州刺史 峴方二山潭中聽百姓捕魚
陶侃家貧鄰人牆頭送以濁醪隻雞
淵明歸田園詩隻雞招近局 近局鄰曲也
邯鄲淳見書植事 淳字子禮
李迪從种放學試京師攜种放書見柳開 開沐浴乃出見 出邵氏聞見録
山西省圖書館珍藏
山西省图书館地方文獻
05490

00294 巇術要錄不分卷　（清）董文煥抄 清咸豐十年（1860）抄本

綫裝。匡高 18.7 厘米，廣 12.5 厘米。半葉九行，行字不等，小字雙行，行字不等，白口，四周雙邊。書皮題“巇術錄要”。山西省圖書館藏。

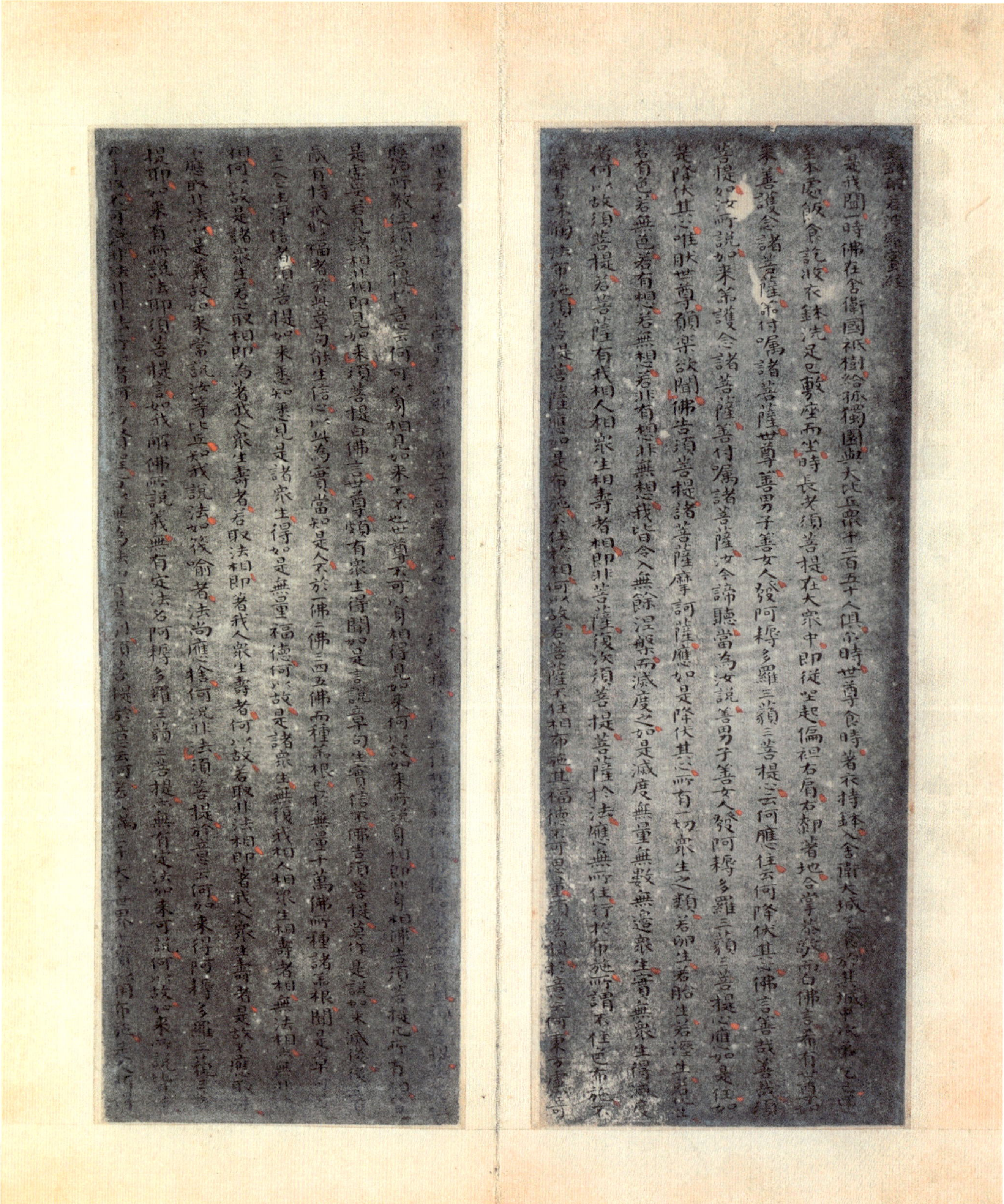

00295 金剛般若波羅蜜經　（後秦）釋鳩摩羅什譯　清順治十一年（1654）傅山寫本

經折裝。匡高 24.5 厘米，廣 9.5 厘米。太谷縣圖書館藏。

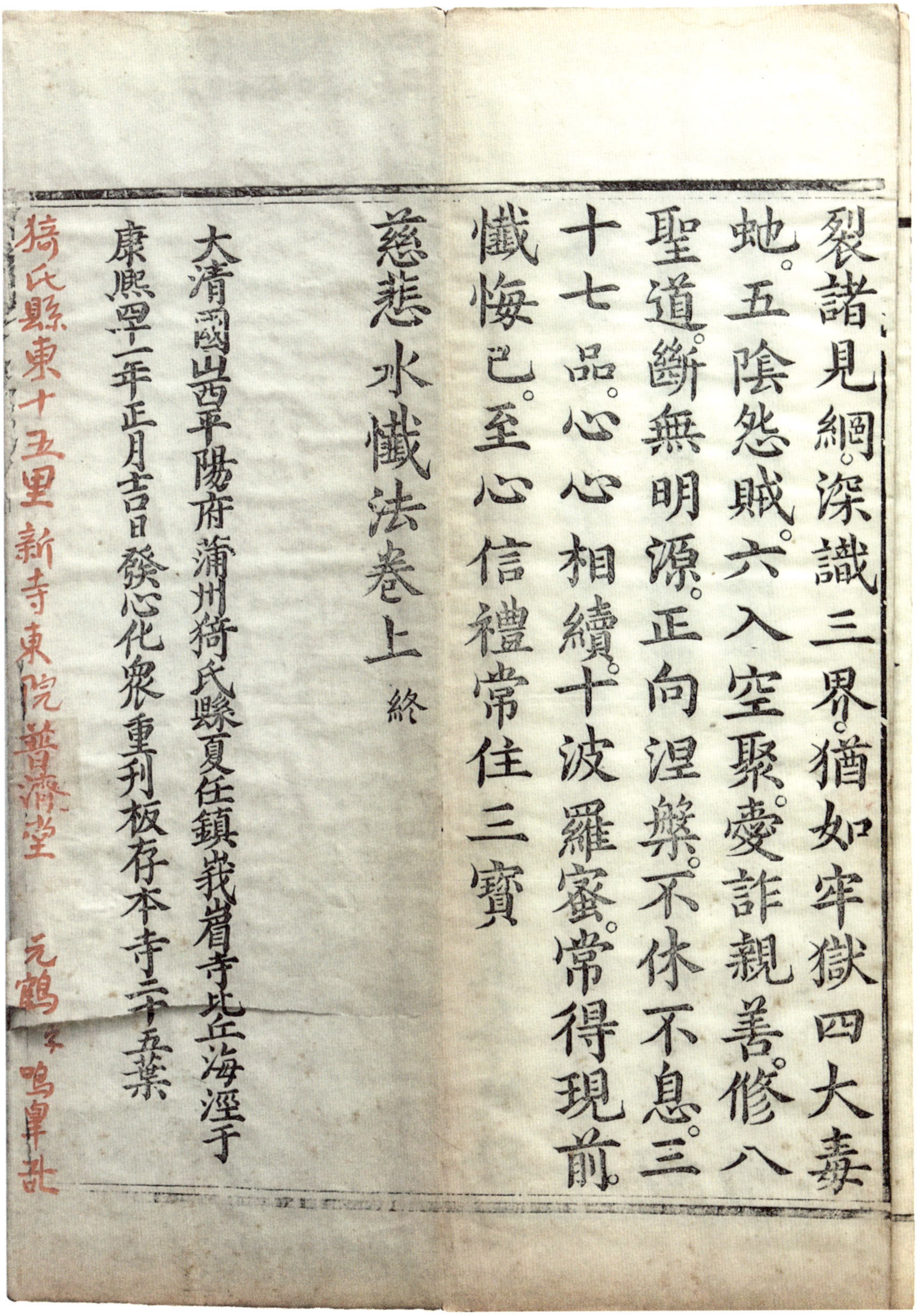
裂諸見網。深識三界。猶如牢獄四大毒
虵。五陰怨賊。六入空聚。愛詐親善。修八
聖道。斷無明源。正向涅槃。不休不息。三
十七品。心心相續。十波羅蜜。常得現前。
懺悔已。至心信禮常住三寶
慈悲水懺法卷上　終
大清國山西平陽府蒲州猗氏縣夏任鎮峩嵋寺比丘海涇于
康熙四十一年正月吉日發心化衆重刋板存本寺二十五葉
猗氏縣東十五里新寺東院普濟堂　元鶴字鳴皐誌

00296 慈悲三昧水懺法三卷　清康熙四十一年（1702）平陽府蒲州猗氏夏任鎮峨嵋寺刻本
經折裝。匡高 28 厘米，廣 12 厘米。半葉五行，行十五字，白口，上下雙邊。書皮題“慈悲三昧水懺”。臨猗縣圖書館藏。

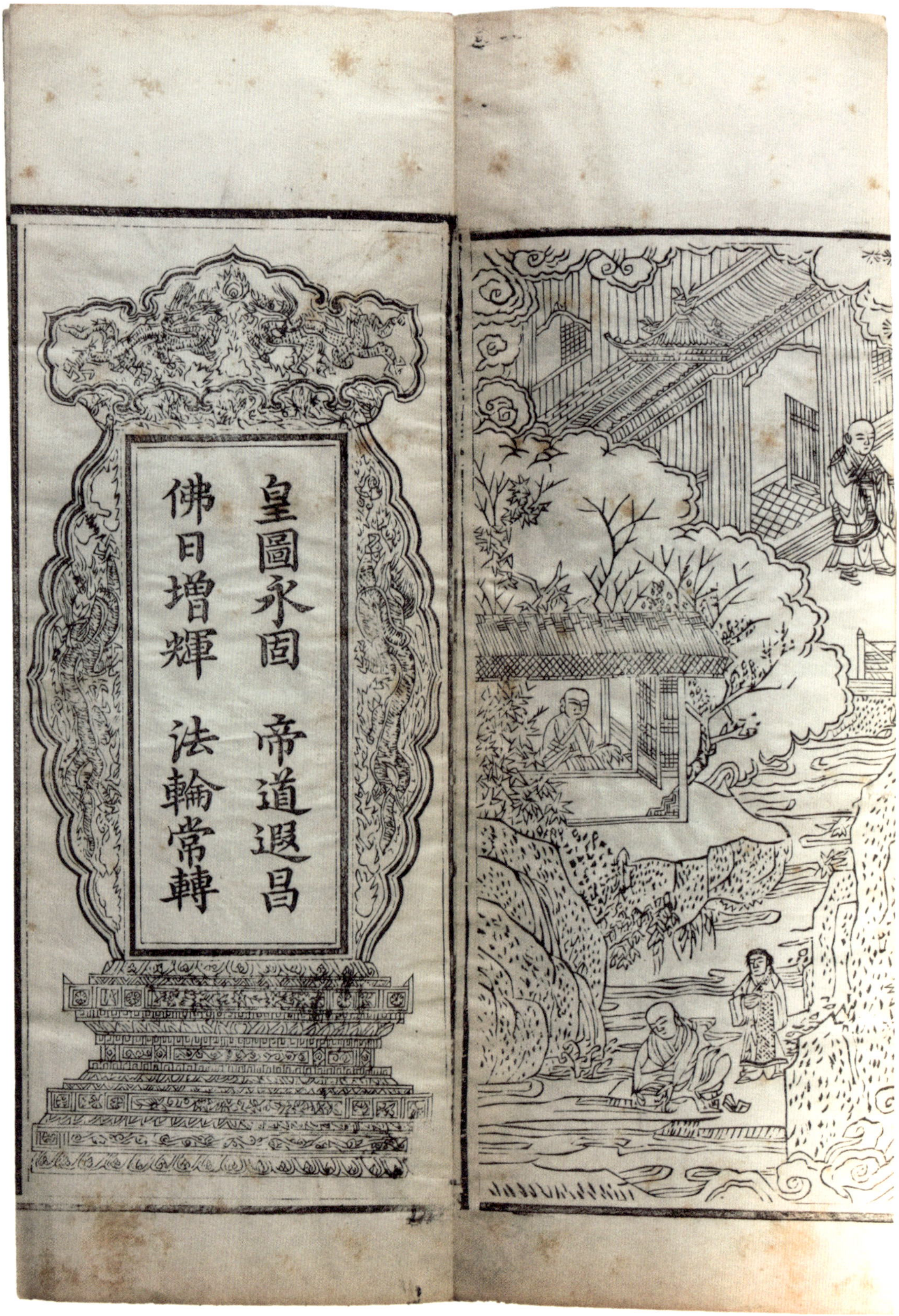
皇圖永固　帝道遐昌
佛日增輝　法輪常轉

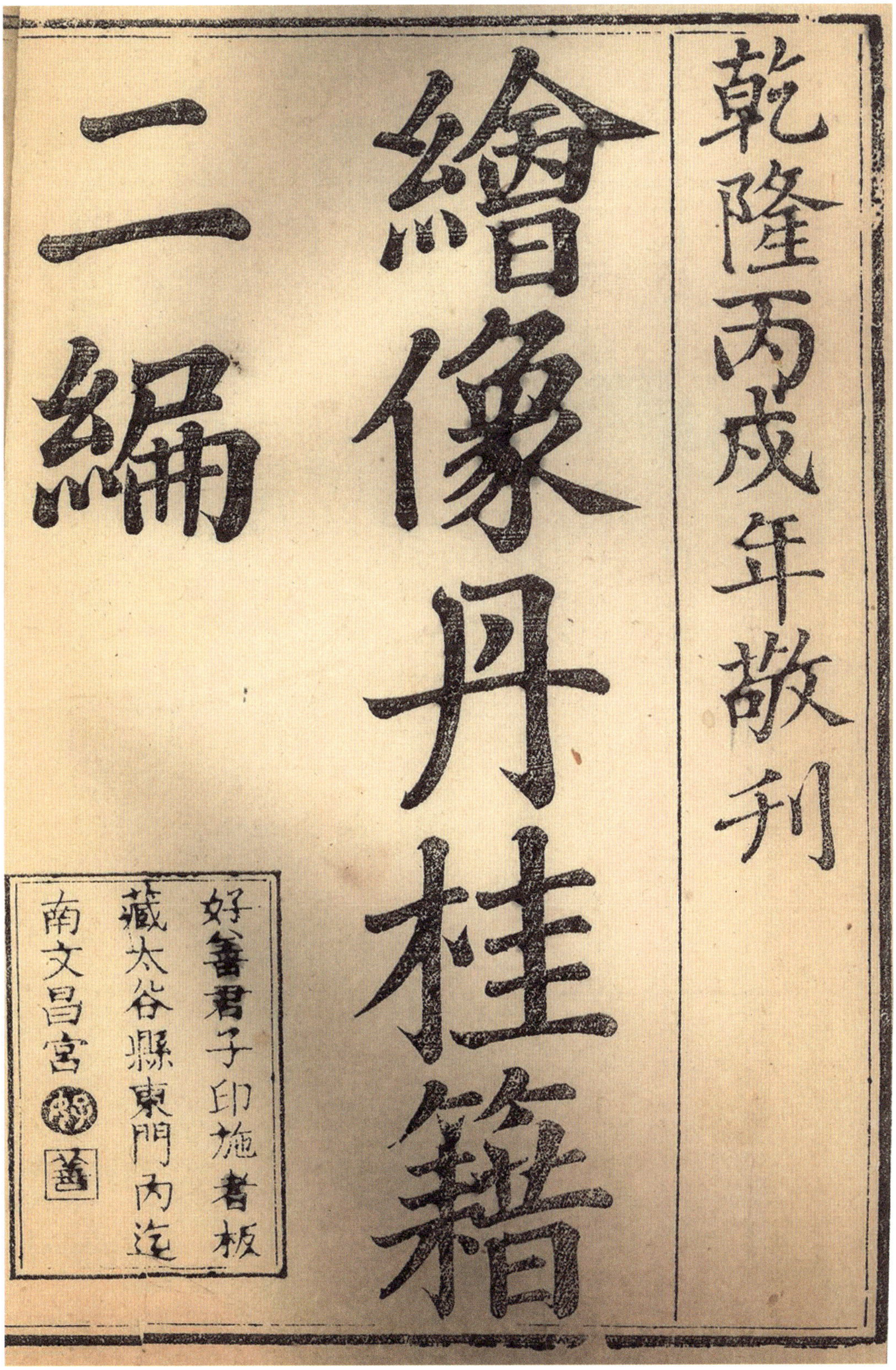
乾隆丙戌年敬刊
繪像丹桂籍
二編
好善君子印施書板
藏太谷縣東門內迤
南文昌宮

00297 繪像丹桂籍二編不分卷 清乾隆三十一年（1766）刻本 太谷縣文昌宮藏板

綫裝。匡高 20.4 厘米，廣 15.2 厘米。半葉九行，行二十字，白口，四周雙邊。太谷縣圖書館藏。

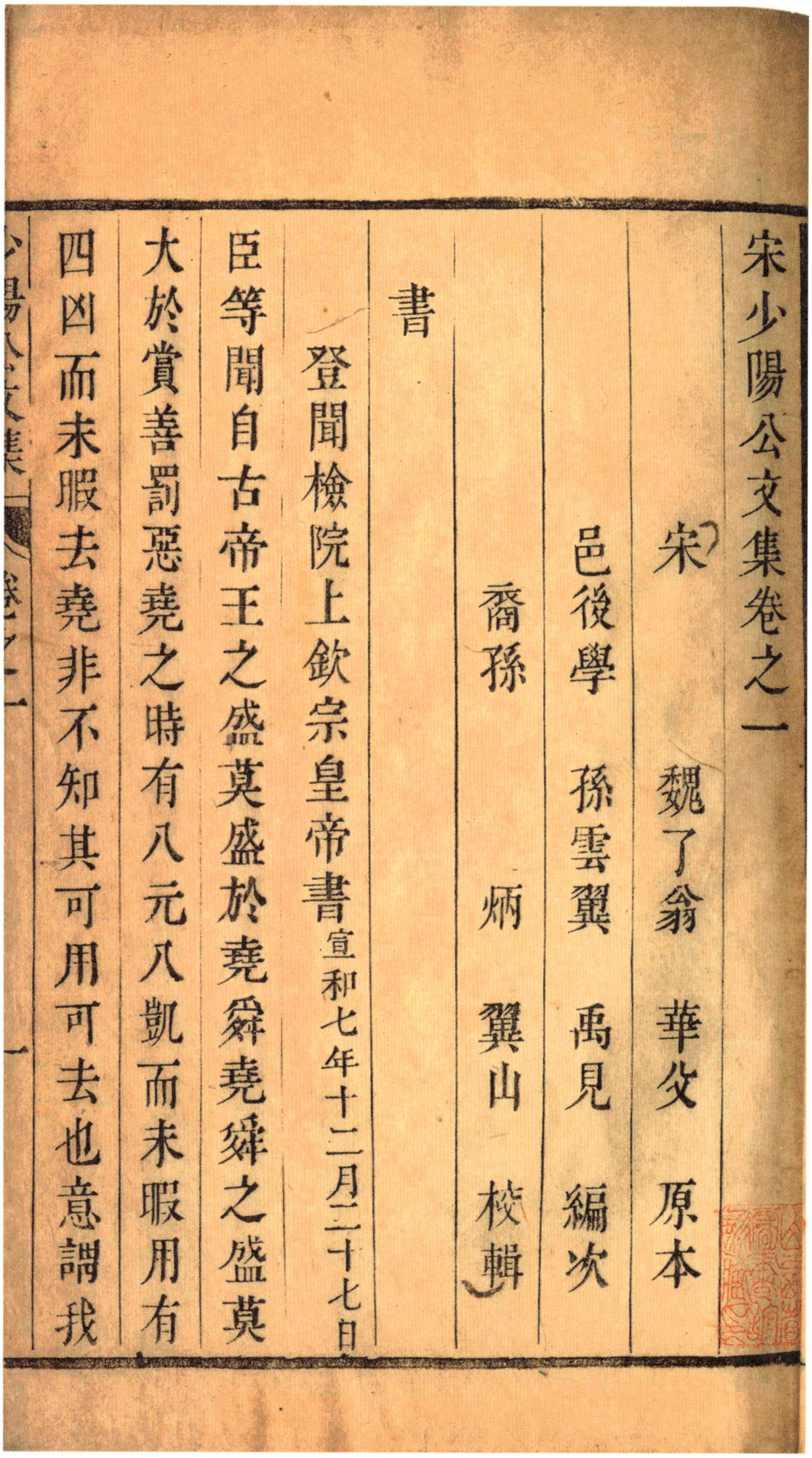

宋少陽公文集卷之一
宋　魏了翁　華父　原本
邑後學　孫雲翼　禹見　編次
裔孫　炳　翼山　校輯
書
登聞檢院上欽宗皇帝書宣和七年十二月二十七日
臣等聞自古帝王之盛莫盛於堯舜堯舜之盛莫
大於賞善罰惡堯之時有八元八凱而未暇用有
四凶而未暇去堯非不知其可用可去也意謂我
少陽公文集　卷之一　一

00298 宋少陽公文集十卷　（宋）陳東撰　清雍正十一年（1733）活字印本

綫裝。匡高 21.8 厘米，廣 15 厘米。半葉九行，行十九字，白口，四周單邊。山西省圖書館藏。

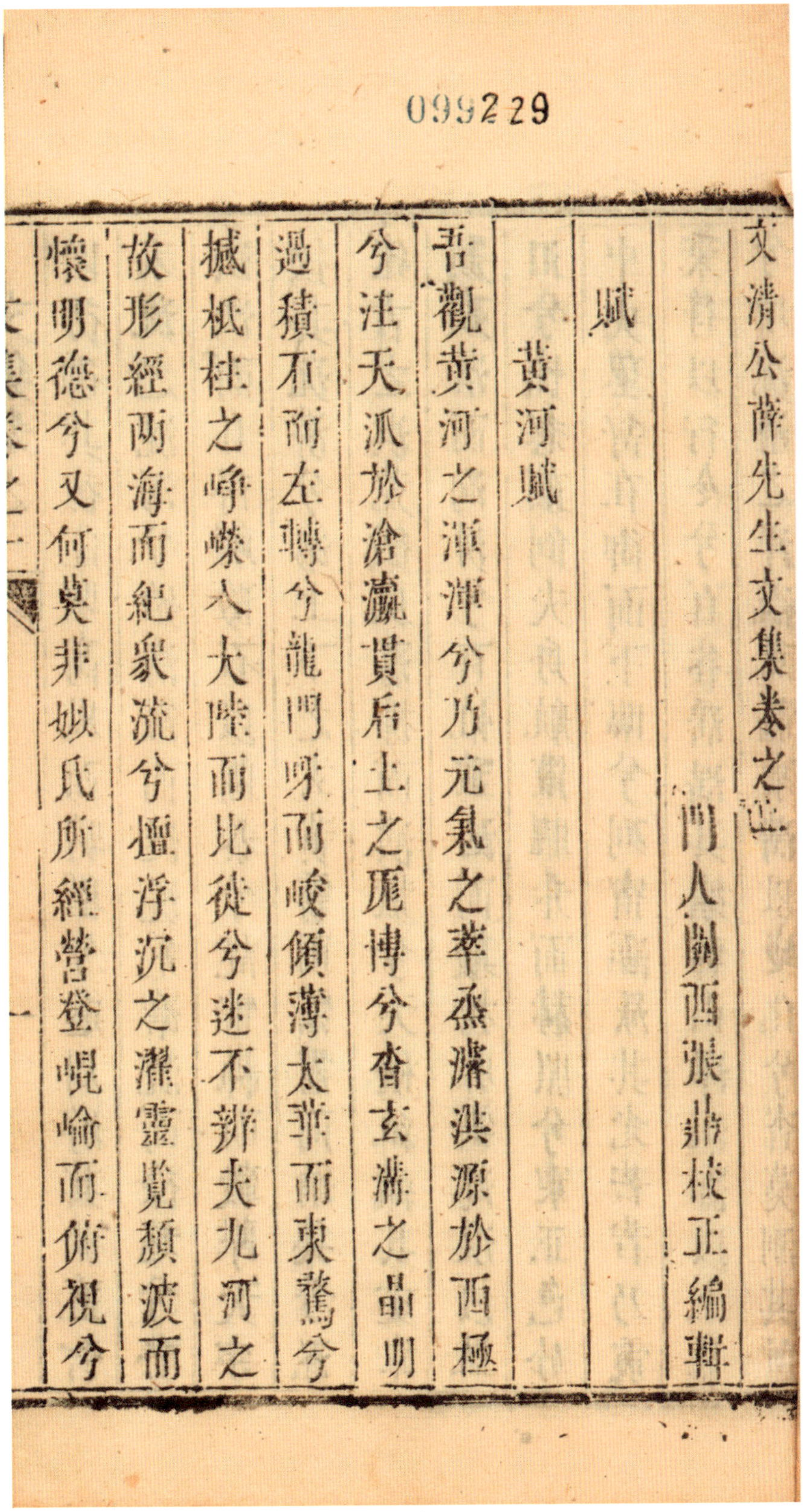
099229
文清公薛先生文集卷之二
門人關西張鼎校正編輯
賦
黃河賦
吾觀黃河之渾渾兮乃元氣之萃烝潴洪源於西極
兮注天派於滄瀛貫后土之厖博兮杳玄潾之晶明
過積石而左轉兮龍門呀而峻傾薄太華而東騖兮
撼砥柱之崢嶸入大陸而北徙兮迷不辨夫九河之
故形經兩海而紀衆流兮擅浮沉之灘靈覽頹波而
懷明德兮又何莫非姒氏所經營登崐崘而俯視兮
文集卷之二　一

00299 文清公薛先生文集二十四卷　（明）薛瑄撰　清雍正十二年（1734）河津薛氏刻本

綫裝。匡高 22 厘米，廣 13.5 厘米。半葉八行，行十六字，白口，四周雙邊。山西大學圖書館藏。

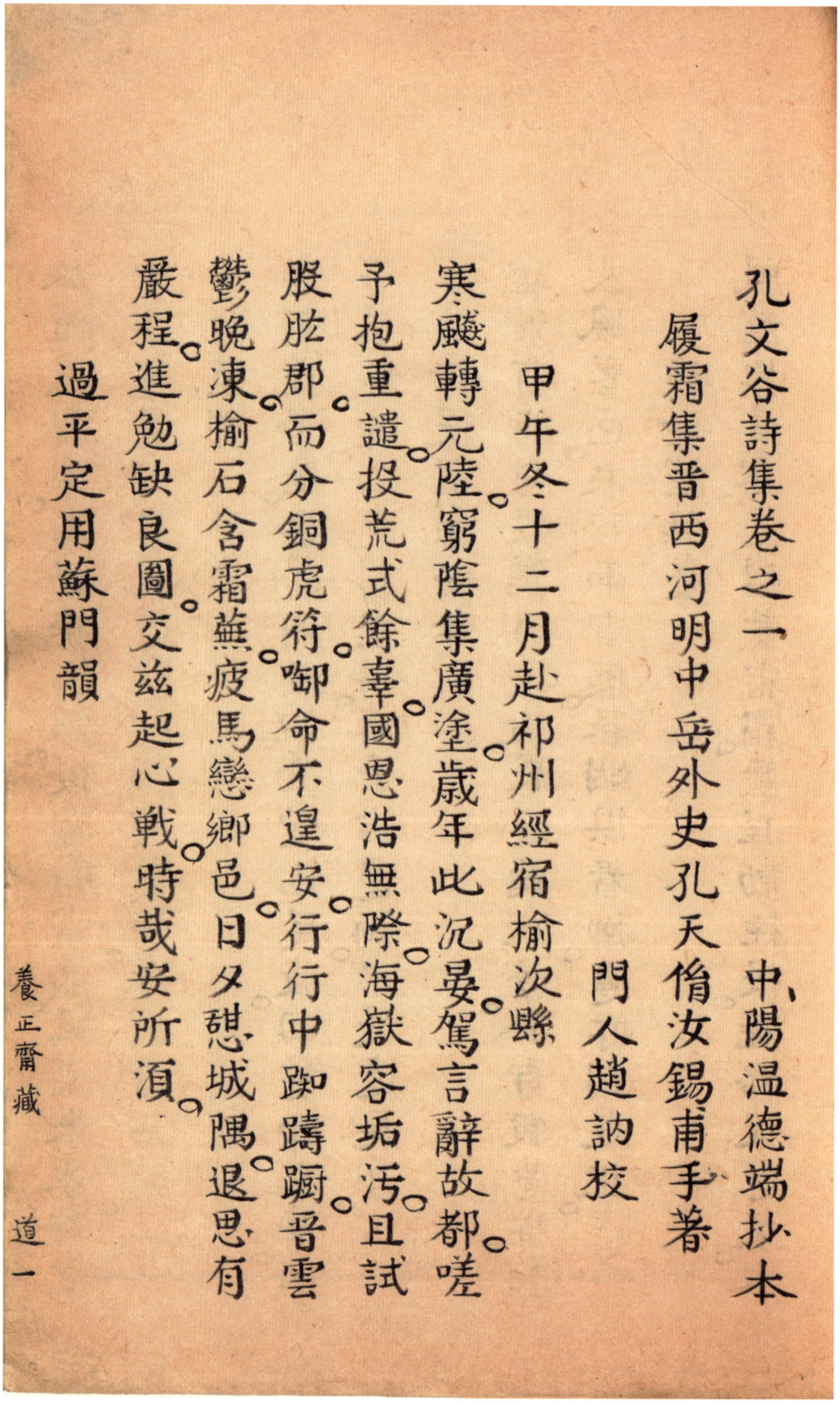

孔文谷詩集卷之一
中陽温德端抄本
履霜集晉西河明中岳外史孔天胤汝錫甫手著
門人趙訥校
甲午冬十二月赴祁州經宿榆次縣
寒飈轉元陸。窮隂集廣塗。歲年此況晏。駕言辭故都。嗟
予抱重譴。投荒式餘辜。國恩浩無際。海嶽容垢汙。且試
股肱郡。而分銅虎符。啣命不遑安。行行中踟躕。晉雲
鬱晚凍。榆石含霜蕪。疲馬戀鄉邑。日夕瞻城隅。退思有
嚴程。進勉缺良圖。交玆起心戰。時哉安所須。
過平定用蘇門韻
養正齋藏
道一

00300 孔文谷詩集四卷　（明）孔天胤撰　清乾隆三十九年（1774）中陽温德端抄本

綫裝。半葉十行，行二十一字。白口。山西大學圖書館藏。

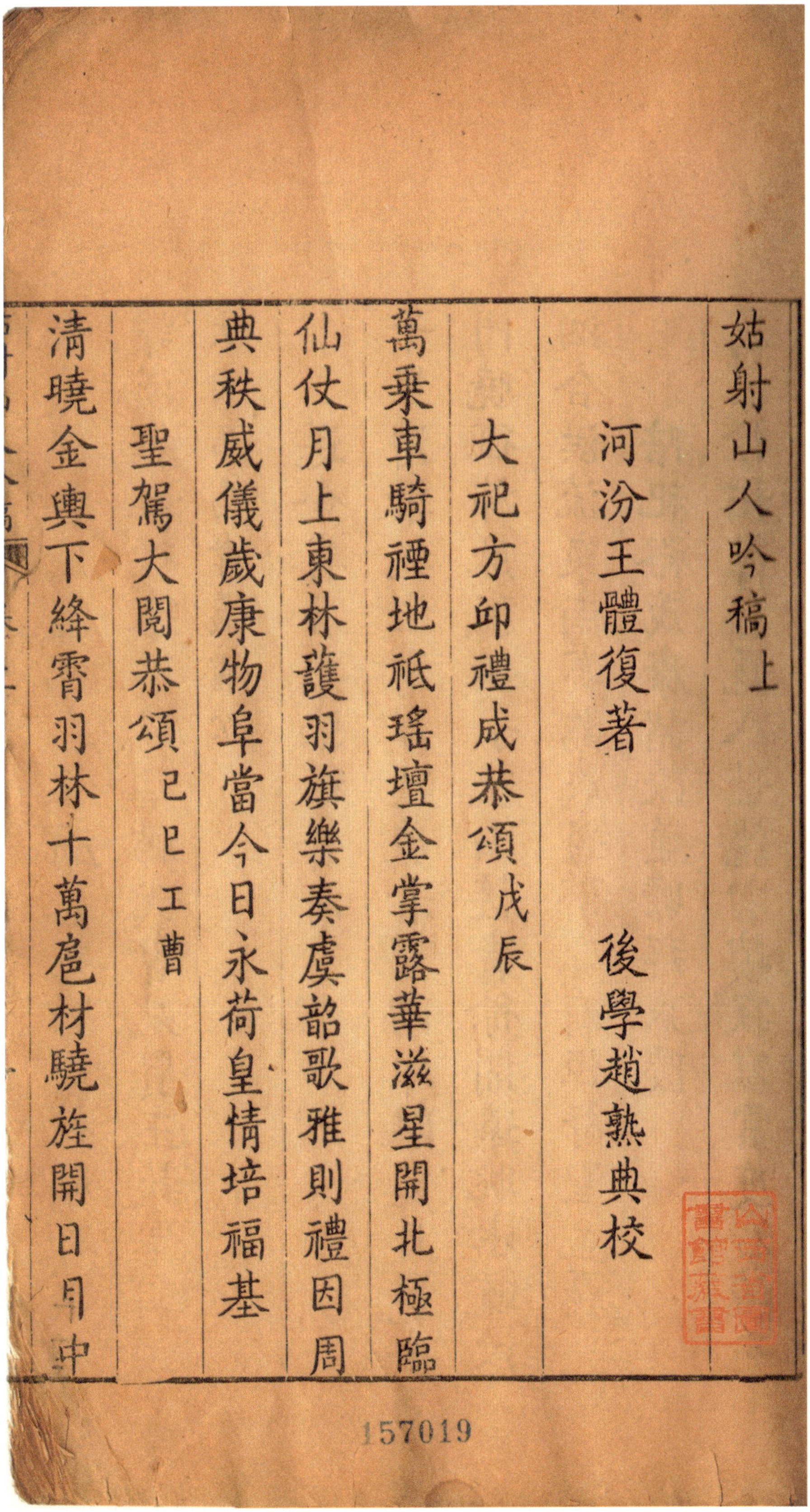

姑射山人吟稿上

河汾王體復著　後學趙熟典校

大祀方丘禮成恭頌 戊辰

萬乘車騎禋地祇瑤壇金掌露華滋星開北極臨仙仗月上東林護羽旗樂奏虞韶歌雅則禮因周典秩威儀歲康物阜當今日永荷皇情培福基

聖駕大閱恭頌 己巳工曹

清曉金輿下絳霄羽林十萬虎材驍旌開日月中

00301 姑射山人吟稿二卷　（明）王體復撰 清乾隆四十年（1775）趙熟典刻本

綫裝。匡高 21 厘米，廣 15.5 厘米。半葉九行，行十九，白口，左右雙邊。山西省圖書館藏。

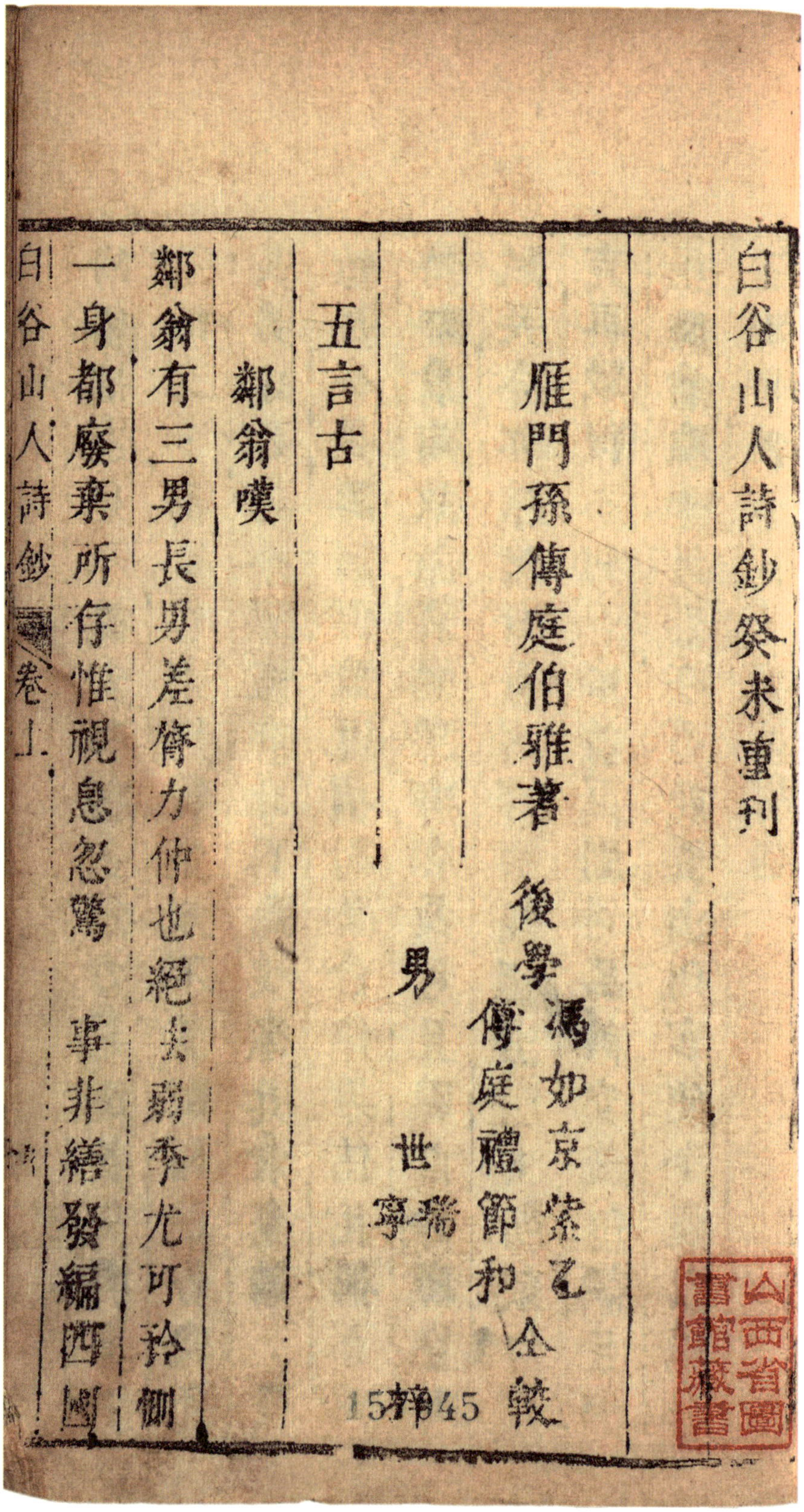
白谷山人詩鈔癸未重刊
雁門孫傳庭伯雅著
後學馮如京紫乙仝較
傳庭禮節和
男世瑞
世寧
五言古
鄰翁嘆
鄰翁有三男長男差膂力仲也絕去弱季尤可矜惻
一身都廢棄所存惟視息忽驚　事非繕發編西圖
白谷山人詩鈔　卷上

00302 白谷山人詩鈔二卷　（明）孫傳庭撰　清順治十七年（1660）馮世瑞　馮世寧刻本
綫裝。匡高 19.2 厘米，廣 12.5 厘米。半葉九行，行二十一字。白口，四周單邊。山西省圖書館藏。

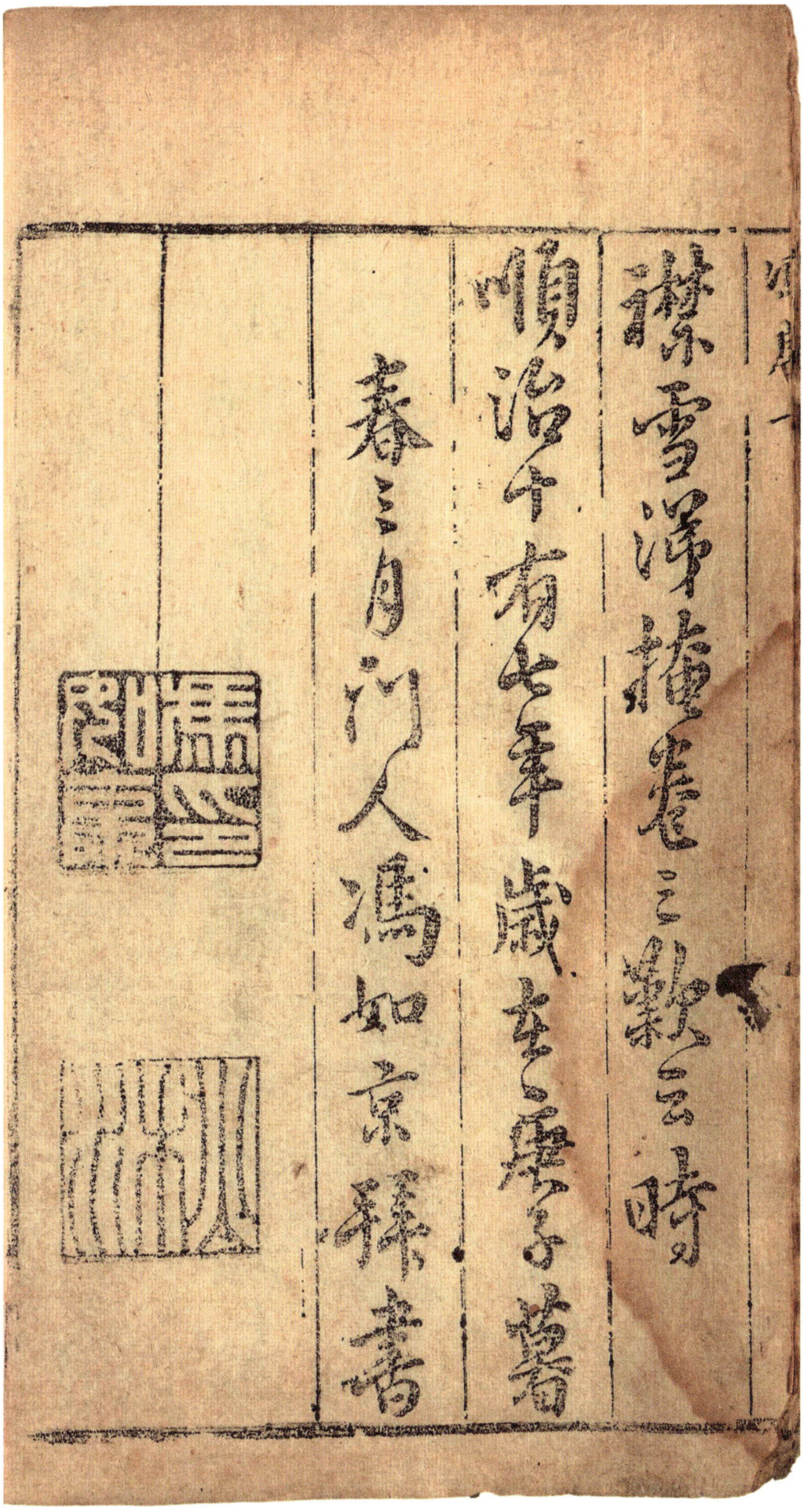
襟雪澤擒卷之數云時
順治十有七年歲在庚子暮
春三月門人馮如京拜書

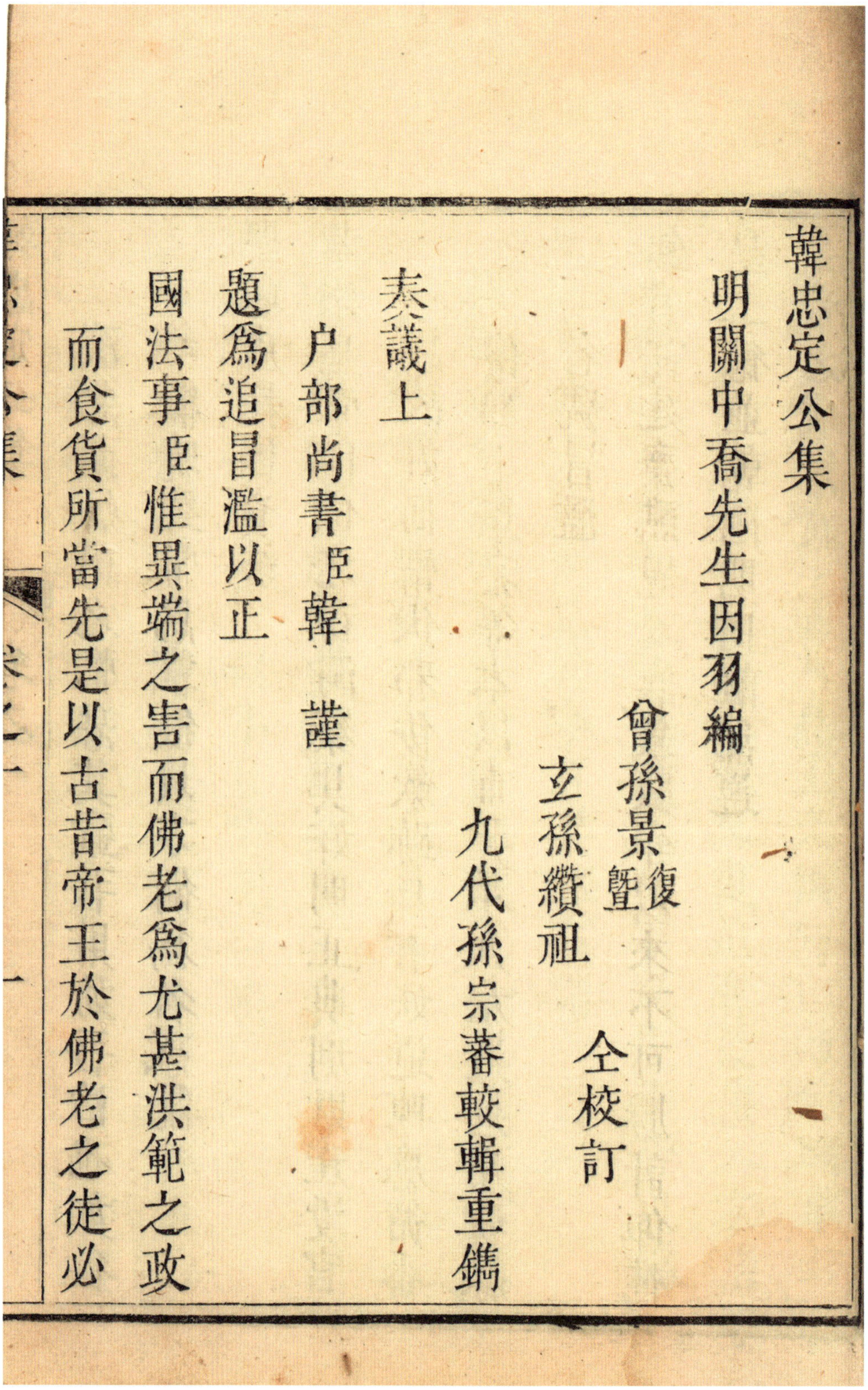
韓忠定公集
明關中喬先生因羽編
曾孫景復暨
玄孫纘祖仝校訂
九代孫宗蕃較輯重鐫
奏議上
户部尚書臣韓　謹
題爲追冒濫以正
國法事臣惟異端之害而佛老爲尤甚洪範之政
而食貨所當先是以古昔帝王於佛老之徒必

00303 韓忠定公集四卷　（明）韓文撰　清乾隆十七年（1752）刻本

綫裝。匡高 20 厘米，廣 14.7 厘米。半葉十行，行二十字，白口，四周雙邊。山西大學圖書館藏。

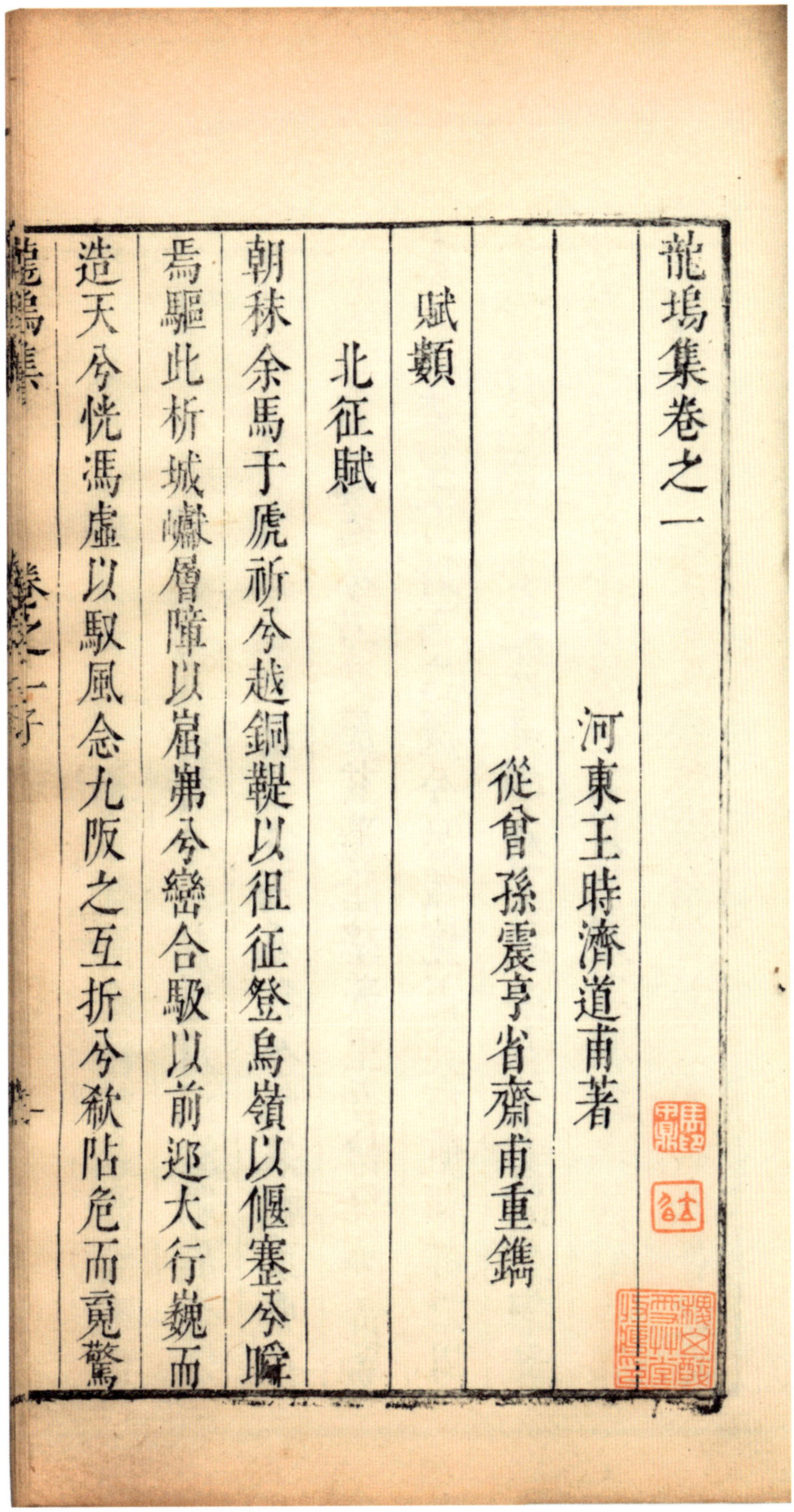

龍塢集卷之一
河東王時濟道甫著
從曾孫震亨省齋甫重鐫
賦類
北征賦
朝秣余馬于虎祈兮越銅鞮以徂征登烏嶺以偃蹇兮嶙
焉驅此析城巇㠧障以嵑嵲兮巒合駁以前迎大行巍而
造天兮恍馮虛以馭風念九阪之互折兮欹阽危而覓驚

00304 龍塢集五十五卷　（明）王時濟撰 清順治王震亨刻本

綫裝。匡高 19.6 厘米，廣 11.5 厘米。半葉八行，行二十二字，白口，四周單邊。鈐“馬甲鼎印”等印。山西大學圖書館藏。

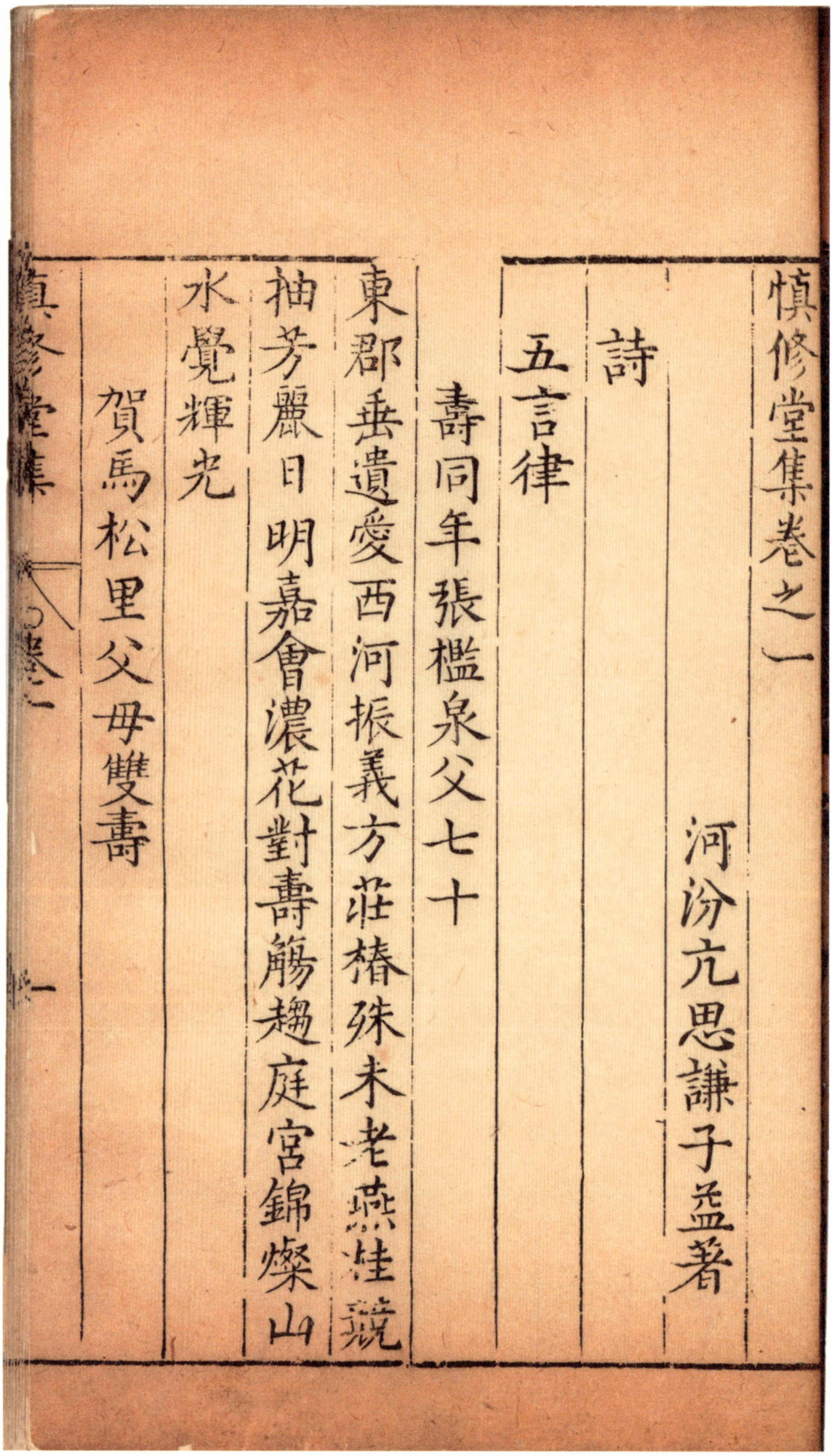
慎修堂集卷之一
河汾亢思謙子益著
詩
五言律
壽同年張檻泉父七十
東郡垂遺愛西河振義方莊椿殊未老燕姞競
抽芳麗日明嘉會濃花對壽觴趨庭宮錦燦山
水覺輝光
賀馬松里父母雙壽
慎修堂集　卷之一　一

00305 慎修堂集二十卷　（明）亢思謙撰 明萬曆刻清康熙十五年（1676）亢宗瑗重修二十四年（1685）序本

綫裝。匡高 20.1 厘米，廣 14.2 厘米。半葉九行，行十八字，白口，四周單邊。鈐“間田張氏聞三藏書”等印。山西大學圖書館藏。

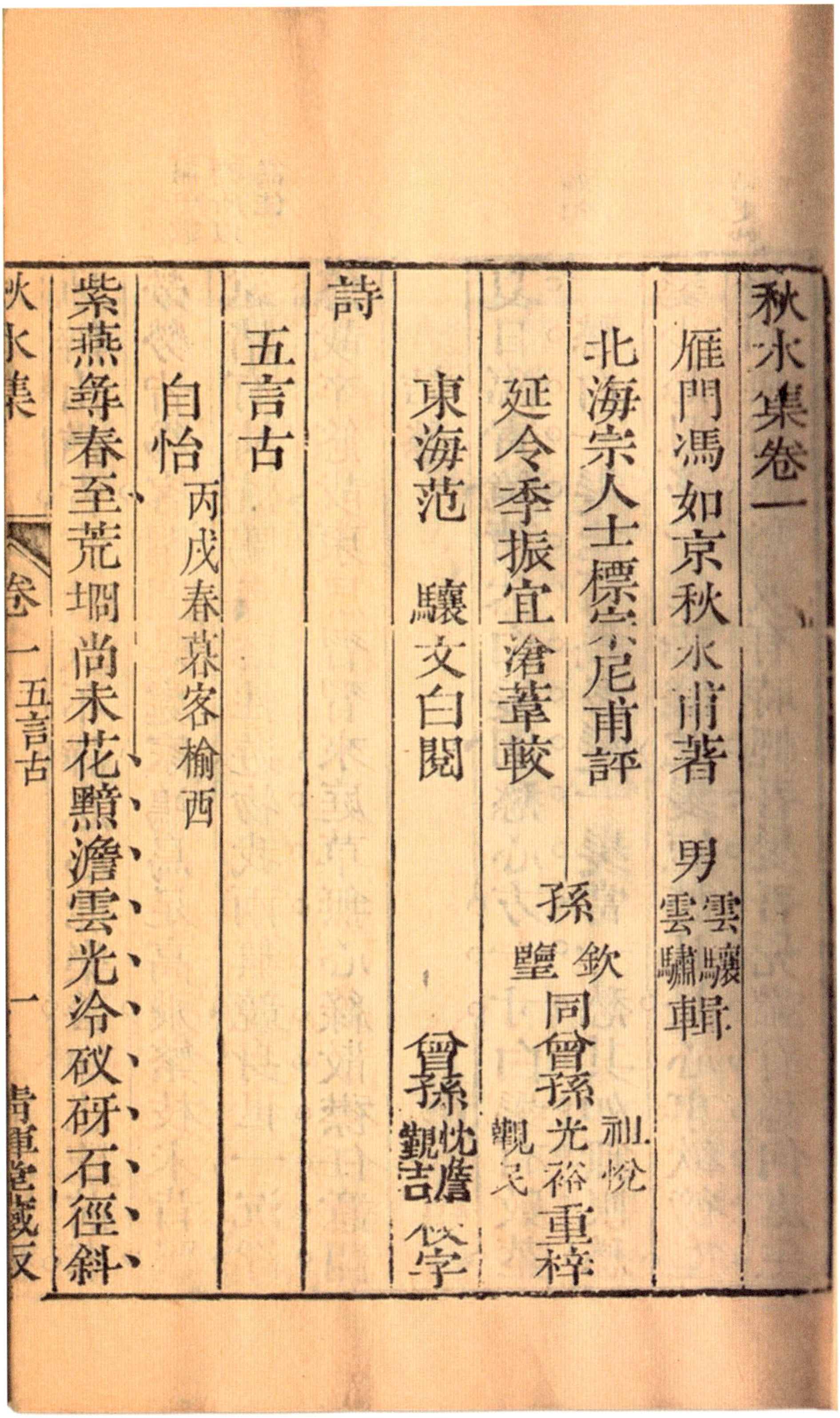
秋水集卷一
雁門馮如京秋水甫著　男 雲驤 雲驌 輯
北海宗人士標雲尼甫評　孫 欽 璧 同曾孫 祖悅 光裕 觀民 重梓
延令季振宜滄葦較
東海范驤文白閱　曾孫 忱 詹 觀吉 仝字
詩
五言古
自怡　丙戌春暮客榆西
紫燕尋春至、荒堈尚未花、黯澹雲光冷、砌砑石徑斜、

秋水集　卷一　五言古　一　清暉堂藏板

00306 秋水集十六卷 (清)馮如京撰 清乾隆五年(1740)武林刻本 清暉堂藏板

綫裝。匡高 17.5 厘米，廣 13.8 厘米。半葉九行，行二十字，小字雙行，行字同，白口，四周單邊。山西省圖書館藏。

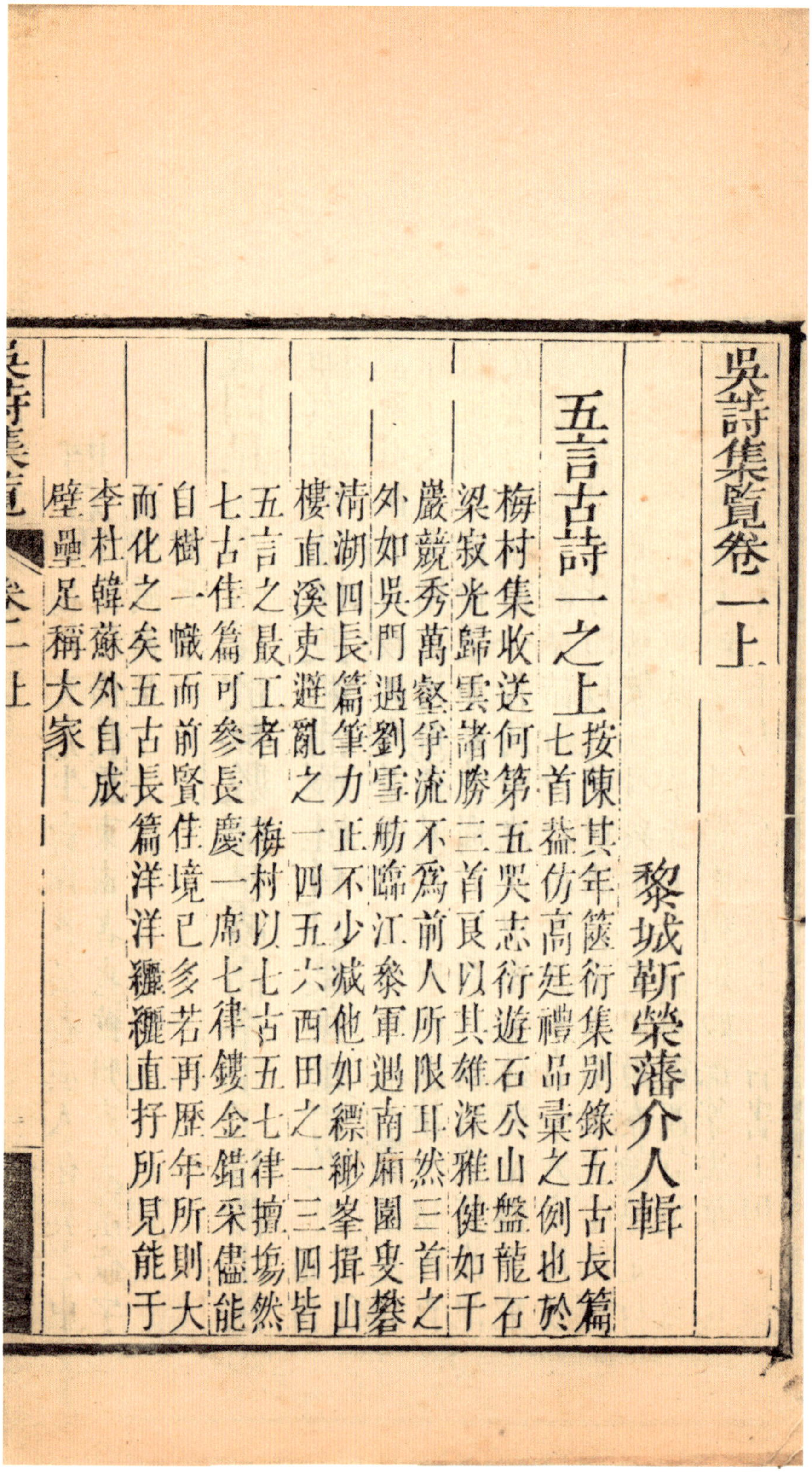
吳詩集覽卷一上
黎城靳榮藩介人輯
五言古詩一之上按陳其年篋衍集别錄五古長篇七首恭仿高廷禮品彙之例也於
梅村集收送何第五哭志衍遊石公山盤龍石梁寂光歸雲諸勝三首良以其雄深雅健如千巖競秀萬壑爭流不爲前人所限耳然三首之外如吳門遇劉雪舫臨江參軍遇南廂園叟攀清湖四長篇筆力正不少減他如縹緲峯揖山樓直溪吏避亂之一四五六西田之一三四皆五言之最工者　梅村以七古五七律擅場然七古佳篇可參長慶一席七律鏤金錯采儘能自樹一幟而前賢佳境已多若再歷年所則大而化之矣五古長篇洋洋纚纚直抒所見能于李杜韓蘇外自成壁壘足稱大家
吳詩集覽　卷一上

00307 吳詩集覽二十卷　（清）吳偉業撰　靳榮藩輯注　清乾隆四十年（1775）刻本　淩雲亭藏板

綫裝。匡高 17.6 厘米，廣 13.4 厘米。半葉九行，行二十一字，小字雙行，行字同。粗黑口，四周雙邊。山西大學圖書館藏。

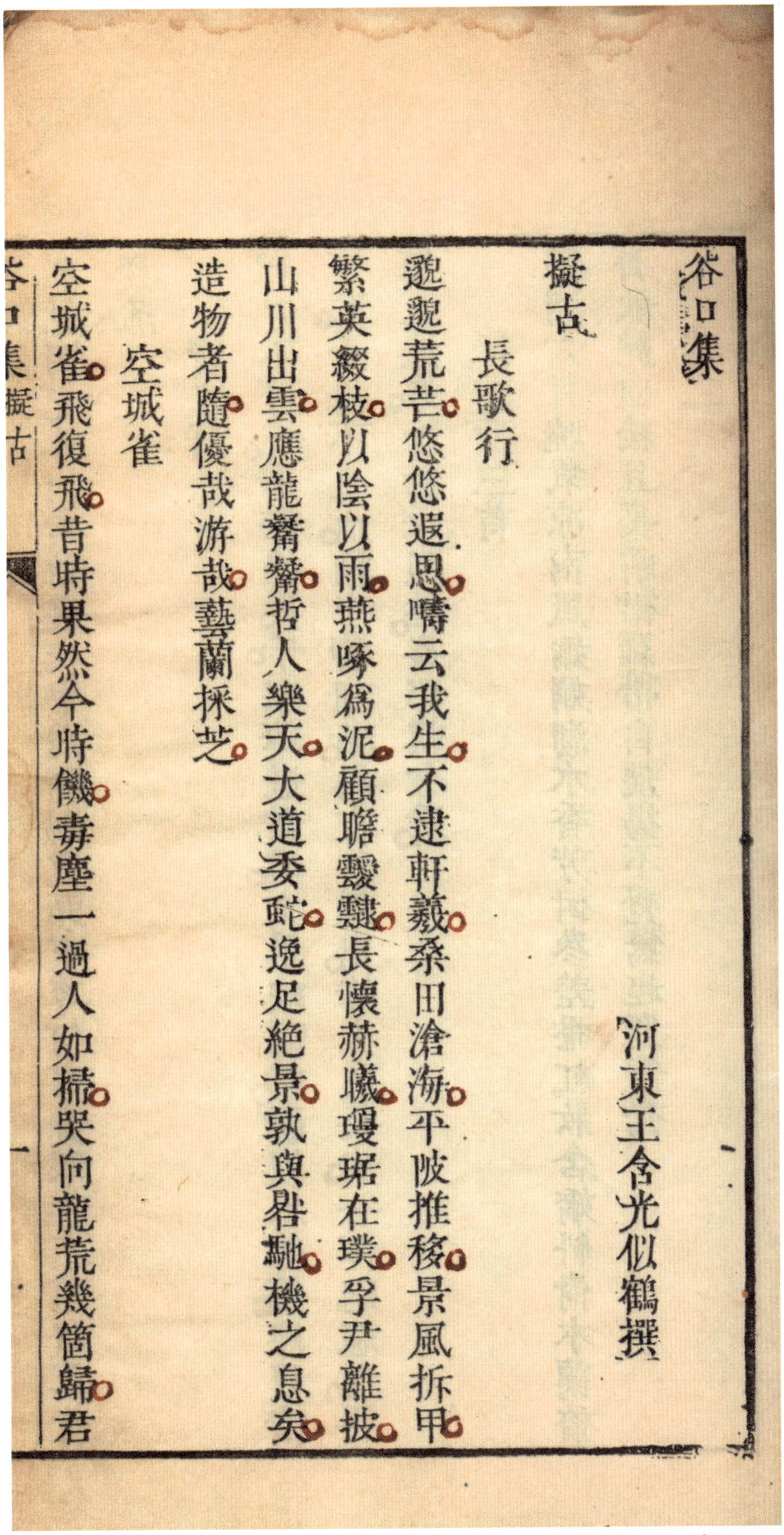
谷口集

擬古　　河東王含光似鶴撰

長歌行

邈邈荒芒悠悠遐思晴云我生不逮軒羲桑田滄海平陂推移景風拆甲

繁英綴枝以陰以雨燕啄為泥顧瞻靉靆長懷赫曦瓊琚在璞孚尹離披

山川出雲應龍翳翳哲人樂天大道委蛇逸足絕景孰與君馳機之息矣

造物者隨優哉游哉藝蘭採芝

空城雀

空城雀飛復飛昔時果然今時饑壽塵一過人如檽哭向龍荒幾箇歸君

谷口集　擬古　一

00308 谷口集不分卷附吟壇辨體一卷　（清）王含光撰　清康熙刻本

綫裝。匡高 22 厘米，廣 12 厘米。半葉十行，行二十八字，白口，四周單邊。鈐“樂天知命”等印。山西大學圖書館藏。

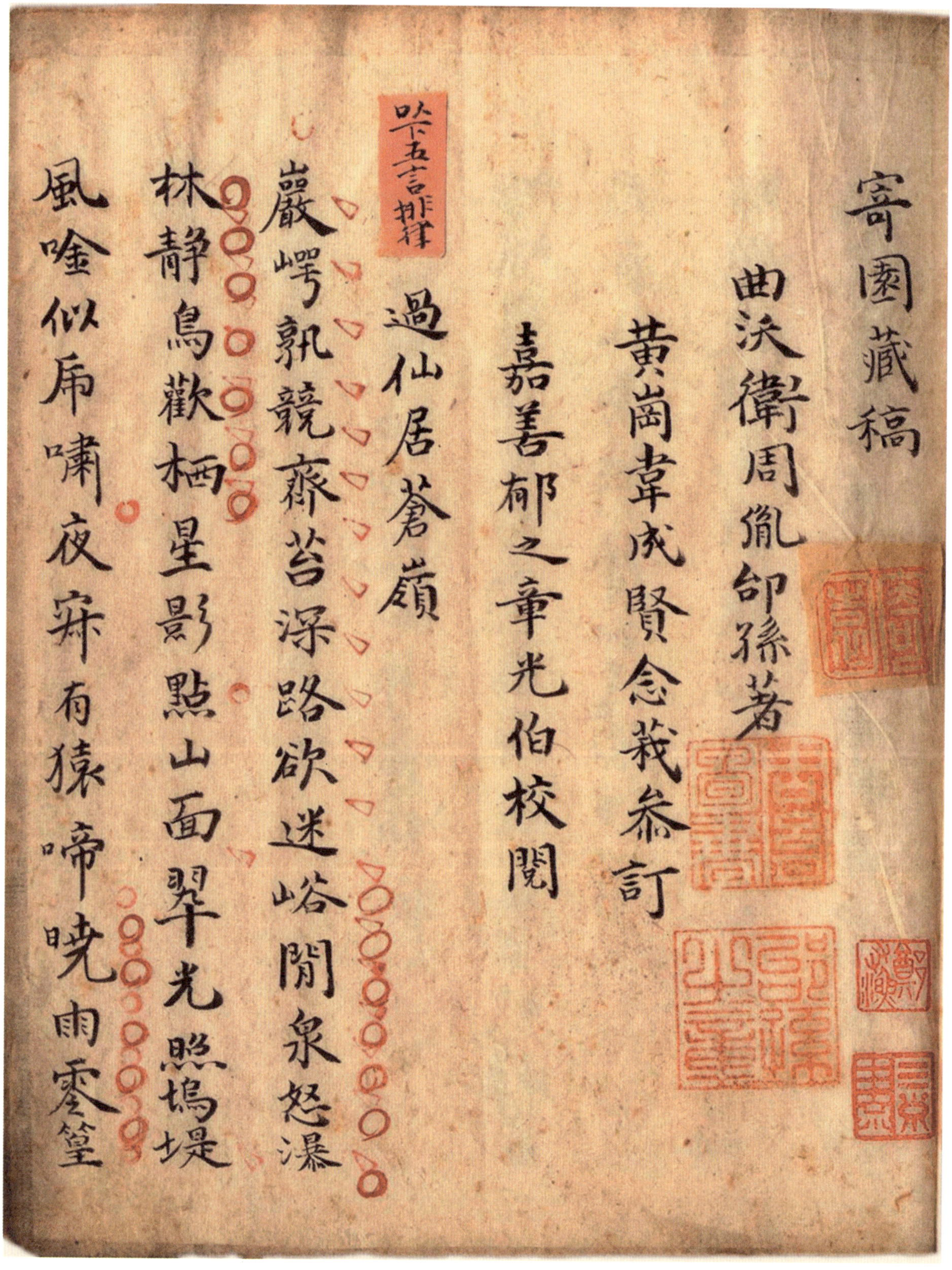

00309 寄園藏稿不分卷　（清）衛周胤撰　稿本

綫裝。半葉八行，行十五字。鈐“鄭裕孚印”、“司空司馬之印”、“墨莊隱客”、“寄園”等印。山西省圖書館藏。

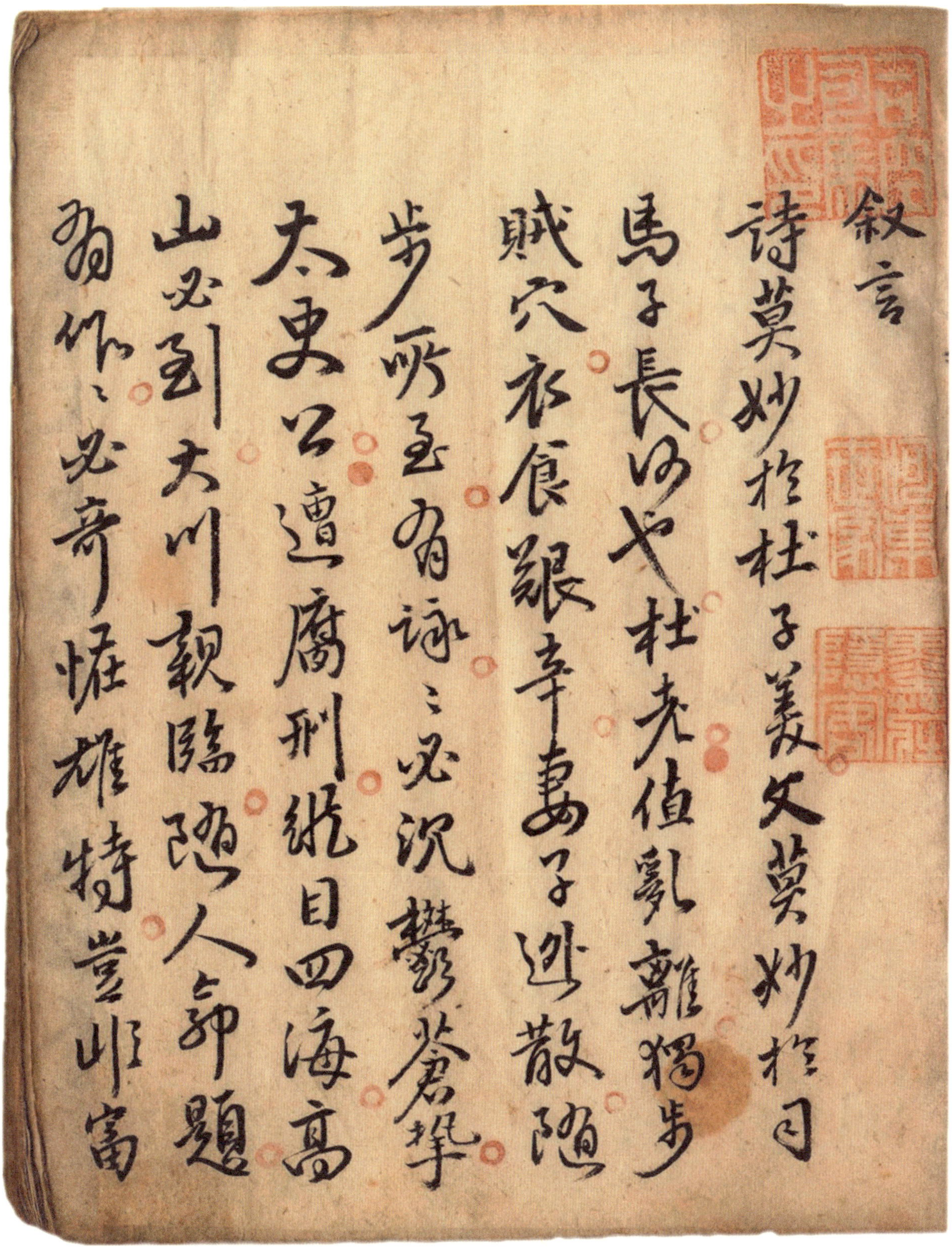
叙言
詩莫妙於杜子美文莫妙於司
馬子長何也杜老值亂離獨步
賊穴衣食艱辛妻子逃散隨
步所至有詠詠必沉鬱蒼摯
太史公遭腐刑縱目四海高
山必到大川親臨隨人命題
有作作必奇崛雄特豈非富

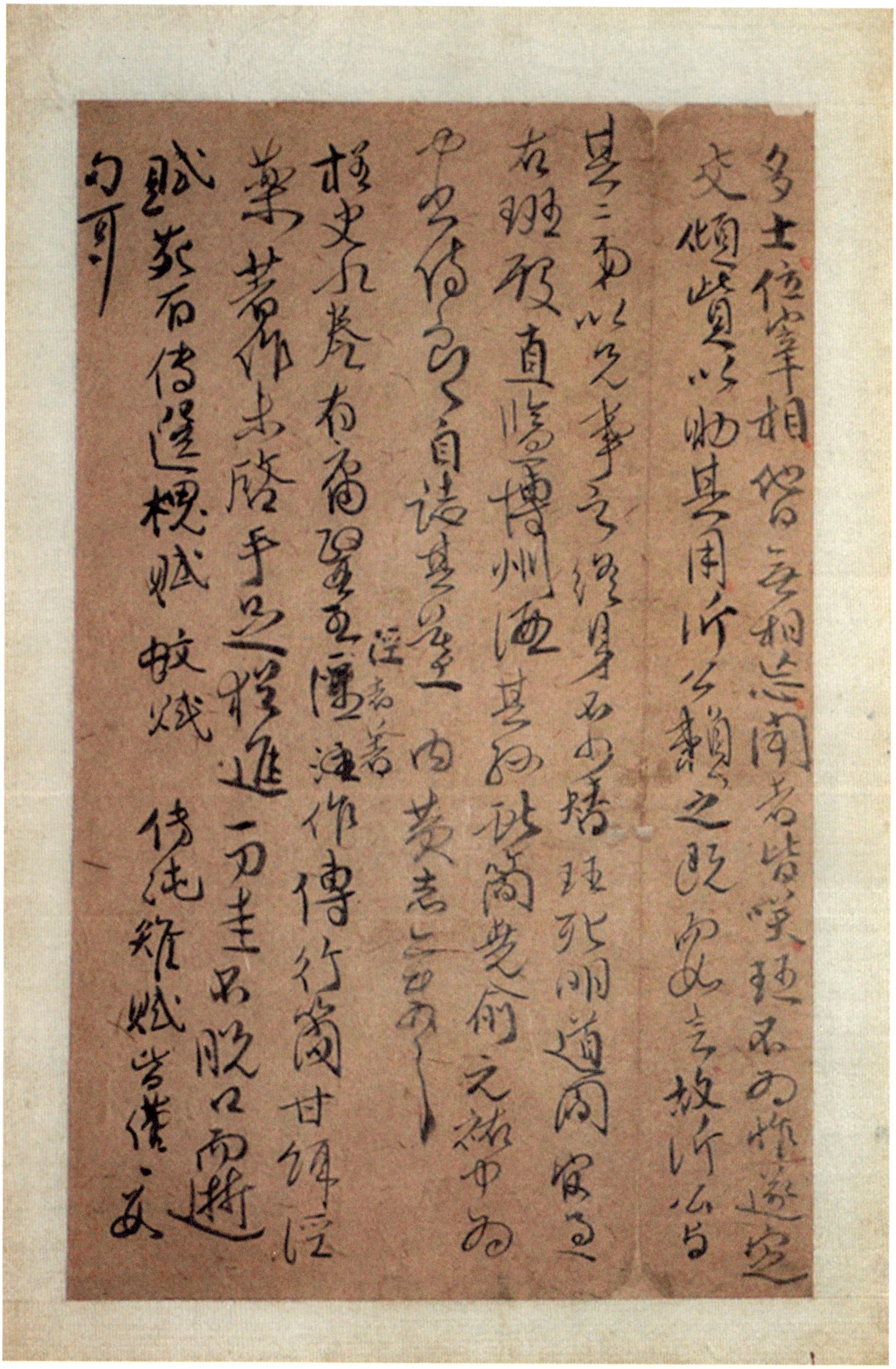

00310 傅史補遺 (清)傅山撰 稿本

冊頁裝。半葉行數不等，行字不等。山西博物院藏。

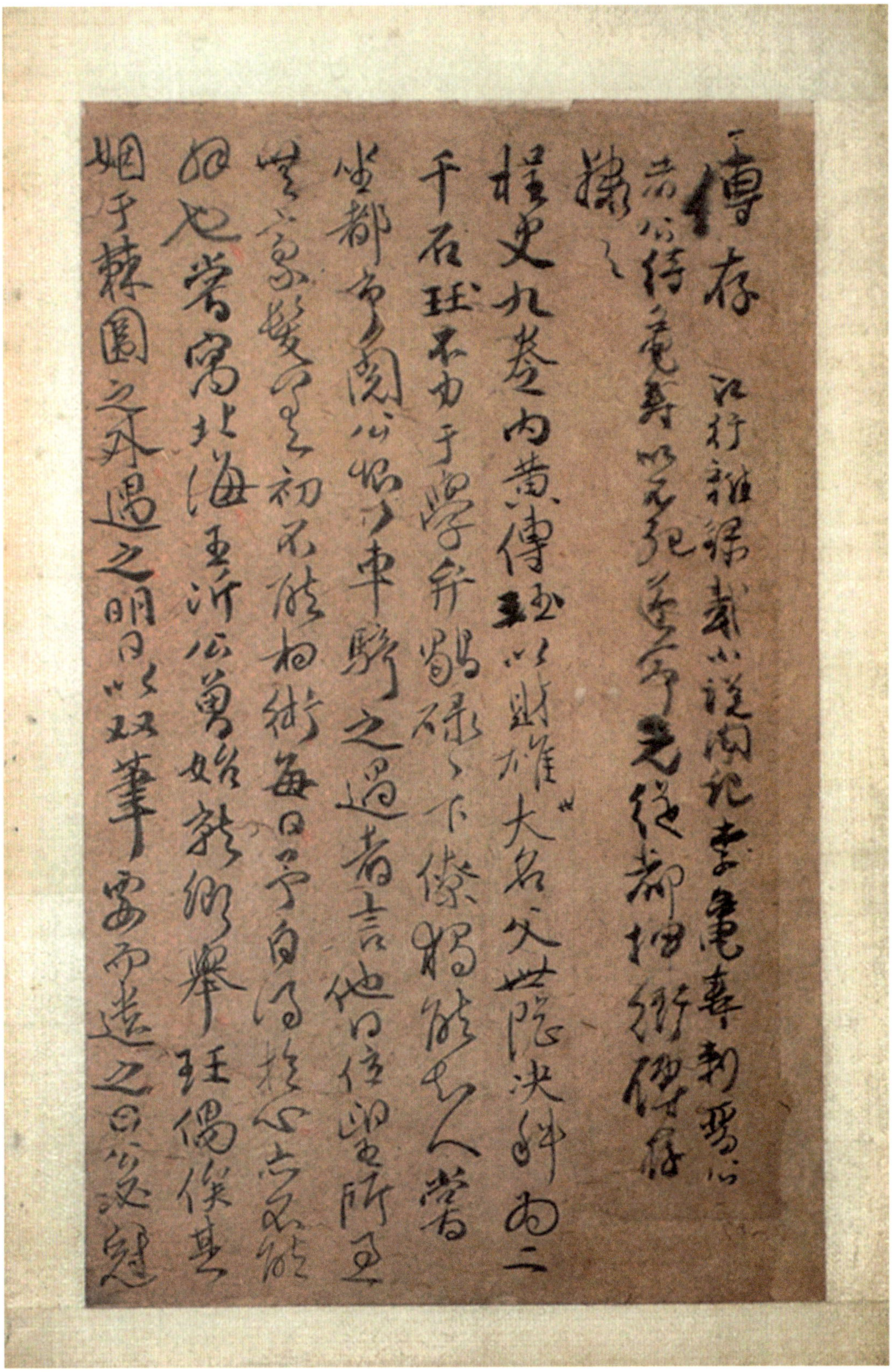

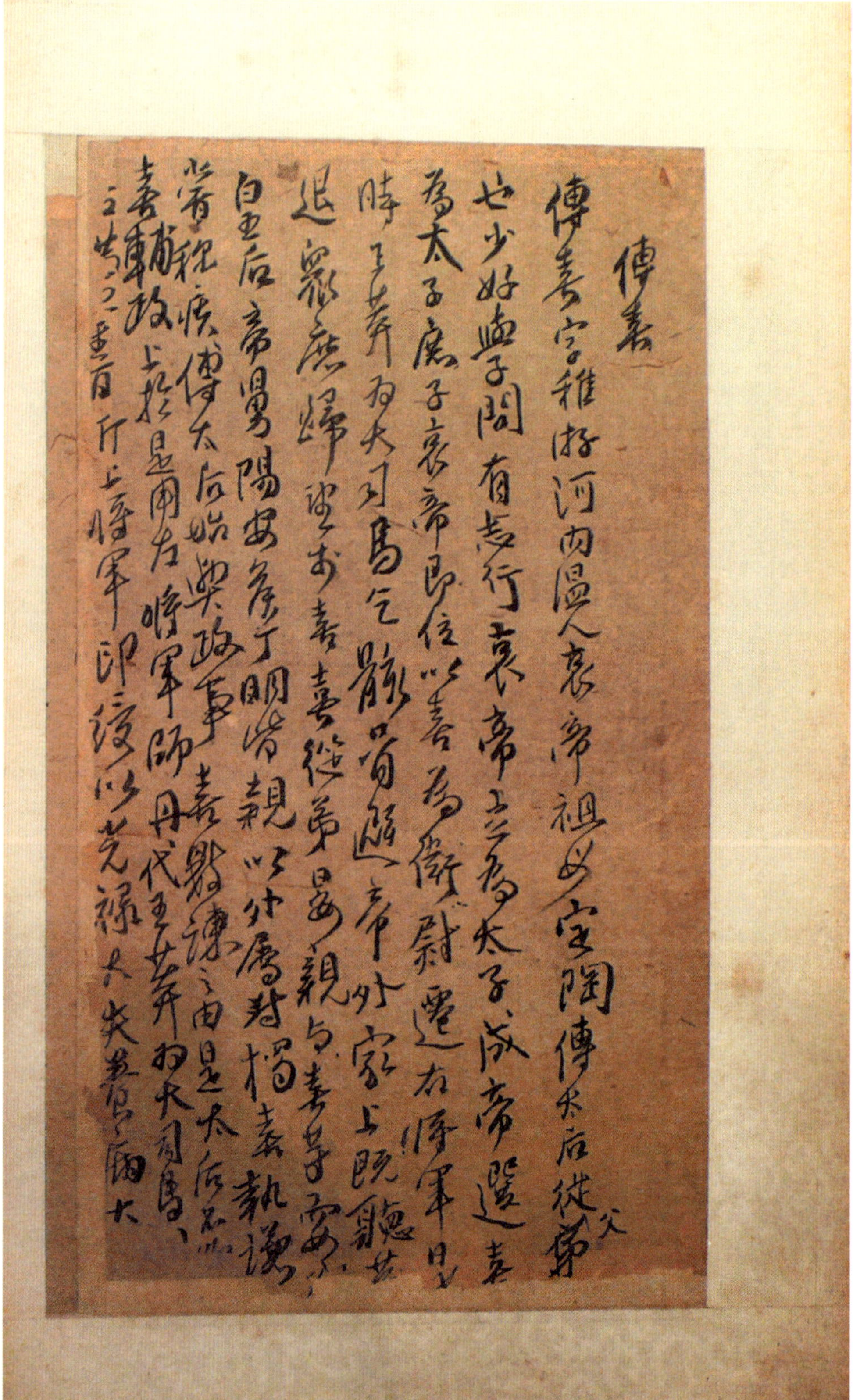

傅喜
傅喜字稚游河内温人哀帝祖母定陶傅太后從父弟
也少好學問有志行哀帝立為太子成帝選喜
為太子庶子哀帝即位以喜為衛尉遷右將軍是
時王莽為大司馬乞骸骨避帝外家上既聽莽
退衆庶歸望於喜喜從弟晏親與喜等[illegible]
自皇后帝舅陽安侯丁明皆親以外屬封喜執謙
稱疾傅太后始與政事喜數諫之由是太后不欲
喜輔政上於是用左將軍師丹代王莽為大司馬
賜喜黃金百斤上將軍印綬以光祿大夫養病大

00311 傅史殘稿 (清)傅山撰 稿本

冊頁裝。半葉行數不等，行字不等。山西博物院藏。

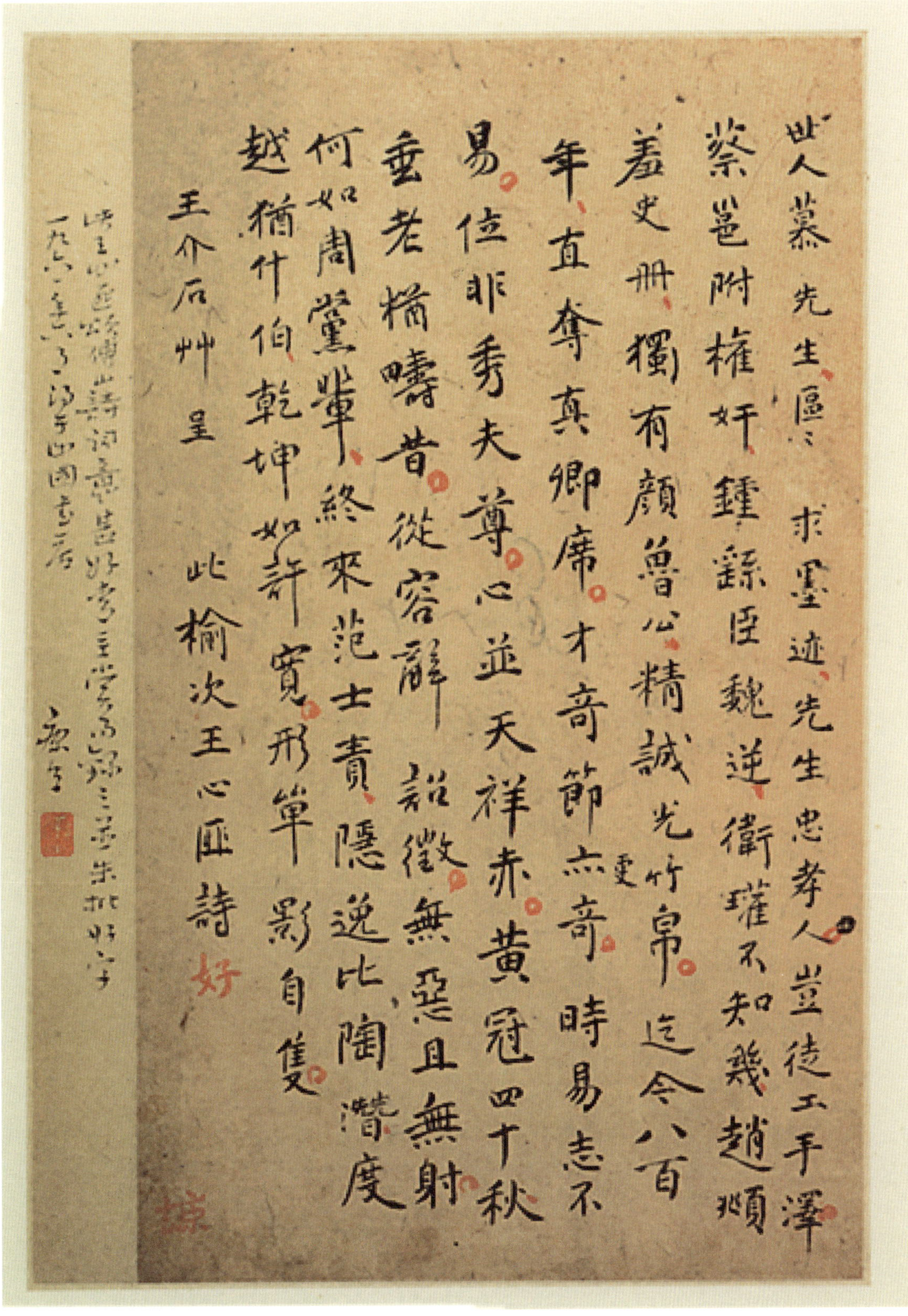

00312 傅青主詩文稿一卷　（清）傅山撰　稿本　董壽平跋

冊頁裝。半葉行數不等，行字不等。鈐“傅山”、“康生”、“壽平”、“松畹珍賞”等印。山西博物院藏。

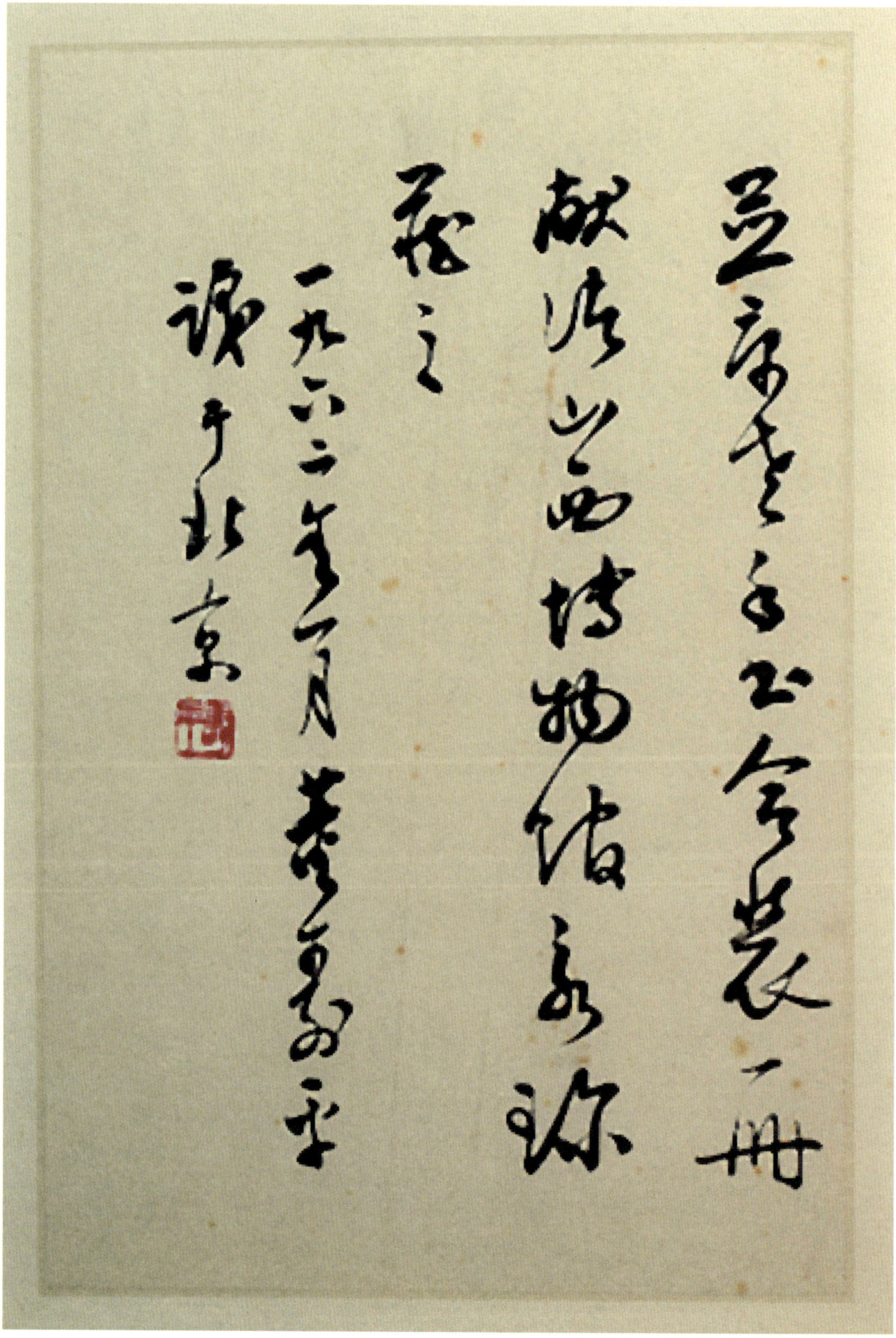
献给山西博物馆永远
藏之
一九六二年十月 董寿平
識于北京

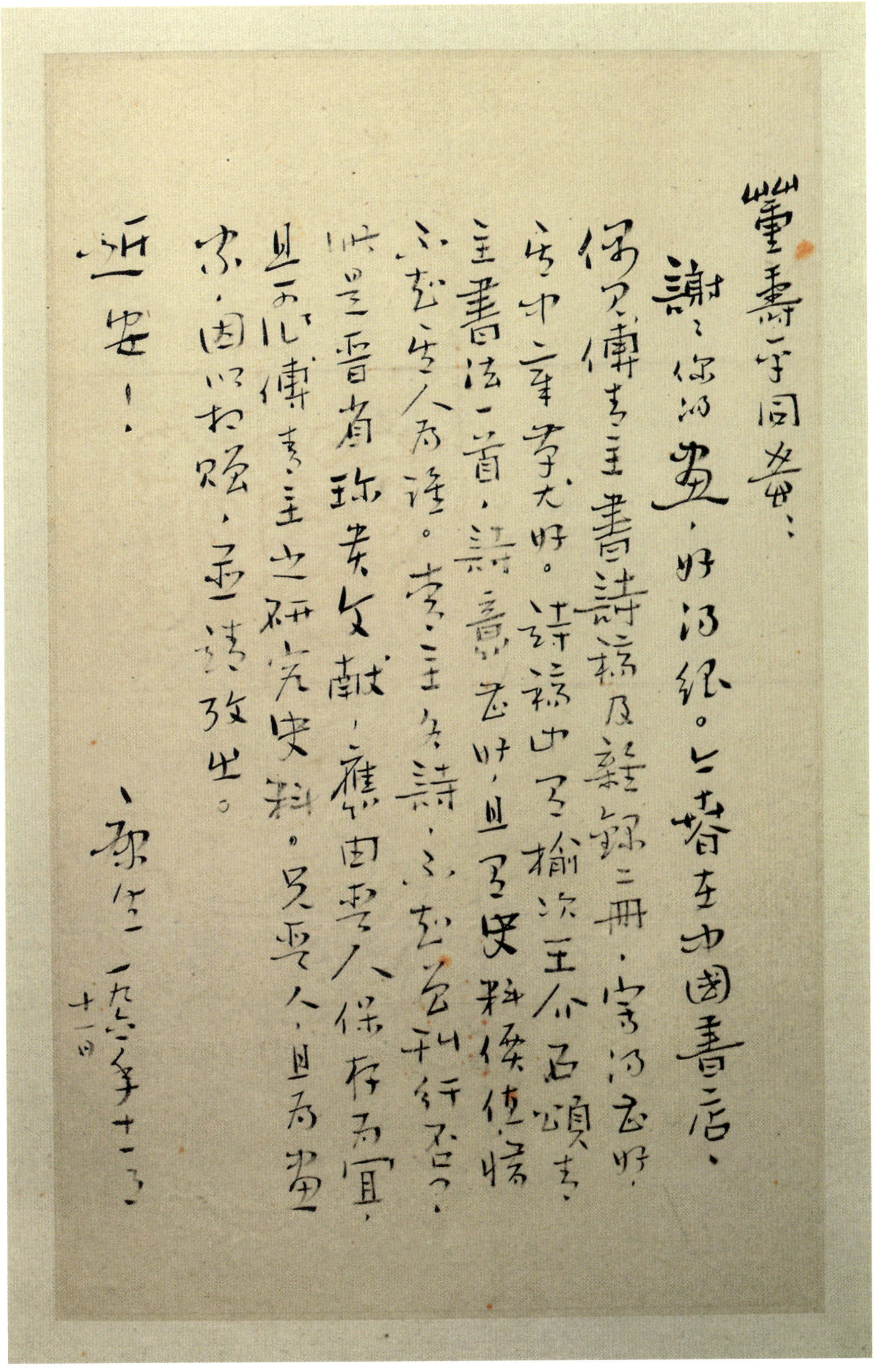

董壽平同志：
謝謝你的畫，好得很。上次在中國書店，得見傅青主書詩稿及雜錄二冊，字寫得甚好，是中年字尤好。詩稿中可補次王介石頌青主書法一首，詩意甚好，且有史料價值，惜不知其人為誰。青主各詩，不知曾刊行否？此是晉省珍貴文獻，應由專人保存為宜，且可作傅青主之研究史料。兄晉人，且為畫家，因以相贈，並請改正。
近安！
康生　一九六二年十二月十一日

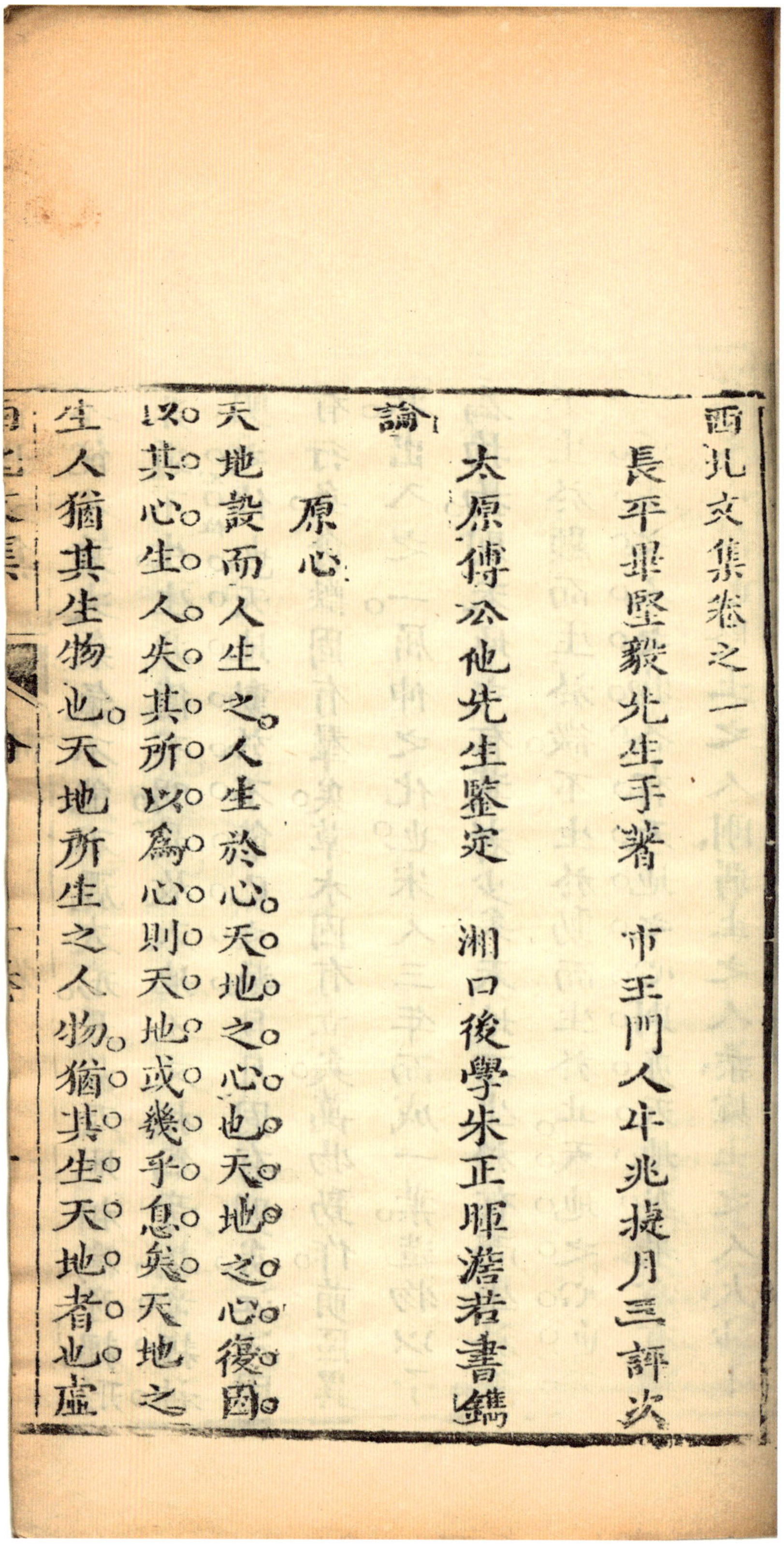

西北文集卷之一
長平畢堅毅先生手著　市玉門人牛兆捷月三評次
太原傅公他先生鑒定　湘口後學朱正暉濬若書鐫
論
原心
天地設而人生之人生於心天地之心也天地之心復固
以其心生人失其所以爲心則天地或幾乎息矣天地之
生人猶其生物也天地所生之人物猶其生天地者也虛

00313 西北文集四卷　（清）畢振姬撰　清康熙朱正暉刻本

綫裝。匡高 19 厘米，廣 13.5 厘米。半葉九行，行二十二字，白口，四周單邊。山西大學圖書館藏。

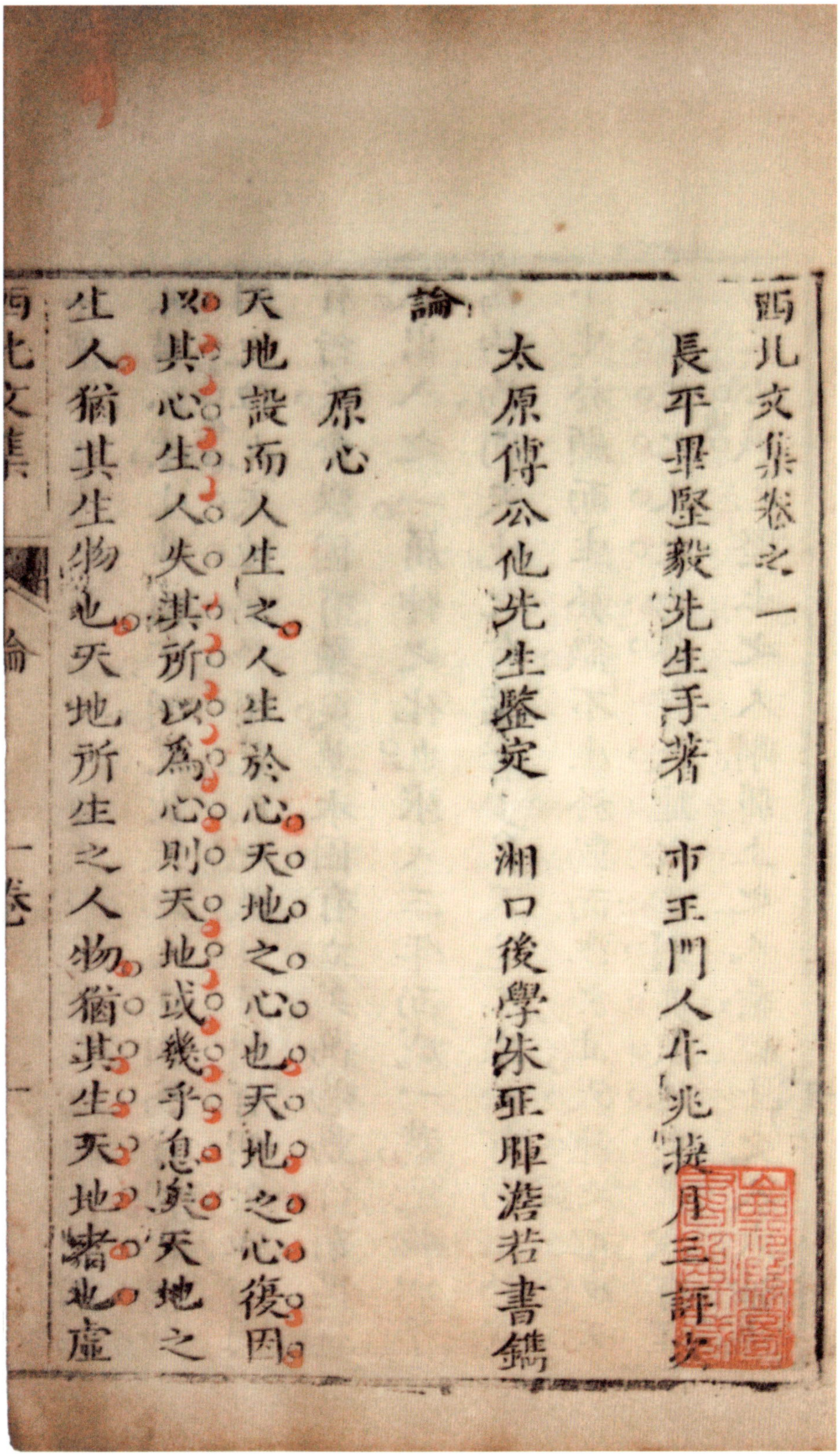

西北文集卷之一

長平畢堅毅先生手著　市王門人牛兆捷用三評次

太原傅公他先生鑒定　湘口後學朱亚暉濬若書鐫

論

原心

天地設而人生之人生於心天地之心也天地之心復因以其心生人失其所以爲心則天地或幾乎息矣天地之生人猶其生物也天地所生之人物猶其生天地者也虛

西北文集　卷一　論　一

00314 西北文集四卷　（清）畢振姬撰　清康熙朱正暉刻本

綫裝。匡高 19 厘米，廣 13.5 厘米。半葉九行，行二十二字，白口，四周單邊。祁縣圖書館藏。

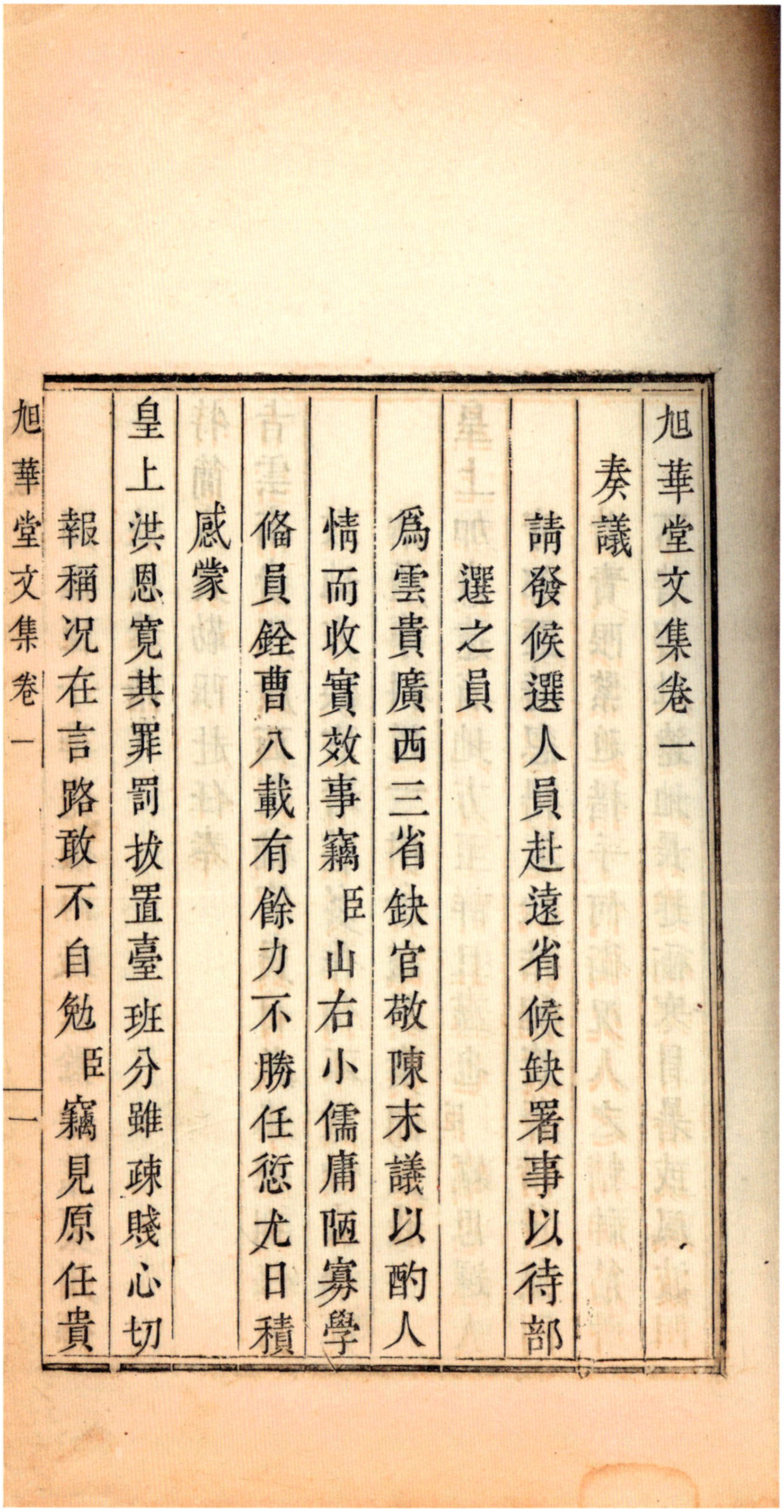
旭華堂文集卷一
奏議
請發候選人員赴遠省候缺署事以待部
選之員
爲雲貴廣西三省缺官敬陳末議以酌人
情而收實效事竊臣山右小儒庸陋寡學
倫員銓曹八載有餘力不勝任愆尤日積
感蒙
皇上洪恩寛其罪罰拔置臺班分雖踈賤心切
報稱况在言路敢不自勉臣竊見原任貴
旭華堂文集卷一　一

00315 旭華堂文集十四卷補遺一卷　（清）王奐曾撰　清乾隆十六年(1751)趙熟典刻本

綫裝。匡高 19 厘米，廣 13.6 厘米。半葉十行，行十八字，白口，四周雙邊。山西大學圖書館藏。

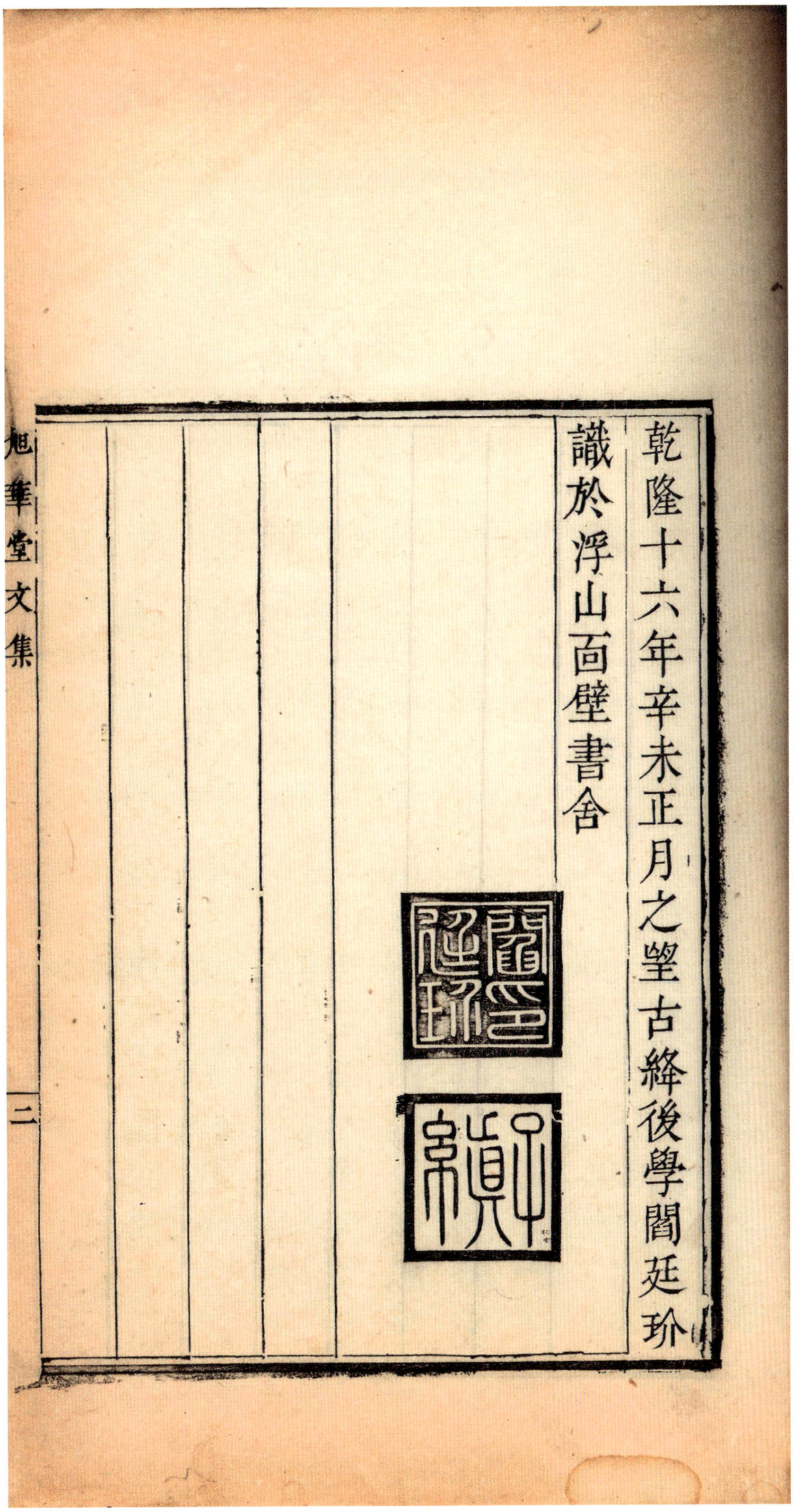

乾隆十六年辛未正月之望古絳後學閻廷玠
識於浮山面壁書舍

旭華堂文集　二

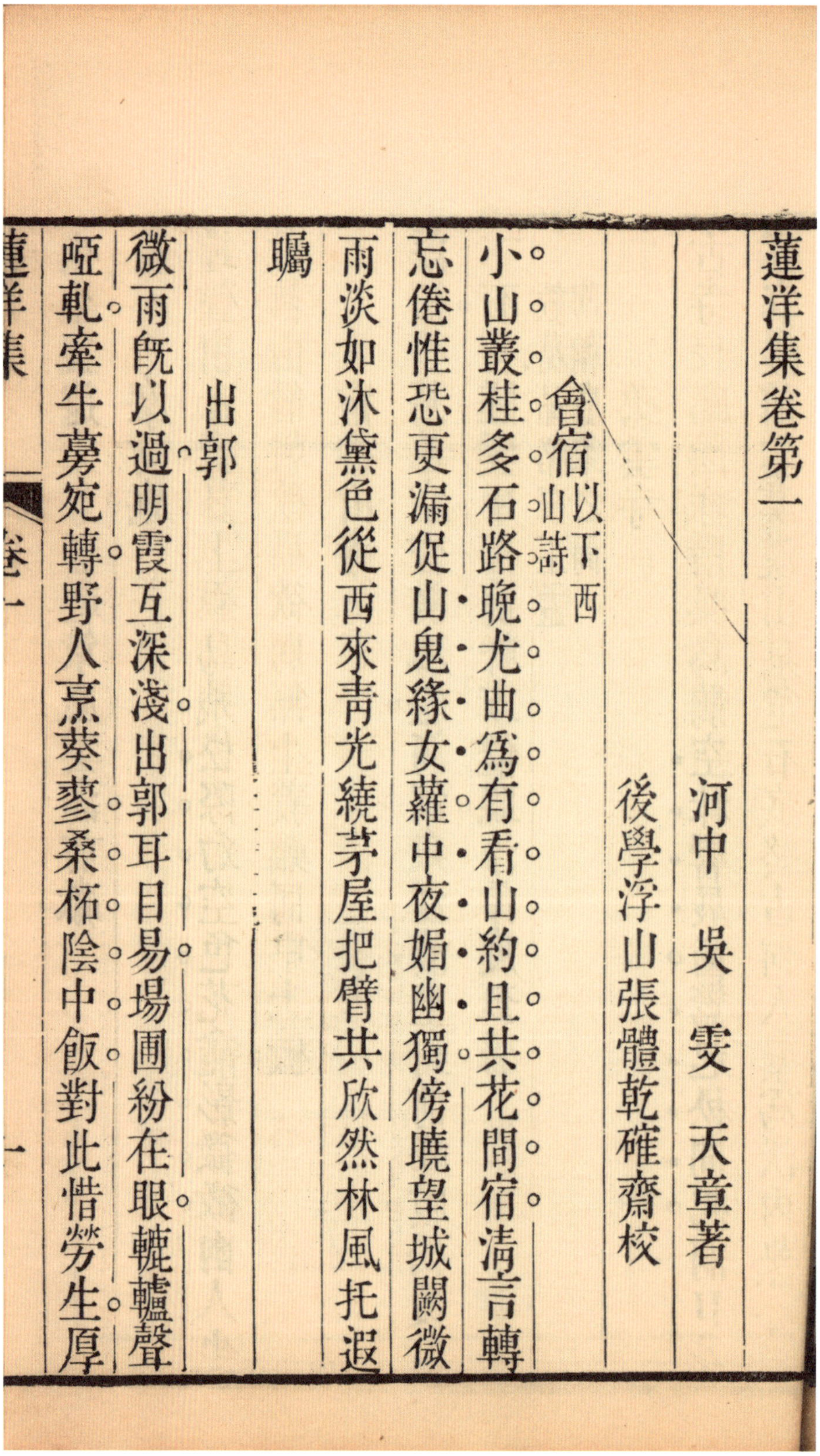

蓮洋集卷第一

河中吳雯天章著

後學浮山張體乾確齋校

會宿以下西山詩

小山叢桂多石路晚尤曲爲有看山約且共花間宿清言轉忘倦惟恐更漏促山鬼緣女蘿中夜媚幽獨傍曉望城闕微雨淡如沐黛色從西來青光繞茅屋把臂共欣然林風托遐矚

出郭

微雨既以過明霞互深淺出郭耳目易場圃紛在眼轆轤聲啞軋牽牛蔓宛轉野人烹葵蓼桑柘陰中飯對此惜勞生厚

蓮洋集　卷一　一

00316 蓮洋集二十卷　（清）吳雯撰　**年譜一卷附錄一卷**　清乾隆三十九年（1774）刻本荊圃草堂藏板

綫裝。匡高 20.5 厘米，廣 14 厘米。半葉十一行，行二十三字，白口，左右雙邊。山西大學圖書館藏。

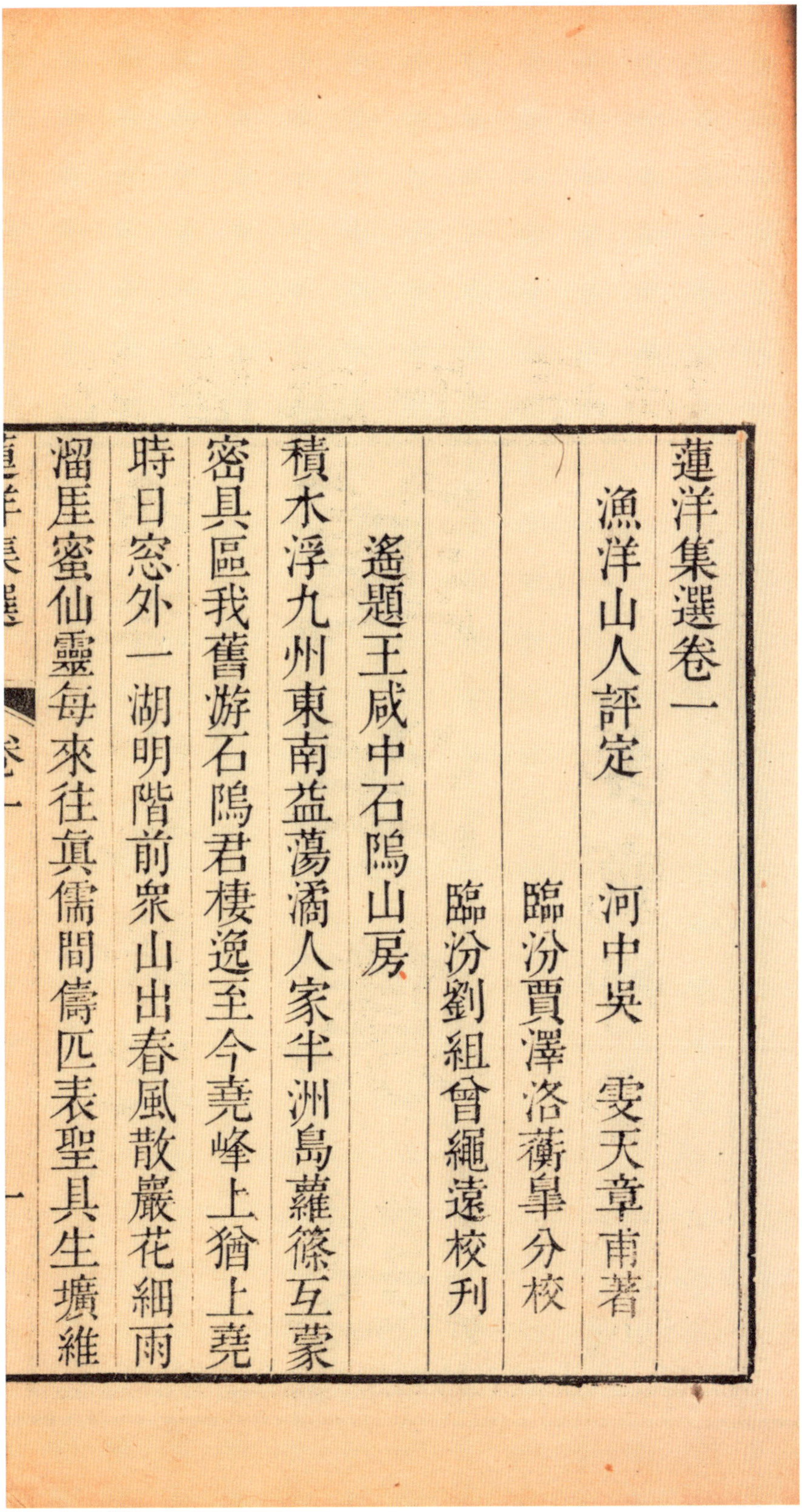

蓮洋集選卷一

漁洋山人評定　河中吳雯天章甫著

臨汾賈澤洛蘅皋分校

臨汾劉組曾繩遠校刊

遙題王咸中石隖山房

積木浮九州東南益蕩潏人家半洲島蘿篠互蒙密具區我舊游石隖君棲遁至今堯峰上猶上堯時日窓外一湖明階前衆山出春風散巖花細雨溜厓蜜仙靈每來往眞儒間儔匹表聖具生壙維

蓮洋集選　卷一　一

00317 蓮洋集選十二卷　（清）吳雯撰　清乾隆十五年（1750）臨汾劉組曾刻本　夢鶴草堂藏板

綫裝。匡高 16.3 厘米，廣 12.3 厘米。半葉九行，行十九字，白口，左右雙邊。鈐“河聲嶽印”、“黟山李氏藏書”等印。山西大學圖書館藏。

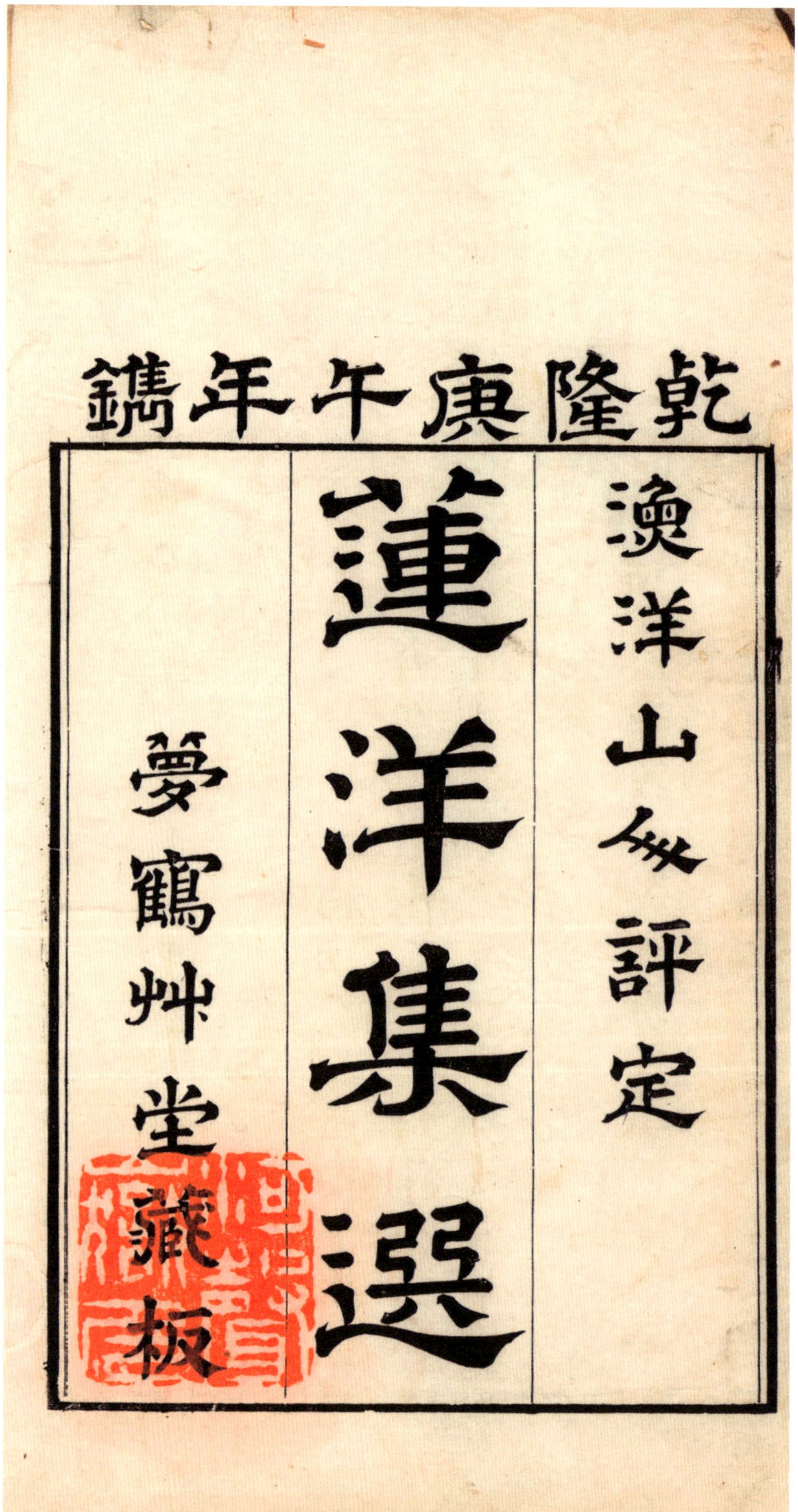

乾隆庚午年鐫

漁洋山人評定

蓮洋集選

夢鶴艸堂藏板

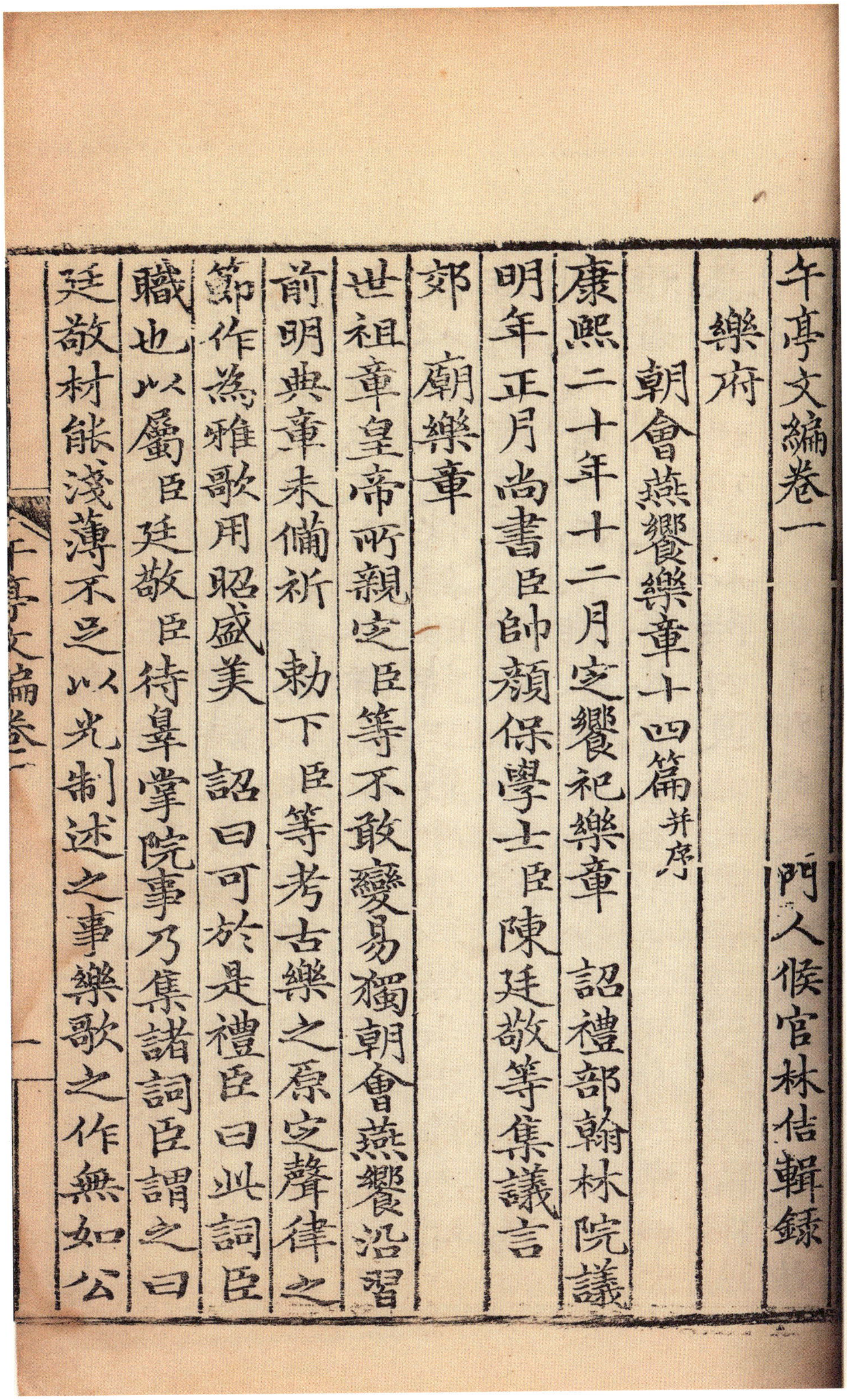
午亭文編卷一　門人候官林佶輯録
樂府
朝會燕饗樂章十四篇并序
康熙二十年十二月定饗祀樂章　詔禮部翰林院議
明年正月尚書臣帥顔保學士臣陳廷敬等集議言
郊　廟樂章
世祖章皇帝所親定臣等不敢變易獨朝會燕饗沿習
前明典章未備祈　勅下臣等考古樂之原定聲律之
節作為雅歌用昭盛美　詔曰可於是禮臣曰此詞臣
職也以屬臣廷敬臣待皐掌院事乃集諸詞臣謂之曰
廷敬材能淺薄不足以光制述之事樂歌之作無如公

00318 午亭文編五十卷　（清）陳廷敬撰　清康熙四十七年（1708）林佶寫刻乾隆四十三年（1778）重印本

綫裝。匡高 19.2 厘米，廣 15 厘米。半葉十一行，行二十一字。細黑口，左右雙邊。山西師範大學圖書館藏。

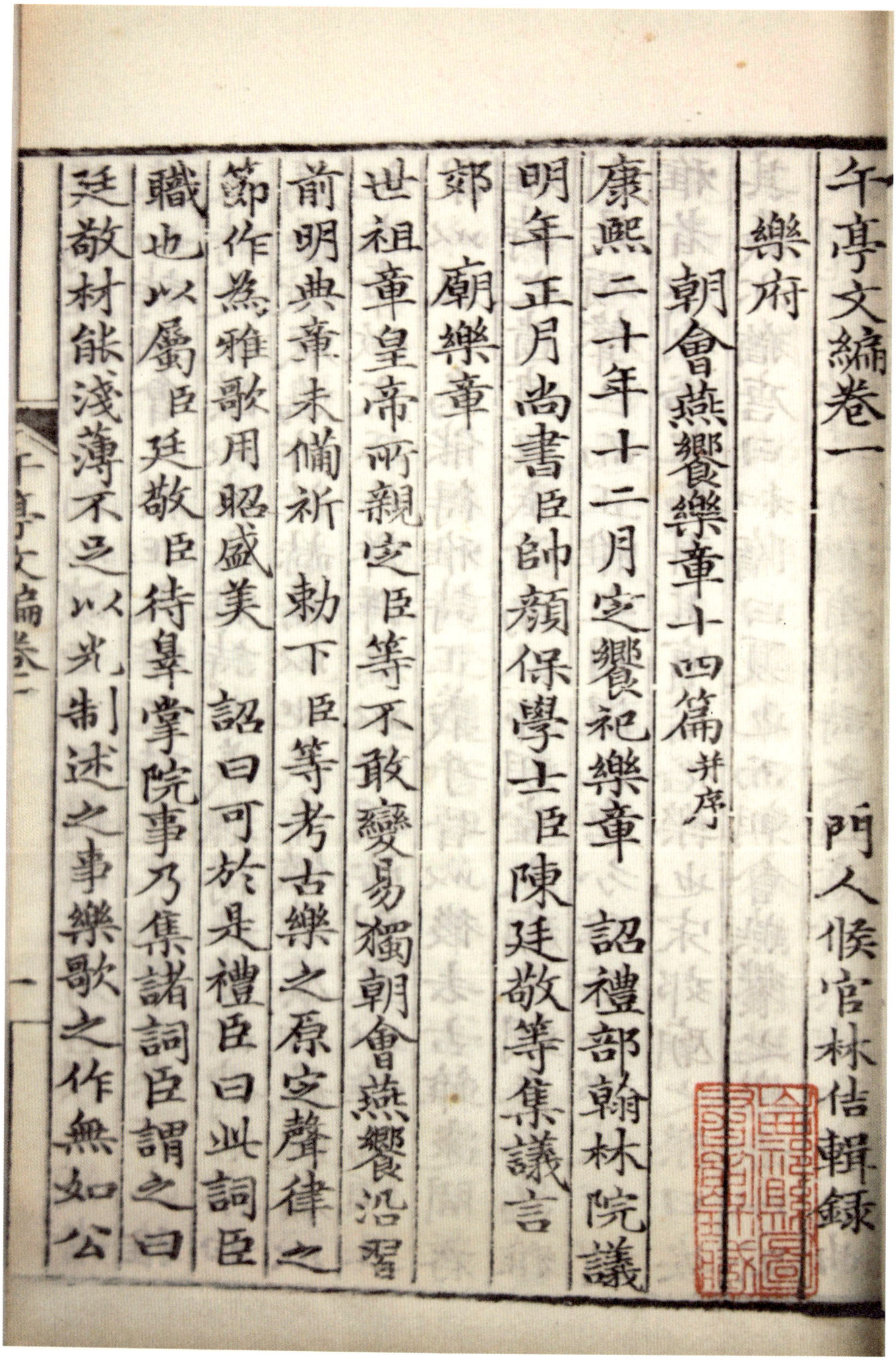
午亭文編卷一　門人候官林佶輯録
樂府
朝會燕饗樂章十四篇并序
康熙二十年十二月定饗祀樂章　詔禮部翰林院議
明年正月尚書臣帥顏保學士臣陳廷敬等集議言
郊廟樂章
世祖章皇帝所親定臣等不敢變易獨朝會燕饗沿習
前明典章未備祈勑下臣等考古樂之原定聲律之
節作爲雅歌用昭盛美　詔曰可於是禮臣曰此詞臣
職也以屬臣廷敬臣待辠掌院事乃集諸詞臣謂之曰
廷敬材能淺薄不足以光制述之事樂歌之作無如公

00319 午亭文編五十卷　（清）陳廷敬撰 清康熙四十七年（1708）林佶寫刻乾隆四十三年（1778）重印本

綫裝。匡高 19.2 厘米，廣 15 厘米。半葉十一行，行二十一字，細黑口，左右雙邊。祁縣圖書館藏。

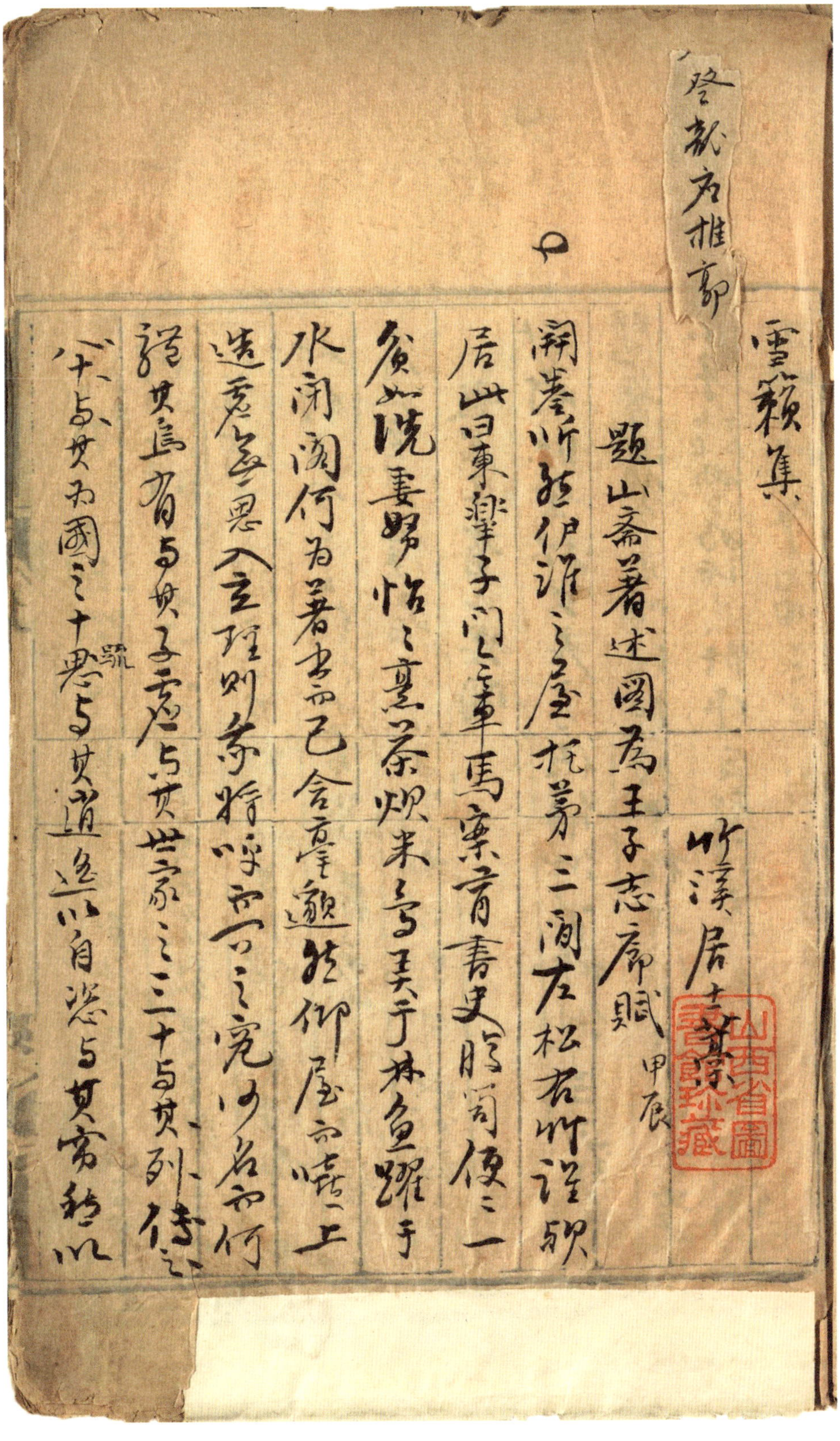

00320 雪籟集一卷　（清）宋廷魁撰　稿本

綫裝。匡高 17.1 厘米，廣 14.3 厘米。半葉十行，行字不等。山西省圖書館藏。

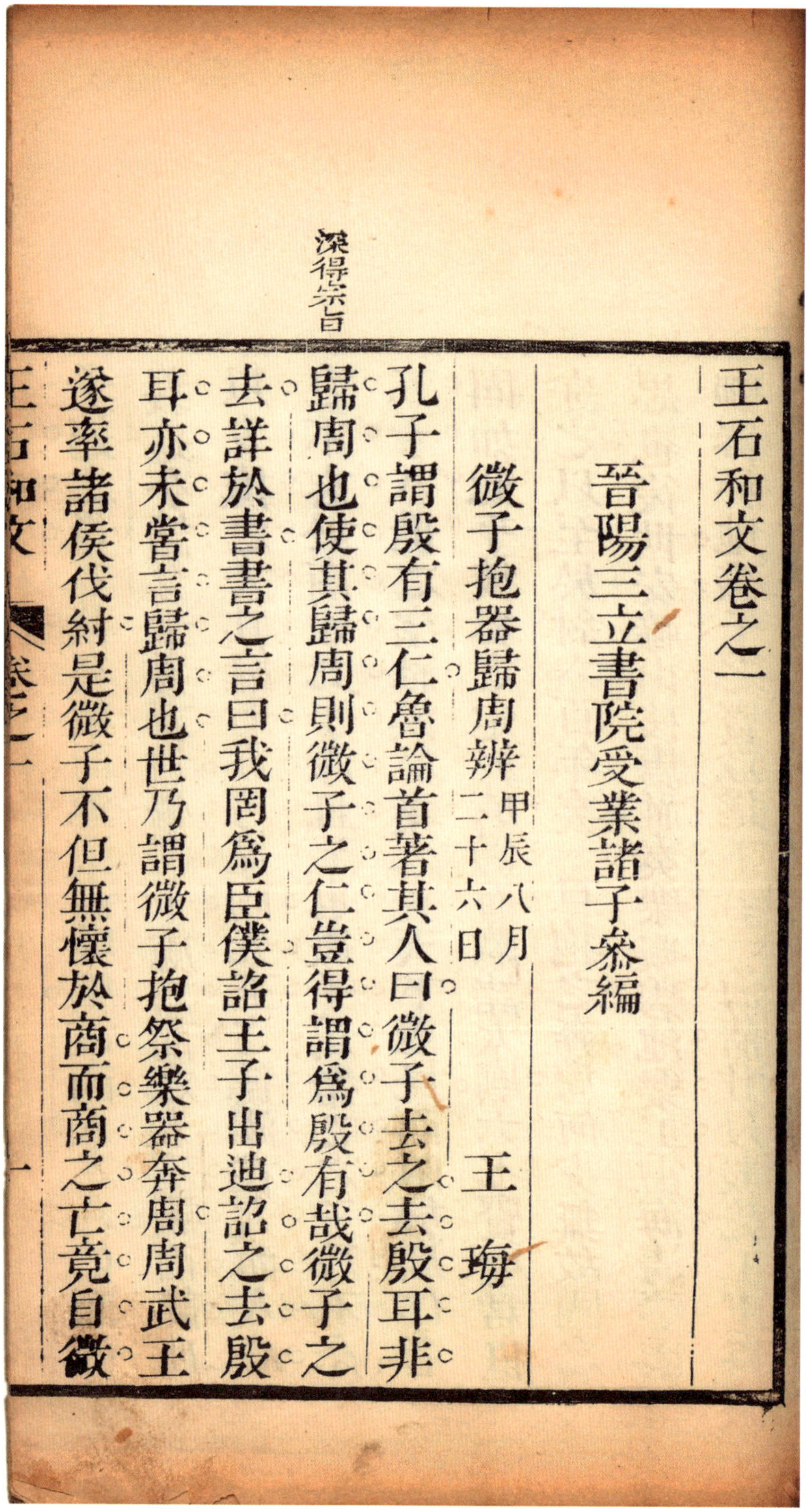
深得宗旨

王石和文卷之一

晉陽三立書院受業諸子彙編

微子抱器歸周辨 甲辰八月二十六日　王珻

孔子謂殷有三仁魯論首著其人曰微子去之去殷耳非歸周也使其歸周則微子之仁豈得謂爲殷有哉微子之去詳於書書之言曰我周爲臣僕詔王子出迪詔之去殷耳亦未嘗言歸周也世乃謂微子抱祭樂器奔周周武王遂率諸侯伐紂是微子不但無懷於商而商之亡竟自微

王石和文　卷之一　一

00321 王石和文七卷　（清）王珻撰 清雍正七年（1729）培風齋刻本

綫裝。匡高 19.6 厘米，廣 13.8 厘米。半葉九行，行二十二字，白口，四周單邊。山西大學圖書館藏。

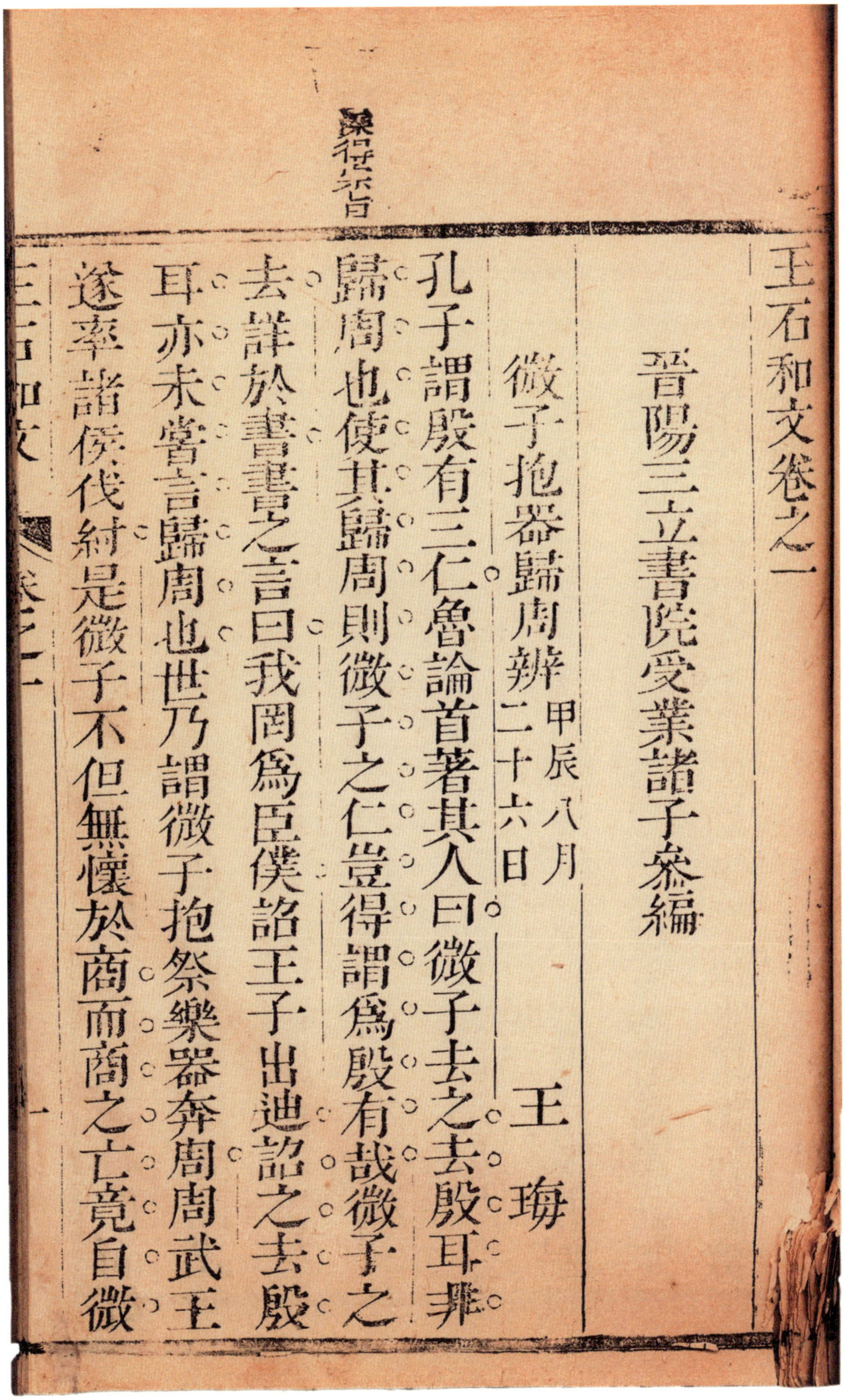
王石和文卷之一
晉陽三立書院受業諸子叅編
微子抱器歸周辨 甲辰八月二十六日 王珻
孔子謂殷有三仁魯論首著其人曰微子去之去殷耳非
歸周也使其歸周則微子之仁豈得謂爲殷有哉微子之
去詳於書書之言曰我罔爲臣僕詔王子出迪詔之去殷
耳亦未嘗言歸周也世乃謂微子抱祭樂器奔周周武王
遂率諸侯伐紂是微子不但無懐於商而商之亡竟自微

00322 王石和文九卷　（清）王珻撰 清乾隆六年（1741）刻本 培風齋藏板

綫裝。匡高 18.7 厘米，廣 13 厘米。半葉九行，行二十二字，白口，四周單邊。山西大學圖書館藏。

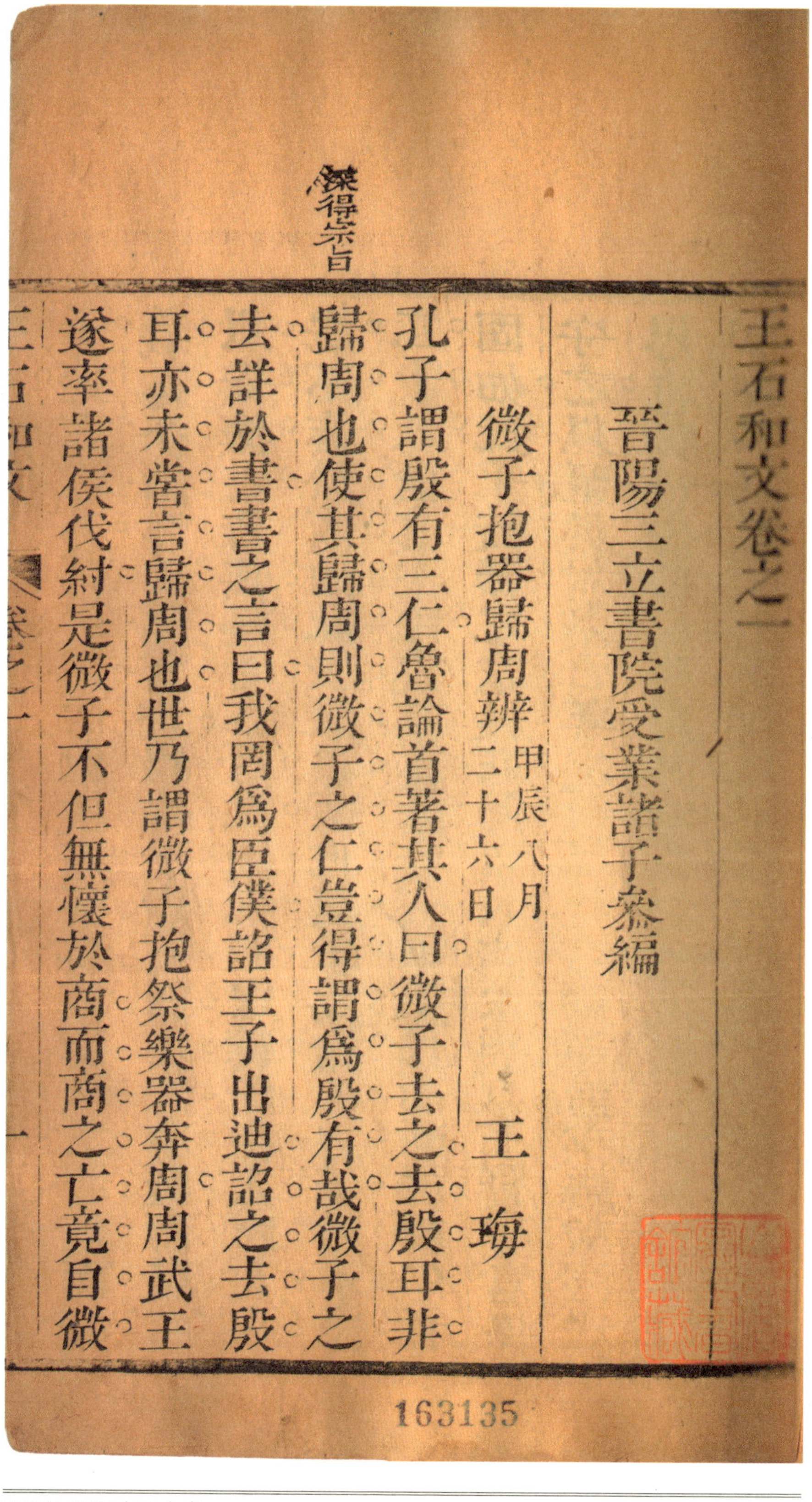

00323 王石和文九卷　（清）王珻撰　清乾隆六年（1741）刻本　培風齋藏板

綫裝。匡高 18.7 厘米，廣 13 厘米。半葉九行，行二十二字，白口，四周單邊。山西省圖書館藏。

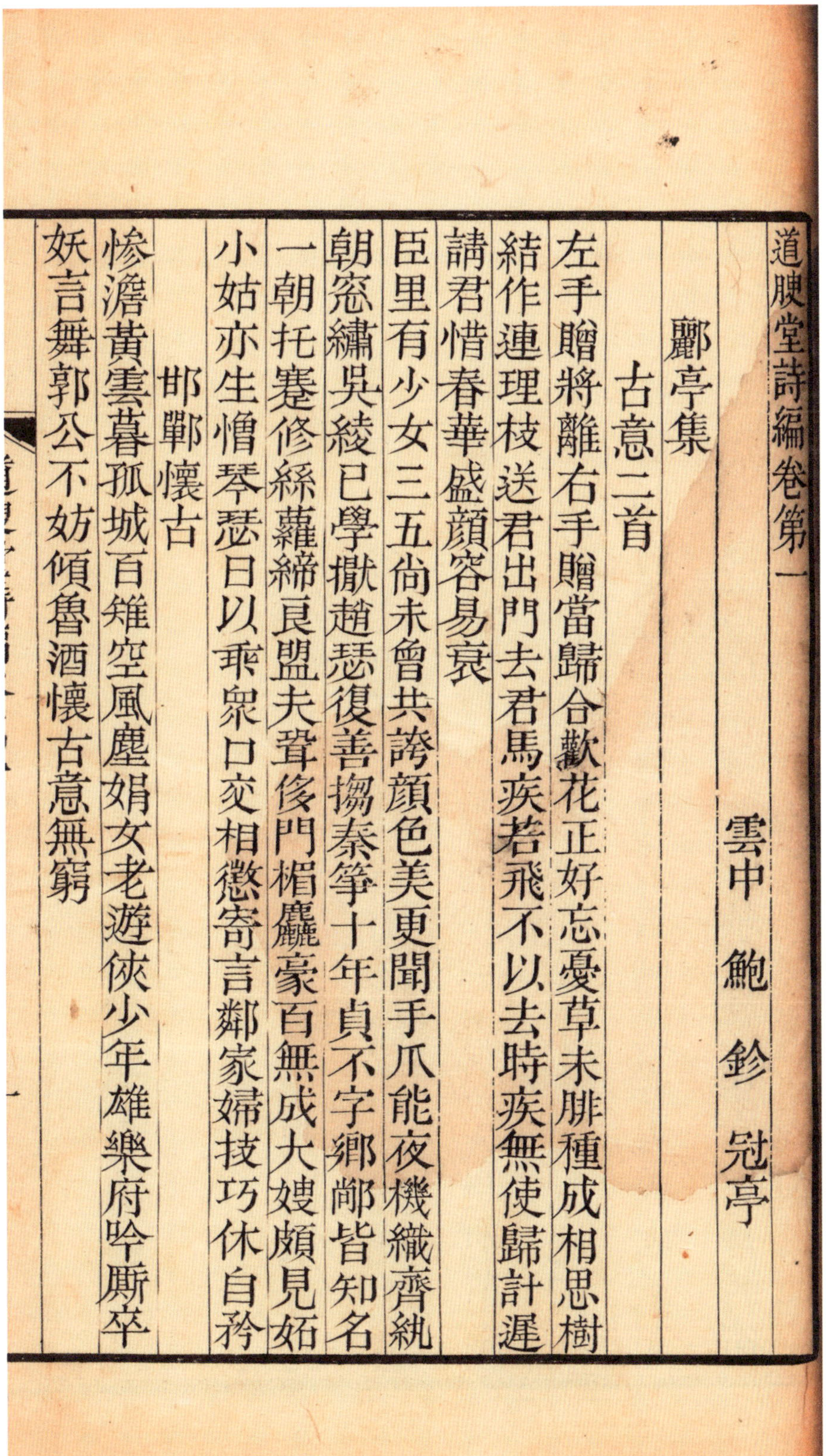

道腴堂詩編卷第一　雲中　鮑鈖　冠亭
酇亭集
古意二首
左手贈將離右手贈當歸合歡花正好忘憂草未腓種成相思樹
結作連理枝送君出門去君馬疾若飛不以去時疾無使歸計遲
請君惜春華盛顏容易衰
臣里有少女三五尚未曾共誇顏色美更聞手爪能夜機織齊紈
朝窓繡吳綾已學撳趙瑟復善搊秦箏十年貞不字鄉鄙皆知名
一朝托蹇修絲蘿締良盟夫聟侈門楣麤豪百無成大嫂頗見妬
小姑亦生憎琴瑟日以乖衆口交相懲寄言鄰家婦技巧休自矜
邯鄲懷古
慘澹黃雲暮孤城百雉空風塵娼女老遊俠少年雄樂府吟廝卒
妖言舞郭公不妨傾魯酒懷古意無窮

00324 道腴堂詩編三十卷道腴堂詩續十二卷　（清）鮑鈖撰　清乾隆刻本

綫裝。匡高 21 厘米，廣 14.3 厘米。半葉十四行，行二十五字，白口，四周單邊。山西大學圖書館藏，詩續存六卷（一至六）。

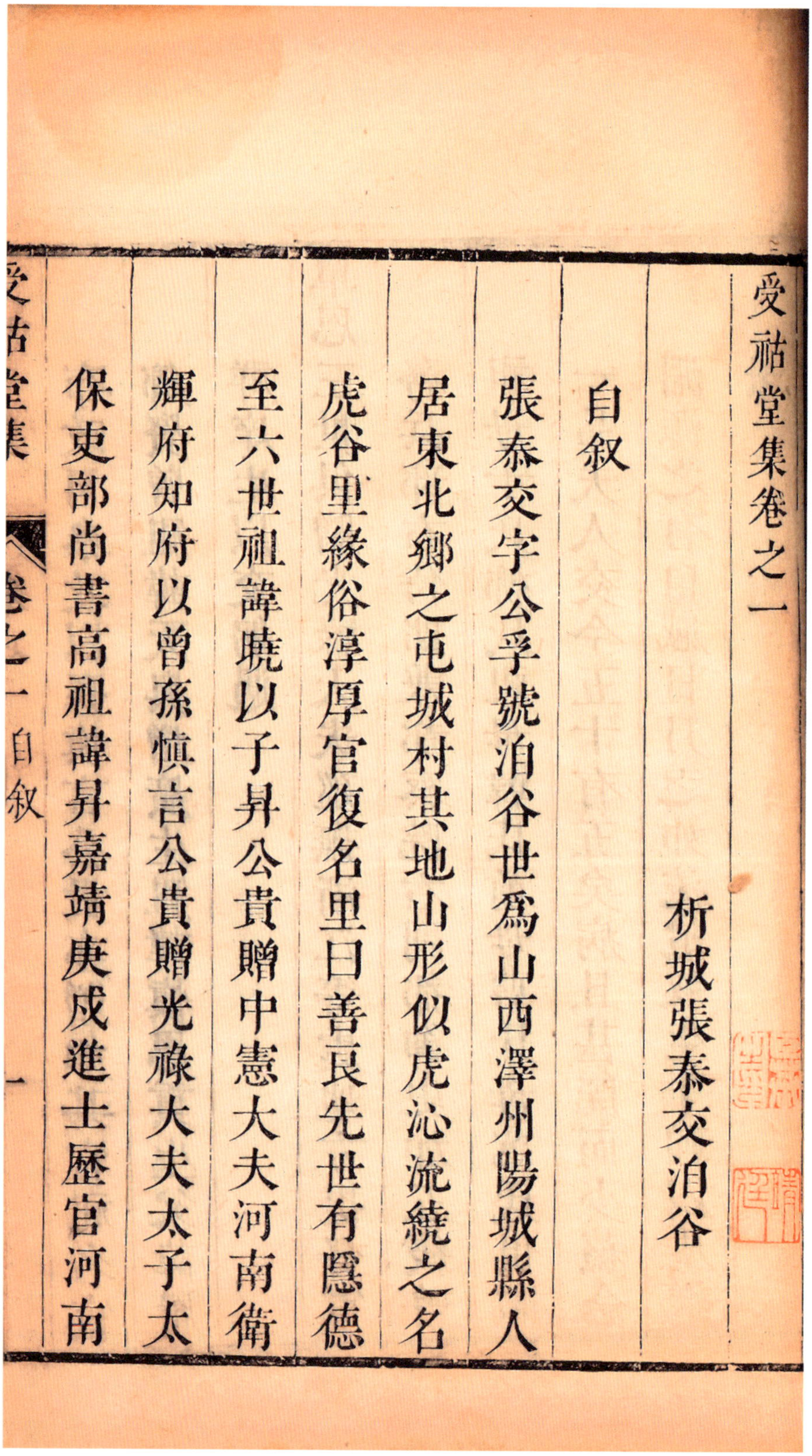
受祜堂集卷之一
析城張泰交洎谷
自叙
張泰交字公孚號洎谷世爲山西澤州陽城縣人
居東北鄉之屯城村其地山形似虎沁流繞之名
虎谷里緣俗淳厚官復名里曰善良先世有隱德
至六世祖諱曉以子昇公貴贈中憲大夫河南衛
輝府知府以曾孫慎言公貴贈光祿大夫太子太
保吏部尚書高祖諱昇嘉靖庚戌進士歷官河南
受祜堂集　卷之一　自叙　一

00325 受祜堂集十二卷　（清）張泰交撰 清康熙四十五年（1706）高熊征刻本

綫裝。匡高 20 厘米，廣 14.4 厘米。半葉九行，行二十一字，白口，左右雙邊。鈐“靈石王氏壽椿堂圖書”、“靖廷”、“臣恭之印”等印。山西大學圖書館藏。

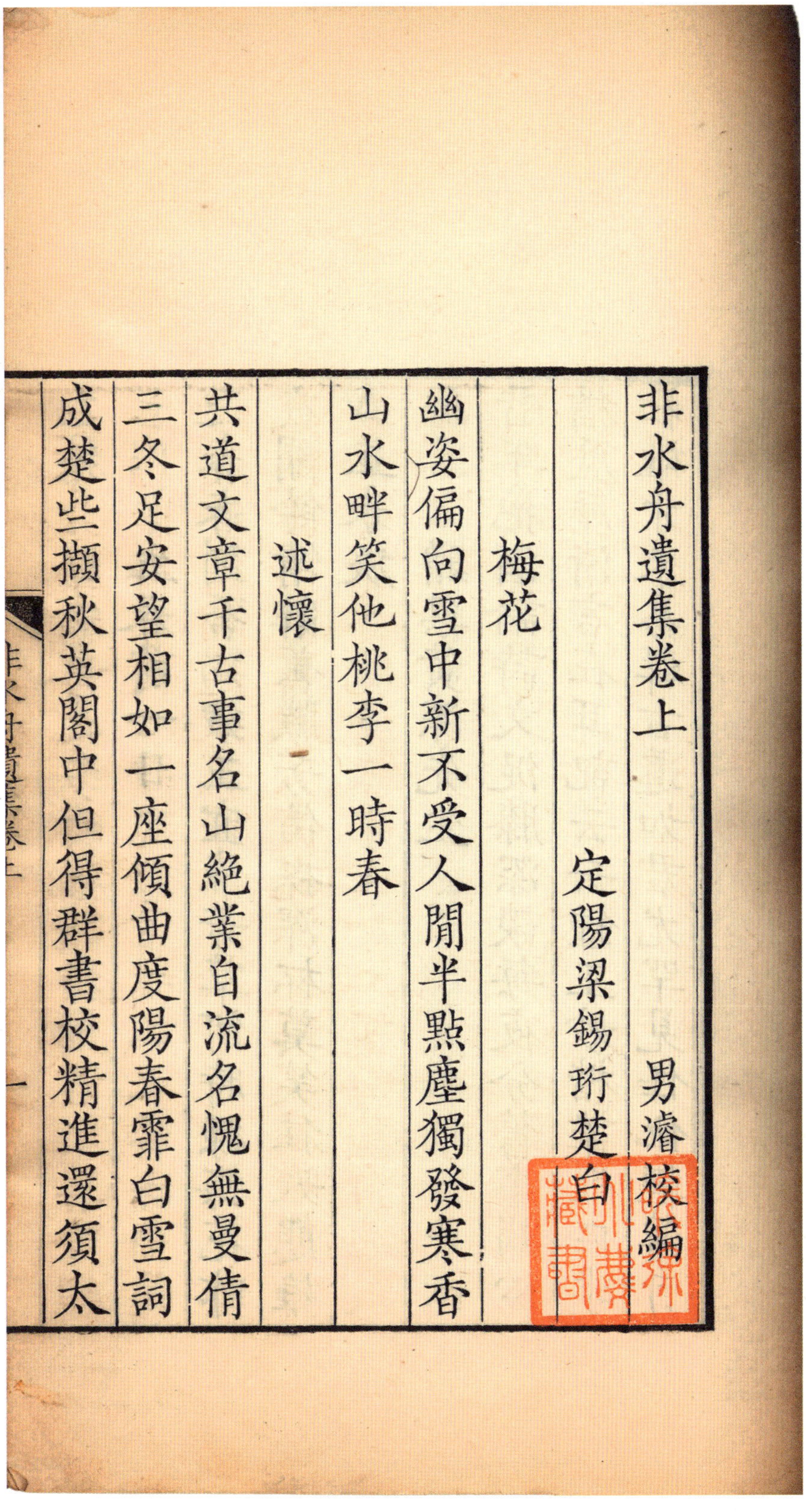
非水舟遺集卷上
男濬校編
定陽梁錫珩楚白
梅花
幽姿偏向雪中新不受人閒半點塵獨發寒香
山水畔笑他桃李一時春
述懷
共道文章千古事名山絕業自流名愧無曼倩
三冬足安望相如一座傾曲度陽春霏白雪詞
成楚些擷秋英閣中但得群書校精進還須太

非水舟遺集卷上　一

00326 非水舟遺集二卷　（清）梁錫珩撰　清乾隆六年（1741）梁濬刻本

綫裝。匡高 16 厘米，廣 11.3 厘米。半葉九行，行十八字，白口，左右雙邊。山西大學圖書館藏。

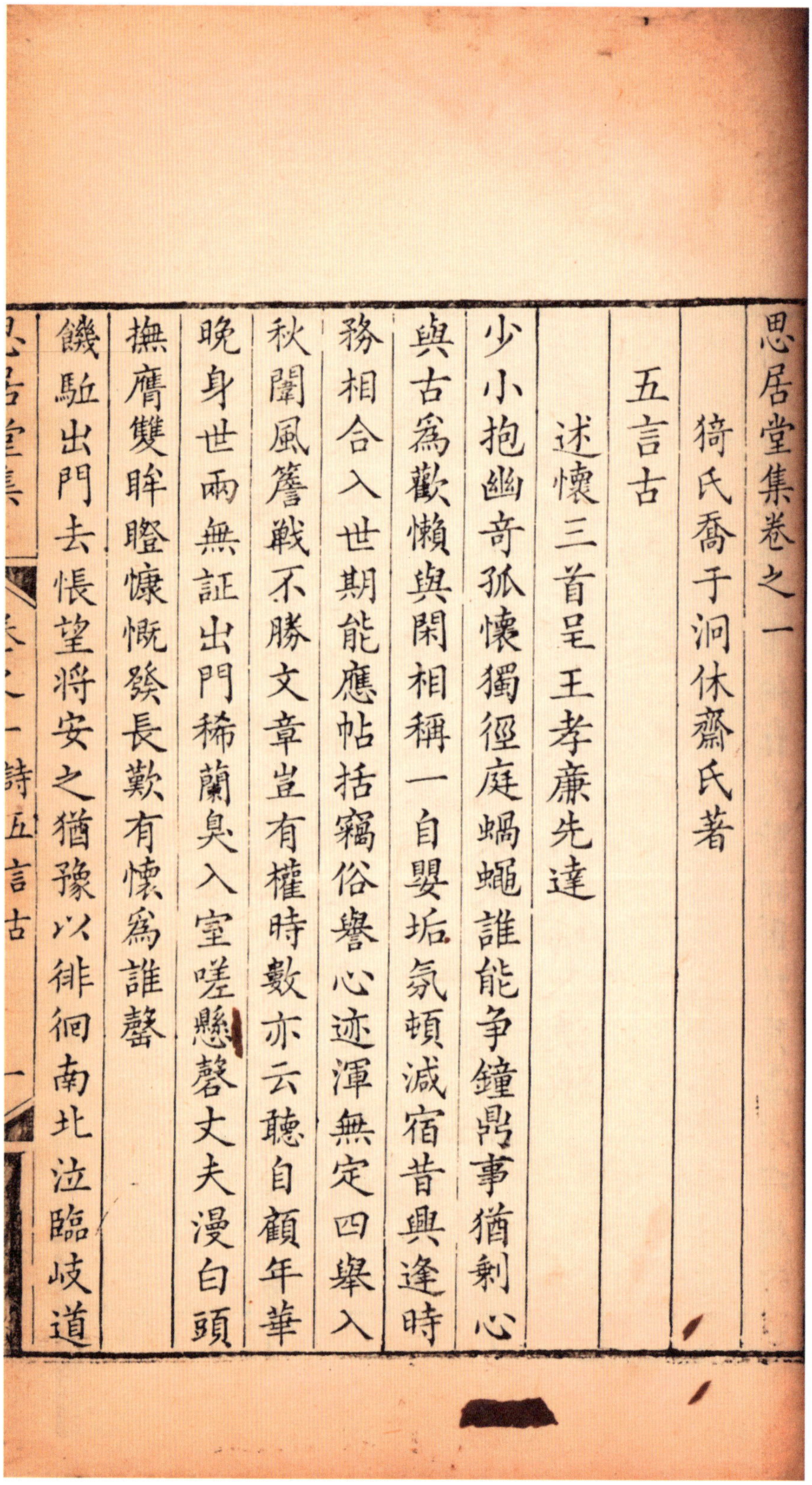
思居堂集卷之一
猗氏喬于泂休齋氏著
五言古
述懷三首呈王孝廉先達
少小抱幽奇孤懷獨徑庭蝸蠅誰能爭鐘鼎事猶剩心
與古爲歡懶與閑相稱一自嬰垢氛頓滅宿昔興逢時
務相合入世期能應帖括竊俗譽心迹渾無定四舉入
秋闈風簷戰不勝文章豈有權時數亦云聽自顧年華
晚身世兩無証出門稀蘭臭入室嗟懸磬丈夫漫白頭
撫膺雙眸瞪慷慨發長歎有懷爲誰罄
饑駈出門去悵望將安之猶豫以徘徊南北泣臨岐道
思居堂集　卷之一　詩五言古　一

00327 思居堂集十三卷　（清）喬于泂撰　清乾隆二十一年（1756）刻本

綫裝。匡高 18 厘米，廣 14.3 厘米。半葉十一行，行二十一字，黑口，左右雙邊。山西大學圖書館藏。

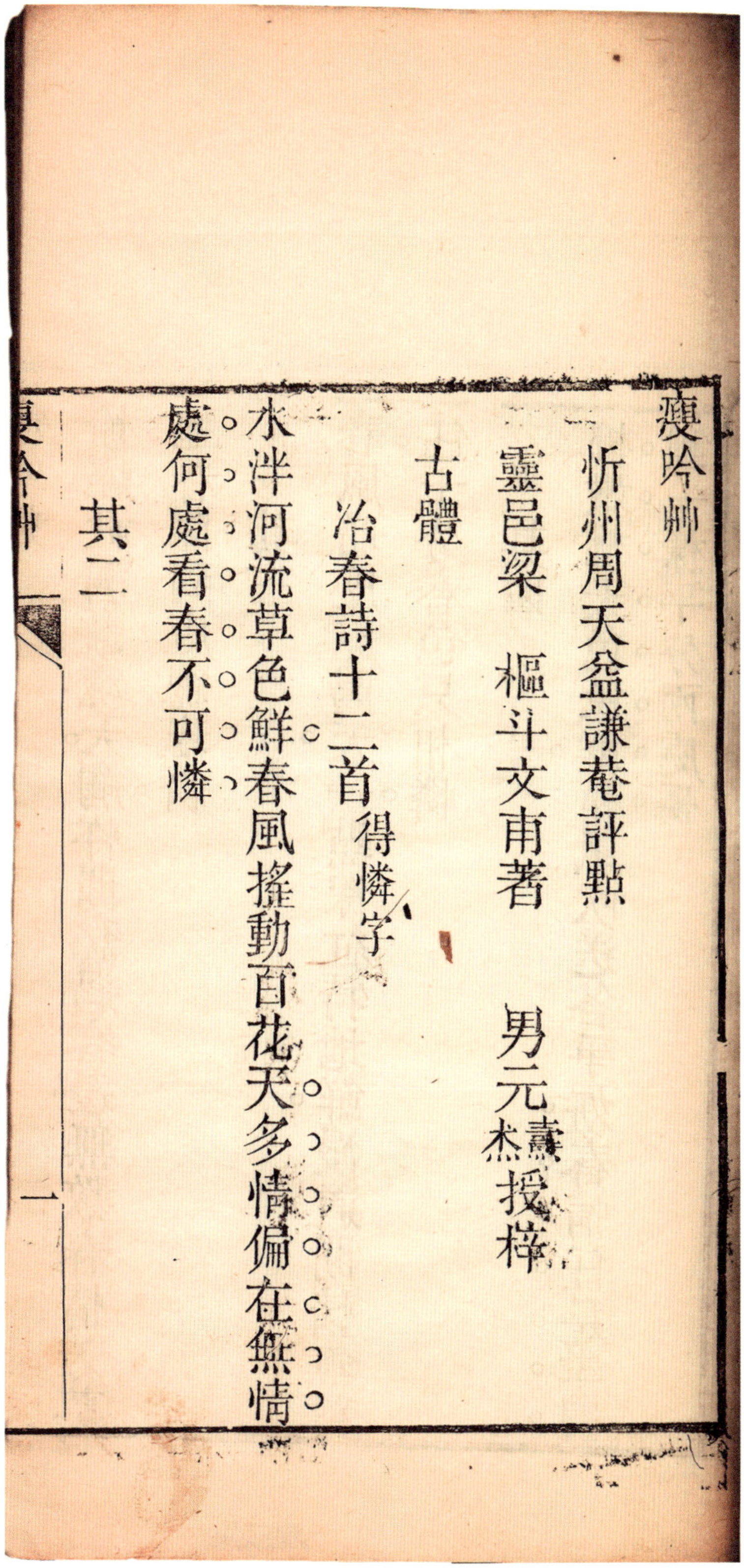
瘦吟艸
忻州周天益謙菴評點
靈邑梁　樞斗文甫著　男元燾杰授梓
古體
冶春詩十二首得憐字
水泮河流草色鮮春風搖動百花天多情偏在無情
處何處看春不可憐
其二
瘦吟艸　一

00328 瘦吟草二卷　（清）梁樞撰 周天益評點 清乾隆三十二年（1767）靈石梁元燾 梁元杰刻本 裁雲書屋藏板

綫裝。匡高 17.4 厘米，廣 11 厘米。半葉八行，行二十字，白口，四周單邊。山西大學圖書館藏。

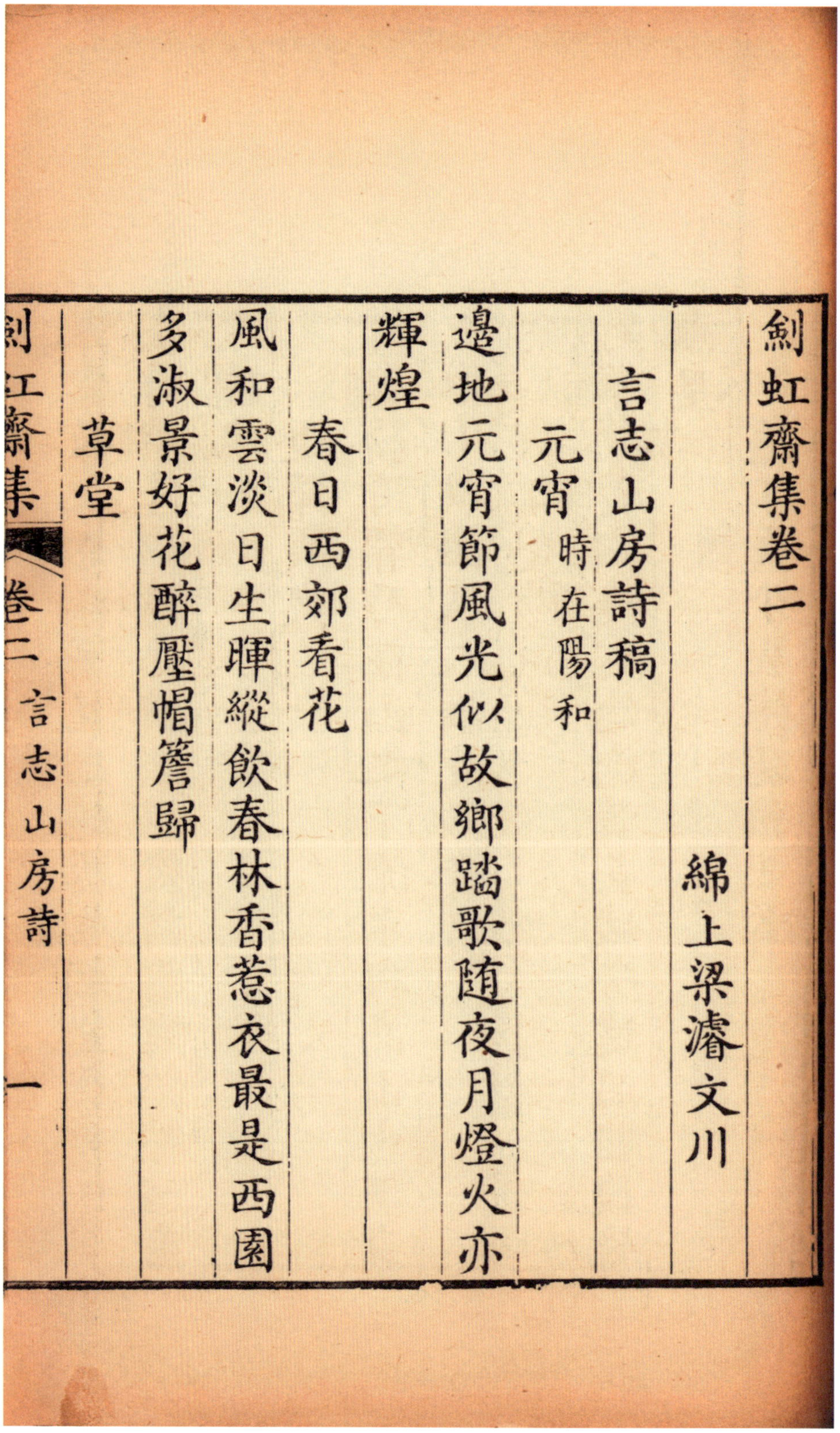
劍虹齋集卷二
綿上梁濬文川
言志山房詩稿
元宵 時在陽和
邊地元宵節風光似故鄉踏歌隨夜月燈火亦
輝煌
春日西郊看花
風和雲淡日生暉縱飲春林香惹衣最是西園
多淑景好花醉壓帽簷歸
草堂
劍虹齋集　卷二　言志山房詩　一

00329 劍虹齋集十二卷　（清）梁濬撰 清乾隆三十六年（1771）梁本榮一畝園刻本

綫裝。匡高 15.5 厘米，廣 13 厘米。半葉十行，行十八字，白口，左右雙邊。山西大學圖書館藏。

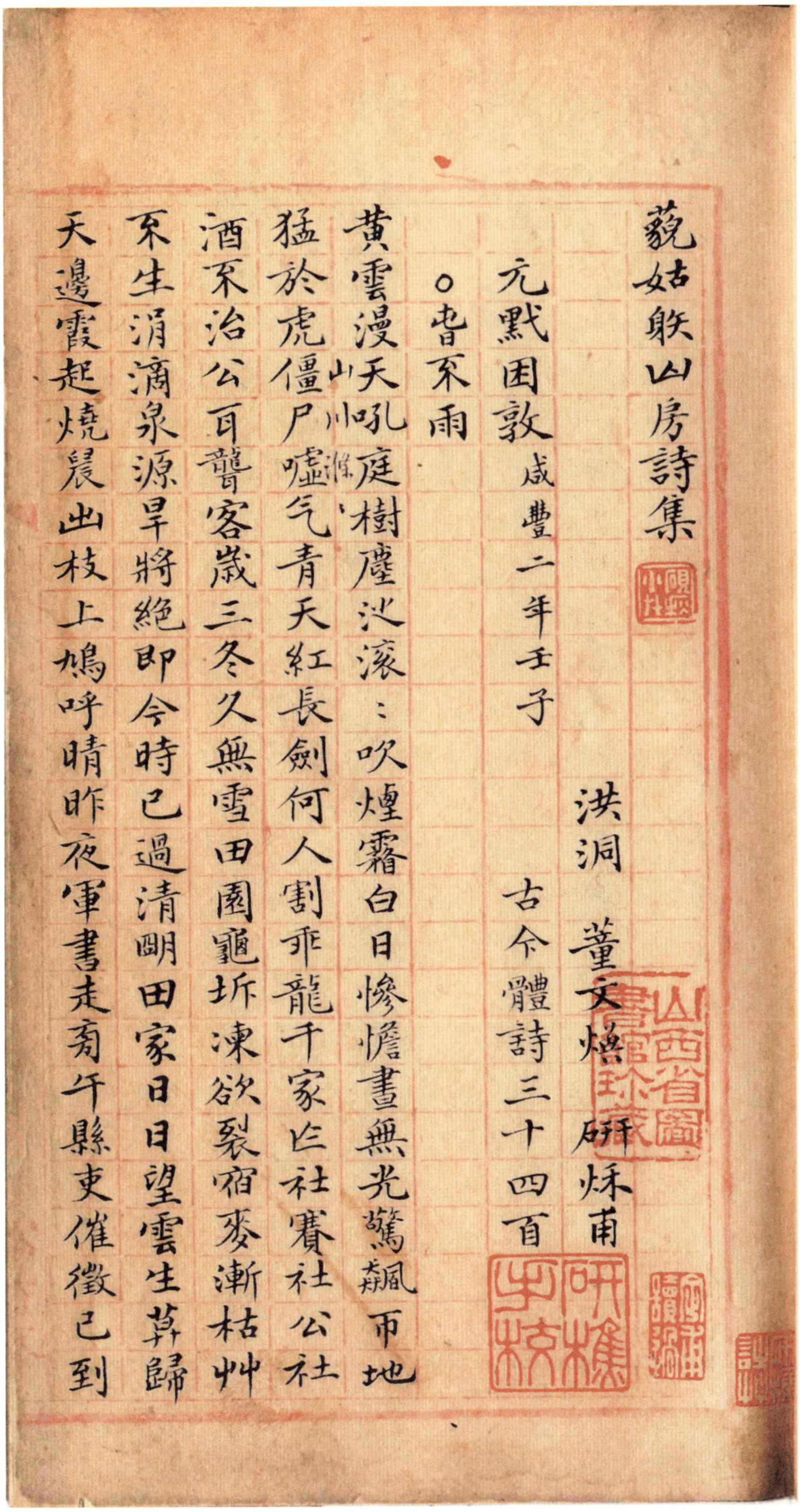
藐姑射山房詩集
洪洞　董文煥研秌甫
元默困敦　咸豐二年壬子　古今體詩三十四首
○春不雨
黃雲漫天吼庭樹塵沙滾滾吹煙霧白日慘憺晝無光驚飆帀地
猛於虎僵尸噓氣青天紅長劍何人割乖龍千家乞社賽社公社
酒不治公耳聾客歲三冬久無雪田園龜坼涷欲裂宿麥漸枯艸
不生涓滴泉源旱將絕即今時已過清明田家日日望雲生莫歸
天邊霞起燒晨出枝上鳩呼晴昨夜軍書走旁午縣吏催徵已到

00330 藐姑射山房詩集三卷　（清）董文焕撰　稿本

綫裝。匡高 19.9 厘米，廣 11.6 厘米。半葉九行，行二十五字，白口，四周雙邊。鈐“研樵詩草”等印。山西省圖書館藏。

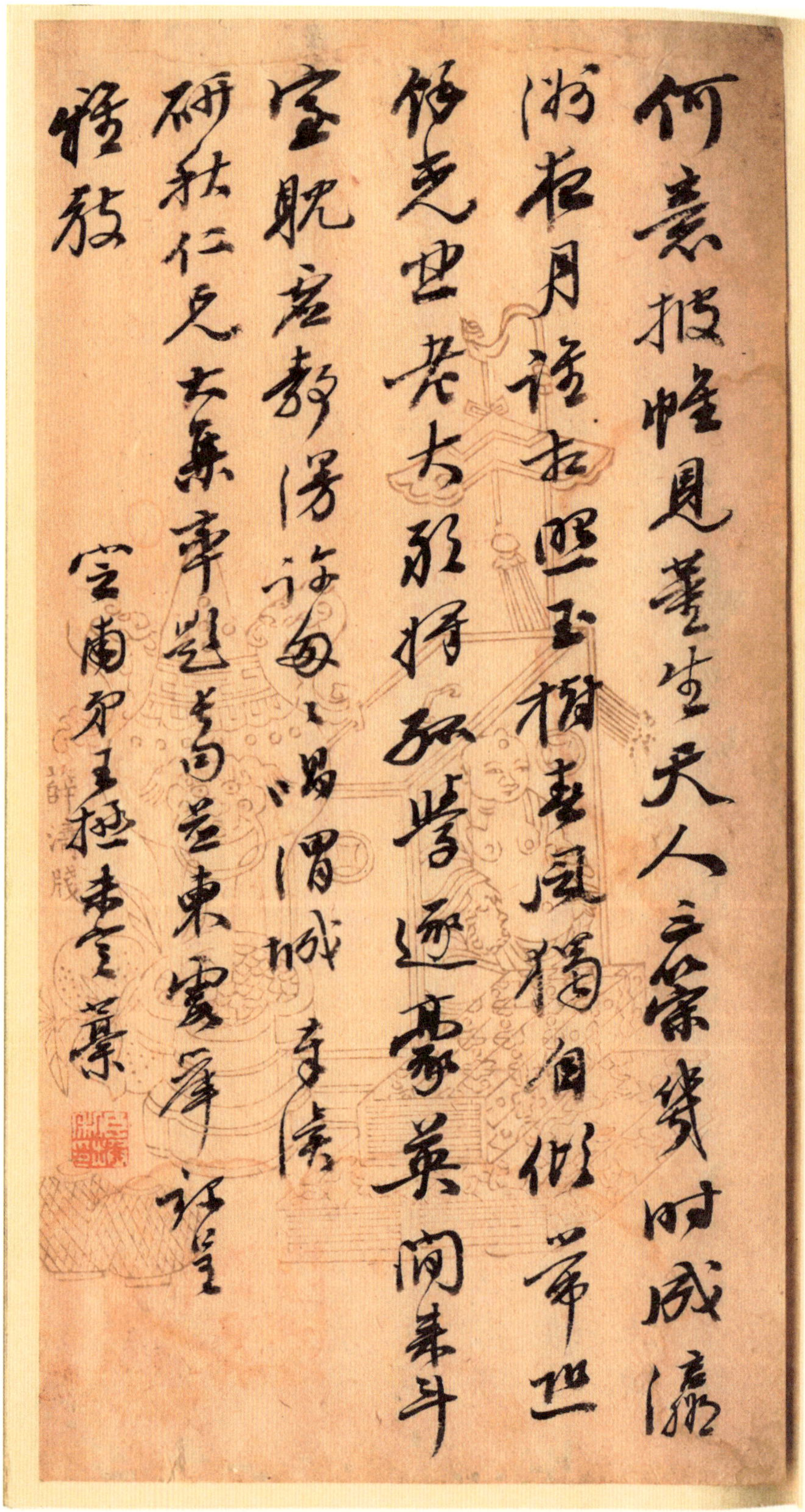

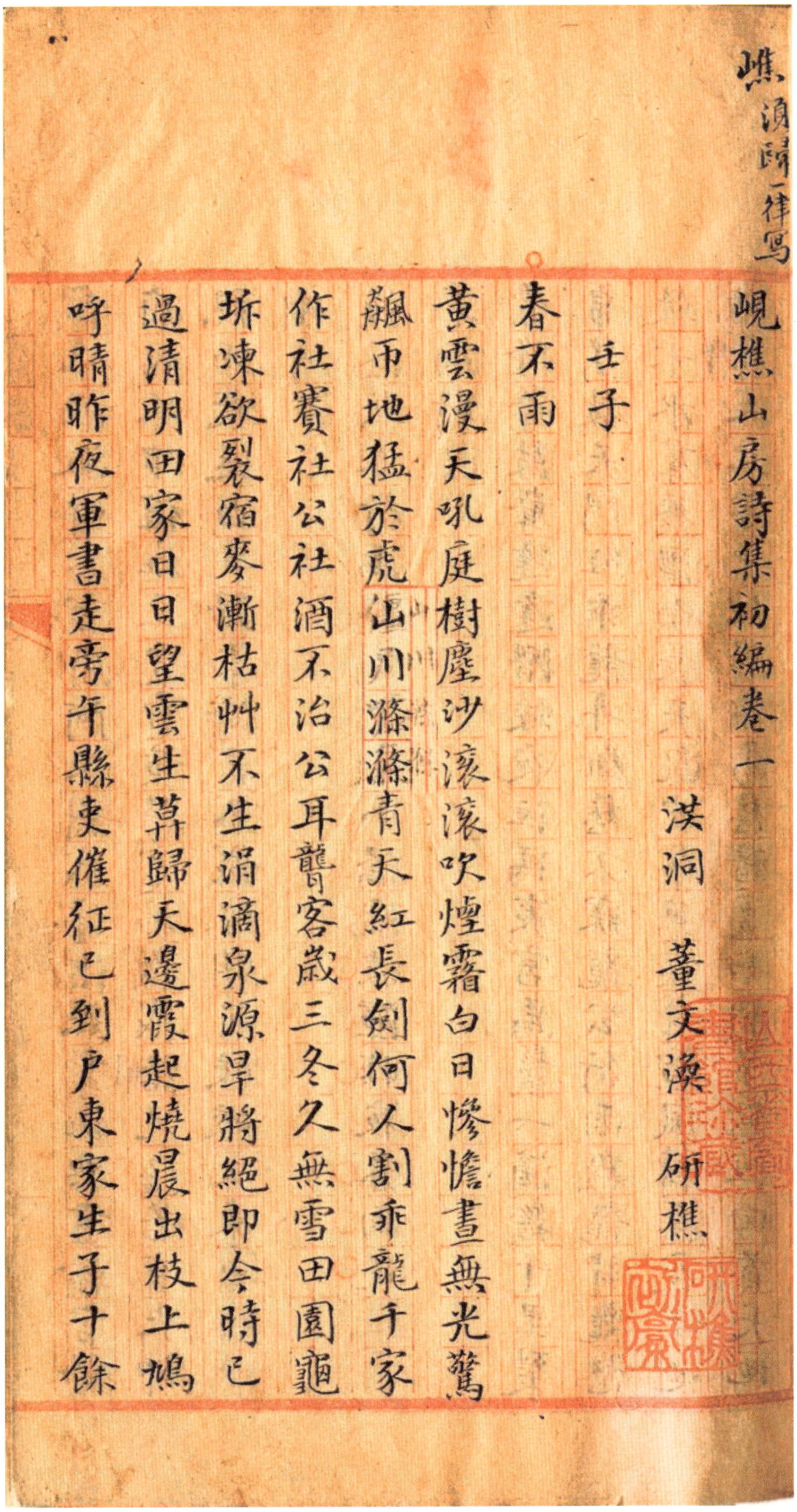
嶕須歸一律寫
峴樵山房詩集初編卷一
淇洞　董文渙　研樵
壬子
春不雨
黃雲漫天吼庭樹塵沙滾滾吹煙霾白日慘憺晝無光驚
飆帀地猛於虎山川滌滌青天紅長劍何人割乖龍千家
作社賽社公社酒不治公耳聾客歲三冬久無雪田園龜
坼凍欲裂宿麥漸枯艸不生涓滴泉源旱將絕即今時已
過清明田家日日望雲生莫歸天邊霞起燒晨出枝上鳩
呼晴昨夜軍書走旁午縣吏催征已到戶東家生子十餘

00331 峴樵山房詩集初編八卷 (清)董文煥撰 清同治七年(1868) 稿本

綫裝。匡高 17.9 厘米，廣 12.5 厘米。半葉十行，行二十二字。鈐“研樵初稿”等印。山西省圖書館藏。

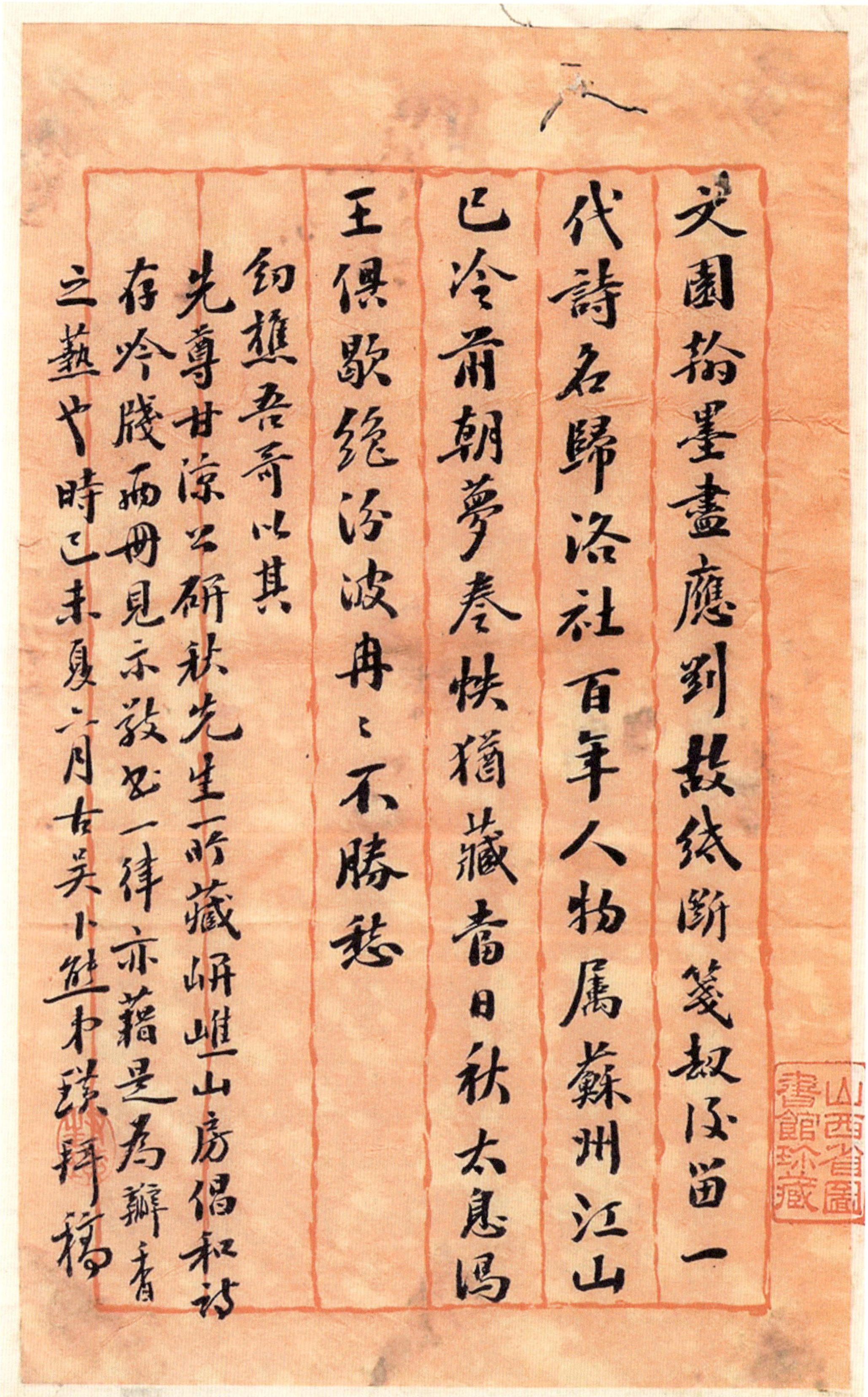

文園翰墨盡應劉，敗紙斷箋劫後留。一代詩名歸洛社，百年人物屬蘇州。江山已冷前朝夢，卷帙猶藏昔日秋。太息馮王俱歇絕，滄波冉冉不勝愁。

幼樵吾哥以其先尊甘涼公研秋先生所藏峴嶕山房倡和詩存冷殘兩冊見示，敬書一律，亦藉是為瓣香之藝也。時己未夏六月古吳卜[illegible]拜稿

山西省圖書館珍藏

00332 峴樵山房倡和詩存二卷 (清)董文煥等撰 稿本

綫裝。半葉六行，行十五字。鈐“聲父”等印。山西省圖書館藏。

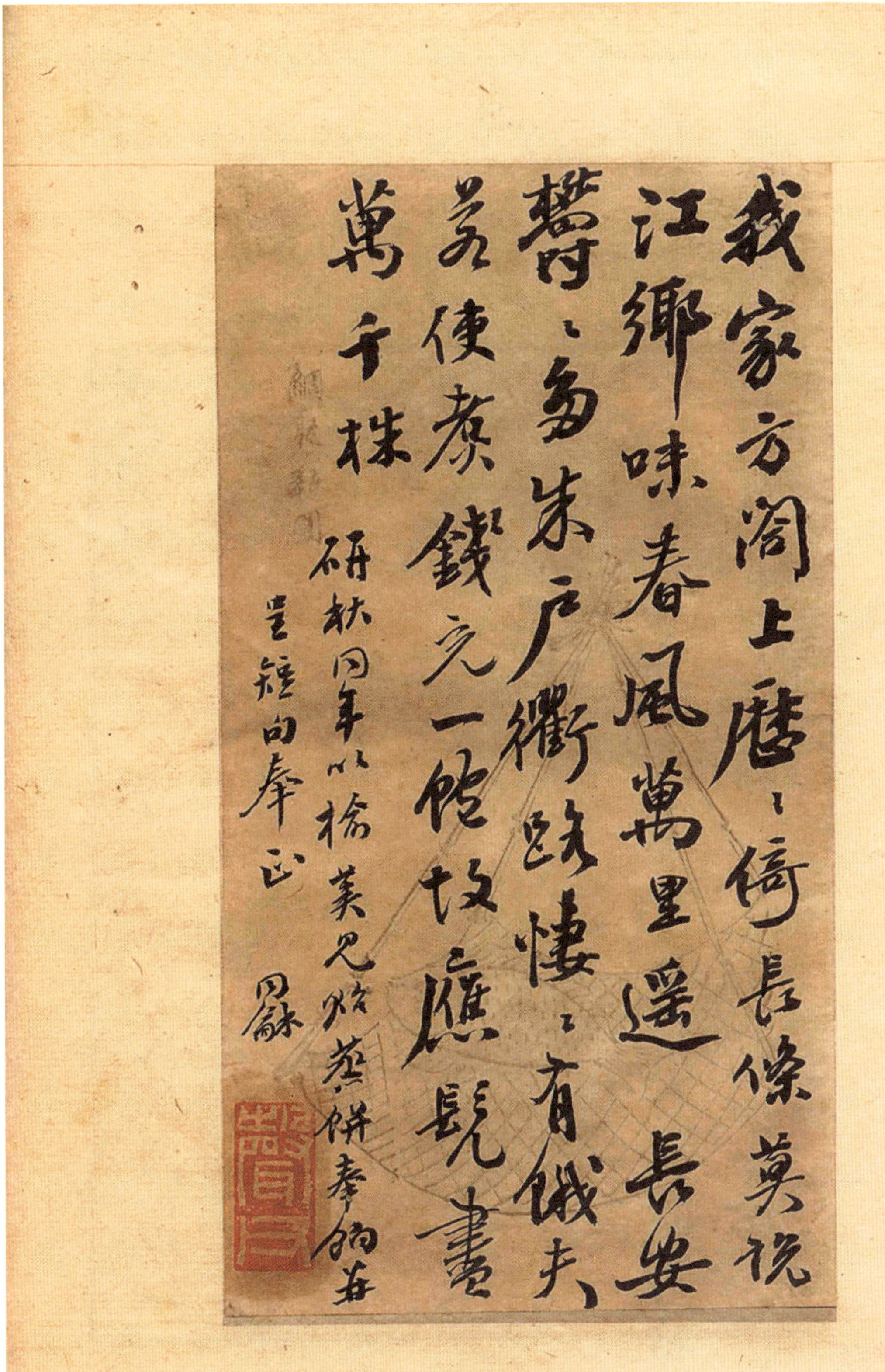

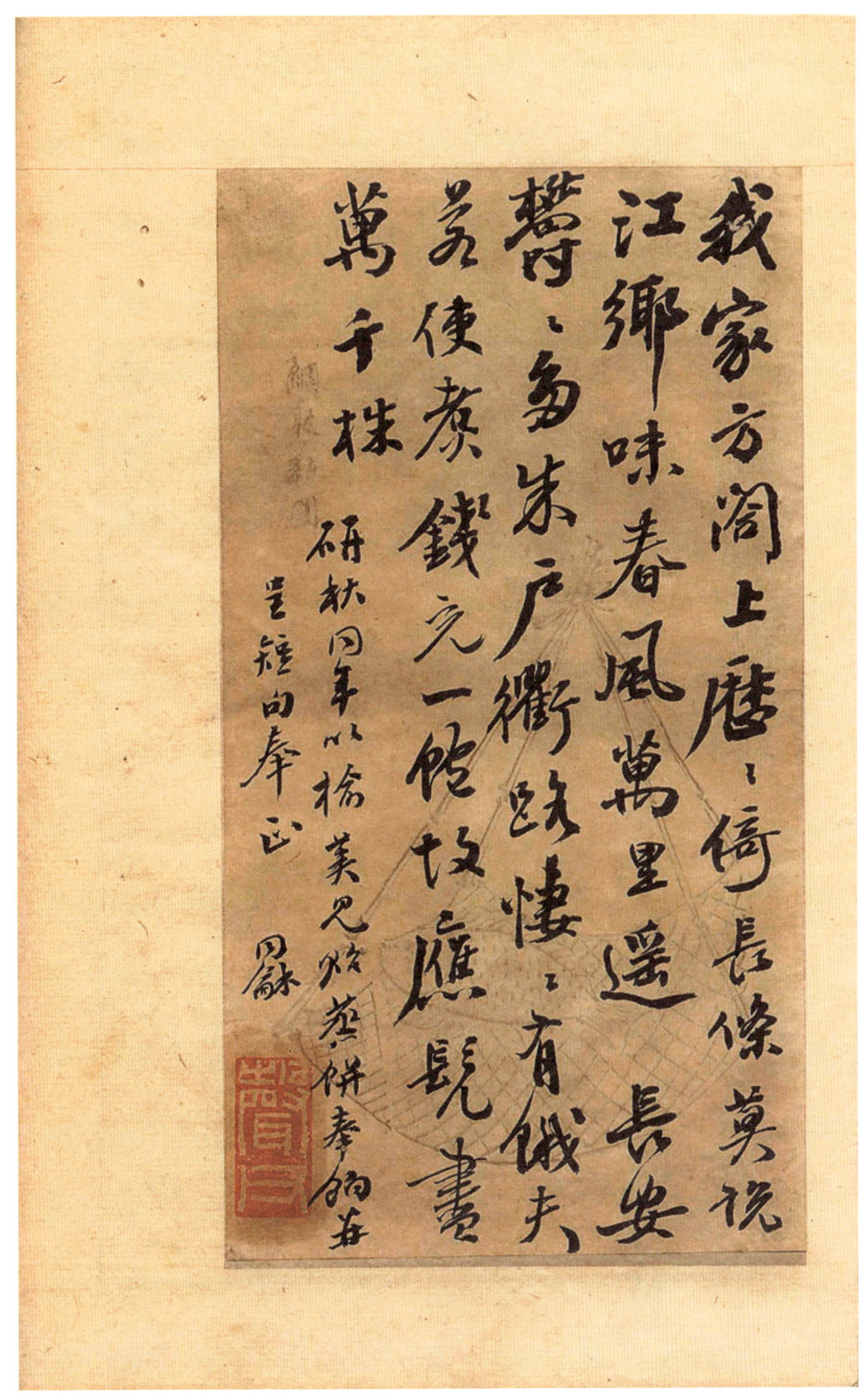

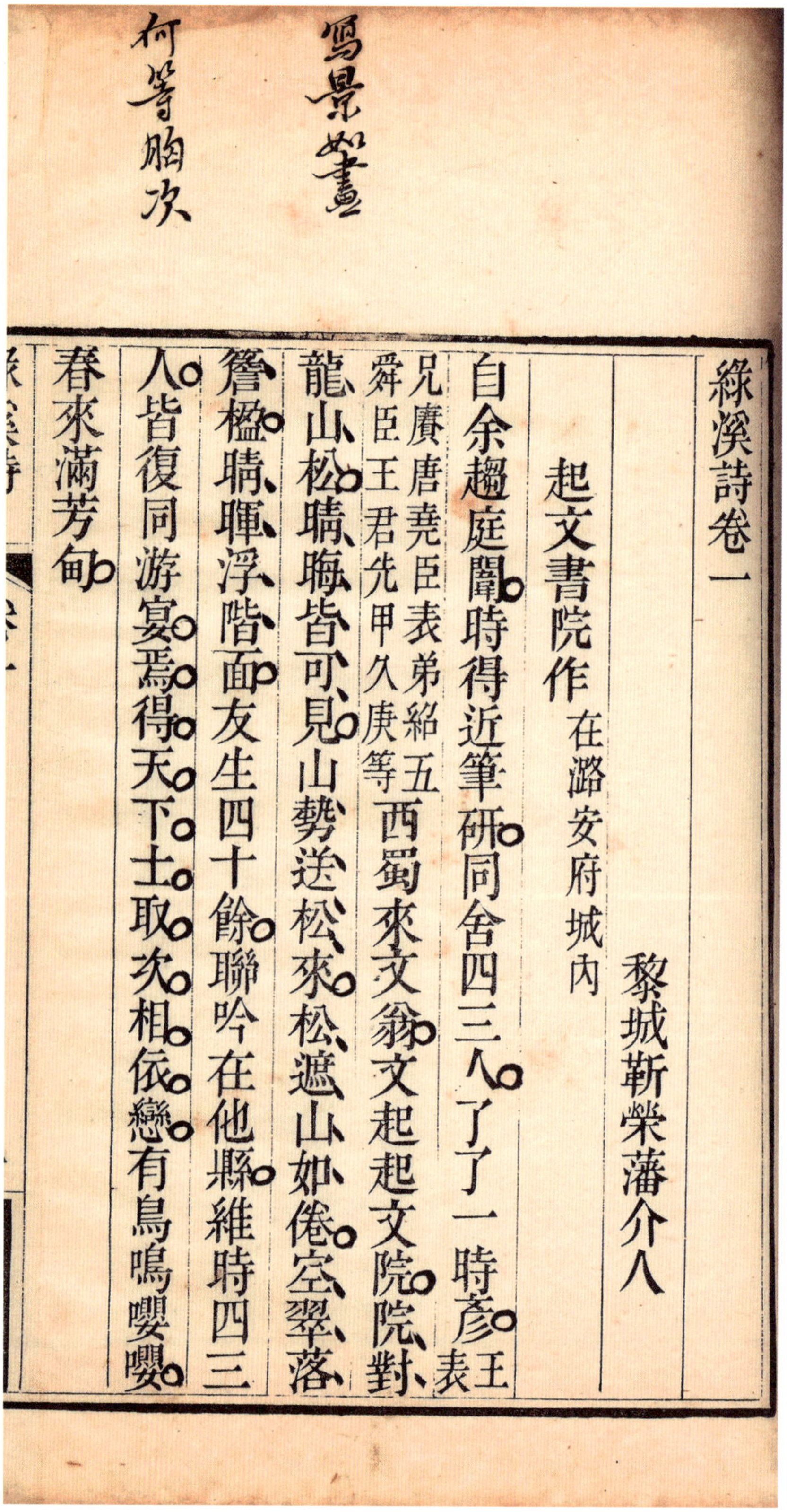
寫景如畫
何等胸次

綠溪詩卷一
黎城靳榮藩介人
起文書院作 在潞安府城內
自余趨庭闈時得近筆研同舍四三人了了一時彥王表兄賡唐堯臣表弟紹五舜臣王君先甲久庚等西蜀來文翁文起起文院院對
龍山松晴晦皆可見山勢送松來松遮山如倦空翠落
簷楹晴暉浮階面友生四十餘聯吟在他縣維時四三
人皆復同游宴焉得天下士取次相依戀有鳥鳴嚶嚶
春來滿芳甸

00333 綠溪全集五種　（清）靳榮藩撰 清乾隆十九年至四十九年（1754–1784）刻本

綫裝。匡高 17.5 厘米，廣 13.5 厘米。半葉九行，行二十一字，粗黑口，四周雙邊。山西大學圖書館藏。

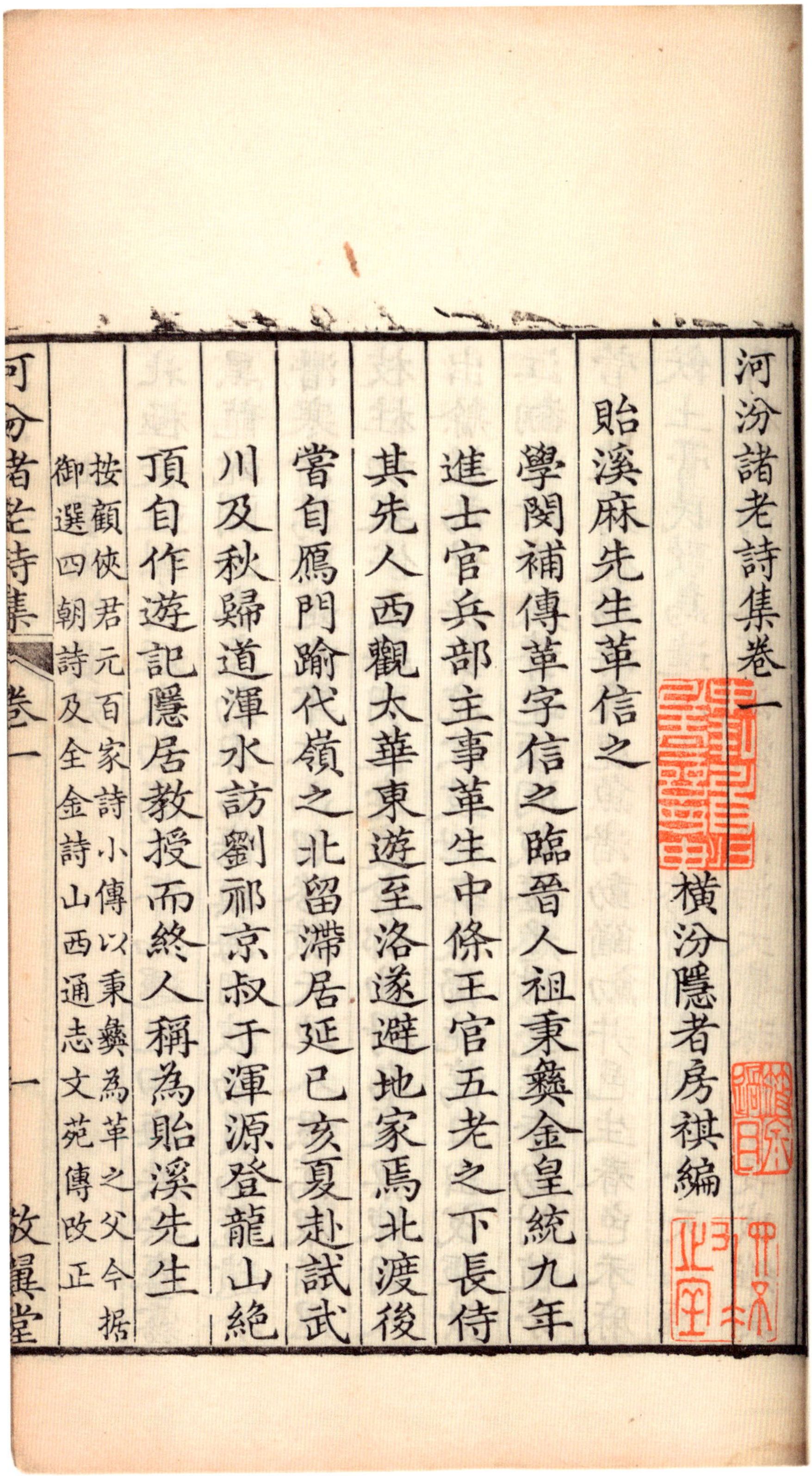
河汾諸老詩集卷一
橫汾隱者房祺編
貽溪麻先生革信之
學閔補傳革字信之臨晉人祖秉彝金皇統九年進士官兵部主事革生中條王官五老之下長侍其先人西覲太華東遊至洛遂避地家焉北渡後嘗自鴈門踰代嶺之北留滯居延己亥夏赴試武川及秋歸道渾水訪劉祁京叔于渾源登龍山絕頂自作遊記隱居教授而終人稱為貽溪先生
按顧俠君元百家詩小傳以秉彝為革之父今據御選四朝詩及全金詩山西通志文苑傳改正
河汾諸老詩集　卷一　一　敬翼堂

00334 河汾諸老詩集八卷　（元）房祺輯　清乾隆四十三年（1778）敬翼堂刻道光十五年(1835)續刻本

綫裝。匡高 17.9 厘米，廣 13 厘米。半葉十行，行二十一字，白口，左右雙邊。鈐“筱泉過目”等印。山西大學圖書館藏。

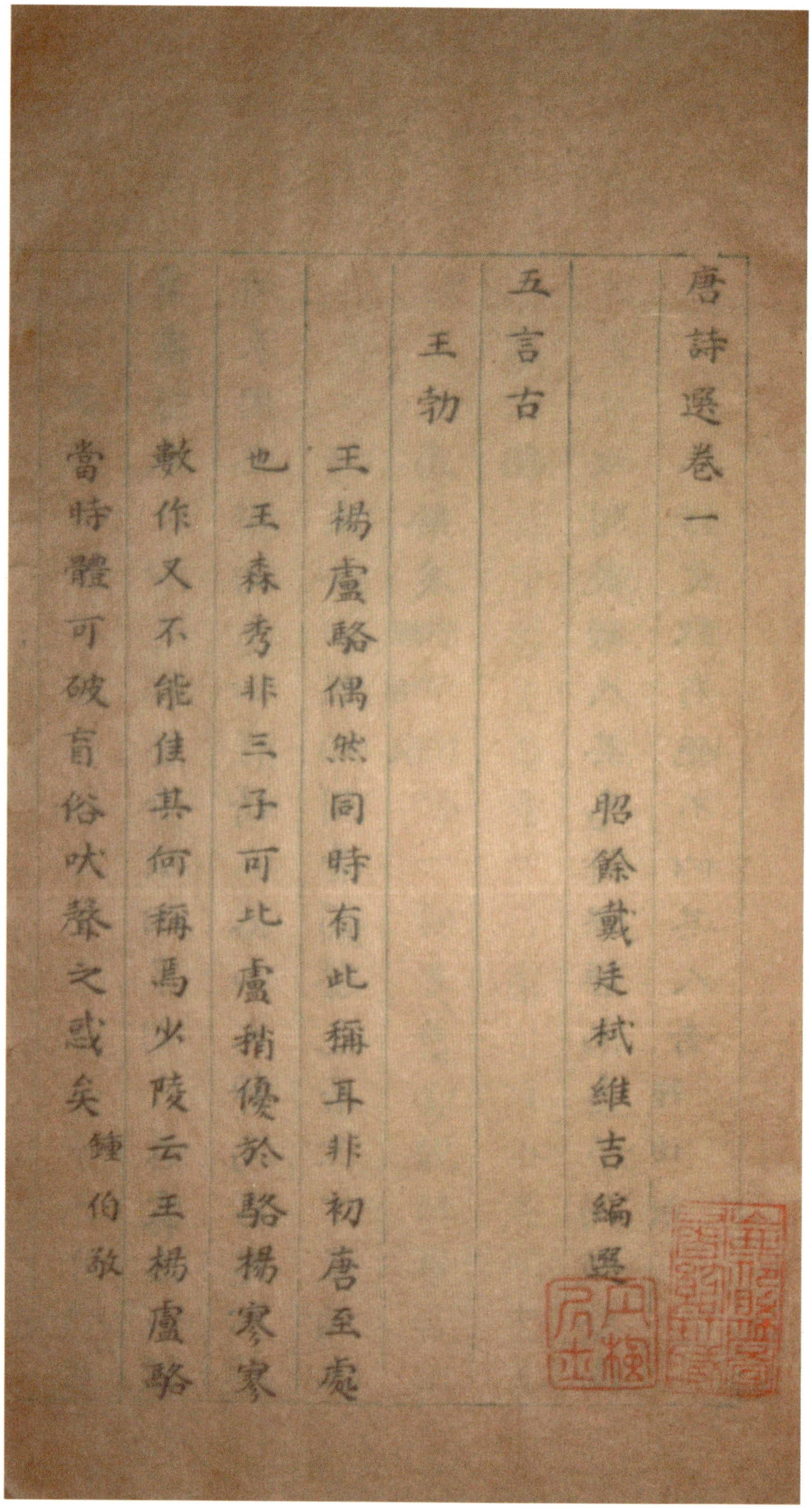

唐詩選卷一

昭餘戴廷栻維吉編選

五言古

王勃

王楊盧駱偶然同時有此稱耳非初唐至處也王森秀非三子可比盧稍優於駱楊寒寡數作又不能佳其何稱焉少陵云王楊盧駱當時體可破盲俗吠聲之惑矣　鍾伯敬

00335 丹楓閣唐詩選三卷　（清）戴廷栻編選 清初抄本

綫裝。匡高 20.9 厘米，廣 13.3 厘米。半葉八行，行二十字，白口，四周單邊。祁縣圖書館藏。

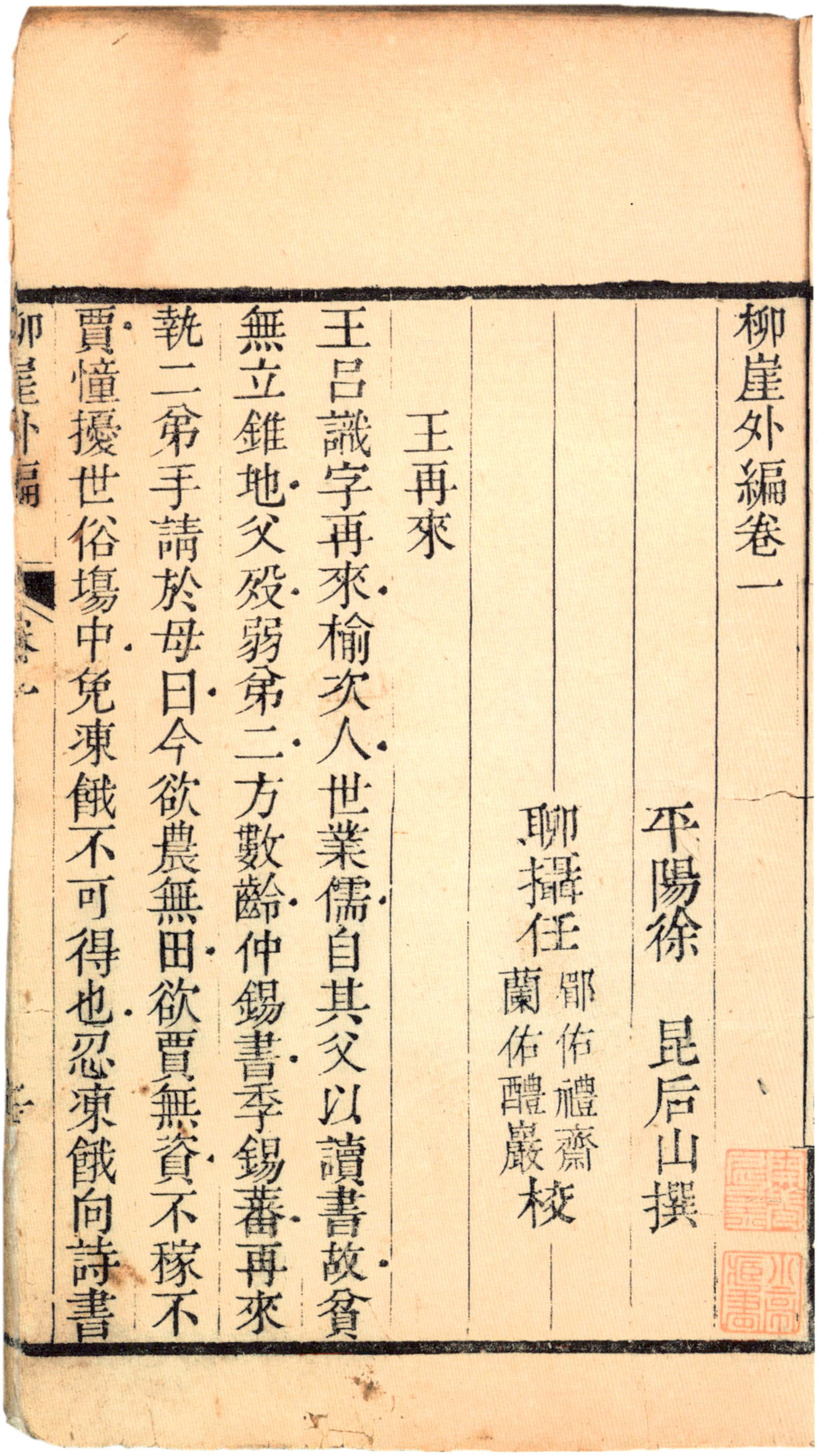

00336 柳崖外編十六卷　（清）徐昆撰　清康熙五十七年（1718）平陽徐氏貯書樓刻本

綫裝。匡高 16.9 厘米，廣 12.5 厘米。半葉九行，行二十字。白口，四周單邊。鈐"開卷有益"、"水亭藏書"等印。山西師範大學圖書館藏。

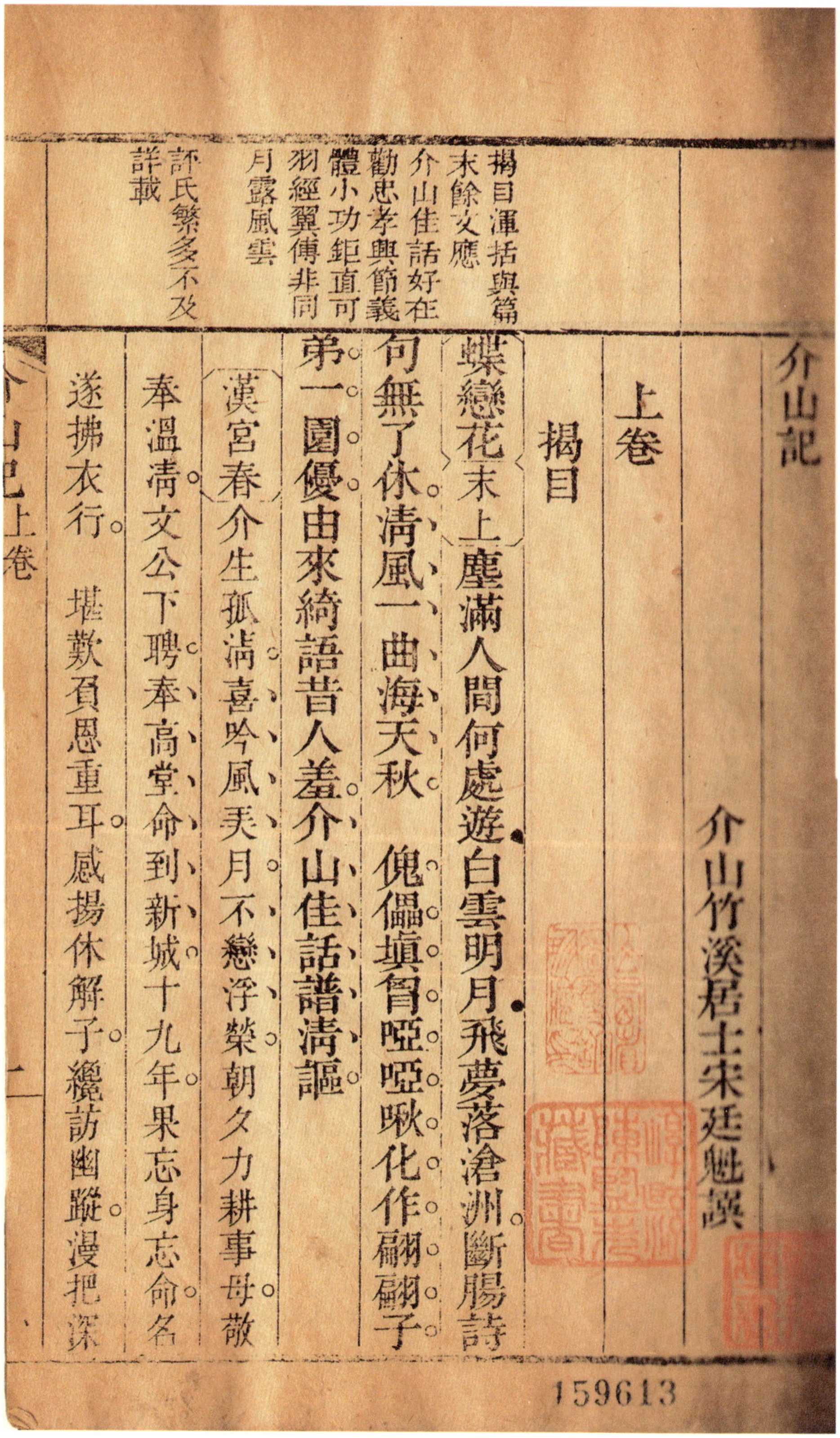

揭目渾括與篇末餘文應
介山佳話好在勸忠孝與節義體小功鉅直可羽經翼傳非同月露風雲
許氏繁多不及詳載
介山記
介山竹溪居士宋廷魁譔
上卷
揭目
蝶戀花 末上 塵滿人間何處遊白雲明月飛夢落滄洲斷腸詩句無了休清風一曲海天秋 傀儡塡胷啞啞啾化作翩翩子弟一團優由來綺語昔人羞介山佳話譜清謳
漢宮春 介生孤清喜吟風弄月不戀浮榮朝夕力耕事母敬奉溫凊文公下聘奉高堂命到新城十九年果忘身忘命名遂拂衣行 堪歎負恩重耳感揚休解子纔訪幽蹤漫把深
介山記 上卷 一
159613

00337 介山記二卷　（清）宋廷魁撰　清乾隆刻本

綫裝。匡高 20.9 厘米，廣 14.8 厘米。半葉十行，行二十四字，白口，左右雙邊。鈐“崞縣陳監先藏書”等印。山西省圖書館藏。

最温馨的生活教育类绘本

- 18 个陪伴孩子成长的生活教育绘本故事
- 18 个主题系列填色游戏
- 6 个独特伸拉的讲故事小小书

阅读了这样的故事和书，你也就渐渐地会懂得欣赏你面前的孩子了。这样的书，也是指导成年人的，培养你的感觉和认识！

儿童文学作家、教授 梅子涵

孩子的成长有其自然的、特有的而又类似的过程，和孩子一起读读卡米的故事，就是一起分享另外一个年纪相仿的孩子的成长经历，分享的过程也会帮助孩子解决许多成长中面临的问题。

儿童早期阅读专家 邢爱玲

小木点书系

上架建议：儿童绘本

ISBN 978-7-5379-4105-1

定价：60.00 元（全六册）

新版卡米的故事 卡米不想洗澡 希望出版社

畅销全球的成长故事

版权销售40多个国家

全球销售500万册

新版卡米……

卡米不……

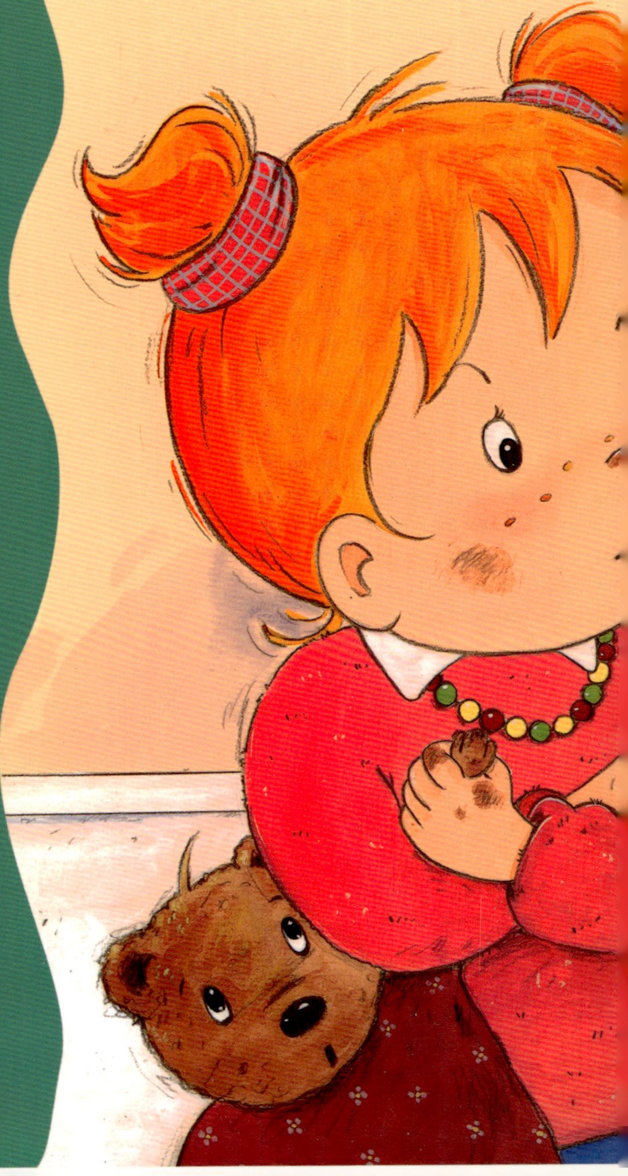